自由自在 小学高学年 社会

From Basic to Advanced

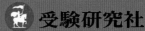
受験研究社

はじめに

　みなさんの中に「社会科は覚えることが多くて嫌い」とか、逆に「社会科は覚えればいいだけだから楽勝」とか思っている人がいるのではないでしょうか。社会科は、覚えるのではなく、系統立てて理解することが大切な教科です。そして、大人になったときに非常に役立つ教科でもあります。

　わたしたちは現在、とても便利な社会に身を置いています。食べるもの、身に着けるもの、生活に必要なさまざまな品々…。当たり前のように受け取っているさまざまな品物は、あなたの知らないだれかの手によってつくられ、あなたの元に届けられたものです。「地理」は、あなたが一人で生きているのではなく、見知らぬ多くの人々の手助けによって生きていることを認識させてくれます。

　次に、わたしたちの住む日本は、法律によって治められています。法律は、わたしたちを規制するものであるとともに、わたしたちを守るものです。「政治」で最高法規である憲法や政治のしくみ、経済のしくみを学ぶことは、わたしたちに保障された権利を守り、より良い社会をつくるために非常に必要なことです。

　「政治」で学んだ、わたしたちに保障されているさまざまな権利は、先人の努力で勝ち取ったものです。また、人々は何度も大きな失敗をおかし、戦争を引き起こしています。失敗を二度とくり返さないように平和を大切にする心を育て、この社会をより良くする努力を続けるために必要なのは、先人たちの歩みを学習する「歴史」ではないでしょうか。

　そして、日本は資源が少なく、食料自給率も低い国です。わたしたちが生きていくためには、世界のさまざまな国とのつながりがとても大切であることも、「地理」や「歴史」、「国際」の学習の中から見えてきます。

　社会科は、過去に学び、現在を知り、未来をより良いものにするための教科です。"なぜこの地域では畑作がさかんなのか""なぜ、国会は二院制なのか""なぜ秀吉は刀狩や検地を行ったのか"…、たくさんの"なぜ"を大切にして、さまざまなことがらに興味をもち、論理的に理解しようとする姿勢を身につけましょう。きっと、より深い本質が見えてくるはずです。

学習指導要領とこれからの学び

グローバル化や情報化の急速な進展、AI をはじめとするテクノロジーの進化など、社会は大きく変化しています。令和 2 年度から全面実施の学習指導要領は、従来からの目標である、いかに社会が変化しようとも子どもたちが自分の力で未来を切りひらく「生きる力」を育むことを維持しながら、新たに子どもたちに必要な力を以下の 3 つの柱として示しています。

3つの柱 ── 学習指導要領が目指すもの

学んだことを人生や
社会に生かそうとする

学びに向かう力、人間性などを養う

▶未来を自分で切りひらく
生きる力を持つ

実際の社会や生活で
生きて働く

未知の状況にも
対応できる

知識及び技能の習得

▶様々な方法を使って、自分で
適切な情報を探す
▶過去の学習をふり返る
▶知識を組み合わせて活用する
▶未来につなげる

自ら課題を見つけ
自ら学び、自ら考え
判断して行動できる

思考力、判断力、表現力などの育成

▶周りの人と対話して考えを広める
▶意見をわかりやすく表現する
▶相手や目的・場面にふさわしい表現をする

学習指導要領とは

小・中・高校などで教える教育の目標のほか、学年ごとの教科の学習内容や習得目標をまとめた、国が定める教育課程の基準となるもの。社会や時代の変化に合わせ、ほぼ 10 年に一度大改訂されます。教科書も学習指導要領をもとに新しくなります。

【これまでの小学校学習指導要領の全面実施年度と主なポイント】

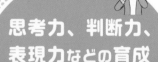

平成 4 年度 個性重視：1995 年より学校週 5 日制に
平成 14 年度 ゆとり：小・中学校のカリキュラムを 3 割減
平成 23 年度 「生きる力」育成：「脱・ゆとり教育」
令和 2 年度 主体的・対話的で深い学び（アクティブ・ラーニング）

学習指導要領のねらいを実現するために、学校では「主体的・対話的で深い学び（アクティブ・ラーニング）」の視点から授業が行われます。アクティブ・ラーニングとは、学習者が能動的に学ぶことができるように指導者が支援することです。授業では、得た知識と関連する情報を自ら発展させ（主体的な学び）、子どもどうしや先生、社会の大人たちとの対話を通して自分の意見を広げ（対話的な学び）、これらの活動を通して知識を多角的でより深いものにする（深い学び）ことが重視されます。子どもたちがより豊かな未来を自分で切りひらいていく人間に成長できるように、『自由自在』は子どもたちの学びを支援します。

特長と使い方

豊富な図表、丁寧でわかりやすい解説

解説ページ 👉

最初に学習のポイントを理解しましょう。

中学入試での重要度を★で示しています（★→★★→★★★の3段階で、★★★が最重要）。

行間に簡潔な文章で、語句や文章について補足説明をしています。

最重要語句は色文字、重要語句は黒太字、そのまま覚えておきたい重要なところには色下線を入れています。

第2章 天皇と貴族の世の中

1 聖徳太子の政治

◎学習のポイント

1. 聖徳太子は蘇我馬子と協力して、天皇中心の国づくりを進めた。
2. 聖徳太子は冠位十二階や十七条の憲法を制定し、遣隋使の派遣を行った。
3. 日本で最初の仏教文化が栄えた。

1 聖徳太子の政治 入試重要度 ★★★

1 大陸と日本

❶ 中国……589年、隋が中国を統一した。煬帝は高句麗に遠征をこらすなど、周辺国まで勢力をのばそうとした。

❷ 朝鮮半島……6世紀中ごろ新羅が伽耶（任那）を併合した。

❸ 日本……6世紀に入ると反乱や豪族どうしの争いも多くなり、大和朝廷による支配は不安定であった。新羅による伽耶（任那）の併合によって、朝鮮半島での影響力も低下した。

2 聖徳太子の政治 大和

朝廷では、豪族の力をおさえ、天皇を中心とする国づくりが必要となった。

❶ 聖徳太子……聖徳太子は593年に叔母である推古天皇の摂政になり、蘇我馬子と協力して天皇中心の政治の確立を目ざした。

▲聖徳太子

> もとの名を厩戸皇子といい、のちの時代に聖徳太子と呼ばれた。有力な皇位継承者であったが、推古天皇よりも先になくなったため、天皇に即位することはなかった。

❷ 冠位十二階……603年、聖徳太子は家柄によらず、個人の能力に応じて役人を登用する制度を整えた。この制度を冠位十二階という。

隋（589〜618年）
隋は中国を統一し、律令制による中央集権体制をつくりあげた。しかし、2代目煬帝が土木工事や海外遠征を強行し、不満をもった民衆の反乱によってわずか30年で滅亡し、唐にかわった。

蘇我馬子
蘇我馬子は、仏教の受け入れをめぐって対立した物部守屋をほろぼした。その後、崇峻天皇も暗殺し、強大な権力をにぎった。一方、仏教を信仰する聖徳太子とは手を組んで政治を行い、飛鳥寺などの寺院をつくり、仏教の普及に努めた。

蘇我馬子の墓といわれている。

▲石舞台古墳

パワーアップ
527年、大和朝廷は新羅へ出兵を命じました。大和朝廷の支配に不満があった筑紫国の磐井は新羅と手を組み、出兵を阻止しようと兵を挙げましたが、鎮圧されました。これを磐井の乱といいます。大和朝廷の支配がまだ不安定であったことがうかがえます。

344

● 各章はじめの「ここからスタート！」では、その章の内容をマンガで楽しく紹介しています。

しん
明るく元気な男の子。

ゆい
しんの幼なじみ。しっかり者。

先生
優しい新米先生。少し天然。

タロ
ゆいの飼い犬。ダジャレ好き。

地図やグラフなどの図表、イラスト、写真をたくさん掲載しています。文を読みながら、これらを見て、理解を深めましょう。

サイドでは、次のように、さまざまなマークを設けています。

参考

本文中に出てくる事項のよりくわしい解説や、その事項に関連した知っておくべきことがらを掲載しています。

ことば

重要語句などをよりくわしく解説しています。

ひと

「第8編日本の歴史」で、重要な歴史人物について解説しています。

史料

「第8編日本の歴史」で、中学入試でよく出題される史料を掲載しています。

ズームアップ

解説文中に出てくる語句について、くわしく解説しているページを掲載しています。

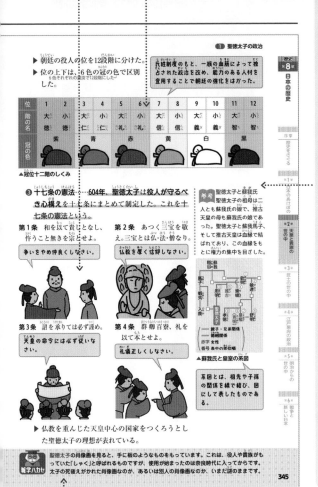

▶ 朝廷の役人の位を12段階に分けた。
▶ 位の上下は、6色の冠の色で区別した。
　6色それぞれの濃淡で12段階にした

① 聖徳太子の政治

氏姓制度のもと、一族の血筋によって独占された政治を改め、能力のある人材を登用することで朝廷の強化をはかった。

歴史
第8編
日本の歴史

序章
歴史をさぐる

第1章
日本のあけぼの

第2章
天皇と貴族の世

第3章
武士の世の中

第4章
江戸幕府の政治

第5章
開国からの世の中

第6章
戦争と新しい日本

位	1	2	3	4	5	6	7	8	9	10	11	12
階の名	大徳	小徳	大仁	小仁	大礼	小礼	大信	小信	大義	小義	大智	小智
冠の色	紫		青		赤		黄		白		黒	

▲冠位十二階のしくみ

③ 十七条の憲法……604年、聖徳太子は役人が守るべき心構えを十七条にまとめて制定した。これを十七条の憲法という。

第1条 和を以て貴しとなし、作うこと無きを宗とせよ。

　争いをやめ仲良くしなさい。

第2条 あつく三宝を敬え。三宝とは仏・法・僧なり。

　仏教を厚く信仰しなさい。

第3条 詔を承りては必ず謹め。

　天皇の命令には必ず従いなさい。

第4条 群卿百寮、礼を以て本とせよ。

　礼儀正しくしなさい。

▶ 仏教を重んじた天皇中心の国家をつくろうとした聖徳太子の理想が表れている。

発展 聖徳太子と蘇我氏
聖徳太子の祖母に二人とも蘇我氏の娘で、推古天皇の母も蘇我氏の娘であった。聖徳太子と蘇我馬子、そして推古天皇は血縁で結ばれており、この血縁をもとに権力の集中を目ざした。

▲蘇我氏と皇室の系図

系図とは、祖先や子孫の関係を線で結び、図にして表したものである。

 聖徳太子の肖像画を見ると、手に板のようなものをもっています。これは、役人や貴族がもっていた「しゃく」と呼ばれるものですが、使用が始まったのは奈良時代に入ってからです。太子の死後えがかれた肖像画なのか、あるいは別人の肖像画なのか、いまだ謎のままです。

345

●ページ下端には、次のようなコーナーを設けています。

 小学生が学んでも役に立つような中学・高校での学習内容。

 社会科に興味・関心がもてるような、おもしろい雑学など。

 中学入試でよく問われる内容や出題傾向・出題形式、その対策など、入試に役立つ情報。

中学入試対策もバッチリ！

■ 中学入試にフォーカス

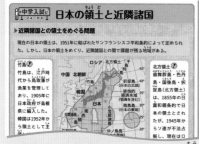

各章に「中学入試にフォーカス」を設け、中学入試で頻出となる用語や事項、特定のテーマなどについて、図表や写真を用いながらくわしく解説しています。

■ 入試のポイント

必ず覚えておきたい
3つの用語・事項

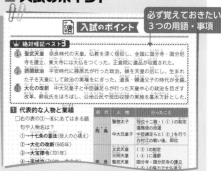

各章末に、中学入試に取り上げられそうな内容を、図表・写真も用いながら問題形式を中心にまとめています。

■ 重点チェック

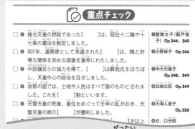

各章末に、受験勉強で絶対に外せない頻出問題を、一問一答形式で入れています。解説しているページも掲載していますので、わからなかった問題は本文で確認しましょう。

■ 資料編

巻末の資料編では、中学入試でよく出題される地理のグラフや、歴史のテーマ史、歴史人物などについてまとめています。

調べやすいさくいん

▶約2100語掲載しています。

▶各用語に地（第1～6編地理の用語）、政（第7編政治の用語）、歴（第8編歴史の用語）、国（第9編国際の用語）、資（資料編の用語）のマークを入れています。

▶人名を赤文字にしています。

▶アルファベット（A～Z）のさくいんも設けています。

アクティブ・ラーニングに活用できる！

■ くわしい学習

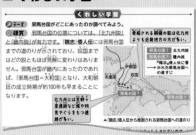

学校で習ったこと、もっとくわしく知りたいな…

主体的な学びの手助け

ニュースを見ていて、わからないことばがあったんだけど…

深い学びの手助け

自分の意見を伝えるためには、ちゃんとした知識をもっていないとな…

対話を通した学びの手助け

各章に設けた「くわしい学習」では、調べる力や考える力を伸ばすために、各章で学んだ内容について、より深めて発展させる学習や課題を、「Q＆A」、「テーマと研究」という形式で構成しています。まずは「Q」や「テーマ」を見て、自分で考えてみましょう。自分でテーマを設定して、『自由自在』で答えを導き出すのも良いかもしれません。より深い学びを実践しましょう。

『自由自在』が役立ちます！

思考力・判断力・表現力を伸ばすために

■ チャレンジ！思考力問題・記述問題

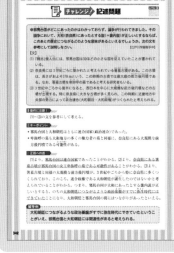

今後、中学入試でも、「思考力、判断力、表現力」を試すような、レベルの高い出題が増えることが予想されます。

そこで、『自由自在』では、各章末に「チャレンジ！思考力問題」「チャレンジ！記述問題」として、知識だけでは解くことができない、分析力・判断力・推理力が試される問題や記述問題を設けました。

解説では、「答え」「解答例」に至るまでのプロセスや考え方を、くわしく解説しています。

存分に「思考力、判断力、表現力」を養ってください。

もくじ

本書に関する最新情報は、小社ホームページにある**本書の「サポート情報」**をご覧ください。(開設していない場合もございます。)
なお、この本の内容についての責任は小社にあり、内容に関するご質問は直接小社におよせください。

地理

日本の国土のようす

第1章 世界と日本 5年

日本の国土と諸問題

日本は、ユーラシア大陸の東、太平洋の西に位置する島国です。排他的経済水域は国土面積の10倍以上もあります。現在の日本は、過密化と過疎化、少子化と高齢化などの諸問題をかかえています。

📖 学習することがら

1. 地球のすがたと世界地図
2. 世界の自然と国々
3. 日本の位置・領域
4. 地形図の見方

地理

第1編

日本の国土のようす

第1章
世界と日本

第2章
日本の自然と特色のある地域

1 地球のすがたと世界地図

◎ 学習のポイント

1. 地球はほぼ球形をした星で、その表面は、**3割が陸地で7割が海**である。

2. 地球上の位置は、**緯度**と**経度**を使って表すことができる。

3. 世界地図にはいろいろな特徴をもつものがあり、それぞれ、航海図や航空図などの用途に合った使われ方をしている。

1 地球のすがた 入試重要度 ★★

▲宇宙から見た地球

1 地球の形 地球は、ほぼ球の形をした星で、半径は約6400km、赤道のまわりの長さは約**4万**kmである。

2 地球の表面 地球の表面積は約5.1億km²で、そのうち**陸地が約30%**、**海洋が約70%**となっている。

3 世界の陸地 世界の陸地は、**六大陸**と島々からなる。六大陸とは、**ユーラシア大陸・北アメリカ大陸・南アメリカ大陸・アフリカ大陸・オーストラリア大陸・南極大陸**の6つを指す。このうち、**ユーラシア大陸**が最も面積が広い。
_{地球の陸地面積の約3分の1をしめる}
_{六大陸中最小の大陸}

4 世界の海洋 世界の海洋はおもに**三大洋**からなる。三大洋とは**太平洋、大西洋、インド洋**の3つで、太平洋が最も面積が広く、陸地の表面積よりも広い。
_{三大洋で全海洋の面積の約9割をしめる}

参考

▲海洋と陸地の割合

陸地
28.9

表面積
5.1億km²

海洋
71.1%

(2023年版「理科年表」)

▲六大陸の面積の割合

オーストラリア大陸
その他
5.2 5.4
南極大陸
9.6
ユーラシア大陸
34.4%
南アメリカ大陸
12.0
1億4730万km²
アフリカ大陸
19.8
13.6
北アメリカ大陸

(「理科年表」など)

▲海洋の面積の割合

その他
9.9
インド洋
20.3
太平洋
45.9%
3億6203万km²
大西洋
23.9

(2023年版「理科年表」)

▲六大陸と三大洋

ユーラシア大陸 北アメリカ大陸 大西洋 太平洋 アフリカ大陸 インド洋 **最大の海洋** 南アメリカ大陸 オーストラリア大陸 南極大陸

雑学ハカセ

1791年にフランスで、地球の北極点から赤道までの子午線の長さの「1000万分の1」を1mとすることが決められました。その結果、地球の円周が約4万kmとなっています。

2 緯度・経度 ★★★

1 緯度と経度
緯度と経度は、地球上の位置を示すときに使われる。

❶ **赤道**……赤道は地球の表面上で北極と南極の中間に位置する地点を結んだ線で、1周約4万kmである。

❷ **緯度と緯線**……赤道を0度として、南北を各90度に分けたものを**緯度**という。赤道より北の地域を**北緯○度**、南の地域を**南緯○度**と表す。同じ緯度に位置する地点を結んだ線を**緯線**という。

❸ **本初子午線**……北極と南極を結ぶ線のうち、イギリスのロンドンの郊外にある旧グリニッジ天文台を通る経度0度の線を**本初子午線**という。

❹ **経度と経線**……本初子午線を0度として、東西を各180度に分けたものを**経度**という。本初子午線より東の地域を**東経○度**、西の地域を**西経○度**と表す。同じ経度に位置する地点を結んだ線を**経線**という。

2 回帰線
回帰線は、地球が垂直方向に対してかたむく角度（23.4度）と同じ緯線で、北緯23度26分の緯線を**北回帰線**、南緯23度26分の緯線を**南回帰線**という。
└ 地軸のかたむき（23.4度）とほぼ同じ角度

3 時差
❶ **標準時**……世界各国が、それぞれ基準となる経線をもとに定めている時刻を**標準時**という。日本は、兵庫県明石市を通る**東経135度**の経線上に太陽が来たときの時刻を標準時としている。

❷ **時差**……地球上の各地域間の標準時のずれを**時差**という。地球は24時間で360度回転しているため、1時間あたり360（度）÷24（時間）＝15（度）動く。つまり、経度15度につき1時間の時差が生じる。

❸ **日付変更線**……暦の日付にちがいが生じないように、ほぼ経度180度の線にそって引かれた線を**日付変更線**という。

ことば 北半球と南半球
地球を赤道を基準として南北2つに区分したとき、北に位置する範囲を**北半球**、南に位置する範囲を**南半球**という。日本は北半球の中緯度に位置している。北半球と南半球は季節が反対になる。

北緯球
南半球

北極圏（北緯66.6度以北の地域）
北極点
ロンドン
北回帰線
80°
60°
66.6°
40°
本初子午線（0度の経線）
23.4°
経度140°（東経）
20°40°
60°
80°
100°
120°
南回帰線
南極点
北緯36度 東経140度
東京付近
36°
緯度（北緯）
赤道（0度の緯線）
▲経度と緯度

ことば 回帰線
太陽は夏至の日の正午に北回帰線上の真上に、冬至の日の正午に南回帰線上の真上にくる。

参考 白夜
高緯度地方で見られる、日没後もうす明るい状態が続く現象。夏至のころ、北極圏では夜になっても太陽が地平線にしずまない**白夜**、南極圏では太陽が1日中地平線からのぼらない**極夜**となる。

▲太陽がしずまない白夜

ある地点の地球の反対側に位置する場所を対せき点といいます。その位置は、緯度は数字を変えずに北緯と南緯を入れかえ、経度は数字を180度から引いて、東経と西経を入れかえて示すことができます。北緯35度東経140度の地点の対せき点は、南緯35度西経40度となります。

中学入試にフォーカス 時差の求め方と日付変更線

▶時差の求め方

- 2つの地点の時差が何時間かを求めるには、標準時の経度を利用する。
- 経度15度につき、1時間の時差が生じる。
- 日本より西にある地点の時間は、日本より時差の分だけおそくなる。

東京 (東経135度) とイギリスのロンドン (経度0度) の時差

東京とロンドンの経度の差は、135(度) −0(度) =135(度)

東京とロンドンの時差は、135(度) ÷15(度) =9(時間) となる。

ロンドンは、日本より9時間おそい時刻になる。

東京 (東経135度) とアメリカ合衆国のニューヨーク (西経75度) の時差

東京とニューヨークの経度の差は、135(度) +75(度) =210(度)

東京とニューヨークの時差は、210(度) ÷15(度) =14(時間) となる。

ニューヨークは、日本より14時間おそい時刻になる。

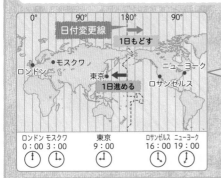

ロンドンが1月1日午前0時のときの各地の時刻

・東京	1月1日午前9時
・モスクワ	1月1日午前3時
・ロサンゼルス	12月31日午後4時
・ニューヨーク	12月31日午後7時

日付変更線による日付の調整

日付変更線を西から東にこえるときは、日付を1日おくらせ、反対に東から西にこえるときは日付を1日進めることにしている。

3 地球儀と世界地図 ★★

1 地球儀 地球儀は、地球の形と表面のようすを縮めてつくったもので、国の形や面積、方位・きょりなどをすべてほぼ正確に表すことができる。短所は、もち運びに不便なことである。

▲地球儀

入試では 時差については、「日本と、外国のある都市の時差」を求める問題や「日本 (東京) が○時のとき、外国のある都市では何時ですか」という問題が多く見られます。

2 世界地図

世界地図は、球体である地球を平面で表すため、国の形や面積、方位・きょりなどをすべて同時に正確に表すことができない。

❶ 角度が正しい地図……メルカトル図法の地図では、2点間を結んだ直線は、経線と一定の角度で交わる線(等角航路)を示すため、航海図に利用される。緯度が高くなるにつれ、形や面積のゆがみが大きくなり、方位も正しくない。

> 等角航路は、つねに経線と一定の角度で交わる。この角度に進めば、東京からロサンゼルスに行ける。

> 経線と緯線が直角に交わる。

▲メルカトル図法

❷ 方位ときょりが正しい地図……正距方位図法の地図では、地図の中心からの方位ときょりが正しく、中心とある地点を結ぶ直線は、最短きょりである大圏航路を示すため、航空図に利用される。中心からはなれるほど形や面積のゆがみが大きくなる。

中心以外からの2地点間のきょり・方位は正しくない

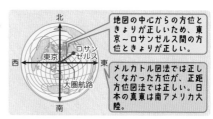

> 地図の中心からの方位ときょりが正しいため、東京〜ロサンゼルス間の方位ときょりが正しい。

> メルカトル図法では正しくなかった方位が、正距方位図法では正しい。日本の真東は南アメリカ大陸。

▲正距方位図法

❸ 面積が正しい地図……モルワイデ図法の地図では、面積が正しく表されるため、分布図などに利用される。方位やきょりは正しくない。

▲モルワイデ図法

━━━━━━ **くわしい学習** ━━━━━━

💬Q 2つの地点の最短経路はどのように表されるのですか。

🔍A 正距方位図法の地図では、地図の中心とある1点を結んだ直線が、中心からのきょりと方位を正しく表し、これが最短経路となります。

東京とニューヨークを結ぶ最短経路

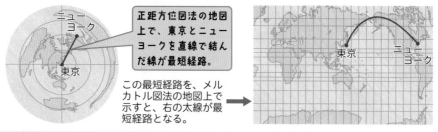

> 正距方位図法の地図上で、東京とニューヨークを直線で結んだ線が最短経路。

この最短経路を、メルカトル図法の地図上で示すと、右の太線が最短経路となる。

2 世界の自然と国々

地理
第1編

日本の国土のようす

第1章
世界と日本

第2章
日本の自然と特色のある地域

2 世界の自然と国々

◎学習のポイント

1. 世界には、火山の噴火や地震が多く発生する**2つの造山帯**がある。

2. 世界の気候は、大きく**熱帯・乾燥帯・温帯・冷帯・寒帯**に分けられる。

3. 世界の地域は大きく**6つの州**に分けられ、**200近くの独立国**がある。

1 世界の地形 ★

▲世界の地形

1 新期造山帯

新期造山帯とは、現在も大地の動きが活発な、高くて険しい山々が連なっている地域である。2つの造山帯があり、火山の噴火や地震が多い。

❶ **アルプス–ヒマラヤ造山帯**……**アルプス–ヒマラヤ造山帯**は、ユーラシア大陸の南部に東西に連なって形成されている。

❷ **環太平洋造山帯**……**環太平洋造山帯**は、日本列島をふくむ、太平洋を取り囲むように形成されている。

2 おもな山脈

アルプス–ヒマラヤ造山帯には、**アルプス山脈**や**ヒマラヤ山脈**、環太平洋造山帯には、**ロッキー山脈**や**アンデス山脈**などがある。

参考 おもな山と川

● 世界の高い山ベスト3
1位 **エベレスト**(8848 m)
2位 **K2**(8611 m)
3位 **カンチェンジュンガ**
(8586 m)

● 世界の長い川ベスト3
1位 **ナイル川**(6695 km)
2位 **アマゾン川**
(6516 km)
3位 **長江**(6380 km)
(2023年版「理科年表」)

パワーアップ
地球の表面をおおっている何枚ものかたい岩の板を**プレート**といい、その下にあるマントルの対流によって水平に移動しています。このプレートが接する境界に造山帯が形成されています。

2 世界の気候 ★★

世界の気候は、大きく、**温帯**、**熱帯**、**乾燥帯**、**冷帯(亜寒帯)**、**寒帯**の5つに分けられる。

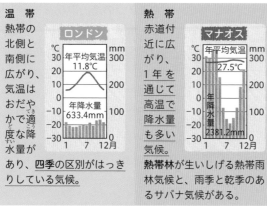

温帯
熱帯の北側と南側に広がり、気温はおだやかで適度な降水量があり、四季の区別がはっきりしている気候。

熱帯
赤道付近に広がり、1年を通じて高温で降水量も多い気候。
熱帯林が生いしげる熱帯雨林気候と、雨季と乾季のあるサバナ気候がある。

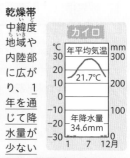

乾燥帯
中緯度地域や内陸部に広がり、1年を通じて降水量が少ない気候。砂漠が広がる砂漠気候と、たけの短い草が生えるステップ気候がある。

温帯　熱帯　乾燥帯
冷帯(亜寒帯)　寒帯

冷帯(亜寒帯)

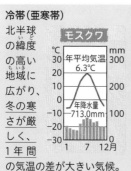

北半球の緯度の高い地域に広がり、冬の寒さが厳しく、1年間の気温の差が大きい気候。

寒帯

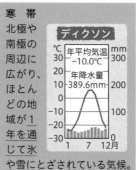

北極や南極の周辺に広がり、ほとんどの地域が1年を通じて氷や雪にとざされている気候。

ことば　熱帯林(熱帯雨林)
いくつもの種類からなる常緑広葉樹で形成された森林。ブラジルのアマゾンでは**セルバ**、東南アジアやアフリカでは**ジャングル**と呼ばれ、多くのめずらしい動植物が生息している。

(2023年版「理科年表」など)

パワーアップ　熱帯や温帯でも2000〜3000m以上の山地で見られる気候を高山気候といいます。昼と夜の気温差が大きく、年間の気温差が小さいのが特色です。冷帯・寒帯に近い気候で、熱帯では低地より気温が低く、生活に適しているため標高の高い場所に都市が発達しています。

地理
第1編
日本の国土のようす

第1章
世界と日本

第2章
日本の自然と
特色のある地域

3 世界の国々 ★★

1 国（独立国）
2023年11月現在、世界には197の独立国がある。独立国は、国民・主権・領域をもっている。
└日本と北朝鮮をふくむ

2 国境
国と国との境界を国境という。国境は、国の主権がおよぶ境界としても機能している。

3 世界の地域区分
世界は、大きくアジア州・北アメリカ州・南アメリカ州・ヨーロッパ州・アフリカ州・オセアニア州の6つの州に区分される。さらに州を細かく区分することもあり、例えば、アジア州は東・中央・東南・南・西アジアとシベリア地方に区分される。

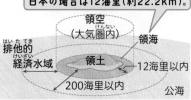
領海の幅は国によって異なる。日本の場合は12海里（約22.2km）。

領空（大気圏内）
領海
排他的経済水域
領土
12海里以内
200海里以内
公海

▲国家の領域

> **ことば** 領域
> 国家の主権がおよぶ範囲。陸地の領土、海岸線から12海里までの領海、領土と領海の上空にあたる領空からなる。

ヨーロッパ州
アジア州
⑥
②
①
⑤
④
③
北アメリカ州
太平洋
大西洋
アフリカ州
0°
インド洋
オセアニア州
南アメリカ州
大西洋

①東アジア ②中央アジア ③東南アジア
④南アジア ⑤西アジア ⑥シベリア地方

▲世界の地域区分

4 さまざまな国々

❶ 面積が広い国とせまい国……世界一面積が広い国はロシア連邦、最も面積がせまい国は、イタリアの首都ローマ市内にあるバチカン市国。そのほか、ヨーロッパ州や太平洋の島国に小国が多い。
約0.44km²

❷ 人口が多い国……2023年現在、世界の人口は約80億人である。最も人口が多い国はインドで、中国・インドネシア・パキスタンなど、アジア州の国々で多くなっている。
└2023年、インドが中国をぬき、人口世界一となった

> **参考** 面積の広い国と人口の多い国
>
> | | 国 名 | km² |
> |---|---|---|
> | 1位 | ロシア連邦 | 1710万 |
> | 2位 | カナダ | 999万 |
> | 3位 | アメリカ合衆国 | 983万 |
> | 4位 | 中 国 | 960万 |
> | 5位 | ブラジル | 851万 |
>
> (2023/24年版「日本国勢図会」)
> ▲面積の広い国（2021年）
>
> | | 国 名 | 万人 |
> |---|---|---|
> | 1位 | インド | 14億2863 |
> | 2位 | 中 国※ | 14億2567 |
> | 3位 | アメリカ合衆国 | 3億4000 |
> | 4位 | インドネシア | 2億7753 |
> | 5位 | パキスタン | 2億4049 |
>
> ※ホンコン、マカオ、台湾を除く。
> (国際連合)
> ▲人口の多い国（2023年）

パワーアップ 国境には、山脈・河川などの自然を利用した自然的国境と、経線や緯線などを利用した人為的国境があります。アフリカでは、かつてヨーロッパの国々がアフリカの国々を経線や緯線を基準に植民地として支配していたことのなごりで、直線的な国境が多く見られます。

❸ アジア州・ヨーロッパ州・アフリカ州・オセアニア州のおもな国々

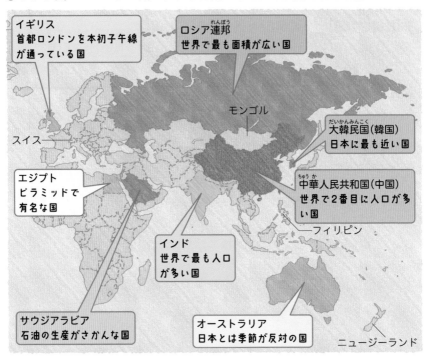

イギリス
首都ロンドンを本初子午線が通っている国

ロシア連邦
世界で最も面積が広い国

モンゴル

スイス

大韓民国(韓国)
日本に最も近い国

エジプト
ピラミッドで有名な国

中華人民共和国(中国)
世界で2番目に人口が多い国

フィリピン

インド
世界で最も人口が多い国

サウジアラビア
石油の生産がさかんな国

オーストラリア
日本とは季節が反対の国

ニュージーランド

❹ 北アメリカ州・南アメリカ州のおもな国々

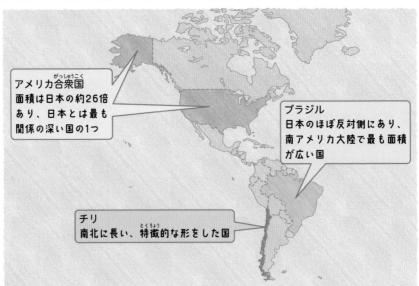

アメリカ合衆国
面積は日本の約26倍あり、日本とは最も関係の深い国の1つ

ブラジル
日本のほぼ反対側にあり、南アメリカ大陸で最も面積が広い国

チリ
南北に長い、特徴的な形をした国

パワーアップ

まわりを海で囲まれ、陸地でほかの国と接していない国のことを海洋国(島国)といい、日本・フィリピン・ニュージーランドなどの国があります。また、海に面さず、すべて陸地でほかの国と接している国のことを内陸国といい、モンゴル・スイスなどの国があります。

地理
第1編
日本の国土のようす

第1章
世界と日本

第2章
日本の自然と特色のある地域

③ 日本の位置・領域

◎ 学習のポイント

1. 日本は4つの大きな島と、約1万4000余りの島々から成り立っている。
2. 日本は、**北海道、東北、関東、中部、近畿、中国・四国、九州**の7つの地方に区分されることが多い。
3. 日本では、東京・大阪・名古屋の**三大都市圏**などで人口が集中する**過密化**が進む一方、農村部などでは、人口が減少する**過疎化**が進んでいる。

1 日本の位置 ★★

1 日本の位置

日本は、**ユーラシア大陸**の東側の海上にある島国で、およそ東経122度から154度の間、北緯20度から46度の間に位置している。

▲世界から見た日本の位置

2 日本とほぼ同緯度の国

アメリカ合衆国・北朝鮮・韓国・中国・イラン・トルコ・エジプト・ギリシャ・イタリア・スペインなどがある。

3 日本とほぼ同経度の国

ロシア連邦・北朝鮮・韓国・フィリピン・オーストラリアなどがある。

 入試では 日本に近い国々である中国・韓国・ロシア連邦に関する出題の頻度が高いので、これらの国々の首都名や気候、生活のようす、面積、人口などの統計資料にも目を通しておくことが必要です。

2 日本列島と日本の国土面積 ★★

1 日本列島

日本列島は弓の形をしており、南北は約3000 kmにわたっている。また、日本列島は、北海道・本州・四国・九州の4つの大きな島と、その周辺の約1万4000余りの小さな島々から成り立っている。本州が最も面積が広く、以下広い順に北海道・九州・四国となる。

国土面積* 37万7973km²
4万4512（12%）（沖縄をふくむ）
1万8803（5%）
23万1235（61%）
8万3424（22%）

*北方領土をふくむ面積
（2022年10月1日現在）
（2023/24年版「日本国勢図会」）

▲日本の4つの大きな島の面積

2 日本の国土面積

日本の面積は、北方領土をふくめて約38万 km²（2022年）で、世界の国の中では、60番目くらいの大きさの国土面積となっている。

3 日本の領域と領土をめぐる問題 ★★★

1 日本の領域

領域とは、その国の主権がおよぶ範囲のことをいう。領域は**領土・領海・領空**から成り立っている。

❶ **領土**……その国の主権がおよぶ陸地の部分を領土という。

❷ **領海**……その国の主権がおよぶ範囲の海洋の部分を領海という。干潮時の海岸線から12海里（約22 km）までの範囲。1海里とは、海洋上のきょりの単位である。

❸ **領空**……領土と領海の上空にある、その国の主権がおよぶ空間を領空という。宇宙空間はふくまれない。

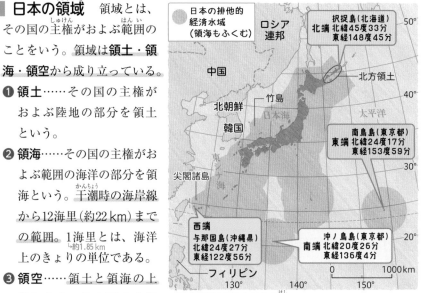

日本の排他的経済水域（領海もふくむ）

ロシア連邦
中国
北朝鮮
韓国
北海道
本州
四国
九州
北方領土
竹島
日本海
太平洋
尖閣諸島
東シナ海

択捉島（北海道）
北端 北緯45度33分
東経148度45分

南鳥島（東京都）
東端 北緯24度17分
東経153度59分

西端
与那国島（沖縄県）
北緯24度27分
東経122度56分

沖ノ鳥島（東京都）
南端 北緯20度26分
東経136度4分

フィリピン

50°
40°
30°
20°

130° 140° 150°

0　　1000km

▲日本周辺の国々と日本の端

パワーアップ

日本の国土面積を世界の国々と比べると、最も面積の広いロシア連邦は日本の約45倍もあります。また、国土面積が日本とほぼ同じ国には、ドイツやフィンランド、ベトナムなどがあります。

❹ **排他的経済水域**……干潮時の海岸線から**200海里**（約370 km）までの範囲のうち、領海を除いた海域を**排他的経済水域**という。この海域にある石油などの海底資源や魚介類などの水産資源は、沿岸国だけが利用することができる権利をもっている。

▲領土・領海・領空

❺ **公海**……領海と排他的経済水域の外側にある、どの国の領域にも属さない海を公海という。すべての国の船が自由に行き来することができる。

2 日本の端の島

❶ **東の端**……**東京都**に属する**南鳥島**。自衛隊員や気象庁の職員などが常駐している。
〔北緯24度17分、東経153度59分〕

❷ **西の端**……**沖縄県**に属する**与那国島**。現在、陸上自衛隊の駐屯地が置かれている。台湾に近く、約110 kmしかはなれていない。
〔北緯24度27分、東経122度56分〕

❸ **南の端**……**東京都**に属する**沖ノ鳥島**。無人島で、潮が満ちるときには一部が海面上に出るのみであったため、護岸工事が行われた。
〔北緯20度26分、東経136度4分〕

❹ **北の端**……**北海道**に属する**択捉島**。千島列島の南西に位置し、北海道、本州、四国、九州を除いた、日本で最も大きな島である。
〔北緯45度33分、東経148度45分〕

参考 排他的経済水域の広さ 離島の多い日本の排他的経済水域は国土面積の10倍以上になり、世界6位の広さになる。

▲おもな国の領海・排他的経済水域と領土

（海上保安庁など）

―――― **くわしい学習** ――――

💬**Q** 沖ノ鳥島ではなぜ護岸工事が行われたのですか。

⚙**A** 沖ノ鳥島は、東西約4.5 km、南北約1.7 km、周囲約11 kmの小さな島で、満潮時には、2つの岩が海面から1 mほど顔を出すだけになってしまいます。沖ノ鳥島が水没してなくなってしまうと、約40万 km²もの排他的経済水域が失われてしまい、日本は大きな影響を受けてしまいます。そのため、島の水没を防ぎ、領土と排他的経済水域を守るために、1987～93年にかけて、コンクリートと消波ブロックなどによる護岸工事が行われました。

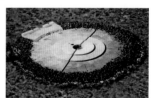

▲沖ノ鳥島（北小島リング）

パワーアップ

日本の最東端の南鳥島の近海には、レアアースと呼ばれる貴重な鉱物資源が大量にあるということが発表されています。レアアースは、スマートフォンなどの電子機器に必要なもので、世界的にも採掘量が少ない貴重な地下資源です。

3 日本の領土をめぐる問題

 ズームアップ 日本の領土と近隣諸国 ➡p.481

❶ **北方領土**……北海道に属する日本固有の領土で、**択捉島、国後島、色丹島、歯舞群島**をまとめて**北方領土**という。第二次世界大戦後にソビエト社会主義共和国連邦（ソ連）に占領され、現在も引き続きロシア連邦が不法占拠しており、日本はロシア連邦に返還を求め続けている。

❷ **竹島**……竹島は日本固有の領土で、周辺の水域は鉱産資源が豊富である。**島根県**に属するが、韓国が領有権を主張し、現在、警備隊を置いて不法占拠している。韓国では、独島と呼ばれている。

❸ **尖閣諸島**……尖閣諸島は**沖縄県**に属する日本固有の領土である。┗2012年に日本は島々の大半を国有化した1960年代に周辺の海域に石油や天然ガスなどの資源が豊富である可能性が指摘されてから、┏台湾も領有権を主張中国が領有権を主張しているが、日本が有効に支配しており、領土問題は存在しない。

▲北方領土の位置

▲竹島の位置

---

4 日本の地域区分 ★★★

1 地方区分

❶ **7地方**……日本は、**北海道、東北、関東、中部、近畿、中国・四国、九州**の7地方に分けられる。中国・四国地方を中国地方と四国地方に分けて、8地方に分けることもある。

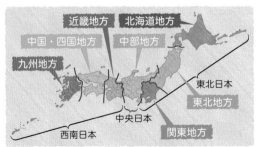

▲日本の7つの地方区分と3つの地方区分

▲尖閣諸島の位置

 雑学ハカセ 生活や文化のちがいから、日本を東日本と西日本の2つに大きく分けることもあります。電気の周波数（東日本は50ヘルツ、西日本は60ヘルツ）や、正月に使うもちの形（東日本では角もち、西日本では丸もち）などのちがいが見られます。

❷ **3地方**……日本を、**東北日本**(北海道・東北・関東地方)、**中央日本**(中部地方)、**西南日本**(近畿・中国・四国・九州地方)の3つに分けることもある。

❸ **その他の地方区分**……関東地方に山梨県を加えて**首都圏**と呼ぶことがある。また、中部地方は日本海側の**北陸地方**、内陸部の**中央高地**、太平洋側の**東海地方**に分けられる。中国地方も、日本海側の**山陰地方**と、瀬戸内海側の**山陽地方**に分けられる。

2 **政治上の区分** 日本全国を**1都**(東京都)、**1道**(北海道)、**2府**(大阪府・京都府)、**43県**に分けている。

❶ **都道府県庁所在地**……各都道府県の行政事務を取りあつかう役所のある都市を**都道府県庁所在地**という。都道府県名と都道府県庁所在地名が異なるものがある。

❷ **都道府県の面積**……最も広いのは**北海道**。岩手県、福島県がそれに次ぐ。

❸ **都道府県の人口**……最も多いのは**東京都**。神奈川県、大阪府がそれに次ぐ。

❹ **内陸県**……海に面していない県を**内陸県**という。栃木県・群馬県・埼玉県・山梨県・長野県・岐阜県・滋賀県・奈良県の8つの内陸県がある。

❺ **特徴的な形をした県**

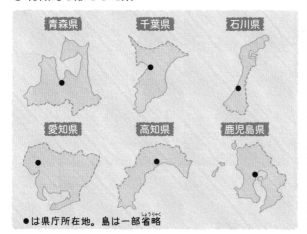

青森県　千葉県　石川県
愛知県　高知県　鹿児島県

●は県庁所在地。島は一部省略

参考 都道府県名と都道府県庁所在地名が異なる都道府県

- 北海道地方
  北海道―**札幌市**
- 東北地方
  岩手県―**盛岡市**
  宮城県―**仙台市**
- 関東地方
  群馬県―**前橋市**
  栃木県―**宇都宮市**
  茨城県―**水戸市**
  神奈川県―**横浜市**
  埼玉県―**さいたま市**
- 中部地方
  愛知県―**名古屋市**
  石川県―**金沢市**
  山梨県―**甲府市**
- 近畿地方
  滋賀県―**大津市**
  三重県―**津市**
  兵庫県―**神戸市**
- 中国地方
  島根県―**松江市**
- 四国地方
  愛媛県―**松山市**
  香川県―**高松市**
- 九州地方
  沖縄県―**那覇市**

参考 地形が入った県

- 山…山形県・山梨県・富山県・和歌山県・岡山県・山口県
- 川…神奈川県・石川県・香川県
- 島…福島県・島根県・広島県・徳島県・鹿児島県

パワーアップ　人々の生活やまわりの地域との結びつきから、県によっては属している地方とは別の地方に組み入れてあつかわれる場合もあります。三重県は7(8)地区区分では近畿地方に属しますが、中部地方との結びつきも強いため、東海地方としてあつかわれることが多くなっています。

5 日本の人口 ★★

1 日本の人口

2022年現在、日本の総人口はおよそ１億2500万人である。しかし、2008年の１億2808万人をピークに減少に転じ、合計特殊出生率も1970年は2.13であったが、2021年は1.30になっている。

2 日本の人口の特徴

❶ **少子化**……出生率の低下によって、子どもの数が減ることを**少子化**という。女性の結婚する年齢が高くなったことや、結婚しない女性が増えたこと、経済的な理由がその背景となっている。

❷ **高齢化**……総人口にしめる65才以上の人口の割合が高くなることを**高齢化**という。2022年現在、65才以上の人口の割合は総人口の約29％になっている。

❸ **少子高齢社会**……少子化と高齢化が同時に続く傾向にある社会を**少子高齢社会**という。2065年には、15才未満の人口が全体の約10％まで低下し、65才以上の人口は約38％に上昇すると予測されている。

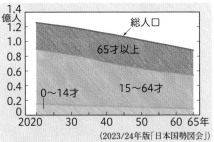
(2023/24年版「日本国勢図会」)
▲将来の日本の人口の動き

❹ **人口ピラミッド**……人口ピラミッドとは、人口構成を性別、年齢別に表したグラフである。日本の場合、**富士山型→つりがね型→つぼ型**へと変化してきている。

ことば 合計特殊出生率
１人の女性が一生の間に産む子どもの平均人数のこと。この数値が低いほど少子化が進んでいることになる。

参考 少子高齢社会における問題点
● 高齢化による医療費や年金支はらい額の増加による財政問題。
● 若い世代の人口の減少による労働力不足。
● 現役世代の負担の増加。

ズームアップ 人口ピラミッド
→p.123

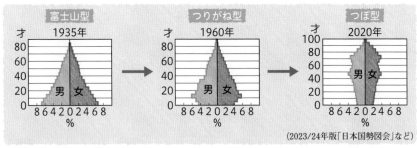
(2023/24年版「日本国勢図会」など)
▲日本の人口ピラミッドの変化

パワーアップ
総人口にしめる65才以上の人口の割合が７％をこえると高齢化社会、14％をこえると高齢社会、21％をこえると超高齢社会と呼ばれます。日本は2007年以降、超高齢社会となっています。

地理

第**1**編

日本の国土のようす

第**1**章

世界と日本

第**2**章

日本の自然と特色のある地域

3 **日本の人口の分布**　日本は、せまい平野部に人口が集中している。戦後から高度経済成長期にかけて、農村や山間部などから、東京などの大都市や地方の中心都市へ移動する人口が増えた。

❶ **三大都市圏**……東京・大阪・名古屋の三大都市とその周辺地域を三大都市圏という。2022年現在、三大都市50km圏の人口は、日本の総人口の半分近くをしめている。

❷ **政令指定都市**……政令指定都市とは、政府がつくる決まりにより指定された人口が一定以上の都市で、福祉・衛生・都市計画など都道府県の役割の一部を市が主体となって実施できる。いくつかの区に分けられ、区役所が置かれている。
└2023年11月現在、20都市が指定

❸ **過密**……一定の地域に人口や産業が集中しすぎている状態を**過密**といい、人口密度が極端に高くなっている。通勤・通学をする人が多いため、東京などのように夜間よりも昼間の方が人口が多くなる都市もある。過密地域では、ごみ問題、交通渋滞などの都市問題がおきている。

❹ **過疎**……農村や山間部、離島など、一定の地域の人口が著しく減少している状態を**過疎**という。過疎地域では、人口の減少と経済活動の衰退により、学校や交通機関が廃止され、生活することが困難になっている。

▲三大都市50km圏の人口の割合

その他 52.3　2022年

東京50km圏 27.2%

13.1

7.4

大阪50km圏

名古屋50km圏

（2023年版「日本のすがた」）

▲政令指定都市（2023年11月現在）

札幌市　新潟市　静岡市　仙台市　名古屋市　さいたま市　大阪市　京都市　千葉市　北九州市　川崎市　福岡市　横浜市　浜松市　相模原市　岡山市　熊本市　広島市　神戸市　堺市

ズームアップ　過密、過疎

➡p.479

▲東京都への流入人口＊

茨城県 7万人

埼玉県 108万人

千葉県 84万人

神奈川県 128万人

＊常住地から通勤・通学のために流入してくる人口

（2020年10月1日現在）

（2023/24年版「日本国勢図会」）

▲都道府県別の人口密度

1km²あたり

3000人以上

1000以上3000人未満

500以上1000人未満

300以上500人未満

300人未満

（2022年10月1日現在）

岩手県 77人/km²

最少 北海道 66人/km²

最多 東京都 6398人/km²

神奈川県 3821人/km²

大阪府 4609人/km²

（2023/24年版「日本国勢図会」）

パワーアップ

高度経済成長期、住宅や土地の価格が高くなったことや生活環境が悪化したことなどから、安くて広い住宅とよりよい生活環境を求めて、郊外へ移り住む人が増加しました。その結果、都心部の人口が減少し、郊外の人口が増加するドーナツ化現象がおきました。

4 地形図の見方

◎学習のポイント

1. 地図の中でも、山や川などの土地のようすを表した地図を**地形図**という。

2. 地形図の**等高線**や**地図記号**などから、その土地のようすが読み取れる。

1 地図の分類 ★

1 一般図 一般図とは、多目的に使う一般的な地図のことをいう。一般図には、国土交通省の**国土地理院**が発行している2万5千分の1の**地形図**や20万分の1の地勢図などがある。

2 主題図 主題図とは、特定の内容(主題)の分布や変化などを表した地図のことをいう。主題図には、土地利用のようすを記号や色で分けて表した土地利用図や人口の分布を表した人口分布図などがある。

2 地形図のきまり ★★

1 方　位 方位は通常、上を北として表す。北が上になっていない地図では、**方位記号**を使って北の方位を表す。

▲方位記号

2 縮　尺 その地図が実際のきょりをどれだけ縮めてかいたものかを表した割合のことを**縮尺**という。例えば、縮尺が5万分の1の地図では、1:50000や$\frac{1}{50000}$のように地図に表される。ものさしで表す地図も多い。

| 1:50000 ⬅縮尺 | ⬇ものさし |
| 0 | 1 | 2km |

▲ものさし

❶ 実際のきょりと縮尺……実際のきょりは、縮尺を使って、「**地形図上の長さ**」×「**縮尺の分母**」で求めることができる。

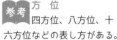

参考 方　位 四方位、八方位、十六方位などの表し方がある。

北
西——東
南

▲四方位

北
北西　　北東
西——東
南西　　南東
南

▲八方位

北北西　北　北北東
北西　　　　　北東
西北西　　　　東北東
西——東
西南西　　　　東南東
南西　　　　南東
南南西　南　南南東

▲十六方位

雑学ハカセ 近年、カーナビゲーションシステムやパソコン、携帯電話などで、簡単に地図を見ることができます。これらのサービスには、地理情報システム(GIS)というシステムが利用されています。

　例えば、縮尺が2万5千分の1の地形図で、地図上の長さが4cmのときの実際のきょりは、次のようにして求めることができる。

地図上の長さ
$4\,\text{cm} \times 25000 = 100000\,\text{cm}$
縮尺の分母
$= 1000\,\text{m} = 1\,\text{km}$

地図の縮尺	実際のきょり1km の地図上での長さ	地図上の長さ1cm のときの実際のきょり
2万5千分の1	4 cm	250 m
5万分の1	2 cm	500 m
10万分の1	1 cm	1000 m
20万分の1	0.5 cm	2000 m

▲実際のきょりと縮尺の関係

❷ **縮尺のちがい**……2万5千分の1の地形図と5万分の1の地形図では、2万5千分の1の地形図の方が、縮尺が大きいという。地図は、縮尺が大きいほどせまい範囲をくわしく表し、縮尺が小さいほど広い範囲をおおまかに表す。

広い範囲をおおまかに表す。

せまい範囲をくわしく表す。

▲5万分の1地形図　　　　　　　　　　▲2万5千分の1地形図

3　**地図記号**　　国土地理院発行の地形図では、学校などの建物や施設、田・畑などの土地利用、道路や鉄道などが地図記号で表されている。

建物などの地図記号

◎ 市役所／東京都の区役所　⊗ 警察署　⊕ 病院　⚓ 港湾

○ 町・村役場（指定都市の区役所）　× 交番　発電所・変電所　温泉

🎓 小・中学校　郵便局　灯台　博物館

高等学校　消防署　神社　図書館

官公署　寺院　老人ホーム

自然災害伝承碑　風車

交通の地図記号

道路

橋

単線　駅　複線以上　鉄道（JR線）

単線　駅　複線以上　その他の鉄道

トンネル

その他の地図記号

△ 三角点：位置と高さを測るときの基準

水準点：高さを測るときの基準

市街地：建物が集まるところ

土地利用の地図記号

田　畑　果樹園　茶畑

竹林　あれ地　広葉樹林　針葉樹林

雑学ハカセ

地図記号は、表しているものの形や意味をもとにつくられているため、それぞれにその由来があります。2002年には博物館と図書館、2006年には老人ホームと風車、2019年には自然災害伝承碑の地図記号が新しく追加されました。

地理
第1編
日本の国土のようす

第1章
世界と日本

第2章
日本の自然と特色のある地域

4 等高線 海面から同じ高さの地点を結んだ線を**等高線**という。決して交わらず、土地の高さ（標高）や土地の高低によるかたむきを表すときに使われる。

高さは水準点、測量は三角点を基準とする

等高線の種類	2万5千分の1	5万分の1
主曲線——	10mごと	20mごと
計曲線——	50mごと	100mごと

▲主曲線と計曲線

❶ おもな等高線の種類

▶ **主曲線**…細い実線で引かれた等高線。

▶ **計曲線**…太い実線で引かれた等高線。

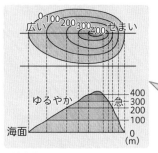

▲等高線とかたむき

等高線とかたむき

- 等高線と等高線の間がせまい
  →かたむきが急
- 等高線と等高線の間が広い
  →かたむきがゆるやか

❷ 等高線の間隔

等高線は、その間隔がせまいほど急なかたむき、広いほどゆるやかなかたむきを表している。

❸ 谷と尾根……等高線の低い方から山頂の方に食いこむところを**谷**、逆に山頂から低い方に張りだしているところを**尾根**という。

❹ 等高線を使わずに土地の高さを表した図

鳥が高いところから地上のようすを見たようにかいた地図を**鳥かん図**、くさび形の線を使って、土地の高いところや山の斜面のかたむきなどを表した地図を**ケバ図**、かげをつけたようなかき方で土地の高さを表した地図を**ぼかし（レリーフ）図**という。

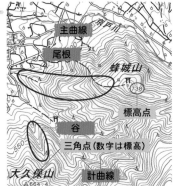

▲等高線と谷・尾根

▲鳥かん図

▲ケバ図

▲ぼかし（レリーフ）図

入試では

地形図をもとに、方位や地図記号などを読み取る問題が多く出題されています。また、等高線から地図の縮尺や山の高さ、土地のかたむきなどを問う問題も多く見られます。縮尺と等高線の関係をしっかり理解しておくことが重要です。

地理
第1編
日本の国土のようす

第1章
世界と日本

第2章
日本の自然と特色のある地域

3 特色のある地形 ★★

1 三角州

川の流れに運ばれてきた土砂が河口付近に積もってできたほぼ三角形に近い低い土地のことを三角州という。土地は肥えていて、古くから水田として利用されてきた。三角州は土地が低く平らであるため、等高線がほとんど見られない。

2 扇状地

山地を流れていた川が平野に出るところに、上流から運ばれてきた土砂が積もってできるおうぎ形の地形を扇状地という。扇状地の上部を扇頂、中央部を扇央、端を扇端という。おうぎ形に土地が広がり、少しずつ土地が低くなっている。

3 三日月湖

川が平野などを流れるときは、地面の傾斜がゆるやかなので流れが曲がりくねる。三日月湖とは、その曲がりが大きくなり、川の途中がくびれたり切られたりしてとり残されてできた三日月形の湖のことをいう。

▲三角州 （国土地理院発行20万分の1地勢図「広島」）

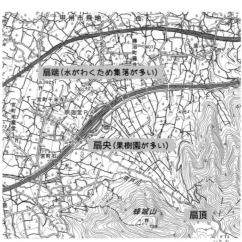

扇端（水がわくため集落が多い）

扇央（果樹園が多い）

扇頂

▲扇状地 （国土地理院発行2万5千分の1地形図「石和」）

くわしい学習

Q 地形図上の土地の実際の面積はどうやって求めるのですか。

A 例えば、縮尺が5万分の1の地形図で、地図上の1辺が1cmの正方形の土地の実際の面積は、次のようにして求めることができます。

実際の正方形の土地の1辺の長さは、1cm×50000＝50000cm＝500mになるので、実際の面積は500×500＝250000m²＝0.25km²となります。

三角州は、形がギリシャ文字のデルタ（Δ）に似ていることから、デルタとも呼ばれます。おもに水田として利用されてきましたが、広島市のように大都市となっているところもあります。また、山梨県の甲府盆地の扇状地では、ぶどう・ももなどの果樹栽培がさかんです。

1位 **縮尺と等高線** 2万5千分の1の縮尺では、地形図上の1cmの長さの実際のきょりは250mになる。等高線の間隔がせまいほど傾斜は急である。

2位 **日本の東西南北の端** 東の端は南鳥島、西の端は与那国島、南の端は沖ノ鳥島、北の端は択捉島。北海道の東に位置する択捉島をふくむ4つの島々の総称を北方領土という。

3位 **六大陸と三大洋** 六大陸→ユーラシア、北アメリカ、南アメリカ、アフリカ、オーストラリア、南極。三大洋→太平洋、大西洋、インド洋。

1 世界の六大陸と三大洋

□世界の六大陸のうち、いちばん広い大陸は？→**ユーラシア大陸**

□世界の六大陸のうち、オセアニア州に属する大陸は？→**オーストラリア大陸**

2 日本の位置と領域

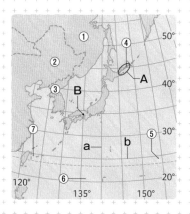

□地図の**a**の線を何というか？→**経線**

□地図の**b**の線を何というか？→**緯線**

□地図の①～③の国名は？

　①→**ロシア連邦**　②→**中国**　③→**北朝鮮**

□地図の④～⑦の日本の端にある島名は？

　④→**択捉島**　⑤→**南鳥島**

　⑥→**沖ノ鳥島**　⑦→**与那国島**

□地図の**A**の島々の総称は？→**北方領土**

□日本の標準時子午線は？→**東経135度**

□日本の標準時子午線が通る**B**の都市は？→**明石市**

3 地形図

□地形図の**a**と**b**の斜面では、どちらの方がかたむきが急か？→**b**

□地形図の①～⑩の地図記号は何を示しているか？

　①→**郵便局**　②→**小・中学校**

　③→**高等学校**　④→**警察署**　⑤→**神社**

　⑥→**老人ホーム**　⑦→**田**　⑧→**畑**　⑨→**針葉樹林**　⑩→**広葉樹林**

✅ 重点チェック

□ ❶ 地球の陸地と海洋の表面積の割合は、陸地が約[　　　]％、海洋が約[　　　]％となっています。

❶30、70　◉p.19

□ ❷ 三大洋のうち、最も広いのは[　　　]で、六大陸のうち、最も大きい大陸は[　　　]大陸です。

❷太平洋、ユーラシア　◉p.19

□ ❸ 緯度は[　　　]を０度として南北[　　　]度ずつに分けられ、経度はイギリスのロンドンを通る[　　　]を０度として東西[　　　]度ずつに分けられています。

❸赤道、90、本初子午線、180　◉p.20

□ ❹ 日本の標準時子午線は、兵庫県の[　　　]市を通る、東経[　　　]度の経線です。

❹明石、135　◉p.20

□ ❺ 世界の新期造山帯には、[　　　]造山帯とアルプス−ヒマラヤ造山帯の２つの造山帯があります。

❺環太平洋　◉p.23

□ ❻ 世界の気候は、寒帯、冷帯（亜寒帯）、[　　　]、[　　　]、乾燥帯の５つに大きく分けられます。

❻温帯、熱帯（順不同）　◉p.24

□ ❼ 世界は、大きく北アメリカ・南アメリカ・アフリカ・アジア・[　　　]・[　　　]の６つの州に分けられます。

❼ヨーロッパ、オセアニア（順不同）　◉p.025

□ ❽ 2021年現在、面積が最も大きい国は[　　　]で、２番目に大きい国は[　　　]です。

❽ロシア連邦、カナダ　◉p.25

□ ❾ 日本の北の端は択捉島、南の端は[　　　]、東の端は[　　　]、西の端は与那国島となっています。

❾沖ノ鳥島、南鳥島　◉p.29

□ ❿ 日本固有の領土の[　　　]は、現在はロシア連邦が不法占拠しているため、日本は返還を求め続けています。

❿北方領土　◉p.30

□ ⓫ 日本は、北海道、[　　　]、[　　　]、中部、中国・四国、[　　　]、[　　　]の７つの地方に分けられます。

⓫東北、関東、近畿、九州（順不同）◉p.30

□ ⓬ 少子化と高齢化が同時に続く傾向にある社会のことを[　　　]社会といいます。

⓬少子高齢　◉p.32

□ ⓭ 三大都市圏の中心となるのは、[　　　]、[　　　]、[　　　]の３つの大都市です。

⓭東京、大阪、名古屋（順不同）◉p.33

□ ⓮ 人口や産業が集中しすぎている状態を[　　　]、人口が著しく減少している状態を[　　　]といいます。

⓮過密、過疎　◉p.33

□ ⓯ 海面から同じ高さの地点を結んだ線を[　　　]といい、その間隔がせまいほどかたむきが[　　　]です。

⓯等高線、急　◉p.36

チャレンジ！思考力問題

●右の地図はリオデジャネイロを中心に正
距方位図法でえがいたものです。地図を
見て、次の問いに答えなさい。

【東京農業大第一中一改】

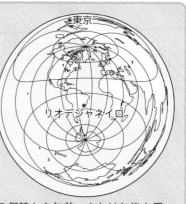

(1) リオデジャネイロから見て、東京が位置
する方位を四方位で答えなさい。

(2) 2016年のオリンピックはリオデジャネイ
ロで開催され、閉会式は現地時間8月21
日午後8時に始まり、このようすは日本
でも生中継で放送されました。日本で閉
会式の中継放送が始まった日時は何月何日の何時かを午前、または午後を用い
て答えなさい。なお、リオデジャネイロは西経45度に位置しているものとします。

▌キーポイント

(1) 正距方位図法でえがかれた地図は、中心からの方位ときょりが正しい地図で
あることから考える。

(2) 経度の差が15度につき1時間の時差が生じること、リオデジャネイロは西経
に位置していることに注意して、東京とリオデジャネイロの経度の差が何度
であるかを考える。

▌正答への道

(1) 地図上で、東京はリオデジャネイロのほぼ真上に位置している。図の中心か
らの方位が正しい地図(正距方位図法)であることから、真上にあたる方位は
何かを考える。

(2) 東京の標準時子午線は東経135度、リオデジャネイロの標準時子午線は西経45
度であることから、経度の差は、135＋45＝180(度)になる。このことから、
時差は、180÷15＝12(時間)であることがわかる。

また、西経に位置している地域は、東経に位置している地域より、1日の始ま
りはおそくなることから、東京は、リオデジャネイロより12時間進めた時刻
になる。

◆答え◆

(1) 北　(2) 8月22日午前8時

チャレンジ！ 記述問題

●次の地形図の中央に見られる市街地の東側と西側では、どのような土地利用のちがいが見られるか、西側の地形の特徴にふれながら50字以内で説明しなさい。

【鷗友学園女子中─改】

（国土地理院発行2万5千分の1地形図「江部乙」より作成。紙面の都合で原図を約58％に縮小して掲載）

▌条件に注意！//////

• 西側の地形にはどのような特徴があるかを読み取る。　• 50字以内で答える。

▌キーポイント//////

　西側に見られ、東側には見られない地形は何か。また、西側には、 ![illu] で示された地図記号が多く見られ、東側には、 ![illu] で示された地図記号が多く見られる。

▌正答への道//////

　西側には、三日月湖と川があるが東側にはないことと、市街地の東側と西側で、それぞれ多く見られる地図記号が何を表しているかをふまえて答えればよい。

解答例

　西側には川や三日月湖があって、水田としての土地利用が多く、東側の土地利用には畑が多い。〔43字〕（西側には、川や三日月湖があり、多くが田として利用されており、東側の多くは畑として利用されている。〔48字〕）

日本の国土のようす

第2章 日本の自然と特色のある地域

5年

日本の自然とさまざまな地方のくらし

日本は自然豊かな国で、国土の多くが温暖な温帯に属していますが、季節風や海流の影響で、地域ごとに特色のある気候が見られます。そのため、それぞれの地域の人々はいろいろなくふうをして、地形や気候に適したくらしをしています。

1 日本の地形

◎ 学習のポイント

1. 日本の国土の約4分の3は山地で、火山が多く見られる。

2. 日本の川は、世界の川と比べ、**短くて流れが急**になっている。

3. 日本の平野は、川が運んできた**土砂が積もって**できたものが多い。

4. 日本は周りを海に囲まれ、近海には**4つの海流**が流れている。

1 地形のしくみ　入試重要度 ★

1 プレート

地球の表面は、**プレート**と呼ばれる十数枚の岩石の層でおおわれており、それぞれの層の厚さは約100kmもある。その下にある**マントル**の動きとともに、プレートもゆっくりと移動しているため、プレートとプレートがぶつかり合う境界部では、常に激しい地殻変動がおこり、地震がおきたり、山脈・火山などができたりすると考えられている。

└このような考え方をプレートテクトニクスという

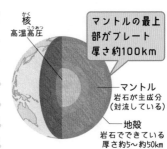

マントルの最上部がプレート 厚さ約100km

核 高温高圧

マントル 岩石が主成分（対流している）

地殻 岩石でできている 厚さ約5～約50km

▲地球のつくり

2 プレートの境界

❶ 海と陸のプレートの境界……海のプレートが陸のプレートの下にしずみこんでいるところでは、大きな地震がおきたり、海底が急に深くなる**海溝**や、それに平行して火山の列ができたりする。また、陸のプレートのへりには、大きな山脈や日本列島のような弓形の列島がつくられる。

火山　火山の列　海溝　活断層　大陸プレート　内陸直下型地震　海洋プレート　マグマ　プレート境界地震　●おもな地震の震源

▲大陸プレートの下にしずみこむ海洋プレート

❷ 陸と陸のプレートの境界……陸のプレートどうしがぶつかるところでは、巨大山脈ができ、大きな地震がおきる。巨大山脈には、**アルプス山脈やヒマラヤ山脈、アンデス山脈、ロッキー山脈**などがある。

ことば　マントル
厚さ約2900kmの基本的には岩石でできている層で、上部と下部の間に生じる温度差によって、ゆっくり動いている。

ことば　海溝
海のプレートがしずみこんでいる帯状の部分で、深さ6000m以上のところを海溝という。本州の東側にある日本海溝の最も深いところは、深さが8000mをこえている。

雑学ハカセ　現在、日本には「しんかい6500」という6500mの深さまでもぐることができる有人潜水調査船があります。この深さまでもぐることができる船は、現在世界に7せきしかありません。

2 日本の地形のしくみ ★

1 不安定な日本列島

日本列島は4つのプレートが出合うところに位置し、火山が多いことから、火山の噴火や地震による大規模な自然災害を受けることが多い。

2 構造線

地殻の変動によってできた大規模な断層を構造線という。

❶ **フォッサマグナ**……幅が約100km、長さが約300kmあり、本州の中央部を南北に横断しているみぞ状の地形を**フォッサマグナ**という。フォッサマグナを境に、日本列島は東日本と西日本に分けられる。

❷ **糸魚川-静岡構造線**……フォッサマグナの西の端にあたる、およそ新潟県糸魚川市と静岡県静岡市を結ぶ線を**糸魚川-静岡構造線**という。プレートの境界にあたるとも考えられ、西側には標高3000m級の**飛驒山脈・木曽山脈・赤石山脈**が連なっている。
北アルプス　中央アルプス　南アルプス

❸ **中央構造線**……西日本を北側と南側に分けている断層を**中央構造線**という。北側には中国山地や筑紫山地などの低くてなだらかな山地や高原が多いのに対して、南側には紀伊山地や九州山地などの高くて険しい山地が続いている。糸魚川-静岡構造線とは、長野県の諏訪湖付近で交わっている。

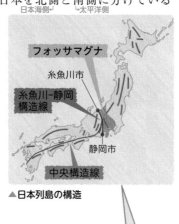
日本海側　太平洋側
フォッサマグナ
糸魚川市
糸魚川-静岡構造線
静岡市
中央構造線
▲日本列島の構造

フォッサマグナは、日本列島がユーラシア大陸からはなれるときにできた大地のさけ目と考えられている。

雑学ハカセ

フォッサマグナの「フォッサ」はラテン語で「割れ目」、「マグナ」も同じラテン語で「大きな」という意味で、明治時代にドイツの地質学者ナウマンが発見して命名したものです。現在、深さ6000mくらいまでは調査されていますが、実際の深さはまだわかっていません。

3 日本の山地 ★★

1 山 地
いくつかの高い山が集まって1つのまとまりをつくっているところを**山地**という。

❶ **山脈**……山地のうち、山の頂上が細長く連なって続いているものを**山脈**という。

❷ **高地**……山地のうち、起伏が小さいところを**高地**という。
└土地が高くなったり低くなったりしていること

❸ **高原**……山地のうち、表面が平らになっているところを**高原**という。

2 日本の山地の特色

❶ 日本の山地は、国土の**約4分の3**（山地と丘陵地の合計）をしめている。
└起伏が小さい低い山が集まっているところ

❷ 日本の山地は、傾斜が急で、海岸までせまっているところが多い。

3 日本のおもな山地・山脈・高地

❶ **北海道・東北地方**……北海道・東北地方の山地は、ほぼ南北の方向に走っている。
- ▶ **北海道地方**…北見山地、**日高山脈**、天塩山地、夕張山地
- ▶ **東北地方**…**白神山地**、**奥羽山脈**、出羽山地、北上高地、阿武隈高地
  └長さが約500 kmあり、日本最長の山脈

❷ **関東・中部地方**……関東・中部地方の山地は、ほぼ南北の方向に走っている。
- ▶ **関東地方**…関東山地
- ▶ **中部地方**…**飛驒山脈**、**木曽山脈**、**赤石山脈**
  └3つ合わせて「日本アルプス」と呼ばれる

❸ **近畿・中国・四国・九州地方**……近畿・中国・四国・九州地方の山地は、ほぼ東西の方向に走っている。
- ▶ **近畿地方**…丹波高地、和泉山脈、**紀伊山地**、鈴鹿山脈
- ▶ **中国地方**…**中国山地**
- ▶ **四国地方**…讃岐山脈、四国山地
- ▶ **九州地方**…筑紫山地、九州山地

参考 山脈・高地・高原

▲飛驒山脈

▲長野県 上高地

▲栃木県 那須高原

参考 国土の地形割合

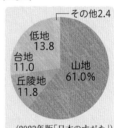

その他2.4
低地 13.8
台地 11.0
山地 61.0%
丘陵地 11.8

(2023年版「日本のすがた」)

ことば 白神山地
青森と秋田の県境の西部に広がる山地。世界最大規模のぶなの原生林が広がり、1993年に世界自然遺産に登録された。

▲白神山地のぶなの原生林

入試では 山地の割合（国土の約4分の3）、白神山地の名まえと場所、「日本アルプス」の名称と、飛驒山脈、木曽山脈、赤石山脈の名まえとその3つが並んでいる順番などがよく出題されます。

4 日本のおもな火山

日本列島は環太平洋造山帯の上に位置し、火山活動が活発である。火山の近くでは温泉がわき、観光や休養に利用されたり、地熱発電に利用されたりしているところもある。

▶ **有名な火山**…大雪山(北海道)、有珠山(北海道)、富士山(山梨県・静岡県)、浅間山(長野県・群馬県)、八ケ岳(山梨県・長野県)、阿蘇山(熊本県)など。

山名と所在県	標高(m) 丸数字は順位
富士山(山梨・静岡県)	①3776
北岳(山梨県)	②3193
奥穂高岳(長野・岐阜県)	③3190
間ノ岳(山梨・静岡県)	④3190
槍ケ岳(長野県)	⑤3180
東岳(静岡県)	⑥3141
赤石岳(長野・静岡県)	⑦3121

▲日本のおもな山(2023/24年版「日本国勢図会」)

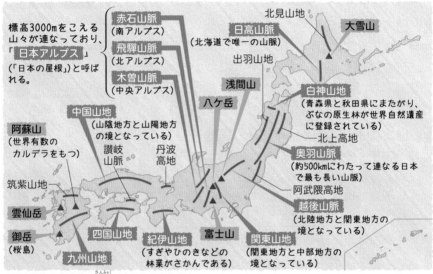

▲日本のおもな山地・山脈・高地と有名な火山

標高3000mをこえる山々が連なっており、「日本アルプス」(「日本の屋根」)と呼ばれる。

赤石山脈(南アルプス)
飛驒山脈(北アルプス)
木曽山脈(中央アルプス)
中国山地(山陰地方と山陽地方の境となっている)
阿蘇山(世界有数のカルデラをもつ)
讃岐山脈
丹波高地
筑紫山地
雲仙岳
御岳(桜島)
四国山地
九州山地
紀伊山地(すぎやひのきなどの林業がさかんである)
八ケ岳
富士山
北見山地
日高山脈(北海道で唯一の山脈)
大雪山
出羽山地
浅間山
白神山地(青森県と秋田県にまたがり、ぶなの原生林が世界自然遺産に登録されている)
北上高地
奥羽山脈(約500kmにわたって連なる日本で最も長い山脈)
阿武隈高地
越後山脈(北陸地方と関東地方の境となっている)
関東山地(関東地方と中部地方の境となっている)

くわしい学習

テーマ 阿蘇山のカルデラについて調べてみよう。

研究 火山の頂上付近が爆発などで落ちこんでできたくぼ地のことを**カルデラ**といい、熊本県にある阿蘇山は世界最大級のカルデラをもつ複式の火山です。カルデラの周りは外輪山と呼ばれる山で囲まれ、内部の火口原と呼ばれる平らな地域には町や村があり、農業も行われています。中央にある高岳や中岳などは、現在も火山活動が活発です。

▲カルデラのしくみ

温泉 火口原 火口 火口原湖 中央火口丘 外輪山 マグマ

雑学ハカセ 火山が多い日本では、温泉も数多くあります。温泉のもとになる源泉の数が最も多い県は大分県で、5093か所(2022年3月末現在。環境省調べ)もあります。以下、鹿児島県、静岡県、北海道、熊本県の順となっています。

4 日本の川 ★★★

1 日本の川の特色

❶ **川の水源**……日本の川の多くは、高い山地に水源をもち、海に注いでいる。

❷ **川の長さと速さ**……水源となる山地が海岸までせまっているため、外国（大陸）の川と比べて日本の川は、**短くて流れが急で**流域面積がせまい。

❸ **川の水量**……季節ごとに水量が大きく変化する。

▶ 夏…梅雨や台風の影響で大量の雨が降り、増水による洪水を引きおこすことがある。

▶ 春…冬に山地に積もった雪がとけ、その水が川に流れ出て水量が増える。

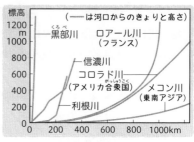
▲短くて急な流れの日本の川

参考 日本の三大急流
最上川（河口は山形県）、**富士川**（河口は静岡県）、**球磨川**（河口は熊本県）が三大急流とされている。

2 日本のおもな川

▶ **北海道地方**…石狩川、十勝川など。

▶ **東北地方**…北上川、最上川など。

▶ **関東地方**…利根川など。

▶ **中部地方**…神通川、信濃川、富士川、
（長野県を流れているときは千曲川という）
木曽川、長良川、揖斐川など。
（木曽川・長良川・揖斐川の3つを合わせて木曽三川という）

▶ **近畿地方**…淀川、熊野川（新宮川）など。

▶ **中国・四国地方**…太田川、四万十川など。
（河口の三角州上に広島市の中心部がある）（日本最後の清流）

▶ **九州地方**…筑後川、球磨川など。

川の名と河口がある道県	長さ(km) 丸数字は順位	流域面積(km²) 丸数字は順位
信濃川（新潟県）	①367	③11900
利根川（茨城・千葉県）	②322	①16840
石狩川（北海道）	③268	②14330
天塩川（北海道）	④256	5590
北上川（宮城県）	⑤249	④10150
阿武隈川（宮城県）	⑥239	5400

▲日本のおもな川　　（2023年版「理科年表」）

3 流域面積
その川に降った雨や雪どけ水が集まる範囲（流域）の面積のことを**流域面積**という。

4 川の利用

❶ **水力発電**……急な傾斜と豊富な水量を利用して、川の上・中流で水力発電が行われている。

❷ **用水**……川の水は、おもに生活用水、農業用水、工業用水として使われている。

日本で使う年間の水使用量のうち農業用水は、約3分の2をしめている。

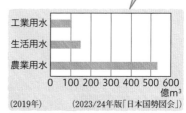
（2019年）　（2023/24年版「日本国勢図会」）
▲1年あたりの用水の使用量

雑学ハカセ 古くから洪水が多かった利根川、筑後川、吉野川を三大暴れ川といい、利根川は「坂東太郎」、筑後川は「筑紫次郎（二郎）」、吉野川は「四国三郎」という愛称がつけられています。

地理
第1編
日本の国土のようす

第1章
世界と日本

第2章
日本の自然と特色のある地域

5　日本の湖 ★

1　日本の湖の種類とおもな湖

❶ **火口湖**……火山の噴火口にできた湖を火口湖という。蔵王山の御釜など。

❷ **カルデラ湖**……カルデラの中にできた湖を**カルデラ湖**という。十和田湖、田沢湖など。
└支笏湖、洞爺湖などもカルデラ湖

❸ **火口原湖**……火口原の一部にできた湖を火口原湖という。芦ノ湖など。
└榛名山の榛名湖なども火口原湖

❹ **せき止め湖**……火山の噴火による溶岩や、地震や山くずれで川がせき止められてできた湖をせき止め湖という。中禅寺湖など。

❺ **その他**……土地が落ちこんで低くなったところにできた断層湖、海の一部が砂などで区切られた潟湖などがある。
└琵琶湖・諏訪湖など
└ラグーンともいう。サロマ湖・浜名湖など

湖名と所在道県	面積(km²)　丸数字は順位	最大水深(m)　丸数字は順位
琵琶湖(滋賀県)	①669.3	103.8
霞ケ浦(茨城県)	②168.2	11.9
サロマ湖(北海道)	③151.6	19.6
猪苗代湖(福島県)	④103.2	93.5
支笏湖(北海道)	78.5	②360.1
十和田湖(青森・秋田県)	61.1	③326.8
田沢湖(秋田県)	25.8	①423.4

▲日本のおもな湖

(2023年版「理科年表」)

2　日本の湖の利用

サロマ湖の**ほたて貝**、浜名湖のうなぎなど、**養殖業**がさかんなところがある。

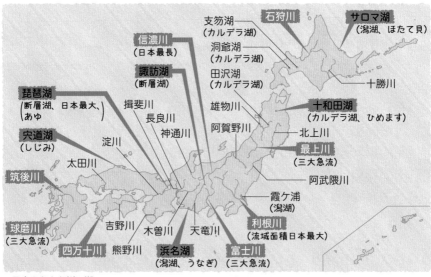

石狩川
支笏湖（カルデラ湖）
洞爺湖（カルデラ湖）
田沢湖（カルデラ湖）
サロマ湖（潟湖、ほたて貝）
十勝川
信濃川（日本最長）
諏訪湖（断層湖）
十和田湖（カルデラ湖、ひめます）
揖斐川
長良川
神通川
雄物川
阿賀野川
北上川
琵琶湖（断層湖、日本最大、あゆ）
宍道湖（しじみ）
淀川
最上川（三大急流）
阿武隈川
太田川
霞ケ浦（潟湖）
筑後川
利根川（流域面積日本最大）
球磨川（三大急流）
吉野川
木曽川
天竜川
四万十川
熊野川
浜名湖（潟湖、うなぎ）
富士川（三大急流）

▲日本のおもな川・湖

パワーアップ

遠浅の海や湖に堤防を築き、その中の水をぬいて、新しい耕地をつくることを干拓といいます。八郎潟(秋田県)、児島湾(岡山県)、有明海(九州)は、三大干拓地として有名です。

6 日本の平地 ★★★

1 日本の平地の種類

❶ **平野**……海に向かって開けた平地を**平野**という。
  ▶ **沖積平野**…川が運んできた土や砂が積もってできた平野を沖積平野という。ふつう、川の上流から、**扇状地→はんらん原→三角州**の順に並ぶ。
  ▶ **海岸平野**…浅い海底の隆起や、海水面の低下によって陸上に現れてできた平野を海岸平野という。宮崎平野や九十九里平野など。
  └千葉県

❷ **盆地**……周りを山に囲まれた平地を**盆地**という。盆地で多く見られる扇状地では、**果樹園**として利用されているところが多い。

▲盆地のようす

❸ **台地**……平野よりも土地が高い台状の平らな土地を**台地**という。扇状地がもり上がってできた武蔵野、牧ノ原や、三角州がもり上がってできた下総台地、河川の流域で見られる**河岸段丘**などがある。
埼玉県から東京都にかけての台地
静岡県中西部の台地。茶の栽培がさかん
└千葉県北部に広がる台地

⊕ズームアップ 扇状地・三角州 ➡p.37

参考 扇状地・三角州
扇状地に積もった土砂はつぶが大きいため、水はけがよく、また、寒暖差の大きい気候から果物の栽培がさかんである。三角州では、**水田**などに利用されたり、都市が発達したりしている。

参考 盆地の果樹栽培
各地の盆地では、その気候に適した果物が栽培されている。
● 福島盆地(もも・りんご)
● 山形盆地(おうとう)
● 甲府盆地(ぶどう・もも)
● 長野盆地(りんご)

ことば 河岸段丘
河川流域の土地が何度かにわたってもり上がるなどして、谷底の平地であった土地が、階段状の台地になった地形。

─── くわしい学習 ───

Q 平野はどうやってできるのですか。

A ①川が山地から平地に出るところに、土や砂が積もってできたおうぎ形の**扇状地**が形成されます。
②扇状地の下流では、川はゆるやかに流れて蛇行します。そして、洪水がおこったときに、川沿いは川のはんらんを受けて低く平らな土地(はんらん原)となります。はんらん原では、三日月湖や川の底が周りの土地より高い天井川なども見られます。
③さらに、川が海へ流れ出す河口付近に、つぶの細かい土砂が積もって三角形状の**三角州**が形成されます。

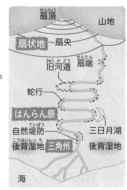
▲沖積平野のでき方

入試では 地形図を用いた扇状地や三角州に関する問題が多く見られます。扇状地と三角州が形成される場所やおもな利用法などを整理しておきましょう。

2 日本のおもな平野・盆地・台地

▶ **北海道地方**…**石狩平野**、**十勝平野**、上川盆地、**根釧台地**など。

▶ **東北地方**…津軽平野、仙台平野、**庄内平野**、山形盆地、福島盆地など。

▶ **関東地方**…**関東平野**、下総台地など。

▶ **中部地方**…**越後平野**、**濃尾平野**、**甲府盆地**、長野盆地、牧ノ原など。

▶ **近畿地方**…大阪平野、京都盆地、奈良盆地など。

▶ **中国・四国地方**…鳥取平野、岡山平野、讃岐平野、**高知平野**など。

▶ **九州地方**…**筑紫平野**、**宮崎平野**、日田盆地、**シラス台地**など。

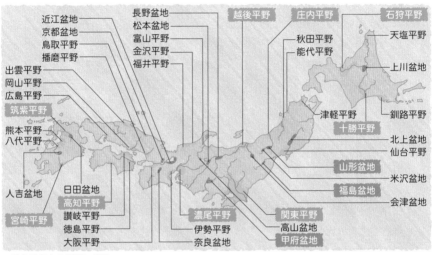

▲日本のおもな平野・盆地

⚫くわしい学習

🖊**テーマ** 火山灰が積もってできた台地について調べてみよう。

🔍**研究** 火山灰が積もってできたおもな台地には、**根釧台地**、**関東ローム**、**シラス台地**があります。これらの台地は水はけがよく稲作に適さないため、畑作や畜産業がさかんです。

▶ **根釧台地**……北海道東部に位置し、乳牛を飼育して乳製品をつくる**酪農**がさかんです。

▶ **関東ローム**……関東平野に広く分布しており、野菜の栽培などの畑作がさかんです。

▶ **シラス台地**……九州南部に広がり、畑作や畜産業がさかんです。

川の名まえとその川の下流にある平野がセットで出題される場合が多いので、おもな川とそれらの下流にある平野の名まえを合わせて覚えておくようにしましょう。

地理
第1編
日本の国土のようす

第1章
世界と日本

第2章
日本の自然と
特色のある地域

7 日本の周りの海・湾・海峡 ★★

1 日本の周りの海
日本は、**太平洋**、**日本海**、**オホーツク海**、**東シナ海**に囲ま（かこ）れている。

2 日本の周りの海流
ほぼ同じ水温で、一定の方向に流れる海水の流れを**海流**という。海流には**暖流**と**寒流**がある。日本近海では、日本海側を、暖流の**対馬海流**（つしま）と寒流の**リマン海流**が流れ、太平洋側を、暖流の**黒潮（日本海流）**（くろしお）と寒流の**親潮（千島海流）**（おや・しお／ちしま）が流れている。三陸沖（さんりく）など、暖流の黒潮と寒流の親潮がぶつかるところを**潮目（潮境）**（しおめ・しおざい）といい、プランクトンなどの魚のえさが豊富（ほうふ）なため、魚がたくさん集まるよい漁場となっている。

▲ 日本の周りの海と海流

❶ **黒潮（日本海流）**……黒潮は、九州・四国南岸から三陸海岸沖へ流れる暖流である。沖合に黒潮が流れている地方では、冬でも暖（あたた）かい。
↳こいあい色をしているため黒潮という

❷ **対馬海流**……対馬海流は、黒潮から分かれて対馬海峡（かいきょう）を通り、日本海沖を流れる暖流である。

❸ **親潮（千島海流）**……親潮は、千島列島・北海道の東岸を通り、三陸海岸の沖合を流れる寒流である。東北地方の太平洋側では、初夏〜夏に北東の風が親潮の上空をふくと冷たい風（**やませ**）となって、農作物に被害（ひがい）をあたえる**冷害**をおこすことがある。
↳養分が豊富で、さけ・ますなどを育てるため親潮という

❹ **リマン海流**……リマン海流は、日本海の北部を流れる寒流である。

3 湾と海峡（わん）
海などが陸地に大きく入りこんでいる地形を**湾**といい、陸と陸ではさまれたせまい海を**海峡**という。

> **ことば** 暖流・寒流
> 低緯度（いど）から高緯度に向かって流れる海流を**暖流**、高緯度から低緯度に向かって流れる海流を**寒流**という。暖流はプランクトンが少ないので透明度（とうめいど）が高い。

宗谷海峡（北海道と樺太の間）
石狩湾
津軽海峡（本州と北海道の間）
富山湾
若狭湾
関門海峡（九州と本州の間）
大阪湾
陸奥湾
仙台湾
東京湾
相模湾
駿河湾
伊勢湾
土佐湾
大村湾
鹿児島湾

▲ 日本のおもな湾と海峡

雑学ハカセ 魚には、水温が低い海域で生育するさけ・にしん・さんまなどの寒流魚と水温が比較的高い（ひかく）海域で生育するかつお・まぐろなどの暖流魚がいます。潮目はこれら両方の魚が集まってくる場所になっています。

8 日本の海岸・半島・岬 ★★

1 半島・岬
大きく海などにつき出ている陸地のことを半島という。また、半島よりも小さく海などにつき出ている陸地のことを岬という。

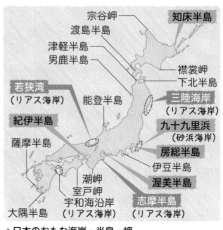
▲日本のおもな海岸・半島・岬

（地図内ラベル）
宗谷岬 / 渡島半島 / 津軽半島 / 男鹿半島 / 知床半島 / 襟裳岬 / 下北半島 / 若狭湾（リアス海岸）/ 能登半島 / 三陸海岸（リアス海岸）/ 紀伊半島 / 九十九里浜（砂浜海岸）/ 薩摩半島 / 房総半島 / 伊豆半島 / 渥美半島 / 志摩半島（リアス海岸）/ 潮岬 / 室戸岬 / 宇和海沿岸（リアス海岸）/ 大隅半島

2 日本の海岸の特色

❶ 複雑で長い海岸線……日本の海岸には、多数の湾や半島、岬があり、複雑な海岸線となっている。

❷ 天然の良港が多い……海岸線が複雑なところは天然の良港となっているところが多い。

3 いろいろな海岸

❶ リアス海岸……山地が海にしずんでできた海岸をリアス海岸といい、岬と湾が入りくんだ複雑な海岸地形である。リアス海岸は、**三陸海岸、若狭湾、志摩半島**などに見られる。

❷ 砂浜海岸……砂や小石が積もってできた遠浅の海岸を**砂浜海岸**という。**九十九里浜**が代表例である。

▲リアス海岸（志摩半島）

▲砂浜海岸（九十九里浜）

❸ 海岸線の長さ……日本は、島・半島・湾が多いため、海岸線は複雑である。特に太平洋側は日本海側に比べて海岸線の出入りが多い。日本の海岸線の長さは約3万5000 kmにもなり、中国やアメリカ合衆国よりも長い。また、都道府県では、北海道や長崎県が特に長くなっている。

ことば

● 三陸海岸
東北地方の太平洋側を青森県八戸市から宮城県の牡鹿半島まで続く海岸。

● 若狭湾
福井県南西部から京都府北部にかけての日本海側に位置する湾。

● 志摩半島
三重県東部にある太平洋につき出た半島。

参考 海岸線の長い道県

1位 北海道 4402 km
2位 長崎県 4196 km
3位 鹿児島県 2643 km
4位 沖縄県 2027 km
5位 愛媛県 1633 km

世界で最も海岸線が長い国はカナダで、約20万2080 kmもある。
（2023年版「理科年表」など）

パワーアップ リアス海岸では、水深が深く船の出入りがしやすいため、良い漁港が多く見られます。その一方、リアス海岸は津波の被害を受けやすく、三陸海岸は2011年の東日本大震災で大きな被害を受けました。

地理
第1編
日本の国土のようす

第1章
世界と日本

第2章
日本の自然と特色のある地域

2 日本の気候

◎ 学習のポイント

1. 日本の大部分は、温暖な**温帯**に属し、四季の区別がはっきりしている。

2. 日本の気候は、**季節風**や**海流**の影響を大きく受けている。

3. 日本の気候は、大きく分けて地域ごとに**6つの気候**に区分される。

1 日本の気候の特色 ★★★

1 温帯気候 世界の気候区分では、日本の大部分は温帯に属していて、春夏秋冬の四季の区別がはっきりしている。

2 多い降水量 日本は、多くの地域が温帯のうちの**温暖湿潤気候**に分類され、世界の温帯に属する国々と比べても降水量が多い国である。

🔍**ズームアップ** 世界の気候
➡ p.24

📖**参考** 日本有数の多雨地帯
三重県の尾鷲市は、1年間に4000 mm以上の降水量を記録することもあり、日本有数の多雨地帯である。

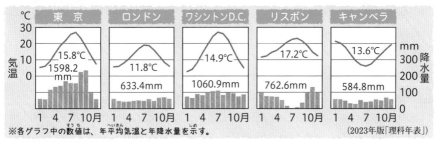

※各グラフ中の数値は、年平均気温と年降水量を示す。
(2023年版「理科年表」)

▲世界の温帯の都市の気温・降水量

▲世界の温帯地域の分布

📖**参考** 世界の温帯地域
温帯は、日本などが属する高温多雨の**温暖湿潤気候**、イギリスなどの西ヨーロッパなどが属する高緯度でも比較的温暖な**西岸海洋性気候**、イタリアなどの地中海沿岸地域などが属する夏は乾燥し、冬に雨が多い**地中海性気候**の3つに分類される。

パワーアップ 日本は世界の気候では温帯に属していますが、北海道は冷帯（亜寒帯）、1年を通じて気温が高く降水量が多い南西諸島や小笠原諸島は、温帯と熱帯の間にある亜熱帯に分類されます。

3　日本の気候に影響をあたえるもの

❶ **季節風**……夏は太平洋から**南東の季節風**が、冬は
   └季節によって決まった方向からふく風。モンスーンともいう
   シベリアから**北西の季節風**がふき、
   夏の太平洋側は高温多雨、冬の日本
   海側は大雪となる。

❷ **海流**……近くを暖流が流れていて暖
   └黒潮(日本海流)など
   かいところや、寒流が流れていて気
   └親潮(千島海流)など
   温が上がらず、冷害をおこすところ
   もある。

❸ **梅雨と台風**……6〜7月ごろの**梅雨**
   と、8〜9月ごろに上陸する**台風**の
   影響で雨が多くなる。

季　節	始まりの日	終わりの日
春	2月末ごろ	5月中ごろ
初　夏	5月中ごろ	6月中ごろ
梅　雨	6月中ごろ	7月中ごろ
夏	7月中ごろ	9月初めごろ
初　秋	9月初めごろ	10月中ごろ
秋	10月中ごろ	11月末ごろ
初　冬	11月末ごろ	12月末ごろ
冬	12月末ごろ	2月末ごろ

▲季節の始まりと終わり

2　日本の四季 ★★

1　四季の変化
日本は、春の
木々の新芽、初夏の新緑、秋の
紅葉と四季の移り変わりによる
自然があり、人々の生活にも季
節に応じた風俗や習慣が生まれ、
変化に富んでいる。

(1991〜2020年の平年値)
※数字は月・日を表す。

▲さくらがさきはじめる日

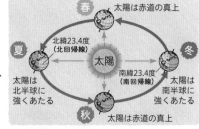

九州と北海道では
さくらの開花が約
1か月半ちがう。

2　春の気候
南風がふき、気温が上がってくるが、
春の初めは低気圧と高気圧が交代して通り、天気はく
ずれやすい。さくらは南の九州の方からさきはじめる
が、北海道では5月にさくなど季節のおくれがある。

━━━━━━━━━━━━ くわしい学習 ━━━━━━━━━━━━

💬**Q**　四季はなぜできるのですか。

⚙**A**　地球は**23.4度**かたむいて太陽の周
りを回っています。太陽が**北半球**に強くあ
たるときは、北半球が夏で南半球は冬にな
ります。太陽が**南半球**に強くあたるときは、
南半球が夏で北半球は冬になります。太陽
が赤道の真上を通るときは、春と秋になり
ます。

春　太陽は赤道の真上

北緯23.4度
(北回帰線)

夏　太陽は
北半球に
強くあたる

太陽

冬　南緯23.4度
(南回帰線)
太陽は
南半球に
強くあたる

秋　太陽は赤道の真上

▲四季ができるわけ

雑学ハカセ　さくらは、ふつう春にさきますが、「不時現象」といって、夏の終わりに急に寒くなるとそれ
を冬とまちがえ、その後気温が高くなると「春が来た」とかんちがいして秋に開花することが
あります。

地理
第1編
日本の国土のようす

第1章
世界と日本

第2章
日本の自然と特色のある地域

3 夏の気候

夏は、太平洋から**南東の季節風**が黒潮の湿気を運んできて、中央にある山地にあたって雨となる。^{↳奥羽山脈、越後山脈など}このため、太平洋側は雨が多く蒸し暑くなる。

一方、中央にある山地をこえた季節風は、かわいた風となるので、日本海側は雨が少なく、晴れた日が多くなる。^{かわいた高温の風となってフェーン現象がおこることもある↲}

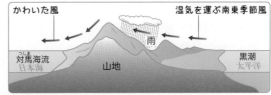

▲ 夏の南東季節風のしくみ

🔍ズームアップ フェーン現象
➡p.263

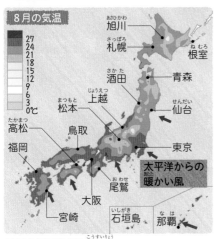

8月の気温

8月の降水量

400mm以上
200～400
100～200
50～100
50mm未満

▲夏(8月)の気温と降水量

くわしい学習

💬**Q** 季節風はなぜ向きが変わるのですか。

⚙**A** 日本付近には、**気団**と呼ばれる同じ性質をもった空気のかたまりがあり、季節ごとの気候に影響をあたえています。夏には大陸のシベリア方面で低気圧が発生し、太平洋の小笠原諸島付近で高気圧が発生するため、太平洋の高気圧から大陸の低気圧に向かって風がふき、**南東の季節風**となります。冬には高気圧が発生する大陸のシベリア方面から太平洋の低気圧に向かって風がふき、**北西の季節風**となります。

▲日本付近の気団

パワーアップ

気候に関係する風には季節風のほかに偏西風があります。偏西風は1年を通じて西からふく風のことで、西ヨーロッパの気候に影響をあたえています。日本には、春ごろ、中国から黄砂と呼ばれる細かい砂やちりを運んでくることがあります。

4 秋の気候

8月末から9月中ごろにかけて**台風**がしばしば日本列島をおそい、洪水、山くずれ、がけくずれ、高潮などの被害をもたらす。10月ごろになると好天気が続き、木々の紅葉が見られるようになる。紅葉は、さくらの開花時期とは反対に、北海道など北から1か月以上にわたって南に向かって進んでいく。

※数字は月・日を表す。

▲紅葉前線の例

紅葉の見ごろは北海道から南下していくのがわかる。

5 冬の気候

冬は、シベリアからふく冷たい**北西の季節風**が、日本海の水蒸気をふくみ、日本の中央にある山地にあたって雲となり、日本海側に多量の雪や雨を降らせる。しかし、中央にある山地をこえた季節風は、水分が少なくなり**からっ風**となって太平洋側にふきぬけるので、太平洋側は乾燥した晴天の日が多くなる。

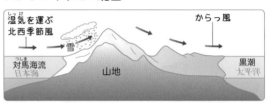

湿気を運ぶ北西季節風

雪

からっ風

対馬海流 日本海

山地

黒潮 太平洋

▲冬の北西季節風のしくみ

ズームアップ 高潮 ➡p.214

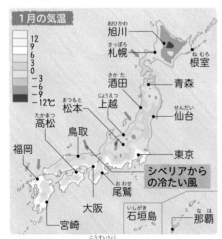

1月の気温

12
9
6
3
0
-3
-6
-9
-12℃

旭川
札幌
根室
酒田
青森
松本
上越
仙台
高松
鳥取
福岡
東京
シベリアからの冷たい風
尾鷲
大阪
宮崎
石垣島
那覇

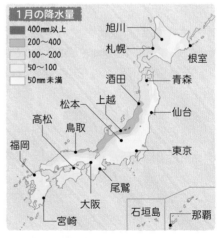

1月の降水量

400mm以上
200〜400
100〜200
50〜100
50mm未満

旭川
札幌
根室
酒田
青森
松本
上越
仙台
高松
鳥取
福岡
東京
尾鷲
大阪
宮崎
石垣島
那覇

▲冬(1月)の気温と降水量

雑学ハカセ

冬に太平洋側にふく強風をからっ風といいます。群馬県にふく強風は、赤城山からふきおろすため「赤城おろし」や、昔使われていた群馬の名称から「上州からっ風」といわれ、特に有名です。

地理
第1編
日本の国土のようす

第1章
世界と日本

第2章
日本の自然と
特色のある地域

6 梅 雨

❶ **梅雨**……6月中ごろ～7月中ごろ、九州地方から東北地方にかけて毎日のように雨模様のぐずついた天気が続く。これを**梅雨**という。北海道では梅雨の影響をほとんど受けない。

❷ **梅雨がおこる理由**……オホーツク海気団と小笠原気団がぶつかるところにできた**梅雨前線**が日本列島の上に停滞し、この前線に沿って大陸で発生した低気圧が次々に東に進み、長い間雨を降らせる。

> **ことば** 梅雨前線
> 2つの気団が地表面で接触する線を前線といい、梅雨のころ日本にかかる前線を**梅雨前線**という。

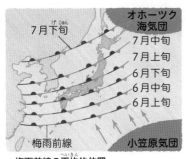

▲梅雨前線の平均的位置

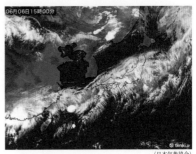

06月06日15時00分

▲梅雨の時期の雲のようす

（日本気象協会）

7 台 風

❶ **台風**……南方の太平洋上に発生した、**熱帯低気圧**が発達して大きくなったものを台風という。フィリピン諸島や日本列島、ユーラシア大陸南部などに上陸することが多い。
↳熱帯地方の海上で発生する暖かい空気のかたまり

❷ **台風の被害**……台風は暴風雨をともなうため、接近・上陸すると大きな風水害をもたらす。伊勢湾台風などでは、多くの死者・行方不明者を出した。
↳1959年。伊勢湾沿岸では高潮による被害が大きかった

▲台風の進路

08月22日15時00分

▲台風の雲のようす

（日本気象協会）

> 8月末ごろから9月にかけて日本へ進路を向ける。

パワーアップ 熱帯低気圧のうち、低気圧の範囲内の最大風速が毎秒約17m以上にまで発達したものを台風といいます。また、カリブ海やメキシコ湾で発生するものをハリケーン、インド洋などで発生するものをサイクロンといいます。

3 日本の気候区分 ★★★

1 日本の気候区分

日本の大部分は**温帯**に属しているが、南北に長いため、地域によって気温や降水量にちがいが見られる。また、**海流**や**季節風**も各地の気候に大きな影響をあたえている。そのため、日本の気候は大きく、次の❶〜❻の6つの気候区に分けることができる。

❶ 北海道の気候　　❷ 太平洋側の気候　　❸ 日本海側の気候
❹ 中央高地の気候　　❺ 瀬戸内の気候　　❻ 南西諸島の気候

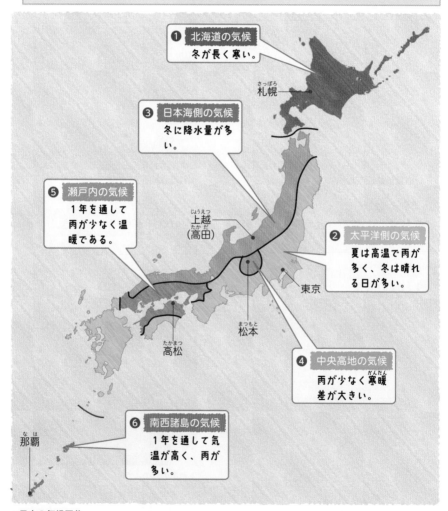

❶ 北海道の気候
冬が長く寒い。

札幌

❸ 日本海側の気候
冬に降水量が多い。

❺ 瀬戸内の気候
1年を通して雨が少なく温暖である。

上越（高田）

❷ 太平洋側の気候
夏は高温で雨が多く、冬は晴れる日が多い。

東京

松本

高松

❹ 中央高地の気候
雨が少なく寒暖差が大きい。

那覇

❻ 南西諸島の気候
1年を通して気温が高く、雨が多い。

▲日本の気候区分

南アメリカのペルー沖から太平洋の日付変更線付近までの海面水温が、通常より高い状態が続く現象をエルニーニョ現象といいます。エルニーニョ現象は日本をふくめ世界中の異常気象の原因になると考えられています。

2 各気候区分の特色

地理
第1編
日本の国土のようす
第1章
世界と日本
第2章
日本の自然と
特色のある地域

❶北海道の気候……世界の気候区分では**冷帯（亜寒帯）**となる。夏は短く、冬は長くて寒さが厳しい。太平洋側では、夏は寒流の親潮（千島海流）の影響ですずしい。梅雨や台風の影響が少なく、1年を通じて降水量も少ない。

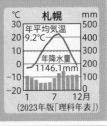

❷太平洋側の気候……夏は南東の季節風の影響を受け、雨が多くて蒸し暑い。冬はかわいた北西の季節風が山ごしにふき、晴れた日が多い。九州地方や四国地方と紀伊半島の南部では、6月に梅雨、夏から秋にかけては台風で雨が多く、冬は雨が少ない。

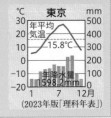

❸日本海側の気候……冬は北西の季節風の影響を受け、雨や雪が多く、気温は低い。北陸地方は日本で最も雪の多い豪雪地帯である。夏は南東の季節風が山地からふいてくるとき高温の乾燥した風となり、気温が異常に上がる**フェーン現象**がおこることがある。

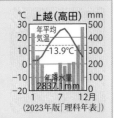

❹中央高地の気候……夏と冬、昼と夜の気温差が大きい。季節風の影響が少なく1年を通じて降水量が少ない。

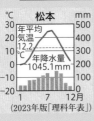

❺瀬戸内の気候……中国山地と四国山地が季節風をさえぎるため、1年を通じて降水量が少なく晴天の日が多い。

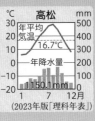

❻南西諸島の気候……1年を通じて気温が高く雨が多いため、**マングローブ**などの熱帯植物が育つ。南西諸島の気候には、沖縄や大島（奄美大島）をはじめとする南西諸島のほか、小笠原諸島もふくまれる。梅雨や台風の被害を受けやすく、特に夏に降水量が多い。

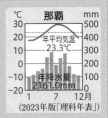

入試では 雨温図で示された気候区や都市を見分ける問題が多く出題されます。見分けるポイントは、降水量が多い気候では、夏に多いのが太平洋側の気候、冬に多いのが日本海側の気候です。降水量が少ない気候では、夏と冬の気温差が大きいのが中央高地の気候になります。

雨の少ない地方

▶雨の少ない瀬戸内地方

夏は太平洋側からふくしめった風が四国山地に、冬は日本海側からふくしめった風が中国山地にさえぎられ、1年を通してかわいた風がふくため、雨が少ない地域となっている。

▲瀬戸内地方の地形

瀬戸内地方の地形

瀬戸内地方は、北の**中国山地**と南の**四国山地**にはさまれている。

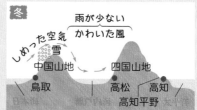

▲瀬戸内地方で雨が少ないしくみ

讃岐平野とため池

香川県の北部に広がる**讃岐平野**は、雨が少ないうえに大きな川がないため、夏になると**干害**になることが多かった。そのため、水不足に備えるために、わずかな雨を利用して、多くの**ため池**がつくられた。

▲讃岐平野のため池

香川用水

ため池だけでは水不足の解消は困難であったため、徳島県を流れる**吉野川**から水を引いて**香川用水**がつくられた。

 雑学ハカセ　讃岐平野には、かつては2万〜3万のため池がありました。2021年4月現在、香川県には1万2000ほどのため池があります。その中で最も大きい満濃池は、今から約1200年前、日本に真言宗を伝えた空海によって改修されたと伝えられています。

地理
第1編
日本の国土のようす

第1章
世界と日本

第2章
日本の自然と
特色のある地域

3 高い地方のくらし

◎ 学習のポイント

1. 山間部では、山の斜面のたな田や段々畑で農業が行われている。
2. 野辺山原では、夏でもすずしい気候を利用して高原野菜を栽培している。

1 高い地方のくらし ★★

1 山間部の農業
山間部の山村では、山の斜面を切り開いてたな田や段々畑をつくって、農業が行われている。

❶ **たな田**……山の斜面を利用してつくられた階段状の水田を**たな田**といい、稲作が行われている。

❷ **段々畑**……山の斜面を利用してつくられた階段状の畑を**段々畑**といい、野菜や果物が栽培されている。

2 高原の農業
八ケ岳山ろくの**野辺山原**や群馬県の嬬恋村などの高原では、夏でもすずしい気候を利用して、レタスやキャベツなどの野菜の栽培がさかんである。

▲たな田

▲段々畑

ことば 嬬恋村
群馬県の西部にある村。浅間山のふもとに位置し、キャベツなどの高原野菜の栽培がさかんである。

2 野辺山原の位置と気候 ★

1 野辺山原の位置
野辺山原は、長野県と山梨県の県境にある**八ケ岳**のふもとにある。

2 野辺山原の気候
野辺山原は、約1300〜1500mの高さのところにあり、1年の平均気温は約7度で、冬の寒さは厳しく夏はすずしい。12月〜3月までの月の平均気温は0度以下で、しもが降りる時期が1年の半分以上もある。真夏でも30度をこえる日はほとんどない。

▲野辺山原のようす

雑学ハカセ JR小海線の野辺山駅は、標高約1345mの地点にあり、JRの駅の中で最も標高の高いところにあります。また、最も標高の高い地点にあるJRの線路も野辺山高原にあります。

3 野辺山原の野菜づくり ★★★

1 高原野菜

夏でもすずしい気候を利用して、低地より出荷時期をおくらせてつくられる野菜のことを**高原野菜**という。

レタス、キャベツ、はくさいなど

2 野菜づくりのくふう

❶ **抑制栽培**……野辺山原では、夏でもすずしい気候を利用して、ほかの地域よりおそい時期に収穫する**抑制栽培**が行われている。

❷ **輪作**……同じ畑で、毎年同じ野菜を続けてつくると、土地がやせたり病虫害が発生したりするなどの**連作障害**がおこる。そのため、間に別の作物をつくるなどして、同じ野菜を同じ畑で続けてつくらない**輪作**が行われている。

❸ **輸送**……収穫した野菜は、**コールドチェーン**を利用して、新鮮さを保ったまま運ばれている。

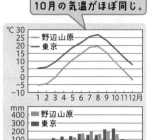

野辺山原の7月と東京の10月の気温がほぼ同じ。

▲野辺山原と東京の気温・降水量

(1991〜2020年の平均値) (気象庁)

参考 高原野菜の生産地
レタスは長野県、キャベツは群馬県が、それぞれ全国一の生産量。はくさいは長野県が全国2位の生産量(2021年)。

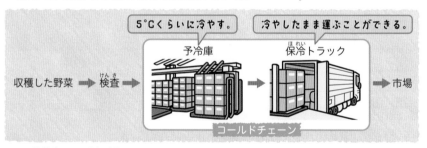

5℃くらいに冷やす。 冷やしたまま運ぶことができる。

収穫した野菜 ➡ 検査 ➡ 予冷庫 ➡ 保冷トラック ➡ 市場

コールドチェーン

▲コールドチェーンのしくみ

―――――――――― くわしい学習 ――――――――――

Q 抑制栽培の長所はどのような点ですか。

A 野辺山原では、野菜を夏ごろに収穫しますが、このころは平地の野菜の生産量が減る時期で、市場に入ってくる野菜の数が減っています。そのため、この時期に出荷することで、野菜をより高い値段で売ることができます。

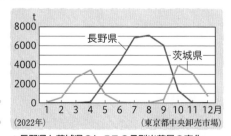

(2022年) (東京都中央卸売市場)

▲長野県と茨城県のレタスの月別出荷量の変化

パワーアップ

高原野菜をつくっている畑では、気温の急激な変化や乾燥から作物を守り、土が風で飛ばされるのを防ぐために、穴のあいたフィルムでおおわれています。

地理

第1編

日本の国土のようす

第1章

世界と日本

第2章

日本の自然と特色のある地域

4 低い地方のくらし

◎学習のポイント

1. 濃尾平野に位置する海津市では、低地のため洪水になやまされてきた。
2. 洪水対策として、家や土地の周りを堤防で囲んだ輪中がつくられた。

1 濃尾平野 ★★

1 濃尾平野と木曽三川

愛知県と岐阜県にまたがる濃尾平野には揖斐川、長良川、木曽川の木曽三川が流れており、これらの川にはさまれた土地の多くは、海面より低くなっている。

▲海津市の位置

▲堤防で囲まれている土地のようす

2 海津市

岐阜県海津市は木曽三川の下流に位置している。川に囲まれた土地はかなり低く、低地の代表的な地域になっている。

2 洪水への対策 ★

1 輪中

低地である海津市のあたりは、昔からたびたび洪水になやまされてきた。そのため、洪水から家や畑を守るために土地の周りに堤防を築いた。このような、水害を防ぐために、家や畑の周りを堤防で囲んだ土地のことを輪中という。

└─土砂などでつくられた細長い高地┘

▲輪中の断面図

▶ 水屋…家の中でも特に高いところにつくられた建物を水屋といい、洪水のときの避難場所としてつくられた輪中独特の建物になっている。

└現在はほとんど見られなくなっている

雑学ハカセ 輪中地域の家で見られる水屋は、どの家にもつくられたわけではなく、裕福な家だけがつくることができました。一般の人々は、高いところにある土地や神社に避難していました。

2 近代の治水工事

今から約140年前に、輪中ではじょうぶな堤防を築いて揖斐川・長良川・木曽川を分流させ、川の流れを太く直線にする工事が始められた。これによって、水害の心配は減り、米の生産量は大きく増えた。

3 輪中の農業 ★

1 昔の農業

❶ **ほり田**……輪中は水はけが悪いため、湿地の一部の土をほって積み上げて高くしたところに稲を植えた(ほり上げ田)。また、土をほったあとは、池や沼ができた(ほりつぶれ)。ほり上げ田とほりつぶれをまとめてほり田という。

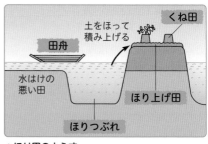
▲ほり田のようす

❷ **田舟**……農作業の行き来や、農具・収穫物の輸送に使う舟のことを田舟といい、洪水から避難するときにも使われた。

2 近年の農業

❶ **土地改良**……輪中の内側の水路をうめ立て、平らになった土地を区画整理し、用水路や排水路を設けた。さらに、大型ポンプをもつ排水機場を設置した。

▲田舟

❷ **ほ場整備**……大型機械が使えるようにするために、田や畑の広さや形を整備するほ場整備が行われた。

❸ **暗きょ排水**……地下に通したパイプによって排水する暗きょ排水を設けることで、土地を畑としても水田としても使えるようにした。

❹ **現在の農業**……土地改良によって、大型機械を使った米づくりが可能になった。また、温暖な気候や大消費地に近いことを生かした野菜づくりもさかんになっている。
野菜のほか、大豆や小麦、果物も生産されている

ことば **ほ場整備**

ばらばらになっている田畑をまとめて大きくして、使いやすい田畑にすること。田畑が大きくなることで大型機械を使うことができるようになり、作業時間が短縮するなどの利点がある。

パワーアップ

海津市と同じように低地となっている地域として、水郷と呼ばれる利根川下流の地域や、信濃川下流の越後平野、筑後川下流の筑紫平野などもよく知られています。

地理
第1編
日本の国土のようす

第1章
世界と日本

第2章
日本の自然と
特色のある地域

5 暖かい地方のくらし

◎学習のポイント

1. 沖縄県の家では、**台風**による被害や**水不足**に備えたくふうが見られる。
2. 沖縄県は、畜産やパイナップル、さとうきび、花きの生産量が多い。

1 沖縄県の位置と気候 ★★

1 沖縄県の位置と気候

❶ **沖縄の位置**……沖縄県は日本列島の南西に位置する。県庁所在地の**那覇市**から東京までは、およそ1500kmはなれており、韓国のソウルの方が近い。

❷ **沖縄の気候**……沖縄は1年を通して気温が高く、暖かい。**梅雨と台風**の影響を大きく受けるため、特に5月～9月にかけて降水量が多い。

▲沖縄からのきょり

2 沖縄の自然 ★

1 沖縄の島々
沖縄県は、日本の国土の最も西にある**与那国島**や、めずらしい動物が生息する**西表島**など、およそ690余りの島々からなっている。

2 沖縄の自然
大小の島々と**さんごしょう**のある美しい海に囲まれた沖縄は、ハイビスカスなどの暖かい地域でさく花や日本ではめずらしい**マングローブ**の林も見られる。また、**特別天然記念物**に指定されている動物や沖縄でしか見られない動物も生息している。

熱帯や亜熱帯の海岸や海水の浸入する河口の泥地に密生している常緑低木・高木の一群」

ことば 特別天然記念物
法律で保護されている天然記念物のうち、文部科学大臣が指定した特に貴重な生物のこと。

沖縄でしか見られない
ヤンバルクイナ

西表島に生息する特別天然記念物
のイリオモテヤマネコ

▲マングローブ

雑学ハカセ
沖縄のあいさつのことばを知っていますか？ 「うきみそーちー」(おはようございます)、「ちゅうがなびら」(こんにちは)、「めんそーれ」(いらっしゃい)、「んじちゃーびら」(さようなら)。

3 台風と水不足への備え ★★

1 台風への備え
伝統的な家では、周りを**防風林**や**石垣**で囲んだり、屋根がわらをしっくいでぬり固めたりしている。現在は、コンクリートづくりの家も増えている。

<small>石灰にねん土などを混ぜてつくる</small>

▲石垣としっくいで固めたかわら

2 水不足への備え
沖縄県は雨が多いが、山が少なく、川が短いので、雨水がすぐに海に流れてしまい、水不足になりやすい。そこで、国や県はダムをつくったり、海水を飲み水にする**海水淡水化センター**をつくったりしている。また、農業用水を安定して**供給**できるように、地下水をせき止めて水をためる**地下ダム**もつくられている。一方、水不足に備えて家の屋根の上に**貯水タンク**を設けている家も見られる。

▲コンクリートづくりの家と貯水タンク

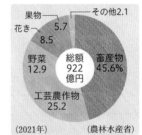

果物 5.7
花き 8.5
野菜 12.9
工芸農作物 25.2
その他 2.1
畜産物 45.6%
総額 922億円

(2021年)　　　(農林水産省)
▲沖縄県の農業生産額割合

4 沖縄の農業 ★★

1 沖縄県の農業
沖縄県は、水田が少なく、畑作が中心である。**畜産**もさかんである。

❶ **工芸作物**……暖かい気候を利用して、台風や日照りにも強い、**さとうきび**づくりが昔からさかんである。
<small>鹿児島県での生産も多く、さとうの原料になる</small>

❷ **果物**……暖かい気候のもとで育つ**パイナップル**の栽培がさかんである。**マンゴー**をつくる農家も増えている。

❸ **野菜**……**ゴーヤ**・とうがん・おくらなどの栽培がさかんである。
<small>にがうりともいう</small>

❹ **花き**……**電照ぎく**などの花きや野菜は、東京や大阪などの都市へ出荷される。
<small>電灯をあてて、開花時期を調整する</small>

2 沖縄県の土地利用
現在、沖縄県には、**アメリカ軍の基地**が多く残されており、沖縄島の約15%が基地でしめられている。

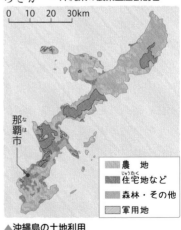

0　10　20　30km

那覇市

農地
住宅地など
森林・その他
軍用地

▲沖縄島の土地利用

パワーアップ
かつて沖縄にあった琉球王国は、中国や東南アジアの国々との貿易で栄え、独自の文化が発達しました。琉球王国の城である首里城などは世界文化遺産に登録されています。2019年、首里城正殿などが焼失しましたが、現在、復元工事が進められています。

6 雪の多い地方のくらし

地理
第1編
日本の国土のようす

第1章
世界と日本

第2章
日本の自然と特色のある地域

6 雪の多い地方のくらし

◎ 学習のポイント

1. 雪の多い地方では、家や町に雪害から守るためのくふうがされている。

2. 雪の多い地方では、雪害に備える一方、雪を利用する努力もしている。

1 雪の多い十日町市 ★

1 雪の多い十日町市　日本海側に位置する新潟県十日町市は、日本でも雪が多い地域の1つである。11月ごろから降った雪は4月ごろまでとけずに残り、降り積もった雪の重さは、1m³あたり300〜500kgにもなる。

新雪(50〜150kg)
（降ったばかりの雪）

こしまり雪(150〜250kg)
（降り積もってやや固い雪）

しまり雪(250〜500kg)
（雪の重みで固くしまった雪）

こしもざらめ雪

しもざらめ雪

ざらめ雪(300〜500kg)
（春先のざらざらした雪）

地熱でとけている

地面

上ほど温度が低い

▲雪の1m³の重さ

2 雪に対するくふう

❶ 雪から家を守る……雪が積もると、その重さで玄関のドアや窓が開けられなくなったり、家がつぶれたりする。そこで、家の屋根の上や家の周りに降り積もった雪を**スノーダンプ**などを使って下ろしたり、かいたりしている。
└雪が4m近くも積もることがあるため

❷ 家のつくりのくふう……雪が自然に落ちるように屋根のかたむきを急にしたり、ヒーターや温水などで雪をとかす屋根にしたりするなど、雪下ろしをしなくてもよい家が多く見られる。

ことば **スノーダンプ**
雪かきなどに使われる道具。スコップより多くの雪を運ぶことができる。

自然落雪式

耐雪式

融雪式

高床式

屋根のかたむきを急にして雪がすべり落ちるようにしてある。

雪の重さにたえるように、柱やはりを太くしてある。

ヒーターやガス、お湯などを使って屋根を温め、雪がとけるようにしてある。

落ちた雪で家がうまらないように、床を高くしてある。

▲雪に備えた家のくふう

雑学ハカセ　雪の多い地域の信号機は、横向きではなく縦向きになっているものが多く見られます。なぜでしょうか。横向きより縦向きの方が雪の積もる面積が小さく、積もる量が少なくなるからです。

❸ 道路のくふう

▶ **消雪パイプ**…消雪パイプを地中にうめて、地下水を道路に流して道路の雪をとかしている。

▶ **除雪**…朝の通勤や通学が始まる前に、道路に積もった雪を**ロータリー除雪車**などで取り除いている。道路を温めて雪をとかす**融雪式歩道**やロードヒーティングの道路もある。
電熱線や温水を通すパイプを道路の下にうめて路面を加熱する

▶ **雪下ろしをしたあとの雪**…道路の側溝にある**流雪溝**に捨てられる。

▲流雪溝

2 雪を利用する（利雪）★

1 雪を利用した家　屋根の雪が落ちるところに貯雪そうをつくって雪をため、その雪どけ水をポンプで家の中にくみ上げ、トイレや洗濯、ふろの水として利用している。

2 夏の雪遊び　冬の雪を保存して、夏のイベントに利用している。

3 観光の町へ　「雪祭り」など、雪国の人々が楽しむ行事に力を入れている。また、多くの観光客に来てもらえるように、スキー場や保養施設などがつくられている。

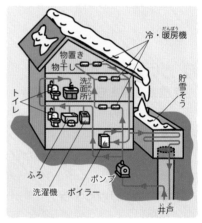
▲利雪の家

3 十日町市の産業★

1 農　業　米づくりや野菜づくりに雪どけ水が利用され、コシヒカリなどの米や、アスパラガス、トマトなどの野菜がつくられている。

2 織物・染め物　十日町市では、布を雪にさらして白くできること、雪どけ水を染色に利用できること、日本海側の冬の気候と水の影響で糸がしなやかで切れにくいことから、昔から織物や染め物の生産がさかんであった。
　十日町明石ちぢみが有名である

▲十日町市の染め物づくりのようす

パワーアップ

十日町市のように冬に雪が多い北陸地方では、冬の農作業ができないため、織物などの屋内でできる副業がさかんになりました。そこから多くの伝統産業が生まれ、現在に受けつがれています。

地理
第1編
日本の国土のようす

第1章
世界と日本

第2章
日本の自然と
特色のある地域

7 寒さの厳しい地方のくらし

🎯 学習のポイント

1. 寒さからくらしを守るために、**家のつくり**などにくふうが見られる。

2. 夏のすずしい気候を生かした**野菜づくり**や**酪農**が行われている。

1 寒さの厳しい北海道 ★★

1 北海道の気候

北海道は、世界の気候では**冷帯(亜寒帯)**に属しているため、非常に寒い。冬は、気温が零下20℃以下になることもある。

▲根室地方の流氷

❶ **降水量**……北海道は、梅雨や台風の影響をほとんど受けないため、降水量は少ない。

❷ **流氷**……1月～3月にかけて、オホーツク海の沿岸には、**流氷**がおし寄せてくる。

❸ **濃霧**……太平洋側の沿岸部では、**親潮(千島海流)**の影響で、夏に濃い霧(**濃霧**)が発生して温度が上がらず、**冷害**がおこることがある。

夏の季節風
しめった暖かい空気 冷やされて 霧になる
霧
親潮(寒流)　黒潮(暖流)

▲濃霧が発生するしくみ

2 厳しい寒さへのくふう

北海道の家では、寒さを防ぐための多くのくふうが見られる。

❶ **二重窓**……暖房した熱を外ににがさないように、窓ガラスを二重にしている。

❷ **かべや床**……かべや床には、**断熱材**(熱を通しにくい材料)を入れている。

❸ **水道管**……寒さで水道の水がこおらないように、地中の深いところに水道管を通している。

❹ **家の土台**……家の土台は、冬でも土のこおらない深いところからつくられている。

> 近年は、雪が下に落ちないようにした無落雪の屋根が多く見られる。

中央が低くなった無落雪の屋根
断熱材を入れる
玄関(戸を二重にする)
二重窓
かべ
ストーブ
床暖房
灯油タンク
土台を深く、高くつくる
土のこおらないところに通す水道管

▲寒さを防ぐ家のつくり

雑学ハカセ 流氷にふくまれる塩分は0.5％前後で、海水の6分の1以下です。海水がこおってできた流氷は思ったほど塩からくありません。氷の結晶がくっつき合って大きくなると体積が増えるので、流氷の塩分そのものはだんだん少なくなっていきます。

2 北海道の農業 ★★★

1 稲作 北海道では、雪どけ水を利用した稲作がさかんである。特に、泥炭地だった土地を改良した**石狩平野**は北海道有数の稲作地帯となっている。
└ほかからよい土を運んでくる客土が行われた

2 畑作 北海道では畑作もさかんで、大豆や小豆、小麦・じゃがいも・てんさいなどは、北海道が日本一の生産量をほこる。
└ビートまたは、さとうだいこんとも呼ばれる
特に、**十勝平野**は日本有数の畑作地帯となっている。

▲北海道の農業がさかんな地域

石狩平野 稲作がさかん
根釧台地 酪農がさかん
十勝平野 畑作がさかん

🔍 ズームアップ てんさい➡p.91

大　豆	たまねぎ	小　麦	じゃがいも
北海道45%	北海道61%	北海道62%	北海道78%
宮城県 7 %	佐賀県 9 %	福岡県 8 %	鹿児島県 4 %
秋田県 5 %	兵庫県 9 %	佐賀県 6 %	長崎県 4 %
滋賀県 4 %	長崎県 3 %	愛知県 3 %	茨城県 2 %

(大豆・小麦は2022年、その他は2021年)(2023年版「日本のすがた」など)
▲北海道が生産量日本一のおもな作物の生産割合

3 酪農 北海道の**根釧台地**や十勝平野などでは、乳牛を飼育し、バター、チーズ、アイスクリームなどの乳製品をつくる酪農がさかんである。

❶ 根釧台地……**パイロットファーム**や**新酪農村**が建設され、大規模な酪農が行われている。
└国営の大規模な酪農村

▲根室地方の酪農

❷ 牛の飼育頭数……乳牛、肉牛の飼育頭数は、ともに北海道が全国一となっている。

ことば パイロットファーム
大型機械を導入し、短期間で酪農経営を確立するために建設された実験農場で、根釧台地などにつくられた。

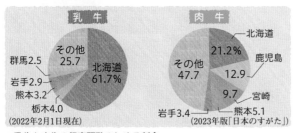

乳牛
その他 25.7
北海道 61.7%
群馬2.5
岩手2.9
熊本3.2
栃木4.0
(2022年2月1日現在)

肉牛
北海道 21.2%
鹿児島 12.9
宮崎 9.7
その他 47.7
岩手3.4
熊本5.1
(2023年版「日本のすがた」)

▲乳牛と肉牛の飼育頭数のしめる割合

雑学ハカセ 十勝平野にある帯広市の名まえは、アイヌ語の「オペレペレケプ」(川尻が分かれた川という意味)からきています。ほかにも、北海道にはアイヌ語に由来する地名が多くあります。

入試のポイント

絶対暗記ベスト3

1位 日本の気候 冬に降水量が多い日本海側の気候、夏に降水量が多い太平洋側の気候、降水量が少なく、気温の差が大きい中央高地の気候など。

2位 日本の地形 日本アルプス→飛驒山脈・木曽山脈・赤石山脈。
平野と川→庄内平野と最上川、関東平野と利根川、越後平野と信濃川。

3位 日本近海の海流 太平洋側を暖流の黒潮、寒流の親潮が流れている。

1 日本の地形

□左の地図の①〜⑳にあてはまる地形の名称は？

①→奥羽山脈	⑪→琵琶湖
②→北上高地	⑫→浜名湖
③→越後山脈	⑬→石狩平野
④→木曽山脈	⑭→庄内平野
⑤→筑紫山地	⑮→越後平野
⑥→最上川	⑯→関東平野
⑦→利根川	⑰→濃尾平野
⑧→信濃川	⑱→筑紫平野
⑨→天竜川	⑲→甲府盆地
⑩→筑後川	⑳→松本盆地

2 日本近海の海流

□太平洋側を流れる暖流は？→**黒潮**（**日本海流**）

□太平洋側を流れる寒流は？→**親潮**（**千島海流**）

3 日本の気候

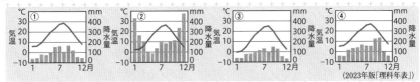

（2023年版「理科年表」）

□上のグラフの①〜④にあてはまる日本の気候区分は？

①→**瀬戸内の気候**（高松）　②→**日本海側の気候**（上越）

③→**中央高地の気候**（松本）　④→**太平洋側の気候**（東京）

□ ❶ 本州中央部を南北に横断するみぞ状の地形を[　　　] といい、日本を東日本と西日本に分けています。

❶フォッサマグナ ⊙p.44

□ ❷ 日本の国土は山地が多く、国土の約4分の[　　　]は 山地となっています。

❷3 ⊙p.45

□ ❸ 本州中央部には、日本アルプスと呼ばれる飛驒山脈・ [　　　]山脈・赤石山脈の3つの山脈が連なっています。

❸木曽 ⊙p.45

□ ❹ 九州中央部に位置する阿蘇山は、世界最大級の [　　　]をもっています。

❹カルデラ ⊙p.46

□ ❺ 日本の川は、外国(大陸)の川に比べて長さが[　　　] て、流れが[　　　]という特徴があります。

❺短く、急 ⊙p.47

□ ❻ 日本で最も長い川は[　　　]、最も流域面積が大きい 川は[　　　]です。

❻信濃川、利根川 ⊙p.47

□ ❼ 川が山地から平地に出るところに、土砂が積もってで きたおうぎ形の地形を[　　　]といいます。

❼扇状地 ⊙p.49

□ ❽ 日本の太平洋側には、暖流の[　　　](日本海流)と寒 流の[　　　](千島海流)が流れています。

❽黒潮、親潮 ⊙p.51

□ ❾ 三陸海岸などでは、海岸の出入りが多い[　　　]海岸 が見られます。

❾リアス ⊙p.52

□ ❿ 日本の気候は、大部分が温和な[　　　]帯に属してお り、[　　　]の区別がはっきりしています。

❿温、四季 ⊙p.53

□ ⓫ 日本の夏は[　　　]の季節風の影響で、[　　　]側で は雨が多く蒸し暑くなり、[　　　]側では比較的雨が 少なく晴れた日が多くなります。

⓫南東、太平洋、日 本海 ⊙p.55

□ ⓬ 日本海側の気候は、冬は[　　　]の季節風の影響で大 量の[　　　]が降ります。

⓬北西、雪 ⊙p.59

□ ⓭ 1年を通じて雨が少なく、夏と冬や、昼と夜の気温差 が大きい気候は[　　　]の気候です。

⓭中央高地 ⊙p.59

□ ⓮ 長野県の野辺山原では、夏でもすずしい気候を利用し た[　　　]野菜の栽培がさかんです。

⓮高原 ⊙p.62

□ ⓯ 岐阜県海津市に見られる、水害を防ぐために周りを堤 防で囲んだ土地のことを[　　　]といいます。

⓯輪中 ⊙p.63

●右の地図を見て、次の問いに答えなさい。　【公文国際学園中—改】

石狩平野

ア（磐梯朝日国立公園）

ウ（足摺宇和海国立公園）

野辺山原

牧ノ原

イ（吉野熊野国立公園）

エ（屋久島国立公園）

(1)「冬には山スキーができる場所」、「火山のある場所」のいずれにもあてはまる国立公園を地図中のア〜エから1つ選びなさい。

(2) 地図中の牧ノ原、石狩平野、野辺山原の土地利用について説明したものを、次のA〜Cからそれぞれ選びなさい。

A 外地から引きあげてきた人々などによって開拓が進み、現在は、夏にレタスなどの高原野菜を生産し出荷している。

B 火山灰が積もった台地を利用して茶畑を開発し、現在、国内有数の産地となっている。

C 腐葉土を山地から運んで土を入れかえ、現在では稲作を中心とした農業地帯に発展している。

■ キーポイント ＞＞＞＞＞

(1)「冬には山スキー」から、雪の多い地方はどこかを考える。

(2) 平野と火山灰が積もってできた台地の土地のようすや、高い位置にある高原の気候の特色から、どのような作物の栽培が適しているかを考える。

■ 正答への道 ＞＞＞＞＞

(1) 冬に雪が特に多く降る地方は、北陸地方や東北地方、北海道などの北日本である。

(2) 夏でもすずしい気候の高原では、収穫時期をおそくした野菜栽培が行われている（抑制栽培）。また、火山灰が積もってできた台地は水はけがよく、稲作に適した土地ではないと判断する。また、石狩平野は、かつては泥炭地であった。

◆答え◆

(1)ア　　(2)牧ノ原…B　石狩平野…C　野辺山原…A

●甲府盆地では、関東平野などの平野部と比べて、ぶどうやももの生産が特にさかんです。その理由を、次の表と図から読み取って説明しなさい。なお、表は4月～10月の日照時間を、図は4月～10月の最高気温・最低気温を示したものです。

【公文国際学園中】

表　　　　　　　（単位：時間）

	関東平野（横浜）	甲府盆地（勝沼）
4月	181.2	205.0
5月	187.4	200.4
6月	135.9	144.8
7月	170.9	165.1
8月	206.4	197.2
9月	141.2	149.7
10月	137.3	158.0

（気象庁）

図

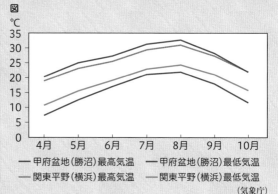

── 甲府盆地（勝沼）最高気温　　── 甲府盆地（勝沼）最低気温
── 関東平野（横浜）最高気温　　── 関東平野（横浜）最低気温

（気象庁）

▌条件に注意！

関東平野と甲府盆地の日照時間の長さ、また、最高気温と最低気温について、どのような特徴があるかを読み取る。

▌キーポイント

表から、甲府盆地と関東平野の月ごとの日照時間の長さを比べるとどうなっているかを読み取る。また、図から、甲府盆地の最高気温は関東平野よりも高く、最低気温は、関東平野よりも低くなっていることが読み取れる。これらのことから、どのようなことがいえるかを考える。

▌正答への道

果樹栽培では、日照時間が長いことや朝と夜、夏と冬の気温差が大きいことが栽培に適した条件とされている。関東平野と比べて、甲府盆地は日照時間が8月以外は長くなっていることがわかる。また、甲府盆地の方が、最高気温と最低気温の差が大きくなっていることを読み取り、それらについてまとめればよい。

解答例

甲府盆地は、関東平野などの平野部よりも日照時間が比較的長く、また、最高気温と最低気温の差が大きく、果樹栽培に適した気候になっているから。

食料生産とわたしたちの生活

第1章 日本の農業 5年

日本の農業の特色と課題

　日本は、農家1戸あたりの耕地面積がせまく、経営規模が小さい農業が主体です。そうした中で、せまい耕地から最大限の収穫を得ようとする集約(的)農業が行われています。しかし、農業で働く人の高齢化と、後継者不足が大きな問題となっています。

📖 学習することがら

1. 日本の農業のすがた
2. 米づくり
3. 野菜づくり
4. 果物づくり
5. その他の作物の生産
6. 畜産

1 日本の農業のすがた

◎ 学習のポイント

1. 日本の農家の多くは**耕地面積がせまく、経営規模は小さい**が、**集約(的)農業**を行うことで、単位面積あたりの収穫量は多くなっている。

2. 日本の農家は**高齢化**が進み、農家の戸数や耕地面積も減少傾向にある。

1 日本の農業の特色 入試重要度 ★★

1 日本の耕地面積

山がちな地形の日本は、耕地面積が、国土面積の約12%しかない。**農家の多くは小規模な家族経営**であり、農業従事者1人あたりの耕地面積も、日本は世界と比べるとせまくなっている。

↳農作物の栽培を目的とする土地

▶ **農家1戸あたりの耕地面積**
2022年の全国平均は約3.3haで小規模であるが、北海道では約33.1haで全国平均の約10倍もあり、規模が大きい。

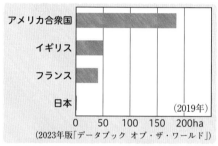
▲農業従事者1人あたりの耕地面積

2 単位面積あたりの生産量

日本では1人あたりの耕地面積はせまいが、単位面積あたりの農作物の生産量は多い。

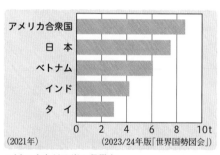
▲1haあたりの米の収穫高

▶ **集約(的)農業**…せまい耕地に大量の肥料や農薬を使って最大限の収穫を得ようとする農業を集約(的)農業という。

日 本	ドイツ	アメリカ合衆国	中 国	フランス	ブラジル	インド	ロシア	オーストラリア
224kg	161kg	124kg	337kg	160kg	321kg	193kg	25kg	83kg

(2020年) ■は1個20kg　(2023/24年版「日本国勢図会」)

▲おもな国の1haあたりの肥料の消費量

パワーアップ

日本などで行われている集約(的)農業に対して、アメリカ合衆国やオーストラリアなどでは、広大な農場で、あまり人手をかけずに大型機械を使って行う企業的な農業が行われています。

3 **耕地の種類と農業の多様化**　日本の耕地面積
は、田が半分以上をしめ、残りが畑、牧草地、果樹園
などである。作付面積では、稲が約35%をしめている。
一方、食生活の変化などによって、生産額にしめる米
の割合は、畜産・野菜よりも小さくなっている。

2 日本の農業の問題点 ★★★

1 **農業人口の変化と高齢化**　日本は、産業の中
心が第一次産業から第二次、第三次産業へと変化し、
農業従事者が減少するとともに、高齢化が進行してい
る。

2 **日本の農家**　日本の農家は、1人
あたりの農業生産額が少なく、農業収
入が少ないことから、農業以外の仕事
からも収入を得ている兼業農家の割合
が上昇し、農業収入だけで生活をする
専業農家が減ってきている。

❶**自給的農家**……家庭で消費する量
　だけの農作物を生産する農家を自
　給的農家という。

❷**販売農家**……農作物の販売を目的
　とする農家を販売農家という。近
　年、販売農家の戸数は減少し続け
　ている。

3 **耕地面積の変化**　農家が農業を
やめたあとに放置されて荒れ地となっ
た耕作放棄地が増えたことなどが原因
で、耕地面積は年々減少を続けている。
1970年には580万 ha あったが、2022年には433万 ha に減少

> 販売農家のうち、65才未満の人がい
> る農家で、農業収入が主となる農家を
> 主業農家、65才未満の人がいる農家
> のうち、農業以外の収入が主となる農
> 家を準主業農家、65才未満の農業従
> 事者がいない農家を副業的農家という。

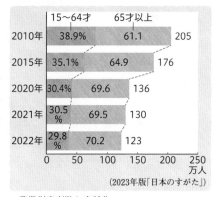

参考　農業生産額のうちわけ

いも類 2.7　工芸農作物 2.0　麦類 0.8　豆類 0.8　その他 1.3
花き 3.7
果物 10.4
米 15.5
野菜 24.3
畜産 38.5%

2021年
総生産額
8兆8384
億円

(2023/24年版「日本国勢図会」)

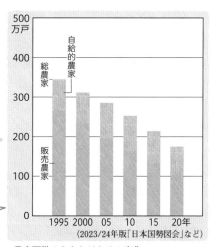

▲農業従事者数と高齢化

(2023年版「日本のすがた」)

	15~64才	65才以上	
2010年	38.9%	61.1	205
2015年	35.1%	64.9	176
2020年	30.4%	69.6	136
2021年	30.5%	69.5	130
2022年	29.8%	70.2	123

万人

▲農家戸数のうちわけとその変化

(2023/24年版「日本国勢図会」など)

パワーアップ

農業を活性化させる方法として、農業の「6次産業化」という取り組みが各地で行われていま
す。これは、農林漁業者が生産した農林水産物を自ら活用、加工して新商品を開発し、その
流通・販売にも取り組んで農林水産業を活性化させていこうとするものです。

2 米づくり

◎ 学習のポイント

1. 食生活の変化などから、米の消費量や生産量は減少傾向にある。

2. 米の生産が最も多い地方は**東北地方**で、全国の約4分の1をしめている。

3. 米が余るようになってきたため、**生産調整（減反政策）**が行われた。

1 日本の米づくり ★★★

1 米づくりがさかんな理由

❶ **気候条件**……夏に雨が多く気温が高くなる気候が米づくりに**適**していた。

❷ **国民の主食**……米が日本へ伝わってきて以来、国民の主食とされてきた。

❸ **農家の努力**……米の品種改良を進めたり、**栽培技術**を研究する努力が行われてきた。

❹ **国の保護**……**食糧管理制度（食糧管理法）**により、国が農家の米づくりを保護してきた。
→1942年から始められた

▶ **食糧管理制度（食糧管理法）**…政府は、米の買い入れと価格を保証する食糧管理制度によって、農家を**援助**してきた。

2 いろいろな米づくり

❶ **単作**……冬に雪が多く農作業ができず、年に1回だけ米の**収穫**を行うことを**単作**という。

❷ **二期作**……1年に2回、米などの同じ作物を同じ**耕地**でつくることを**二期作**という。かつて高知平野などでさかんに行われていた。

月	1	2	3	4	5	6	7	8	9	10	11	12
二期作での農作業の期間												

❸ **二毛作**……同じ耕地で、1年の間に2種類の異なる作物を栽培することを**二毛作**という。

ことば 品種改良

農作物や家畜の品種の遺伝子を改良し、よりすぐれた品種をつくり出すこと。

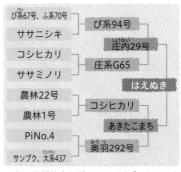

▲ 米の品種改良を重ねてできた「はえぬき」

参考 高知平野の二期作

高知平野では、かつて米の二期作がさかんであった。しかし、7月の終わりから8月の初めにかけて、1回目の取り入れと2回目の田植えが重なって仕事量が多くなることや、土地の栄養分が減ってしまうため、2回目の収穫量が1回目の半分以下になることなどから、現在はほとんど行われていない。

パワーアップ 台風による被害が多い利根川の下流域では、台風が来る前に収穫を終え、ほかの地域よりも早く出荷する米づくりが行われています。このような米を早場米といいます。

2 米づくりの1年 ★★

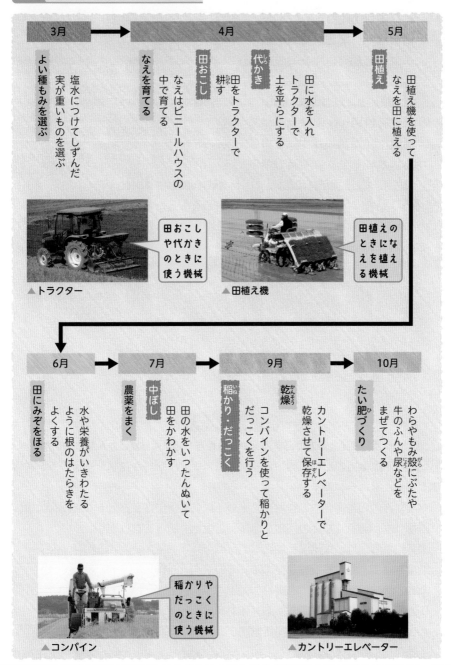

3月	4月	5月

よい種もみを選ぶ
塩水につけてしずんだ実が重いものを選ぶ

なえを育てる
なえはビニールハウスの中で育てる

田おこし
田をトラクターで耕す

代かき
田に水を入れトラクターで土を平らにする

田植え
田植え機を使ってなえを田に植える

▲トラクター
田おこしや代かきのときに使う機械

▲田植え機
田植えのときになえを植える機械

6月	7月	9月	10月

田にみぞをほる
水や栄養がいきわたるように根のはたらきをよくする

農薬をまく

中ぼし
田の水をいったんぬいて田をかわかす

稲かり・だっこく
コンバインを使って稲かりとだっこくを行う

乾燥
カントリーエレベーターで乾燥させて保存する

たい肥づくり
わらやもみ殻にぶたや牛のふんや尿などをまぜてつくる

▲コンバイン
稲かりやだっこくのときに使う機械

▲カントリーエレベーター

入試では
農作業の流れとともに、「田おこし」、「代かき」、「中ぼし」の語句を答えさせる問題が多く出題されます。また、それぞれの農作業で使う機械は何かを問われることもあります。機械の図と名まえをしっかりと整理しておきましょう。

3 米のおもな生産地 ★★★

1 米の生産がさかんな地域

❶ 地方別……**東北地方**が全国の米の生産量の約4分の1をしめており、「日本の米ぐら（穀倉地帯）」とも呼ばれている。

❷ 都道府県別……**北陸地方**の**新潟県**や**北海道**のほか、**秋田県**をはじめとする東北地方の各県で米の生産量が特に多い。

	米	野菜		その他
北海道	7.9%	16.0	畜産58.4	17.7
東 北	26.7%	18.0	34.0	21.3
北 陸	55.8%		14.7	19.8 9.7
関東・東山	12.3%	34.7	29.7	23.3
東 海	11.2%	29.6	31.7	27.5
近 畿	23.3%	24.0	22.1	30.6
中 国	19.6%	19.3	43.0	18.1
四 国	10.7%	35.7	24.3	29.3
九州・沖縄	7.8%	22.6	48.7	20.9

※東山は山梨・長野県、東海は岐阜・静岡・愛知・三重県。
（2021年） （2023/24年版「日本国勢図会」など）

▲地域別の農業生産額の割合

2 米の品種

全国各地で、それぞれ特色をもった米の品種がつくられている。中でも、最も多くつくられているのは、「**コシヒカリ**」という品種である。

_{北海道と沖縄を除き全国的につくられている}

品　種	%	おもな産地	品　種	%	おもな産地
コシヒカリ	33	新潟県・茨城県	はえぬき	3	山形県
ひとめぼれ	9	宮城県・岩手県	まっしぐら	3	青森県
ヒノヒカリ	8	熊本県・大分県	キヌヒカリ	2	滋賀県・兵庫県
あきたこまち	7	秋田県・岩手県	きぬむすめ	2	島根県・岡山県
ななつぼし	3	北海道	ゆめぴりか	2	北海道

▲米の作付上位10品目とおもな産地（2021年）（米穀安定供給確保支援機構）

参考　米の品種
2023年4月現在、日本でつくられている主食用の米の品種は320種類近くあり、「ゆめぴりか」（北海道）、「つや姫」（山形）など、毎年、新しい品種がつくられている。

━━━━ くわしい学習 ━━━━

Q どうして東北地方の日本海側や北陸地方で米づくりがさかんなのですか。

A 東北地方の日本海側や北陸地方で米づくりがさかんな理由として、次のような点があげられます。

①東北地方の日本海側や北陸地方の平野を流れる川には、養分をふくんだ大量の**雪解け水**が流れこむため、水が豊富で、土地も肥沃になります。

②夏の日本海側は、太平洋側に比べて日照時間が長く、気温も高くなります。そのため、稲に日光が十分にあたり、太平洋側から山脈をこえてふいてくる南東の季節風が稲の葉をかわかして病気を防ぎ、元気な稲に育てます。

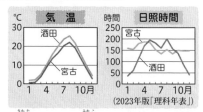

▲酒田市（日本海側）と宮古市（太平洋側）の気温と日照時間

雑学ハカセ 新潟県の南魚沼市の農家でつくられたコシヒカリをもとにした米が、2016年、世界一高い米としてギネス世界記録に認定されました。その値段は1kg1万1304円で、米1kgはお茶碗約16杯分のごはんになるので、お茶碗1杯のごはんが約700円となります。

▶ 米づくりがさかんな地域

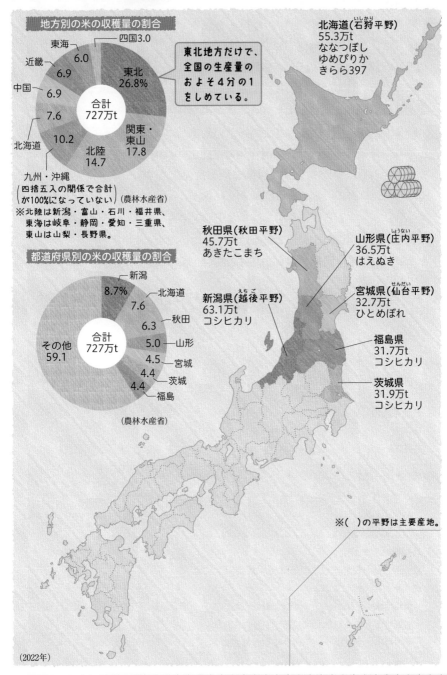

地方別の米の収穫量の割合

- 四国 3.0
- 東海 6.0
- 近畿 6.9
- 中国 6.9
- 北海道 7.6
- 九州・沖縄 10.2
- 北陸 14.7
- 関東・東山 17.8
- 東北 26.8%

合計 727万t

（四捨五入の関係で合計が100%になっていない）（農林水産省）

※北陸は新潟・富山・石川・福井県、
東海は岐阜・静岡・愛知・三重県、
東山は山梨・長野県。

東北地方だけで、全国の生産量のおよそ4分の1をしめている。

都道府県別の米の収穫量の割合

- 新潟 8.7%
- 北海道 7.6
- 秋田 6.3
- 山形 5.0
- 宮城 4.5
- 茨城 4.4
- 福島 4.4
- その他 59.1

合計 727万t

（農林水産省）

北海道（石狩平野）
55.3万t
ななつぼし
ゆめぴりか
きらら397

秋田県（秋田平野）
45.7万t
あきたこまち

山形県（庄内平野）
36.5万t
はえぬき

新潟県（越後平野）
63.1万t
コシヒカリ

宮城県（仙台平野）
32.7万t
ひとめぼれ

福島県
31.7万t
コシヒカリ

茨城県
31.9万t
コシヒカリ

※（　）の平野は主要産地。

(2022年)

雑学ハカセ

ふだん、わたしたちが食べている米は、玄米からぬかと胚芽を取り除いた精白米です。精白米の表面には、ぬかが少し残っていて、たく前に米をとぐ必要があります。今では、とぐ必要のない無洗米もめずらしいものではなくなりました。

4 米づくりのくふう ★★

1 農業の機械化 農機具を使用することによって、農作業の時間が短縮された。また、農機具が使いやすいように、**耕地整理**が進められている。日本は世界と比べて農業の機械化が進んでいる。

2 経営規模を広げる 規模の小さい農家が耕地や農機具を共同で使う**農作業の共同化**を進めたり、農家が集まって**農業協同組合（JA）**をつくったり、ほかの農家から農作業をうけ負うことなどで、経営規模を大きくして生産能率を上げている。

3 有機農業 農薬や化学肥料を使わず、たい肥など草やわらなどを積んでくさらせた肥料を肥料として使う**有機農業**を行う農家も増えている。

耕地整理前
用水路

耕地整理後
排水路
自動車が入りやすい
大型の機械で作業しやすい
排水せん
地下の
地下の用水路 排水パイプ

▲耕地整理

参考 あいがも農法
害虫や雑草を食べるあいがもを田に放し、できるだけ農薬を使わないで栽培する方法をあいがも農法という。

中学入試にフォーカス 生産を高めるための耕地開発

▶干拓

海や湖などの一部を堤防でしきり、中の水をぬいて陸地にすることを干拓という。

三大干拓地
有明海・児島湾・八郎潟の3つの干拓地は三大干拓地といわれている。

▶用水路

雨の少ない土地などで、農業用水などを得るために用水路がつくられた。

愛知県の3つの用水
愛知県には、**愛知用水・明治用水・豊川用水**の3つの用水がつくられている。
- **愛知用水** 木曽川→知多半島に引かれている。
- **明治用水** 矢作川→岡崎平野に引かれている。
- **豊川用水** 豊 川→渥美半島に引かれている。

八郎潟（秋田県）
児島湾（岡山県）
有明海
（のりの養殖がさかん）

凡例
■ かんがいされる地域
— 用水路 ➡ 取水口

木曽川
愛知用水
名古屋●
豊田
明治用水
安城
知多半島
蒲郡
豊川用水
豊川
豊橋
矢作川
渥美半島

パワーアップ

近年、ロボット技術や情報通信技術（ICT）を活用して、人の作業を減らし、高品質の生産を実現するスマート農業の取り組みが進められています。農作業の省力化や働く人の負担を軽減するとともに、新しく農業をする人の確保や栽培技術力を受けつぐことが期待されています。

5 米の生産量の変化 ★★★

1 余りだした米
国民の食生活の変化などにより、1960年代から米の生産量が消費量を上回るようになった。
└小麦（パン）を食べるようになり米の消費量が減った

2 減反政策
1970年ごろから、政府は米の買い入れ価格をおさえたり、生産調整（減反政策）を実施した。
└2018年度に廃止された

▶ **休耕**…田を一時休ませ、米をつくらないようにすることを休耕という。

▶ **転作**…今まで米を生産していた田で米以外の作物をつくることを転作という。

3 新食糧法
食糧管理法にかわって新食糧法が施行され、米の自由販売が認められるようになった。そのため、各産地はブランド米の生産に力を入れるようになり、産地間での競争が激しくなっている。
└1995年　新潟県コシヒカリなどの産地めいがら米のこと

4 米が届くまで
農家が生産した米は、農業協同組合（JA）に集められたあと、小売店を通して消費者に販売される。また、農業協同組合（JA）などを通さず、農家が直接、消費者に売ったりすることもある。

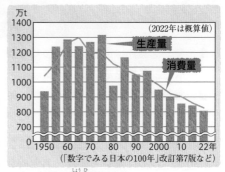

▲米の生産量と消費量の変化

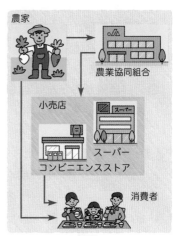

▲米が届くまでの流れ

6 米の生産地域と米の輸入 ★

1 米の生産がさかんな地域
世界の米の約90%がアジアで生産され、特に中国とインドで世界の約半分が生産されている。
└輸出量は世界一（2021年）

2 米の輸入
日本は、アメリカ合衆国などから米の市場開放を強く求められ、1995年から一定量の米の輸入自由化にふみ切った。現在は、アメリカ合衆国やタイなどから米を輸入している。

▲日本の米の輸入先

その他 13.7
アメリカ合衆国 43.9%
タイ 42.4
輸入量 66.9万t
(2022年)
(2023/24年版「日本国勢図会」)

タイは、世界有数の米の輸出国として有名。

雑学ハカセ

日本で栽培されている米の大部分はジャポニカ種といわれる米ですが、東南アジアなどではインディカ種という米が栽培され、1年に3回も収穫する地域もあります。

③ 野菜づくり

◎ 学習のポイント

1. 冬でも暖かい地方での早づくりや、夏でもすずしい地方でのおそづくりなど、各地でその土地や気候に合わせた野菜づくりが行われている。

2. 野菜は米より生産額が多いが、生産量や消費量は減る傾向にある。

1 各地の野菜づくり ★★★

1 近郊農業 東京・大阪・名古屋などの大都市の周辺で、都市向けの野菜などを、おもに**露地栽培**で行っている農業を近郊農業という。

❶ **近郊農業がさかんな理由**……大消費地が近くにあるので、安い輸送費で新鮮な野菜をすぐに届けることができる。

❷ **近郊農業がさかんな地域**……近郊農業は、東京に近い茨城県・埼玉県・千葉県や、愛知県、兵庫県などでさかんである。

2 輸送園芸農業 大都市からはなれたところで野菜などを栽培し、**保冷トラック**などで遠距離輸送する農業を**輸送園芸農業**という。
〈遠郊農業ともいう〉

❶ **促成栽培**……冬でも暖かい気候を利用して**ビニールハウス**などを使って、ピーマンやなす、きゅうりなどの野菜の早づくりを行い、ほかの地域より早い時期に出荷する栽培方法を促成栽培といい、**高知平野**や**宮崎平野**などでさかんである。

❷ **高冷地農業**……夏でもすずしい気候を利用して、レタスやキャベツなどの**高原野菜**を栽培する農業を高冷地農業という。**長野県**や**群馬県**の高原でさかんで、出荷の時期をおくらせる**抑制栽培**が行われている。
〈野辺山原〉〈嬬恋村〉

> **ことば** 露地栽培
> ビニールハウスなどの施設を使わずに、屋外で野菜や花などを栽培すること。

都道府県	生産額（億円）	％
北海道	2094	9.8
茨城県	1530	7.1
千葉県	1280	6.0
熊本県	1186	5.5
愛知県	1031	4.8
群馬県	891	4.2
長野県	866	4.0
全　国	21467	100

（2021年）　　　　（農林水産省）
▲野菜の生産がさかんな都道府県

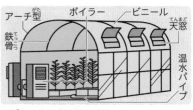
▲ビニールハウスのつくり

➕ **ズームアップ** 抑制栽培 ➡ p.62

入試では 促成栽培、抑制栽培、近郊農業がさかんな地域とそれぞれの農業の特色を関連づけた問題が多く出題されています。促成栽培は高知平野や宮崎平野、抑制栽培は長野県の野辺山原や群馬県の嬬恋村、近郊農業は千葉県や茨城県などでさかんなことを整理しておきましょう。

2 野菜づくりの問題点 ★★

1 値段の変動が激しい野菜
一般に、きゅうりなどの野菜の市場での値段は、入荷量が多い時期に安く、少ない時期に高くなり、変動が大きい。

2 施設栽培の費用が高い
ビニールハウスなどの施設を使って野菜をつくると、ハウス用の材料や暖房などハウスの維持と管理に多くの費用がかかる。

3 豊作びんぼう
豊作で大量の野菜が市場に出回り値段が安くなるために、生産者の収入が減ってしまうことを**豊作びんぼう**という。
値段が安くならないように廃棄処分にすることもある

4 激しい競争
外国から輸入される野菜の増加に加え、産地間での競争が激しくなっている。

❶ 輸入野菜の増加……ねぎやキャベツ・たまねぎなどの日ごろよく食べられる野菜は、1980年代ごろから輸入が増えはじめた。野菜は、おもに中国やアメリカ合衆国などから輸入されている。

❷ 産地間の競争……産地間での競争が激しくなった結果、以前に比べて、高い値段で野菜が売れなくなっている。

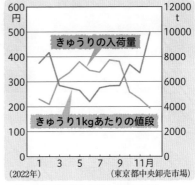

▲ きゅうりの月別入荷量と値段の変化

タイ 4.0　その他 26.2
2021年 5325億円
中国 49.4%
5.4
15.0
韓国
アメリカ合衆国
(2023年版「日本のすがた」)

▲ 日本の野菜の輸入先

くわしい学習

💬 **Q** 野菜の輸入が増えたのはなぜですか。

⚙ **A** 輸入が増加したおもな理由として次のようなことがあげられます。
①国内産の野菜より外国産の野菜の方が価格が安いため。
②輸送技術の発達で、一定の温度を保ったまま輸送できるようになったため。

▶ **輸入の問題点**……価格が安い外国産の野菜が多く輸入されると国内の野菜が売れなくなってしまいます。そのため、大量の野菜が輸入される際に、一時的に輸入を制限もしくは禁止する場合もあります。これを**セーフガード**といいます。

畑ではなく、工場で、土を使わずに栽培されている野菜があります。これらの野菜は工場野菜と呼ばれており、栄養分をとかした水に植物の根をひたして栽培されています。レタス・かいわれ・サラダ菜などが、この方法でつくられています。

▶ 野菜づくりがさかんな地域

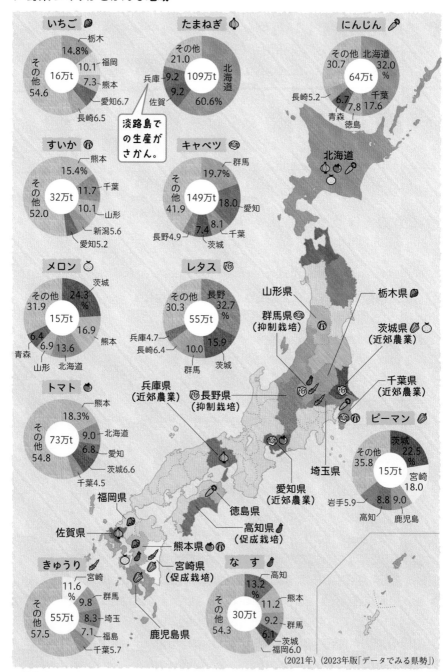

いちご
16万t
栃木 14.8%
福岡 10.1
熊本 7.3
愛知 6.7
長崎 6.5
その他 54.6

たまねぎ
109万t
北海道 60.6%
兵庫 9.2
佐賀 9.2
その他 21.0

淡路島での生産がさかん。

にんじん
64万t
北海道 32.0%
千葉 17.6
徳島 7.8
青森 6.7
長崎 5.2
その他 30.7

すいか
32万t
熊本 15.4%
千葉 11.7
山形 10.1
新潟 5.6
愛知 5.2
その他 52.0

キャベツ
149万t
群馬 19.7%
愛知 18.0
千葉 8.1
茨城 7.4
長野 4.9
その他 41.9

メロン
15万t
茨城 24.3%
熊本 16.9
北海道 13.6
山形 6.9
青森 6.4
その他 31.9

レタス
55万t
長野 32.7%
茨城 15.9
群馬 10.0
長崎 6.4
兵庫 4.7
その他 30.3

北海道

山形県
群馬県（抑制栽培）
栃木県
茨城県（近郊農業）

トマト
73万t
熊本 18.3%
北海道 9.0
愛知 6.8
茨城 6.6
千葉 4.5
その他 54.8

兵庫県（近郊農業）
長野県（抑制栽培）
千葉県（近郊農業）

ピーマン
15万t
茨城 22.5%
宮崎 18.0
高知 9.0
岩手 5.9
鹿児島 8.8
その他 35.8

埼玉県
愛知県（近郊農業）

福岡県
徳島県
高知県（促成栽培）
佐賀県
熊本県
宮崎県（促成栽培）

きゅうり
55万t
宮崎 11.6%
群馬 9.8
埼玉 8.3
福島 7.1
千葉 5.7
その他 57.5

なす
30万t
高知 13.2%
熊本 11.2
群馬 9.2
茨城 6.1
福岡 6.0
その他 54.3

鹿児島県

(2021年)（2023年版「データでみる県勢」）

雑学ハカセ
野菜を選ぶときは、一般に重い方が中身がつまっておいしいといわれていますが、レタスの場合は、中身のつまった重いものは、育ちすぎて葉がかたいため、軽い方がおいしいそうです。ちなみに、キャベツやはくさいは、重い方がおいしいそうです。

4 果物づくり

地理

第2編

食料生産とわたしたちの生活

第1章
日本の農業

第2章
日本の水産業

第3章
日本の食料生産

4 果物づくり

◎ 学習のポイント

1. すずしい気候を利用したりんごや、暖かい気候を利用したみかんの栽培など、各地でその土地や気候に合わせた果物づくりが行われている。

2. 近年、アメリカ合衆国やフィリピンから多くの果物が輸入されている。

1 果物の生産 ★★★

1 日本の果物づくり

日本は、国土が南北に細長く、地域により気候が大きくちがうため、それぞれの気候に合った果物が栽培されている。

2 おもな果物の種類

❶ **りんご**……りんごは、すずしい気候で雨量が少なく、乾燥した土地での栽培に適している。日本ではすずしい気候の地域でつくられる代表的な果物で、**青森県**が全国の約6割を生産している。津軽平野　次いで、**長野県・岩手県・山形県**などで生産量が多い。

❷ **みかん**……みかんは、日あたりと水はけの良い、暖かい地方の山の斜面で多く栽培されている。特に、**和歌山県・愛媛県・静岡県・熊本県**の生産量が多い。有田川流域　宇和海沿岸　駿河湾沿岸

❸ **ぶどう**……ぶどうは、夏に雨が少なく、昼と夜の気温差が大きい土地での栽培に適している。山梨県の**甲府盆地**の**扇状地**は、ぶどうの代表的な産地である。また、岡山県では温室におけるマスカットの生産量が多い。ぶどうを利用したワインづくりもさかん

3 減ってきた果物の生産

農業従事者の高齢化や後継者不足、輸入果物の増加などにより、果物の生産量は減少している。

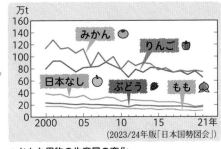

▲おもな果物の生産量の変化

(2023/24年版「日本国勢図会」)

参考 その他の果物のおもな生産地

● **日本なし**…千葉県・茨城県など

● **もも**…山梨県・福島県など

● **おうとう**…山形県

● **かき**…和歌山県・奈良県など

● **うめ**…和歌山県

● **びわ**…長崎県・千葉県など

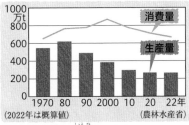

▲果物の生産量と消費量の変化

(2022年は概算値)　(農林水産省)

パワーアップ
甲府盆地では、かつて蚕を飼ってまゆをつくる養蚕業がさかんでした。水田には向いていない扇状地でも蚕のえさとなるくわの栽培ができたからです。しかし、化学せんいの広まりや、外国から安い生糸が輸入されるようになったため、おとろえていきました。

▶ 果物づくりがさかんな地域

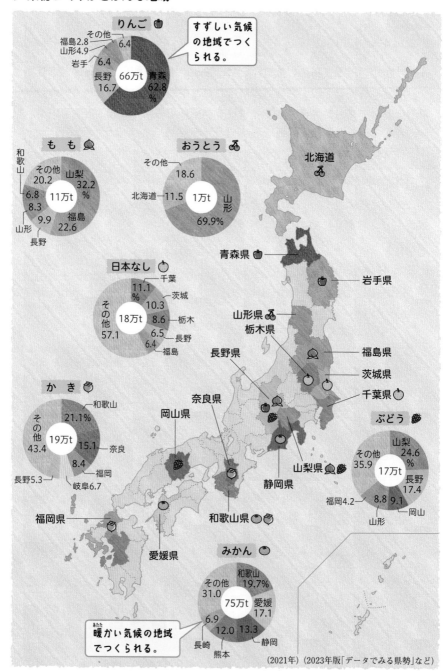

りんご
- その他 6.4
- 福島 2.8
- 山形 4.9
- 岩手 6.4
- 長野 16.7
- 66万t
- 青森 62.8%

すずしい気候の地域でつくられる。

もも
- 和歌山 6.8
- その他 20.2
- 山梨 32.2%
- 11万t
- 山形 8.3
- 長野 9.9
- 福島 22.6

おうとう
- その他 18.6
- 北海道 11.5
- 1万t
- 山形 69.9%

日本なし
- 千葉 11.1%
- 茨城 10.3
- 栃木 8.6
- 長野 6.5
- 福島 6.4
- その他 57.1
- 18万t

かき
- 和歌山 21.1%
- その他 43.4
- 奈良 15.1
- 19万t
- 福岡 8.4
- 岐阜 6.7
- 長野 5.3

ぶどう
- 山梨 24.6%
- その他 35.9
- 17万t
- 長野 17.4
- 福岡 4.2
- 山形 8.8
- 岡山 9.1

みかん
- 和歌山 19.7%
- その他 31.0
- 愛媛 17.1
- 75万t
- 静岡 13.3
- 熊本 12.0
- 長崎 6.9

暖かい気候の地域でつくられる。

北海道

青森県
岩手県
山形県
栃木県
福島県
茨城県
千葉県
長野県
奈良県
岡山県
山梨県
静岡県
福岡県
愛媛県
和歌山県

(2021年)(2023年版「データでみる県勢」など)

入試では　おもな果物とその生産地がよく出題されます。りんごと青森県の津軽平野、みかんと和歌山県・愛媛県・静岡県の段々畑、おうとうと山形県の山形盆地、ぶどうと山梨県の甲府盆地の組み合わせはよく出題されるのでセットで覚えておきましょう。

2 果物の輸出入 ★

1 果物の輸入

1970年代以降、消費者がいろいろな果物を好むようになったことや、外国産の果物の価格が安いことなどから、日本の果物の輸入量は増加した。しかし、消費量はのびなやみ、1990年代半ば以降あまり増えていない。

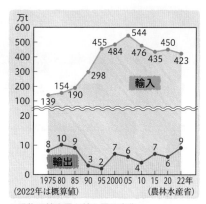

▲果物の輸出量と輸入量の変化

❶ 輸入自由化の始まり……政府は、国内の農家を保護するために果物の輸入を制限してきたが、1991年に**オレンジ**の輸入自由化が始まり、アメリカ合衆国から安い値段のオレンジが輸入されるようになり、国内の農家に大きな影響をあたえた。1993年以降には、欧米などからのりんごの輸入自由化が始まった。

❷ おもな果物の輸入先

果物名	輸入先(%)
レモン・ライム	アメリカ合衆国(45) チリ(39)
オレンジ	アメリカ合衆国(56) オーストラリア(43)
バナナ	フィリピン(76)
キウイフルーツ	ニュージーランド(95)

(2021年)　　(2023/24年版「日本国勢図会」)

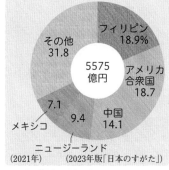

▲日本の果物の輸入先

❸ 輸入増加による問題点と農家の取り組み……外国産の安い果物が大量に輸入されると、国内産の果物の売れゆきが悪くなり、農家の収入が減ってしまう。また、輸入農作物の中から残留農薬が検出され、社会問題になったこともある。日本の農家は、生産費を下げたり、安全性を消費者にうったえたり、**高品質**化を進めたりして、外国産に負けない果物づくりにはげんでいる。

2 果物の輸出

日本の果物の輸出量は少ないが、りんごやぶどう、もも、なしなどが輸出されている。

参考 果物の高品質化

みかんやりんご、ぶどうなどでは、よりあまくなるようにしたり、種がないものをつくったりするなどの改良を行って、高品質なブランド果物がつくられている。有田みかん(和歌山県)、サンふじ(りんご・青森県)、ルビーロマン(ぶどう・石川県)などの多くのブランド品種がある。

パワーアップ 輸入される果物の中で最も多いのはバナナで、76%がフィリピンから輸入されています。また、パイナップルも90%がフィリピンから輸入されています(2021年)。

5 その他の作物の生産

◎学習のポイント

1. 日本は、小麦・大豆・とうもろこしなどの大部分を輸入にたよっている。
2. さつまいもは九州地方、じゃがいもは北海道で多く生産されている。
3. 工芸作物は、各地の気候や土地と結びついた地域の特産物になっている。

1 麦類の生産 ★★

1 小麦 小麦は、乾燥した気候に適した作物で、うどんやパンなどの原料となる。

2 小麦の生産 日本の気候が栽培に適していないことや、外国産の小麦の方が良質で安いことなどから、小麦の国内での生産量は非常に少ない。

3 小麦の輸入 小麦は、大部分をアメリカ合衆国・カナダ・オーストラリアからの輸入にたよっている。

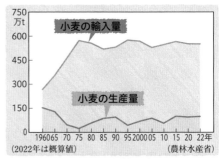
▲小麦の生産量と輸入量の変化

2 豆類の生産 ★★

1 豆類 とうふ・みそ・しょうゆなどの原料となる大豆、あんや赤飯の原料として利用されるあずき、らっかせいなどがおもに栽培されている。

2 大豆 大豆は、国内での生産量は非常に少なく、ほとんどを輸入にたよっている。

豆 類	おもな生産地(%)
大 豆	北海道(45) 宮城県(7) 秋田県(5)
あずき	北海道(93)
らっかせい	千葉県(85)

(2021年。大豆は2022年)
(2023/24年版「日本国勢図会」)
▲おもな豆類の生産地

3 いも類の生産 ★★★

1 さつまいも さつまいもは、暖かい気候の土地に適し、鹿児島県などで栽培がさかんである。

2 じゃがいも じゃがいもは、すずしい気候の土地に適し、北海道で全国の約80%が生産されている。

その他0.7
カナダ 8.8
ブラジル 17.0
350.3万t
アメリカ合衆国 73.5%

(2022年)
(2023/24年版「日本国勢図会」)
▲日本の大豆の輸入先

雑学ハカセ

大豆は豆類の中でもたんぱく質を多くふくむため、「畑の肉」とも呼ばれています。また、あずきは、かつて、不作で価格が急に上がったときには「赤いダイヤ」と呼ばれました。

4 雑穀の生産 ★★

1 雑穀 とうもろこし・そば・あわなどを雑穀という。雑穀はおもに飼料として使われ、日本での生産量は少ない。

2 とうもろこし とうもろこしは、家畜の飼料や加工食品として利用されている。しかし、日本での生産量はごくわずかで、日本はとうもろこしの多くをアメリカ合衆国から輸入している。また、近年は、バイオ燃料の原料として注目されている。
└とうもろこしやさとうきびなど植物を原料とする燃料

5 工芸作物の生産 ★★★

1 工芸作物 工業製品の原料となる農作物を工芸作物という。
└各地の特産物になっているものが多い

❶ **茶**……茶は、暖かくて水はけが良い台地や山の斜面などでつくられる。日本の茶の生産は、ほとんどが緑茶で、**静岡県の牧ノ原**は日本を代表する茶の産地である。鹿児島県、三重県、宮崎県などでも、茶が栽培されている。
└大井川下流西岸の台地

❷ **てんさい**……てんさいは、ビート・さとうだいこんとも呼ばれ、砂糖の原料となる。**北海道**だけで栽培されている。

❸ **さとうきび**……さとうきびは砂糖の原料で、**沖縄県**と**鹿児島県**で栽培されている。

工芸作物	おもな産地	工業製品
い　草	熊本県	たたみ表
こんにゃくいも	群馬県	こんにゃく
たばこ	熊本県・沖縄県	たばこ
なたね	北海道	なたね油
こうぞ・みつまた	高知県・徳島県	和　紙

▲その他のおもな工芸作物

6 花きの生産 ★★

1 草花の生産 愛知県や沖縄県、静岡県、福岡県などで草花の栽培がさかんである。富山県や新潟県ではチューリップの球根づくりがさかんである。

2 電照ぎくの栽培 愛知県の渥美半島や沖縄県では、電照ぎくの栽培がさかんである。

参考 飼料作物 牛やぶたなどの家畜にあたえるえさを、飼料といい、牧草や麦、とうもろこし、いもなどの飼料になる作物のことを飼料作物という。特に、とうもろこしは、食用以外に、飼料として重要な作物で、実のほか、葉やくきも飼料として使われている。

ことば てんさい 大根の一種で、上白糖やグラニュー糖などの砂糖がとれる。砂糖づくりに使ったあとの根やくき、葉は、乳牛のえさとなる。同じ砂糖の原料となるさとうきびは、沖縄県や鹿児島県での生産が多い。

ことば 電照ぎく 日が短くなる秋に花をさかせるきくの性質を利用して、夜間に電灯で照らして開花時期をおくらせるように栽培し、時期をずらして出荷されるきく。

雑学ハカセ てんさいとさとうきびから砂糖がつくられますが、てんさいは根にたくわえられた糖分を、さとうきびは茎にたくわえられた糖分を原料としてつくられています。

▶ 麦類・豆類・いも類・工芸作物・花きづくりがさかんな地域

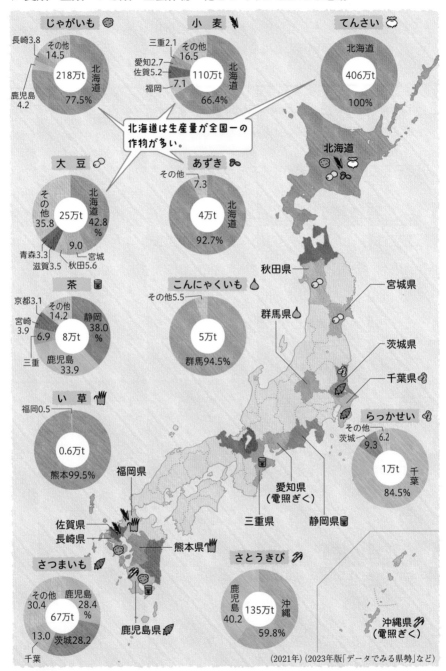

じゃがいも
218万t
北海道 77.5%
その他 14.5
長崎3.8
鹿児島 4.2

小麦
110万t
北海道 66.4%
その他 16.5
三重2.1
愛知2.7
佐賀5.2
福岡 7.1

てんさい
406万t
北海道 100%

北海道は生産量が全国一の作物が多い。

大豆
25万t
北海道 42.8%
その他 35.8
9.0
宮城
青森3.3
滋賀3.5
秋田5.6

あずき
4万t
北海道 92.7%
その他 7.3

茶
8万t
静岡 38.0%
鹿児島 33.9
三重 6.9
宮崎 3.9
京都3.1
その他 14.2

こんにゃくいも
5万t
群馬94.5%
その他5.5

い草
0.6万t
熊本99.5%
福岡0.5

らっかせい
1万t
千葉 84.5%
茨城 9.3
その他 6.2

さつまいも
67万t
鹿児島 28.4%
茨城28.2
千葉 13.0
その他 30.4

さとうきび
135万t
沖縄 59.8%
鹿児島 40.2

北海道

秋田県
宮城県
群馬県
茨城県
千葉県
福岡県
佐賀県
長崎県
熊本県
鹿児島県
愛知県（電照ぎく）
三重県
静岡県
沖縄県（電照ぎく）

(2021年) (2023年版「データでみる県勢」など)

パワーアップ
さつまいもという名まえは、琉球（現在の沖縄県）から薩摩国（現在の鹿児島県）に伝わったことに由来しています。江戸時代、青木昆陽がおもに西日本で栽培されていたさつまいもを現在の千葉県で試作したことから、関東地方でもさつまいもの栽培が広まりました。

地理
第2編
食料生産とわたしたちの生活

第1章
日本の農業

第2章
日本の水産業

第3章
日本の食料生産

6 畜産

🎯 学習のポイント

1. 日本の**畜産**は、**北海道**や**九州地方**のほか、大都市に近いため、安い輸送費で早く畜産物を出荷できる**関東地方**でさかんに行われている。
2. 日本は飼料の多くを輸入しているが、その価格上昇になやんでいる。

1 畜産のようす ★★

1 畜産
牛やぶた・にわとりなどの家畜を飼育して、牛乳や卵・肉などの畜産物を生産する農業を**畜産**という。現在、日本では、畜産農家の高齢化や後継者不足、安い輸入畜産物の増加などにより、畜産農家戸数が減っている。

2 畜産のくふう
畜産農家は、コンピューターで家畜を管理したり、家畜を共同飼育したりして経営費用を下げようとしている。また、食料品の残りを飼料として再利用するくふうもなされている。

3 肉の消費量
日本人が食べる肉類は、とり肉・ぶた肉・牛肉の順に多い。

4 輸入にたよる飼料
日本は飼料を大量に輸入しているが、輸入飼料の価格上昇になやんでいる。そのため、少しでも多く飼料作物を自給するための取り組みが必要である。
飼料自給率は26%（2022年）

5 牛肉の輸入自由化
1991年の牛肉の輸入自由化以降、日本の牛肉の**自給率**が低下している。

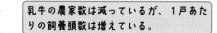
乳牛の農家数は減っているが、1戸あたりの飼養頭数は増えている。

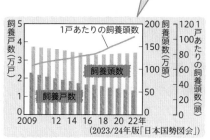
▲乳牛の農家数と飼養頭数の変化
(2023/24年版「日本国勢図会」)

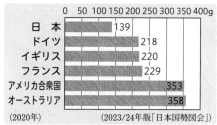
▲**おもな国の肉の消費量**（1人1日あたり）
（2020年）　　（2023/24年版「日本国勢図会」）
↳鹿島港（茨城県）や志布志港（鹿児島県）などでの輸入量が多い

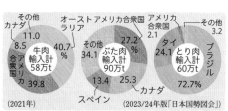

牛肉 輸入計58万t：オーストラリア40.7%、アメリカ合衆国39.8、カナダ8.5、その他11.0
ぶた肉 輸入計90万t：アメリカ合衆国27.2%、カナダ25.3、スペイン13.4、その他34.1
とり肉 輸入計60万t：ブラジル72.7%、タイ24.1、アメリカ合衆国2.1、その他3.2
（2021年）　　（2023/24年版「日本国勢図会」）
▲日本の肉類の輸入先

パワーアップ
世界の国の家畜の飼育頭数を見ると、牛はブラジルやインド、ぶたは中国などで多く飼育されています。羊は日本での飼育は少ないですが、中国やインド・オーストラリアで多く飼育されています。

6　家畜の病気　畜産農家は、鳥インフルエンザなど家畜に広がる感染症によって大きな被害を受けることがある。

❶ **BSE（牛海綿状脳症）**……狂牛病ともいう。1986年にイギリスで初めて感染が確認され、日本でも2001年に発症が報告された。

❷ **鳥インフルエンザ**……Ａ型インフルエンザウイルスが鳥類に感染しておこる感染症である。高い病原性のものを高病原性鳥インフルエンザと呼ぶ。

参考　**BSE**
2003年にアメリカ合衆国で発症が確認されたときには、日本は2005年末までアメリカ産牛肉の輸入を禁止した。

2　畜産のさかんな地域 ★★★

1　畜産のさかんな地方　畜産の生産額が多い都道府県は、北海道地方と、関東地方・九州地方に集中している。

2　畜産の種類

❶ **乳牛**……乳牛は、酪農が古くからさかんな**北海道**で最も多く飼育されている。また、**栃木県や群馬県**など大都市の周辺では、大消費地までの輸送費が安く、新鮮な牛乳を早く出荷できることを生かして乳牛を多く飼育している。

❷ **肉牛**……肉牛は、**北海道や鹿児島県・宮崎県**など、九州地方の南部で多く飼育されている。
└食用を目的に飼育されている牛

❸ **ぶた**……ぶたは、**鹿児島県や宮崎県**で多く飼育されているが、**群馬県や千葉県**など大都市周辺でも飼育されている。

❹ **にわとり**……肉用にわとりの飼育数は、**鹿児島県・宮崎県・岩手県**が多い。卵用にわとりは、新鮮な卵を大都市に安く早く出荷することができるため、**茨城県・千葉県**などで飼育数が多い。

ことば　**酪農**
牛乳やバター、チーズなどの乳製品を生産するために、乳牛を飼育する農業。酪農は、広い草地にめぐまれ、夏でもすずしく乳牛がすごしやすい気候をもつ北海道でさかんに行われている。特に、北海道の**根釧台地**は代表的な酪農地域である。

▲肉牛の放牧

広い土地に、牛を放し飼いにして、牧草を食べさせている。

▲肉の供給量の変化

（縦軸）万t　0, 20, 40, 60, 80, 100, 120, 140, 160, 180, 200

ぶた肉　とり肉　牛肉

（横軸）1982　85　90　95　2000　05　10　15　20　22年
（2022年は概算値）　　　（農林水産省）

雑学ハカセ　北海道の酪農では、ホルスタインという寒さに強い乳牛が多く飼育されています。また、肉牛には、「松阪牛」、「飛騨牛」、「神戸牛」など多くのブランド牛があります。

▶ 畜産がさかんな地域

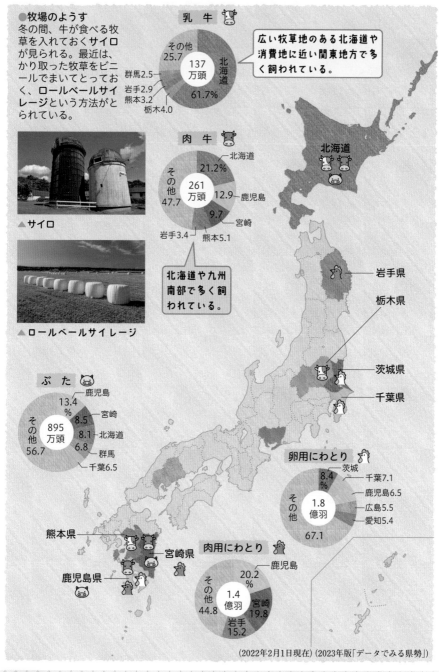

●牧場のようす
冬の間、牛が食べる牧草を入れておくサイロが見られる。最近は、かり取った牧草をビニールでまいてとっておく、**ロールベールサイレージ**という方法がとられている。

▲ サイロ

▲ ロールベールサイレージ

乳牛
137万頭
北海道 61.7%
栃木4.0
熊本3.2
岩手2.9
群馬2.5
その他 25.7

広い牧草地のある北海道や消費地に近い関東地方で多く飼われている。

肉牛
261万頭
北海道 21.2%
鹿児島 12.9
宮崎 9.7
熊本5.1
岩手3.4
その他 47.7

北海道や九州南部で多く飼われている。

ぶた
895万頭
鹿児島 13.4%
宮崎 8.5
北海道 8.1
群馬 6.8
千葉6.5
その他 56.7

卵用にわとり
1.8億羽
茨城 8.4%
千葉7.1
鹿児島6.5
広島5.5
愛知5.4
その他 67.1

肉用にわとり
1.4億羽
鹿児島 20.2%
宮崎 19.8
岩手 15.2
その他 44.8

北海道

岩手県

栃木県

茨城県

千葉県

熊本県

宮崎県

鹿児島県

(2022年2月1日現在)(2023年版「データでみる県勢」)

地理
第2編
食料生産とわたしたちの生活

第1章
日本の農業

第2章
日本の水産業

第3章
日本の食料生産

入試では

牛・ぶた・にわとりの飼育頭数の統計から、それぞれの家畜を選択する問題が多く出題されます。それぞれの家畜について、飼育頭数が多い都道府県をしっかり整理しておきましょう。

👑 **絶対暗記ベスト3**

① 位 **野菜づくり** 大都市周辺の近郊農業、高知平野・宮崎平野の促成栽培、野辺山原(長野県)・嬬恋村(群馬県)の高冷地農業(抑制栽培)。

② 位 **米づくりのさかんな地方** 東北地方(全国の約4分の1)や北陸地方。

③ 位 **畜産がさかんな地域** 北海道の根釧台地(酪農)、九州南部のシラス台地。

1 各地方の農業生産額の割合

	①	②	③	その他
北海道	7.9%	16.0	58.4	17.7
東北	26.7%	18.0	34.0	21.3
北陸	55.8%		14.7	19.8 9.7
関東・東山	12.3%	34.7	29.7	23.3
東海	11.2%	29.6	31.7	27.5
近畿	23.3%	24.0	22.1	30.6
中国	19.6%	19.3	43.0	18.1
四国	10.7%	35.7	24.3	29.3
九州・沖縄	7.8%	22.6	48.7	20.9

※東山は山梨・長野県、東海は岐阜・静岡・愛知・三重県。
(2021年) (2023/24年版「日本国勢図会」など)

□左のグラフ中の①～③は、畜産・米・野菜のうち、それぞれどれがあてはまるか?
①→**米**
②→**野菜**
③→**畜産**

□米の生産量が最も多く、「日本の米ぐら」とも呼ばれるのは何地方か?→**東北地方**

2 各地域でさかんな野菜づくり

□大都市の周辺で野菜などをつくる農業は?→**近郊農業**
□夏でもすずしい気候を利用して栽培する野菜のおそづくりは?→**抑制栽培**
□冬でも暖かい気候を利用して栽培する野菜の早づくりは?→**促成栽培**

3 よく問われる農産物

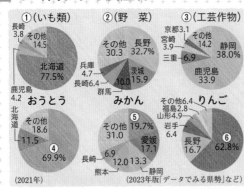

①(いも類) 長崎3.8 その他14.5 北海道77.5% 鹿児島4.2
②(野菜) 長野32.7% その他30.3 兵庫4.7 長崎6.4 群馬 茨城15.9 10.0
③(工芸作物) 京都3.1 宮崎3.9 三重6.9 その他14.2 静岡38.0% 鹿児島33.9
おうとう 北海道11.5 その他18.6 ④69.9%
みかん その他31.0 愛媛17.1 長崎6.9 熊本12.0 静岡13.3 19.7%
りんご その他6.4 福島2.8 山形4.9 岩手6.4 長野16.7 ⑥62.8%
(2021年) (2023年版「データでみる県勢」など)

□左のグラフの①～③にあてはまる農産物は何か?
①→**じゃがいも**
②→**レタス**
③→**茶**

□左のグラフの④～⑥にあてはまる県はどこか?
④→**山形県** ⑤→**和歌山県**
⑥→**青森県**

□ ❶ せまい耕地に多くの資本や労働力を投入し、最大限の収穫を得ようとする農業を[　　　]といいます。 ❶集約(的)農業 ❂p.76

□ ❷ 農作物の販売を目的とする[　　　]の戸数は、近年、減少し続けています。 ❷販売農家 ❂p.77

□ ❸ 米づくりで、田に水を入れトラクターで土を平らにする作業を[　　　]といい、田の水をいったんぬいて田をかわかす作業を[　　　]といいます。 ❸代かき、中ぼし ❂p.79

□ ❹ 米の生産量が多い地方は[　　　]や北陸地方で、都道府県では北陸地方の[　　　]県や北海道などです。 ❹東北地方、新潟 ❂p.80

□ ❺ 米が余りだしたため、政府は、米からほかの作物の生産にかえる[　　　]をすすめるなどの生産調整を行いました。 ❺転作 ❂p.83

□ ❻ 大都市の周辺で野菜などをつくる農業を[　　　]といいます。 ❻近郊農業 ❂p.84

□ ❼ 冬でも暖かい高知平野や宮崎平野などでは、ビニールハウスなどを利用した野菜の[　　　]栽培がさかんです。 ❼促成 ❂p.84

□ ❽ 夏でもすずしい野辺山原などでさかんな、レタスなどの高原野菜を栽培する農業を[　　　]といい、出荷時期をおくらせる[　　　]栽培が行われています。 ❽高冷地農業、抑制 ❂p.84

□ ❾ りんごは[　　　]県が全国の約6割を生産しています。 ❾青森 ❂p.87

□ ❿ [　　　]県、愛媛県、静岡県がみかんの生産量上位3県となっています。 ❿和歌山 ❂p.87

□ ⓫ 山梨県の[　　　]盆地では、[　　　]やももの栽培がさかんです。 ⓫甲府、ぶどう ❂p.87

□ ⓬ [　　　]はとうふやしょうゆの原料となる豆類です。 ⓬大豆 ❂p.90

□ ⓭ 北海道で、全国の生産量の約80%を生産しているいも類は[　　　]です。 ⓭じゃがいも ❂p.90

□ ⓮ 工芸作物の[　　　]は、静岡県や鹿児島県・三重県などで、砂糖をつくる[　　　]は、ビートやさとうだいこんともいわれ、北海道だけで生産されています。 ⓮茶、てんさい ❂p.91

□ ⓯ 北海道の[　　　]台地では、乳牛を飼育して、乳製品をつくる[　　　]がさかんです。 ⓯根釧、酪農 ❂p.94

●右の地図で示した県は農業がさかんな県で、多くの野菜が生産されています。次の表は、キャベツ・はくさい・メロンの生産量上位5つの道県とその生産量と割合をそれぞれ示したものです。Ⅰ～Ⅲの農作物の組み合わせとして正しいものを、あとのア～カから1つ選びなさい。 【西大和学園中一改】

Ⅰ

	生産量	割合
地図の県	250300	27.8
長野県	228000	25.3
群馬県	29500	3.3
埼玉県	24600	2.7
鹿児島県	23900	2.7
全　国	899900	100.0

Ⅱ

	生産量	割合
群馬県	292000	19.7
愛知県	267200	18.0
千葉県	119900	8.1
地図の県	109400	7.4
長野県	72500	4.9
全　国	1485000	100.0

Ⅲ

	生産量	割合
地図の県	36500	24.3
熊本県	25400	16.9
北海道	20400	13.6
山形県	10400	6.9
青森県	9650	6.4
全　国	150000	100.0

（生産量の単位はt、割合の単位は％、統計年次は2021年）　（2023年版「日本のすがた」）

	Ⅰ	Ⅱ	Ⅲ
ア	キャベツ	はくさい	メロン
イ	キャベツ	メロン	はくさい
ウ	はくさい	キャベツ	メロン
エ	はくさい	メロン	キャベツ
オ	メロン	キャベツ	はくさい
カ	メロン	はくさい	キャベツ

キーポイント

地図で示された県は、県の形や湖があることなどから茨城県と判断する。

正答への道

Ⅰは、長野県や群馬県など高冷地農業がさかんな県が上位に入っていることから高原野菜であるキャベツかはくさいと考えられる。

Ⅱは、愛知県や千葉県が上位に入っていることから近郊農業で栽培がさかんな野菜と考えられる。

Ⅲは、生産量が表Ⅰ・表Ⅱの農作物と比べて非常に少ないことからメロンと考えられる。

答え

ウ

● 下の表は、道県別の作付延面積、水稲の作付面積と収穫量、農業産出額およびその割合を示しています。また、表中のア〜オは新潟県、北海道、千葉県、富山県、宮崎県のいずれかにあてはまります。この表に関連して、アとイは作付延面積が小さいにもかかわらず、農業産出額が高い数値を示しています。アおよびイの農業の特色にふれたうえで、農業産出額が高い理由を50字以上60字以内で答えなさい。

【久留米大附中一改】

道県	作付延面積(千ha)			水　稲		農業産出額(億円)*	農業産出額の割合(%)*			
	田畑計	田	畑	作付面積(千ha)	収穫量(千t)		米	野菜	果実	畜産
ア	68	40	27	16	78	3348	5.2	20.3	3.9	64.4
イ	109	63	45	51	278	3853	16.6	35.9	2.9	31.0
ウ	52	51	2	36	200	629	69.0	8.6	3.7	12.4
エ	1133	206	927	96	574	12667	9.5	16.9	0.5	57.9
オ	146	133	13	117	620	2526	59.5	12.7	3.6	19.2

(2021年。＊は2020年)　　　　　　　　　　(2023年版「データブック オブ・ザ・ワールド」)

条件に注意！

- ア・イの道県の農業は、どのような特色があるかを考える。
- 50字以上60字以内で答える。

キーポイント

- ア・イは、米の産出額が少なく、野菜と畜産の割合が大きいことがわかる。
- エ・オは、米(水稲)の収穫量が非常に多く、ウは作付延面積が最も小さく、農業産出額も最も少ないことがわかる。

正答への道

　エ・オは、米(水稲)の収穫量が非常に多いことから、北海道か新潟県のいずれかと判断する。ウは作付延面積が最も小さく、農業産出額が最も少ないことから富山県とわかる。よって、ア・イは千葉県か宮崎県のいずれかとなる。宮崎県は野菜の促成栽培や畜産がさかんであり、千葉県は近郊農業や促成栽培、ぶたや卵用にわとりの飼育がさかんである。これらの農業の特色をふまえてまとめればよい。表中のアは畜産の割合が最も大きいことから宮崎県、イは野菜の割合が最も大きい千葉県、エは作付延面積が最も大きい北海道、オは新潟県となる。

解答例

　促成栽培や近郊農業による野菜の生産やぶたや牛などの畜産がさかんで、こうした農畜産物は市場で高い価格で売れるため。〔56字〕

99

食料生産とわたしたちの生活

ここから
スタート！

第**2**章 日本の水産業 5年

日本の水産業の現状とこれから

　日本では、水産業で働く人の数が減少し、漁獲量も減少傾向にあります。そのため、水産物の多くが輸入されています。今後もその傾向は続くと予想され、栽培漁業などの「育てる漁業」の成長が不可欠となっています。

📖 学習することがら

1．日本の水産業のすがた
2．漁業がさかんなところ
3．水産物の流通
4．これからの水産業

1 日本の水産業のすがた

📎 学習のポイント

1. 日本では、魚の消費量が多く、また、良い漁港・漁場が多い。

2. 近年、漁業で働く人は年々減っており、高齢化も進んでいる。

3. 漁獲量の減少にともなって、水産物の輸入が増えている。

1 日本の水産業の特色 入試重要度 ★★★

1 日本人の食生活と水産業

周りを海に囲まれた日本は、古くから動物性たんぱく質を魚介類から得てきた。最近は、日本人の魚を食べる量は減っているが、1人1日あたりの消費量は、いぜんとして世界でも多い方である。

2 日本の水産業がさかんな理由

❶ **島国の日本**……日本は周りを海に囲まれており、海岸線が複雑で天然の良港が多い。
└リアス海岸

❷ **海流**……日本近海には、寒流の**親潮（千島海流）**とリマン海流、暖流の**黒潮（日本海流）**と**対馬海流**が流れており、暖流と寒流が出合うところにできる**潮目（潮境）**はプランクトンが豊富で良い漁場となっている。

❸ **大陸だな**……日本近海の**東シナ海**には、深さが約200mくらいまでのかたむきがゆるやかな**大陸だな**が広がっている。大陸だなは、プランクトンが豊富で魚が集まりやすく、魚が卵を産むのに適した場所となっているため、良い漁場となっている。

3 小規模経営の漁業

日本には、約6万5000の漁業を行っている組織がある。そのうち、家族など小規模な組織で漁業を行う個人経営体が9割以上をしめ、会社や共同経営、**漁業協同組合**などによる漁業の経営体は非常に少ない。
└漁業に従事している人たちが協力し合うための組合

参考 魚の消費量（1人1日あたり）

	0g 50 100 150 200
日本	115
フランス	91
オーストラリア	66
アメリカ合衆国	62
イギリス	49
ドイツ	34

（2020年）
（2023/24年版「日本国勢図会」）

🔍 ズームアップ 海流、潮目 ➡ p.51

約200m

大陸だな

▲大陸だな

参考 漁獲量の国別割合

世界計
9142
万t

中国 14.7%
インドネシア 7.6
ペルー 6.2
インド 6.0
ロシア 5.6
アメリカ合衆国4.7
ベトナム3.7
日本3.5
その他 48.0

（2020年）
（2023/24年版「日本国勢図会」）

雑学ハカセ 魚のたんぱく質は、人体にとって必要不可欠な栄養素の1つです。体内ではほとんどつくられない必須アミノ酸が豊富で、バランスよくふくまれているため良質なたんぱく質となっています。

4 漁業で働く人 近年、日本の漁業で働く人は、大きく減少すると同時に、高齢化も進んでいる。

▶ **漁業で働く人が減ってきた理由**
- 安定した収入が得られないため。
- 海のよごれや埋め立てなどによって漁場がせばまり、魚がとれなくなってきたため。
- 労働が厳しく、嵐にあうなどの危険をともなうため。

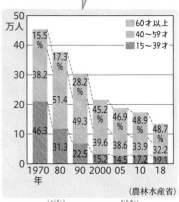

1970年には約47万人いたが、2018年には約13万人にまで減っている。

▲男性漁業就業者数の年齢別割合の変化

2 水産物の輸入 ★★

1 水産物の輸入の変化

❶ **1970年代後半**……各国が経済水域を設定したころから輸入が増加した。

❷ **1980年代後半**……漁獲量の急激な減少や円高で輸入がしやすくなったことで、輸入量がさらに増加した。
└円の価値が相対的に上がること

❸ **2000年以降**……魚の価格の上昇や消費量の減少で輸入量は減少傾向にある。

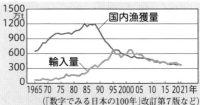

▲国内漁獲量と水産物の輸入量の変化

🔍ズームアップ 円 高 ➡p.185

2 輸入額が多い水産物 日本は、さけ・ます、まぐろ、えび、かになどの輸入額が多く、水産物の輸入額は世界第3位である。
└おもにロシア連邦から輸入 └おもにチリから輸入

3 おもな輸入相手国 日本の水産物のおもな輸入相手国は、中国・チリ・アメリカ合衆国・ロシア連邦・ベトナム・ノルウェー・タイなどである。
└2022年

▲水産物の輸入が多い国 ▲日本が輸入している水産物

輸入された魚が多く使われている場所の1つに回転ずしがあります。ある調査では、サーモン、赤身まぐろ、はまち・ぶり、まぐろ（中とろ）、えびが人気ベスト5だということです。

3 漁業の種類 ★★★

1 **漁業の種類**　日本で行われている漁業は、魚を
とる場所や船の大きさなどから、**沿岸漁業**、**沖合漁業**、
遠洋漁業、**養殖業**、**内水面漁業**などに分類される。

2 **おもな漁業の種類**

❶ **沿岸漁業**……沿岸漁業は、小型の船を使った日帰
└漁獲量の約22%（2021年）をしめる
りの漁で、海岸付近で行われる。

❷ **沖合漁業**……沖合漁業は、中型の船を使った数日
└漁獲量の約48%（2021年）をしめ、日本の漁業の中心
がかりの漁で、沿岸漁業よりも沖合で行われる。

❸ **遠洋漁業**……遠洋漁業は、大型船を使った数十日～数
└漁獲量の約 7 %（2021年）をしめる
か月がかりの漁で、太平洋やインド洋などで行われる。

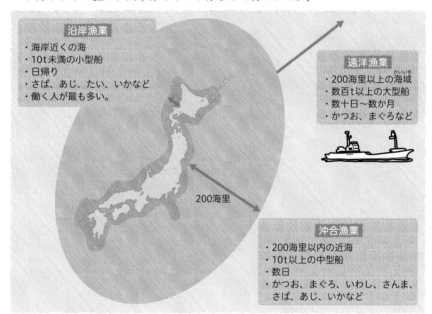

沿岸漁業
・海岸近くの海
・10t未満の小型船
・日帰り
・さば、あじ、たい、いかなど
・働く人が最も多い。

遠洋漁業
・200海里以上の海域
・数百t以上の大型船
・数十日～数か月
・かつお、まぐろなど

200海里

沖合漁業
・200海里以内の近海
・10t以上の中型船
・数日
・かつお、まぐろ、いわし、さんま、
　さば、あじ、いかなど

3 **その他の漁業**

❶ **養殖業**……養殖業は、魚や貝・海藻をいけすなど
で育て、大きくなってから出荷する漁業である。
海での養殖業は浅いところで行われる。

❷ **内水面漁業**……内水面漁業は、湖・川・沼にいる
魚をとる漁業をいう。

パワーアップ　他国の200海里経済水域内で魚をとる場合には、その国の許可が必要です。沖合漁業でも、
さんまなどはロシア連邦の200海里経済水域に入って操業することが多くなっています。そ
のため、ロシア連邦との間で、漁獲量や船の数などを決める協議が毎年行われています。

4 いろいろな漁法 ★★

漁法	おもに使う漁業	とれる魚
はえなわ漁法…長いなわにさんまなどのえさをつけ、まぐろなどをつる漁法。なわの長さが100 kmをこえるものもある。	遠洋漁業	まぐろ
まきあみ漁法…船にあみのはしをつないで魚の群れを取り囲み、おもにあじやさば、いわしなどをとる漁法。	沖合漁業 遠洋漁業	あじ さば いわし
底引きあみ漁法…ふくろになったあみを船で引いて魚をとる漁法。魚介類を大量にとるため、規制が設けられている。	沖合漁業 遠洋漁業	かれい ひらめ たい えび
定置あみ漁法…魚の通る海底にあみを張って魚をとる漁法。海底を泳ぐ通り道が決まっているさけなどをとる。	沿岸漁業	いわし ぶり さけ
棒受けあみ漁法…さんまが光に集まる性質を利用し、明かりで海面を照らし、集まってきた魚をあみでとる漁法。	沖合漁業	さんま
いかつり漁法…自動いかつり機で針を海中に投げ入れ、引き上げるときにいかをとる漁法。夜は、明かりで照らして行う。	沿岸漁業 沖合漁業	いか
一本づり漁法…一本のつり糸で、一回に一匹ずつとる漁法。ほかの漁法に比べて、魚を傷つけることが少ない。	遠洋漁業	かつお

くわしい学習

💬**Q** 漁船にはどのような設備が備えられていますか。

🤖**A** 遠洋漁業に出かける船は、魚を冷凍する設備や船の位置や天気を知るレーダーを備えています。また、海中へ音波を送り、その反射で魚群がわかる魚の群れを見つける**魚群探知機**や、あみを巻き上げるウインチ（←重い物をもち上げる機械）なども備えていますが、これらを備えるには多額の費用がかかります。

入試では 漁法の図とその漁法の名まえ、漁業の種類を関連づけた問題が出題されています。特に、まぐろのはえなわ漁法、底引きあみ漁法、かつおの一本づり漁法などの出題が多く見られます。それぞれの図と漁法の名まえを関連づけて理解しておきましょう。

ズームアップ ● 石油危機
➡p.479
● 排他的経済水域 ➡p.29

ことば　赤潮
海中のプランクトンが異常に増えて海水が赤く見える現象。赤潮が発生すると、プランクトンが水中の酸素をうばうため、養殖の魚介類などが死んでしまうことがある。

5 減少する漁獲量 ★★★

1 日本の漁獲量の変化

❶ 1960年代……日本の漁獲量は急速に増加した。

❷ 1970年代……1973年の**石油危機**や1970年代後半から各国が**排他的経済水域**を設定したことによって、遠洋漁業の漁獲量が減少していった。

❸ 1980～90年代……海のよごれや**赤潮**の発生など、海の環境の変化で、沖合漁業や沿岸漁業の漁獲量が減少した。
┌2000年以降も、遠洋漁業・沖合漁業・沿岸漁業の漁獲量は減少傾向にある

2 今後の日本の漁獲量
近年は魚のとりすぎなどが原因で、世界的に魚が減っている。このため、一部の魚の漁獲量が制限されるようになっている。日本の漁獲量は世界で上位に位置するものの、さらに減る傾向にある。

中学入試にフォーカス 日本の漁獲量の変化

それぞれの漁業の漁獲量が減少したのはなぜか？

● **遠洋漁業**　石油危機による船の燃料費の値上がりと、各国が設定した排他的経済水域で漁場が制限されたことで、漁獲量が大はばに減少した。

● **沖合漁業**　中心となるいわしの漁獲量が減少したことで、全体の漁獲量が大きく減少した。

● **沿岸漁業**　海のよごれ、赤潮、海岸の埋め立てなどで漁獲量が減少している。

700万t
600
500
400
300
200
100
0

石油危機がおこる
いわしの漁獲量が減少
沖合漁業
遠洋漁業
沿岸漁業
海面養殖業
内水面漁業・養殖業

1968 70 75 80 85 90 95 2000 05 10 15 21年
(2023年版「日本のすがた」)

▲ 漁業別の漁獲量の変化

石油危機
西アジアの石油産出国が石油の輸出を制限し、その価格を大はばに上げたことから、石油を大量に消費する国々は大きな打撃を受けた。漁船の燃料も大はばに値上がりした。

入試では　漁業別の漁獲量のグラフと関連づけて、それぞれの漁業名を選択したり、漁業名を答えさせる問題がよく出題されます。また、遠洋漁業の漁獲量が減少した理由を記述させる問題も多く出題されています。グラフとともに、これらの内容を結びつけて理解しましょう。

2 漁業がさかんなところ

◎学習のポイント

1. 水あげ量が多い漁港は、北海道や本州の太平洋側、九州地方に多い。

2. 漁獲量（ぎょかく）の減少にともない、「とる漁業」から、**養殖業**（ようしょく）や**栽培漁業**（さいばい）など「つくり育てる漁業」による生産が全国で行われている。

1 世界と日本近海の漁場 ★

1 世界のおもな漁場

❶ 北西太平洋漁場……北部では、さけ・ま
→日本近海
す・たら・かに、南部ではまぐろ・かつ
おなどがとれ、世界一の漁獲量をほこる。

❷ 北東大西洋漁場……大西洋北東部では、
→北海を中心とする
にしん・たらなどの漁獲量が多い。

❸ 北西大西洋漁場……大西洋北西部では、たら・に
→カナダのニューファンドランド島近海
しん・さけの漁獲量が多い。

❹ 南東太平洋漁場……太平洋南東部では、いわし・
→ペルー近海
あじの漁獲量が多い。

▲世界のおもな漁場

2 日本近海の漁場

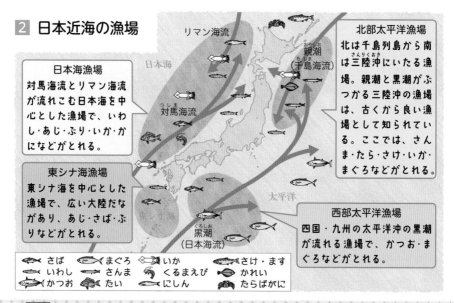

日本海漁場
対馬海流とリマン海流が流れこむ日本海を中心とした漁場で、いわし・あじ・ぶり・いか・かになどがとれる。

東シナ海漁場
東シナ海を中心とした漁場で、広い大陸だながあり、あじ・さば・ぶりなどがとれる。

北部太平洋漁場
北は千島列島（ちしまれっとう）から南は三陸沖（さんりくおき）にいたる漁場。親潮（おやしお）と黒潮がぶつかる三陸沖の漁場は、古くから良い漁場として知られている。ここでは、さんま・たら・さけ・いか・まぐろなどがとれる。

西部太平洋漁場
四国・九州の太平洋沖の黒潮が流れる漁場で、かつお・まぐろなどがとれる。

親潮（おやしお）（千島海流）（ちしまかいりゅう）

黒潮（くろしお）（日本海流）

さば	まぐろ	いか	さけ・ます
いわし	さんま	くるまえび	かれい
かつお	たい	にしん	たらばがに

自分でエラを動かすことができないまぐろは、泳いでエラの中に酸素（さんそ）を取りこんでいます。そのため、泳ぎを止めてしまうと酸素が供給されず死んでしまうそうです。

地理
第**2**編

食料生産とわたしたちの生活

第**1**章
日本の農業

第**2**章
日本の水産業

第**3**章
日本の食料生産

2 水あげ量の多い漁港 ★★★

1 水あげ量の多い都道府県 水あげ量の多い都道府県は、**北海道、茨城県、長崎県、静岡県、宮城県**などとなっている。

2 水あげ量の多い漁港 北海道北東部や東部、東北地方の太平洋側、九州の西岸や南岸などに水あげ量の多い漁港が多く見られる。

3 おもな漁港

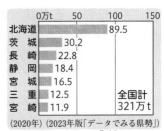

	0万t	50	100	150
北海道			89.5	
茨 城	30.2			
長 崎	22.8			
静 岡	18.4			
宮 城	16.5			
三 重	12.5		全国計	
宮 崎	11.9		321万t	

(2020年) (2023年版「データでみる県勢」)

▲都道府県別海面漁業漁獲量

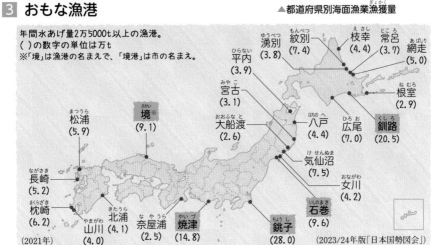

年間水あげ量2万5000t以上の漁港。
( )の数字の単位は万t
※「境」は漁港の名まえで、「境港」は市の名まえ。

(2021年)　(2023/24年版「日本国勢図会」)

▲おもな漁港の水あげ量

漁 港	特 色	おもにとっている魚
釧路港（北海道）	北洋漁業の中心	いわし、すけとうだらなど
石巻港（宮城県）	東北地方有数の漁獲量	さば、いわしなど
銚子港（千葉県）	日本一の漁獲量	さば、いわしなど
焼津港（静岡県）	遠洋漁業の中心	かつお、まぐろなど
境　港（鳥取県）	日本海側有数の漁獲量	いわし、あじ、さばなど

▲おもな漁港の特色

4 漁港の設備 大きな漁港には、漁船が安全に入港できるように、いろいろな設備が備わっている。また、魚市場や魚問屋、冷蔵・冷凍施設、製氷工場、燃料補給所、修理工場、漁船と連絡をとる無線通信局、水産試験場などの施設もある。

ことば　**北洋漁業**
北太平洋やベーリング海で行う漁業。さけやすけとうだらなどをとっているが、ロシア連邦などの200海里経済水域になっているため、漁獲高は減っている。

雑学ハカセ　漁港と港のちがいがわかりますか？　漁港とは、漁業活動をする目的でつくられた港で農林水産省の管轄です。港は、さまざまな種類の船舶が利用するためのもので、国土交通省の管轄になります。

3 養殖業と栽培漁業 ★★★

1 つくり育てる漁業

漁獲量が減少する一方、魚介類の消費量が多いため、日本では「とる漁業」とともに、**養殖業**や**栽培漁業**などの「**つくり育てる漁業**」にも力が入れられている。

2 養殖業

魚介類をいけすなどで育てて出荷する漁業を養殖業という。

ます類 0.6万t		
長野 18.4%	静岡 15.3	山梨 12.8 その他 53.5

こ い 0.2万t		
茨城 37.6%	福島 31.9	7.6 その他 22.9 宮崎

あ ゆ 0.4万t		
愛知 28.9%	岐阜 23.5	16.1 その他 31.5 和歌山

うなぎ 1.9万t		
鹿児島 41.0%	愛知 22.0	宮崎 18.7 18.3 その他

(2022年)　　　　　　　　　　　　　（農林水産省）

▲内水面養殖業の収獲量割合

① 内水面養殖……湖・川・人工のため池などで行う養殖を**内水面養殖**という。

② おもな内水面養殖の産地

▶ **金魚**…**大和郡山市**(奈良県)では、金魚の養殖がさかんである。

▶ **錦ごい**…**新潟県**では、大きくて模様が美しい錦ごいの養殖がさかんである。

▶ **しじみ**…**宍道湖**(島根県)では、しじみの養殖がさかんである。

③ 海面養殖……浅い海で行う養殖を**海面養殖**という。

魚介類	おもな産地
かき類	広島湾、三陸海岸、宮城県の石巻湾
ほたて貝	北海道のサロマ湖や内浦湾、青森県の陸奥湾、三陸海岸
真珠	三重県の英虞湾、愛媛県の宇和海、長崎県の対馬
ぶり類	宇和海、鹿児島湾
まだい	三重県の五ヶ所湾・尾鷲湾、宇和海、熊本県の天草諸島
のり類	有明海沿岸、伊勢湾、兵庫県・香川県の瀬戸内海沿岸
わかめ	三陸海岸、鳴門海峡
こんぶ	北海道、三陸海岸

▲おもな海面養殖の産地

▲かきの養殖(広島湾)

▲のりの養殖(有明海)

 雑学ハカセ 観賞用に養殖されている錦ごいの品種は約100種類あり、色鮮やかな美しい姿から「泳ぐ宝石」とも呼ばれています。近年、錦ごいなどの観賞魚が海外でブームになっており、2022年の輸出額は63億円にもなっています。特に中国などアジアに向けての輸出が多くなっています。

3 養殖業がさかんな地域と養殖業の収獲量割合

地理
第2編
食料生産とわたしたちの生活

第1章
日本の農業

第2章
日本の水産業

第3章
日本の食料生産

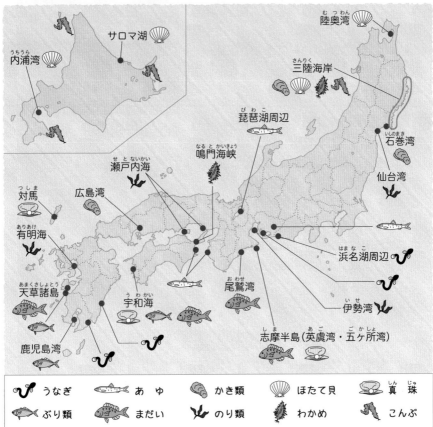

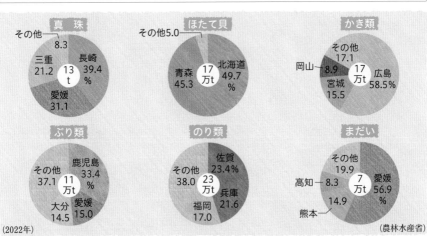

（2022年）　　　　　　　　　　　　　　　　　　　　　　（農林水産省）

くろまぐろは数が減ってきたため、漁獲量が国際的に制限されています。このような状況のもと、くろまぐろの完全養殖に日本の大学の研究所が成功し、2004年には、初めて完全養殖のくろまぐろが出荷されました。日本のくろまぐろ養殖は、近年急速に発展しています。

4 海外での養殖 タイやインドネシアなどでは、日本などに輸出するため、えびの養殖がさかんである。しかし、養殖するための池は、**マングローブ**などの熱帯林を伐採してつくられてきたため、これが環境破壊にもつながり、問題となっている。

▲えびの養殖所（インドネシア）

5 栽培漁業 魚介類を卵から稚魚、稚貝になるまで育て、海や川などに放流したあと、成長した魚介類をとる漁業を**栽培漁業**という。北海道でさかんなさけ・ますの放流は、その代表的なものである。また、各地につくられている**栽培漁業センター**では、放流した魚を多く回収するための**海洋牧場**をつくるなど、さまざまな栽培漁業の研究が進められている。

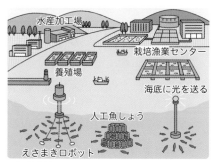

水産加工場
栽培漁業センター
養殖場
海底に光を送る
人工魚しょう
えさまきロボット

▲海洋牧場のようす

くわしい学習

Q 養殖業と栽培漁業の大きなちがいは何ですか。

A 栽培漁業は、畑にまいた種を育てて収穫することに似ているため、このように呼ばれます。養殖業との大きなちがいは、**育てた稚魚、稚貝を海や川に放流する**ところです。

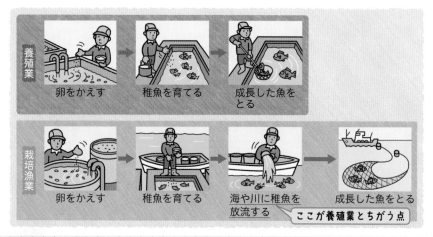

養殖業
卵をかえす
稚魚を育てる
成長した魚をとる

栽培漁業
卵をかえす
稚魚を育てる
海や川に稚魚を放流する
成長した魚をとる
ここが養殖業とちがう点

パワーアップ

計画的に生産ができ、価格が高いときに出荷できる養殖業は、おもに安定した収入を得ることを目的にしています。一方、栽培漁業は、海の魚の数を増やし、海全体の環境の改善をはかることをおもな目的にしています。

3 水産物の流通

◎ 学習のポイント

1. 水あげされた魚介類は、漁港の市場や卸売市場でせりにかけられる。

2. 水あげされた魚介類の流通では、新鮮さを保つために、低温や冷凍した状態で輸送するコールドチェーンというしくみが利用されている。

1 水産物が届くまで ★

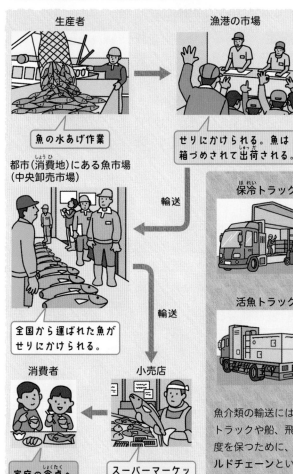

生産者

魚の水あげ作業

漁港の市場

せりにかけられる。魚は箱づめされて出荷される。

都市（消費地）にある魚市場
（中央卸売市場）

輸送

全国から運ばれた魚がせりにかけられる。

輸送

消費者

家庭の食卓へ

小売店

スーパーマーケット・魚屋など

ことば

● **せ り**
　魚を買いたい人が市場に集まって、買いたい魚に値段をつけ、いちばん高い値段をつけた人に売るしくみ。

● **中央卸売市場**
　野菜・果物・魚・肉などの新鮮な食料品を全国各地から集めて消費者のもとへ届けるための市場。

保冷トラック

発泡スチロールの箱に入れた魚を5℃前後の温度で輸送する。

活魚トラック

海水を入れた水槽を荷台に備えた専用トラックで、魚を生きた状態で輸送する。

魚介類の輸送には、鉄道はほとんど使われず、トラックや船、飛行機がおもに使われる。鮮度を保つために、低温に保ったまま運ぶコールドチェーンというしくみを使って輸送されている。

雑学ハカセ

せりでは、金額を表す1から9までの数字を全部片手で示します。10も100も1000も全部「1」で表しますが、あじなら1kg 1000円、まぐろなら1kg 10000円など大体の値段が決まっているので、同じ1でもわかるそうです。しかし、せりには、長年の経験が必要です。

第**1**節
日本の農業

第**2**章
日本の水産業

第**3**章
日本の食料生産

4 これからの水産業

🎯 学習のポイント

1. 1970年代後半から各国が**排他的経済水域**を設定しはじめたことなどにより、日本の遠洋漁業の漁獲量は減少した。
2. 日本は、水産資源の維持に努め、水産資源を管理しやすい**養殖業**や**栽培漁業**を発展させることが求められている。

1 国際秩序の中での日本の漁業 ★

1 排他的経済水域の設定

1970年代後半から各国は、自国の沿岸から200海里以内のあらゆる海洋資源に対する権利を主張できる**排他的経済水域**を設定した。沿岸国は、この水域での外国漁船の漁獲を制限したり入漁料をとったりすることができるため、外国の海で自由に魚をとり続けていた日本の遠洋漁業は、漁獲量を減らしていった。排他的経済水域のうち、漁業資源の独占だけを認める水域を漁業専管水域という。

2 国連海洋法条約の発効

国際的な海の条約である**国連海洋法条約**が1994年に発効した。条約加盟国は、沿岸から200海里以内の水域に排他的経済水域を設定することが正式に認められる一方、資源の管理も求められるようになった。日本も1996年にこの条約に加盟して、排他的経済水域を設定した。

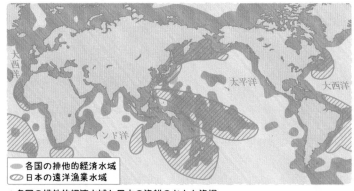

🔵 各国の排他的経済水域
🔵 日本の遠洋漁業水域

▲各国の排他的経済水域と日本の漁船のおもな漁場

参考 捕鯨の中断

くじらは、数が減ってきたことを理由に、国際的に保護する声が強くなった。各国の捕獲量を決めていた**国際捕鯨委員会（IWC）**は、こうした声を受けて、1982年に商業捕鯨の一時停止を決定した。日本はこの決定を受け入れ、1987年から一部の海域で調査捕鯨だけを行っていたが、2018年に国際捕鯨委員会からの脱退を通告し、翌年正式に脱退した。

パワーアップ　近年、捕鯨や公海でのさけ・ます漁が禁止されるなど、国際的に海洋生物を保護する動きが強まっています。そうした動きの中、日本で行われているイルカ漁に対しても強く反対する意見があります。

地理
第2編
食料生産と
わたしたちの生活

第1章
日本の農業

第2章
日本の水産業

第3章
日本の食料生産

③ 水産資源の維持と管理

❶ 水産資源の維持……世界的に漁業規制が強まる中、日本は水産資源を適切に管理して、近海の魚の量を増やすよう努力することが求められている。

❷ 決まりを守る……国連海洋法条約で決められた漁獲量を守り、魚介類の保護・回復に努める。

❸ 栽培漁業を広める……栽培漁業をさらに広め、その技術も向上させていく。

❹ 養殖業の発展をはかる……水産資源を管理しやすい養殖業を発展させていくことは重要である。

❺ きれいな海に……海の環境汚染がこれ以上進めば、日本の沿岸の魚や貝類は、ますます減少していく。きれいな海を守るために、さまざまな対策をとることが求められている。

▶ 魚介類の重要な生育場所である**干潟・藻場**を守る。
（遠浅で潮が引いたときに現れるところ）（アマモなどの海草が生えているところ）

▶ 工場・家庭から出る**排水**などによる公害をなくし、海の水質を守る。
（近年、海洋プラスチックごみが大きな問題となっている）

▶ **赤潮**による被害を防ぐための技術開発を行う。

水産資源や環境に配慮した漁業でとられた水産物であることを示している。

海のエコラベル
持続可能な漁業で獲られた水産物
MSC認証
www.msc.org/jp

▲ MSC「海のエコラベル」

参考 養殖業の現在
1980年代まで、養殖業は着実に成長してきたが、それ以後はのびなやんでいる。えさ代が高くなったこと、赤潮による漁場環境の悪化、不況による販売量の低下などが問題となっている。

くわしい学習

💬Q 現在、全国の漁師たちの間で、山に木を植える動きが広まりつつあります。なぜですか。

☀A 山の土の栄養分は、雨水とともに川から海へ流れこんで、魚のえさとなるプランクトンを育てます。そのため、山の土の栄養分となる落ち葉を絶やさないように、漁師たちが山に木を植えはじめました。また、海岸の森林は、魚のすみかをつくるために、**魚付き林**として保護されています。

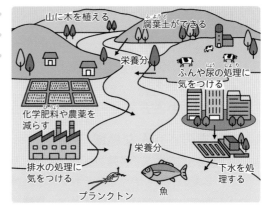

山に木を植える
腐葉土ができる
栄養分
ふんや尿の処理に気をつける
化学肥料や農薬を減らす
排水の処理に気をつける
栄養分
下水を処理する
プランクトン
魚

赤潮と同じようにプランクトンが異常発生し、その死がいが底にしずんで分解されて発生する毒性の強い気体が強い風などで海面に上がり、海が青く見える青潮も問題になっています。青潮となった海水は酸素がないため、魚や貝などが大量死することがあります。

👑 **絶対暗記ベスト3**

1位 親潮・黒潮 太平洋側に黒潮（暖流）と親潮（寒流）が流れ、この2つが出合うところにできる潮目（潮境）は好漁場となっている。

2位 排他的経済水域 自国の沿岸から200海里までの範囲のうち、領海を除いた部分。その範囲内の水産資源などは沿岸国だけが利用できる。

3位 栽培漁業 魚介類を卵から稚魚、稚貝になるまで育てて、海や川などに放流したあと、成長した魚介類をとる漁業。

1 漁業別の漁獲量の変化

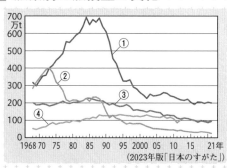

(2023年版「日本のすがた」)

□左のグラフ中の①〜④には、海面養殖業・遠洋漁業・沖合漁業・沿岸漁業のうち、それぞれどれがあてはまるか？

①→**沖合漁業**

②→**遠洋漁業**

③→**沿岸漁業**

④→**海面養殖業**

□上のグラフ中の②の漁業の漁獲量が減った原因は何か？

→**各国の排他的経済水域の設定、船の燃料代の値上がり**

2 いろいろな漁法

 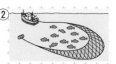

□上の①・②の図にあてはまる漁法をそれぞれ何というか？

①→**はえなわ漁法** ②→**底引きあみ漁法**

3 おもな漁港

□日本有数の漁獲量をほこる千葉県の漁港は？→**銚子港**

□遠洋漁業の中心基地である静岡県の漁港は？→**焼津港**

□日本海側有数の漁獲量をほこる鳥取県の港は？→**境港**

4 養殖業のさかんな地域

□次の①〜⑥の地域で養殖がさかんな水産物は、かき、ほたて貝、真珠、うなぎ、まだい、のりのうち、それぞれどれがあてはまるか？

①有明海沿岸→**のり** ②英虞湾→**真珠** ③サロマ湖→**ほたて貝**

④浜名湖→**うなぎ** ⑤広島湾→**かき** ⑥宇和海→**まだい（真珠）**

□ ❶ 三陸沖の暖流と寒流が出合うところにできる[　　　　]は、プランクトンが豊富な好漁場になっています。

❶潮目（潮境）
◎p.101

□ ❷ 水深が約200 m くらいの傾斜がゆるやかで、良い漁場になっている海底を[　　　　]といいます。

❷大陸だな ◎p.101

□ ❸ 日本は世界有数の水産物の輸入国で、特にさけ・ます、[　　　　]、えび、かにの輸入が多くなっています。

❸まぐろ ◎p.102

□ ❹ 小型の船を使った日帰りの漁で、海岸付近で行う漁業を[　　　　]といいます。

❹沿岸漁業 ◎p.103

□ ❺ 中型の船を使った、数日がかりで漁を行う漁業を[　　　　]といいます。

❺沖合漁業 ◎p.103

□ ❻ 長いなわにさんまなどのえさをつけ、おもにまぐろをつる漁法を[　　　　]といいます。

❻はえなわ漁法
◎p.104

□ ❼ 船にあみのはしをつないで魚の群れを取り囲み、おもにあじやさばなどをとる漁法を[　　　　]、ふくろになったあみを船で引いてとる漁法を[　　　　]といいます。

❼まきあみ漁法、
底引きあみ漁法
◎p.104

□ ❽ [　　　　]漁業は、石油危機や各国が[　　　　]を設定したことによって、漁獲量が大きく減少しました。

❽遠洋、排他的経済
水域 ◎p.105

□ ❾ 海中のプランクトンが異常に増え、海水が赤く見える現象を[　　　　]といいます。

❾赤潮 ◎p.105

□ ❿ 2021年現在、日本で最も水あげ量が多い漁港は千葉県の[　　　　]港、次いで北海道の[　　　　]港です。

❿銚子、釧路
◎p.107

□ ⓫ 広島湾や三陸海岸では[　　　　]、サロマ湖や陸奥湾では[　　　　]の養殖がさかんです。

⓫かき、ほたて貝
◎p.108

□ ⓬ 三重県の英虞湾などでは[　　　　]、有明海などでは[　　　　]の養殖がさかんです。

⓬真珠、のり
◎p.108

□ ⓭ 人工で魚などの卵をかえして稚魚を海や川に放し、自然の中で育ててからとる漁業を[　　　　]といいます。

⓭栽培漁業 ◎p.110

□ ⓮ 魚市場で行われている、買いたい魚にいちばん高い値段をつけた人に売るしくみを[　　　　]といいます。

⓮せり ◎p.111

□ ⓯ 水あげされた魚介類の輸送には、低温や冷凍した状態で輸送する[　　　　]というしくみが利用されています。

⓯コールドチェーン
◎p.111

●日本の漁業について、次の問いに答えなさい。 【大阪星光学院中一改】

(1) 次の表は、2017〜2022年のさまざまな水産物の養殖による収獲量（単位は千 t）を示したものです。表中のＡとＢにあてはまる項目の組み合わせとして正しいものを、右のア〜エから選びなさい。

水産物	2017年	2018年	2019年	2020年	2021年	2022年
ぶり類	139	138	136	138	134	114
Ａ	63	61	62	66	69	68
あゆ	5	4	4	4	4	4
ます類	8	7	7	6	6	6
Ｂ	135	174	144	149	165	172
かき類	174	177	162	159	159	165

	Ａ	Ｂ
ア	まだい	のり類
イ	まだい	ほたて貝
ウ	うなぎ	のり類
エ	うなぎ	ほたて貝

（農林水産省）

(2) 次のア〜エは、2020年に10万 t 以上の漁獲量を記録した 5 つの漁港のうち、4 つの漁港について説明したものです。4 つの漁港が西から東へ順に配列されるように、ア〜エを並べかえなさい。

ア 大河川の河口に位置するこの港は、大消費地に近くいわしやさばがおもに水あげされる。

イ 遠洋漁業がさかんなこの港では、かつおやまぐろがおもに水あげされる。

ウ この港ではたら類やさんまなどが水あげされてきたが、近年さんまの漁獲量は減少傾向にある。

エ 4 つの港のうち、唯一日本海側に位置するこの港では、あじやまいわしやかにがおもに水あげされる。

■キーポイント

(2) 10万 t 以上の漁獲量がある港としては、釧路港、銚子港、焼津港などが考えられる。

■正答への道

(2) アは、川の河口に位置し大消費地に近いことから、利根川の河口にある銚子港、イは、遠洋漁業がさかんなことから静岡県の焼津港、ウは、たら類などの水あげが多いことから釧路港、エは、日本海側に位置していることから境港と考えられる。

◆答え◆

(1)イ　　(2)エ→イ→ア→ウ

●2021年の全国主要漁港の水あげ高（数量と金額）は次の表の通りでした。数量で1位の銚子港が金額ではなぜ順位を落としているのか、あとの2つのグラフを参考に、その理由を焼津港と比較して50字以内で答えなさい。　【慶應義塾中一改】

	数量(t)	金額(円)
1位	銚子（28万412）	焼津（434億2535万）
2位	釧路（20万4499）	福岡（377億7181万）
3位	焼津（14万513）	長崎（285億5176万）
4位	長崎（10万223）	銚子（273億301万）
5位	石巻（9万8399）	三崎（196億5366万）

（時事通信社）

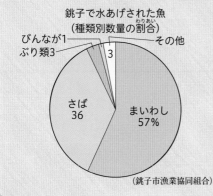

銚子で水あげされた魚
（種類別数量の割合）

びんなが1
ぶり類3
さば 36
まいわし 57%
その他 3

（銚子市漁業協同組合）

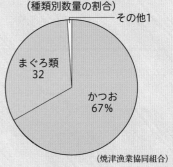

焼津で水あげされた魚
（種類別数量の割合）

その他1
まぐろ類 32
かつお 67%

（焼津漁業協同組合）

■条件に注意！

・銚子港が金額では1位とならない理由を焼津港と比較して説明する。
・50字以内で答える。

■キーポイント

　銚子港と焼津港で水あげされる魚の種類が大きく異なっていることに注目し、水あげ高の金額のちがいと関連づけて考える。

■正答への道

　いわしやさばと比べ、かつおやまぐろは、1匹あたりの単価が高い。

■解答例

銚子港で水あげされるいわしやさばより、焼津港で水あげされるかつおやまぐろの方が値段が高いため。〔47字〕

食料生産とわたしたちの生活

第3章 日本の食料生産 5年

食料自給率を高めるために

日本の食料自給率は約40％と低く、わたしたちがふだん食べている食品には輸入されたものも多くあります。しかし、食料の輸入には、安全性の問題や、輸入が困難になる場合もあるため、地産地消の取り組みなど、自給率を高めるくふうをしていく必要があります。

📖 学習することがら
1. 輸入にたよる食料
2. 世界と日本の食料問題

地理
第2編
食料生産と
わたしたちの生活

第1章
日本の農業

第2章
日本の水産業

第3章
日本の食料生産

1 輸入にたよる食料

◎学習のポイント

1. 日本の**食料自給率**は**約40%**で、先進諸国の中でもかなり低い。特に、小麦と大豆の食料自給率が低くなっている。

2. 日本は、**アメリカ合衆国**や**中国**などから多くの食料を輸入している。

1 国民の食生活 入試重要度 ★

1 食生活の変化

戦後の日本は、急速な経済発展で生活が豊かになるにつれ、食生活も大きく変化した。小麦・野菜・果物・肉類・牛乳・乳製品・魚介類の消費量が増加し、米のしめる割合は低下していった。

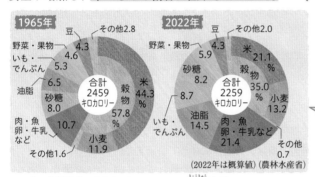

▲日本の食料消費の変化（1人1日あたりの供給熱量）

> 熱量の合計は減り、米の割合も半分以下に低下しているが、肉・魚・卵・牛乳などの割合は約2倍に上昇している。

2 日本の食料生産

かつて日本の食料生産は、米を中心に発達してきたが、食生活の変化とともに食料生産もかわってきた。肉類などの畜産物の生産量が増え、米・魚介類・野菜・果物・いもなどの生産量は減少している。

> 1980年代から牛乳・乳製品、肉類の生産量が増え、野菜、魚介類、果物などの生産量は減少している。

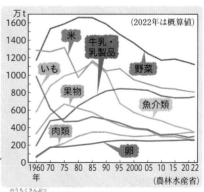

▲農畜産物の生産量の変化

雑学ハカセ 家畜を飼育し食肉を生産するためには、とうもろこしなどの多くの輸入飼料が必要です。とり肉1kg、ぶた肉1kg、牛肉1kgを生産するために必要な穀物の量は、とうもろこし換算でそれぞれ約4kg、約6kg、約11kgとされています。

2 日本の食料自給率 ★★★

1 食料自給率
食料自給率とは、その国で消費された食料のうち、国内で生産された食料の割合を示したものである。

2 日本の食料自給率
日本の食料自給率は、1960年以降低下傾向にあり、近年では約40%の状態が続いている。先進諸国の中でも、日本の食料自給率は非常に低くなっている。

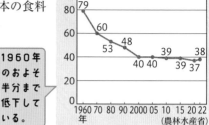

（2022年は概算値）

▲日本の食料自給率の変化

参考 食料自給率

食料自給率＝ 食料の国内生産量 / 食料の国内消費量

100%より低いと、国内で必要な量が不足しているということになる。

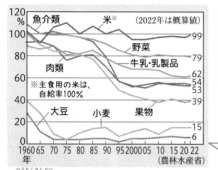

▲農畜産物の食料自給率の変化

1960年のおよそ半分まで低下している。

農産物の中でも、特に小麦・大豆の自給率が低く、大部分を輸入にたよっている。

くわしい学習

Q 世界各国の食料自給率はどのようになっていますか。

A カナダの食料自給率は200%をこえており、オーストラリアやフランス、アメリカ合衆国も100%をこえています。日本の食料自給率は、先進諸国の中で比べても非常に低いことがわかります。

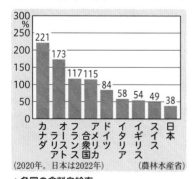

（2020年。日本は2022年）
▲各国の食料自給率

	日 本	アメリカ合衆国	イギリス	ドイツ	フランス	イタリア
穀 類	29	116	72	103	168	64
食用穀物	61	153	60	117	153	74
うち小麦	15	154	63	134	166	63
粗粒穀物	1	111	93	84	193	56
豆 類	7	195	45	15	74	33
野菜類	79	83	41	40	71	182
果実類	39	66	14	31	67	102
肉 類	53	114	77	117	104	82
卵 類	97	104	91	75	99	96
牛乳・乳製品	62	102	89	105	104	89

（2020年。日本は2022年）（単位：%）　　（農林水産省）
▲各国の食料自給率（試算値）

入試では おもな農産物の自給率のグラフがよく出題されます。それぞれの農産物の自給率の変化のようすと、日本の自給率が約40%とかなり低いことを理解しておきましょう。

③ 増加する食料の輸入

近年、日本は、食料の多くを輸入にたよるようになっている。

▶ **食料品の輸入が増えた理由**

- 日本人の食生活が多様化したため。
- アメリカ合衆国などから輸入の自由化を求められたため。
- 国内の農産物よりも外国から輸入した農産物の方が、価格が安いため。

▲日本のおもな食料の輸入先と輸入額

小麦　大豆　果物　魚介類
2000億円　1000億円　500億円
(2021年。大豆は2020年)
(2023/24年版「日本国勢図会」など)

④ 日本の食料輸入相手国

日本は、農産物の多くを**アメリカ合衆国**から輸入している。近年では、**中国**からの食料の輸入が増え、特に野菜・果物・魚介類の輸入割合が高くなっている。

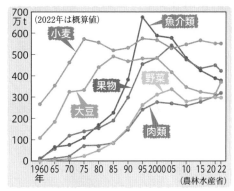

▲日本のおもな食料輸入量の変化

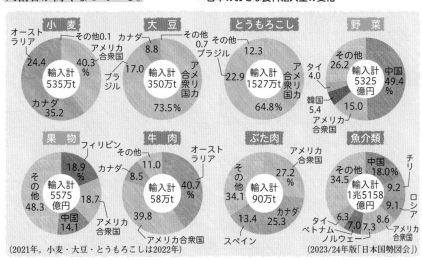

小麦
オーストラリア 24.4
その他 0.1
アメリカ合衆国 40.3%
ブラジル
カナダ 35.2
輸入計 535万t

大豆
カナダ 8.8
その他
アメリカ合衆国 73.5%
ブラジル
17.0
輸入計 350万t

とうもろこし
その他 0.7
ブラジル 12.3
アメリカ合衆国 64.8%
22.9
輸入計 1527万t

野菜
その他 26.2
中国 49.4%
タイ 4.0
韓国 5.4
アメリカ合衆国 15.0
輸入計 5325億円

果物
フィリピン 18.9%
カナダ 8.5
その他 48.3
中国 14.1
アメリカ合衆国 18.7
輸入計 5575億円

牛肉
その他 11.0
オーストラリア 40.7%
アメリカ合衆国 39.8
輸入計 58万t

ぶた肉
アメリカ合衆国 27.2%
その他 34.1
カナダ 25.3
スペイン 13.4
輸入計 90万t

魚介類
その他 34.5
中国 18.0%
チリ 9.2
ロシア 9.1
アメリカ合衆国 8.6
ノルウェー 7.0
ベトナム 7.3
タイ 6.3
輸入計 1兆5158億円

(2021年。小麦・大豆・とうもろこしは2022年)
(2023/24年版「日本国勢図会」)

▲日本のおもな食料の輸入相手国

パワーアップ

日本は、とうもろこしの大部分をアメリカ合衆国やブラジルから輸入していますが、これらの国では、とうもろこしを原料とするバイオ燃料の生産がさかんになっています。バイオ燃料は二酸化炭素を出さず、環境にやさしい燃料として自動車などの燃料に使われています。

2 世界と日本の食料問題

◎学習のポイント

1. 発展途上国には、**プランテーション農業**による輸出用作物の生産が多い国が多く、自給用作物の生産が十分ではない。
2. 日本では、食料自給率を上げ、フードマイレージを減らすことにもつながるため**地産地消**の取り組みが推進されている。

1 世界の人口 ★★

1 世界の人口

❶ **人口の分布**……世界の人口は、アジアやヨーロッパ、北アメリカ北東部に集中している。特に、**アジアは世界の人口の約60%**をしめている。

❷ **人口密度**……人口密度が高い地域は、**温帯の平野部**、低い地域は山地や高原、熱帯・乾燥帯・寒帯などである。

2 世界の人口の変化

世界の総人口は、2023年現在**約80億人**である。今後も世界の人口は増加し、2050年には約97億人に達すると予想されている。

3 地域ごとの人口の変化

❶ **発展途上国**……アジアやアフリカなどの発展途上国では、「**人口爆発**」と呼ばれる人口の急激な増加が見られる。これは、衛生や医療の向上による**死亡率の低下**や出生率の増加がおもな理由と考えられる。

❷ **先進国**……日本をふくむ先進諸国では、出生率と死亡率が低く、**少子高齢化**が進んでいる。

1km²あたりの人口 ■50人以上 ■1～50人 □1人未満

▲世界の人口分布

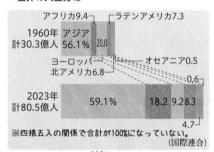

※四捨五入の関係で合計が100%になっていない。
(国際連合)

▲世界の地域別人口割合の変化

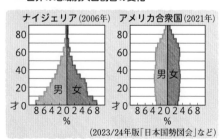

ナイジェリア(2006年)　アメリカ合衆国(2021年)

(2023/24年版「日本国勢図会」など)

▲各国の人口ピラミッド

雑学ハカセ

日本の人口密度は335人で世界で25番目くらいとなっていますが、東京都の人口密度は6398人で、世界でも有数です(2022年10月1日現在)。東京にいかに人口が密集しているかがわかりますね。

地理
第2編
食料生産とわたしたちの生活

第1章
日本の農業

第2章
日本の水産業

第3章
日本の食料生産

中学入試にフォーカス　人口ピラミッドの形

▶人口ピラミッド

人口構成を性別、年齢別に表したグラフである。

> ⚠ 人口ピラミッドには特徴的な3つの型が見られ、若い世代の割合が減ることで、富士山型からつりがね型へ、さらにつぼ型へと変化する。

- **富士山型**　出生率、死亡率がともに高い型。発展途上国に多い。
- **つりがね型**　出生率、死亡率がともに低い人口停滞の型。
- **つぼ型**　出生率、死亡率がともに低下している人口減少の型。

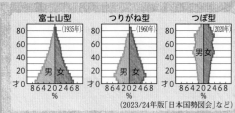

▲ 人口ピラミッドの形

2 発展途上国の食料問題 ★

1 食料事情　発展途上国の多くは、食料の供給が安定していない。

▶ 急激な人口増加によって食料が不足している。

▶ 干ばつや洪水などの災害によって食料生産が増えない。

▶ たび重なる政治的混乱や地域紛争などが**難民**を生み出し、農地があれるなどの問題が生じている。

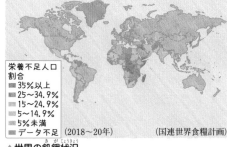

▲ 世界の飢餓状況

🔍ズームアップ 難 民 ➡p.520

❶ **プランテーション農業**……植民地時代につくられた輸出用の作物を栽培する大規模農場を**プランテーション**という。アフリカや東南アジアに多く見られるリカ諸国では、植民地時代から続く**プランテーション農業**によるカカオ豆やコーヒー豆・茶などの生産が多く、これらの農作物は重要な輸出品になっている。

▲ 発展途上国の輸出品と輸出額

世界的な人口増加は続くと推定されていますが、その一方、農産物をつくるための耕地面積は大きく増えていません。そのため、世界的に食料不足になることが心配されています。

❷ **モノカルチャー経済**……国の経済が、特定の鉱産資源や農産物の生産や輸出にたよっている経済をモノカルチャー経済という。輸出品の価格が安定しないため、国の経済が不安定になりやすい。

2 **食料問題の解決**　食料問題を解決するために、先進国が果たすべきことは多い。

❶ **食料支援**……緊急時には食料を支援する必要がある。

❷ **根本的な食料問題の解決**……農業技術や農機具を提供するなどして、発展途上国が食料を増産できるような体制づくりを支えることが必要である。

3 先進国の食料問題 ★

1 **食料事情**　先進国では、食生活の多様化が進み、世界中から食料が輸入されている。

2 **食品ロス**　先進国では、余った食料が大量に処分されている。そのため、**有機肥料**などへの有効活用が求められている。

4 日本の食料問題 ★★

1 **食料自給率の低下**　日本は、食生活の多様化や、農畜産物の輸入増加で、食料自給率が低下している。

▶ **地産地消**…地域で生産されたものをその地域で消費することを地産地消という。輸送にかかる時間や費用を減らしたり、自給率を上げることにもなるため、地産地消に対する期待が高まりつつある。

2 **食料輸入の問題点**　現在の日本は、大量の食料を外国から輸入しているが、輸入相手国で異常気象や紛争がおきたりすると、食料の輸入が止まったりする可能性も考えられる。今後も、食料の自給率を高める努力が必要である。

> 輸入はさまざまな理由で、突然止まる可能性がある。

ことば　食品ロス
本来食べられるにもかかわらず捨てられてしまう食品。日本では2021年度に、約523万 t の食品ロス（事業者から約279万 t、家庭から約244万 t）が発生したと推計されている。これは国民１人あたり毎日お茶碗１杯分（約114 g）を捨てていることになる。

参考　フードバンク
品質に問題がないのに捨てられてしまう食品を、農家や食品メーカーから寄付してもらい、必要としている人や福祉施設などに無料で提供する取り組みをフードバンクという。アメリカ合衆国で1960年代に始まった。食品ロスを減らし、食品を有効に活用するため、日本でも活動が広まってきている。

ズームアップ　食料自給率
➡p.120

輸出国での冷夏などの異常気象　　作物の不作

輸出国で価格上昇　　輸出国が輸出制限

輸出国での食品への有害物質の混入　　輸出国および日本での食品流通の規制

▲輸入が止まる理由

パワーアップ　輸入される農産物の生産に必要となる水の量を推定したバーチャルウォーターというものがあります。たとえば、１kgのとうもろこしを生産するには1800 L の水が、牛肉１kgを生産するにはその約２万倍もの水が必要だとする試算もあります。

▶ フードマイレージ…食料を産地から消費地に輸送するときの環境への負荷を示す数値を**フードマイレージ**という。**食料の輸送量(t)×輸送きょり(km)**で表され、数値が大きいほど、輸送にともなう二酸化炭素の排出量も多くなり、環境への負荷が大きいことを示す。二酸化炭素の排出量を減らすには、食料を運ぶきょりを短くすることが必要で、食料自給率の向上や地産地消への取り組みが求められる。

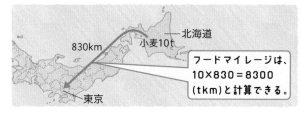

小麦10t 北海道

830km

東京

フードマイレージは、
10×830＝8300
(tkm)と計算できる。

 有機農業 ➡p.82

参考 日本のフードマイレージ

日本は世界各地から食料を輸入しているため、日本のフードマイレージはほかの先進国と比べて高いといわれている。

参考 遺伝子組み換え作物を使っていない食品の表示例

名　称	納　豆
原材料名	大豆(アメリカまたはカナダ)(遺伝子組み換えでない)、納豆菌、たれ(しょうゆ、砂糖、

5 食料の安全・安心 ★

1 有機農業　農薬や化学肥料を使わず、**たい肥**などを肥料として使う農業を**有機農業**という。有機農業は、自然環境を守る農業といえる。

2 遺伝子組み換え作物　生物の形や性質を伝える遺伝子を組み換えてつくられた農作物を**遺伝子組み換え作物**という。遺伝子組み換え作物を用いた食品については、安全性や環境への影響を心配する声がある。
└病気に強いなどの性質をもつ

3 トレーサビリティー　食品の生産・加工・流通などの情報を、さかのぼって調べることができるシステムを**トレーサビリティー**という。消費者が、安心して食品を買うことができることを目的としている。
└BSEに感染した牛の発見などをきっかけに導入

4 食品リサイクル法　スーパーや飲食店などから出る食品廃棄物を**リサイクル**するために決められた法律が**食品リサイクル法**である。食品廃棄物の大部分が肥料や飼料にリサイクルされている。
└再生して使うこと

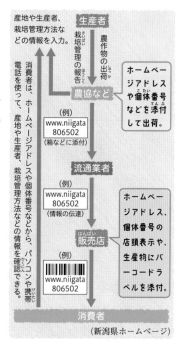

生産者

産地や生産者、栽培管理方法などの情報を入力。

栽培管理の報告

農作物の出荷

農協など

ホームページアドレスや個体番号などを添付して出荷。

(例)
www.niigata
806502
(箱などに添付)

消費者は、電話を使って、ホームページアドレスや個体番号などから、産地や生産者、栽培管理方法などの情報を確認できる。パソコンや携帯

流通業者

(例)
www.niigata
806502
(情報の伝達)

販売店

ホームページアドレス、個体番号の店頭表示や、生産物にバーコードラベルを添付。

(例)
www.niigata
806502

消費者

(新潟県ホームページ)

▲トレーサビリティー

雑学ハカセ　2023年3月現在、日本で食品として安全性が確認されて使用が認められている遺伝子組み換え作物は、とうもろこし、大豆、じゃがいも、てんさい、なたね、綿、アルファルファ、パパイヤ、からしなの9品目333品種あります。

絶対暗記ベスト3

1位 **食料自給率** その国で消費された食料のうち、国内で生産された食料の割合。日本の食料自給率は約40％で先進国の中でも非常に低い。

2位 **地産地消** 地域で生産されたものをその地域で消費すること。

3位 **トレーサビリティー** 食品の生産・流通などの情報を、さかのぼって調べることができるシステム。

1 日本の食料自給率

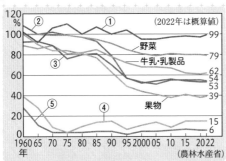

□日本の品目別自給率を示している左のグラフ中の①〜⑤には、魚介類・肉類・米・小麦・大豆のうち、それぞれどれがあてはまるか？

①→**米**　　②→**魚介類**

③→**肉類**　　④→**小麦**

⑤→**大豆**

2 日本のおもな食料の輸入相手国

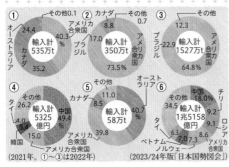

□日本の食料輸入相手国を示している左の①〜⑥のグラフは、野菜・牛肉・魚介類・小麦・とうもろこし・大豆のうち、それぞれどれを示しているか？

①→**小麦**　　②→**大豆**

③→**とうもろこし**　　④→**野菜**

⑤→**牛肉**　　⑥→**魚介類**

3 食の安全

□地域で生産されたものをその地域で消費することを何というか？→**地産地消**

□化学肥料を使わず、たい肥などを使う農業を何というか？→**有機農業**

□食品の生産地などの情報をさかのぼって調べることができるシステムを何というか？→**トレーサビリティー**

□ ❶ 戦後、日本人の食生活が急速に変化し、主食の
[　　　]を食べる量が減りました。

❶米　　◎p.119

□ ❷ 日本では食生活の変化にともない、牛乳、乳製品や卵、
[　　　]類といった畜産物の消費量がのびました。

❷肉　　◎p.119

□ ❸ 近年、日本の食料自給率は約[　　　]％で、先進国の
中でも非常に低くなっています。

❸40　　◎p.120

□ ❹ 2022年現在、日本の[　　　]の自給率は約6％、
[　　　]の自給率は約15％と非常に低くなっています。

❹大豆、小麦
◎p.120

□ ❺ 2022年現在、日本の小麦の輸入相手国の上位3か国は、
アメリカ合衆国・カナダ・[　　　]の順になります。

❺オーストラリア
◎p.121

□ ❻ 2022年現在、日本の大豆の輸入相手国の上位3か国は、
アメリカ合衆国・[　　　]・カナダの順になります。

❻ブラジル　◎p.121

□ ❼ 2021年現在、日本が、野菜や魚介類を最も多く輸入し
ている国は、[　　　]です。

❼中　国　◎p.121

□ ❽ アジアやアフリカでは、人口が急激に増える[　　　]
がおき、以後も世界の人口は増え続けています。

❽人口爆発　◎p.122

□ ❾ 日本をふくむ先進諸国では、出生率と死亡率が低く、
[　　　]化が進んでいます。

❾少子高齢　◎p.122

□ ❿ アフリカ諸国では、[　　　]農業による特定の農作物
の生産や鉱産資源の輸出に依存する[　　　]経済の
国々が多く見られます。

❿プランテーション、
モノカルチャー
◎p.123、124

□ ⓫ 地域で生産されたものをその地域で消費する[　　　]
に対する期待が高まりつつあります。

⓫地産地消　◎p.124

□ ⓬ （食料の輸送量）×（輸送きょり）で算出され、輸送にと
もなう環境への負荷を示す数値を[　　　]といいます。

⓬フードマイレージ
◎p.125

□ ⓭ 農薬や化学肥料を使わず、たい肥などを肥料として使
う農業を[　　　]農業といいます。

⓭有　機　◎p.125

□ ⓮ 生物の遺伝子を組み換えてつくられた、病気に強いな
どの性質をもつ農作物を[　　　]といいます。

⓮遺伝子組み換え作
物　　◎p.125

□ ⓯ 食品の生産・加工・流通などの情報をさかのぼって調
べられるしくみを[　　　]といいます。

⓯トレーサビリティー
◎p.125

●日本の食料自給率について、次の問いに答えなさい。

(1) 次の表は5つの国と日本について、食料自給率を比較したものです。表中のX～Zにあてはまる品目を、魚介類、肉類、穀類から1つずつ選びなさい。

【青雲中一改】

国	X(%)	Y(%)	野菜類(%)	Z(%)
アメリカ合衆国	116	114	83	63
イギリス	72	77	41	53
オーストラリア	208	155	90	33
カナダ	188	144	58	86
フランス	168	104	71	30
日 本	29	53	79	54

(2020年、日本は2022年。試算値)　　　　　　　　　　　　　　　　　(農林水産省)

(2) 食料自給率の向上を目ざして推進されている地産地消の特徴として誤っているものを、次のア～エから1つ選び、記号で答えなさい。　　　【西大和学園中】

ア 生産者が消費者に直接販売することで、会話などの交流を通して、おたがいの理解が深まり、消費者は安心することができる。

イ 地元で生産された農産物や水産物が販売されるため、消費者は新鮮なものを買うことができる。

ウ 地元でつくられた米や野菜などを食べる機会が増え、地元の農業を知ることができると同時に、生産者に感謝する心を育てることができる。

エ 生産物を運ぶきょりが短く、輸送にともなう環境への負荷が少なくなるので、生産地と消費地が近いほどフードマイレージは大きくなる。

■ キーポイント

(1) 穀類とは、米、小麦、とうもろこしなどの農作物のこと。畜産や漁業がさかんな国はどこかを考える。

(2) フードマイレージは、「生産物の重さ×運んだきょり」で示される数値のこと。

■ 正答への道

(1) 日本の穀類の自給率は先進国の中でもきわめて低い。カナダは漁業がさかん。

(2) 生産物を運んだきょりが遠いほど、生産物の重さ×運んだきょりの値は大きい。

+ 答え +

(1)X…穀類　Y…肉類　Z…魚介類　　(2)エ

● 次の表は、1960年から半世紀間の日本の自給率（カロリーベース）の変化を示しています。このような変化はさまざまな理由で生じたと考えられますが、表および図にもとづくと、どのような理由が考えられますか。表から読み取れる変化を明示したうえで、考えられることを説明しなさい。 【駒場東邦中】

表　日本の食料自給率の変化（単位：％、カロリーベース）

	1960年	1970年	1980年	1990年	2000年	2010年
自給率	79	60	53	48	40	39

（農林水産省）

図　日本人1人1日あたりの食べ物の割合の変化（単位：％、カロリーベース）

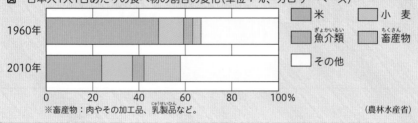

※畜産物：肉やその加工品、乳製品など。　　　　　　　　　　（農林水産省）

█ 条件に注意！ /////

• **表**から自給率の変化を読み取って答える。

• 自給率が変化した理由を**図**から読み取って答える。

█ キーポイント /////

• **表**からは、日本の食料自給率は10年ごとに低下し、1960年と比べると、2010年は大きく下がっていることが読み取れる。

• **図**からは、1960年から見ると、米の消費割合は半分以下になり、一方で小麦・魚介類・畜産物の消費割合は増加していることが読み取れる。

█ 正答への道 /////

2010年の日本の自給率は、1960年の約半分にまで低下している。**図**から米の消費割合が低下し、米以外は消費割合が増加していることがわかるが、これは、食生活の洋風化によって、小麦を原料とするパンや畜産物の消費量が増えたことによる。

解答例

日本の食料自給率は50年間で約半分にまで下がっている。その理由としては、食生活の洋風化により、米の消費量が減少した一方、自給率の低い小麦や畜産物の消費量が増加したことが考えられる。

地理
第**3**編

工業生産とわたしたちのくらし

第**1**章 さまざまな工業 5年

日本の工業の発達

第二次世界大戦後、日本の工業の中心は、せんい工業から重化学工業へと変化し、現在は、自動車工業を中心とする機械工業がさかんです。そのほかにも、金属工業や食料品工業など、身の回りに必要なものをつくる多くの工業が発達しています。

📖 学習することがら

1. 工業とその種類
2. 自動車工業
3. 伝統工業

重化学工業　軽工業

工業ではいろんな製品がつくられているよ

じゃあ、日本の工業の中心になっているのは何工業？ **1**

自動車などの機械工業かな？

そうね **2**

自動車は流れ作業でつくられているわ

プレス　溶接　塗装　組み立て

部品は関連工場でつくられているんだよね **3**

古くから伝えられてきた伝統工業もあるわよ

伝統的工芸品を買いに行こうげー！ **4**

1 工業とその種類

◎学習のポイント

1. 工業は、生産する製品の種類から**重化学工業**と**軽工業**に分類される。

2. **重化学工業**には、**機械工業**・**金属工業**・**化学工業**などがある。

3. 日本の工業の中心は、**せんい工業**から**機械工業**へと変化していった。

地理
第3編
工業生産と
わたしたちのくらし

第1章
さまざまな工業

第2章
日本の工業
の特色

第3章
日本の工業生産を
支える運輸・貿易

1 工業の種類 ★★★

1 くらしを支える工業

農林水産業や鉱業などからつくり出されたものを原料として加工し、新しい製品をつくり出す産業のことを工業という。

2 工業の種類

工業は、大きく**重化学工業**と**軽工業**の2つの種類に分けられる。

> **ことば** 重化学工業と軽工業
> 比較的大規模な設備で重い製品をつくる金属工業・機械工業と大規模な設備が必要な化学工業を加えたものを**重化学工業**、比較的小規模な設備で軽い製品をつくる食料品・せんい・その他の工業を**軽工業**という。

重化学工業		軽工業	
金属工業	鉄鉱石から鉄鋼をつくったり、アルミニウムなどをつくる工業。	せんい工業	生糸や化学せんいなどを原料に衣類などをつくる工業。
機械工業	自動車や船、テレビなどの電化製品、コンピューター、集積回路(IC)、カメラなどをつくる工業。	食料品工業	農水産物や畜産物から、パンや牛乳、ジュースなどをつくる工業。
化学工業	石油などからプラスチックや化学肥料などをつくる工業。	セメント工業 石灰石からセメントをつくる工業。	製紙・パルプ工業 木から紙などをつくる工業。

▲おもな工業の種類

3 重化学工業と軽工業の移り変わり

❶ **戦後～1950年代半ば**……軽工業の割合が半分以上をしめていた。

❷ **高度経済成長期**……1960年には、重化学工業の割合が軽工業を上回り、その後、重化学工業が中心となっていった。

❸ **1980年代以降**……高度な技術を用いた先端技術産業が発達した。
↳ハイテク産業ともいう
航空宇宙産業・バイオテクノロジーなど

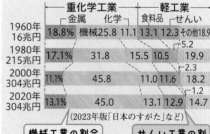

	重化学工業			軽工業		
	金属	機械	化学	食料品	せんい	その他
1960年 16兆円	18.8%	25.8	11.1	13.1	12.3	18.9
1980年 215兆円	17.1%	31.8	15.5	10.5	5.2	19.9
2000年 304兆円	11.1%	45.8	11.0	11.6	2.3	18.2
2020年 304兆円	13.1%	45.0	13.1	12.9	1.2	14.7

(2023年版「日本のすがた」など)

機械工業の割合が大きく上昇	せんい工業の割合は大きく低下

▲工業出荷額の種類別割合の変化

パワーアップ セメントや陶磁器、ガラスをつくる工業をよう業といいます。現在、ファインセラミックスという特別な原料でつくられた焼き物が、電子部品や人工の骨などに使われています。

2 重化学工業 ★★★

1 金属工業
金属工業とは、鉱石から鉄・銅・アルミニウムなどの金属を取り出し、それらを加工する工業のことをいう。

❶ 鉄鋼業……鉄鋼業は、原料の**鉄鉱石**を熱して鉄を取り出し、その鉄から不純物を取り除くなどして鋼をつくり、それをさまざまな形に加工して製品にする工業である。

→金属工業の出荷額のうち40％近くを鉄鋼業がしめる（2020年）

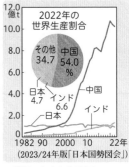

▲鉄鋼のおもな生産国

2022年の世界生産割合
その他 34.7
中国 54.0％
日本 4.7
インド 6.6

（2023/24年版「日本国勢図会」）

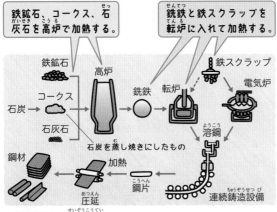

鉄鉱石、コークス、石灰石を高炉で加熱する。

銑鉄と鉄スクラップを転炉に入れて加熱する。

鉄鉱石／高炉／銑鉄／転炉／鉄スクラップ／電気炉
コークス／石炭／石灰石／石炭を蒸し焼きにしたもの
溶鋼／鋼材／加熱／圧延／鋼片／連続鋳造設備

▲鉄鋼のおもな製造工程

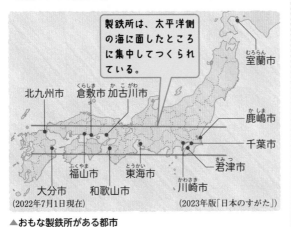

製鉄所は、太平洋側の海に面したところに集中してつくられている。

室蘭市
北九州市／倉敷市／加古川市
鹿嶋市
千葉市
福山市／東海市／君津市
大分市／和歌山市／川崎市

（2022年7月1日現在）　（2023年版「日本のすがた」）

▲おもな製鉄所がある都市

▲鉄鋼のおもな輸出先

韓国 16.8％
その他 42.4
3230万t
タイ 15.6
中国 12.2
ベトナム 5.9／7.1 インドネシア
（2022年）
（2023/24年版「日本国勢図会」）

▲鉄鉱石のおもな輸入先

その他 14.6
ブラジル 26.6
1億1307万t
オーストラリア 58.8％
（2021年）
（2023年版「日本のすがた」）

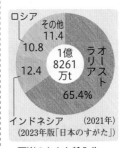

▲石炭のおもな輸入先

ロシア 10.8
その他 11.4
1億8261万t
オーストラリア 65.4％
12.4
インドネシア
（2021年）
（2023年版「日本のすがた」）

❷ 非鉄金属工業……鉄以外の銅・鉛・亜鉛・すずなどの非鉄金属をつくる工業を非鉄金属工業という。

→おもに電線に使用
→自動車のバッテリーなどに使用

パワーアップ

鉄鋼業でつくられる鉄は、多くの工業で使われ産業の基礎となるものです。そのため、日本の主食であり、生活の基本となる米にたとえて、かつては「産業の米」と呼ばれていました。

2 **機械工業** 機械工業とは、おもに金属を原料にして、自動車や船舶・家庭用電気製品・電子部品・精密機械などをつくる工業である。

第1章
さまざまな工業

第2章
日本の工業の特色

第3章
日本の工業生産を支える運輸・貿易

❶ **家庭用電気製品（家電）**

▶ 1950年代後半から、**白黒テレビ・電気洗濯機・電気冷蔵庫**が普及しはじめて「**三種の神器**」と呼ばれた。1960年代後半になると、「**3C**」と呼ばれた、**カラーテレビ・クーラー**（エアコン）・**自動車**（カー）が普及しはじめた。

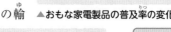

▲おもな家電製品の普及率の変化

▶ 1970年代に入ると家電製品の輸出が増加し、1980年代半ばには輸出額が最高となった。

▶ 1990年代には、中国や東南アジアへの企業の進出が進み、これらの国々で製造した製品の輸入が増えた。その一方で、国内での生産は減少。2009年に輸入額が輸出額を上回った。

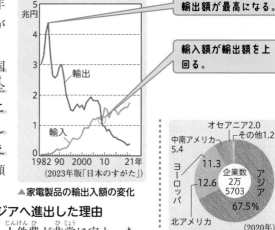

輸出額が最高になる。

輸入額が輸出額を上回る。

▲家電製品の輸出入額の変化

▶ **企業が中国や東南アジアへ進出した理由**
- ほかの地域と比べ、**人件費が非常に安かった**。アジアはほかの地域と比べ、賃金が安い
- 人口が多く、**労働力にめぐまれていた**。

オセアニア2.0
その他1.2
中南アメリカ 5.4
ヨーロッパ 12.6
11.3
北アメリカ

企業数 2万 5703
アジア 67.5%

（2020年）
▲日本企業の海外進出地域の割合
（2023/24年版「日本国勢図会」）

	中国	その他
液晶テレビ 631万台	78.5%	21.5
DVD-ビデオ 448万台	72.6%	27.4
デジタルカメラ 3221万台	68.4%	31.6

	中国	その他
エアコン 583万台	96.3%	その他3.7
電気冷蔵庫 361万台	69.9%	タイ 23.2（その他6.9）
電気洗濯機 449万台	86.8%	13.2（その他）

（2021年）
（2023/24年版「日本国勢図会」）
▲おもな家電製品の輸入先

入試では

日本の企業が最も多く進出している地域がアジアであること、また、その理由について問う問題が多く出題されています。アジアの労働市場の特色（低賃金と豊富な労働力）を理解しておきましょう。

❷ 情報通信機械、電子部品

- ▶ **コンピューター**…世界のパソコンの約98%（2016年）、スマートフォンの約83%（2016年）が中国で生産されている。

- ▶ **半導体**…半導体は「**産業の米**」とも呼ばれ、中でも**集積回路（IC）**は、コンピューターや携帯電話、電化製品などに不可欠な重要な部品である。

- ▶ **集積回路（IC）工場の分布**…集積回路（IC）工場は、高速道路沿いや空港の近くに多く見られる。

> **ことば** 集積回路（IC）
> トランジスタ・ダイオード・コンデンサーなどの多くの電子部品を小さな基盤に組みこんだ電子回路。

集積回路（IC）は、小さくて軽いため、飛行機や自動車での輸送に適している。また、高価な部品であるため、飛行機や高速道路を使っても採算がとれる。

九州地方
空港の近くにIC工場が進出し、シリコンアイランドと呼ばれた。

内陸部にも多い。

東北地方
高速道路の近くにIC工場が進出し、シリコンロードと呼ばれた。

（2022年現在）　　（2023年版「日本のすがた」）

▲集積回路（IC）工場の分布

❸ 造船業……1990年代までは、日本の造船業が世界にしめる割合は高かったが、2000年代に韓国や中国が急成長した。

その他 6.2
日本 18.0
中国 43.6%
6000万総t
韓国 32.2
（2021年）
（2023年版「日本のすがた」）
▲造船竣工量の国別割合

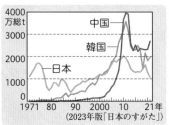

中国
韓国
日本
（2023年版「日本のすがた」）
▲造船竣工量の国別の変化

製鉄所と同じく、太平洋側の海に面したところにつくられている。

佐世保市　呉市　玉野市　神戸市　横浜市
函館市
長崎市
市原市
尾道市　坂出市　津市
横須賀市
▲造船所があるおもな都市

▲造船所（長崎市）

雑学ハカセ 縄文時代にはすでに丸木舟がつくられていました。木の内側をくりぬくときには、少しずつ火を当てて木を炭にしながらけずっていき、完成までには1年ほどかかったと推定されています。

3 化学工業

❶ **石油化学工業**……石油からつくるナフサなどを原料に、合成せんいやプラスチック、化学肥料などの製品をつくる工業を石油化学工業という。

└ほかに合成ゴム、合成洗剤、塗料など

❷ **石油化学コンビナート**……石油精製工場と石油化学工場がパイプなどで結ばれ、総合的に生産を行う工場が集まっている工業地域を**石油化学コンビナート**という。

└鉄鋼に関連した工場が結びついたものを鉄鋼コンビナートという┘

▲石油化学コンビナート
（岡山県倉敷市）

第**1**章

さまざまな工業

第**2**章

日本の工業の特色

第**3**章

日本の工業生産を支える運輸・貿易

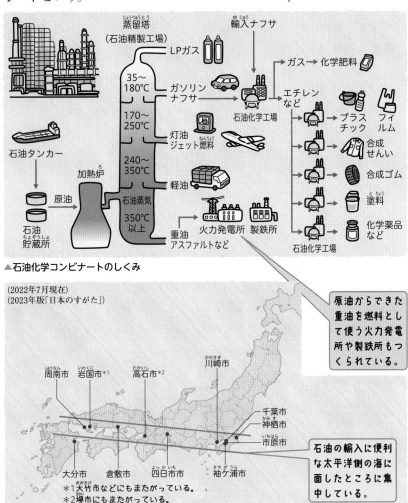

蒸留塔
（石油精製工場）

輸入ナフサ

LPガス

ガス → 化学肥料

35〜
180℃

ガソリン
ナフサ

石油化学工場

エチレン
など

プラスチック

フィルム

170〜
250℃

灯油
ジェット燃料

合成
せんい

240〜
350℃

軽油

合成ゴム

石油タンカー

加熱炉

原油

石油蒸気

塗料

石油
貯蔵所

350℃
以上

重油
アスファルトなど

火力発電所　製鉄所

化学薬品
など

石油化学工場

▲石油化学コンビナートのしくみ

（2022年7月現在）
（2023年版「日本のすがた」）

原油からできた重油を燃料として使う火力発電所や製鉄所もつくられている。

周南市　岩国市*1　高石市*2

川崎市

千葉市
神栖市

市原市

大分市　　倉敷市　　四日市市　　袖ケ浦市

石油の輸入に便利な太平洋側の海に面したところに集中している。

＊1 大竹市などにもまたがっている。
＊2 堺市にもまたがっている。

▲石油化学コンビナートがあるおもな都市

雑学ハカセ

四日市市では、海上から工場の夜景を見る「四日市コンビナート夜景クルーズ」が2010年に始まりました。おおぜいの人が工場群の美しい夜景を楽しみ、大人気のプログラムになっています。

3 軽工業 ★★

1 せんい工業

せんい工業とは、綿花・羊毛・生糸などの天然せんいや、ポリエステル・アクリルなどの合成せんいを原料に、糸や織物をつくる工業である。

❶ 日本のせんい工業……せんい工業は、戦前の日本を代表する工業で、生糸や綿織物が輸出の中心であった。戦後は、せんいの素材は化学せんいが主流になり、おもにアメリカ合衆国への輸出が増えた。

❷ 輸入の増加……今日、日本の工業生産額にしめるせんい工業の割合は低下し、中国などからの製品の輸入が増えている。

↳1990年代半ば以降、せんい製品の輸入のうち約8割が衣類

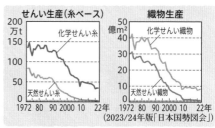

▲ せんい工業の出荷額割合

その他 60.2 ／ 愛知 9.4% ／ 大阪 8.1 ／ 岡山 5.7 ／ 福井 5.7 ／ 滋賀 5.6 ／ 愛媛 5.3 ／ 3兆5353億円（2020年）（2023年版「日本のすがた」）

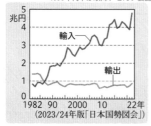

せんい生産（糸ベース）／ 織物生産
化学せんい糸／化学せんい織物／天然せんい糸／天然せんい織物
▲ せんい・織物の生産量の変化
（2023/24年版「日本国勢図会」）

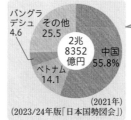

▲ せんい製品の輸出入額の変化
輸入／輸出（1982 2000 10 22年）
（2023/24年版「日本国勢図会」）

衣類は、そのほとんどをアジアの国々から輸入している。

中国 55.8% ／ ベトナム 14.1 ／ バングラデシュ 4.6 ／ その他 25.5 ／ 2兆8352億円（2021年）
▲ 衣類の輸入相手国割合
（2023/24年版「日本国勢図会」）

2 食料品工業

↳日本の軽工業の中では工業出荷額が最も多い

食料品工業とは、農産物や畜産物、水産物を加工してさまざまな食料品をつくる工業である。

↳北海道や鹿児島県では食料品工業のしめる割合が高い

▶ 食料品工場の分布…原料の産地と結びつきが強いため、食料品工場は各地に分散している。

2000以上／1500〜2000未満／1000〜1500未満／1000未満
北海道（畜産がさかん）
福岡・大阪・兵庫・愛知（大消費地に近い）
関東地方（大消費地に近い）
鹿児島（畜産がさかん）
（2016年）（2023年版「データでみる県勢」）
▲ 食料品製造工場の数

小麦→パン

小麦→めん類

米・小麦→菓子

大豆→みそ、しょうゆ

肉→ハム、ソーセージ

魚→ちくわ、かまぼこ

牛乳→バター、チーズ

コーヒー豆→インスタントコーヒー

▲ 食料品工業の製品とおもな原料

パワーアップ

食料品工業で働いている人は約121万人（2020年）です。輸送用機械の約102万人、金属工業の約96万人、化学工業の約41万人、電気機器の約48万人と比べて多くなっています。

地理
第3編
工業生産と
わたしたちのくらし

第1章
さまざまな工業

第2章
日本の工業
の特色

第3章
日本の工業生産を
支える運輸・貿易

3 セメント工業 石灰石を原料として、セメントをつくる工業をセメント工業という。

▶ **石灰石**…石灰石はおもに**カルスト地形**の地域で産出され、国内ではほぼ100％自給できる資源である。

▶ **セメント工場があるおもな都市**…セメント工場は、カルスト地形のある地域や石灰岩の山の近くに集中している。
石灰岩が多くとれる山口県や福岡県などに工場が多い

(2022年4月1日現在)
(2023年版「日本のすがた」)

山陽小野田市
宇部市
秩父市
八戸市
津久見市

▲**セメント工場があるおもな都市**

ことば カルスト地形
石灰岩などで構成された大地が水によって侵食されてできた地形。山口県の秋吉台や福岡県の平尾台がこの地形で知られている。

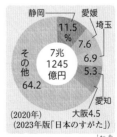

▲**カルスト地形**(秋吉台)

4 製紙・パルプ工業 木材チップから紙の原料となるパルプをつくったり、パルプや古紙から紙をつくる工業を製紙・パルプ工業という。
木材からせんいを取り出したもの
少子化やデジタル化が進んだことで2000年以降、紙の国内生産は減少

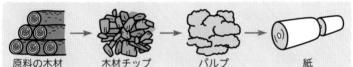

◀**紙ができるまでの工程**

原料の木材 → 木材チップ → パルプ → 紙

▶ **製紙・パルプ工場があるおもな都市**…紙をつくるためには、原料の木材と大量の水が必要なため、森林や水が豊富な地域に多い。

旭川市
釧路市
八代市
苫小牧市
四国中央市
富士宮市
富士市
日南市

▲**製紙・パルプ工場があるおもな都市**

静岡 11.5％
愛媛 7.6
埼玉 6.9
愛知 5.3
大阪 4.5
その他 64.2

7兆1245億円

(2020年)
(2023年版「日本のすがた」)

▲**製紙・パルプ工業の出荷額割合**

雑学ハカセ 日本で初めてのセメントが1875年5月19日に生まれたことから、5月19日は「セメントの日」となっているそうです。いろいろな日がありますね。

2 自動車工業

◎学習のポイント

1. 自動車工業は**機械工業の中心**で、多くの工業と結びついている。
2. 自動車は、**組み立て工場**と部品をつくる**関連工場**が一体となって、**流れ作業**で生産されている。
3. 日本の自動車生産は世界有数で、**海外生産**が進んでいる。
4. **低公害車**や、すべての人に使いやすい自動車が開発されている。

1 自動車工業の特色 ★★★

1 自動車工業 自動車やその部品をつくる自動車工業は、機械工業の中で出荷額が最も多い。また、自動車の部品には、鉄・ガラス・プラスチック・せんいなど多くの工業製品が材料に用いられているため、さまざまな工業が自動車の生産にかかわっている。

2 自動車生産台数の変化 日本では、1960年代から国内向けを中心に自動車の生産台数をのばし、1990年代初めまで増加傾向が続いた。しかし、バブル経済の崩壊後、生産台数が減少した。その一方、中国が生産台数を大幅に増やし、2009年以降、中国の生産台数は世界第1位となっている。
└日本の生産台数は世界第3位（2022年）

その他 60.9

自動車 39.1%

136.8 兆円

(2020年)
(2023年版「日本のすがた」)

▲機械工業にしめる自動車工業の出荷額割合

その他 40.0

愛知 38.8%

60兆 2308 億円

福岡 4.6 広島 4.9 神奈川 5.1 静岡 6.6

(2020年)
(2023/24年版「日本国勢図会」)

▲輸送用機器の出荷額割合

日本が1990年代初めまで生産台数世界一だった。

中国が生産台数で日本を抜いて世界一になった。

🔍ズームアップ バブル経済 ➡p.482

3000 万台

中国

アメリカ合衆国

日本

旧西ドイツ

2000

1000

ドイツ

韓国

インド

1967 75 80 85 90 95 2000 05 10 15 20 22年
(2023年版「日本のすがた」)

▲おもな国の自動車生産台数の変化

雑学ハカセ 世界初の自動車は、18世紀後半にフランスでつくられた蒸気で動く自動車でした。日本では、1904年に最初の国産自動車がつくられましたが、当初は故障が多かったそうです。

地理

第**3**編

工業生産と
わたしたちのくらし

第**1**章

さまざまな工業

第**2**章

の特色

日本の工業

第**3**章

支える運輸・貿易
日本の工業生産を

③ 日本の自動車輸出と貿易摩擦

❶ 日本の自動車輸出……日本は、1970年代にはアメリカ合衆国を中心に自動車の輸出をのばした。現在も、日本は世界有数の自動車輸出国であり、輸出台数は世界第2位（2020年）となっている。
└第1位フランス、第3位ドイツ

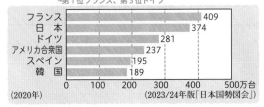

▲おもな自動車輸出国

❷ 貿易摩擦……日本からの輸出が増え、アメリカ合衆国で日本車が大量に出回ったため、アメリカ製の車が売れなくなり、日米間の**貿易摩擦**に発展した。

④ 自動車の海外生産

貿易摩擦が生じた結果、日本は自主的に輸出を規制し、アメリカ合衆国で**現地生産**を始めた。その後、アジアやヨーロッパでも現地生産が進み、日本車の海外生産は2000年代後半から国内生産を上回るようになった。
└1981年から自主的に輸出を規制
└賃金が安いので、生産費用が安くなる
└2007年

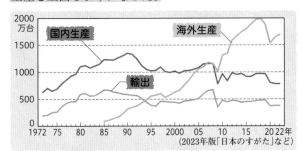

▲日本の国内・海外生産台数と輸出台数の変化

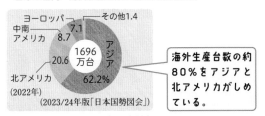

海外生産台数の約80%をアジアと北アメリカがしめている。

▲日本の自動車会社の海外生産割合

▲日本の自動車輸出相手国の割合

ことば 貿易摩擦
貿易収支の不均衡によって、関係国間で生じる対立。日本の輸出超過により、アメリカ合衆国などとの間で、せんいや自動車、半導体などをめぐる貿易摩擦がおこった。

ことば 現地生産
国外に工場を建て、現地の人をやとい、生産を行うこと。現地の人の働く場や機会が増え、その国の産業が発展するなどの長所がある。製造価格を下げることや、生産先での製品の売り上げをのばすことなどが現地生産をするおもな理由である。

パワーアップ

2018年、トランプ政権のもと、アメリカ合衆国が中国からの輸入品にかける税金を引き上げたことから、両国の間で貿易摩擦がおきました。2021年、バイデン政権に変わりましたがこの傾向は継続しており、解決の見通しは立っていません。

2 自動車の生産 ★★★

1 自動車の生産方法と輸送

❶ 自動車の生産……組み立て工場で、さまざまな部
品を**流れ作業**で組み立て、自動車の生産を行って
いる。

<small>┗部品を組み立てて自動車を完成させる</small>

<small>┗ベルトコンベアなどによる流れ作業</small>

①プレス		プレス機にいろいろな部品の形をした型を取りつけて、鉄板を打ちぬいたり、曲げたりして、ドアや屋根などの部品をつくる。
②溶接		プレスされた部品を溶接してつなぎ合わせて車体をつくる。1台につき約4000か所もの溶接の作業は、ほとんどが**ロボット**によって行われている。
③塗装		ロボットが塗料をふきつけて車体に色をぬって塗装する。きれいな仕上がりにするため4回の塗装をし、最後に1台ずつ人が点検する。
④組み立て		組み立てライン（ベルトコンベア）に乗せられた車体が動いていく間に、ドアやエンジン、シートなどが取りつけられる。シートなど重いものは**ロボット**が行う。

> 組み立てライン（ベルトコンベア）が1分間に3〜5mの速さで動いていく。

⑤検査		組み立てが終わったあと、ドアの開閉、ライトのつき方、ブレーキ、メーター類、キズやヘコミがないかなど、約1500〜2000の検査を行う。
⑥出荷		完成した自動車は、国内へはキャリアカーや自動車専用の船で、海外へ輸出するものは自動車専用の船で出荷される。

▲流れ作業による組み立て

雑学ハカセ ロボットには、組み立て工場で使われるロボットのほかに、お掃除ロボットやペットのかわりになるロボット、会話ができるロボットなど、身近な家庭用ロボットもたくさんあります。

❷ 自動車の輸送

▶ **国内**…国内への輸送
自動車を運ぶ専用のトラック
には、**キャリアカー**
や自動車専用の船が
大きい船だと一度に6000台ほど運べる
使われている。

▶ **海外**…海外へは自動車
専用の船で運んでいる。

▲キャリアカー

参考 船による輸送
船を使った輸送では、時間がかかるという短所があるが、キャリアカーに比べ、一度に多くの自動車を運ぶことができる。そのため、1台あたりの輸送費が安くなるという長所がある。また、排出ガスが少なくてすむという長所もある。

▲自動車運搬船

2 関連工場 自動車1台には、約2万5000〜3万個
ほかの部品工場に製品を納入する部品工場もある
の部品が使われている。**関連工場**(部品工場)がこれら
の部品をつくって、組み立て工場に**納入**している。

❶ **関連工場**……シートやハンドルをつくる工場、小さ
な部品をつくる工場、ねじなどのさらに細かい部品
をつくる工場など多くの工場があり、組み立て工場
の予定に合わせて、部品を生産している。

❷ **ジャスト・イン・タイム**……組み立て工
場は、部品の在庫をできるだけ少なくす
るため、必要な部品を必要なときに関連
工場に注文している。関連工場は、決め
られた日時に従って自動車工場に注文ど
おりの部品を納めている。このようなし
くみをジャスト・イン・タイムという。

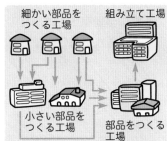

細かい部品を
つくる工場　　組み立て工場

小さい部品を　　部品をつくる
つくる工場　　　工場

▲自動車会社と関連工場のつながり

(2022年5月1日現在)
(2023年版「日本のすがた」)

組み立て工場
や関連工場が
集中している。

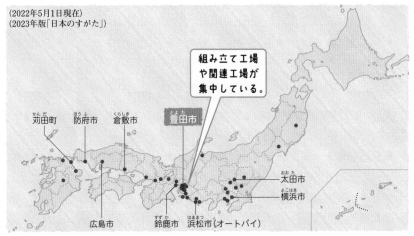

豊田市

苅田町　防府市　倉敷市

太田市
横浜市

広島市　　　鈴鹿市　浜松市(オートバイ)

▲自動車工業がさかんなおもな都市

地理
第3編
工業生産と
わたしたちのくらし

第1章
さまざまな工業

第2章
日本の工業
の特色

第3章
日本の工業生産を
支える運輸・貿易

パワーアップ 愛知県豊田市は自動車産業の中心都市で、市内の製造業で働く人の約85%が自動車関連産業に従事しています(2020年)。豊田市のように、1つの企業を中心に地域経済が発展した都市を「企業城下町」といいます。また、静岡県の浜松市は、オートバイの生産都市です。

3 これからの自動車づくり ★★

1 環境にやさしい車づくり

自動車会社は、自動車の排出ガスにふくまれる有害物質や地球温暖化の原因の1つである二酸化炭素を減らすための**低公害車**の開発に努力している。

▲ハイブリッドカーのしくみ

❶ **ハイブリッドカー**……ハイブリッドカーとは、ガソリンエンジンと電気モーターを組み合わせて走行する自動車である。ガソリンと電気の2つを使い分けて走るので、エネルギーの消費をおさえることができ、二酸化炭素の排出も少なくすることができる。現在は、家庭の電源から充電することができる**プラグインハイブリッドカー**も販売されている。

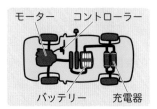

▲電気自動車のしくみ

❷ **電気自動車**……電気自動車とは、充電器にたくわえた電気だけで走る自動車である。専用のスタンドや家庭用の電源から充電した電気でモーターを回転させて走る。騒音が少なく、排出ガスも出さない環境にやさしい自動車である。

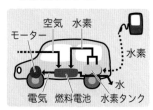

▲燃料電池自動車のしくみ

❸ **燃料電池自動車**……燃料電池自動車とは、空気中の酸素と、タンクにためた水素を反応させたときに発生する電気でモーターを回転させて走る自動車である。電気を充電する必要もなく、水だけしか排出しないので、環境にやさしい自動車である。

―――――― **くわしい学習** ――――――

Q 低公害車の長所は環境にやさしいということですが、短所はありますか。

A 低公害車には、次のような短所があります。

▶ **電気自動車**……電気自動車は、走行きょりが短いことや、充電時間が長く、急速充電では電池の寿命が縮むことがあります。また、騒音が少ないために、夜道やせまい道では、自動車が接近したことに歩行者が気づかないこともあります。

▶ **燃料電池自動車**……燃料電池自動車の車両本体の価格が高いこと、水素を補給するための水素ステーションの整備が進んでいないことなどがあります。

2021年現在、新車の国内販売台数のうち、低公害車がしめる割合は約44％になっています。そのうち、ハイブリッドカーが約88％で、電気自動車は1％、燃料電池自動車はわずか0.2％です。

地理
第3編
工業生産と
わたしたちのくらし

第1章
さまざまな工業

第2章
日本の工業
の特色

第3章
日本の工業生産を
支える運輸・貿易

2 安全や福祉を考えた自動車づくり 自動車会社は、安全な自動車や障がいのある人が安全に運転できる自動車の開発にも力を注いでいる。

❶ 安全面

▶ **エアバッグ**…車が衝突すると一瞬のうちに風船がふくらみ、乗っている人への衝撃をやわらげる装置である。

▲エアバッグ

▶ **チャイルドシート**…シートベルトを正しく着用することができない幼児を、座席に固定する装置である。

▶ **レーダー**…前方の車や人に接近しすぎると、レーダーで感知して危険を知らせ、さらに近づいた場合は、自動的にブレーキがかかって車を止めるなど、事故を防ぐための装置が自動車に取り入れられるようになってきている。

▲チャイルドシート

❷ 福祉面……自動車会社は、手足に障がいのある人が安全に運転できる自動車や、足の不自由な人が乗り降りしやすい自動車もつくっている。 や手だけで運転ができる自動車もある
車いすのまま乗れるスロープつきの自動車

3 リサイクル 使い終わったものを再生して使うこと 近年では、廃車になった自動車の部品をリサイクルしやすいように、車体から鉄などを取り出し、さまざまな工業製品に利用設計段階からくふうされた自動車もつくられるようになってきている。

▲車いすのまま乗れる自動車

4 自動車を取り巻く社会の整備 自動車・道路・人が一体となった交通システムの開発も進んでいる。

❶ ETC……有料道路の料金の支はらいで、自動料金支はらいシステム（ETC）を取りつけた自動車は、あとで精算することで料金所で止まらずに通行できる。 料金は後日、クレジットカードなどから引き落とされる

❷ カーナビゲーション……目的地までの道順を教えてくれる装置である。ほかにも、さまざまな地図情報や渋滞、事故の情報などを知らせる機能ももっている。

▲車内に取りつけられている自動料金支はらいシステム（ETC）

雑学ハカセ

現在、自動運転車の実用化に向けての研究・開発が進んでいます。自動運転技術はレベル1～5まであり、レベル3までの車が商用化されています。2023年4月、特定の条件のもとで完全な自動運転を行うレベル4が解禁されました（過疎地での無人輸送サービスなどが対象）。

3 伝統工業

◎学習のポイント

1. **伝統的工芸品**とは、法律にもとづいて指定された工芸品のことで、その証明や宣伝のために**伝統マーク**が定められている。

2. 伝統工業では、あとをつぐ人が不足しているなどの問題点がある。

1 伝統工業と伝統的工芸品 ★★★

1 伝統工業 伝統工業とは、職人がその地で長年受けつがれてきた技術と原材料を使い、手づくりで製品をつくり出す工業のことをいう。

2 伝統工業の特徴

❶ 天然の原材料……伝統工業の原材料には、自然の中にある土・石・木・竹・植物・金属など、天然の物が使われている。

❷ 高度な技術……伝統工業の職人は、長年受けつがれてきた技術や知識を身につけ、製品をつくっている。

❸ 手づくり……伝統工業では、職人が製品を一つ一つ手でつくっているため、製品の完成までに長い時間がかかる。

3 伝統的工芸品 伝統的工芸品とは、伝統的な技術や技法の伝承などを目的とし、法律にもとづいて**経済産業大臣**が指定した工芸品のことをいう。

<small>伝統的工芸品産業の振興に関する法律</small>

伝統的工芸品を広く知ってもらうため、伝統的工芸品には、**伝統マーク**というシンボルマークがつけられている。

▲伝統マーク

2 伝統工業の問題点 ★★

1 あとつぎ不足 職人として長い修業が必要なことなどから、あとをつぐ若い人が不足している。

参考 伝統的工芸品

> 伝統的工芸品には手づくりによる味わいやぬくもりがあり、多くの人に親しまれ使われ続けている。

▲南部鉄器(岩手県)

▲九谷焼(石川県)

参考 伝統的工芸品の指定条件

伝統的工芸品として指定を受けるには、「製造過程の主要部分が手づくりであること」、「伝統的な技術または技法により製造されていること」、「一定の地域で産地を形成していること」などの要件を満たす必要がある。

入試では

おもな伝統的工芸品とその生産地がセットで問われる場合が多く見られます。特に、岩手県の南部鉄器、石川県の輪島塗、京都府の西陣織などがよく出題されています。

地理
第3編
工業生産と
わたしたちのくらし

第1章
さまざまな工業

第2節
日本の工業
の特色

第3章
日本の工業生産を
支える運輸・貿易

2 原材料の不足 伝統工業の原材料がつくられなくなったり、とれなくなったりしているため、輸入にたよっている原材料もある。

3 需要の低下 値段の高い伝統工業の製品を使う人が少なくなっていることなどから、生産額が減少している。また、工場の数も減ってきている。

▶ 都道府県や市町村では、原材料を確保したり、職人のあとつぎを育てるための研修所をつくったりして、伝統工業を絶やさないための努力をしている。

うるしの木にきずをつけて、木の液をとる。現在は、うるしの樹液のほとんどが、中国など海外から輸入されている。

▲うるしをとるようす

3 伝統的工芸品の産地 ★★★

1 おもな焼き物

▲有田焼

唐津焼
京焼・清水焼
九谷焼
美濃焼
萩焼
信楽焼
有田焼（伊万里焼）
波佐見焼
薩摩焼
笠間焼
砥部焼
備前焼
常滑焼
益子焼
壺屋焼

▲信楽焼

2 おもな織物・染め物

▲西陣織

近江上布
小千谷ちぢみ、小千谷つむぎ
十日町がすり、十日町明石ちぢみ
西陣織、京友禅
加賀友禅
博多織
置賜つむぎ
桐生織
久留米がすり
伊勢崎がすり
本場大島つむぎ
有松・鳴海しぼり
結城つむぎ
琉球びんがた
阿波正藍しじら織
本場黄八丈

▲加賀友禅

雑学ハカセ

2023年現在、伝統的工芸品として認定されているものは241品目あります。地方別では、中部地方が73品目、都道府県では東京都が22品目で最も多くなっています。17品目の京都府が東京都に次いで多いですが、東京都が最多とは意外ですね。

3 おもな漆器・ほり物

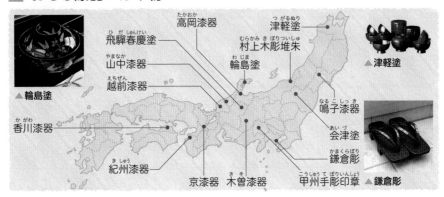

高岡漆器

飛驒春慶塗

津軽塗

村上木彫堆朱

山中漆器

輪島塗

越前漆器

▲津軽塗

香川漆器

鳴子漆器

会津塗

紀州漆器

鎌倉彫

京漆器　木曽漆器

甲州手彫印章　▲鎌倉彫

▲輪島塗

4 その他

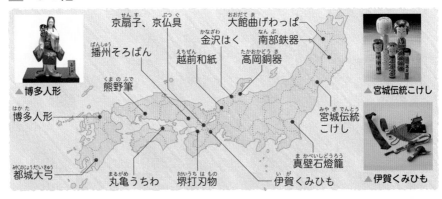

京扇子、京仏具

大館曲げわっぱ

播州そろばん

金沢はく

南部鉄器

越前和紙

高岡銅器

熊野筆

▲博多人形

博多人形

宮城伝統
こけし

▲宮城伝統こけし

真壁石燈籠

都城大弓

丸亀うちわ　堺打刃物　伊賀くみひも

▲伊賀くみひも

🏫中学入試にフォーカス　地場産業

地場産業 🖐

古くからその地方の原材料や受けつがれてきた技術を利用して発達してきた産業。伝統工業もふくまれる。

おもな地場産業

- **燕市**（新潟県）…スプーンなどの洋食器
- **三条市**（新潟県）…金物
- **鯖江市**（福井県）…めがねフレーム
- **関市**（岐阜県）…包丁などの刃物
- **今治市**（愛媛県）…タオル

燕市

鯖江市

三条市

今治市

関市

パワーアップ

伝統的工芸品をつくる人の中には、「伝統工芸士」という国家資格をもつ人がいます。伝統工芸士には、伝統工芸の保存や技術を後世に伝える役割と責任が定められています。

入試のポイント

1 工業の種類

□金属工業・機械工業・化学工業を合わせて何工業というか？→**重化学工業**

□せんい工業や食料品工業などの工業を合わせて何工業というか？→**軽工業**

□次の①〜⑥の製品をつくる工業は？

①バター→**食料品工業** ②プラスチック→**化学工業** ③電線→**金属工業**

④ガラス→**よう業** ⑤カメラ→**機械工業** ⑥絹織物→**せんい工業**

□石油精製工場と石油化学工場がパイプなどで結ばれ、総合的に生産を行う工場が集まっている工業地域を何というか？→**石油化学コンビナート**

□セメントの原料となり、国内でほぼ100％自給できる資源は？→**石灰石**

2 自動車工業

```
( ① ) → ( ② ) → ( ③ )
                    ↓
出荷 ← 検査 ← 組み立て
```

□左の①〜③にあてはまる自動車を生産する作業の手順は？

①→**プレス** ②→**溶接** ③→**塗装**

□自動車の生産で部品を組み立てていく作業の形態を何というか？→**流れ作業**

□自動車の部品をつくって組み立て工場に納入する工場は？→**関連工場**

□企業城下町と呼ばれる、自動車工業がさかんな愛知県の都市は？→**豊田市**

3 伝統的工芸品の産地

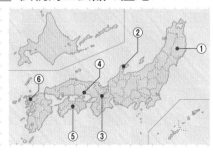

□左の地図中の①〜⑥で生産がさかんな伝統的工芸品は次のうちどれか？

土佐和紙	南部鉄器	輪島塗
有田焼	西陣織	備前焼

①→**南部鉄器** ②→**輪島塗**

③→**西陣織** ④→**備前焼**

⑤→**土佐和紙** ⑥→**有田焼**

☐ ❶ 金属工業、機械工業、化学工業をまとめて[　　　]といいます。

❶重化学工業　🔖p.131

☐ ❷ せんい工業、食料品工業、製紙・パルプ工業などをまとめて[　　　]といいます。

❷軽工業　🔖p.131

☐ ❸ 日本では、戦前まで中心だった[　　　]工業の地位が低下し、現在は[　　　]工業が中心となっています。

❸せんい、機械　🔖p.131

☐ ❹ 半導体は「産業の米」とも呼ばれ、中でも[　　　]は、携帯電話や電化製品などに欠かせない重要な部品です。

❹集積回路(IC)　🔖p.134

☐ ❺ 製鉄所や石油化学コンビナートがつくられているのは、おもに太平洋側の[　　　]ところです。

❺海に面した　🔖p.132、135

☐ ❻ 2022年現在、世界第1位の自動車生産台数をほこる国は[　　　]です。

❻中 国　🔖p.138

☐ ❼ 日本からの自動車の輸出が増加し、日本とアメリカ合衆国との間に[　　　]が生じたため、日本の自動車会社は海外での[　　　]生産を進めるなどしました。

❼貿易摩擦、現地　🔖p.139

☐ ❽ 自動車の組み立ては、大工場で[　　　]作業により行われています。

❽流 れ　🔖p.140

☐ ❾ 関連工場が決められた日時に従って自動車工場に注文どおりの部品を納めるしくみを[　　　]といいます。

❾ジャスト・イン・タイム　🔖p.141

☐ ❿ エンジンとモーターを組み合わせた自動車を[　　　]、酸素と水素を反応させたときに発生した電気でモーターを回転させて走る自動車を[　　　]といいます。

❿ハイブリッドカー、燃料電池自動車　🔖p.142

☐ ⓫ 自動車が衝突したとき風船がふくらんで、乗っている人への衝撃をやわらげる装置を[　　　]といいます。

⓫エアバッグ　🔖p.143

☐ ⓬ 有田焼(伊万里焼)は[　　　]県、九谷焼は[　　　]県の伝統的工芸品です。

⓬佐賀、石川　🔖p.145

☐ ⓭ 西陣織は[　　　]府の伝統的工芸品です。

⓭京 都　🔖p.145

☐ ⓮ 輪島塗は[　　　]県、南部鉄器は[　　　]県の伝統的工芸品です。

⓮石川、岩手　🔖p.146

☐ ⓯ 新潟県の[　　　]市では洋食器、福井県の[　　　]市ではめがねフレームの地場産業がさかんです。

⓯燕、鯖江　🔖p.146

● 次の問いに答えなさい。

【同志社中一改】

(1) 右の図は、「日本の工業の分布」について示した地図です。図中の①〜⑥の地域では、次の**ア〜カ**のいずれかの工業製品の生産がさかんです。②と⑤にあてはまるものをそれぞれ選び、記号で答えなさい。

ア 清 酒　　　　　**イ** しょうゆ
ウ 製紙・パルプ　　**エ** 印刷・製本
オ めがねフレーム　**カ** 金属洋食器

(2) 自動車の生産について、右のグラフについて説明した文として正しいものを1つ選び、記号で答えなさい。

日本の自動車生産・輸出と日本メーカーの海外生産

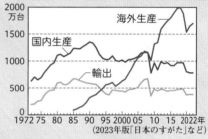

（2023年版「日本のすがた」など）

　　ア 1975年には輸出される自動車が500万台をこえた。
　　イ 1980年には輸出台数が国内生産の半分ほどをしめるようになった。
　　ウ 2020年には、海外で生産される台数が国内生産の3倍をこえた。
　　エ 1990年に国内で生産された自動車の台数は最高になった後減少するが、1000万台を下回ることはなかった。

▌キーポイント▐ //////
(1) ②は福井県の鯖江市、⑤は東京都を示している。

▌正答への道▐ //////
(1) ②がある福井県は各種の伝統工業が発達している。鯖江のめがねフレームは、全国生産の9割以上をしめる。⑤の東京都には新聞社や出版社などが多い。
(2) **ア**．輸出台数は500万台以下である。**ウ**．海外生産台数は約1500万台で、国内生産台数（約800万台）の約2倍である。**エ**．2010年前後以降、国内生産台数は1000万台を下回っている。

◆答え◆
　(1)②**オ**　⑤**エ**　　(2)**イ**

●現在、環境にやさしい電気自動車が研究・開発されていますが、ガソリン車にかわって電気自動車の生産が増えると、これまで自動車工業にかかわってきた会社や人々は大きな影響を受けると考えられています。資料１～資料３を参考に、これまでの日本の自動車工業の特徴と、電気自動車の生産が中心になることで予想される変化や影響について、150字以内で説明しなさい。　　　　　　【海城中】

資料1
日本の工業にしめる自動車工業の製造品出荷額(2019年)

一般機器 397686
12.3%
電気機器 390650
12.1
その他 1031261 32.0
18.6
自動車 600154
4.9
5.5 9.1
21.1
輸送用機器 679938
化学 292528
鉄鋼 177476
非鉄金属 96142 3.0
金属製品 159653　（単位：億円）
(日本自動車工業会ホームページ)

資料2
自動車の組み立て工場(完成車メーカー)と部品会社とのつながり

自動車工場
サイドミラー　シート　ハンドル
第一次関連工場
第二次関連工場
第三次関連工場

資料3
ガソリン車の生産に必要な部品の割合と、電気自動車を生産する場合に不要となる部品の割合

用品 6
情報関連部品
エンジン部品 22%
車体部品 15
電装・電子部品 7
懸架・制動装置部品 14
駆動・伝達・操縦装置部品 7
照明・計器 12
12
□電気自動車を生産する場合に不要となる部品

電気自動車を生産する場合に新たに必要となる部品の数は、およそ2100点くらいとされている。(素形材産業ビジョン検討会「素形材産業ビジョン 追補版－我が国の素形材産業が目指すべき方向性－」より)

(機械システム振興協会「次世代に変革が予想される自動車産業に必要とされる新技術を提供する地域産業集積の可能性に関する調査研究 報告書－要旨－」一部改変)

条件に注意！

150字以内で答える。

キーポイント

• **資料1**から、日本の工業にしめる自動車の出荷額の割合が高いことが、**資料2**から、自動車の生産に必要な部品は、多くの関連工場でつくられていることがわかる。

• **資料3**から、電気自動車の生産では、ガソリン車で使われる部品の約３分の１が不要となることがわかる。

正答への道

　自動車工業の出荷額は、工業の中でも大きな割合をしめている。自動車の生産には、多くの関連工場と従業員がかかわっていることから、ガソリン車より部品が少なくてすむ電気自動車が中心になると、関連工場の仕事が減り、従業員の収入が減ったり、失業者が増加したりすることなどが予想される。

解答例

　自動車工業は、組み立て工場のほかにも多くの関連工場がかかわっていて、日本の工業出荷額にしめる自動車工業の割合は大きい。また、電気自動車はガソリン車より部品が少なくてすむので、電気自動車の生産が増えると部品会社の仕事が減り、従業員の収入が減ったり失業者が増えるなどのおそれがある。〔139字〕

工業生産とわたしたちのくらし

第2章 日本の工業の特色

5年

工業地帯・地域の発達と中小工場

　日本は世界有数の工業国です。太平洋ベルトと呼ばれる地域をはじめとして、多くの工業地帯や工業地域が発達しています。その一方、日本の工業は、工場全体の98％以上をしめる中小工場によって支えられています。

📖 学習することがら

1. 日本の工業のすがた
2. 日本の工業地帯
3. 日本の工業地域
4. 工場で働く人々

1

太平洋ベルト

京浜工業地帯
中京工業地帯
阪神工業地帯

工業地帯は、
太平洋ベルトに
集中しているわ

太平洋ベルトは
海沿いに連なって
いるね

輸入
輸出

2

臨海部は原料を輸入
するのに便利だから、
金属や化学工業の
工場が多いわ

3

その日本の工場なんだけど、
ほとんどが中小工場なんだよね

大工場　中小工場
1.6%　98.4%
（2021年6月1日現在）

4

でも、すぐれた技術をもつ
中小工場もたくさんあるのよ

人工衛星もつくって
いるんだぞ！

1 日本の工業のすがた

学習のポイント

1. 日本の近代工業は明治時代に始まり、のちに**軽工業で産業革命**がおきた。

2. 日本の重工業は20世紀初めに始まり、現在では大きな割合をしめる。

3. 日本の工場の大部分が**中小工場**である。大工場と比べて、中小工場では、多くの人が働いているが、**出荷額は大工場よりも少ない**。

1 日本の工業の歩み 入試重要度 ★★

歩み	内容
殖産興業	明治時代に入り、政府は産業を発展させる政策（殖産興業）を進め、イギリスより約100年おくれて近代工業が始まった。 └18世紀の後半から産業革命が始まった
産業革命	日本では、1880年代からせんい工業に代表される軽工業を中心に産業革命がおき、綿糸や生糸の輸出が増えた。1901年には日清戦争の賠償金などで建設された官営の八幡製鉄所が操業を始め、政府が軍備の強化に努めたため、鉄鋼業や造船業などの重工業が発達した。
第一次世界大戦と重化学工業	1914年に第一次世界大戦が始まると、日本は鉄鋼業・造船業のほか、輸入がとだえた染料や薬品などをつくる化学工業など、重化学工業が急成長した。
重化学工業の発展	1929年におこった世界恐慌の影響は日本にもおよび、アメリカ合衆国への生糸の輸出が減ったが、綿製品や雑貨を輸出して景気を回復させた。その後、軍需と政府の保護により、重化学工業はさらに発展した。
戦後の復興	1950年代中ごろから日本は**高度経済成長**が始まり、重化学工業を中心に工業が発展した。各家庭に白黒テレビや冷蔵庫、洗濯機などの家電製品が普及していった。
石油危機以降	1973年の**石油危機**以降、資源・エネルギーを多く消費する鉄鋼や造船、石油化学工業などから、省エネルギー・省資源の半導体やコンピューターなどへと、産業構造を大転換させた。
1980年代以降	1980年代以降、IT（情報技術）産業などの先端技術産業（ハイテク産業）が発達した。

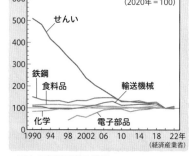

▲日本の各種工業の発展

雑学ハカセ 先端技術の中でも特に注目されているのがAI（人工知能）です。AIはArtificial Intelligenceの略で、人工的につくられた人間のような知能をもつものという意味です。膨大なデータを学習し、データ内から特徴を見つけ出す機能（ディープ・ラーニング）を備えたAIも登場しています。

2 日本の工業の特色 ★★★

1 大工場と中小工場

❶ **大工場**……働く人の数が**300人以上**の工場を**大工場**という。

❷ **中小工場**……働く人の数が29人以下の工場を**小工場**、30人以上299人以下の工場を**中工場**という。

2 大工場と中小工場の特色

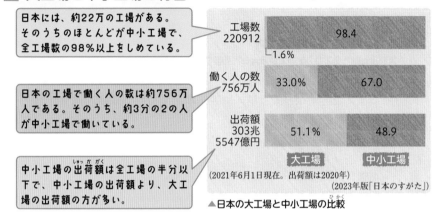

日本には、約22万の工場がある。そのうちのほとんどが中小工場で、全工場数の98％以上をしめている。

日本の工場で働く人の数は約756万人である。そのうち、約3分の2の人が中小工場で働いている。

中小工場の出荷額は全工場の半分以下で、中小工場の出荷額より、大工場の出荷額の方が多い。

工場数
220912 ┃ 98.4
└1.6%

働く人の数
756万人 ┃ 33.0% ┃ 67.0

出荷額
303兆
5547億円 ┃ 51.1% ┃ 48.9

大工場 **中小工場**

(2021年6月1日現在。出荷額は2020年)
(2023年版「日本のすがた」)

▲日本の大工場と中小工場の比較

▶ 日本の中小工場は、工場数や働く人の数は大工場より多いが、出荷額は大工場より少ないのが特色である。

3 下うけ工場
大工場から注文を受け、部品などをつくっている中小工場を**下うけ工場**という。

4 大工場と中小工場で働く人の賃金

工場の規模が大きいほど、1人あたりの賃金も高くなっている。

工場の規模が大きいほど、1人あたりの出荷額も多くなっている。

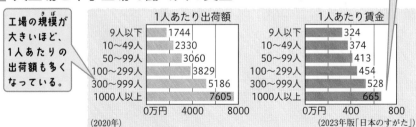

	1人あたり出荷額	1人あたり賃金
9人以下	1744	324
10〜49人	2330	374
50〜99人	3060	413
100〜299人	3829	454
300〜999人	5186	528
1000人以上	7605	665

0万円 4000 8000　　0万円 400 800

(2020年)　　(2023年版「日本のすがた」)

▲工場の規模別1人あたりの出荷額と賃金

▶ 日本の工場では、1人あたりの出荷額が多いほど、1人あたりの賃金も多くなっている。

パワーアップ 法律による中小企業とは、製造業では資本金3億円以下で従業員300人以下、卸売業では資本金1億円以下で従業員100人以下、小売業では資本金5000万円以下で従業員50人以下の企業を指すなど、業種によって異なっています。

5 中小工場が果たす役割

日本の工場の大部分をしめる中小工場は、日本の工業において大きな役割を果たしている。

▶ せんい・食料品・よう業などの軽工業では、多くが中小工場である。└ガラス、セメント、陶磁器などを生産重化学工業では大工場が多い。

全工業　食料品工業

働く人の数　　工場の大きさ　　出荷額
50人未満
50〜299人
300人以上

60 40 20 0 20 40 60　　　　　60 40 20 0 20 40 60
　　　　%　　　　　　　　　　　　　　　　%
(2020年。働く人の数は2021年6月1日現在)　(2023年版「日本のすがた」)

▲食料品工業と全工業の働いている人と出荷額の比較

> 食料品工業では、働く人の数も、出荷額もともに、中小工場の割合が全体の70％以上をしめている。

▶ 日用品や伝統的工芸品を生産している。└文房具など

▶ 自動車工業などでは、大工場の関連工場として、部品を生産している。

ズームアップ 関連工場 →p.141

6 中小工場の問題点
└経営者が高齢化し、あとをつぐ人がいないために工場をやめるところも増えている

▶ 中小工場は、資金が少なく、設備や技術が十分でないところが多いため、1人あたりの生産額が低い。

▶ 関連工場として大工場の仕事を引き受けている工場は、大工場の影響を受けやすく、不景気のときには、大工場から値下げを要求されたり、仕事が減ったり、なくなったりする。

▶ 中小工場では、同業者が**工業団地**を形成し、工場どうしで助け合っている地域もある。

> ことば　工業団地
> 国や地方公共団体などが計画的に工場用地を造成し、中小工場を誘致した地区。高速道路のインターチェンジ付近などに多く見られる。

7 高い技術をもつ中小工場

中小工場の中には、長年の経験によって得たすぐれた技術をもっているところがたくさんある。このような工場では、大量生産を行う大工場ではつくり出せないような製品や、ほかではまねのできない部品などを生産していて、国際的に高く評価されているところも少なくない。これらの中小工場によって、国内や国外の工業が支えられている。

▲東大阪市の中小工場などが製造した小型衛星「まいど1号」

雑学ハカセ　世界トップクラスのシェアをほこる中小工場が日本各地にあります。これらの中小工場によって、「絶対ゆるまないネジ」や「100万分の1グラムの歯車」、「痛くない注射針」などが開発されました。

2 日本の工業地帯

◎ 学習のポイント

1. 京浜・中京・阪神・北九州は、古くから工業がさかんな地域である。

2. 中京工業地帯の工業出荷額は全国1位となっている。

3. 中京工業地帯は機械工業、京浜工業地帯は印刷業が特にさかんである。

1 工業地帯の形成と広がり ★★★

1 工業地帯と工業地域　多くの工場が集まり、工業が発達した地域を**工業地帯・工業地域**という。

2 工業地帯の形成　八幡製鉄所が建設された九州北部に**北九州工業地帯**が形成され、その後、重化学工業の発達にともなって、**京浜工業地帯、中京工業地帯、阪神工業地帯**が形成された。
<small>↳現在は北九州工業地域と呼ばれることが多い</small>
<small>↳東京・横浜など　↳名古屋など</small>
<small>↳大阪・神戸など</small>

3 工業地域の形成と広がり　工業地帯の用地不足や公害問題などから、工場が周辺の地域へ広がり、いくつもの工業地域が形成された。

4 太平洋ベルト　関東地方南部から九州北部にかけて、太平洋側の臨海部に工業地帯・工業地域が集中している帯状の地域を**太平洋ベルト**という。

参考 太平洋ベルト
日本の総人口・工業出荷額の約60〜70%が太平洋ベルトに集中している。この地域に工業が発達したのは、①陸上の交通だけでなく良い港も発達し、原料・燃料の輸入、製品の輸出に便利であること、②大都市が並び、労働力が豊富であること、③大消費地（大都市）が近いこと、④平野にめぐまれ、気候も温暖であること、などが理由としてあげられる。

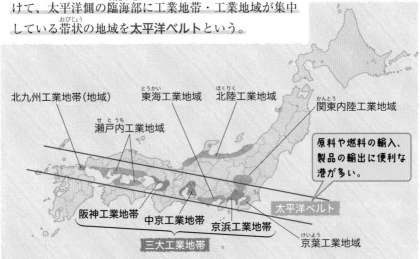

北九州工業地帯（地域）　東海工業地域　北陸工業地域　関東内陸工業地域
瀬戸内工業地域
原料や燃料の輸入、製品の輸出に便利な港が多い。
阪神工業地帯　中京工業地帯　京浜工業地帯　太平洋ベルト
三大工業地帯　京葉工業地域

▲太平洋ベルトと日本のおもな工業地帯・工業地域

雑学ハカセ　一般に、第二次世界大戦前から工業が発達した京浜・中京・阪神・北九州の4つを工業地帯、戦後新しく工業が発達した地域を工業地域と呼んでいます。

▶ 日本のおもな工業地帯・工業地域の出荷額

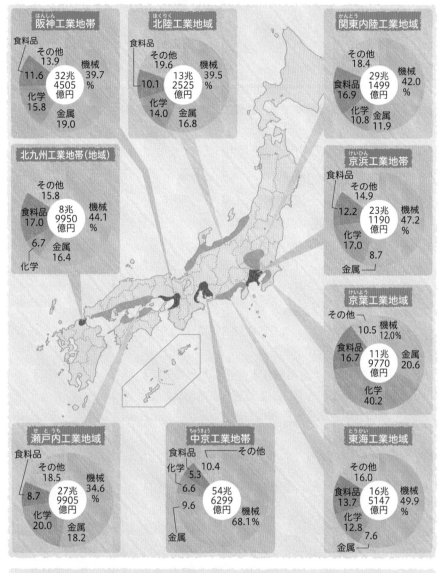

阪神工業地帯
食料品 11.6
その他 13.9
機械 39.7%
32兆4505億円
化学 15.8
金属 19.0

北陸工業地域
食料品 10.1
その他 19.6
機械 39.5%
13兆2525億円
化学 14.0
金属 16.8

関東内陸工業地域
その他 18.4
機械 42.0%
29兆1499億円
食料品 16.9
化学 10.8
金属 11.9

北九州工業地帯（地域）
その他 15.8
食料品 17.0
機械 44.1%
8兆9950億円
化学 6.7
金属 16.4

京浜工業地帯
食料品 12.2
その他 14.9
機械 47.2%
23兆1190億円
化学 17.0
金属 8.7

京葉工業地域
その他 10.5
機械 12.0%
食料品 16.7
11兆9770億円
金属 20.6
化学 40.2

瀬戸内工業地域
食料品 8.7
その他 18.5
機械 34.6%
27兆9905億円
化学 20.0
金属 18.2

中京工業地帯
食料品 その他 10.4
化学 5.3
6.6
54兆6299億円
9.6
金属
機械 68.1%

東海工業地域
その他 16.0
食料品 13.7
機械 49.9%
16兆5147億円
化学 12.8
7.6
金属

日本の工業地帯・工業地域の出荷額割合

出荷額　303兆5547億円　　　　　　　┌ 北九州 3.0

中京 18.0%	阪神 10.7	京浜 7.6	関東内陸 9.6	瀬戸内 9.2	東海 5.4	北陸 4.4	京葉 3.9	その他 28.2

(2020年)　　　　　　　　　　　　　　　　　　　　　　　　(2023年版「日本のすがた」)

パワーアップ
都道府県別の工業出荷額(2020年)では、愛知県が1位です。以下2位は大阪府、3位は静岡県と続きます。愛知県は、鉄鋼業やせんい工業、プラスチック製品の出荷額が日本で1位です(2020年)。

2 京浜工業地帯 ★★★

1 範囲

京浜工業地帯は、東京、川崎、横浜を中心に、東京都と神奈川県が面する東京湾の西部に広がる工業地帯である。

2 出荷額

かつては、京浜工業地帯の出荷額は全国1位であったが、全国にしめる生産割合は低下し、現在は約8%である。
└2020年

3 発達した理由

▶ 政治・経済・文化の中心である首都東京が位置している。

▶ 東京都・神奈川県は人口が多いため、労働力が得やすく消費量も多かった。

▶ 東京湾の埋め立てによる工業用地にめぐまれた。

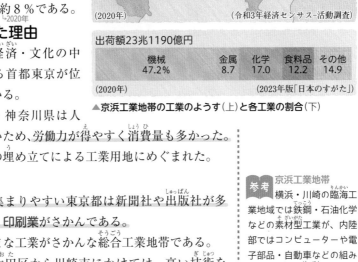

				(4人以上の工場の統計)
金 属				
機 械				
化 学				
印 刷				
食料品				

※出荷額1500億円以上の業種のある市。

羽村 昭島 八王子 府中 東京 日野 川崎 相模原 大和 横浜 厚木 綾瀬 藤沢 秦野 平塚 鎌倉 横須賀 小田原

(2020年)　(令和3年経済センサス-活動調査)

出荷額23兆1190億円

機械	金属	化学	食料品	その他
47.2%	8.7	17.0	12.2	14.9

(2020年)　(2023年版「日本のすがた」)

▲京浜工業地帯の工業のようす(上)と各工業の割合(下)

4 特色

▶ 情報が集まりやすい東京都は新聞社や出版社が多いため、印刷業がさかんである。

▶ さまざまな工業がさかんな総合工業地帯である。

▶ 東京都大田区から川崎市にかけては、高い技術をもつ中小工場が多い。

参考 京浜工業地帯
横浜・川崎の臨海工業地域では鉄鋼・石油化学などの素材型工業が、内陸部ではコンピューターや電子部品・自動車などの組み立て型工業が発展している。

5 おもな工業都市

自動車工業、造船業がさかん。

印刷業がさかん。

東京
川崎市
横浜市
横須賀市

自動車工業、造船業がさかん。

鉄鋼業、石油化学工業がさかん。

雑学ハカセ
東京湾は、江戸時代から着々と埋め立てられてきました。そして、現在の東京湾付近はほとんど埋立地になっています。2008年までに5730 haもの面積が埋め立てられました。これは東京ドーム約1200個分にもなります。

3 中京工業地帯 ★★★

1 範囲
中京工業地帯は、名古屋を中心に、愛知県と三重県北部にかけて広がる工業地帯である。

2 出荷額
中京工業地帯の出荷額は全国第1位で、全国の約18%をしめている。
└→2020年

3 発達した理由
▶ 2つの工業地帯の中間に
└京浜工業地帯と阪神工業地帯
あり、東京・大阪の二大消費地に近く、交通の便も良かった。
▶ 水資源が豊富で、工業用水や水力発電による電力にめぐまれていた。

4 特色
▶ 古くから陶磁器を生産するよう業がさかんである。
└瀬戸焼、常滑焼など
▶ 明治時代から毛織物や綿織物などのせんい工業がさかんである。
▶ 自動車工業を中心とする機械工業がさかんである。
└豊田市

※出荷額1500億円以上の業種のある市。
(4人以上の工場の統計)
(2020年)
(令和3年経済センサス-活動調査)

出荷額54兆6299億円

機械 68.1%	金属 9.6	化学 6.6	5.3	その他 10.4

食料品

(2020年)
(2023年版「日本のすがた」)

▲中京工業地帯の工業のようす(上)と各工業の割合(下)

5 おもな工業都市

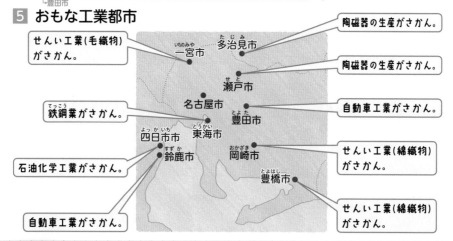

陶磁器の生産がさかん。（多治見市）
せんい工業(毛織物)がさかん。（一宮市）
陶磁器の生産がさかん。（瀬戸市）
鉄鋼業がさかん。（名古屋市）
自動車工業がさかん。（豊田市）
石油化学工業がさかん。（四日市市）
せんい工業(綿織物)がさかん。（岡崎市）
自動車工業がさかん。（鈴鹿市・東海市）
せんい工業(綿織物)がさかん。（豊橋市）

雑学ハカセ

「中京」の「中」は、東京と大阪・京都の中間、「京」という字には大都市の意味があり、「中京」は、名古屋の別名として使われることがあります。

4 阪神工業地帯 ★★★

1 範囲
阪神工業地帯は、**大阪、神戸**を中心に、大阪府から兵庫県南部にかけて広がる工業地帯である。

2 出荷額
阪神工業地帯の出荷額は中京工業地帯に次いで全国第2位で、全国の約11%をしめている。
└2020年

3 発達した理由
▶ 瀬戸内海に面し、神戸港や大阪港があり、海上輸送に便利であった。また、鉄道網も発達していた。

▶ 人口が多く、労働力が豊かで、製品の大きな消費地となった。

▶ 琵琶湖や淀川などの水資源にめぐまれていた。

4 特色
▶ 江戸時代から大阪は「**天下の台所**」として商業がさかんであった。
└江戸時代、大阪は日本の経済の中心だった

▶ 明治時代から**せんい工業**がさかんである。
└多くは大工場の下うけ

▶ **中小工場**が多いことが特色の1つである。
└せんい、機械、日用雑貨などをつくる中小工場が多い

5 おもな工業都市

金属	①池田
機械	②伊丹
化学	③豊中
食料品	④吹田

（4人以上の工場の統計）

篠山　加東　三田　枚方　摂津　門真　池田①③④　伊丹②　尼崎　西宮　姫路　高砂　加古川　明石　神戸　大阪　東大阪　堺　八尾　高石　泉佐野　赤穂

※出荷額1200億円以上の業種のある市。
(2020年)
(令和3年経済センサス=活動調査)

出荷額32兆4505億円

| 機械 39.7% | 金属 19.0 | 化学 15.8 | 食料品 11.6 | その他 13.9 |

(2020年)
(2023年版「日本のすがた」)

▲阪神工業地帯の工業のようす（上）と各工業の割合（下）

▲大阪湾岸の重化学工業地帯
(堺泉北港)

おもな工業都市の図

造船業がさかん。── 神戸市

電気機械工業がさかん。── 門真市

鉄鋼業がさかん。── 加古川市

大阪市　東大阪市

機械工業の中小工場が多い。── 東大阪市

石油化学工業がさかん。── 堺市

せんい工業（綿織物）がさかん。── 泉大津市

鉄鋼業がさかん。── 和歌山市

せんい工業（綿織物）がさかん。── 泉佐野市

雑学ハカセ 東大阪市は、「モノづくりのまち」として知られています。東大阪市にある工場の約9割が従業員20人未満の小さな工場ですが、その技術力を結集して人工衛星「まいど1号」の打ち上げに成功しました。

5 北九州工業地帯（地域）★★★

1 範囲
北九州工業地帯（地域）は、北九州市を中心に、福岡県北部にかけて広がる工業地帯である。

2 出荷額
北九州工業地帯は、京浜・中京・阪神と合わせて四大工業地帯と呼ばれてきたが、出荷額は、ほかの工業地帯の中で最も低く、全国の約3％しかない。地位の低下から、現在は北九州工業地域と呼ばれることが多い。

京浜・中京・阪神工業地帯を三大工業地帯と呼ぶことが多い

3 発達した理由
▶ 明治時代に八幡製鉄所が建てられ、鉄鋼業を中心に発達した。
▶ かつて、近くに筑豊炭田があり、豊富な石炭を燃料として利用することができた。

現在はすべて閉山

▶ 中国・アジア諸国に近く、鉄鉱石などの原料を輸入し、製品を輸出するのに便利であった。

4 特色
▶ 食料品工業の割合が、ほかの工業地帯と比べて高い。
▶ 1970年代以降、集積回路（IC）工場が増加した。近年は自動車工場が進出している。

集積回路（IC）工場が多いため、九州はシリコンアイランドと呼ばれた

5 九州北部のおもな工業都市

※出荷額250億円以上の業種のある市。

北九州
中間
宗像
古賀　宮若　直方
福岡　飯塚　行橋
大野城　豊前
久留米　朝倉
筑後　八女
大牟田

（4人以上の工場の統計）

- 金属
- 機械
- 化学
- 印刷
- 食料品
- よう業

（2020年）
（令和3年経済センサス-活動調査）

出荷額 8兆9950億円			化学6.7
機械 44.1%	金属 16.4	食料品 17.0	その他 15.8

（2020年）　　　（2023年版「日本のすがた」）

▲北九州工業地帯の工業のようす（上）と各工業の割合（下）

参考 北九州工業地帯が低迷した理由
1960年代のエネルギー革命により、燃料の中心が石炭から石油に変わったことで筑豊炭田の炭鉱が閉山したことや、京浜・阪神など大消費地近くに製鉄所ができたことなどが原因である。

陶磁器の生産がさかん。
唐津市
北九州市
鉄鋼業がさかん。

陶磁器の生産がさかん。
伊万里市
有田町
久留米市
鉄鋼業がさかん。
大分市

陶磁器の生産ががさかん。
佐世保市
ゴム製品の生産がさかん。

造船業がさかん。
長崎市
造船業がさかん。

入試では 北九州工業地帯（地域）では、近年その地位が低下した理由と、自動車工場やIC工場が進出してきたことなどが、シリコンアイランドと関連づけて出題されることが多いです。

地理
第3編
工業生産と
わたしたちのくらし

第1章
さまざまな工業

第2章
日本の工業
の特色

第3章
日本の工業生産を
支える運輸・貿易

③ 日本の工業地域

◎ 学習のポイント

1. 工業地帯の周辺部に新しく**工業地域**が形成された。
2. **京葉工業地域**・**瀬戸内工業地域**では化学工業、**関東内陸工業地域**・**東海工業地域**では機械工業が、特に発達している。

1 新しい工業地域 ★

1 新しい工業地域の形成
高速道路や空港などの交通網が整備され、人や物の往来が便利になると、工業地帯の周囲を中心に工場がつくられるようになり、新しく工業地域が形成されていった。

2 瀬戸内工業地域 ★★★

1 範囲
瀬戸内工業地域は、瀬戸内海に面した中国・四国地方の都市を中心に発展した工業地域である。
└岡山・広島・山口・香川・愛媛県

2 出荷額
瀬戸内工業地域の出荷額は27兆9905億円で、全国の約9％をしめる。
└2020年

3 発達した理由
▶ 瀬戸内海を海上輸送路として利用することができた。
▶ **塩田**や軍用地のあと地などを利用することにより、工業用地を確保しやすかった。

4 特色
ほかの工業地帯・工業地域と比べて、**化学工業**のしめる割合が高い。

5 おもな工業都市

鉄鋼業	倉敷市(水島地区)・福山市
石油化学工業	倉敷市・岩国市・周南市
セメント工業	宇部市・山陽小野田市

※出荷額1500億円以上の業種のある市。
(4人以上の工場の統計)

金属
機械
化学
食料品
製紙・パルプ

岡山 瀬戸内
倉敷
玉野
坂出 高松
福山
新居浜 四国中央
尾道 今治
東広島 呉 松山
広島 大竹 周南 光
防府 下松
宇部 下関 宇部
(2020年)

(令和3年経済センサス-活動調査)

出荷額27兆9905億円

機械 34.6%	金属 18.2	化学 20.0	食料品 8.7	その他 18.5

(2020年) (2023年版「日本のすがた」)

▲瀬戸内工業地域の工業のようす(上)と各工業の割合(下)

ことば 塩田
海水から塩をとるために、砂浜を田のように整地した場所や施設。瀬戸内地方は、古くから塩づくりがさかんなところであった。

パワーアップ 岡山県倉敷市の水島地区は、高梁川の河口にあり、戦前は飛行機工場しかないようなところでしたが、1958年ごろから埋立地に大きな工場が建つようになりました。現在では、瀬戸内工業地域を代表する工業地域となっています。

3 東海工業地域 ★★

1 範 囲
東海工業地域は、静岡県の太平洋側に広がる工業地域である。

2 出荷額
東海工業地域の出荷額は16兆5147億円で、全国の約5%をしめる。└2020年

3 発達した理由
東海工業地域は京浜・中京の両工業地帯の間にあり、市場や労働力にめぐまれ、陸上交通にもめぐまれていた。└東海道本線・東海道新幹線・東名高速道路など

4 特 色
東海工業地域は、機械工業、**製紙・パルプ工業**、食料品工業などが発達している。└富士山の豊富なわき水を利用

出荷額16兆5147億円			金属		
機械 49.9%			化学 7.6	化学 12.8	食料品 13.7	その他 16.0
(2020年)				(2023年版「日本のすがた」)

▲東海工業地域の工業のようす(上)と各工業の割合(下)

5 おもな工業都市

楽器・オートバイ	浜松市	食料品工業	焼津市
製紙・パルプ工業	富士市・富士宮市	製 茶	静岡市

4 北陸工業地域 ★★

1 範 囲
北陸工業地域は、新潟県、富山県、石川県、福井県に広がる工業地域である。

2 出荷額
北陸工業地域の出荷額は13兆2525億円で、全国の約4%をしめる。└2020年

3 特 色
機械工業や金属工業のほか、農作業ができない冬の副業として発達した**伝統工業**がさかんで、輪島市の漆器、三条市の金物、燕市の洋食器、富山市の製薬業などが知られる。
石川県┘└輪島塗 └新潟県 └新潟県 └ナイフやスプーンなど

出荷額13兆2525億円			食料品	
機械 39.5%	金属 16.8	化学 14.0	10.1	その他 19.6
(2020年)			(2023年版「日本のすがた」)

▲北陸工業地域の工業のようす(上)と各工業の割合(下)

4 その他の工業都市

せんい工業	福井市	めがねフレーム	鯖江市
銅器・アルミニウム	高岡市	製油工業	新潟市

▲小千谷ちぢみ(新潟県の伝統的工芸品)

雑学ハカセ 富山には富山反魂丹という有名な薬があり、昔、江戸城で腹痛になったある藩の藩主にこの薬を飲ませたところ腹痛が劇的に回復したとされる「江戸城腹痛事件」という逸話もあります。

5 京葉工業地域 ★★★

1 範囲 京葉工業地域は、千葉県の東京湾岸に広がる工業地域である。

2 出荷額 京葉工業地域の出荷額は11兆9770億円で、全国の約4％をしめる。

3 発達した理由 京浜工業地帯の工業用地が不足してきたため、東京湾岸を埋め立てて、鉄鋼・石油化学工業の工場が建ち、工業地域へと発展した。

4 特色 東京湾沿岸に製鉄所や石油化学コンビナートが形成され、重化学工業が発達している。化学工業の割合は出荷額の約40％をしめている。

5 おもな工業都市

鉄鋼業	千葉市・君津市
石油化学工業	市原市・袖ケ浦市

（地図）
凡例：⛏ 金属　⚙ 機械　🧪 化学　🍴 食料品
（2020年）4人以上の工場の統計
（令和3年経済センサス−活動調査）
野田　松戸　船橋　市川　千葉　銚子　市原　袖ケ浦　君津
※出荷額1000億円以上の業種のある市。

出荷額11兆9770億円

機械	金属	化学	食料品	その他
12.0%	20.6	40.2	16.7	10.5

（2020年）　（2023年版「日本のすがた」）

▲京葉工業地域の工業のようす（上）と各工業の割合（下）

ズームアップ 石油化学コンビナート ➡ p.135

6 関東内陸工業地域 ★★★

1 範囲 関東内陸工業地域は、埼玉県・群馬県・栃木県の3県にまたがる工業地域である。

2 出荷額 関東内陸工業地域の出荷額は29兆1499億円で、全国の約10％をしめる。

3 発達した理由 関東地方の内陸部は、かつて養蚕がさかんで、製糸業、絹織物業がさかんであったが、第二次世界大戦後衰退していった。1970年代以降、高速道路が整備され、北関東の各地に工業団地が建設され、工業地域が形成された。高

（地図）
凡例：⛏ 金属　⚙ 機械　🧪 化学　🍴 食料品
4人以上の工場の統計
※出荷額1500億円以上の業種のある市。
大田原　鹿沼　宇都宮　真岡　前橋　太田　栃木　小山　高崎　伊勢崎　熊谷　上尾　川越　さいたま　富岡
①狭山　②加須
（2020年）（令和3年経済センサス−活動調査）

出荷額29兆1499億円

機械	金属	化学	食料品	その他
42.0%	11.9	10.8	16.9	18.4

（2020年）　（2023年版「日本のすがた」）

▲関東内陸工業地域の工業のようす（上）と各工業の割合（下）

パワーアップ 関東内陸工業地域は、埼玉県・群馬県・栃木県に広がる工業地域ですが、埼玉県を京浜工業地帯に入れ、群馬県・栃木県に茨城県を加えた3県を北関東工業地域と呼ぶこともあります。この場合、北関東工業地域の出荷額は28兆4075億円（2020年）になります。

（右側の縦書き見出し）
地理　第3編　工業生産とわたしたちのくらし
第1章　さまざまな工業
第2章　日本の工業の特色
第3章　日本の工業生産を支える運輸・貿易

速道路が整備されたことによって、トラックによる原材料や製品の輸送が便利になったことや、東京に比べて工場を建てる土地の価格が安く、広い用地が得やすかったことなどから大きく発達した。

▲関東内陸工業地域(狭山市・川越市)

4 **特色** 関東内陸工業地域は、食料品や機械工業の割合が高く、特に**自動車・電気機器**などの製造がさかんである。また、高速道路沿いには、コンピューター関連の工場も見られる。

5 **おもな工業都市**

電気機器	伊勢崎市・高崎市	セメント工業	秩父市
自動車工業	太田市	絹織物	桐生市・足利市

くわしい学習

Q 各地に発達した工業地域には、ほかにどのようなところがありますか。

A 鹿島臨海工業地域、北海道工業地域、常磐工業地域、大分臨海工業地域などがあります。

▶ **鹿島臨海工業地域**……鹿島臨海工業地域は、茨城県の鹿嶋市と神栖市を中心とする工業地域です。鹿島灘の砂丘海岸に**ほりこみ式の人工港**がつくられ、製鉄所や石油化学工場、火力発電所が建設され、重化学工業が発展していきました。

▲鹿島臨海工業地域

▶ **北海道工業地域**……北海道工業地域は、札幌市・室蘭市・苫小牧市などを中心とする工業地域です。北海道では、地元で生産される農畜産物を原料とする**食料品工業**もさかんです。

乳製品・ビール	札幌市
水産加工業	函館市・釧路市
製紙・パルプ工業	苫小牧市・釧路市・旭川市
鉄鋼業	室蘭市
造船業	函館市

▲北海道のおもな工業都市

▶ **常磐工業地域**……常磐工業地域は、福島県のいわき市、茨城県の**日立市**を中心とする工業地域です。いわき市で情報通信機械・化学・自動車工業、日立市で**電気機械**・金属工業がさかんです。

▶ **大分臨海工業地域**……大分臨海工業地域は、大分市の鶴崎を中心とする工業地域です。石油化学工業や鉄鋼業などがさかんです。

茨城県の日立市は、日立鉱山から発展した鉱工業都市です。愛知県の豊田市と同じように、ここで生まれた機械製作会社の名まえがついた企業城下町となっています。

3 日本の工業地域

地理
第3編
工業生産と
わたしたちのくらし

第1章
さまざまな工業

第2章
の特色
日本の工業

第3章
日本の工業生産を
支える運輸・貿易

中学入試にフォーカス 工業地帯・工業地域の出荷額とその変化

❗ 工業地帯・工業地域には、それぞれ出荷額割合の構成に特徴がある。

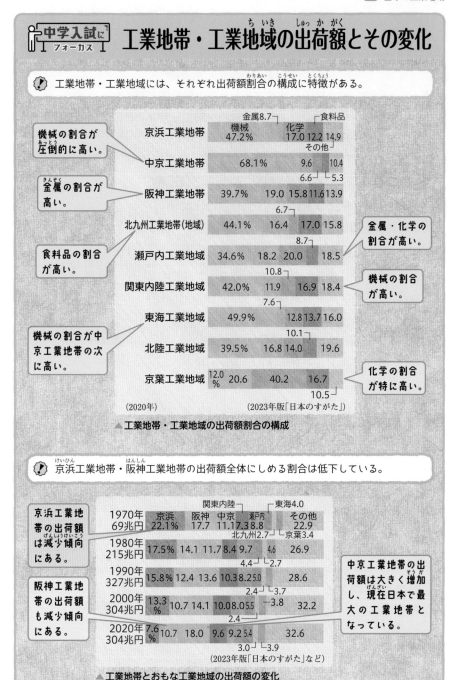

機械の割合が圧倒的に高い。

金属の割合が高い。

食料品の割合が高い。

機械の割合が中京工業地帯の次に高い。

金属8.7┐　　　　　　┌食料品
京浜工業地帯　機械47.2%　　化学17.0　12.2　14.9
　　　　　　　　　　　　　　　　その他┘

中京工業地帯　68.1%　　9.6　10.4
　　　　　　　　　　6.6┘　└5.3

阪神工業地帯　39.7%　19.0　15.8 11.6 13.9

北九州工業地帯(地域)　44.1%　16.4　17.0　15.8
　　　　　　　　　6.7┘

瀬戸内工業地域　34.6%　18.2　20.0　18.5
　　　　　　　8.7┘

関東内陸工業地域　42.0%　11.9　16.9　18.4
　　　　　　10.8┘

東海工業地域　49.9%　12.8 13.7 16.0
　　　　　7.6┘

北陸工業地域　39.5%　16.8 14.0　19.6
　　　　　10.1┘

京葉工業地域　12.0%　20.6　40.2　16.7
　　　　　　　　　　　　　10.5┘

金属・化学の割合が高い。

機械の割合が高い。

化学の割合が特に高い。

(2020年)　　　　　　　(2023年版「日本のすがた」)

▲ 工業地帯・工業地域の出荷額割合の構成

❗ 京浜工業地帯・阪神工業地帯の出荷額全体にしめる割合は低下している。

京浜工業地帯の出荷額は減少傾向にある。

阪神工業地帯の出荷額も減少傾向にある。

関東内陸┐　　　　┌東海4.0
1970年　京浜　阪神　中京　瀬戸内　　その他
69兆円　22.1%　17.7 11.17.3 8.8　22.9
　　　　　　　　　北九州2.7┘　└京葉3.4

1980年　17.5%　14.1 11.7 8.4 9.1　26.9
215兆円　　　　　　　4.4┘　└2.7

1990年　15.8% 12.4 13.6 10.3 8.2 5.0　28.6
327兆円　　　　　　　2.4┘　└3.7

2000年　13.3% 10.7 14.1 10.0 8.0 5.5　3.8　32.2
304兆円

2020年　7.6% 10.7 18.0 9.6 9.2 5.4　32.6
304兆円　　　　　2.4┘
　　　　　　3.0┘　└3.9

中京工業地帯の出荷額は大きく増加し、現在日本で最大の工業地帯となっている。

(2023年版「日本のすがた」など)

▲ 工業地帯とおもな工業地域の出荷額の変化

入試では 工業地帯・工業地域の名まえと製品出荷額のグラフを関連づけた問題が多く出題されます。それぞれのグラフの特徴から、どの工業地帯・工業地域であるかを見分けられるようにしておきましょう。

4 工場で働く人々

◎学習のポイント

1. 日本では、欧米諸国と比べて長かった**労働時間が短く**なってきている。

2. 日本では、労働者の労働条件や健康・安全を守るために、**労働三法**をはじめとする法律や**社会保険**が整備されている。

1 工場で働く人々の労働条件と安全 ★

1 労働時間 欧米諸国に比べて長かった日本の労働時間は、週休2日制の普及などで短くなった。

2 賃金 若い年齢層における大工場と中小工場との賃金の差は小さいが、年齢が進むにつれて賃金の差が大きくなっている。

3 働く人たちの安全問題 労働災害の防止のため、1972年に労働安全衛生法が制定され、使用者に、労働災害防止や危険防止の基準の確立などの措置をとることを求めている。

労働者が仕事中にけがをしたり病気になったり、死亡したりする事故

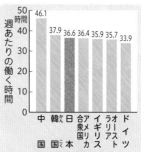

（2022年。オーストラリアは2021年、日本は2020年、イギリスは2019年、中国は2016年）
（2023/24年版「世界国勢図会」）

▲おもな国の労働時間

2 工場で働く人々を守るしくみ ★

1 労働者を守る法律 **労働三法**が定められている。

労働三法	労働基準法	1947年に制定された。労働条件の基本原則や、労働条件の最低基準を定めたものである。
	労働組合法	1945年に制定された。労働者が1つにまとまり、使用者と交渉する権利などを定めたものである。
	労働関係調整法	1946年に制定された。労働者と使用者との争いが長引かないうちに解決しようとするものである。

2 労働者を守るための社会保険

医療保険	病気やけがをしたときの保険。健康保険の場合、保険料は使用者と労働者で負担する。
年金保険	老後に備えた保険。保険料は使用者と労働者で負担する。
雇用保険	失業したときの保険。もとの給料のおよそ50～80％をもらえる。
労災保険	労働者災害補償保険の略称。労働者の災害に備えた保険。保険料は使用者が負担する。

労働時間は1日8時間以内で、これをこえた場合は、時間外手当を支はらわなければならないと決められています。また、最低賃金の全国平均は1時間1004円（2023年）となっています。

👑 絶対暗記ベスト3

1位 **太平洋ベルト** 関東地方南部から九州地方北部にかけて、帯のように工業地帯・工業地域が連なっている地域。

2位 **三大工業地帯** 中京工業地帯・阪神工業地帯・京浜工業地帯。

3位 **中小工場** 中小工場は、工場数全体の約98%をしめている。

1 大工場と中小工場

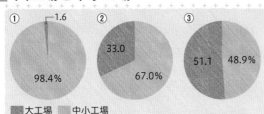

① ┌─1.6
98.4%

② 33.0
67.0%

③ 51.1 48.9%

■ 大工場 ■ 中小工場
(2021年6月1日現在、③は2020年)
(2023年版「日本のすがた」)

▲日本の大工場と中小工場の比較

□左のグラフの①～③は、「働く人の数」「出荷額」「工場の数」のうち、どれを表しているか?

①→**工場の数**

②→**働く人の数**

③→**出荷額**

2 三(四)大工業地帯

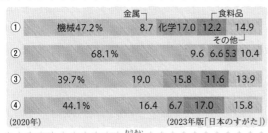

	金属	化学	食料品	その他
①	機械47.2% 8.7	17.0	12.2	14.9
②	68.1%		9.6 6.6 5.3	10.4
③	39.7%	19.0	15.8 11.6	13.9
④	44.1%	16.4 6.7	17.0	15.8

(2020年)
(2023年版「日本のすがた」)

▲工業地帯における各工業の割合

□左のグラフの①～④は、三(四)大工業地帯のうちどれを表しているか?

①→**京浜工業地帯**

②→**中京工業地帯**

③→**阪神工業地帯**

④→**北九州工業地帯(地域)**

3 おもな工業都市

□次の①～⑥の都市に共通してさかんな工業は、下の◻️のうちのどれか?

①横浜・豊田・太田

②川崎・和歌山・福山・君津

③瀬戸・多治見

④四日市・堺・倉敷・市原

⑤宇部・秩父

⑥横浜・神戸・尾道・呉

自動車工業	よう業	石油化学工業
鉄鋼業	造船業	セメント工業

①→**自動車工業**

②→**鉄鋼業**

③→**よう業**

④→**石油化学工業**

⑤→**セメント工業**

⑥→**造船業**

□ ❶ 日本の全工場のうちの約98%が［　　　］で、工場で働く人のうち、約33%が［　　　］で働いています。

□ ❷ 大工場と中小工場で、出荷額が多いのは［　　　］です。

□ ❸ 大工場から注文をもらう中小工場を［　　　］といいます。

□ ❹ 下の地図中の**ア〜エ**は古くから発達した代表的な工業地帯（地域）です。また、**オ〜ケ**は戦後にできたおもな工業地域です。これらの工業地帯や工業地域が帯のように連なっている**A**の地域は、［　　　］と呼ばれています。

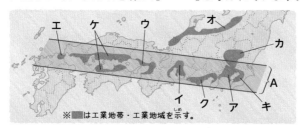

※■■は工業地帯・工業地域を示す。

□ ❺ 上の地図中の**ア〜ケ**の工業地帯・工業地域名を、それぞれ漢字で答えなさい。

□ ❻ 次の各文は、上の地図中の**ア〜ケ**のいずれかについて説明したものです。各文にあてはまる工業地帯（地域）を１つずつ選び、記号で答えなさい。

①中京工業地帯に次ぐ生産額をほこる。金属やせんい工業の中小工場が多く、中小工場の生産額も多い。

②かつては鉄鋼業がさかんであったが、素材型から組み立て型への工業の構造転換がおくれ、低迷した。近年、自動車工場が進出している。

③工業用地の不足から、東京湾東部を埋め立て、製鉄所や石油化学コンビナートがつくられた。ほかの工業地帯・地域と比べて化学工業の割合が非常に高い。

④かつては製糸業がさかんであったが、京浜工業地帯が過密になると、工業団地が形成されるようになり、現在は自動車や電気機器などの製造がさかんである。

❶中小工場、大工場　◎p.153

❷大工場　◎p.153

❸下うけ工場　◎p.153

❹太平洋ベルト　◎p.155

❺ア―京浜工業地帯
イ―中京工業地帯
ウ―阪神工業地帯
エ―北九州工業地帯（地域）
オ―北陸工業地域
カ―関東内陸工業地域
キ―京葉工業地域
ク―東海工業地域
ケ―瀬戸内工業地域　◎p.155

❻①ウ　◎p.159
②エ　◎p.160
③キ　◎p.163
④カ　◎p.163

チャレンジ！ 思考力問題

●次の文は、ある工業都市について説明したもので、グラフは、この都市をふくむ工業地帯（地域）・阪神工業地帯・関東内陸工業地域・京葉工業地域・瀬戸内工業地域の製造品出荷額等の構成（2020年）を示したものです。この都市をふくむ工業地帯（地域）と京葉工業地域にあたるものを、ア～オのグラフからそれぞれ1つずつ選び、記号で答えなさい。

【洛南中一改】

> この都市は、矢作川の流域に位置する工業都市で、この都市に拠点を置いている大企業の社名にちなんで市の名を変更したことでも知られている。ここで生産された製品は、国内だけでなく外国でも販売されている。この都市の工場では、太陽光や排熱をエネルギーとして活用し、二酸化炭素排出量を減らす取り組みを行っている。

ア	機械 68.1%		金属 9.6	化学 6.6	5.3 その他 10.4

└食料品

イ	機械 39.7%	金属 19.0	化学 15.8	食料品 11.6	その他 13.9
ウ	機械 34.6%	金属 18.2	化学 20.0	食料品 8.7	その他 18.5
エ	機械 42.0%	金属 11.9	化学 10.8	食料品 16.9	その他 18.4
オ	機械 12.0%	金属 20.6	化学 40.2	食料品 16.7	その他 10.5

(2023年版「日本のすがた」)

■ キーポイント

　矢作川は愛知県を流れており、この都市は、会社名が名まえに使われていることから企業城下町である。また、京葉工業地域でさかんな工業は何かを考える。

■ 正答への道

　愛知県にあり、大企業が拠点を置いているということから、この都市は豊田市と考えられる。豊田市は中京工業地帯にあり、自動車工業が特にさかんである。また、京葉工業地域は、化学工業の割合が特に高いことが特色である。

◆答え◆

この都市をふくむ工業地帯（地域）…ア　　京葉工業地域…オ

チャレンジ！記述問題

●日本の工業について、次のポスターを参考にして、あとの問いに答えなさい。

【大阪教育大附属平野中一改】

(1) 下線部のように、工業のさかんな地域が海沿いに集まる理由を答えなさい。

(2) 下線部のように、工業地帯・工業地域の多くは海沿いに集まっていますが、グラフ中の関東内陸工業地域のように、海沿いではなく内陸部に発達した工業地域もあります。関東内陸工業地域が発達した理由を、「トラック」という語句を使って答えなさい。

日本の工業地帯・工業地域の工業生産出荷額

中京工業地帯
阪神工業地帯
関東内陸工業地域
瀬戸内工業地域
京浜工業地帯
東海工業地域
北陸工業地域
北九州工業地帯

0兆円　15　30　45　60

(2023年版「日本のすがた」)

これらの工業地帯・工業地域の多くは、太平洋ベルトと呼ばれる地域にあり、特に海沿いに集まっています。

■条件に注意！ /////

(2) 「トラック」という語句を必ず使って答える。

■キーポイント /////

(1) 海沿いに工場を建設することに、どのような長所があるかを考える。

(2) 関東内陸工業地域は、埼玉県・群馬県・栃木県に広がる工業地域である。

■正答への道 /////

(1) 臨海部は、埋め立てなどにより工場用地が得やすいことがある。また、必要な原料や資源を輸入したり、製品を輸出するための大きな港があり、輸出入に便利なことなどがあげられる。

(2) 高速道路などの道路網が整備され、製品などの輸送が便利になったことで、内陸部にも工場が進出するようになった。

解答例

(1) 埋め立てなどによって工場用地が得やすいことや、大きな港があり、原料の輸入や製品の輸出に便利なため。

(2) 高速道路が整備されたことで、トラックを利用した材料や製品の輸送が便利になったため。

工業生産とわたしたちのくらし

第3章 日本の工業生産を支える運輸・貿易

5年

日本の貿易と国内輸送の変化

日本はかつては加工貿易が中心でしたが、近年は貿易にも変化が見られ、機械類の輸入が増えています。また、国内の輸送にも変化が見られ、貨物輸送の中心は船から自動車へ、旅客輸送も鉄道から自動車へと変化してきました。

📖 学習することがら

1. 輸入にたよる資源・エネルギー
2. 運輸のはたらき
3. 商業・貿易

日本との貿易額が多い国は、1位が中国、2位がアメリカ合衆国だね

加工貿易が日本の貿易の特色だったけど、現在は機械類の輸入も増えているのよ

加工貿易とは

外国から原料や燃料を輸入　輸入　日本の工場で製品に加工　輸出　外国へ工業製品を輸出

1

貿易品は何で運ばれてくるのかしら？

タンカーやコンテナ船ね

小さいICなどは飛行機で運ばれているね

タンカー　コンテナ船

タンカーで石油を運んだんかー！

2

高価だから、飛行機を使っても採算がとれるのよ

3

1 輸入にたよる資源・エネルギー

◎ 学習のポイント

1. **エネルギー資源**には、石炭・石油・天然ガス・水力などがあり、近年は太陽光などの**新エネルギー**の開発・利用が進められている。

2. 日本は、エネルギー資源の大部分を**輸入**にたよっている。

1 さまざまなエネルギー 入試重要度 ★★★

1 エネルギー

❶ **エネルギー**……熱や光をつくり出したり、機械などを動かす力を**エネルギー**という。エネルギーをつくり出す資源には、石炭・石油・天然ガス・水力・風力などがある。
└エネルギー資源

❷ **エネルギー資源の変化**……エネルギー資源の中心は、長い間**石炭**であったが、1960年代に**石油**や**天然ガス**へと変わる**エネルギー革命**が急速に進んだ。

❸ **新エネルギー**……石油や石炭などの**化石燃料**には限りがあり、燃やしたときに排出される二酸化炭素は地球温暖化の原因といわれている。そのため、石油などの化石燃料にかわる**太陽光・風力・地熱**などの**再生可能エネルギー**の開発・利用が進められている。

❹ **注目される新しいエネルギー資源**

▶ **バイオ燃料**…とうもろこしやさとうきびなどの植物からつくられる燃料を**バイオ燃料**という。
└バイオエタノールなどがある
二酸化炭素の排出は少ないが、燃料用に使う植物の量が増えれば、食料不足や飼料不足を招き、穀物の価格が上がるおそれがある。

▶ **シェールガス**…**シェールガス**は地中深くに存在し、取り出すことが困難であったが、2000年代に入り、ガスを取り出すための技術が開発され、現在では新たな資源として注目されている。

ことば

● **化石燃料**
動植物の死がいが地中にたい積して、地中の熱や圧力を受けて生じたエネルギー資源のこと。石油・石炭・天然ガスなどがある。

● **再生可能エネルギー**
石油や石炭などの埋蔵量には限りがあるのに対し、水力・風力・太陽光・地熱・バイオマスなどの自然界で再生し、くり返し利用できるエネルギーのこと。自然エネルギーともいわれる。

● **シェールガス**
シェール(頁岩)層のすきまから採掘される天然ガス。

パワーアップ 近年、新エネルギーとしてメタンハイドレートの開発計画が進められています。日本近海でも埋蔵が確認されており、採掘技術も進みましたが、実用化には至っていません。「燃える氷」とも呼ばれ、燃えるときに出る二酸化炭素の量が石油や石炭に比べて少ないので注目されています。

地理
第3編
工業生産と
わたしたちのくらし

第1章
さまざまな工業

第2章
日本の工業
の特色

第3章
日本の工業生産を
支える運輸・貿易

2 電力 ★★★

1 発電方法の種類

おもな発電方法には、水力・火力・原子力・新エネルギーがある。

▲水力発電所

❶ 水力・火力・原子力

発電方法	発電のしくみ	長　所	短　所
水力発電	水の落ちる力を利用して発電する。	水資源を無限に再利用でき、二酸化炭素を排出しない。	ダムを建設する際に、環境を破壊するおそれがあり、建設費用も高い。
火力発電	重油などを燃やして水を沸騰させ、蒸気の力を利用して発電する。	都市部でも発電所を建設できる。	二酸化炭素が大量に発生し、排気ガスが大気汚染につながる。
原子力発電	ウランの核分裂で発生する熱で水を沸騰させ、蒸気の力を利用する。	少ない資源で電力が得られ、二酸化炭素を排出しない。	大事故をおこす危険性があり、放射性廃棄物の処理にも課題がある。

❷ 新エネルギーによる発電

▶ **燃料電池**…燃料電池は、水素と酸素を反応させることで電気を発生させる。発電の際に水しか排出しないため、環境にやさしい。

▶ **自然エネルギー**…自然エネルギーは、くり返し利用できるエネルギーであるが、発電量が不安定なこと（発電量が天候などの自然環境に大きく左右される）や費用がかかるなどの問題があり、広く実用化には至っていない。

- **風力発電**…風車を回し、その回転力で発電する。

▲風力発電所

- **太陽光発電**…ソーラーパネルで集めた太陽の光を利用して発電する。

- **地熱発電**…火山の地中から取り出した蒸気を利用して発電する。

▲太陽光発電住宅

- **バイオマス発電**…生ごみなどのバイオマス（ほかに家畜のふんや木くず、もみがらなど）（有機物で構成された生物資源）を燃やしたときに出る熱を利用して発電する。

▲事故がおこったチョルノービリ原子力発電所

雑学ハカセ

自然エネルギーで発電した電気を電力会社が買い取る制度（固定価格買取制度）があります。電力会社による買取費用は消費者の電気料金に上乗せされるしくみになっています。消費者の負担を減らすためにも、発電コストのさらなる削減が求められます。

2 おもな発電所の分布

(2023/24年版「日本国勢図会」)

水力発電所は、ダムが建設可能な山間部につくられている。

※最大出力15万kW以上

(2022年3月末現在)

▲水力発電所の分布

火力発電所は、燃料となる石油などの輸入に便利な臨海部に多い。

※最大出力200万kW以上

(2022年3月末現在)

▲火力発電所の分布

原子力発電所は、福井県の若狭湾岸や福島県の沿岸部に集中している。

※運転停止中、建設中のものもふくむ。

(2021年9月15日現在)

▲原子力発電所の分布

3 日本の電力消費

高度経済成長期の1960年代から急激に電力の需要が増えた。それまでは水力と火力が発電の中心であったが、1980年代から原子力発電の割合が高まり、1990年代終わりまで発電量がのびていった。しかし、東日本大震災での福島第一原子力発電所の事故後、原子力発電所の運転停止が相次いだ。

↳2022年末現在、10基が運転再開

東日本大震災の影響で、原子力発電の割合が低下し、火力発電が中心となっている。

年	水力	火力	原子力	新エネルギー
1950年	水力81.7%	18.3		
1960年	50.6%	49.4		
1970年	22.3%	76.4	1.3	0.0
1980年	15.9%	69.6	14.3	0.2
1990年	11.2%	65.0	23.6	0.2
2000年	8.9%	61.3	原子力 29.5	0.3
2010年	7.8%	66.7	24.9	0.6
2020年	9.1%	83.2	3.9	新エネルギー3.8

(2023年版「日本のすがた」)

▲日本の発電割合の変化

4 おもな国の発電割合

国	水力	火力	原子力	新エネルギー
中 国	水力 17.5%	火力 68.4	原子力4.7	9.4
アメリカ合衆国	7.2%	62.1	19.3	11.4
日 本	9.1%	83.2	3.8	3.9
カナダ	59.3%	19.4	6.3	15.1
ブラジル	63.8%	23.0	2.3	11.0
フランス	12.5%	10.7	66.5	10.2

(2020年)　(2023年版「日本のすがた」)

日本や中国、アメリカ合衆国は、火力発電の割合が高い。

カナダ・ブラジルは河川などの水資源が豊富なため、水力発電の割合が高い。

フランスは、原子力発電の割合が高いのが特色。

雑学ハカセ

地熱発電は、日本と同じ火山国のイタリアで、1904年に地熱発電実験に成功したのが始まりといわれています。日本では、1925年に大分県で最初の地熱発電に成功しました。

地理

第3編

工業生産と
わたしたちのくらし

第1章

さまざまな工業

第2章

日本の工業
の特色

第3章

日本の工業生産を
支える運輸・貿易

3 日本の鉱産資源とエネルギー自給率 ★★

ことば **レアメタル**
埋蔵量が少なく、取り出すことが難しい金属。希少金属ともいう。コバルト・クロムなど、電子工業を中心とする先端技術産業で使われることが多い。

1 日本の鉱産資源 日本は鉱産資源にとぼしく、工業原料やエネルギー資源の多くを輸入にたよっている。近年、日本近海の海底などに眠るレアメタルなどが注目され、開発計画が進められている。

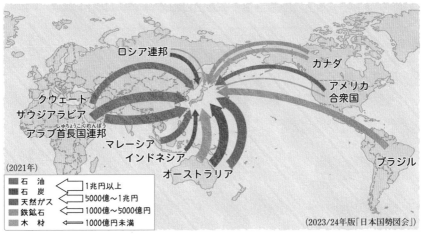

▲日本のおもな原料・エネルギー資源の輸入先と輸入額

2 日本のエネルギー自給率

日本のエネルギー自給率は約11%で、先進国の中ではきわめて低くなっている。ロシア連邦の約189%やカナダの約183%、アメリカ合衆国の106%とは大きな差がある。

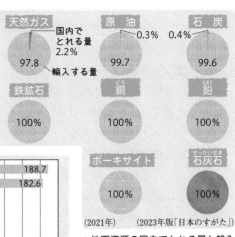

▲地下資源の国内でとれる量と輸入する量の割合

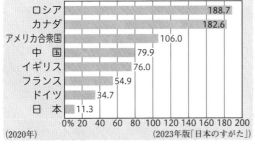

▲おもな国のエネルギー自給率

化石燃料には限りがあり、いつかなくなるといわれています。新しい資源が発見されなかったり、採掘技術が進歩しないままでいると、石炭は約130年、天然ガスや石油は約50年でなくなるという説もあります。

2 運輸のはたらき

◎ 学習のポイント

1. 現在の日本の輸送は、貨物・旅客ともに自動車の割合が最も高い。

2. 日本の輸送には、自動車・鉄道・船・航空機などが利用されており、物あるいは人を運ぶうえで最も効率的な輸送方法がとられている。

1 日本の運輸 ★★★

1 産業と生活に不可欠な運輸

農水産物が都市に運ばれたり、工場に工業原料が運ばれたりするなど、交通や輸送の発達は、産業の発展になくてはならないものである。また、通勤・通学・レジャーにも自動車や鉄道が利用されるなど、交通は生活にとって欠かせないものになっている。

2 輸送量の増加

輸送には、人を運ぶ**旅客輸送**と、物を運ぶ**貨物輸送**がある。近年、旅客、貨物ともに、その輸送量は大幅に増加した。

3 国内輸送の変化

日本の輸送は、かつて旅客では鉄道、貨物では海運・鉄道が中心であった。しかし、自動車の普及にともなう道路の建設や高速道路の整備などが進み、現在は旅客、貨物ともに自動車による輸送が最も多くなっている。

> 旅客輸送は1965年からおよそ3倍に増加した。

> 貨物輸送は1965年からおよそ2倍に増加した。

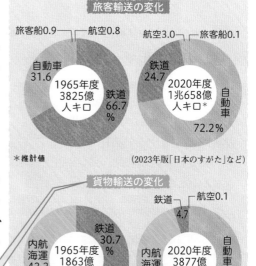

旅客輸送の変化

1965年度 3825億人キロ
- 旅客船 0.9
- 航空 0.8
- 自動車 31.6
- 鉄道 66.7%

2020年度 1兆658億人キロ*
- 航空 3.0
- 旅客船 0.1
- 鉄道 24.7
- 自動車 72.2%

＊推計値

（2023年版「日本のすがた」など）

貨物輸送の変化

1965年度 1863億トンキロ
- 鉄道 30.7%
- 内航海運 43.3
- 自動車 26.0

2020年度 3877億トンキロ*
- 鉄道 4.7
- 航空 0.1
- 内航海運 39.7
- 自動車 55.4%

※合計が100%になるように調整していない。
＊推計値

（2023年版「日本のすがた」など）

▲日本の輸送手段の変化

雑学ハカセ 運送業は、宿泊・飲食業とともに人手が不足している業種の1つです。おもな理由は、人手が減少したからではなく、仕事の量が増えているためだといわれています。

4 各輸送手段の比較

	長　所	短　所
自動車	戸口から戸口へ直接運ぶことができる。	大気の汚れや交通渋滞がおこる。
鉄　道	大量輸送ができ、正確な時間に運ぶことができる。	自動車のように小回りがきかない。
船	大きくて重いものを、安い運賃で運ぶことができる。	輸送に時間がかかる。
航空機	遠いきょりを速く運ぶことができる。	小さくて軽いものに限られる。また、運賃も高い。

5 運輸の問題点

道路や線路の建設による自然破壊、自動車の排出ガスによる**大気汚染・地球温暖化**、大都市圏の通勤電車の混雑や自動車の交通渋滞など、さまざまな問題が問われるようになった。

🔍ズームアップ 低公害車
➡p.142

6 問題点の対策

❶ ETC……交通渋滞を緩和するために、有料道路の料金所で止まらずに料金精算ができるETCというシステムが導入された。
_{後日、クレジットカードなどから引き落とされる}

❷ 低公害車の開発……**ハイブリッドカー、電気自動車、燃料電池自動車**など、二酸化炭素の排出をおさえる自動車が開発されている。

❸ モーダルシフト……自動車やトラックによる輸送を、鉄道や船による輸送に転換することを**モーダルシフト**という。

貨物輸送を海運や鉄道輸送に切りかえることで、二酸化炭素の削減だけでなく、輸送費用の削減にも役立つ。

▲ モーダルシフトのしくみ

❹ パークアンドライド……自動車で郊外から都市部に行くとき、自動車を都市の近くの駐車場にとめたあと、鉄道などの公共交通機関に乗りかえて都市部に行くシステムを**パークアンドライド**という。渋滞の緩和や排出ガスによる大気汚染の軽減、二酸化炭素排出量の削減といった効果が期待される。

▲ パークアンドライドのしくみ

地理
第3編
工業生産とわたしたちのくらし

第1章
さまざまな工業の特色

第2章
日本の工業

第3章
日本の工業生産を支える運輸・貿易

雑学ハカセ　日本の自動車の保有台数は約7846万台（2020年）で、アメリカ合衆国、中国に次いで世界第3位の多さをほこっています。日本は、生産台数も保有台数も世界有数です。

2 鉄道輸送 ★★

1 日本の鉄道

日本の鉄道は、1872年の新橋〜横浜間の開通以来路線をのばし続け、現在は新幹線やJR・私鉄などの鉄道網が大都市を中心に発達している。

2 見直される鉄道

かつて鉄道は、日本の交通の中心であったが、自動車の普及や線路のある地域にしか輸送できない不便さのため、運輸の中心は自動車に変わった。しかし、二酸化炭素の排出量が少なく環境にやさしいことなどから、鉄道が見直されてきている。

▲ 北海道新幹線

2016年3月に新青森〜新函館北斗間が開業し、北海道、本州、九州が新幹線でつながった。新函館北斗〜札幌間の開業を目ざして工事が進められている。

1997年10月に高崎〜長野間が、2015年3月に長野〜金沢間が開業した。2024年3月に金沢〜敦賀間が開業予定。

北海道新幹線
新青森〜新函館北斗

秋田新幹線
盛岡〜秋田

山形新幹線
福島〜新庄

北陸新幹線
高崎※〜金沢

山陽新幹線
博多〜新大阪

西九州新幹線
長崎〜武雄温泉

2022年9月に長崎〜武雄温泉間が部分開業した。

東北新幹線
東京〜新青森

上越新幹線
大宮※〜新潟

新函館北斗
新青森
八戸
盛岡
秋田
新庄
新潟
長野
福島
高崎
金沢
大宮
東京
博多
武雄温泉
長崎
名古屋
新大阪
鹿児島中央

東海道新幹線
東京〜新大阪

九州新幹線
博多〜鹿児島中央

※ほとんどの列車が東京駅まで乗り入れている。

▲ 新幹線の路線網

2004年3月に新八代〜鹿児島中央間が開業、2011年3月に新八代〜博多間が開通し全線開業となった。

▲ 西九州新幹線

パワーアップ

現在、磁気により浮上することで高速運転をするリニア中央新幹線の整備が進められています。その最高速度は時速500kmにもなります。完成すれば、品川〜名古屋間を最速40分、品川〜新大阪間を最速67分で運行する予定になっています。

3 自動車輸送 ★★

1 日本の高速自動車道
高速道路には、東北自動車道・東名高速道路・名神高速道路などがあり、都市どうしを結んでいる。高速道路はトラック輸送などで使用され、自動車の高速移動を可能にし、早く荷物を運べるようになった。

2 宅配便
小荷物の輸送を中心として、1980年代に本格的に始まった宅配便は、①配達が早いこと、②荷物を家まで取りに来てくれて、届け先まで運んでくれること、③取りあつかい店がたくさんあること、などを理由に急激に輸送量をのばした。

地理
第3版
工業生産とわたしたちのくらし
第1章 さまざまな工業
第2章 日本の工業の特色
第3章 日本の工業生産を支える運輸・貿易

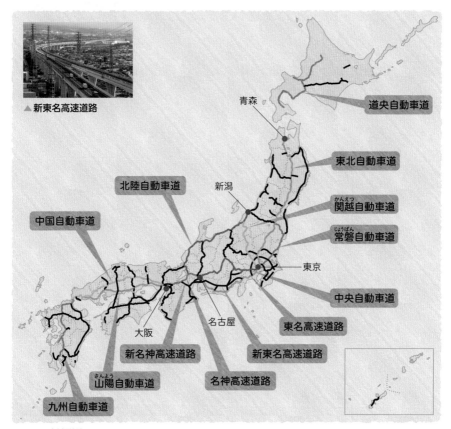

▲新東名高速道路

道央自動車道
東北自動車道
北陸自動車道
関越自動車道
常磐自動車道
中国自動車道
中央自動車道
東名高速道路
新名神高速道路
新東名高速道路
山陽自動車道
名神高速道路
九州自動車道

青森　新潟　東京　名古屋　大阪

▲おもな高速道路

4 海上輸送 ★★

1 海外貿易

タンカーや、鉱石・液化ガス・自動車・木材などの専用船およびコンテナ船などが各大陸間を結び、海外貿易のうえで重要な役割を果たしている。

❶ タンカー……石油を運ぶ石油タンカーや液化天然ガス(LNG)を運ぶ LNG タンカーなどがある。

❷ コンテナ船……コンテナ(金属製の一定の大きさの巨大な容器)をたくさん乗せて運ぶコンテナ輸送は、荷物の積みかえの手間が省け、安全に大量の荷物を輸送できる。

2 国内輸送

長きょり輸送に多く利用されるフェリーは、大型トラックや冷凍車を運んで、野菜などの産地と大都市を結んでいる。

▲タンカー

▲コンテナ船

▲フェリー

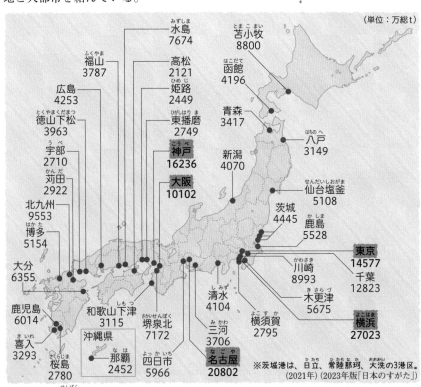

(単位:万総t)

水島 7674
苫小牧 8800
福山 3787
函館 4196
高松 2121
広島 4253
姫路 2449
青森 3417
徳山下松 3963
東播磨 2749
八戸 3149
宇部 2710
神戸 16236
新潟 4070
苅田 2922
大阪 10102
仙台塩釜 5108
北九州 9553
茨城 4445
博多 5154
鹿島 5528
東京 14577
川崎 8993
大分 6355
千葉 12823
清水 4104
木更津 5675
鹿児島 6014
和歌山下津 3115
横須賀 2795
横浜 27023
喜入 3293
堺泉北 7172
三河 3706
桜島 2780
那覇 2452
四日市 5966
名古屋 20802

沖縄県

※茨城港は、日立、常陸那珂、大洗の3港区。
(2021年)(2023年版「日本のすがた」)

▲おもな港の船舶入港量

周りを海に囲まれ、貿易の多くを船にたよる日本にとって、造船業は重要な産業です。つくられた船の多くは、リベリアやパナマなどに輸出されています。それは、税金が安い国で船を登録(便宜置籍船といいます)する会社が増えたためです。

地理
第3編
工業生産と
わたしたちのくらし

第1章
さまざまな工業

第2章
日本の工業
の特色

第3章
日本の工業生産を
支える運輸・貿易

5 航空輸送 ★★

1 日本の航空輸送

高度経済成長期以降、人々の生活が豊かになるにつれて、航空機を利用する人々が増えていった。

2 航空輸送の特徴

航空貨物では、**航空機で運んでも採算がとれる軽量、小型で高価**な集積回路（IC）などの電子部品や、鮮度が大事な魚や野菜、花などを運んでいる。

参考 **ハブ空港**
乗りかえや貨物の積みかえの拠点として機能する空港を**ハブ空港**という。日本では成田国際空港などが国際的なハブ空港化を目ざしている。

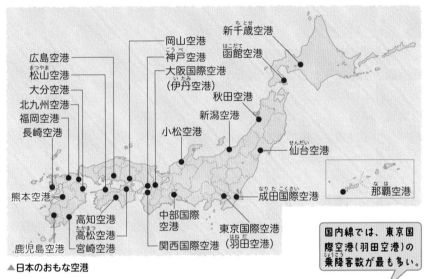

▲日本のおもな空港

国内線では、東京国際空港（羽田空港）の乗降客数が最も多い。

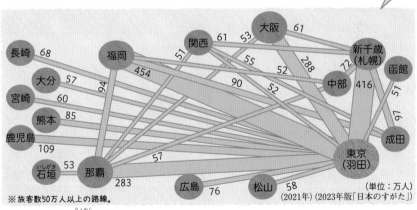

※旅客数50万人以上の路線。
（単位：万人）
（2021年）（2023年版「日本のすがた」）

▲おもな国内線の旅客輸送量

入試では 航空輸送では、集積回路（IC）などが飛行機で運ばれることが多いことと、その理由について問われる出題が多く見られます。記述問題として出される場合もあります。

3 商業・貿易

◎ 学習のポイント

1. **商業**は、商品の売買を行う仕事で、生産者と消費者をつないでいる。
2. 市場経済では、市場価格の変化を通して**需要量**と**供給量**が決められる。
3. 日本は、**機械類・自動車・鉄鋼・自動車部品**などを輸出し、**石油・機械類・液化ガス・石炭**などを輸入している。
4. 日本の最大の貿易相手国は**中国**で、次に**アメリカ合衆国**が続く。

1 商 業 ★

1 流通と商業

❶ **流通**……生産者が生産した商品が、消費者に届くまでの流れを**流通**という。

❷ **商業**……商品の流通にあたって、商品の売買を行う仕事が**商業**で、**第三次産業**にふくまれる。商業はおもに**おろし売業**と**小売業**に分けられ、生産者と消費者をつなぐ重要な役割を果たしている。

> **ことば** 第三次産業
> 商品を消費者に届ける商業や運輸業のほか、金融・保険業、各種のサービス業がある。就業人口の約7割をしめ、日本の産業の中心となっている。

❸ **野菜や魚の流通**……野菜や魚など新鮮さが必要な食料品は、産地から青果市場や魚市場に運ばれて**せり**にかけられ、小売店を経て消費者に届く。大型スーパーマーケットのように、流通費用を節約するため、生産者から直接買いつける小売業者もある。

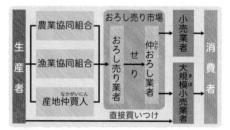

▲野菜や魚の流通のしくみ

❹ **工業製品と輸入品の流通**……工業製品の流通では、商品を生産した会社と小売業者の間に販売会社やおろし売り業者、代理店や特約店が入る。輸入品は、商社や輸入代理店がおろし売りを行っている。

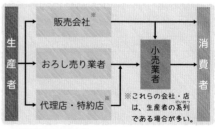

※これらの会社・店は、生産者の系列である場合が多い。

▲工業製品の流通のしくみ

パワーアップ 食料や原材料となる農林水産物を生産する農業・林業・漁業を第一次産業、工業製品などを生産する製造業・建設業などを第二次産業といいます。

地理
第**3**編
工業生産と
わたしたちのくらし

第**1**章
さまざまな工業

第**2**章
日本の工業
の特色

第**3**章
日本の工業生産を
支える運輸・貿易

2 流通と価格 商品の価格には、生産者の生産費や利益のほかに、おろし売り業と小売業の経費・利益がふくまれている。そのため、流通が複雑になり、人手を経る回数が多くなると、商品が生産者から消費者に届くまでに余分な費用がかかり、商品の価格は上がることになる。

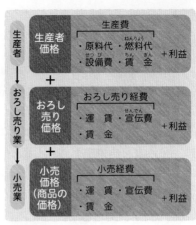

▲価格の決まり方

3 市場価格 商品が売買される場を市場といい、市場において、需要量と供給量の関係で変化する価格を**市場価格**という。

4 需要量と供給量

❶ **需要量**……消費者が商品を買おうとする量のことを**需要量**という。

❷ **供給量**……生産者が商品を売ろうとする量のことを**供給量**という。

❸ **価格**……市場において価格は、供給量より需要量が多い(商品が足りない)ときは上がり、需要量より供給量が多い(商品が余っている)ときは下がる。

❹ **均衡価格**……市場において、需要量と供給量がつり合ったときに決まる価格を**均衡価格**という。

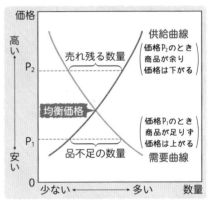

▲需要・供給・価格の関係

5 インフレーションとデフレーション

❶ **インフレーション**……物価が持続的に上がり、お金の価値が下がる現象を**インフレーション(インフレ)**という。一般に、景気がいい(**好景気**)ときにおこりやすい。
└好況ともいう

❷ **デフレーション**……物価が持続的に下がり、お金の価値が上がる現象を**デフレーション(デフレ)**という。一般に、景気が悪い(**不景気**)ときにおこりやすい。
└不況ともいう

ことば **物 価**
1つ1つの商品の価格をまとめて平均化した価格。そのうち、生活に必要な商品の平均価格を消費者物価、会社どうしで取り引きされる商品の平均価格を企業物価という。

パワーアップ 経済活動が活発な状態であることを好景気といい、企業は労働者をやとって生産を増やします。そのため失業者が減り、人々の所得が増えて購買力が高まります。反対に不景気のときは、企業は生産をおさえ、人々の所得は減ります。倒産する企業も出て、失業者が増えます。

2 日本の貿易 ★★★

1 輸出入品の変化

❶ 加工貿易……かつての日本は、原材料を輸入し、それを製品に加工して輸出する**加工貿易**を行ってきた。

❷ 製品の輸入の増加……1980年代後半から、海外で生産された製品の輸入が増えてきた。また、安い労働力を求めて海外へ工場を移す企業が増え、国内の工場が減って国内の生産や雇用がおとろえる**産業の空洞化**がおこった。

> せんい工業の原料を輸入し、せんい品を輸出する加工貿易が中心だった。

> 石油などの資源や原料を輸入し、重化学工業製品を輸出する加工貿易が行われた。

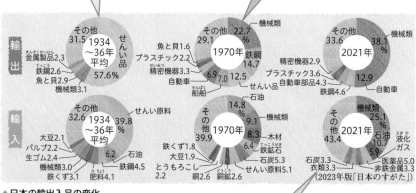

> 海外で生産した製品の輸入が増え、加工貿易の形がくずれてきている。

▲日本の輸出入品の変化

2 日本の輸出入額の変化

　日本の貿易は、1980年代の初め以降、輸入額より輸出額の方が多い時期が続いた。2011年の東日本大震災後、輸入超過の年が多くなり、特に2022年は大幅な輸入超過となった。

▶ **貿易黒字と貿易赤字**…貿易において、輸出額が輸入額よりも多い状態を**貿易黒字**、輸入額が輸出額よりも多い状態を**貿易赤字**という。日本の貿易は、戦後、貿易黒字が長い間続いた。

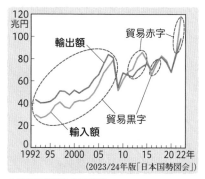

▲日本の輸出入額の変化

工業製品を輸出する先進国と原材料を輸出する発展途上国の間の貿易を**垂直貿易**といいます。一方で、工業製品の輸入をたがいに行う貿易を**水平貿易**といいます。かつて先進国間で行われていましたが、近年は発展途上国から先進国への工業製品の輸出が増加しています。

地理

第3編

工業生産と
わたしたちのくらし

第1章
さまざまな工業

第2章
日本の工業
の特色

第3章
日本の
工業生産を
支える運輸・
貿易

3 日本の輸出 昭和時代の初め
ごろは、輸出品の中心はせんい品で
あったが、戦後、重化学工業の発達
で、鉄鋼・船舶・自動車などにかわ
った。1970年代には、自動車や電気
機械、電子部品などの輸出が増えた。
> 輸入品の中心は綿花などのせんい原料

4 日本の輸入 日本は、原料・燃
料となる原油・石炭・鉄鉱石などの
大部分を輸入している。近年は、ア
ジアなど海外で生産された機械類や
衣類などの輸入が増えている。
> 中国からの輸入が多い

5 貿易と円高・円安

❶ **円高**……外国の通貨に対して円
の価値が上がることを**円高**とい
い、製品の輸入に有利である。

❷ **円安**……外国の通貨に対して円
の価値が下がることを**円安**とい
い、製品の輸出に有利である。

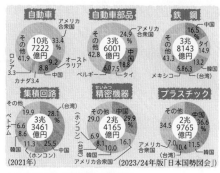

▲日本のおもな輸出品と輸出先

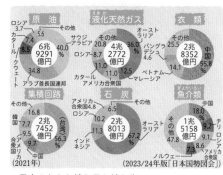

▲日本のおもな輸入品と輸入先

〔 くわしい学習 〕

💬Q なぜ円高のときは輸入が有利、円安のときは輸出が有利になるのですか。

📖A 貿易の支は
らいには、おもにア
メリカ合衆国のドル
が用いられています。

円が高くなった (80円で1ドルと交換ができる)		円が安くなった (120円で1ドルと交換ができる)
1ドル＝80円 ←円高	1ドル＝100円 円安→	1ドル＝120円

このとき、ドルと日本の円を、どのくらいの比率で交換できるかによって、品物
の価格は変化します。この比率は、日々変化しています。

▶（例）1台1万ドルで自動車を輸出する場合

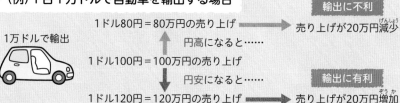

1万ドルで輸出

1ドル80円＝80万円の売り上げ → **輸出に不利** 売り上げが20万円減少

↑ 円高になると……

1ドル100円＝100万円の売り上げ

↓ 円安になると……

1ドル120円＝120万円の売り上げ → **輸出に有利** 売り上げが20万円増加

パワーアップ

日本の企業が海外へ進出して、現地生産したものを輸入するようになった時期があります。
その当時、円高傾向にあり、海外から輸入するのに有利だったからです。

6 日本のおもな貿易相手国

第二次世界大戦後以降、アメリカ合衆国（がっしゅうこく）が日本の最大の貿易相手国であったが、2000年代後半以降、貿易の合計額（ごう）で、中国（輸入額と輸出額の合計）がアメリカ合衆国を追いこして、日本の最大の貿易相手国となった。

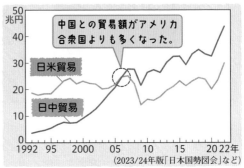

中国との貿易額がアメリカ合衆国よりも多くなった。

日米貿易

日中貿易

(2023/24年版「日本国勢図会」など)

▲日本と中国・アメリカ合衆国との貿易額の変化

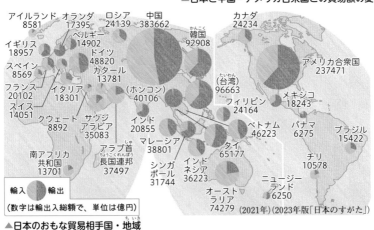

アイルランド 8581
オランダ 17395
ベルギー 14902
イギリス 18957
ドイツ 48820
ロシア 24139
中国 383662
カナダ 24234
スペイン 8569
カタール 13781
韓国（かんこく）92908
アメリカ合衆国 237471
フランス 20102
イタリア 18301
(ホンコン) 40106
(台湾 たいわん) 96663
メキシコ 18243
スイス 14051
クウェート 8892
サウジアラビア 35083
インド 20855
フィリピン 24164
南アフリカ共和国 13701
アラブ首長国連邦（ちょうこくれんぽう）37497
マレーシア 38801
タイ 65177
ベトナム 46223
パナマ 6275
ブラジル 15422
シンガポール 31744
インドネシア 36223
チリ 10578
オーストラリア 74279
ニュージーランド 6250

輸入　輸出
（数字は輸出入総額で、単位は億円）

(2021年) (2023年版「日本のすがた」)

▲日本のおもな貿易相手国・地域

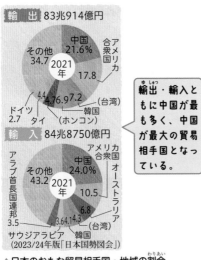

輸出 83兆914億円
その他 34.7
中国 21.6%
アメリカ合衆国 17.8
2021年
ドイツ 2.7
タイ 4.4
4.7 (ホンコン)
6.9 韓国
7.2 (台湾)

輸入 84兆8750億円
その他 43.2
中国 24.0%
アメリカ合衆国 10.5
オーストラリア 6.8
2021年
アラブ首長国連邦 3.5
サウジアラビア 3.6
4.3 (台湾)
韓国

(2023/24年版「日本国勢図会」)

▲日本のおもな貿易相手国・地域の割合（わりあい）

輸出・輸入ともに中国が最も多く、中国が最大の貿易相手国となっている。

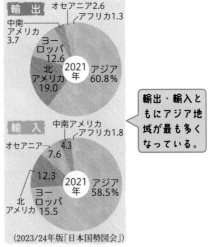

輸出
オセアニア2.6
アフリカ1.3
中南アメリカ 3.7
ヨーロッパ 12.6
北アメリカ 19.0
2021年
アジア 60.8%

輸入
中南アメリカ 4.3
アフリカ1.8
オセアニア 7.6
ヨーロッパ 12.3
北アメリカ 15.5
2021年
アジア 58.5%

(2023/24年版「日本国勢図会」)

▲日本の大陸別輸出入先

輸出・輸入ともにアジア地域が最も多くなっている。

雑学ハカセ

日本のおもな貿易相手先として東アジアにあるホンコンと台湾がありますが、正式にはどちらも国ではなく一地域です。ただし、貿易などでは多くの場合1つの国のようにあつかわれます。

7 日本のおもな貿易港

日本のおもな貿易港には、成田国際空港、東京港、横浜港、名古屋港、大阪港、関西国際空港、神戸港などがあり、成田国際空港は、輸出入額の合計が日本最大の貿易港である。貿易港の多くは工業地帯・地域の近くに位置し、それぞれの貿易港の輸出入品には特色がある。

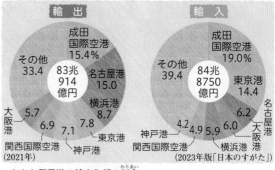

輸出　輸入

成田国際空港 15.4%　　成田国際空港 19.0%
83兆914億円　　84兆8750億円
その他 33.4　名古屋港 15.0　東京港 14.4
大阪港 5.7　横浜港 8.7　その他 39.4
関西国際空港 6.9　東京港 7.8　名古屋港 6.2
(2021年) 7.1　神戸港　大阪港 6.0
神戸港 4.2　4.9　5.9　横浜港 6.0
関西国際空港　(2023年版「日本のすがた」)

▲おもな貿易港の輸出入額の割合

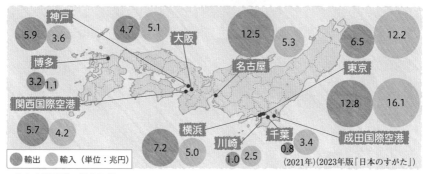

神戸 5.9　3.6
4.7　5.1　大阪
博多 3.2　1.1
名古屋 12.5　5.3
東京 6.5　12.2
関西国際空港 5.7　4.2
横浜 7.2　5.0
川崎 1.0　2.5
千葉 0.8　3.4
成田国際空港 12.8　16.1

輸出　輸入（単位：兆円）
(2021年)(2023年版「日本のすがた」)

▲おもな貿易港の輸出入額

8 貿易による世界とのつながり

❶ **発展途上国への協力**……資源を先進国に輸出し、製品を輸入している発展途上国には、経済の発展がおくれた国々が多い。こうした問題を解決するために、先進国がそれらの国々に対して、資金や技術などの面で経済的に援助することが重要になっている。日本が東南アジアの発展途上国などに行ってきた**プラント輸出**もその1つの方法である。

❷ **貿易協定**……国・地域間の経済連携が進む中で、日本は各国と**自由貿易協定（FTA）**や**経済連携協定（EPA）**を結び、貿易の活性化をはかっている。また、アジア・太平洋地域で関税をなくした自由な貿易を目ざす**環太平洋経済連携協定（TPP）**を結んでいる。
└ 2018年に11か国で発効。2023年7月、イギリスの新規加入を承認

ことば　プラント輸出
発電設備や石油精製装置など、大型の機械や生産設備の輸出のこと。工場の設計・建設から技術の指導までふくむものもある。

ことば　FTAとEPA
FTAは特定の二国間または複数国間で、関税や貿易の制限をなくすことなどを取り決めた協定。EPAは、FTAをもととして、貿易の自由化だけでなく、人の移動、サービスなど、さらに広範囲の分野にわたって自由化・円滑化をはかろうとする協定。

パワーアップ　日本とヨーロッパ連合（EU）のEPAが2019年2月に発効しました。これによって、農産品や工業品にかかる関税が日本は約94％、EUは約99％段階的に撤廃されることになります。

地理
第3編
工業生産とわたしたちのくらし

第1章
さまざまな工業

第2章
日本の工業の特色

第3章
日本の工業生産を支える運輸・貿易

中学入試にフォーカス 日本のおもな貿易港の特色

- 成田国際空港や関西国際空港では、小さくて軽く、価格が高い集積回路や精密機械の輸出入額が多い。

成田国際空港

輸出品目	百万円	%	輸入品目	百万円	%
半導体等製造装置	1 170 975	9.1	医薬品	2 560 551	15.9
科学光学機器	738 629	5.8	通信機	2 219 587	13.8
金(非貨幣用)	714 850	5.6	集積回路	1 456 085	9.0
集積回路	502 542	3.9	コンピューター	1 294 736	8.0
電気計測機器	492 635	3.8	科学光学機器	906 757	5.6
計	12 821 497	100.0	計	16 114 544	100.0

関西国際空港

輸出品目	百万円	%	輸入品目	百万円	%
集積回路	1 173 050	20.4	医薬品	1 068 500	25.5
電気回路用品	368 638	6.4	通信機	562 073	13.4
科学光学機器	357 317	6.2	集積回路	330 697	7.9
半導体等製造装置	299 321	5.2	科学光学機器	179 279	4.3
遊戯用具	277 358	4.8	有機化合物	121 891	2.9
計	5 736 248	100.0	計	4 185 801	100.0

名古屋港

輸出品目	百万円	%	輸入品目	百万円	%
自動車	2 881 380	23.1	液化ガス	408 444	7.7
自動車部品	2 100 565	16.8	石油	363 930	6.9
内燃機関	517 217	4.1	原油	217 068	4.1
電気計測機器	429 213	3.4	衣類	305 329	5.8
金属加工機械	414 544	3.3	アルミニウム	291 300	5.5
ポンプ、遠心分離機	411 765	3.3	絶縁電線・ケーブル	263 497	5.0
計	12 480 464	100.0	計	5 289 173	100.0

横浜港

輸出品目	百万円	%	輸入品目	百万円	%
自動車	1 212 187	16.8	石油	446 599	9.0
自動車部品	377 976	5.2	アルミニウム	199 027	4.0
プラスチック	326 026	4.5	有機化合物	162 245	3.3
内燃機関	321 335	4.4	液化ガス	152 056	3.0
金属加工機械	198 097	2.7	金属製品	145 214	2.9
計	7 225 474	100.0	計	4 986 990	100.0

- 自動車工業のさかんな中京工業地帯の名古屋港、京浜工業地帯の横浜港では、自動車の輸出額が多い。
- 名古屋港や横浜港は、輸出額が輸入額を大きく上回っている。

- 石油化学コンビナートが近くにある千葉港・川崎港などは、石油や液化ガスの輸入額が多い。
- 千葉港は、輸入額が輸出額を大きく上回っている。

千葉港

輸出品目	百万円	%	輸入品目	百万円	%
石油製品	237 214	30.6	石油	1 860 526	54.5
鉄鋼	162 590	21.0	液化ガス	516 595	15.1
有機化合物	131 070	16.9	自動車	234 351	6.9
プラスチック	52 314	6.7	鉄鋼	139 552	4.1
鉄鋼くず	49 080	6.3	鉄鉱石	104 544	3.1
計	775 306	100.0	計	3 413 316	100.0

川崎港

輸出品目	百万円	%	輸入品目	百万円	%
自動車	354 396	35.3	石油	770 522	30.9
有機化合物	126 160	12.6	液化ガス	698 125	28.0
鉄鋼	88 553	8.8	肉類	371 154	14.9
石油製品	66 981	6.7	魚介類	112 044	4.5
鉄鋼くず	53 266	5.3	鉄鉱石	105 350	4.2
化粧品類	41 713	4.2	石炭	64 188	2.6
計	1 003 448	100.0	計	2 489 704	100.0

東京港

輸出品目	百万円	%	輸入品目	百万円	%
半導体等製造装置	493 601	7.6	衣類	914 041	7.5
プラスチック	309 383	4.8	コンピューター	645 234	5.3
自動車部品	308 143	4.7	集積回路	561 575	4.6
コンピューター部品	290 199	4.5	肉類	529 200	4.3
内燃機関	253 445	3.9	魚介類	490 640	4.0
計	6 493 775	100.0	計	12 228 072	100.0

大阪港

輸出品目	百万円	%	輸入品目	百万円	%
集積回路	521 110	11.1	衣類	634 037	12.4
コンデンサー	395 736	8.4	肉類	320 653	6.3
プラスチック	255 065	5.4	織物類	216 991	4.3
個別半導体	180 783	3.8	音響・映像機器	179 744	3.5
電気回路用品	169 829	3.6	家庭用電気機器	176 617	3.5
計	4 698 073	100.0	計	5 096 679	100.0

- 東京港や大阪港は、大消費地が近く、衣類や食料品の輸入額が多い。
- 東京港は、輸入額が輸出額を大きく上回っている。

(2021年)
(2023/24年版「日本国勢図会」)

入試では 貿易港の輸出品と輸入品を示した表やグラフから、あてはまる貿易港を選ばせたり、貿易港にあてはまる輸出入品を選ばせる問題が出題されます。おもな貿易港の輸出入品を確認しておきましょう。

入試のポイント

1 日本の電力

┌9.1%　　　　　　　　　新エネルギー3.8┐
① | ②83.2 | ③3.9 |

(2020年)　　　　　　　　　(2023年版「日本のすがた」)

▲日本の発電の割合

□左のグラフ中の①～③にあてはまる発電方法は何か？

①→**水力発電**　　②→**火力発電**

③→**原子力発電**

□太陽光・風力・地熱などのくり返し再利用できるエネルギーのことをまとめて何というか？→**再生可能エネルギー（自然エネルギー）**

2 日本の運輸

1965年度
1863億
トンキロ
①30.7%
③43.3
②26.0

2020年度
3877億
トンキロ※
①4.7　④0.1
③39.7
②55.4%

※合計が100％になるように調整していない。
※推計値

(2023年版「日本のすがた」)

▲日本の貨物輸送の変化

□左のグラフ中の①～④は、自動車・航空・鉄道・内航海運のうち、どれを示しているか？

①→**鉄道**　　②→**自動車**

③→**内航海運**　　④→**航空**

3 日本の貿易

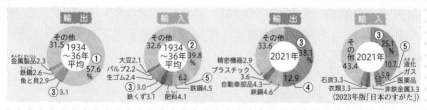

輸出
その他 31.5
金属製品2.3
鉄鋼2.6
魚と貝2.9
③3.1
1934～36年平均
①57.6%

輸入
その他 31.5
大豆2.1
パルプ2.2
生ゴム2.4
鉄くず3.1
③3.0
肥料4.1
鉄鋼4.5
②39.8%
6.2
1934～36年平均

輸出
その他 33.6
精密機器2.9
プラスチック3.6
自動車部品4.3
鉄鋼4.6
③38.1%
2021年
④12.9

輸入
③25.1%
その他 43.4
石炭3.3
衣類3.3
非鉄金属3.3
液化ガス10.7 ⑤
医薬品
⑤5.0
2021年

(2023年版「日本のすがた」)

□上のグラフの①～⑤にあてはまる品目は、機械類・自動車・せんい原料・せんい品・石油のうちどれか？

①→**せんい品**　　②→**せんい原料**　　③→**機械類**

④→**自動車**　　⑤→**石油**

□日本の最大の輸出相手国はどこか？→**中国**

□日本の最大の輸入相手国はどこか？→**中国**

□ ① エネルギー革命により、エネルギー資源の中心は[　　　]から[　　　]や天然ガスに変わりました。

①石炭、石油 ◎p.172

□ ② 近年、とうもろこしやさとうきびなどを原料にしてつくられる[　　　]などの新エネルギーが開発されています。

②バイオ燃料 ◎p.172

□ ③ 現在、日本の発電の割合が最も高いのは[　　　]で、東日本大震災後、[　　　]の割合は大きく低下しました。

③火力発電、原子力発電 ◎p.174

□ ④ 現在、日本の輸送で最も多いのは[　　　]による輸送です。

④自動車 ◎p.176

□ ⑤ 自動車やトラックによる輸送を、鉄道や船による輸送に転換することを[　　　]といいます。

⑤モーダルシフト ◎p.177

□ ⑥ 高価で軽量・小型の電子部品や新鮮さが大事な魚介類などは、[　　　]による輸送が、原油・鉄鉱石・鉄鋼・自動車などは、[　　　]による輸送が適しています。

⑥航空機、船 ◎p.180、181

□ ⑦ 商業は、生産者から商品を大量に仕入れる[　　　]業と、商品を消費者に売る[　　　]業に分けられます。

⑦おろし売、小売 ◎p.182

□ ⑧ 物価が持続的に上がることを[　　　]といい、物価が持続的に下がることを[　　　]といいます。

⑧インフレーション（インフレ）、デフレーション（デフレ） ◎p.183

□ ⑨ 原料や燃料を輸入し、それらを製品に加工して輸出する貿易の形態を[　　　]といいます。

⑨加工貿易 ◎p.184

□ ⑩ 企業が海外に工場をつくり、日本国内の工場が減ったり、国内の産業が衰退することを[　　　]といいます。

⑩産業の空洞化 ◎p.184

□ ⑪ 現在、日本の貿易品で輸出品・輸入品のどちらも最も高い割合をしめているのは[　　　]です。

⑪機械類 ◎p.184

□ ⑫ 日本が原油を最も多く輸入している国は[　　　]で、石炭を最も多く輸入している国は[　　　]です。

⑫サウジアラビア、オーストラリア ◎p.185

□ ⑬ 2021年現在、日本の最大の貿易相手国は[　　　]となっています。

⑬中国 ◎p.186

□ ⑭ 日本で貿易額（輸出額と輸入額の総計）が最も大きい貿易港は[　　　]です。

⑭成田国際空港 ◎p.187

□ ⑮ 日本は、アジア・太平洋地域で自由な貿易を目ざす環太平洋経済連携協定（[　　　]）を結んでいます。

⑮TPP ◎p.187

●日本の貿易について、次の問いに答えなさい。

(1) 次のグラフは、日本の輸出額と輸入額の変化を、表は日本の第3位から第7位までの輸出品と輸入品を示しています。このうち、輸出にあたるものをA・BおよびC・Dから1つずつ選び、記号で答えなさい。　【大阪星光学院中】

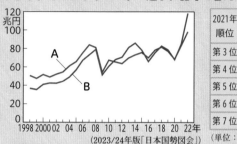

(2023/24年版「日本国勢図会」)

2021年	C		D	
順位	品　目	金　額	品　目	金　額
第3位	医薬品	42085	鉄　鋼	38143
第4位	半導体等電子部品	33546	自動車部品	36001
第5位	通信機	33252	半導体等製造装置	33529
第6位	衣　類	28352	プラスチック	29765
第7位	石　炭	28013	精密機器	24165

(単位：億円)　(2023/24年版「日本国勢図会」)

(2) 右の表は、2021年の大阪港、関西国際空港、成田国際空港、千葉港の貿易額(輸出入の合計額)と主要輸入品目をまとめたものです。関西国際空港にあたるものを表中のア～エから1つ選び、記号で答えなさい。　【洛星中一改】

	貿易額(億円)	主要輸入品(輸入額上位三品目)
ア	289360	医薬品・通信機・集積回路
イ	99220	医薬品・通信機・集積回路
ウ	97948	衣類・肉類・織物類
エ	41886	石油・液化ガス・自動車

(2023/24年版「日本国勢図会」)

■ キーポイント ■

(1) 日本は、加工貿易により長い間貿易黒字が続いてきた。

(2) 貿易額が日本最大の貿易港は成田国際空港で、千葉港は、近くに石油化学工業がさかんな京葉工業地域がある。

■ 正答への道 ■

(1) 日本は1981年から2010年まで貿易黒字が続いた。2011年に31年ぶりに貿易赤字となり、これ以降貿易赤字の年が多く、2022年は大幅な貿易赤字となった。

(2) アは貿易額が最も多く、エは石油の輸入が多いことに注目する。また、大阪港は大消費地に近いことから、衣類などの日用品の輸入が多い。成田国際空港や関西国際空港などでは、高価で軽量な集積回路などの輸出入が多い。

✦答え✦

(1) A・D　　(2) イ

●日本の輸送について、次の問いに答えなさい。

(1) 右の表は2021年（船のみ2020年）における輸送手段ごとの国内の輸送人数と1人あたりの移動きょりを示したものです。表中のAとBには、鉄道、飛行機のいずれかがあてはまります。

	輸送人数	1人あたりの移動きょり
自動車	5億9190万人	12.7 km
A	1億8805万人	15.4 km
B	500万人	934.8 km
船	450万人	33.8 km

(2023年版「日本のすがた」)

それぞれどちらがあてはまるかを、その理由と合わせて説明しなさい。【立命館中】

(2) 最近ではモーダルシフト（輸送方法の変更）なども考えられていますが、その一環として、郊外に自動車を停めて鉄道やバスに乗りかえて目的地に向かうという「パークアンドライド方式」がすすめられています。なぜこのようなことを行う必要があるのか、「渋滞」、「大気汚染」という語句を用いて、40字以上50字以内で説明しなさい。【普連土学園中】

▌条件に注意！

(1) AとBにあてはまる輸送手段を理由もふくめて答える。

(2) 「渋滞」、「大気汚染」という語句を必ず用い、40字以上50字以内で答える。

▌キーポイント

(1) 鉄道と飛行機による輸送の特色から考える。

(2) 自動車を運転することによって生じる環境問題を考える。

▌正答への道

(1) 鉄道は、飛行機よりも一度に多くの人を運ぶことができ、飛行機は短時間で長いきょりを移動できるという特色がある。

(2) 自動車の利用をひかえることは、大都市の過密地域の都市問題として交通渋滞があることから、渋滞の緩和につながる。また、地球温暖化の原因とされる二酸化炭素や、大気汚染の原因となる排出ガスの排出量もおさえられる。

解答例

(1) 鉄道は、飛行機よりも一度に多くの人を運ぶことができるためAがあてはまり、飛行機は、鉄道に比べて長いきょりを移動する場合が多いためBがあてはまる。

(2) 交通渋滞が緩和されることや、大気汚染や地球温暖化の原因となる排出ガスを減らすことができるため。〔47字〕

情報とわたしたちのくらし

第1章 情報産業と情報ネットワーク 5年

情報ネットワークの活用

　現在、さまざまな通信手段を通じて、情報の送受信ができる情報（化）社会になっています。情報ネットワークがさまざまな分野で活用される一方、多くの情報を使いこなすには、マナーやルールを守るとともに、正しい情報かどうかを判断する能力を身につけることも重要です。

1. 今は、世界中がインターネットでつながっているね
　ネットはとても便利だねーっと！
PC

2. 情報ネットワークが、防災や医療などの分野で活用されているわね
遠隔医療

3. でも、インターネットを使うときは、注意しないといけないこともあるのよ
どんなこと？
例えば…
サイバー犯罪
コンピューターウイルス
個人情報流出
個人情報

4. 情報が正しいかどうかを判断する能力を身につけることも重要よ
メディアリテラシーっていうんだぞ！
は～い！

1 情報産業のはたらき

◎学習のポイント

1. 情報機器が発達した現代の社会は、多くの情報が生活や産業で利用され、重要な役割を果たす**情報(化)社会**となっている。
2. テレビや新聞などの**マスメディア**は、多くの人々に世の中のできごとを伝え、大きな影響をおよぼしている。

1 情報とくらし ★★ 入試重要度

1 情報と生活　おこったできごとやものごとについてのお知らせや、それらに関連する資料などのことを情報という。ニュースや天気予報などの情報をもとに、自分がとる行動の判断材料にするなど、情報はわたしたちが生活するうえで欠かせないものとなっている。

2 情報(化)社会　今日の社会では、**IT革命**によって、大量の情報が活用され、情報が価値のあるものとして取りあつかわれている。このような、情報が社会の中で大きな役割を果たしている社会を**情報(化)社会**という。

情報

情報

ことば IT革命
パソコンやインターネット、携帯電話などの情報通信技術の普及とそれにともない経済や社会、生活が大きく変化した現象。1990年代の後半から急速に進んだ。

2 情報通信産業 ★★★

1 郵　便　はがきや手紙、小包などを全国各地へ届ける仕事である。

❶ **日本の郵便制度**……1871年に、**前島密**によって郵便制度が導入され、国が仕事を行ってきた。

❷ **郵政民営化**……効率的な経営を進め、より便利なサービスを提供するため、2005年、小泉内閣のとき郵政民営化法成立 2007年に郵政民営化が行われ、日本郵政グループがその業務をになうことになった。

3つの会社が分担して、それぞれ郵便・銀行・保険の仕事を行っている。

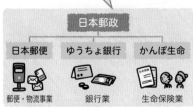

日本郵政

日本郵便	ゆうちょ銀行	かんぽ生命
郵便・物流事業	銀行業	生命保険業

▲日本郵政グループ

雑学ハカセ　郵便局を表す〒のマークの由来にはいろいろな説がありますが、明治時代に郵便の仕事をしていた逓信省の頭文字「テ」をもとにして〒が生まれたそうです。

2 **電 話** 情報のやりとりが簡単にでき、日常生活や仕事でよく使われている。

❶ **固定電話**……家庭や会社など一定の場所に固定され、電線を用いる電話である。

❷ **移動電話**……無線を用いて、移動しながら使える電話である。1990年代から**携帯電話**が普及した。

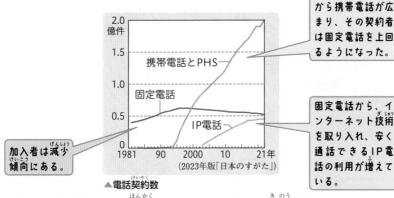

▲電話契約数

1990年代中ごろから携帯電話が広まり、その契約者は固定電話を上回るようになった。

固定電話から、インターネット技術を取り入れ、安く通話できるIP電話の利用が増えている。

加入者は減少傾向にある。

▶ 2000年代末には、本格的なインターネット機能を備え、パソコンに近い機能をもった**スマートフォン**が登場し、現在では一般的に使われている。携帯電話やスマートフォンでの通信は、移動しやすいという意味の「モバイル」から**モバイル通信**とも呼ばれている。

3 **ファクシミリ** ファクシミリは、電話回線を使って、文字や図を送ったり受けたりする。

4 **マスメディア** 大量の情報を、多くの人に伝える伝達手段のことを**マスメディア**といい、**新聞、テレビ、ラジオ、雑誌**などがこれにあたる。また、大量の情報を伝達することを**マスコミュニケーション**といい、一般に**マスコミ**といわれている。

▶ **世論**…政治や社会問題について、多くの国民によって共有されている意見を**世論**という。世論はマスメディアを通じて形成され、政治を動かす大きな力になる。

参考 **タブレット型端末**
タブレット型端末とは、板状・薄型のコンピューターや周辺機器で、液晶ディスプレイなどにタッチパネルを搭載し、パネル上で指先や専用のペンを使って操作でき、通信もできる。2010年ごろから普及した。

雑学ハカセ 1985年に、日本で最初の携帯電話が発売されました。幅が22cm、高さが19cmの大きさで、重さは約3kgもあって、肩から下げてもち歩くものでした。今ではとても考えられないですね。

❶ 新聞……新聞は、記事の内容をくわしく解説し、小さなできごとでも記事として伝えることができる。近年は、インターネットなどで記事を読むこともできるため、発行部数は減少し続けている。

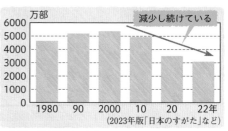

6000 万部
減少し続けている

▲新聞の発行部数の変化

（2023年版「日本のすがた」など）

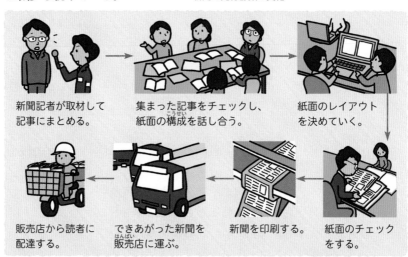

新聞記者が取材して記事にまとめる。

集まった記事をチェックし、紙面の構成を話し合う。

紙面のレイアウトを決めていく。

販売店から読者に配達する。

できあがった新聞を販売店に運ぶ。

新聞を印刷する。

紙面のチェックをする。

▲新聞ができるまで

❷ テレビ……テレビは、音声と映像で、情報をすばやく伝えることができる。2011年に、アナログ放送からデジタル放送に切りかわり、データ放送も始まった。
└岩手・宮城・福島の3県は2012年3月

▶ デジタル放送…デジタル信号を用いることによって、アナログ方式より高品質な映像と音声を実現した放送である。見る側が一方的に情報を受けるだけでなく、アンケートに参加できるなどの双方向の通信ができるようになった。

▶ データ放送…別の画面に切りかえると天気予報や交通情報、観光案内などが文字情報として画面上に表示される。これらの情報は必要なときに見ることができる。

参考 放送局

ラジオ・テレビ向けの放送番組を制作して、放送するための機能と設備を備えた事業者のこと。

● ＮＨＫ
日本の公共放送局である日本放送協会の略で、おもに受信料で運営されている。

● 民間放送局
民間資本で設立された放送局で、略して民放とも呼ばれる。おもに広告料収入で運営されている。

雑学ハカセ

江戸時代には、今の新聞にあたる「瓦版」が売り出されました。絵を中心にそのまわりに説明が書かれたもので、最古の瓦版として、大阪夏の陣をえがいた1615年のものが残っています。

1 情報産業のはたらき

地理
第4編
のくらし
情報とわたしたち

第1章
情報産業と情報
ネットワーク

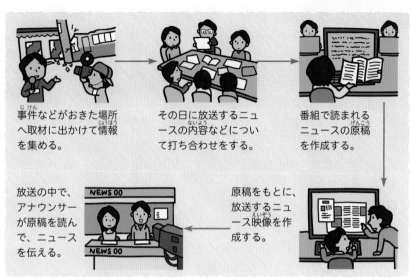

事件などがおきた場所へ取材に出かけて情報を集める。

その日に放送するニュースの内容などについて打ち合わせをする。

番組で読まれるニュースの原稿を作成する。

放送の中で、アナウンサーが原稿を読んで、ニュースを伝える。

原稿をもとに、放送するニュース映像を作成する。

▲ニュース番組ができるまで

❸ **ラジオ**……ラジオは、音声で情報を速く伝えることができる。

❹ **雑誌**……本や雑誌などは、テーマをしぼって調べることができる。

▶ 近年、インターネットを通じて、本や雑誌の販売を行ったり、本や雑誌を電子書籍にして配信するサービスも行われるようになった。

電子機器の画面上に表示して読む

億冊

減少し続けている

▲雑誌の推定販売部数の変化
(2023年版「日本のすがた」など)

マスメディア	長　所	短　所
新　聞	必要なときにくり返し読むことができ、情報の整理や保存に便利である。	テレビやラジオのように最新の情報をすばやく伝えられない。
テレビ	情報をすばやく伝えることができ、音声と映像で伝えるのでわかりやすい。	正確な情報が伝えられない場合がある。
ラジオ	もち運べるため、どこでも情報を得ることができ、作業をしながらでも聞くことができる。	情報を音声だけで伝えるので、細かい状況がわかりにくい。
雑　誌	必要なときにくり返し読むことができ、情報の整理や保存に便利である。	月刊や週刊で刊行されるので、情報を伝えるのが非常におそくなる。

▲マスメディアの長所と短所

パワーアップ

テレビなどのマスメディアは広告料がおもな収入源ですが、2022年現在、広告費が最も多く使われているのはインターネットで、次いでテレビ、新聞、DM（ダイレクトメール）の順になっています。

5 インターネット 最初は、アメリカ合衆国で軍事利用のために開発された* インターネットとは、世界中のコンピューターを結ぶ巨大なコンピューターネットワークのことで、**プロバイダー**という接続会社を通して接続する。インターネットにつながったパソコンを使って、さまざまな情報を手に入れたり、情報を発信したり、インターネットショッピング(オンラインショッピング)をしたりすることができる。

▲世界中につながるインターネット

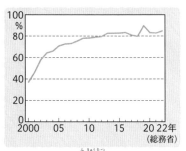
▲インターネット普及率の変化

① **ホームページ**……ホームページは、インターネットを通じて企業や個人、政府などがさまざまな情報を提供するもので、**ウェブサイト**とも呼ばれる。**検索エンジン(サーチエンジン)**で検索すれば、必要とする情報に関連したホームページを探すことができる。

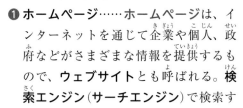
▲インターネットのおもな利用の目的・用途(複数回答)

② **電子メール**……電子メールは、インターネット上で手紙のようなやりとりができ、文章だけでなく、写真などのデータもいっしょに送受信ができる。

③ **電子掲示板**……電子掲示板は、インターネット上で、記事を書きこんだり、記事を閲覧したりできるしくみである。

④ **SNS**……ソーシャル・ネットワーキング・サービスのことで、趣味が同じ人どうしなど、さまざまな人々がインターネット上で情報交換ができる会員制のウェブサイトである。

⑤ **インターネットの回線**……近年、**光ファイバー**などを使い、大量の情報を高速で送れるブロードバンドが整い、情報量の多い映像や音楽、画像などのやりとりも短時間でできるようになった。

参考 **ブログ**
おもに個人の日記や体験といったさまざまな情報をのせた簡単なホームページをブログという。2000年代に広まった。

参考 **SNSの種類**
SNSにはさまざまな種類があり、目的に応じて使われている。エックス(X〈旧ツイッター〉)、フェイスブック(Facebook)、ライン(LINE)、インスタグラム(Instagram)などがおもなものである。

雑学ハカセ インスタグラムは、写真や動画をほかの人と共有できるSNSで、日本でも若い世代を中心に多くの人がこれを利用しています。見ばえがよくて映えるという意味の「インスタ映え」ということばは2017年に流行語大賞にもなりました。

地理
第4編
情報とわたしたち
のくらし

第1章
情報産業と情報
ネットワーク

中学入試にフォーカス 情報(化)社会における問題点と責任

💡 インターネットの発達で生活が便利になった一方、さまざまな問題がおこっている。

- **コンピューターウイルス**……ほかのパソコンを攻撃したり、データをこわしたり、不正な働きをするプログラムをコンピューターウイルスという。電子メールやホームページを通じて入りこむ。コンピューターウイルスが確認できたときは、専用のソフトで取り除く必要がある。

ホームページ　電子メール

ウイルス感染！

- **個人情報の流出**……個人を特定する氏名や住所などの**個人情報**がぬすみ出されたり、流出したりしている。
- **プライバシーの侵害**……個人の私生活などのプライバシーに関する情報が勝手に電子掲示板などに書きこまれて公開されることがある。
- **著作権**……写真や文章などで、それを作成した人だけがもっている権利を**著作権**という。こうした写真や文章などを作者に無断で使用されることがある。
- **フェイクニュース**……インターネット上に掲載された事実とは異なる情報をフェイクニュースという。SNSなどを通じて広まりやすく、社会に対する影響も大きい。
- **サイバー犯罪**……インターネットを利用して、不正にお金を請求するなどの**サイバー犯罪**が増加している。
- **デジタルディバイド**……インターネットを利用して、さまざまな情報を得やすい人とそうでない人との間に生じる格差が問題となっている。このような格差を**デジタルディバイド(情報格差)**という。

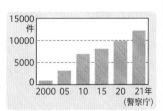

▲ サイバー犯罪の件数の変化

💡 情報(化)社会では、各自がルールを守る責任があり、情報を正しく判断して活用していくことが求められる。

- **情報モラル**……情報(化)社会で必要とされる、個人情報の取りあつかいなどに対するマナーやルールのことを**情報モラル**という。コンピューターウイルスなどを送って他人に迷惑をかけたり、個人情報を不正に入手したり使ったりしてはいけない。
- **メディアリテラシー**……メディアの伝える情報を正しく判断し、活用する能力のことを**メディアリテラシー**という。多くの情報がやりとりされる情報(化)社会では、この能力を身につけていく必要がある。

パワーアップ　新聞やテレビ、雑誌などのマスメディアが強引な取材や事実とは異なる報道をすることによって、報道された人の名誉が傷つけられ、生活や人間関係、仕事などで大きな損害や不利益を受けることがあります。これを報道被害といいます。

2 情報ネットワーク

◎ 学習のポイント

1. 多くの情報機器をつなぎ、情報のやり取りをすることを**情報ネットワーク**という。
2. 現代の社会では、**インターネット**を中心とする**情報ネットワーク**が築かれ、**防災**や**教育**などで活用されている。

1 情報ネットワーク ★★

　多くの情報機器をつなぎ、すばやく情報のやり取りが行えるしくみを**情報ネットワーク**という。情報ネットワークは、多くの生活や産業で役立てられている。

▲コンピューターで結ぶ情報ネットワーク

2 情報ネットワークの活用 ★★★

1 防災

❶緊急地震速報

2007年10月から本格運用開始 地震の発生直後に気象庁が出す情報で、携帯電話に知らせるサービスなどが行われている。

└テレビ、ラジオなどにも知らされる

地震計
震源の近くで、はじめに来る地震のゆれから、震源や予想される地震の大きさなどを計算する。

気象庁
大きい地震が予想されるときに、緊急地震速報を発表する。

緊急地震速報
地震による大きなゆれが来る前に、テレビやラジオ、防災行政無線などですばやく伝える。

▲緊急地震速報のしくみ

❷県や市など……電子メールなどを使って、台風などの気象情報や河川の水量、避難指示に関する情報を伝えたり、返信によって住民の安全を確認できるようにしている自治体もある。

2 防犯

❶学校……携帯電話の電子メールを使って、不審な人物がいることを保護者に知らせるようにしている学校もある。

> ⊕ズームアップ　緊急地震速報
> ➡p.216

> 📖 参考　**Jアラート**
> 全国瞬時警報システムのこと。すぐに対処しなければならない事態に関する情報を短時間で国民に伝えるシステム。北朝鮮のミサイル発射に関する情報がこのシステムによって地方公共団体などに伝えられている。

パワーアップ　緊急地震速報は、地震の波が2か所以上の地震観測点で観測され、最大震度が5弱以上と推測された場合に発表されます。震度5弱以上になると大きな被害が生じはじめるため、事前に身構える必要があるからです。

❷ GPS（全地球測位システム）……GPSは、人工衛星を利用して、現在いる場所を正確に測定するしくみである。子どもの安全確認のために、携帯電話のGPS機能を使って、子どもの現在地を保護者に知らせるサービスが行われている。

▲GPSの利用

3 教 育 調べ学習などで必要な本が学校の図書館になかったとき、情報ネットワークで市の図書館にあるかどうか調べることができる。

市内の図書館

インターネット

家で

・本をさがす。
・本を予約する。
・本が貸し出されているかどうかを確かめる。

▲図書館の情報ネットワーク

4 買い物

❶ インターネットショッピング（オンラインショッピング）……実際の店から遠い地域に住んでいても、インターネット上に開設されたその店から商品を購入することができる。

❷ 電子マネー……現金を使用せずにお金をはらう**キャッシュレス決済**が広まっている。現金のかわりとなる電子のお金を**電子マネー**という。ICカードやスマートフォンなどに現金情報を登録しておけば、支はらいは、ICカードやスマートフォンをレジセンサーにかざすだけで完了する。

❸ ネットバンキング……銀行の窓口に行かなくても、インターネットを使って、預金や振りこみができる**ネットバンキング**も広まっている。

5 電子政府・電子自治体 国や地方公共団体のネットワークシステムで、いろいろな手続きをインターネットから行えるようにしている。

❶ 住民基本台帳ネットワークシステム……住民票の住所、氏名、生年月日、性別を電子化して、一元管理するシステムである。マイナンバーカードの発行開始にともない、住基カードの発行は終了した。
↳略して「住基ネット」という

参考 **● インターネットショッピング**
代表的な通信販売サイトには、楽天やアマゾンなどがある。

● 電子マネー
Suicaなどの交通系の電子マネーやnanacoなどの流通系の電子マネーなどがある。

▲電子マネーでの支はらい

パワーアップ 2019年の消費税10％の導入に際し、電子マネーで支はらいをした場合、商品によっていくらか還元される施策が打ち出されました。このため、多くの種類の電子マネーが発行されるようになりました。

❷ **マイナンバー制度**……住民票のあるすべての人に12けたの**マイナンバー**（個人番号）をつけて、社会保障や税金、災害対策の分野で効率的に情報を管理するための**マイナンバー制度**の運用が2016年から始まった。マイナンバーを活用することによる公平な課税や国民の利便性の向上、行政の効率化を目的として導入された。

▶ 申請すれば、公的個人認証サービスなどに利用できる「マイナンバーカード」を取得できる。

↱身分証明書としても利用できる

↳2020年から実施された「マイナポイント制度」などをきっかけに取得者が急増したが、さまざまなトラブルもおこった

▲マイナンバーカード

参考　生成AI
文章や画像、音声を生成できる人工知能（AI）を**生成AI**という。大量のデータを学習して質問に答えたり、利用者の指示にもとづいて画像を作成したりできる。アメリカ合衆国の企業が開発した「チャットGPT」が有名。便利さが高く評価される一方で、個人情報の漏えいや著作権の侵害、フェイクニュースの拡散などが心配されている。

くわしい学習

Q IoTやビッグデータ、AIとはどのようなものですか。

A ▶ **IoT**……Internet of Things の略で、「モノのインターネット」と呼ばれ、身の回りにあるあらゆるものがインターネットに接続され、相互に情報をやりとりできるしくみのことです。

▶ **ビッグデータ**……情報通信技術が進歩したことで集められた膨大な量のデータのこと。このデータをくわしく解析することで、これまでにない新しいシステムを生み出す可能性が高まるといわれています。

▲IoTのしくみ

▶ **AI**……Artificial Intelligence の略で、「**人工知能**」と呼ばれ、学習や記憶、推論、判断など、人間がもっている知的作業を行う能力（知能）をコンピューターに代行させる技術のことです。さまざまな分野で研究が進められており、実用化に向けての動きが広まっています。

人の話す言語、顔や表情を認識し、聞く、話す、動くことなどが可能で、人とのコミュニケーションを行うことができる。

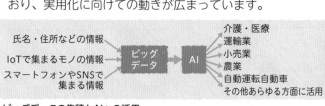
▲ビッグデータの集積とAIへの活用

▲AIを備えたロボット

雑学ハカセ　インターネットショッピングで、よく利用されるものにオークションとフリーマーケットがあります。オークションは買い手によって値段が決まるので、非常に高くなることがありますが、フリーマーケットは売り手が値段を決めるので、それより高くなることはありません。

3 情報を活用して発展している産業

◎学習のポイント

1. 医療分野では、**医療ネットワーク**によって、**遠隔医療**や**在宅医療**が可能となっている。

2. 販売業や運輸業、観光業など情報を積極的に活用している産業も多い。

1 医療と情報化 ★★

1 医療 近年、医療の分野でも**医療ネットワーク**が築かれ、複数の医師が患者の症状を共有できるしくみがつくられるようになった。インターネットを通して遠隔地の患者を診察する**遠隔医療**も行われるようになっている。

▲病院内のネットワーク

❶ **病院内のネットワーク**……患者の診察に関する記録(カルテ)を電子化した**電子カルテ**を導入することで、受付から、検査、会計などにかかる時間を短くしている。

> 電子カルテは、はなれた場所で同時に同じ情報を見られるようになっていて、情報がまちがって伝えられる心配がない。

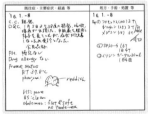

▲紙のカルテ

▲電子カルテ

❷ **総合病院と診療所とのつながり**

患者のかかりつけの診療所と総合病院がネットワークでつながることで、電子カルテなどを共有し、連携しあいながら治療を行うことができるようになる。

▲総合病院と診療所間のネットワーク

雑学ハカセ

医師がカルテを書くとき、日本語よりも病名が簡潔に書けること、患者に見られてもわからないように、などの理由から、英語やドイツ語で書くことが多かったそうです。

❸ **遠隔医療**……**遠隔医療**とは、遠くはなれた医師と患者との間をインターネットなどで結んで患者の情報を医師に伝え、それをもとに診断や診察を行う医療のことをいう。医療施設が整備されていない山間部や離島などでの活用が期待されている。

▲遠隔医療の例

❹ **在宅医療**……病院へ通えない患者に対して、テレビ電話機能つき携帯電話を使った**在宅医療**が行われているところもある。医師がパソコンの画面を見ながら患者の体調を聞き、治療を行っている。

2 福祉と情報化 ★★

1 1人ぐらしの高齢者の増加

高齢化が進むとともに、1人ぐらしの高齢者の割合も上昇傾向にある。こうした高齢者をどう見守っていくかが大きな課題となっている。

2 高齢者の見守りシステム

情報通信技術を活用して、1人ぐらしの高齢者の見守りを行うシステムも広まってきている。また、緊急時に通報することができるシステムや、センサーによって高齢者のようすを見守るシステムなどの開発もされている。

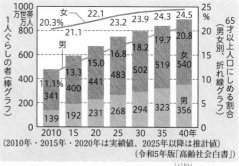

▲高齢者(65才以上)の1人ぐらしの割合と将来の予想

(2010年・2015年・2020年は実績値、2025年以降は推計値)
(令和5年版「高齢社会白書」)

急病やケガなどのときには救急信号を発信できる。

見守られる人

メールで連絡がいく

緊急ボタン

電話で安否確認

見守る人たち

受信センター

対応完了後メールを送信

救急信号を受け取ったときには、救急車の手配などを行う。

▲高齢者の見守りシステムの例

雑学ハカセ

高齢者がつけた通報端末機から送信される歩数計の情報を身内の携帯電話やメールに通知するシステムなども開発されています。設定した一定時間に歩数計が反応しないときは、安否確認をうながすしくみです。

3 販売業と情報化 ★

1 POSシステム
コンビニエンスストアなどでは、商品につけた**バーコード**を読み取ることで、どの商品がいつ、いくらで、いくつ販売されたのかがわかる。それらの情報をもとに本部は、販売傾向を分析し、在庫を管理して、商品の製造や流通を効率的に行うために活用している。また、購買者の年齢、性別、天気なども情報として集められる。このような情報システムを**POSシステム**という。

ことば バーコード
しま模様の白と黒の線の太さによって数字や文字を表し、商品の情報を記録している。

1 234567 890128

参考 QRコード
バーコードを拡張するために開発された2次元コード。平面上に縦・横に配置された白黒のドットを用いている。バーコードの約200倍のデータを入れることができる。

バーコードを読み取ることで、
・商品名　・売れた時間
・売れた数
・売れた時点の天気
・買った人の年齢層
などの情報が記録される。

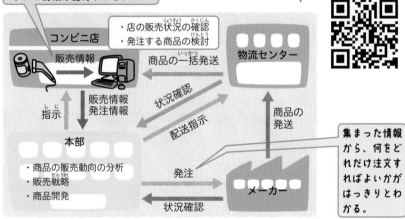

▲POSシステムのしくみ

2 POSシステムの活用
POSシステムでは、商品を売った時点で、商品名、金額などの商品の情報や、配送・発注の詳細などの情報がコンピューターに送られる。さらに、送られたデータを会社のコンピューターで管理することで、商品が販売された地域や時間帯などの情報をもとに、販売方法を組み立てることができる。

雑学ハカセ 商品の売れ行きには天気や気温に左右されるものが多くあります。例えば、アイスクリームは気温が22〜30℃でよく売れますが、30℃をこえると氷菓の方が売れるようになります。そのため、お店では気温などの情報も重要なデータとなっています。

4 運輸業と情報化 ★

1 運輸業と情報通信技術

近年、深刻化する環境問題や多様化する顧客の要望に対応するため、運送業では、今まで以上の効率化とサービスの向上が求められるようになっている。そのため、運送に関するさまざまな情報をインターネットやモバイル通信の技術を使って管理・分析し、運送業務をより効率化しようとする試みが積極的に進められている。

└運送時に生じる二酸化炭素の排出効率

🔍ズームアップ GPS ➡p.201

2 情報通信技術の活用

❶ **配送車の位置確認**……GPSを利用して、会社のオフィスで車両の位置情報(現在いる位置や目的地までのきょりなど)や周辺の道路交通情報を確認できるようになっている。

❷ **貨物の位置確認**……モバイル端末を活用し、貨物にはり付けられたバーコード情報を読み取り、貨物とそれに関する情報を集約することで、集荷から配達完了まで貨物の動きが追跡できる。

❸ **求荷求車システム**……荷物の配送依頼者と運送業者とをうまく結びつけるシステムである。

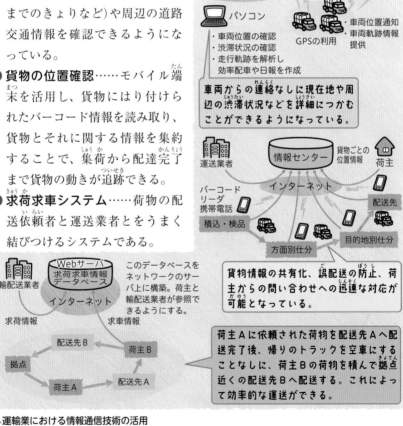

▲運輸業における情報通信技術の活用

雑学ハカセ　国土交通省の調べによると、2021年度の宅配便(ゆうパック、ゆうパケットをふくみ、ゆうメールをふくまない)の取扱個数は約49億5000万個となっています。膨大な量の小荷物を毎日配達している運輸業は、人手が足りない業種の1つとなっています。

地理
第4編
情報とわたしたち
のくらし

第1章
情報産業と情報
ネットワーク

5 観光業と情報化 ★

1 観光業と情報通信技術

日本各地にはそれぞれの自然、文化、歴史にもとづいた特色があり、各地域の魅力にもなっている。近年、発達がめざましい情報通信技術を活用して、観光振興をはかろうとする取り組みが、日本各地で行われている。

ズームアップ ウェブサイト →p.198

ズームアップ SNS →p.198

2 観光とウェブサイト

旅行を計画している人に地域を紹介し、実際に訪れてもらうための窓口として、**ウェブサイト**が多く利用されるようになった。観光地などに関するさまざまな情報を提供することで、より多くの観光客に訪問してもらうことが期待されている。

(京都観光Navi)
▲京都市観光協会のホームページ

観光情報やイベント情報・名所などの紹介のほか、災害情報など観光客にとって必要な情報を発信している。

3 観光業とSNS

SNS(ソーシャル・ネットワーキング・サービス)が普及してきたことから、これらのウェブサービスを活用して、ユーザーからのコメントを分析したり、アンケート調査をしたり、それらをもとに新たな企画をつくったりしている。

4 訪日外国人への対応

日本を訪れる外国人は年々増加を続け、2019年には過去最多の3188万人となった。2020年以降、新型コロナウイルス感染症の世界的流行により、翌2021年にかけて訪日外国人数は激減したものの、2023年1月〜6月には1000万人をこえるまで回復した。今後も訪日外国人の増加が見こまれるため、宿泊施設をさがすことができるシステムや、言語を自動で翻訳する機器を整備することなど、外国人が安心して観光できる対策が進められている。

(Kyoto City Official Travel Guide)
▲外国人向けのホームページ

外国人観光客に魅力を伝えるために、外国人向けのホームページをつくり、多言語で必要な情報を発信している。

雑学ハカセ
新型コロナウイルス感染症で打撃を受けた観光関連ビジネスを支援するため、2020年7月より「Go To トラベル」が開始されましたが、感染が再拡大したため、同年12月に停止されました。2022年10月からは全国旅行支援が開始されました。

絶対暗記ベスト3

1位 情報(化)社会 大量の情報がやりとりされ、情報が大きな役割を果たしている社会。

2位 マスメディア テレビやラジオ・新聞など、大量の情報を伝える手段・方法。世論の形成に大きな影響をおよぼす。

3位 メディアリテラシー メディアの伝える情報を正しく判断し、活用する能力。情報(化)社会ではこの能力を身につけることが必要である。

1 情報とくらし

□大量の情報がやりとりされ、情報が大きな役割を果たしている社会を何というか？→**情報(化)社会**

□パソコンやインターネットなどの情報通信技術の急激な普及とそれにともなう経済や社会生活が大きく変化した現象を何というか？→**IT革命**

2 情報通信産業

マスメディア	特　色
①	必要なときにくり返し読むことができ、情報の整理や保存に便利である。
②	情報をすばやく伝えることができ、音声と映像で伝えるのでわかりやすい。
③	月刊や週刊で刊行されるので、情報を伝えるのが非常におそくなる。
④	もち運べるため、どこでも情報を得ることができる。

□左の表中の①〜④は、テレビ・ラジオ・新聞・雑誌のうち、それぞれどれを示しているか？

①→**新聞**

②→**テレビ**

③→**雑誌**

④→**ラジオ**

□パソコンのデータをこわしたり、不正な働きをするプログラムのことを何というか？→**コンピューターウイルス**

3 情報ネットワーク

□学習や記憶、推論、判断など、人間がもっている知的作業を行う能力をコンピューターに代行させる技術を何というか？→**人工知能(AI)**

□遠くはなれた場所にいる患者に対して、医師がインターネットなどを通じて診断などの医療行為を行うことを何というか？→**遠隔医療**

重点チェック

□ ❶ 1990年代から進んだ、コンピューターなどの情報通信技術の急激な発展のことを[　　　]といいます。

□ ❷ 大量の情報がやりとりされ、情報が大きな役割を果たしている社会を[　　　]といいます。

□ ❸ 1990年代から携帯電話が広まり、近年ではパソコンに近い機能をもった[　　　]が一般的に使われています。

□ ❹ テレビやラジオ、新聞、雑誌など、大量の情報を伝える手段・方法のことを[　　　]といいます。

□ ❺ 政治や社会問題に対する多くの国民の意見を[　　　]といいます。

□ ❻ テレビは映像と[　　　]で情報を伝えています。

□ ❼ テレビの[　　　]放送によって、テレビから一方的に情報を受け取るだけでなく、テレビ局に情報を送ることもできるようになりました。

□ ❽ インターネットに接続するサービスを提供する会社を[　　　]といいます。

□ ❾ インターネットを通じて企業や個人などがさまざまな情報を提供するものを[　　　]といいます。

□ ❿ インターネットでは、[　　　]で手紙のようなやりとりをすることができます。

□ ⓫ インターネットの回線に使われる、光ファイバーなど大量の情報を高速で送れる回線を[　　　]といいます。

□ ⓬ インターネットなどを通じて[　　　]が入りこんだコンピューターは、動きが悪くなったり、こわれたりしてしまいます。

□ ⓭ 情報網の利用で、さまざまな情報を得やすい人とそうでない人との間に生じる格差を[　　　]といいます。

□ ⓮ インターネットなどで得られる多くの情報を正しく判断し、活用する能力のことを[　　　]といいます。

□ ⓯ 現金のかわりとなる電子のお金を[　　　]といい、スマートフォンなどをセンサーにかざして支はらいます。

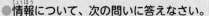
●情報について、次の問いに答えなさい。

【福岡教育大附中—改】

(1) 右の資料は、「パソコン、タブレット型端末機、スマートフォン、ファクシミリ」の世帯保有率の推移を示しています。「スマートフォン」を示しているものを、資料中のア～エから1つ選び、記号で答えなさい。

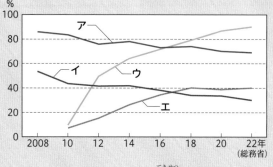

(総務省)

(2) 情報をやりとりするときの「ルールやマナー」として最も適切なものを、次のア～エから1つ選び、記号で答えなさい。

ア 情報を送る場合は、まちがっている情報でもできるだけ多くの人に送るよう心がける。

イ 災害などの緊急時の場合は、個人情報をインターネットで自由にあつかうことができる。

ウ 災害などの緊急時の場合は、内容を確認し、必要な場合のみ相手への返信を心がける。

エ 情報を受け取る場合は、知らない相手からのメールでも受け取るようにする。

▌キーポイント▐ /////

(1) スマートフォンは、パソコンやファクシミリよりあとに誕生した。

(2) 情報のやりとりをするときは、個人情報やコンピューターウイルスに注意する必要がある。

▌正答への道▐ /////

(1) 1990年代から普及しはじめたパソコンが**ア**、保有率が低下している**イ**がファクシミリである。タブレット型端末機もパソコンやファクシミリよりあとに誕生したが、急速に保有率が上昇している**ウ**がスマートフォンである。

(2) 情報のやりとりでは、個人情報の流出や、情報が正しいものかどうかを判断する能力を身につけることが必要となってくる。

✦答え✦ /////

(1)**ウ**　　(2)**ウ**

チャレンジ！ 記述問題

●近年、各自治体では、公民館などに地域の高齢者を集め、コンピューターの簡単な使い方の講習会を開いているところがあります。高齢者向けの講習会が行われるようになってきている理由を次の資料1・資料2のそれぞれから読み取り、答えなさい。

【神戸大学附属中等教育学校―改】

資料1　インターネット利用率（年代別）

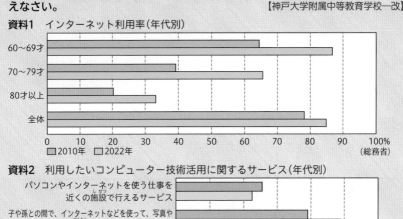

□2010年　□2022年
（総務省）

資料2　利用したいコンピューター技術活用に関するサービス（年代別）

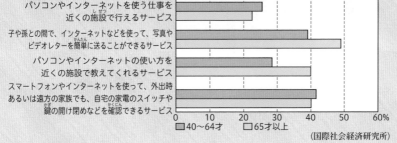

□40～64才　□65才以上
（国際社会経済研究所）

▌条件に注意！/////

高齢者向けのコンピューターの講習会が増えた理由を**資料1・資料2**から読み取る。

▌キーポイント/////

- **資料1**からは、高齢者のインターネット利用率の上昇傾向を読み取る。
- **資料2**からは、高齢者がどのようなサービスを望んでいるかを読み取る。

▌正答への道/////

資料1・資料2から高齢者のインターネット利用率が上昇していることや、パソコンなどの使い方を近くの施設で習いたいという要望が多いことがわかる。

▌解答例

高齢者のインターネット利用率が高まり、パソコンやインターネットの使い方を近くの施設で教えてくれるサービスを望んでいる高齢者が多いため。

ここから
スタート！

日本の自然環境とわたしたちのくらし

第1章 自然災害の防止と森林のはたらき

5年

防災と森林の保護・整備

　日本列島は、地震や火山の噴火などの自然災害が多く発生します。そのため、ふだんから防災への意識を高めておくことが大切です。また、土砂災害などを防ぐはたらきをもつ森林を保護し、整備を進めていくことも重要です。

1 自然災害の防止

🎯 学習のポイント

1. 日本は、**地震**や火山の**噴火**、**台風**などによる**風水害**、**冷害**や**干害**などの**自然災害**がよく発生する。

2. 自然災害に備え、**ハザードマップ（防災マップ）**を作成するなどの取り組みが各地で行われている。

1 日本の自然災害 入試重要度 ★★★

1 自然災害 **自然災害**とは、地震や台風などの自然現象によって社会に被害が生じることをいう。日本は、地震や火山の噴火、台風などによる自然災害が多い。

2 地 震

❶ 地震の原因……日本列島は海洋プレートが大陸プレートの下にしずみこむところにあり、そこで発生する力が原因で地盤がずれて地震が発生する。断層活動や火山活動によって発生する場合もある。

❷ 地震による被害

▶ 建物が倒壊し、火災や**液状化現象**がおこることもある。
地震のゆれによって地層が一時的に液体のようになり、地中の砂や水が地表にふき出す現象

▶ 海底で地震がおこったり、火山が噴火したりしたときに生じる**津波**によって大きな被害が出る場合がある。

▶ 1995年の**阪神・淡路大震災**では**ライフライン**の寸断も問題となった。
水道、電気、ガスなど生活に不可欠のもの

▶ 2011年に発生した東北地方太平洋沖地震は、**マグニチュード**9.0と国内史上最大規模の地震で、巨大な津波をともない、大きな被害をもたらした（**東日本大震災**）。

▲阪神・淡路大震災

▲東日本大震災

🔍 **ズームアップ** プレート
➡ p.43、44

ことば **津 波**
海底で地震や火山の噴火がおきたときに発生し、海面が大きく盛り上がり、大きな波が沿岸におし寄せる現象。波の高さが10mをこえるようなものもある。

参考 **震度とマグニチュード**

●**震 度**
地震のゆれの大きさを表す数値で、震度7を最高に10段階に区分されている。

●**マグニチュード**
地震そのもののエネルギーの大きさを表す数値で、マグニチュードが1増えると地震のエネルギーは約32倍にもなる。

雑学ハカセ 「津波」は英語でも「TSUNAMI」といいます。かつて、ハワイで津波の大きな被害があった際、日系移民が「TSUNAMI」ということばを使ったことがきっかけで、世界中に広まったそうです。

3 火山の噴火

① 活火山……プレートの境界にあたる日本列島は、**活火山**が多く、地震とともに火山活動も活発である。
└現在活動している火山、および過去1万年以内に噴火した火山

② 火山の噴火による被害

▶ **火山灰**…火山から噴出された**火山灰**が降り積もったりして、農作物や交通機関などに被害をもたらす。
└日光をさえぎり、作物の育ちを悪くすることもある

▶ **火砕流**…火山から高温のガスと火山灰などが混じって、高速で流れ出す現象を**火砕流**という。

▲ 活火山

▲おもな地震の震源地

4 風水害

① 台風……日本の南にあたる太平洋上で発生した熱帯低気圧の中でも特に、風速が毎秒17m以上のものを**台風**という。日本列島は、8月終わりごろから9月にかけて台風の進路にあたることが多い。

年	地震・台風	地域	死者・行方不明者(人)
1923	関東大震災(M7.9)	関東南部	約105000
1934	室戸台風	九州〜東北	3036
1945	枕崎台風	西日本(特に広島)	3756
1948	福井地震(M7.1)	福井平野	＊3769
1954	洞爺丸台風	全国	1761
1959	伊勢湾台風	全国(九州除く)	5098
1983	日本海中部地震(M7.7)	秋田県沖	＊104
1995	阪神・淡路大震災(M7.3)	兵庫県南部	6437
2004	新潟県中越地震(M6.8)	新潟県中越地方	＊68
2011	東日本大震災(M9.0)	三陸沖	＊19759
2016	熊本地震(M7.3)	熊本県熊本地方	＊50
2019	令和元年東日本台風	東日本	107

▲おもな地震と台風 （＊は死者のみ）(2023年版「日本のすがた」)

② 高潮……台風や発達した低気圧が近づいたときに海沿いの地域をおそう高い波を**高潮**という。海面が吸い上げられたり、強風によって海水がふき寄せられたりしておこる。
└1959年の伊勢湾台風は、高潮による被害が大きかった

参考 雲仙普賢岳
1991年に発生した雲仙普賢岳(長崎県)の噴火による**火砕流**は家や畑を焼き、人命をうばうなどの被害をもたらした。

ズームアップ 台風 ➡p.57

波の長さが短い。海面が高くなる。

波の長さが長い。海全体が高くなる。

堤防

堤防

▲高潮

▲津波

雑学ハカセ 世界文化遺産でもある富士山は、1707年(江戸時代)の噴火を最後に300年以上噴火していません。しかし、過去の歴史上何度も噴火をくり返しているので活火山とされています。

❸ **大雨**……台風などによって大量の雨が降り、洪水やがけ崩れなどの災害を引きおこす。また、近年では**ゲリラ豪雨**と呼ばれる現象がたびたび発生している。

▶ **がけ崩れ**…がけの斜面の土砂や岩が突然崩れ落ちて家をおしつぶしたり、道路や線路に崩れ落ちて交通が止まったりする。

▶ **土石流**…山腹や川底の土砂が水とともに谷や山の斜面を一気に流れ下る現象を土石流といい、家や田畑がおし流されるなどの被害が出る。土石流による被害を防ぐために、**砂防ダム**がつくられているところもある。

　下流の河川へ土砂、岩石が急激に流れるのを防ぐために設ける

❹ **竜巻**……積乱雲にともなう強い上昇気流によって生じる激しい空気の渦巻を**竜巻**といい、進路にあたる地上の物を巻き上げて破壊するなどの被害をもたらす。

▲竜巻による被害

5 雪害・冷害・干害

❶ **雪害**……多量の雪によっておこる災害を**雪害**という。北陸や東北地方の日本海側では、北西の季節風がもたらす多量の雪により、建物の倒壊や交通機関がまひするなどの被害が生じることがある。

❷ **冷害**……例年より気温が低い状態が長く続いた場合におこる、農作物の実りが悪くなるなどの被害のことを**冷害**という。

▶ **やませ**…東北地方の太平洋側で、初夏〜夏にふく冷たくしめった北東の風を**やませ**という。この風が長く続くと、冷害の原因となる。

❸ **干害**……雨が少なく、水不足によって農作物などに被害が出ることを干害という。瀬戸内地方では、干害に備えてつくられた**ため池**が多く見られる。

　全国に約15万か所あり、その約5割が瀬戸内にある

ことば **ゲリラ豪雨**
限られた地域で突発的に短時間に降る豪雨で、予測が困難である。豪雨で都市の中小河川が急に増水して洪水や浸水をもたらす。道路に大量の水がたまると、車が走行できなくなったり、車に浸水したりしてしまうなどの被害がおこる。

▲土石流

▲砂防ダム

　冷　害
　干　害
　台風による風水害
　大雪の被害
やませ
台風
▲日本各地でおきやすい災害

入試では やませと冷害の関係についての出題が多く見られます。また、四国の香川県にある讃岐平野では、干害に備えたため池が見られることもよく出題されています。

地理
第5編
日本の自然環境とわたしたちのくらし

第1章
自然災害の防止と森林のはたらき

第2章
住みよい環境を守る

2　自然災害への備え ★★

1　防災

地震や津波などの災害を防ぐことを**防災**という。防災の手段として、ダムや堤防などをつくったり、防災教育や防災訓練が行われたりしている。

2　津波に備える

堤防や**防潮林**などの整備を基本としているが、東日本大震災をきっかけに、津波対策としての**防潮堤**の必要性がうきぼりとなった。

3　地震に備える

法律で地震に強い建物の構造にすることが決められている。また、**緊急地震速報**を発表することも行われている。

4　水害に備える

大きな被害をもたらした伊勢湾台風のあと、1961年に**災害対策基本法**が定められた。また、各地の川の堤防が強化されたり、川の水量を調整するためにダムが建設されたりした。

5　普段からの災害対策

▶ 災害が発生したときのもち出し品を準備しておく。

▶ **ハザードマップ（防災マップ）**を見て、避難場所や避難経路について確認しておく。

▶ 防災訓練などに参加して、防災意識を高める。

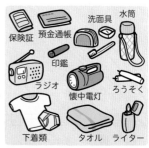

▲災害時のもち出し品の例

保険証　預金通帳　洗面具　水筒　印鑑　ラジオ　懐中電灯　ろうそく　下着類　タオル　ライター

参考　気象庁
国土交通省の機関で、自然災害がおこりそうなときには、注意報や警報を発表して注意・警戒をうながしている。

ことば　緊急地震速報
最大震度が5弱以上と推定された地震が発生したとき、大きなゆれがおこる前に、気象庁がテレビ・ラジオ・インターネット・防災行政無線などを通じて知らせる速報。

中学入試にフォーカス　ハザードマップ（防災マップ）

ハザードマップとはどのような地図か？

ハザードマップ 🖉　地震・津波・火山の噴火・洪水などの自然災害によっておこると予測される被害を示した地図で、防災マップともいう。災害時に住民が早く避難することができるように、多くの都道府県や市区町村でつくられている。一般的にハザードマップには、災害時の避難場所や避難経路なども示されている。

▲富士山のハザードマップ

入試では　自然災害については、地震と津波、冷害・干害がおきやすい地域などの出題が多いので、地図で場所を確認しておきましょう。防災については、ハザードマップに関する問題がよく出題されます。

地理
第**5**編
日本の自然環境とわたしたちのくらし

第**1**章
自然災害の防止と森林のはたらき

第**2**章
住みよい環境を守る

2 日本の森林資源

◎ 学習のポイント

1. 日本は、国土面積の**約3分の2**を森林がしめている。

2. 日本では林業で働く人が減り、高齢化が進んでいる。

3. 森林は、土の中に水をたくわえ土砂崩れを防ぐなどの役割を果たしている。

1 日本の森林と林業 ★★

1 日本の森林資源
日本は雨が多いため樹木がよく育ち、国土面積の**約3分の2**を森林がしめている。国土が南北に長いので、気候に応じてさまざまな種類の樹木が生育している。

2 森林の種類

❶ 針葉樹林と広葉樹林

▶ **針葉樹林**…すぎ、まつ、ひのきなど、針のように細長くてかたい葉をつける針葉樹がしげった森林を**針葉樹林**という。

▶ **広葉樹林**…けやき、ぶななど、広くて平たい葉をつける広葉樹がしげった森林を**広葉樹林**という。

❷ 天然林と人工林

▶ **天然林**…自然の力で育った森林を**天然林**という。特に美しい**青森ひば、秋田すぎ、木曽ひのき**は、日本三大天然美林とされている。
↳長野県

▶ **人工林**…木材として利用するために、人が育てる森林を**人工林**という。特に美しい**天竜すぎ、尾鷲ひのき、吉野すぎ**は、日本三大人工美林とされている。
↳静岡県 ↳三重県 ↳奈良県

❸ 原生林
……伐採や山火事などによって破壊されたことのない、自然のままの森林を**原生林**という。**白神山地**のぶなや**屋久島**のすぎ、**知床**などの原生林がよく知られている。
↳白神山地、屋久島、小笠原諸島、奄美大島・徳之島・沖縄島北部および西表島とともに、世界自然遺産に登録

水面・河川・水路3.6
道路3.7
宅地 5.2
農地 11.6
原野等0.8
その他 8.8
合計 3780万ha
森林 66.2%

※合計が100%になるように調整していない。

(2020年)　(2023年版「日本のすがた」)

▲日本の土地利用のようす

参考 針葉樹と広葉樹
針葉樹は、おもに家を建てるときの建材などに用いられ、広葉樹は木目がきれいなことから、おもに家具などに利用されている。

日本三大天然美林
青森ひば
秋田すぎ
木曽ひのき

日本三大人工美林
天竜すぎ
尾鷲ひのき
吉野すぎ

▲三大美林

パワーアップ

国が所有・管理している森林を国有林といいます。国有林は森林面積の約30％をしめ、希少種をふくむさまざまな生物が生息しています。それ以外の民間が管理する森林を民有林といいます。

3 林　業　苗木を植えてから大きくなるまで育て、木材を生産する産業を**林業**という。

❶ 林業の仕事……林業にたずさわる人々は、何十年もかけて木を育て上げ、木材として出荷している。

└植林から伐採までは50年以上かかる

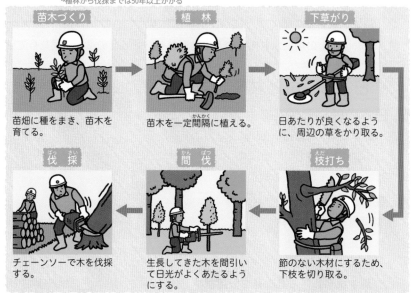

苗木づくり
苗畑に種をまき、苗木を育てる。

植　林
苗木を一定間隔に植える。

下草がり
日あたりが良くなるように、周辺の草をかり取る。

伐　採
チェーンソーで木を伐採する。

間　伐
生長してきた木を間引いて日光がよくあたるようにする。

枝打ち
節のない木材にするため、下枝を切り取る。

▲林業の仕事

❷ 林業の問題点

▶ 林業は厳しい作業が長く続くにもかかわらず、それに見合った収入を得ることが難しくなっている。そのため、林業で働く人が減り、働く人の高齢化も進んでいる。手入れが行き届かず、あれている森林も少なくない。

▶ 値段の安い輸入木材が増加し、2000年には自給率が20%を下回るまでに低下した。近年は国産木材のよさが見直され、自給率も上がってきている。

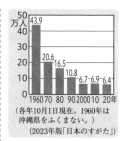

（各年10月1日現在。1960年は沖縄県をふくまない。）
（2023年版「日本のすがた」）
▲林業で働く人の変化

近年は生産量も少しずつ増えている

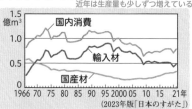

（2023年版「日本のすがた」）
▲木材の国内消費・輸入材・国産材の変化

	輸入木材10.8
1960年	国産木材89.2%
1980年	32.9% ・ 67.1
2000年	18.9% ・ 81.1
2010年	26.3% ・ 73.7
2021年	41.1% ・ 58.9

（2023年版「日本のすがた」など）
▲木材自給率の変化

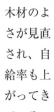
現在、伐採された木はトラックなどで運ばれていますが、昔は、「いかだ流し」という方法で運ばれていました。これは、伐採した木で組んだ「いかだ」を川に流して下流まで運ぶ方法です。

2 森林の役割 ★★

1 森林の役割

森林は、**緑のダム**ともいわれ、雨水を地中にたくわえるなどさまざまな役割をもっている。

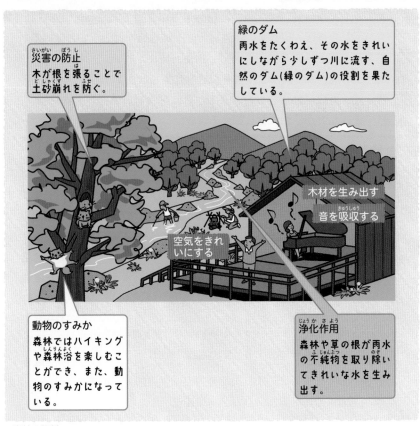

災害の防止
木が根を張ることで土砂崩れを防ぐ。

緑のダム
雨水をたくわえ、その水をきれいにしながら少しずつ川に流す、自然のダム(緑のダム)の役割を果たしている。

木材を生み出す

音を吸収する

空気をきれいにする

動物のすみか
森林ではハイキングや森林浴を楽しむことができ、また、動物のすみかになっている。

浄化作用
森林や草の根が雨水の不純物を取り除いてきれいな水を生み出す。

▲森林の役割

▶ 森林の栄養分が川から海に流れることで、海のプランクトンが増えて魚や貝などの資源が豊かになるため、森林は水産業にも大きな影響をあたえている。そのため、漁業にたずさわっている人々が、川の上流で植林活動を行っている地域もある。

⊕ズームアップ 森林と水産業 ➡p.113

▶ 木は温室効果ガスである二酸化炭素を取り入れて酸素を出しているので、森林には**地球温暖化**を弱めるはたらきがある。

雑学ハカセ 森林は緑のダムともいわれますが、降った雨や雪を地中にたくわえ、その水をきれいにしたり、時間をかけて流出させて川の流量を安定させる機能をもつ森林を水源かん養林(水源林)といいます。かんがい用水や水道水の確保などのため、保護されています。

絶対暗記ベスト3

1位 ハザードマップ（防災マップ） 自然災害によっておこると予測される被害を示した地図。災害時の避難場所や避難経路なども示されている。

2位 やませ 東北地方の太平洋側で、初夏〜夏にふく冷たくしめった北東の風。この風が長く続くと冷害を引きおこすことがある。

3位 津波 海底で地震などがおきたときに発生し、海面が大きく盛り上がり、大きな波が沿岸におし寄せる現象。

1 自然災害

自然災害	現象
①	夏から秋にかけて暴風雨をともなって日本列島をおそう熱帯低気圧。
②	海底で地震や火山の噴火がおきたとき、海面が大きく盛り上がり、大きな波が沿岸におし寄せる現象。
③	火山から高温のガスや火山灰などが高速で流れ出す現象。
④	例年より気温が低い状態が長く続き、農作物に被害をおよぼす。
⑤	雨が少なく、水不足によって農作物などに被害をおよぼす。
⑥	低気圧の上昇気流で生じる、激しい空気の渦巻。

□左の表中の①〜⑥にあてはまる自然災害は何か？
①→**台風**
②→**津波**
③→**火砕流**
④→**冷害**
⑤→**干害**
⑥→**竜巻**

□上の表中の④を引きおこす、東北地方の太平洋側で、初夏〜夏にふく冷たくしめった北東の風を何というか？→**やませ**

□上の表中の⑤に備え、古くからつくられた、讃岐平野などで多く見られるものは何か？→**ため池**

2 自然災害への備え

□自然災害による被害の予測や災害時の避難場所や避難経路なども示された地図を何というか？→**ハザードマップ（防災マップ）**

□大きな地震がおこった際に気象庁が発表する速報は何か？→**緊急地震速報**

3 森林資源

□日本の森林面積は国土のおよそどのくらいをしめているか？→**約3分の2**

□森林は、雨水を地中にたくわえるはたらきがあることから何と呼ばれているか？→**緑のダム**

□ ❶ 日本列島は大陸と海のプレートの境目にあり、プレートの大きな力が原因で[　　　]がよくおこります。

❶地震　○p.213

□ ❷ 2011年3月11日に発生した東北地方太平洋沖地震にともなって発生した[　　　]が、大きな被害をもたらしました。

❷津波　○p.213

□ ❸ 地震のエネルギーの大きさを表す数値を[　　　]といいます。

❸マグニチュード　○p.213

□ ❹ フィリピン諸島の東で発生する[　　　]は、日本列島にはおもに夏の終わりから秋におそってきます。

❹台風　○p.214

□ ❺ ❹や発達した低気圧によって、海面が上昇する現象を[　　　]といいます。

❺高潮　○p.214

□ ❻ 東北地方の太平洋岸では、初夏～夏にふく[　　　]という冷たくしめった風のために冷害になることがあります。

❻やませ　○p.215

□ ❼ 水不足によって農作物などに被害が出ることを[　　　]といいます。

❼干害　○p.215

□ ❽ 気象庁は、震度5弱以上と推定される地震が発生したとき、大きなゆれがおこる前に[　　　]を発表します。

❽緊急地震速報　○p.216

□ ❾ 自然災害で予測される被害や避難場所などを示した地図を[　　　]（防災マップ）といいます。

❾ハザードマップ　○p.216

□ ❿ 青森ひば、秋田すぎ、[　　　]は日本三大天然美林とされています。

❿木曽ひのき　○p.217

□ ⓫ 天竜すぎ、尾鷲ひのき、[　　　]は、日本三大人工美林とされています。

⓫吉野すぎ　○p.217

□ ⓬ 節のない木材をつくるために下枝を切り取ることを、[　　　]といいます。

⓬枝打ち　○p.218

□ ⓭ 日光がよくあたるように木を間引くことを、[　　　]といいます。

⓭間伐　○p.218

□ ⓮ 森林は、[　　　]ともいわれ、雨水を地中にたくわえるはたらきをしています。

⓮緑のダム　○p.219

□ ⓯ 木が[　　　]ガスである二酸化炭素を取り入れ酸素を出すので、森林は[　　　]を弱めるはたらきをします。

⓯温室効果、地球温暖化　○p.219

チャレンジ！ 思考力問題

●次のA～Cの文は、3つの大都市圏で発生した自然災害を説明したものです。これを読んで、あとの問いに答えなさい。　【暁星中】

A 1923年に、相模湾を通る相模トラフ付近を震源とする地震で、10万人以上の死者・行方不明者を出し、多くの人が火事で亡くなった。

B 1995年に、淡路島北部を震源とする地震で、6000人以上の死者・行方不明者が出た。当時建設中の明石海峡大橋の橋台の位置が動いた。

C 1959年に、潮岬付近に上陸した台風が、この大都市圏をおそった。伊勢湾の沿岸部では、この台風によって、海面が上がる高潮が発生した。

(1)「名古屋」で発生した自然災害を説明している文を、A～Cから1つ選び、記号で答えなさい。

(2) A～Cの自然災害の説明として正しいものを、次のア～カから2つ選び、記号で答えなさい。

ア Aの地震がおきたとき、震源地からはなれたところであっても、低地と比べて台地ではゆれが大きかった。

イ Aの地震で死者が多く出た理由の1つとして、地震発生時に強い北西の季節風がふいていたことがあげられる。

ウ Bの地震は、活断層が動いたことで発生した、海溝型の地震である。

エ Bの地震により、東海道本線などの鉄道や名神高速道路などの道路が破壊され、人やモノの移動に支障が出た。

オ Cの台風で水害の被害が大きくなった理由の1つとして、ゼロメートル地帯が形成されていたことがあげられる。

カ Cの台風により、埋立地では液状化現象が発生した。

■ キーポイント

Aは関東大震災、Bは阪神・淡路大震災、Cは伊勢湾台風である。

■ 正答への道

(2) ア．関東地方には火山灰台地が広がっている。イ．地震がおきたのは1923年の9月1日。北西の季節風がふくのは冬である。ウ．活断層は内陸部にある。エ．地震で阪神高速道路が倒壊した。オ．濃尾平野西部の低地には輪中が形成されている。カ．液状化現象は地震によって生じる。

＋答え＋

(1) C　　(2) ア・オ

●日本列島は山がちな地形で急流も多いため、人々は古くから水害になやまされ、それに対してさまざまな水害対策を考えてきました。その1つが、写真1の「沈下橋」と呼ばれる特殊な形状の橋です。写真2のような一般的な橋と比べて、なぜ沈下橋は「水害対策」になっているのか、一般的な橋の周辺で水害がおきたときのようすを示した写真3も参考にし、一般的な橋とのちがいにふれながら、80字以内で説明しなさい。　　【神奈川学園中一改】

写真1　高知県四万十市　高瀬沈下橋

写真3　九州北部豪雨での水害

写真2　神奈川県川崎市　末吉橋

▌条件に注意！////

・沈下橋が水害対策の1つになっている理由について、80字以内で説明する。

▌キーポイント////

・沈下橋とは、川の水位が低い状態では橋として使われるが、川が増水したときには水面下にしずんでしまうように設計された橋のことである。

・沈下橋には、一般の橋と比べて低いことと、もう1つ大きなちがいがある。

▌正答への道////

　一般の橋の場合、川が増水したときに流木などが手すりに引っかかり、川の水がせき止められて洪水になることもあるが、沈下橋はそうした水害を防ぐようなつくりになっている。

解答例

　一般的な橋は水面より高く手すりがついているが、沈下橋は手すりがないため、増水時にしずんだときに流木などがひっかからず、水害の被害が大きくなりにくくなっている。（79字）

日本の自然環境とわたしたちのくらし

第2章 住みよい環境を守る 5年

循環型社会を目ざして

高度経済成長時代に、各地で公害が発生し、住民に大きな被害をあたえた経験から、現在、循環型社会を目ざすさまざまな取り組みが行われています。また、地球環境問題に対しても、世界が協力し合い、その解決に向けて努力しています。

📖 学習することがら

1. 公害・環境問題
2. 公害・環境問題への取り組み

224

地理
第5編
日本の自然環境と
わたしたちのくらし

第1章
自然災害の防止と
森林のはたらき

第2章
住みよい環境を
守る

1 公害・環境問題

◎ 学習のポイント

1. 公害には、大気汚染、騒音、悪臭、水質汚濁、地盤沈下などがある。
2. 水俣病・新潟水俣病・四日市ぜんそく・イタイイタイ病の四大公害病は地域の住民に深刻な被害をもたらした。
3. 自然環境の破壊から地球温暖化などの地球環境問題がおこっている。

1 公　害 入試重要度★★★

1 公　害 　工場の生産や人間の活動などによって、人々の健康や生活、環境に悪い影響をおよぼすものを公害という。

2 日本の公害の発生

❶ 明治時代……日本では、1890年ごろから社会問題となった**足尾銅山**(栃木県)の鉱毒事件が公害問題の始まりといわれている。この事件は、銅を取り出す際に出る有毒ガスや有毒物質の混じった水が付近の山や**渡良瀬川**をよごし、住民を苦しめた。

❷ 高度経済成長時代……1950年代半ばごろから重化学工業の発展が優先され、各地に工場が建てられ、自動車も普及した。その結果、大気汚染や水質汚濁・騒音などの公害が各地で発生し、**四大公害**といわれる深刻な被害をもたらした公害も生じた。

> **参考　足尾銅山鉱毒事件**
> 　足尾銅山鉱毒事件は1890年におこった洪水によって、しだいに社会問題として知られるようになった。栃木県の衆議院議員の**田中正造**は、議会で政府を追及するなど、事件の解決に向けて生涯取り組んだ。

3 典型7公害

おもな公害には、騒音など7つの典型的なものがある。

▲日本の公害別苦情件数の割合

2021年度 7万3739件

騒音 25.4%
典型7公害
大気汚染 19.5
悪臭 14.1
水質汚濁 7.3
その他 3.4
その他の公害
ごみ 13.4
その他 16.9

(2023年版「日本のすがた」)

典型7公害：振動・騒音・大気汚染・悪臭・水質汚濁・土壌汚染・地盤沈下

入試では　公害問題としては、公害の苦情件数を示したグラフがよく出題されます。公害の中でも苦情が多い上位3つは、騒音・空気のよごれ(大気汚染)・いやなにおい(悪臭)となっていることを覚えておきましょう。

❶ **大気汚染**……**大気汚染**とは、工場から出るけむりや自動車の排出ガスなどにふくまれる窒素酸化物や浮遊粒子状物質などの有害物質で空気がよごれることをいう。
└一酸化窒素や二酸化窒素など

▶ **窒素酸化物**…化石燃料（石油・石炭）が燃えることで生じる窒素酸化物は、気管などの呼吸器に悪い影響をもたらす。

▶ **浮遊粒子状物質**…浮遊粒子状物質とは、自動車などから排出される非常に小さな粒のことで、呼吸器に入ると悪い影響をもたらす。

▶ **光化学スモッグ**…窒素酸化物などが太陽の紫外線を受けて化学反応をおこし、それによって発生する有害物質が空中にとどまって白いもやがかかったような状態になる現象を**光化学スモッグ**という。目やのどの痛み、めまい・はき気などを引きおこす。気温が高く、風の弱い夏の日に発生しやすい。
└光化学オキシダント

❷ **水質汚濁**……**水質汚濁**とは、工場や家庭からの排水に混じる有害物質、農薬などによって水がよごれることをいう。水質汚濁の１つに、プランクトンが異常に増えて、水が赤褐色に見える**赤潮**があり、漁業に大きな被害をもたらす。

	大気汚染によるもの	その他
1985年		
1990年		
1995年		
2000年		
2005年		
2010年		
2021年		

0　2　4　6　8　10万人
（3月末現在。2021年は12月末）
（2023年版「日本のすがた」など）

▲公害病と認められている人の数の変化

参考 光化学スモッグ
1970年代には全国各地で光化学スモッグが発生し、大きな社会問題となった。

▲光化学スモッグ（東京）

くわしい学習

💬**Q** ＰＭ2.5というのはどういうものですか。

💡**A** ＰＭ2.5とは、粒の大きさが 2.5 mm の1000分の１以下の非常に小さな粒子の総称です。ＰＭ2.5は、肺の奥まで入りこんで呼吸器に悪い影響をあたえたり、それによって肺がんのリスクが高まることなどが心配されています。近年、中国で増加しており、ＰＭ2.5が非常に多いときは外出が禁止される場合もあります。日本へも風に乗って運ばれてくることがあります。

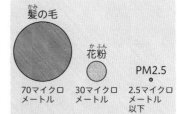

髪の毛
70マイクロメートル

花粉
30マイクロメートル

PM2.5
2.5マイクロメートル以下

▲ＰＭ2.5の大きさ

中国のゴビ砂漠などで強い風がふくと大量の砂粒が巻き上げられ、偏西風に乗って日本へ飛んでくることもあります。この現象を黄砂現象といいます。黄砂が付着して、洗濯物や車がよごれたり、健康に悪い影響をあたえたりするなどの被害が発生することもあります。

❸ **土壌汚染**……**土壌汚染**とは、工場や鉱山、産業廃棄物処理場、農場などから出るカドミウムや亜鉛、銅、農薬などで水田や畑の土などがよごれることをいう。

▶ **ダイオキシン**…ダイオキシンは、おもに塩素をふくむプラスチックを低温で焼却したときに出る非常に毒性の強い物質で、土壌に積もって土を汚染する。人体に入ると、がんや内臓障害などを引きおこす。

> ┌「人類がつくり出した最強・最悪の毒物」といわれる

❹ **騒音**……**騒音**とは、建設現場、自動車、飛行機などから発生するうるさい音のことをいう。

❺ **振動**……**振動**とは、自動車や電車、工事現場などで発生するゆれのことをいう。

❻ **悪臭**……**悪臭**とは、ごみの不始末や化学工場、畜舎などから発生する、人が不快に思うにおいのことをいう。

❼ **地盤沈下**……**地盤沈下**とは、地下水のくみ上げなどで土地がしずんでしまうことをいう。

ことば 産業廃棄物

工場・企業などの生産活動にともなって排出される廃棄物。土壌汚染などの公害防止のため、適切に処分することが法律で定められているが、不法投棄があとを絶たない。

地理
第5編
日本の自然環境とわたしたちのくらし

第1章
自然災害の防止と森林のはたらき

第2章
住みよい環境を守る

● 大気汚染によるもの
▲ 水質汚濁によるもの
◆ 鉱毒によるもの

合計 2万9728人

（単位：人）

● 神戸市 519
● 尼崎市 1488
● 備前市 19
● 豊中市 137
● 玉野市 19
● 吹田市 152
● 倉敷市 879
● 四日市市 313
▲ 阿賀野川下流域 112
◆ 笹ケ谷地区（慢性ひ素中毒）1
● 名古屋市 1658
◆ 神通川下流域 1
● 北九州市 719
● 大牟田市 522
● 川崎市 1152
● 東京都区部 1万2063
● 千葉市 197
● 大阪市 5044
● 横浜市 344
● 堺市 1062
● 守口市 914
● 富士市 333
● 八尾市 533
▲ 水俣湾沿岸 280
◆ 土呂久地区（慢性ひ素中毒）39
● 東大阪市 954
● 東海市 274

（2021年12月末現在）（2023/24年版「日本国勢図会」）

▲ 地域別の公害病と認められた人の数

雑学ハカセ 人混みが多くにぎやかな場所などで、隣の人が言っていることを聞き取れないときは、耳をふさぐと聞こえます。歓声などの騒音は手に反射しますが、近くの人の声は反射しにくいため、音が手のすきまから耳に入ってきます。そのため、近くの人の声が聞こえるようになります。

4 四大公害病　公害の中でも、特にたくさんの人が被害を受け、大きな社会問題となった4つの公害病を四大公害病という。1950年代〜60年代にかけて問題が表面化した。患者たちは公害の原因をつくった工場などを裁判所にうったえ、裁判所は工場側に責任があるとし、工場は患者たちに治療費などを支はらうことになった。しかし、現在もこれらの病気で苦しんでいる人がいる。

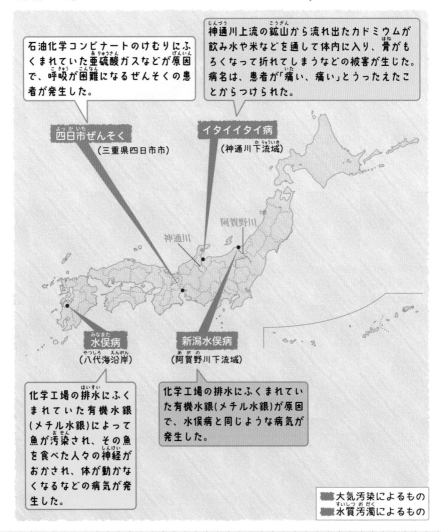

石油化学コンビナートのけむりにふくまれていた亜硫酸ガスなどが原因で、呼吸が困難になるぜんそくの患者が発生した。

神通川上流の鉱山から流れ出たカドミウムが飲み水や米などを通して体内に入り、骨がもろくなって折れてしまうなどの被害が生じた。病名は、患者が「痛い、痛い」とうったえたことからつけられた。

四日市ぜんそく
（三重県四日市市）

イタイイタイ病
（神通川下流域）

阿賀野川

神通川

水俣病
（八代海沿岸）

新潟水俣病
（阿賀野川下流域）

化学工場の排水にふくまれていた有機水銀（メチル水銀）によって魚が汚染され、その魚を食べた人々の神経がおかされ、体が動かなくなるなどの病気が発生した。

化学工場の排水にふくまれていた有機水銀（メチル水銀）が原因で、水俣病と同じような病気が発生した。

■大気汚染によるもの
■水質汚濁によるもの

入試では　四大公害病が発生した場所やその原因などを問う問題が多いので、公害病の名まえと発生場所、原因物質を関連づけて理解しておきましょう。また、阿賀野川と神通川もよく出題されます。

地理
第5編
日本の自然環境とわたしたちのくらし

第1章
自然災害の防止と森林のはたらき

第2章
住みよい環境を守る

2 地球環境問題 ★★★

1 地球環境問題 近年では、自然環境の破壊から生じる問題が地球規模でおこり、**地球環境問題**として国際的にその解決が求められている。

ズームアップ 地球環境問題
➡ p.523～525

2 おもな地球環境問題

❶ **地球温暖化**……二酸化炭素などの**温室効果ガス**が増加し、地球の熱が放出されにくくなり、地球の気温が高くなる現象を**地球温暖化**とい

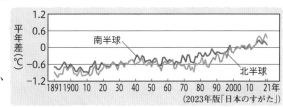

▲世界の気温の変化

う。地球温暖化が進むと、氷がとけて海面が上がり、標高の低い島などが水没するなどの問題が生じる。

❷ **オゾン層の破壊**……地表から10～50 km くらいの高さにあるオゾン層は、太陽から届く有害な紫外線を吸収して、生物を守る役割を果たしているが、**フロン**などによって南極上空などの**オ**

ヘアスプレーや冷蔵庫の冷却剤などに使用されていた物質↵

ゾン層が破壊される現象がおこった。強い紫外線は、人や動植物に悪い影響をあたえるといわれている。

ひふがんの増加など↵

太陽

オゾンホール（フロンガスによって破壊されたオゾン層）

フロンガス

紫外線

紫外線が直接届く

地球

紫外線を吸収する。

オゾン層

▲オゾン層の破壊のしくみ

❸ **砂漠化**……**砂漠化**とは、家畜の飼い過ぎや木の切り過ぎなどで土地があれて植物が育たず、砂漠が広がっていくことをいう。

❹ **熱帯林の減少**……土地の開発などで熱帯林の伐採が進んだ結果、**熱帯林が減少**している。熱帯林の減少は地球温暖化を進めることにもつながる。

❺ **酸性雨**……窒素酸化物などが雨にとけ、強い酸性の雨（**酸性雨**）となって降り、森林がかれたりする被害が出る。特にヨーロッパで多く見られる。

湖や川の生物を死滅させたりもする↵

パワーアップ

1990～2020年の30年間で、世界では年平均約592万ha（東京ドーム約127万個分）の森林面積が減少しました。特にアフリカ、ラテンアメリカの熱帯雨林を有する国での減少がめだち、ブラジルでは年平均約150万haの森林面積が減少しました。

2 公害・環境問題への取り組み

◎ 学習のポイント

1. 住民の公害反対運動が高まり、国や都道府県・市町村は**法律**や**条例**を定めて、**公害防止**に取り組んだ。
2. **地球環境問題**に対し、世界でその解決に向けての努力がされている。
3. 日本でも、**循環型社会**を目ざす取り組みが各地で行われている。

1 公害防止の取り組み ★★

1 住民運動　公害が発生した地域の住民たちは、自分たちの手で公害のようすを調査し、国や都道府県・市町村、そして公害と関係のある工場に公害をおこさないように求め、裁判にうったえることもあった。

2 県や市の取り組み　県や市などは**公害防止条例**を定めるなどして、公害防止に取り組んでいる。

3 国の取り組み

❶ **公害対策基本法**……1967年に公害を規制する目的で**公害対策基本法**が定められた。

❷ **その他の法律**……大気汚染防止法（1968年制定）、騒音規制法（1968年制定）などが制定され、公害防止のための法律の整備が進んだ。（1970年、水質汚濁防止法制定）

❸ **環境庁の設置**……1971年、環境問題を担当する役所として**環境庁**が設置され、その後、2001年には**環境省**となった。

❹ **環境基本法**……1993年には公害だけでなく、あらゆる環境問題に対応するため、公害対策基本法にかわって**環境基本法**が定められた。

年	場所	できごと
1960	四日市市	住民が工場から出るけむりなどの問題を市にうったえる。
1967	新潟県	新潟水俣病の患者らが工場を相手に裁判をおこす。
	四日市市	公害病の患者らが工場を相手に裁判をおこす。
	公害対策基本法が定められる。	
1968	富山県	公害病の患者らが工場を相手に裁判をおこす。
1969	水俣市	
1971	環境庁が設置される。	
	新潟県	
1972	四日市市	公害病の患者らのうったえを裁判所が認める。
	富山県	
1973	水俣市	
1993	環境基本法が定められる。	
1997	環境影響評価法が定められる。	
2001	環境省が設置される。	

▲公害に関係するおもなできごと

パワーアップ　公害防止条例には、東京都のディーゼル車を規制する決まり、滋賀県の琵琶湖の汚染を防止する決まりなどがあります。また、多くの市や町では、ごみのぽい捨てを禁止しています。

地理
第5編
日本の自然環境とわたしたちのくらし

第1章
自然災害の防止と森林のはたらき

第2章
住みよい環境を守る

4 **工場の取り組み** 公害対策（たいさく）の法律（ほうりつ）ができ、また、公害をおこす工場や製品を許さないという意見が国民の間に強まったため、公害と関係のある工場は有害物質（ぶっしつ）が廃水（はいすい）やけむりに混（ま）じるのをおさえ、公害を出さない製品づくりを心がけるようになった。

2 自然環境を守る取り組み ★★★

1 **国際会議（こくさい）** 環境問題（かんきょう）について話し合う国際会議（いこう）が、1972年以降たびたび開かれるようになった。

年	会議	場所	内容（ないよう）
1972	国連人間環境会議	ストックホルム（スウェーデン）	「かけがえのない地球」を合いことばに、世界の国々が環境問題について話し合い、人間環境宣言（せんげん）を採択（さいたく）した。
1992	国連環境開発会議（地球サミット）	リオデジャネイロ（ブラジル）	地球環境を守ることが話し合われ、地球温暖化防止条約（気候変動枠組条約（ひょう））や生物多様性条約（せい）が調印された。
1997	地球温暖化防止（おんだん）（ぼうし）京都会議	京都（日本）	2008～12年までの期間中に、先進国全体で二酸化炭素（にさんかたんそ）など温室効果ガス（こうか）の排出量（はいしゅつりょう）を1990年に比べて約5％減（くら）らすことが京都議定書で決められた。
2002	持続可能な開発に関する（かのう）世界首脳会議（しゅのう）（環境・開発サミット）	ヨハネスブーグ（南アフリカ共和国）	環境・開発分野についての国際的な（けんしょう）取り組みの検証と、今後の具体策を定めた。
2015	第21回国連気候変動枠組（けいやく）条約締約国会議	パリ（フランス）	京都議定書にかわり、発展途上国も（はってん）（とじょう）ふくめたすべての国々の参加を目ざす地球温暖化対策の国際的な枠組み（へ）としてパリ協定が採択された。

▲環境問題に関するおもな国際会議

━━━━━━━━━ **くわしい学習** ━━━━━━━━━

テーマ 京都議定書について調べてみよう。

研究 1997年、地球温暖化防止京都会議で採択された決まりです。

▶ **内 容**……二酸化炭素などの温室効果ガスの排出量を、2008～12年の間に先進国全体で約5％削減（さくげん）することなどが決められ、EUは8％、アメリカ合衆国（がっしゅうこく）は7％、日本は6％と決められました。

▶ **課 題**……中国やインドなど高い経済成長を続ける発展途上国に削減義務（ぎむ）がなく、当時世界最大の排出国だったアメリカ合衆国が2001年に離脱（りだつ）するなど、排出削減に向けた取り組みとして不十分な点がありました。

京都議定書では、発展途上国には温室効果ガスの排出を削減する義務がありませんでしたが、パリ協定では、すべての国が温室効果ガスの排出削減に向けて努力すると約束されました。ただし、義務ではなく、自主目標となっています。

こくさいじょうやく
2 国際条約

年	条約	内容
1971	ラムサール条約	正式名が「特に水鳥の生息地として国際的に重要な湿地に関する条約」で、水鳥をはじめ多くの生物がすむ重要な湿地を国際的に登録して守っていくことを目的としている。2023年11月現在、日本では53か所が登録されている。
1972	世界遺産条約	世界的に貴重な自然や建造物などを世界自然遺産・世界文化遺産として国際的に登録し、開発から守っていくことを目的とする。2023年11月現在、日本の自然遺産は屋久島(鹿児島県)、白神山地(秋田県・青森県)、知床(北海道)、小笠原諸島(東京都)、奄美大島・徳之島・沖縄島北部および西表島(鹿児島県・沖縄県)の5件。
1985	ウィーン条約	1985年にオゾン層の保護のために結ばれた条約。この条約にもとづき1987年にモントリオール議定書が採択され、先進国では1996年以降(発展途上国は2015年まで)に特定フロンは全廃することが決められた。特定フロンにかわる代替フロンも温室効果ガスであり、地球温暖化を促進するとされているため、先進国では2020年までに全廃(発展途上国は2030年)することが決められた。
1992	生物多様性条約	1992年に開かれた「地球サミット」で結ばれた条約で、個別の野生生物種や、特定地域の生態系に限らず、地球規模で多くの生物がたがいに支え合いながら生きているという生物多様性を考え、その保全を目的とした条約である。
2013	水銀に関する水俣条約	水銀および水銀を使用した製品の製造と輸出入を規制する国際条約である。水銀が人体や環境にあたえる影響を減らすことを目的に2013年に結ばれた。採択会議は水俣市と熊本市で開かれ、世界中から多くの人が集まった。

▲環境問題に関するおもな条約

くわしい学習

Q 生物多様性とはどういうことですか。

A ▶生物多様性……地球上には多種多様な生物がいます。これらの生物はただ一種だけで生きていくことはできず、ほかの多くの生物と直接かかわって生きています。このような生物どうしのつながりを「生物多様性」といいます。

▶生物多様性の危機……人による開発や乱獲などによる生態系の破壊や、地球温暖化などによる環境の悪化などが原因で、1年間に4万種もの生物が絶滅しているといわれており、生物多様性が地球規模で失われつつあります。

▶生物多様性の保全……人間が生きていくうえで欠かせない、食料、空気、水などは、生物がもたらしています。そのために、生物多様性の保全が重要になってきます。

環境省の資料(2020年3月27日発表)によると、日本で絶滅が心配される動物が1446種、植物が2270種あります。ちなみに東京の上野動物園では、飼育されている8割以上の動物が絶滅危惧種に指定されています。

3 国や住民による環境対策

❶ 環境アセスメント……自然環境を大きく損なうと思われる開発について事前に調査して、その開発が自然環境にどれほどの影響があるかを調査・予測し、それをもとに開発方法を変更したり、中止させたりすることを**環境アセスメント**という。日本では、1997年に**環境影響評価法**（環境アセスメント法）が制定された。

❷ ナショナルトラスト運動……貴重な自然環境をとどめている土地などを、地域の住民らが募金を集めて買い取ったり、寄贈を受けたりして保護していく運動のことを**ナショナルトラスト運動**という。

参考 ナショナルトラスト運動の先駆け

和歌山県の**天神崎**で、別荘地の開発計画がもち上がったことをきっかけに、自然を守るために「天神崎の自然を大切にする会」が結成され、全国からの募金による天神崎買い取り運動がスタートした。この活動が日本におけるナショナルトラスト運動の先駆けの1つとされている。

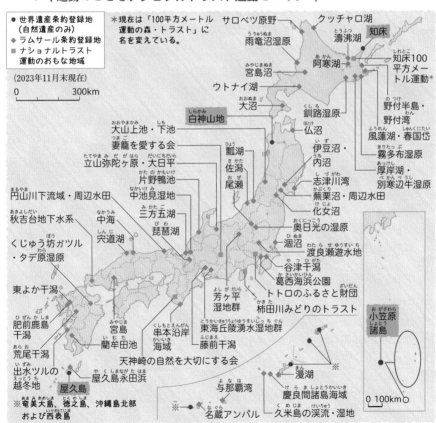

▲日本の世界遺産条約・ラムサール条約登録地とおもなナショナルトラスト運動地域

雑学ハカセ ナショナルトラスト運動は、産業革命が進行するイギリスで始まりました。1895年に自然環境の破壊を防ぐために「ザ・ナショナル・トラスト」が設立されたのが始まりです。

3 循環型社会 ★★

1 大量生産・大量消費型社会

日本では、1950年代半ばから人々のくらしが豊かになり、大量に生産されたものを大量に購入するという**大量生産・大量消費型社会**が築かれていった。その結果、発生した大量のごみの処分に困るという問題を招いた。また、大量生産・大量消費型社会は、多くの資源と燃料を必要とすることから、自然環境に大きな負担をかけている。

2 循環型社会

大量消費・大量廃棄型社会を改めるには、資源のむだ使いをなくし、環境への負担を少なくする循環型社会に変える必要がある。

▶ リサイクル…**家電リサイクル法**などが定められ、**リデュース**（ごみの発生をおさえる）・**リユース**（くり返し使う）・**リサイクル**（再利用して使う）の3Rをもとに、循環型社会づくりが進められている。
Reduce　　　　　　　　Reuse
Recycle

ことば　家電リサイクル法

家庭から出される廃棄家電の減量とリサイクルの促進を目ざして、2001年4月から施行された法律。当初、エアコン、テレビ、冷蔵庫・洗濯機の4品目が対象とされたが、2004年に冷凍庫、2009年に液晶テレビ・プラズマテレビ、衣類乾燥機が追加された。消費者は家電製品を処理業者に引きわたす際、定められた金額の処理費を負担しなければならない。

参考　4R

3Rに、「いらないものは断る」という意味のリフューズ（Refuse）を加えた4Rに取り組む地方公共団体もある。

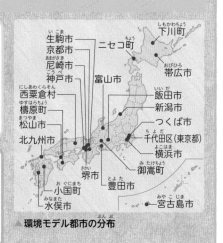

中学入試にフォーカス　循環型社会を目ざす動き

環境モデル都市やエコタウン事業に取り組むなど、循環型社会を目ざす都市が増加している。

環境モデル都市　温室効果ガスの大幅削減など高い目標をかかげ、その実現に向けて積極的に取り組んでいると評価され、国によって選定された都市を「環境モデル都市」という。2014年3月までに、23の市区町村が選定されている。

エコタウン事業　廃棄物の発生をおさえたり、リサイクルの推進を目的として国が始めた事業。地方公共団体が作成した計画を国が承認するもので、1997年度に北九州市や川崎市などが第1号となった。

環境モデル都市の分布

生駒市　ニセコ町　下川町
京都市
尼崎市　富山市　帯広市
神戸市
西粟倉村
橿原町　飯田市
松山市　新潟市
北九州市　つくば市
千代田区（東京都）
横浜市
御嵩町
堺市
小国町　豊田市
水俣市　宮古島市

パワーアップ　日本では、持続可能な社会の実現に向けて2008年から「環境モデル都市」を、2011年から「環境未来都市」を選定しています。これらに加えて、ＳＤＧｓ達成に向けて積極的に取り組む地方公共団体を「SDGs未来都市」として選定する制度が2018年から始まっています。

入試のポイント

👑 絶対暗記ベスト**3**

1位 **四大公害病** 水俣病・新潟水俣病・イタイイタイ病・四日市ぜんそくの
社会的に大きな問題となった4つの公害病のこと。

2位 **地球環境問題** 地球温暖化・オゾン層の破壊・砂漠化・熱帯林の減少・
酸性雨など地球規模の環境問題が進行している。

3位 **苦情が多い公害** 騒音・大気汚染・悪臭が上位3つの公害である。

1 公害の種類

□有害物質が原因で空気がよごれる公害を何というか？→**大気汚染**

□有害物質が原因で水がよごれる公害を何というか？→**水質汚濁**

□地下水のくみ上げなどによって土地がしずんでしまう公害を何というか？

→**地盤沈下**

2 四大公害病

公害病	発生場所	原因
（ ① ）	八代海沿岸	有機水銀
新潟水俣病	（ ③ ）下流域	有機水銀
（ ② ）	（ ④ ）下流域	カドミウム
四日市ぜんそく	四日市市	亜硫酸ガスなど

□左の表中の①・②にあてはまる公害病は何か？

①→**水俣病**

②→**イタイイタイ病**

□左の表中の③・④にあてはまる川は何か？

③→**阿賀野川**　　④→**神通川**

3 地球環境問題

□温室効果ガスが原因で地球の気温が高くなる現象を何というか？

→**地球温暖化**

□森林をからしたり、銅像をとかしたりする雨を何というか？→**酸性雨**

□オゾン層の破壊の原因となった物質を何というか？→**フロン**

□1993年に制定された、公害だけでなく、あらゆる環境問題に対応するための
法律を何というか？→**環境基本法**

□地球環境問題を話し合うため、1992年にリオデジャネイロで開かれた国際会
議を何というか？→**国連環境開発会議（地球サミット）**

□1997年に京都で開かれた地球温暖化防止京都会議で採択された決まりを何と
いうか？→**京都議定書**

□ ❶ 典型7公害のうち、苦情の件数が多い上位3つの公害は、[　　　]・[　　　]・[　　　]です。

❶騒音、大気汚染、悪臭　◎p.225

□ ❷ 窒素酸化物などが太陽の紫外線を受けて化学反応をおこして発生する公害を[　　　]といいます。

❷光化学スモッグ　◎p.226

□ ❸ 次の地方でおこった公害病は、特に何と呼ばれますか。
①八代海でおこった有機水銀が原因の公害病。
②四日市での、石油化学工場のばい煙が原因の公害病。
③神通川下流域でおこったカドミウムが原因の公害病。
④阿賀野川下流域でおこった有機水銀が原因の公害病。

❸①水俣病
②四日市ぜんそく
③イタイイタイ病
④新潟水俣病
◎p.228

□ ❹ 化石燃料を燃やしたときなどに発生する[　　　]は、地球温暖化のおもな原因とされています。

❹二酸化炭素　◎p.229

□ ❺ オゾン層に悪い影響をおよぼすとして、国際的に生産が規制されている物質は[　　　]です。

❺フロン　◎p.229

□ ❻ 木の切りすぎや家畜の増やしすぎなどが原因で、土地が不毛になってしまう現象を[　　　]といいます。

❻砂漠化　◎p.229

□ ❼ 四大公害病の発生を受け、1967年に[　　　]が制定されました。

❼公害対策基本法　◎p.230

□ ❽ 1993年、あらゆる環境問題に対応するため、❼にかわり[　　　]が制定されました。

❽環境基本法　◎p.230

□ ❾ 1992年、ブラジルの[　　　]で国連環境開発会議(地球サミット)が開催されました。

❾リオデジャネイロ　◎p.231

□ ❿ 2015年、発展途上国もふくめた、すべての国々の参加を目ざす地球温暖化対策の国際的な枠組みとして[　　　]が採択されました。

❿パリ協定　◎p.231

□ ⓫ [　　　]は、多くの生物がすむ重要な湿地を国際的に登録して守っていくことを目的とした条約です。

⓫ラムサール条約　◎p.232

□ ⓬ 地球上に生息している多種多様な生物どうしのつながりを[　　　]といいます。

⓬生物多様性　◎p.232

□ ⓭ 資源のむだ使いをなくし、環境への負担を少なくする社会を[　　　]といいます。

⓭循環型社会　◎p.234

□ ⓮ 3Rとは、リユース・[　　　]・リサイクルのことです。

⓮リデュース　◎p.234

●公害に関する次の問いに答えなさい。

(1) 右の地図中の**ア～ス**の地域から、四大公害病（こうがい）の発生地域を４つ選び、記号で答えなさい。 【筑波大附属駒場中】

(2) 次の**A～C**の文は、日本の社会の発展にともなっておこった公害について述（の）べたものである。これらの文の正誤の組み合わせとして正しいものを、あとの**ア～ク**から１つ選び、記号で答えなさい。 【東邦大付属東邦中】

A 四日市（よっかいち）ぜんそくは、建築物（けんちく）の断熱材（だんねつざい）などに広く用いられてきたアスベスト（石綿（いしわた））が原因（げんいん）でおこった。

B イタイイタイ病は、足尾銅山（あしおどうざん）から排出（はいしゅつ）された鉱毒（こうどく）が川に流れこみ、その川の水を飲むなどしたことが原因でおこった。

C 水俣病（みなまた）は、工場廃水（はいすい）にふくまれる有機水銀が、魚介類（ぎょかいるい）を通して人体に取りこまれたことが原因でおこった。

	ア	イ	ウ	エ	オ	カ	キ	ク
A	正	正	正	正	誤	誤	誤	誤
B	正	正	誤	誤	正	正	誤	誤
C	正	誤	正	誤	正	誤	正	誤

▐ キーポイント

(1) 四大公害病とは、四日市ぜんそく（四日市市）・水俣病（八代海沿岸（やつしろ えんがん））・イタイイタイ病（神通川下流域（じんづう かりゅういき））・新潟水俣病（阿賀野川下流域（あがの））の４つである。

(2) 四大公害病がおこった原因から判断（はんだん）する。

▐ 正答への道

(2) 四日市ぜんそくは亜硫酸（ありゅうさん）ガスなど、イタイイタイ病はカドミウム、水俣病は有機水銀が原因でおこった。**B**の足尾銅山鉱毒事件（じけん）は明治時代（めいじ）におこった公害である。

＋答え＋

(1)**ウ・オ・ケ・ス**　　(2)**キ**

● 地球環境の保全のため、世界全体でさまざまな取り決めがなされてきました。1997年に採択され、2005年に発効された京都議定書が例にあげられます。次の図1は2005年の世界の二酸化炭素排出量を表しています。表1は京都議定書で二酸化炭素削減義務があった国名、表2は2005年の発効までに京都議定書の批准を拒否した国名です。京都議定書の課題について、図1・表1・表2を参考にして、70字以内で説明しなさい。 【聖園女学院中一改】

図1　世界の二酸化炭素排出量（上位国・国別）

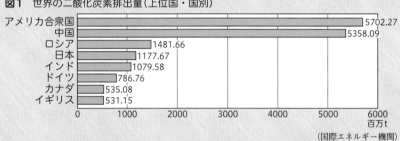

（国際エネルギー機関）

表1	二酸化炭素削減の義務があった国
	アメリカ合衆国、ロシア連邦、日本、ドイツ、イギリス、カナダ

表2	批准を拒否した国
	アメリカ合衆国

条件に注意！

京都議定書の課題を、図1・表1・表2から読み取り、70字以内で説明する。

キーポイント

- **表1**から、二酸化炭素排出量が上位の中国やインドに対しては削減義務がないことがわかる。
- **表2**から、二酸化炭素排出量が最も多いアメリカ合衆国が、議会の反対で批准しなかったことがわかる。

正答への道

二酸化炭素排出量の上位国のうち、最も多いアメリカ合衆国が批准しなかったこと、2番目に多い中国、5番目に多いインドなど、経済成長が著しい国には二酸化炭素排出量の削減義務が課せられなかったことが課題となった。

解答例

二酸化炭素排出量が多い中国、インドには削減義務がなく、最も多いアメリカ合衆国が議定書に批准せず、効力がうすれてしまったこと。〔62字〕

日本の諸地域 　発展

＊中学入試では地方別の問題もよく出題
されます。各地方の特色をしっかりと
学び、入試対策に役立ててください。

日本の各地方の特色

　日本には、1都1道2府43県があり、大きく7つの地方に区分されます。それぞれの地方では特色ある自然、産業、文化が発達しています。地形や気候、農林水産業、工業などと結びつけながら、それぞれの地方の特色を調べてみましょう。

📖 学習することがら

1．九州地方
2．中国・四国地方
3．近畿地方
4．中部地方
5．関東地方
6．東北地方
7．北海道地方

1 九州地方

地図によるまとめ ① 九州地方の地形・農林水産業

凡例
- ● 県庁所在地（けんちょうしょざいち）
- シラス台地

- 肉牛（にくぎゅう）
- 乳牛（にゅうぎゅう）
- ぶた
- 肉用にわとり（にくよう）
- ぶり類
- まだい
- のり類（るい）
- 真珠（しんじゅ）
- うなぎ

※水産物は養殖。

日本海

対馬（つしま）

対馬海流

リアス海岸が発達

壱岐（いき）

福岡平野

松浦港（まつうら）

唐津港（からつ）

福岡市

筑紫山地（ちくし）

福岡県

中津平野（なかつ）

国東半島（くにさき）

大分平野

日田盆地（日田すぎ）（ひた）

大分県

大分市

佐賀県

佐賀市

筑後川（ちくご）

東シナ海

佐世保港（させぼ）

五島列島（ごとう）

長崎県

長崎市

有明海（ありあけ）

雲仙岳（うんぜんだけ）

熊本県

熊本市

熊本平野

阿蘇山（あそさん）

九州山地

筑紫平野（つくし）
（クリークを利用した稲作（いなさく））

長崎港

八代平野（やつしろ）（い草）

球磨川（くま）

宮崎県

人吉盆地（ひとよしぼんち）

リアス海岸が発達

宮崎平野
（野菜の促成栽培（そくせいさいばい））

霧島山（きりしまやま）

宮崎市

大淀川（おおよど）

鹿児島県

都城盆地（みやこのじょう）

鹿児島市

鹿児島湾（わん）

御岳（おんたけ）桜島（さくらじま）

笠野原（かさのはら）

▲有明海ののりの養殖（ありあけかい）（ようしょく）

薩摩半島（さつま）

枕崎港（まくらざき）
（かつおの遠洋漁業基地（きち））

大隅半島（おおすみ）

さとうきび・パイナップル・花の栽培

沖縄県

那覇市（なは）

屋久島（やくしま）

種子島（たねがしま）

黒潮（くろしお）

0　　　　　100km

雑学ハカセ 渋谷駅前（しぶや）にある、多いときには1度に約3000人がわたるといわれるスクランブル交差点は全国的に有名ですが、スクランブル交差点の第1号は、熊本市の「子飼本町（こかいほんまち）」交差点で、今も残っています。

1 九州地方の自然 入試重要度 ★★

1 地 形

❶ 山地……北部に低くてなだらかな**筑紫山地**（ちくし）、中央部に高くて険しい**九州山地**がある。**カルデラ**で有名な**阿蘇山**（あそ）や御岳（桜岳）（さくらじま）など火山が多い。

❷ 台地……南部には火山灰（ばい）におおわれた**シラス台地**が広がっている。└宮崎県や鹿児島県

❸ 川・平野……筑後川（ちくご）下流に**筑紫平野**、球磨川（くま）下流に**八代平野**（やつしろ）、大淀川（おおよど）下流に**宮崎平野**が広がる。

❹ 海岸……北西部には**リアス海岸**が発達している。└長崎県

▲阿蘇山のカルデラ

ズームアップ カルデラ ➡p.46

2 気 候

九州地方は、暖流（だんりゅう）（黒潮（くろしお）と対馬海流（つしま））が近海を流れ、全体的に温暖な気候である。沖縄県などは**南西諸島の気候**（しょとう）で、夏は気温が高く、冬でも温暖である。梅雨（つゆ）や台風の影響（えいきょう）を受け、雨が多い。└日本海流

2 九州地方の農林水産業 ★★

▲筑紫平野のクリーク

1 農 業

❶ 筑紫平野……筑紫平野には、**クリーク**と呼ばれる水路が広がり、稲作（いなさく）がさかんである。

❷ 宮崎平野……宮崎平野では、温暖な気候を利用した野菜の**促成栽培**（そくせいさいばい）がさかんである。└きゅうり、ピーマン、かぼちゃなど

❸ 笠野原（かさのはら）……シラス台地が広がる笠野原では、茶や野菜の栽培と**畜産業**（ちくさん）がさかんである。└大隅半島中央部の台地

❹ 八代平野……**熊本県**はい草の生産が日本有数で、八代平野でおもに生産されている。

❺ 沖縄県……沖縄県では、**さとうきびやパイナップル**、きくなどの花の栽培がさかんである。

2 水産業

❶ 大陸棚（だな）……東シナ海には**大陸棚**が広がり、よい漁場となっている。長崎港などがおもな漁港である。└水深200mくらいまでの傾斜のなだらかな海底

❷ 養殖業（ようしょく）……**有明海**（ありあけかい）ののり、対馬の真珠（しんじゅ）、宮崎県・鹿児島県のうなぎなどの**養殖**が行われている。

参考 九州地方のおもな農産物

たまねぎ	佐賀県・長崎県
トマト	熊本県
みかん	熊本県・長崎県・佐賀県
いちご	福岡県・熊本県・長崎県・佐賀県

参考 九州地方の林業・水産業

● 大分県は日田（ひた）すぎの産地である。

● 鹿児島県の枕崎港（まくらざき）は、かつお漁を中心とした遠洋漁業の基地として知られている。

入試では
九州地方では、北九州工業地帯（地域）（ちくい）、宮崎平野の促成栽培、シラス台地でさかんな畜産業に関連した問題が多く出題されています。また、沖縄県についても多く出題されます。

地図によるまとめ② 九州地方の工業・交通・観光

凡例
- 金属（きんぞく）
- 機械（きかい）
- 化学（かがく）
- 食料品（しょくりょうひん）
- 自動車（じどうしゃ）
- 造船（ぞうせん）
- 製紙・パルプ（せいし）
- 貿易港（ぼうえきこう）

0　　　　　　　100km

北九州市（きたきゅうしゅうし）（八幡製鉄所）（やはたせいてつじょ）

北九州工業地帯（地域）（きたきゅうしゅうこうぎょうちたい（ちいき））

山陽新幹線（さんようしんかんせん）

福岡市（九州の中心都市、博多人形）（ふくおかし）（はかたにんぎょう）

「神宿る島」宗像・沖ノ島と関連遺産群（むなかた・おきのしま）

宮若市（みやわかし）

苅田町（かんだちょう）

筑豊炭田（かつての大産炭地）（ちくほうたんでん）

中津市（なかつし）

吉野ヶ里遺跡（弥生時代の遺跡）（よしのがりいせき）（やよい）

博多（はかた）

福岡県（ふくおかけん）

別府市（温泉を中心とした観光都市）（べっぷし）（おんせん）

伊万里市（陶磁器）（いまりし）（とうじき）

佐賀県（さがけん）

久留米市（ゴム製品）（くるめし）

有田町（陶磁器）（ありたちょう）

佐世保市（させぼし）

大分県（おおいたけん）　大分市（おおいたし）

長崎県（ながさきけん）

西九州新幹線（にしきゅうしゅうしんかんせん）

長崎市（ながさきし）

大牟田市（おおむたし）

熊本県（くまもとけん）

延岡市（のべおかし）

八代市（やつしろし）

新八代（しんやつしろ）

宮崎県（みやざきけん）

水俣湾（水俣病発生地）（みなまたわん）

大島（奄美大島）（おおしま（あまみおおしま））

徳之島（とくのしま）

九州新幹線（きゅうしゅうしんかんせん）

鹿児島県（かごしまけん）

琉球王国のグスクおよび関連遺産群（りゅうきゅう）

沖縄島北部

鹿児島中央（かごしまちゅうおう）

鹿児島市喜入（石油備蓄基地）（かごしまし きいれ）（せきゆびちくきち）

アメリカ軍用地が多い

沖縄県（おきなわけん）

ひめゆりの塔（戦後に建てられた慰霊碑）（とう）（いれいひ）

アメリカ軍用地

世界自然遺産（せかいしぜんいさん）
- 奄美大島、徳之島、沖縄島北部および西表島（あまみおおしま、とくのしま）（いりおもてじま）

世界文化遺産（せかいぶんかいさん）
- 明治日本の産業革命遺産（めいじ）（かくめい）
- 長崎と天草地方の潜伏キリシタン関連遺産（ながさきとあまくさ）（せんぷく）

━━ 高速道路

西表島（いりおもてじま）

石垣島（いしがきじま）

屋久島（数千年の樹齢をほこる縄文すぎ）（やくしま）（じゅれい）（じょうもん）

雑学ハカセ

8つの県しかないのに九州地方というのはなぜでしょうか。「州」は昔の国を示すもので、かつて、肥前・肥後・筑前・筑後・豊前・豊後・大隅・薩摩・日向の9つの国があったためです。

3　九州地方の工業 ★★

1 北九州工業地帯(地域)
かつての四大工業地帯の1つで、**八幡製鉄所**を中心に**鉄鋼業**が発展した。
└1901年に操業を開始
その後、集積回路(IC)工場や自動車工場が進出し、
└九州はシリコンアイランドと呼ばれた
機械工業の割合が高くなっている。

🔍ズームアップ 北九州工業地帯
(地域) ➡p.160

2 おもな工業都市
- ▶ **久留米**…ゴム製品
- ▶ **大分**…鉄鋼
- ▶ **苅田**…自動車
- ▶ **長崎・佐世保**…造船
- ▶ **鹿児島市喜入**…石油の備蓄基地がある。

3 電力
大分県の**八丁原**などに、マグマを熱源とする**地熱発電所**がある。

▲地熱発電所(大分県八丁原)

4 伝統工業
福岡県の博多人形、佐賀県の**有田焼**(伊万里焼)などが有名である。
└伊万里港を積み出し港としたのでこのようにも呼ばれる

4　九州地方の交通 ★

1 新幹線
博多駅は山陽新幹線、九州新幹線の
└福岡県　　└新大阪～博多　　　└博多～鹿児島中央
発着駅である。2022年9月、**西九州新幹線**が長崎
～武雄温泉間で部分開業した。

2 高速道路
九州自動車道が、北九州市と鹿児島市を結んでいる。

▲九州新幹線

5　九州地方の世界遺産・その他 ★★

1 世界自然遺産
屋久島、奄美大島・徳之島・沖縄島北部および西表島が世界自然遺産に登録されている。

2 世界文化遺産
琉球王国のグスクおよび関連遺産群(首里城など)、**明治日本の産業革命遺産**(軍艦島など)、「神宿る島」宗像・沖ノ島と関連遺産群、長崎と天草地方の潜伏キリシタン関連遺産が、世界文化遺産に登録されている。
└長崎港沖にあり、かつて炭鉱で栄えた

▲屋久島の縄文すぎ

3 公害
八代海(水俣湾)沿岸で、四大公害病の1つである**水俣病**が発生した。
└水俣病のほかにイタイイタイ病、新潟水俣病、四日市ぜんそく

4 アメリカ軍用地
日本にあるアメリカ軍用地の約70%が沖縄県に集中している。

🔍ズームアップ 沖縄の基地問題
➡p.480

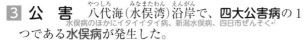

雑学ハカセ 世界遺産に登録されている沖ノ島は、女人禁制で女性は入ることができません。島内で見聞きしたことをほかのところで話してはいけないしきたりがあり、1本の草ももち帰ることは許されないそうです。

2 中国・四国地方

地図によるまとめ ① 中国・四国地方の地形・農林水産業

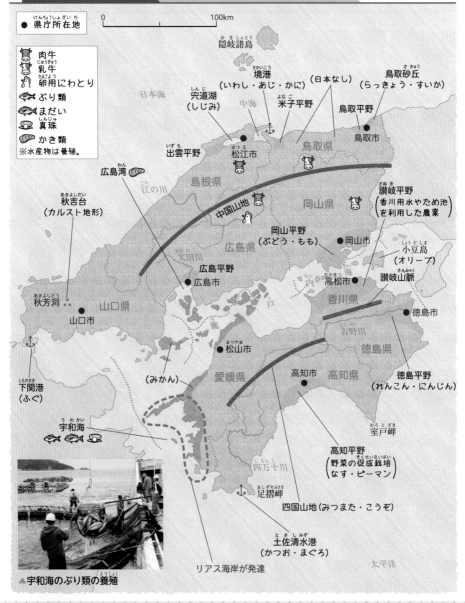

● 県庁所在地

🐮	肉牛
🐮	乳牛
🐔	卵用にわとり
🐟	ぶり類
🐟	まだい
🦪	真珠
🦪	かき類

※水産物は養殖。

隠岐諸島

日本海

境港
(いわし・あじ・かに)

(日本なし)

鳥取砂丘
(らっきょう・すいか)

宍道湖
(しじみ)

米子平野

鳥取平野

中海

鳥取県

鳥取市

出雲平野

松江市

島根県

広島湾

江の川

秋吉台
(カルスト地形)

中国山地

岡山県

讃岐平野
(香川用水やため池を利用した農業)

岡山平野
(ぶどう・もも)

岡山市

小豆島
(オリーブ)

広島県

太田川

広島平野

高松市

讃岐山脈

秋芳洞

広島市

瀬戸内海

香川県

徳島市

山口県

吉野川

山口市

松山市

徳島県

下関港
(ふぐ)

(みかん)

愛媛県

高知市

高知県

徳島平野
(れんこん・にんじん)

宇和海

室戸岬

四万十川

高知平野
(野菜の促成栽培
なす・ピーマン)

足摺岬

四国山地(みつまた・こうぞ)

土佐清水港
(かつお・まぐろ)

リアス海岸が発達

太平洋

▲ 宇和海のぶり類の養殖

 雑学ハカセ 香川県にある金刀比羅宮(金毘羅宮)は、参道の785段もある階段で知られています。実際は786段あるのですが、786=なやむということで、途中に1段だけ降りる段をつくって785段にしたといわれています。

1 中国・四国地方の自然 ★★

1 地 形

❶ 山地……中国地方の中央部になだらかな**中国山地**、四国地方の中央部に険しい**四国山地**がある。

❷ 川……中国地方には江の川や太田川などが、四国地方には**吉野川**や**四万十川**などが流れる。

❸ 平野……瀬戸内地方には、広島平野や**讃岐平野**などが、太平洋側には**高知平野**がある。

❹ 海岸……四国地方西部には、**リアス海岸**が発達し、日本海側(山陰)には、**鳥取砂丘**がある。
└南北2.4 km、東西16 kmにわたる、日本最大級の砂丘┘

❺ 台地……中国地方西部に、**カルスト地形**の秋吉台がある。
└石灰岩が水に浸食されてできた地形┘

2 気 候
山陰地方は**日本海側の気候**、瀬戸内地方は**瀬戸内の気候**、南四国は**太平洋側の気候**である。
└温暖で1年を通して降水量が少ない┘ └冬に降水量が多い┘ └夏に降水量が多い┘

2 中国・四国地方の農林水産業 ★★

1 農 業

❶ 鳥取砂丘……鳥取砂丘では、らっきょう・すいかの栽培がさかんである。

❷ 果物……鳥取県で日本なし、**岡山県でぶどう**・もも、愛媛県でみかんの栽培がさかんである。
└マスカットの生産は日本有数┘

❸ 高知平野……高知平野では、野菜の**促成栽培**がさかんである。
└なす・ピーマンなど┘

2 畜産業
中国山地の高原では、肉牛や乳牛が飼育されている。

3 林 業
四国山地西部は、みつまた・こうぞの産地である。
└和紙の原料┘ └和紙の原料┘

4 水産業

❶ 境港……境港は、日本海側で有数の漁港である。
└鳥取県境港(さかいみなと)市にある┘

❷ 養殖業……宍道湖のしじみ、広島湾のかき、宇和海の真珠やぶり・たいなどの養殖が行われている。

❸ 遠洋漁業……土佐清水港は**遠洋漁業**の基地である。
└高知県┘ └かつお・まぐろ┘

参考 讃岐平野
讃岐平野は、古くから水不足になやまされてきたため、満濃池など多くのため池がつくられた。また、吉野川から水を引く香川用水もつくられた。

▲鳥取砂丘

🔍ズームアップ カルスト地形
➡p.137

▲高知平野のビニールハウス群

パワーアップ 海水と淡水が混じり合っている湖を汽水湖といい、北海道のサロマ湖、静岡県の浜名湖、島根県の宍道湖などがあります。宍道湖では、海水と淡水が混じったところに生息するヤマトシジミが養殖されています。

地図によるまとめ ② 中国・四国地方の工業・交通・観光

▲後楽園

竹島
（島根県に属する）

奥出雲町横田
（雲州そろばん）

鳥取砂丘

鳥取県

鳥取市

出雲大社

石見銀山遺跡とその文化的景観

岡山県

山陽新幹線

島根県

広島県

岡山市
（後楽園）

備前市
（備前焼）

原爆ドーム

倉敷市

福山市

水島港

倉敷市児島

明治日本の
産業革命遺産

広島市

尾道市

玉野市

瀬戸大橋

萩市（萩焼）

厳島神社

丸亀
（うちわ）

秋吉台

山口県

瀬戸内
工業地域

坂出市

香川県

鳴門市

徳島市
（阿波正藍しじら織）

今治市
（タオル）

徳島県

防府市

光市

道後温泉

四国中央市

宇部市

呉市

新居浜市

愛媛県

山陽小野田市

周南市

熊野町
（熊野筆）

いの町
（土佐和紙）

高知県

| 金属 |
| 機械 |
| 化学 |
| セメント |
| 自動車 |
| 造船 |
| 製紙・パルプ |
| 貿易港 |

| 世界文化遺産 |
| 高速道路 |

瀬戸大橋

雑学ハカセ

鳴門海峡は、大きなうず潮が見られることで有名ですが、最大なものは直径が20ｍにもなります。イタリアのメッシーナ海峡、カナダのセイモア海峡とならんで「世界三大潮流」の1つといわれています。

3 中国・四国地方の工業 ★★★

1 瀬戸内工業地域
瀬戸内工業地域は、瀬戸内海沿岸の工業都市を中心に発展した。

2 おもな工業都市
倉敷市の水島地区は、瀬戸内工業地域の中心である。
└石油化学コンビナートや製鉄所などがつくられた┘

▶ 倉敷・周南…化学　▶ 呉・尾道…造船

▶ 倉敷・福山…鉄鋼　▶ 広島…自動車

▶ 宇部・山陽小野田…セメント・化学

3 伝統工業
岡山県の備前焼、広島県の熊野筆、山口県の萩焼、高知県の土佐和紙などが有名である。

4 中国・四国地方の交通 ★

瀬戸内地方は、山陽新幹線や山陽自動車道、中国自動車道が通り、本州四国連絡橋で本州と四国が結ばれるなど、交通網が発達している。
└日本海側や南四国は、瀬戸内地方に比べあまり発達していない

5 中国・四国地方の世界遺産・その他 ★★

1 世界遺産
原爆ドーム、厳島神社、石見銀山遺跡とその文化的景観などが、世界文化遺産に登録されている。
└萩の反射炉も明治日本の産業革命遺産として世界文化遺産に登録

2 竹島
島根県に属する竹島は、現在、韓国が不法占拠している。

ズームアップ 瀬戸内工業地域 →p.161

参考 中国・四国地方のおもな観光地
鳥取砂丘、出雲大社、萩、津和野、秋吉台、後楽園、道後温泉などは、多くの観光客でにぎわっている。

▲出雲大社

参考 広島市・岡山市
広島市は中国・四国地方最大の都市で、政令指定都市に指定されている。中国・四国地方では、岡山市も政令指定都市に指定されている。

ズームアップ 厳島神社 →p.370

中学入試にフォーカス 本州四国連絡橋

📝 本州四国連絡橋は、神戸－鳴門ルート、児島－坂出ルート、尾道－今治ルートの3つ。

便利になった点 本州・四国間の所要時間が大幅に短縮された。

問題点 橋の開通で、それまで運航していた連絡船やフェリーが廃止されたり、便の数が減ったりして、逆に不便になった地域もある。

児島－坂出ルート（瀬戸大橋）
尾道－今治ルート（しまなみ海道）
神戸－鳴門ルート
姫路　神戸　明石　淡路島　洲本　倉敷　岡山　児島　尾道　今治　坂出　鳴門
①明石海峡大橋　②大鳴門橋

パワーアップ

明石海峡大橋の開通前は、四国の中心地は高松市でしたが、開通後、神戸や大阪まで買い物に行く人が増え、地方のヒト・モノ・カネが大都市に吸いこまれてしまうストロー現象が生じました。交通網の発達が地方経済衰退につながることもあります。

3 近畿地方

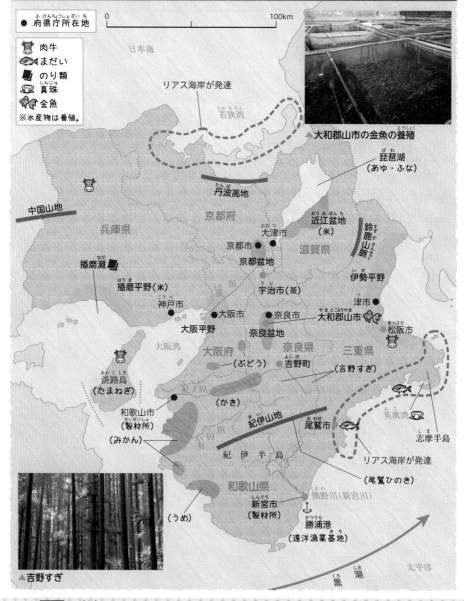

● 府県庁所在地

🐄 肉牛
🐟 まだい
▮ のり類
☕ 真珠
🐠 金魚
※水産物は養殖。

0 ─────── 100km

日本海

リアス海岸が発達

若狭湾

▲大和郡山市の金魚の養殖

琵琶湖（あゆ・ふな）

丹波高地

中国山地

京都府

近江盆地（米）

鈴鹿山脈

兵庫県

滋賀県

大津市

京都市
京都盆地

伊勢平野

播磨灘

宇治市（茶）

津市

播磨平野（米）

神戸市

大阪市

奈良市

大和郡山市

松阪市

大阪平野

奈良盆地

大阪府

奈良県

三重県

大阪湾

（ぶどう）

吉野町

淡路島（たまねぎ）

（かき）

吉野すぎ

英虞湾

和歌山市（製材所）

紀伊山地

尾鷲市

志摩半島

（みかん）

リアス海岸が発達

紀伊半島

（尾鷲ひのき）

和歌山県

熊野川（新宮川）

新宮市（製材所）

（うめ）

勝浦港（遠洋漁業基地）

太平洋

黒潮

▲吉野すぎ

雑学ハカセ

近畿の「畿」は都の意味で、近畿は都（京都）の近くという意味になります。かつて、山城（京都府の南東部）など5つの国を畿内と呼び、畿内とその周りという意味で、近畿地方とされました。

1 近畿地方の自然 ★★

1 地　形

❶ **山地**……北部にはなだらかな丹波高地が広がり、**紀伊半島**南部には高くて険しい**紀伊山地**がある。

❷ **湖・川**……**琵琶湖**〔滋賀県にある日本最大の湖〕から流れ出た川が集まり、**淀川**となって大阪湾に注いでいる。紀伊山地からは紀ノ川や熊野川(新宮川)が流れ出ている。

❸ **海岸**……**若狭湾岸**や**志摩半島**は、リアス海岸が発達している。

▲琵琶湖

2 気　候
北部は日本海側の気候、大阪湾沿岸は瀬戸内の気候、中部の盆地は内陸性の気候に近い。南部は暖流の**黒潮**(日本海流)の影響で、温暖な太平洋側の気候である。

2 近畿地方の農林水産業 ★★★

1 農　業

❶ **近郊農業**……京都・大阪・神戸などの大消費地が近いため、その周辺では**近郊農業**がさかんである。
▶ **兵庫県の淡路島**…**たまねぎ**の栽培がさかん。

❷ **和歌山県**……みかん・うめ・かきの生産量が多い。〔紀ノ川・有田川沿いの日当たりの良い山の斜面〕

❸ **茶**……宇治など京都府南部で茶の栽培がさかん。

2 林　業
紀伊山地で林業がさかんである。**尾鷲ひのき**や**吉野すぎ**は人工の美林として知られる。〔尾鷲ひのき・吉野すぎ・天竜すぎは日本三大人工美林〕

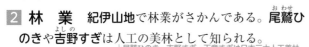

▲和歌山県のみかん畑

3 畜産業
兵庫県北部の山地や淡路島では、神戸牛や松阪牛のもととなる肉牛の飼育がさかんである。〔但馬牛〕

4 水産業

❶ **漁業**……和歌山県の**勝浦港**は遠洋漁業の基地で、太平洋でかつお・まぐろをとっている。日本海では、かに・いかの漁業がさかんである。

❷ **養殖業**……**志摩半島**の英虞湾の真珠、播磨灘ののり、**大和郡山**の金魚、**琵琶湖**のあゆなどの養殖が行われている。

▲淡路島の肉牛の放牧

雑学ハカセ

真珠の養殖は、1893年、御木本幸吉という人が英虞湾で半円の真珠の生産に成功したのが始まりです。その後、1905年に球形の真珠の養殖に成功し、各地に広まりました。

地図によるまとめ② 近畿地方の工業・交通・観光

凡例
- 🏯 世界文化遺産（いさん）
- ━ 高速道路
- ⚒ 金属（きんぞく）
- ✿ 機械（きかい）
- ⚗ 化学（かがく）
- 🍴 食料品（しょくりょうひん）
- 🚗 自動車（じどうしゃ）
- ⚓ 造船（ぞうせん）
- 🧵 せんい
- ⚓ 貿易港（ぼうえきこう）

天橋立（あまのはしだて）
（日本三景の1つ）

京都市（きょうとし）✿ 🍴
京焼・清水焼、西陣織（やきみず・にしじんおり）、
京人形、京友禅（きょうゆうぜん）

大阪城

四日市市（よっかいちし）🏭
（石油化学コンビナート）

城崎温泉（きのさきおんせん）

舞鶴市（まいづるし）

京都府

滋賀県

東海道新幹線

兵庫県

生野銀山跡（いくのぎんざんあと）

大阪国際空港（こくさい）

古都京都の文化財

いなべ市

草津市（くさつ）✿

姫路城（ひめじ）
姫路市（ひめじし）

小野市（おの）
（播州そろばん）（ばんしゅう）

西宮市（にしのみや）
（清酒）（せいしゅ）

阪神工業地帯（はんしん）

甲賀市信楽（こうがし しがらき）
（信楽焼）

中京工業地帯（ちゅうきょう）

鈴鹿市（すずか）

加古川市（かこがわし）✿

山陽新幹線（さんようしんかんせん）

明石市（あかし）🚗

神戸空港（こうべ）
大阪港
神戸港（ごう）
関西国際空港

⑨ ② 大阪城
⑩ ④ ③
⑤ ⑥
⑦
⑧

大阪府

津市（つ）✿

古都奈良の文化財
大和郡山市（やまとこおりやま）✿
法隆寺地域の仏教建造物（ほうりゅうじ・ぶっきょうけんぞうぶつ）

百舌鳥・古市古墳群（もず・ふるいちこふんぐん）

三重県

伊勢神宮（いせじんぐう）

海南市（かいなん）
（紀州漆器）（きしゅうしっき）

奈良県

和歌山市

紀伊山地の霊場と参詣道（きい・れいじょう・さんけいみち）

和歌山県

田辺市天神崎（たなべし てんじんざき）
（ナショナルトラスト運動）

①門真市（かどま）✿
②守口市（もりぐち）✿
③東大阪市（ひがしおおさか）✿
④大阪市（おおさか）🚗✿🍴
⑤堺市（さかい）🏭✿⚒
⑥高石市（たかいし）⚗
⑦泉大津市（いずみおおつ）🧵
⑧泉佐野市（いずみさの）🧵
⑨尼崎市（あまがさき）✿⚒⚗
⑩神戸市（こうべ）🍴🏭⚗🚗

▲天神崎

雑学ハカセ　明石海峡大橋（あかしかいきょう）（全長3911 m）は、つり橋の規模を示す2本の主塔間のきょりが1991 mで、2022年に開通したトルコのダーダネルス海峡にかかるチャナッカレ1915橋の2023 mにぬかれるまで、世界最長のつり橋でした。

3 近畿地方の工業 ★★★

1 阪神工業地帯
阪神工業地帯は、大阪湾沿岸の大阪府・兵庫県を中心に発達した工業地帯で、臨海部での鉄鋼などのほか、先端技術産業が発達している。ほかの工業地帯・地域と比べ、**中小工場**が多い。

⊕ズームアップ 阪神工業地帯 ➡p.159

2 おもな工業都市
- ▶ 神戸…機械　　▶ 堺…化学　　▶ 門真…機械
- ▶ 和歌山…鉄鋼　　▶ 泉大津・泉佐野…せんい

3 伝統工業
京都府の清水焼・西陣織・京友禅、堺の打刃物、滋賀県の**信楽焼**などが有名である。

▲信楽焼のたぬき

4 近畿地方の交通 ★★

1 新幹線・高速道路
東海道・山陽新幹線、名神高速道路、山陽自動車道などが整備されている。

2 貿易港
大阪港・神戸港は日本有数の貿易港で、人工島のポートアイランドがある衣類などの日用品の輸入が多いのが特色である。

⊕ズームアップ 貿易港 ➡p.188

3 空港
集積回路の輸出入が多い関西国際空港や、大阪国際空港(伊丹空港)がある。

5 近畿地方の世界遺産・その他 ★★

1 世界遺産
法隆寺地域の仏教建造物、古都京都の文化財、古都奈良の文化財、紀伊山地の霊場と参詣道、姫路城、百舌鳥・古市古墳群の6件が、世界文化遺産に登録されている。

2 人口
大阪・京都・神戸を中心とする**大阪大都市圏**に人口が集中し過密化している。一方、北部や南部の山間部では過疎化が進んでいる。

3 大阪湾ベイエリア
工場跡地に大型の物流施設やオフィスビル、高層マンション、テーマパークが建設されるなど、再開発が進んでいる。2025年には人工島の夢洲で日本国際博覧会(大阪・関西万博)の開催が予定されている。

参考 近畿地方のおもな観光地・史跡

近畿地方には、天橋立、伊勢神宮、大阪城、延暦寺、大仙(仁徳陵)古墳、生野銀山跡、正倉院、高松塚古墳、金剛峯寺など、多くの観光地や史跡がある。

▲伊勢神宮

雑学ハカセ 24時間発着できる空港として、関西国際空港が大阪湾の沖に建設されました。これは、騒音公害をさけるためでした。ちなみに、関西国際空港には黄色の消防車があります。夜間は赤色だと目立ちにくいため、視認性を重視して、黄色が採用されたそうです。

4 中部地方

地図によるまとめ ① 中部地方の地形

● 県庁所在地

0　　　　　　100km

▲ 木曽山脈(中央アルプス)

佐渡島

新潟市

越後平野

越後山脈

能登半島

黒部川

砺波平野

富山平野

信濃川

新潟県

金沢平野

富山市

富山県

長野市

長野盆地

福井平野

金沢市

神通川

飛騨山脈

松本盆地

石川県

長野県

福井市

九頭竜川

岐阜県

諏訪湖

関東山地

若狭湾

福井県

長良川

木曽山脈

甲府市

山梨県

リアス海岸が発達

岐阜市

揖斐川

赤石山脈

甲府盆地

愛知用水

富士山

名古屋市

濃尾平野
(輪中)

愛知県

静岡市

駿河湾

伊豆半島

岡崎平野

静岡県

伊勢湾

大井川

明治用水

浜名湖

天竜川

牧ノ原

渥美半島

三方原

豊川用水

三河湾

太平洋

▲ 濃尾平野の輪中

日本海

雑学ハカセ

富士山には4つの登山口があり、どれも5合目付近までは車で行けます。同じ「5合目」でも、最も高い富士宮口は2380m、最も低い御殿場口は1440mで、1000m近い標高差があります。

1 中部地方の自然 ★★

1 地 形

❶ 山脈……中央高地には、飛騨山脈・木曽山脈・赤
　　　　　　　　北アルプス　　　中央アルプス
石山脈が連なり、日本アルプスと呼ばれている。
　　南アルプス
　　日本の屋根ともいわれる

❷ 川・平野……日本で最も長い信濃川の下流に越後
　　　　　　　　　　　　　　　　　しなの　　　　　えちご
平野、木曽川・長良川・揖斐川の下流に濃尾平野
　　　　　　　ながら　　いび　　　　　　　のうび
が広がり、西部には輪中が見られる。
　　　　　　　　　わじゅう

❸ 海岸……若狭湾岸は、リアス海岸が発達している。
　　　　　わかさわんがん

🔍ズームアップ 輪　中 ➡p.63

2 気 候
北陸地方は日本海側の気候、中央高地は
内陸性の気候で年間の気温差が大きく、東海地方は太
平洋側の気候となっている。

2 中部地方の農林水産業 ★★★

1 農 業

❶ 北陸地方……越後平野などで稲作がさかんで、水
　　　　　　　　　　　　　　いなさく
田単作地帯が広がる。能登半島では、千枚田とい
　のと　　　　　　　　　　　　　　　せんまいだ
うたな田がよく知られている。また、砺波平野や
　　　　　　　　　　　　　　　　　となみ
越後平野では、チューリップの球根の栽培がさか
えちご　　　　　　　　　　　　　　　　　　さいばい
んである。

▲越後平野の水田

❷ 中央高地

▶ 野菜栽培…長野県の野辺山原や菅平などでは、
　　　　　　　　　　のべやまはら　すがだいら
抑制栽培によって、レタス・はくさいなどの高
よくせい
原野菜の栽培がさかんである。

🔍ズームアップ 抑制栽培 ➡p.84

▶ 果樹…扇状地で果物づくりが行われており、甲
　　　　かじゅ　せんじょうち　くだもの　　　　　　　　こう
府盆地でぶどう・もも、長野盆地や松本盆地で
ふぼんち　　　　　　　　　　　　　　　　まつもと
りんごの栽培がさかんである。

🔍ズームアップ 扇状地 ➡p.49

❸ 東海地方

▶ 渥美半島…渥美半島では、電照ぎくや温室メロ
あつみ
ン、キャベツの栽培がさかんである。

▶ 静岡県…牧ノ原や磐田原などの台地で茶の栽培、
　　　　　まきのはら　いわたはら
駿河湾沿いの丘陵地では、みかんの栽培がさか
するがわんぞ　　きゅうりょう　静岡県が日本で最大の収穫量
んである。
└日当たりが良く温暖な気候

▲電照ぎくの温室群

入試では
中部地方の農業では、新潟県の稲作、長野県の抑制栽培、甲府盆地の果樹栽培についての問
題がよく出されるので、おもな農産物である米、レタス、ぶどう、ももなどの生産地を確認
　　　　　　　　　　　　　　　　　　　　　　　　　　　　　　　　　　　　　かくにん
しておきましょう。

地図によるまとめ ② 　中部地方の農林水産業

▲チューリップの栽培風景(新潟県)

卵用にわとり

うなぎ

ます類

のり類

金魚

※水産物は養殖。

越後平野
(米、チューリップの球根の栽培)

(千枚田)

七尾湾

富山湾
(ほたるいか)

砺波平野
(チューリップの球根の栽培)

(りんご)

新潟県

長野盆地

富山平野

富山県

金沢平野

菅平

松本盆地

佐久市

高原での野菜の抑制栽培
レタス・はくさい・キャベツ

福井平野

石川県

長野県

野辺山原

(米)

岐阜県

福井県

(越前がに)

(木曽ひのき)

甲府盆地
(ぶどう・もも)

山梨県

(天竜すぎ)

静岡県

弥富市

清水港

濃尾平野
(近郊農業)

愛知県

三河湾

静岡市
(石垣いちご)

牧ノ原

三方原

磐田原

浜名湖

焼津港
(遠洋漁業基地)

渥美半島
(電照ぎく・温室メロン・キャベツ)

0　　　　　　100km

みかん畑

茶　畑

▲静岡県の茶畑

雑学ハカセ

市の中には、1つの県よりも広い面積をもつ市があります。それは、岐阜県の高山市です。高山市の面積は2178 km²で、最もせまい香川県の面積1877 km²や2番目にせまい大阪府の面積1905 km²よりも広くなっています。

2 畜産業 愛知県は、卵用にわとりの飼育が多く、卵の生産量が多い。

3 林 業 天竜すぎは日本三大人工美林の1つ、木曽ひのきは日本三大天然美林の1つである。

4 水産業

❶ **北陸地方**……北陸沖は、暖流と寒流が出合う良い漁場で、かに・いかなどが多くとれる。

❷ **中央高地**……静岡県や長野県、山梨県では、にじますなどのます類の養殖がさかんである。

❸ **東海地方**……焼津港は遠洋漁業の基地で、水あげ量は全国有数である。まぐろ・かつおの水あげ量が多い。浜名湖ではうなぎの養殖がさかんである。

3 中部地方の工業 ★★★

1 工業地帯と工業地域

❶ **中京工業地帯**……中京工業地帯は、愛知県・岐阜県南部・三重県北東部に広がる工業地帯で、工業出荷額は全国一をほこる。自動車工業を中心に機械工業の割合が高い。

  ▶ **豊田**…自動車　▶ **東海**…鉄鋼　▶ **一宮**…毛織物
  ▶ **瀬戸・多治見**…陶磁器　▶ **四日市**…石油化学

❷ **東海工業地域**……東海工業地域は、静岡県の太平洋側に発達した工業地域で、機械工業の割合が高い。

  ▶ **富士・富士宮**…製紙・パルプ
  ▶ **浜松**…オートバイ・楽器

❸ **北陸工業地域**……北陸工業地域は、北陸4県に広がる工業地域で、機械工業の割合が高い。

  ▶ **福井**…機械・せんい　▶ **燕**…洋食器
  ▶ **富山**…製薬　▶ **鯖江**…めがねフレーム

❹ **中央高地の工業**……諏訪市・岡谷市は、かつて養蚕業がさかんであった。第二次世界大戦後、精密機械工業が発展し、1980年代以降は電子部品やプリンターなどの電気機械工業の工場が進出した。

▲焼津港のまぐろの水あげ

ズームアップ 中京工業地帯
➡p.158

愛知 23.0%
静岡 6.0
神奈川 5.4
大阪 4.8
兵庫 4.6
その他 56.2
出荷額 136兆7483億円
工業出荷額の約半分をしめる(2020年)
(2020年)
(2023年版「日本のすがた」)

▲機械工業の出荷額割合

北海道 14.1
その他 1.9
秋田 19.3
新潟 64.7%
原油産出量 47.3万kL
(2021年)
(2023年版「日本のすがた」)

▲日本の原油の産出量割合

入試では

中部地方の工業では、中京工業地帯・東海工業地域は必須です。製造品の出荷額のグラフとともに、その特色をおさえておきましょう。特に豊田市の自動車、浜松市の楽器・オートバイは重要です。

地図によるまとめ③　中部地方の工業・交通・観光

凡例

- ⛏ 金属
- ⚙ 機械
- ⚗ 化学
- 🍱 食料品
- 🚗 自動車
- 🏍 オートバイ
- 📠 製紙・パルプ
- 🧵 せんい
- ⚓ 貿易港

- ⛩ 世界文化遺産
- ★ 原子力発電所
- ♯ 油田
- ⚒ ガス田
- — 高速道路

0　　　　100km

新潟市

燕市（洋食器）

高岡市（アルミニウム工業、高岡銅器）

長岡市

三条市（金物）

輪島市（輪島塗）

上越市

富山市（製薬業）

射水市

水力発電所の集中地域

北陸工業地域

新潟県

長野

小千谷市（小千谷ちぢみ、小千谷つむぎ）

上越新幹線

金沢市（加賀友禅、兼六園）

白川郷・五箇山の合掌造り集落

小松市

北陸新幹線

富山県

石川県

福井市

鯖江市（めがねフレーム）

越前市（越前和紙）

福井県

塩尻市

長野県

高山市（飛騨春慶塗）

伊那市

美濃市（美濃和紙）
関市（刃物）

岐阜県

山梨県

甲府市（甲州手彫印章）

富士宮市（写真フィルム）

⛩ 富士山

裾野市

熱海温泉

富士市

明治日本の産業革命遺産

愛知万博会場

中京工業地帯

名古屋港 ⚓

中部国際空港（セントレア）

愛知県

静岡県

東海工業地域

清水港 ⚓

伊豆の国市

焼津市

静岡市

東海道・山陽新幹線

東京

浜松市（楽器）

磐田市（楽器）

掛川市

▲ 兼六園

①土岐市（美濃焼）	⑥東海市
②多治見市（美濃焼）	⑦豊田市
③一宮市（毛織物）	⑧常滑市（常滑焼）
④瀬戸市（瀬戸染付焼）	⑨刈谷市
⑤名古屋市	⑩田原市

雑学ハカセ

兼六園という名まえは、江戸時代に寛政の改革を行った松平定信によってつけられました。兼六園は、加賀藩の歴代の藩主が少しずつ手を加え、長い年月をかけて現在のすがたになりました。

2 鉱 業 新潟県では、天然ガスと原油をわずかな
がら産出する。

3 電 力 若狭湾沿岸には原子力発電所が集中して
いて、「原発銀座」と呼ばれている。また、黒部ダムな
どの水力発電用のダムが多く建設されている。
└富山平野を流れる川の上流に集中

▲若狭湾沿岸の原子力発電所

4 伝統工業 北陸地方では、雪におおわれて農作業
ができない冬の間の農家の**副業**として工芸品づくりが
行われていた。それらは**伝統工業**や**地場産業**として現
在も残っている。

ズームアップ
• 伝統工業
➡p.144
• 地場産業
➡p.146

▶ **小千谷ちぢみ・小千谷つむぎ**…新潟県小千谷市
▶ **九谷焼**…石川県 ┌金沢市、小松市、加賀市など ▶ **輪島塗**…石川県輪島市
▶ **刃物**…岐阜県関市 ▶ **豊橋筆**…愛知県
▶ **飛驒春慶塗**…岐阜県高山市 ▶ **美濃和紙**…岐阜県
おもに美濃市で生産

4 中部地方の交通 ★

1 鉄道・高速道路 東海道・上越・北陸新幹線な
どの鉄道で関東や関西の大都市と結ばれている。高速
道路も整備が進み、名神高速道路、東名高速道路、中
央自動車道、北陸自動車道、東海北陸自動車道、新東
名高速道路などの高速道路が開通している。
┌東京~金沢 └東京~新潟

ズームアップ 貿易港 ➡p.188

2 貿易港 **名古屋港**は全国有数の貿易港で、自動車
の輸出が多い。また、愛知県の常滑沖に**中部国際空港**
（**セントレア**）がある。

▲中部国際空港

5 中部地方の世界遺産・その他 ★★★

1 世界遺産 **白川郷・五箇山の合掌造り集落、富士
山**などが世界文化遺産に登録されている。
└伊豆の国市の韮山反射炉も明治日本の産業革命遺産として世界文化遺産に登録

2 人 口 名古屋市を中心とする**名古屋大都市圏**に
人口が集中している。

▲合掌造りの集落（白川郷）

3 公 害 四大公害病の**イタイイタイ病**が富山県の
神通川下流域で、**新潟水俣病**が新潟県の**阿賀野川**下流
域で発生した。

▲河口湖と富士山

雑学ハカセ
中部国際空港の愛称はセントレアですが、その由来は、英語で中心を意味する「central（セントラル）」と空港を意味する「airport（エアポート）」を組み合わせてつくられた造語です。

5 関東地方

地図によるまとめ ① 関東地方の地形・農林水産業

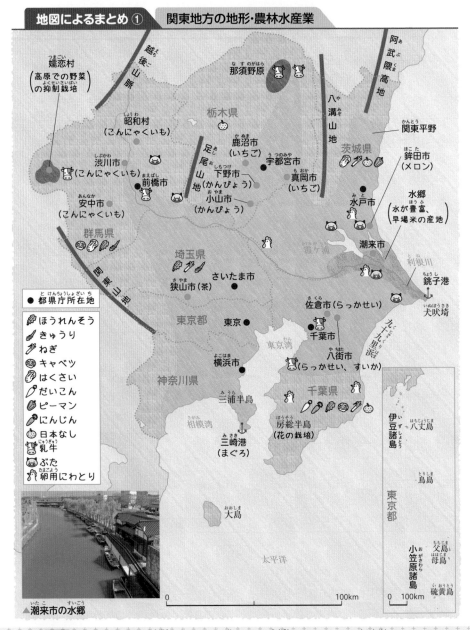

嬬恋村
（高原での野菜の抑制栽培）

越後山脈

那須野原

阿武隈高地

昭和村
（こんにゃくいも）

栃木県

八溝山地

関東平野

渋川市
（こんにゃくいも）

足尾山地

鹿沼市
（いちご）

宇都宮市

茨城県

鉾田市
（メロン）

前橋市

下野市
（かんぴょう）

真岡市
（いちご）

水郷
（水が豊富、早場米の産地）

安中市
（こんにゃくいも）

小山市
（かんぴょう）

水戸市

群馬県

埼玉県

霞ケ浦

潮来市

関東山地

さいたま市

利根川

狭山市（茶）

銚子港

東京都

東京

佐倉市（らっかせい）

犬吠埼

千葉市

九十九里浜

横浜市

八街市
（らっかせい、すいか）

神奈川県

千葉県

伊豆諸島

八丈島

三浦半島

相模湾

房総半島
（花の栽培）

鳥島

三崎港
（まぐろ）

東京都

東京湾

大島

小笠原諸島

父島
母島

太平洋

硫黄島

凡例
● 都県庁所在地

- ほうれんそう
- きゅうり
- ねぎ
- キャベツ
- はくさい
- だいこん
- ピーマン
- にんじん
- 日本なし
- 乳牛
- ぶた
- 卵用にわとり

0   100km

0 100km

▲ 潮来市の水郷

雑学ハカセ

ニュースや天気予報でよく聞く、似たような表現に「関東地方」と「首都圏」があります。「首都圏」は関東地方に山梨県を加えた表現で、2つを比べると首都圏の方が広いことになります。

1 関東地方の自然 ★★

1 地 形

❶ **山地**……関東地方は、西部は**関東山地**、北西部は越後山脈、北東部は阿武隈高地に囲まれている。

❷ **平野**……日本最大の**関東平野**には、火山灰が積もってできた台地（**関東ローム**）が広く分布している。

❸ **川**……利根川は、流域面積が日本最大で、下流域には**水郷**地帯が広がっている。

❹ **半島・海岸・湖**……三浦半島と房総半島が東京湾を囲んでおり、千葉県の太平洋側には砂浜海岸の**九十九里浜**がある。茨城県には**霞ケ浦**がある。
└日本で2番目に広い湖

2 気 候
関東地方は、全体としては太平洋側の気候である。
小笠原諸島は南西諸島の気候
内陸部では、冬にからっ風と呼ばれる、冷たく乾燥した北西の季節風がふく。

2 関東地方の農林水産業 ★★★

1 農 業

❶ **早場米**……利根川下流の水郷地帯は、早場米の栽培がさかんである。

❷ **近郊農業**……千葉県や茨城県では、大消費地が近いことを生かした**近郊農業**がさかんである。

❸ **抑制栽培**……群馬県の嬬恋村では、**抑制栽培**による**高原野菜**の栽培がさかんである。
└浅間山山ろくに位置する村
└キャベツなど

❹ **花の栽培**……房総半島南部では花の栽培がさかん。
└冬でも温暖な気候

❺ **おもな農産物の生産地**

▶ **茨城県**…はくさい・ピーマン

▶ **栃木県**…かんぴょう・いちご
└「とちおとめ」という品種が有名

▶ **群馬県**…キャベツ・こんにゃくいも

▶ **埼玉県**…ねぎ・ほうれんそう

▶ **千葉県**…だいこん・らっかせい

2 水産業
千葉県の**銚子港**は沖合漁業がさかんで、水あげ量は全国一（2021年）である。

参考 利根川
利根川はもともと、現在の東京湾に注いでいたが、たびたび洪水をおこすため、江戸時代に太平洋に流れ出るように改修工事が行われた。

▲利根川の河口

ズームアップ 流域面積 ➡p.47

ことば 水 郷
河川や湖、沼が多い低湿地帯。一般には利根川の下流域をいう。

ことば 早場米
ほかの地域よりも早く出荷する米のこと。古米と新米の入れかえで米が少なくなる時期に出荷するので、高く売ることができる。利根川下流など台風の通り道にあたる地域では、風水害をさけるため、早場米がつくられている。

ズームアップ 抑制栽培 ➡p.84

ズームアップ 水あげ量の多い漁港 ➡p.107

パワーアップ 関東平野の内陸部などでは、冬にふきおろすからっ風を防ぐために家の北側や西側にけやきなどの防風林が植えられています。このような防風林を屋敷森といいます。

● 日本の諸地域

地図によるまとめ② 関東地方の工業・交通・観光

凡例
- 🌲 世界自然遺産
- ⛩ 世界文化遺産
- ━ 高速道路

- 🏭 金属
- ⚙ 機械
- 🧪 化学
- Ⓒ セメント
- 🥫 食料品
- 🚗 自動車
- ⚓ 貿易港

▲ 桐生織

偕楽園

東北新幹線
那須塩原市
（ゴム製品）

大田原市 ⚙

上越新幹線

足尾銅山跡
（鉱毒事件）

日光の社寺

栃木県

茨城県

関東内陸
工業地域

群馬県

宇都宮市

日立市 ⚙

前橋市

桐生市
（桐生織）

益子町
（益子焼）

水戸市
（偕楽園）

高崎市

小山市

笠間市
（笠間焼）

北陸新幹線

太田市

鹿島臨海工業地域

鹿嶋市

富岡製糸場と絹産業
遺産群

埼玉県

野田市（しょうゆ）

神栖市

秩父市

さいたま市（岩槻人形）

千葉県

狭山市

川口市

銚子市
（しょうゆ）

東京都

ル・コルビュジエ
の建築作品

成田国際空港

八王子市

東京
（印刷）

千葉市

八丈町
（本場黄八丈）

京浜工業地帯

相模原市

東京港

千葉港

秦野市

市原市

小笠原諸島
（動植物の独自の進化が見られる）

神奈川県

横浜港

袖ケ浦市

東京都

鎌倉市
（鎌倉彫、鶴岡八幡宮）

君津市

京葉
工業地域

東海道新幹線

横浜市

東京湾アクア
ライン

川崎市

▲ 鎌倉彫

0   100km

0 100km

雑学ハカセ

埼玉県は、市の数が40で都道府県の中で最も多くなっています。続いて愛知県の38市、千葉県の37市です。ちなみに、最も少ない鳥取県はわずか4市しかありません。

3 関東地方の工業 ★★★

1 おもな工業地帯と工業地域

❶ **京浜工業地帯**……東京湾岸は、重化学工業が発達している。東京には新聞社や出版社が多く集まり、ほかの地域に比べて印刷業の割合が高い。

▶ **横浜**…自動車・鉄鋼　▶ **川崎**…鉄鋼・石油化学

❷ **関東内陸工業地域**……高速道路などの整備で原材料や製品の輸送が便利になり、用地も得やすいため大きく発展した。┌自動車、電気機械の製造が特にさかん┘機械工業の割合が高い。

▶ **秩父**…セメント　▶ **太田**…自動車

❸ **京葉工業地域**……千葉県の東京湾沿岸に工場が進出し形成された。化学工業の割合が高い。

▶ **千葉・君津**…鉄鋼　▶ **市原・袖ケ浦**…石油化学
市原を中心に石油化学コンビナートが広がる┘

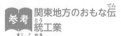
ズームアップ 京浜工業地帯 ➡p.157

参考 関東地方のおもな伝統工業
● 益子焼(栃木県)
● 桐生織(群馬県)
● 岩槻人形(埼玉県)
● 本場黄八丈(東京都)
● 鎌倉彫(神奈川県)

4 関東地方の交通 ★

1 鉄道・高速道路　東京駅を起点に東北・上越・東海道新幹線などが通り、高速道路が放射状に広がっている。**東京湾アクアラインは川崎～木更津間を結ぶ。**
└1997年完成　　　　　　　　　　└千葉県

2 貿易港　東京港・横浜港は全国でも有数の貿易港である。成田国際空港は輸出入額の合計が日本最大の貿易港で集積回路などを輸出入している。

▲成田国際空港

ズームアップ 貿易港 ➡p.188

5 関東地方の世界遺産・その他 ★★★

1 世界遺産　東照宮など日光の社寺が世界文化遺産、┌富岡製糸場と絹産業遺産群、ル・コルビュジエの建築作品も世界文化遺産に登録┘小笠原諸島が世界自然遺産に登録されている。

2 人　口

❶ **過密**……**東京大都市圏**の人口は全国の約3割をしめ、**過密化**が進んでいる。
└東京50km圏の人口は3427万人(2022年)

❷ **昼夜人口**……東京は、会社や学校が多く、周辺の県からの通勤・通学者で夜間より昼間の人口が多い。

❸ **都市問題**……交通渋滞や**ヒートアイランド現象**など、過密による都市問題がおこっている。

▲日光東照宮(陽明門)

ことば **ヒートアイランド現象**
都市中心部の気温が郊外より高くなる現象。

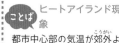

入試では 関東地方に関しては、過密化や昼夜間人口について多く出題されます。また、農業では近郊農業や群馬県の抑制栽培、工業では、工業地帯・地域と貿易港などの出題が多く見られます。

6 東北地方

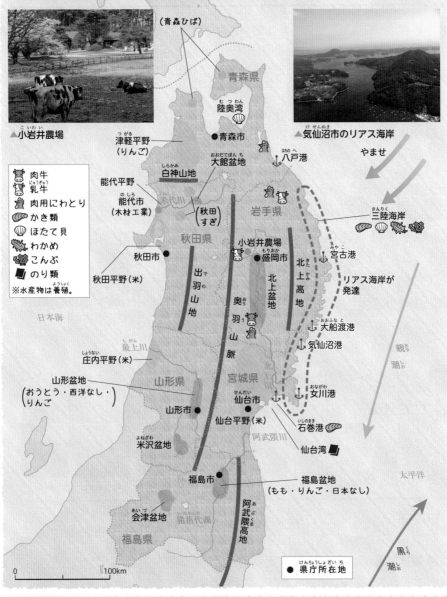

▲小岩井農場（こいわい）

（青森ひば）

気仙沼市（けせんぬま）のリアス海岸

やませ

凡例
- 肉牛
- 乳牛（にゅうぎゅう）
- 肉用にわとり
- かき類
- ほたて貝
- わかめ
- こんぶ
- のり類

※水産物は養殖（ようしょく）。

青森県

陸奥湾（むつわん）

●青森市

八戸港（はちのへ）

三陸海岸（さんりく）

津軽平野（つがる）（りんご）

大館盆地（おおだてぼんち）

白神山地（しらかみ）

能代平野（のしろ）

能代市（のしろ）（木材工業）

秋田すぎ

米代川（よねしろがわ）

岩手県

宮古港（みやこ）

リアス海岸が発達

秋田県

秋田市●

秋田平野（米）

小岩井農場（こいわい）

●盛岡市（もりおか）

北上高地（きたかみ）

出羽山地（でわ）

奥羽山脈（おうう）

北上盆地（きたかみ）

大船渡港（おおふなと）

気仙沼港（けせんぬま）

日本海

最上川（もがみ）

庄内平野（しょうない）（米）

山形県

宮城県

北上川（きたかみ）

女川港（おながわ）

親潮（おやしお）

山形盆地（おうとう・西洋なし・りんご）

山形市●

仙台市（せんだい）

仙台平野（米）

石巻港（いしのまき）

仙台湾

米沢盆地（よねざわ）

阿武隈川（あぶくま）

福島市●

福島盆地（もも・りんご・日本なし）

会津盆地（あいづ）

猪苗代湖（いなわしろ）

阿武隈高地（あぶくま）

福島県

太平洋

黒潮（くろしお）

0 　100km

●県庁所在地（けんちょうしょざいち）

パワーアップ

宮城県の県庁所在地である**仙台市**は、城下町として古くから栄えてきた都市です。人口が100万人をこえる東北地方最大の都市で、政令指定都市にも指定されています。

1 東北地方の自然 ★★

1 地 形

❶ 山脈・山地・高地……中央に**奥羽山脈**〔←日本最長の山脈〕、その東に北上高地と阿武隈高地、西に出羽山地がある。

❷ 平野・川……**最上川**の下流に**庄内平野**、北上川や阿武隈川の下流に**仙台平野**が広がる。

❸ 湖……十和田湖・田沢湖・**猪苗代湖**などの湖も多い。
〔←安積疏水の水源〕

❹ 盆地……山形盆地・福島盆地・北上盆地など。

❺ 海岸……**三陸海岸**の南部には、**リアス海岸**が発達している。

2 気 候

❶ 日本海側……日本海側の気候で豪雪地帯である。夏には気温が上がる**フェーン現象**がおこりやすい。

❷ 太平洋側……太平洋側の気候だが、**やませ**が長い期間ふくと、**冷害**が発生することがある。
〔←初夏〜夏、東北地方の太平洋側にふく冷たくしめった北東風〕
〔←夏の低温、日照不足で農作物の生長がさまたげられる被害〕

2 東北地方の農林水産業 ★★

1 農 業
東北地方は、米の生産量が全国の約4分の1をしめ、**日本の穀倉地帯**といわれている。

❶ 稲作……**庄内平野・仙台平野・秋田平野**などでは、稲作がさかんである。

❷ 果樹……**津軽平野でりんご、山形盆地でおうとう、福島盆地ではもも**やりんごの生産量が多い。

2 畜産業
岩手県の小岩井農場では、多くの乳牛が飼育されている。

3 林 業
青森ひばと秋田すぎは、木曽ひのきとともに日本三大天然美林として有名である。

4 水産業
三陸海岸沖には**潮目（潮境）**があり、良い漁場となっている。三陸海岸には八戸港・気仙沼港・女川港・石巻港などの良港があり、日本有数の水あげ量をほこる。また、リアス海岸の湾内で**わかめ・かき**など、陸奥湾で**ほたて貝**の養殖がさかんである。
〔←暖流（黒潮）と寒流（親潮）がぶつかる海域〕

▲猪苗代湖

> **ことば フェーン現象**
> 海上をわたってきたしめった風が太平洋側に雨を降らせたあと、日本の中央部の山地をこえて、日本海側にかわいた高温の風となってふき下ろす現象。日本海側や内陸の盆地の気温を上昇させる。

▲青森ひば

▲秋田すぎ

雑学ハカセ 水は、空気に比べて温まりにくく冷めにくい性質があります。この性質を利用して、冷たいやませがふくときは、田の水位を高くして、稲を冷たい風から守るくふうがされています。

▲白神山地

▲松島

新函館北斗

青森県

北海道新幹線
★

青函トンネル
青森市（ねぶた祭）

三内丸山遺跡
（縄文時代の遺跡）

新青森

八戸市

弘前市（津軽塗）

白神山地
（ぶな原生林）

大館市
（大館曲げわっぱ）

秋田県

東北新幹線

岩手県

盛岡市
（南部鉄器）

明治日本の産業
革命遺産

秋田市（竿燈まつり）

由利本荘市

秋田
新幹線

北上市

釜石市

にかほ市

奥州市（南部鉄器）

山形県

平泉

鶴岡市
新庄

宮城県

山形
新幹線

大崎市（鳴子漆器）

天童市（天童将棋駒）

山形市（花笠まつり）

松島

石巻市

仙台市（七夕まつり）

阿賀野川

米沢市
（置賜つむぎ）

福島市

白石市
（宮城伝統こけし）

水力発電所の
集中地域

郡山市

福島第一
★
福島第二
★

会津若松市
（会津塗）

福島県

白河市
（ゴム製品）

いわき市

上越新幹線

0　　　100km

金属・機械・化学・セメント・食料品・電子部品・製紙・パルプ

🔩 金属
⚙ 機械
🧪 化学
🗜 セメント
🥫 食料品
🔲 電子部品
📜 製紙・パルプ

🌲 世界自然遺産
♣ 世界文化遺産
● 北海道・北東北
　の縄文遺跡群
★ 原子力発電所
♨ 地熱発電所
油田
― 高速道路

パワーアップ

赤色の染め物に使われる代表的な植物に紅花というものがあります。昔は口紅の原料として
も使われました。最上川流域でつくられたものは、特に品質が高いものでした。

地理
第6編
日本の諸地域

3 東北地方の工業 ★★

1 東北地方の工業 高速道路や空港の周辺に、電子部品工場が多く進出してきており、東北自動車道沿いは**シリコンロード**と呼ばれた。

2 おもな工業都市
▶ 八戸…セメント ▶ 八戸・盛岡・石巻…食料品
▶ 会津若松…電子部品 ▶ 仙台…化学・食料品

3 鉱業 秋田県でわずかながら、天然ガスと原油が産出される。

4 発電所 福島県の太平洋岸沿いには**原子力発電所**_{福島第一原発6基は廃炉}があるが、**東日本大震災**で大きな被害を受けた。奥羽山脈沿いには、**地熱発電所**が多い。
┌地中から出る蒸気でタービンを回して発電する

5 伝統工業 青森県の**津軽塗**、岩手県の**南部鉄器**、宮城県の**宮城伝統こけし**、秋田県の**大館曲げわっぱ**、山形県の**天童将棋駒**、福島県の**会津塗**などが有名である。

4 東北地方の交通 ★

1 新幹線・高速道路 山形・秋田・**東北新幹線**や、山形・秋田・**東北自動車道**によって東京と東北地方の結びつきが深まっている。また、2016年に**北海道新幹線**が新函館北斗まで開業した。
新青森〜新函館北斗┘

2 トンネル 海底を通る**青函トンネル**は、北海道と本州を鉄道で結んでいる。

5 東北地方の世界遺産・その他 ★★

1 世界遺産 ぶなの原生林で有名な**白神山地**が世界自然遺産に、岩手県の**平泉**（中尊寺など）、北海道・北東北の縄文遺跡群（三内丸山遺跡など）が世界文化遺産に登録されている。
┌釜石市の橋野鉄鉱山・高炉跡も明治日本の産業革命遺産として世界文化遺産に登録

2 祭り 青森ねぶた祭・仙台七夕まつり・秋田竿燈まつりは**東北三大祭り**として知られ、**山形花笠まつり**を加えて東北四大祭りとされる。

▲青森ねぶた祭

▲仙台七夕まつり

▲秋田竿燈まつり

 入試では 東北地方に関しては、米の生産地であること、IC工場の進出が増えたこと、伝統工業などとともに、三大祭りについてもよく出題されるので、祭りの名まえと行われている県を覚えておきましょう。

7 北海道地方

地図によるまとめ　北海道の地形・産業・交通・観光

● 道庁所在地
🌲 世界自然遺産
● 北海道・北東北の縄文遺跡群（世界文化遺産）
⚓ ラムサール条約登録地
━ 高速道路

🐄 肉牛
🐄 乳牛
🦪 ほたて貝
🌿 こんぶ
※水産物は養殖。

0　　　100km

オホーツク海

▲ 知床半島

稚内港
クッチャロ湖
天塩平野
利尻島
名寄盆地
知床（貴重な生態系が残されている）
紋別港
北見盆地（じゃがいも・たまねぎ・てんさい）
天塩川
北見山地
網走市
天塩山地
日本海
上川盆地（米）
旭川市
大雪山
根室港
石狩平野（土地改良と品種改良による米づくり）
石狩川
宮島沼
夕張山地
北海道
釧路平野
釧路湿原
別寒辺牛湿原
根釧台地（代表的な酪農地域）
小樽港
千歳市
新千歳空港
釧路港
札幌市
帯広市
釧路市
日高山脈
十勝川
内浦湾
苫小牧市
十勝平野（大豆・じゃがいも・てんさい・あずき）
室蘭市
えりも町
奥尻島
新函館北斗
北海道新幹線
函館市
択捉島
北方領土
国後島
色丹島
歯舞群島
新青森
太平洋
親潮
0　　　100km

🔩 金属
⚙ 機械
🧪 化学
🥫 食料品
🚢 造船
📄 製紙・パルプ

266

1 北海道地方の自然 ★★

1 地　形

❶ **山地**……中央部に**北見山地**と**日高山脈**が南北に走り、その西側に**天塩山地**、**夕張山地**が南北に走る。

❷ **平野・川**……**十勝川**の下流に**十勝平野**、**石狩川**の下流に**石狩平野**が広がる。

❸ **台地**……東部に、火山灰台地の**根釧台地**がある。

2 気　候　北海道は冷帯（亜寒帯）に属し、梅雨や台風の影響をほとんど受けず、1年を通じて降水量は少ない。太平洋側では、夏に**濃霧**が発生して気温が下がり、**冷害**を引きおこすことがある。

2 北海道地方の農林水産業 ★★
北海道では、広い農地で大規模な農業が行われている

1 農　業　**石狩平野**では稲作、**十勝平野**では畑作がさかんである。**根釧台地**では酪農がさかんである。
じゃがいも・てんさい・大豆・あずきなど

2 水産業　排他的経済水域による規制で遠洋漁業はおとろえたが、現在では、さけ・ます類の**栽培漁業**や、こんぶ・ほたて貝の**養殖**の生産量が多い。
サロマ湖

3 北海道地方の工業 ★★

1 北海道地方の工業　北海道では、地元の資源を利用した食料品工業、製紙・パルプ工業がさかんである。
札幌・帯広の乳製品、函館・釧路・根室の水産加工など

2 おもな工業都市
▶ **室蘭**…鉄鋼　　▶ **函館**…造船　　▶ **苫小牧**…石油精製
苫小牧・釧路・旭川

4 北海道地方の世界遺産・その他 ★★

1 世界遺産　**知床**が世界自然遺産に登録されている。
北海道・北東北の縄文遺跡群が世界文化遺産に登録

2 アイヌ民族　北海道などに古くから住み、独特の生活や文化を築いてきた人々を**アイヌ民族**という。

3 北方領土　**択捉島・国後島・色丹島・歯舞群島**は**北方領土**と呼ばれ、現在はロシア連邦が不法占拠している。これらの島々は日本固有の領土であり、日本政府はその返還を強く求めている。

参考　**さっぽろ雪まつり**
北海道で毎年2月に開催される雪と氷の祭典で、日本全国や海外からおよそ200万人もの観光客が訪れる。北海道で最も大規模なイベントの1つである。

▲さっぽろ雪まつりの雪像

ことば　**石狩平野**
石狩平野は、かつては泥炭地で稲作には向いていなかったが、客土による土地改良で、北海道有数の米の生産地になった。

ことば　**根釧台地**
根釧台地は火山灰地で土地がやせているうえに冷涼な気候のため開発がおくれたが、1950年代にパイロットファーム（実験農場）、1970年代に新酪農村がつくられ、大規模な酪農地帯となった。

参考　**北海道の交通**
新千歳空港は北海道の空の窓口となっている。また、札幌・苫小牧・室蘭・旭川付近は、鉄道や高速道路が整備されている。

参考　**北海道のおもなラムサール条約登録地**
釧路湿原、クッチャロ湖、阿寒湖、宮島沼、別寒辺牛湿原など多くの地域が登録されている。

入試では

北海道地方については、おもに農業に関する出題が多く見られます。稲作・畑作・酪農がさかんな地域と農産物を理解しておきましょう。また、**アイヌ民族**についてもよく出題されます。

□ ❶ 九州地方には、世界最大級のカルデラをもつ[　　　]
山があり、南部には火山灰が積もってできた[　　　]
台地が広がっています。

❶阿蘇、シラス
○p.241

□ ❷ 九州地方の[　　　]平野では、冬でも暖かい気候を利
用した野菜の[　　　]栽培がさかんです。

❷宮崎、促成
○p.241

□ ❸ 瀬戸内工業地域に位置する[　　　]市の水島地区は、
石油化学工業や鉄鋼業がさかんです。

❸倉敷　○p.247

□ ❹ 本州四国連絡橋の児島―坂出ルートにかかる[　　　]
は、岡山県と香川県を結んでいます。

❹瀬戸大橋　○p.247

□ ❺ 和歌山県は、愛媛県や静岡県とともに、日本有数の
[　　　]の生産地となっています。

❺みかん　○p.249

□ ❻ 阪神工業地帯は、大阪湾沿岸の大阪府・兵庫県を中心に
発達した工業地帯で、[　　　]が多いことが特色です。

❻中小工場　○p.251

□ ❼ 飛驒山脈・木曽山脈・[　　　]の３つの山脈を合わせ
て[　　　]といいます。

❼赤石山脈、日本ア
ルプス　○p.253

□ ❽ 長野県では、夏のすずしい気候を利用した[　　　]栽
培で、レタスなどの[　　　]の栽培がさかんです。

❽抑制、高原野菜
○p.253

□ ❾ [　　　]工業地帯に位置する豊田市は、[　　　]工業
が特にさかんな都市です。

❾中京、自動車
○p.255

□ ❿ [　　　]は、流域面積が日本最大の川です。

❿利根川　○p.259

□ ⓫ 千葉県や茨城県では、大消費地に近いことを生かした
野菜栽培などの[　　　]農業がさかんです。

⓫近郊　○p.259

□ ⓬ 京浜工業地帯は、東京に新聞社や出版社が多く集まり
[　　　]業がさかんです。千葉県に形成された[　　　]
工業地域は、化学工業が高い割合をしめています。

⓬印刷、京葉
○p.261

□ ⓭ 東北地方の太平洋側では、初夏～夏に[　　　]という
北東風が長く続くと[　　　]がおこることがあります。

⓭やませ、冷害
○p.263

□ ⓮ 青森[　　　]、仙台七夕まつり、秋田竿燈まつりは東
北三大祭りといわれています。

⓮ねぶた祭　○p.265

□ ⓯ 北海道西部の[　　　]平野は客土により北海道有数の
稲作地帯となり、根釧台地では[　　　]がさかんです。

⓯石狩、酪農
○p.267

チャレンジ！ 思考力問題

●次の地図を見て、あとの問いに答えなさい。ただし、縮尺は同一ではありません。

【大阪女学院中】

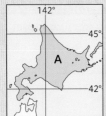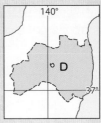

(1) Cの都道府県は海底トンネルと海上の橋によって、海をへだてた対岸の県と結ばれています。この対岸にある県名を漢字で答えなさい。

(2) 次の表は、A〜Dの都道府県の統計を示し、表中のア〜エはA〜Dのいずれかを示しています。A〜Dの都道府県にあてはまるものを表中のア〜エから選び、記号で答えなさい。

	人口 （万人）	面積 （km²）	人口密度 （人/km²）	産業別人口割合		
				第一次産業(%)	第二次産業(%)	第三次産業(%)
ア	899	2416	3722	0.8	21.1	78.1
イ	183	13784	133	6.3	31.1	62.6
ウ	515	83424	62	6.1	17.4	76.5
エ	111	4186	265	2.9	28.2	68.9

(2023年版「データブック オブ・ザ・ワールド」)

■ キーポイント

　地図中のAは北海道、Bは能登半島がある石川県、Cは三浦半島がある神奈川県、Dは東北地方に位置する福島県を示している。

■ 正答への道

(1) 神奈川県と対岸の県は東京湾アクアラインで結ばれている。

(2) ア．人口が最も多く、第一次産業の人口割合が最も低いことから神奈川県。

　　イ．面積が2番目に大きく、第一次産業の人口割合が高いことから福島県。

　　ウ．面積が最も広く、人口密度が最も小さいことから北海道。

　　エ．面積がアの神奈川県に次いでせまいことから石川県。

＋答え＋

(1)千葉県　　(2)A…ウ　B…エ　C…ア　D…イ

●次の地図1と地図2は、それぞれある地方の一部を示しています。ただし、縮尺は統一されていません。また、下の表は、地図中の①〜④の県についてまとめたものです。①・②の県は、③・④の県に比べて、100世帯あたりの自動車の保有台数が少なくなっています。その理由として考えられることを60字以内で説明しなさい。

【捜真女学校中一改】

地図1

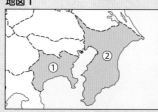

地図2

県	人 口 (万人)	自動車の台数 (万台)	100世帯あたりの 自動車の保有台数(台)
①	924	307	68.8
②	628	285	95.5
③	94	59	138.4
④	120	75	140.0

(2021年)　　　　　　　　　(2023年版「データでみる県勢」)

▌条件に注意！▐/////

・①・②の県が③・④の県より自動車の保有台数が少ない理由について説明する。
・60字以内で答える。

▌キーポイント▐/////

　①・②は関東地方、③・④は東北地方に位置する県である。関東地方は、東北地方よりも電車やバスなどの公共交通機関が発達していることを考える。

▌正答への道▐/////

　関東地方は交通機関が発達しており、移動する際には、渋滞もなく時間も正確な電車などを利用する方が自動車よりも便利な場合が多い。

▌解答例▐

　電車やバスなどの交通機関が発達していて移動に便利なため、③・④の県と比べて、それほど自動車の必要性がないから。〔55字〕

政治

第**7**編 国民の生活と
　　　 政治

国民の生活と政治

第1章 憲法とわたしたちの生活 6年

日本国憲法と三大原則

　第二次世界大戦後、日本は民主政治を進めるため、大日本帝国憲法を改正した日本国憲法を新たに制定しました。日本国憲法は、国民主権・基本的人権の尊重、平和主義を三大原則としています。

📖 **学習することがら**

1. 日本国憲法の成り立ち
2. 日本国憲法の三大原則

1 日本国憲法の成り立ち

◎学習のポイント

1. 憲法とは、国を治めるための**最高法規**で、あらゆる法の上に位置するものである。

2. 日本国憲法は、日本の民主化を推進するための基本として制定された民主的な憲法である。

1 日本国憲法 入試重要度 ★★★

1 憲法

憲法は、国の政治の目標や組織の基本を定めた国の基本法であるとともに、すべての法のうちで最も強い力をもつ国の最高法規でもある。

> 下位の法が上位の法に反するときは**無効**となる。

- 憲法……国の最高の決まり
- 法律……国会が制定する決まり
- 命令、規則……国の行政機関が制定する決まり

▲法の構成

2 大日本帝国憲法

大日本帝国憲法は、1889年に発布された日本で最初の近代的な憲法である。この憲法の下では国の主権は天皇にあり、多くの権限があたえられていた。

3 日本国憲法の制定

日本は、1945年に**ポツダム宣言**を受け入れて全面降伏した。日本の民主化を進めるために、連合国軍最高司令官総司令部（GHQ）は大日本帝国憲法の改正を日本政府に指示した。翌1946年、政府はGHQがつくった案をもとに憲法改正案をつくった。改正案は議会で審議され、修正、可決された。これが日本国憲法である。
（※マッカーサーが最高司令官）

❶ **公布**……1946（昭和21）年11月3日に日本国憲法として公布された。

❷ **施行**……1947（昭和22）年5月3日に施行された。

ことば 最高法規
憲法は、国の最高の決まりなので、国会や内閣・地方公共団体がそれぞれつくる、法律・政令・条例は憲法に違反してはならない。

🔍**ズームアップ** 大日本帝国憲法
➡p.444、445

🔍**ズームアップ** 大日本帝国憲法のおもな条文
➡p.549

ことば ポツダム宣言
第二次世界大戦末期、連合国の主要国であるアメリカ合衆国・イギリス・中国の3国（のちソ連も加わる）が発表した日本に対する共同宣言。日本が軍国主義をやめ、基本的人権を尊重し、民主的な政治制度を確立することを要求した。

参考 日本国憲法の公布日と施行日
現在、公布日の11月3日は「文化の日」、施行日の5月3日は「憲法記念日」として祝日になっている。

パワーアップ 国王や天皇によって制定された憲法を欽定憲法、国民の代表者（議会）によって制定された憲法を民定憲法といいます。天皇が国民にあたえるという形で制定された大日本帝国憲法は欽定憲法、議会を通して制定された日本国憲法は民定憲法です。

2 日本国憲法の構成と内容 ★

1 日本国憲法の構成
前文と11章103条の条文から成り立っている。

ズームアップ 日本国憲法のおもな条文 →p.548、549

章	内　容	章	内　容
前文	憲法の精神	6章	裁判所の役割やしくみとはたらき
1章	天皇の地位と仕事	7章	国の財政
2章	戦争の放棄	8章	地方自治のしくみ
3章	基本的人権と国民の義務	9章	憲法の改正の手続き
4章	国会の役割やしくみとはたらき	10章	最高法規としての憲法
5章	内閣の役割やしくみとはたらき	11章	憲法施行時の決まり

2 日本国憲法のおもな内容
前文には、憲法を定めた精神が示され、国民主権、基本的人権の尊重、平和主義、国際協調を日本の理想・目的として、国民が達成をちかうことが書かれている。

❶ **国民主権**……国の政治の方向性を最終的に決める権限は国民にあるということ。

❷ **基本的人権の尊重**……人が生まれながらにもっている権利を最大限に尊重し、それを保障している。

❸ **平和主義**……戦争を放棄して、世界の平和を願うという理想がかかげられている。

> **参考** 日本国憲法の前文
> 国民は、正当に選挙された代表者を通じて行動し、自分たちと子孫のために、世界の人々と仲良くし、国民にもたらされた自由のもたらすめぐみを確保し、政府の手で再び戦争がおこることのないように決意し、ここに主権が国民にあることを宣言し、この憲法を定める。（一部要約）

─── く わ し い 学 習 ───

テーマ 大日本帝国憲法と日本国憲法のおもなちがいを調べてみよう。

研究

	大日本帝国憲法	日本国憲法
主　権	天皇（国民は臣民）	国民（天皇は日本国と日本国民統合の象徴）
国民の権利	自由や権利は法律の範囲内で認める	永久不可侵の基本的人権を保障
国民の義務	兵役・納税	勤労・納税・教育
議　会	天皇の協賛機関	国権の最高機関
内　閣	天皇に対して責任をもつ	国会に対して責任をもつ
裁判所	天皇の名で裁判を行う	司法権の独立
軍　隊	軍隊をもち、天皇が陸海軍を指揮	軍隊をもたない（戦争はしない）

雑学ハカセ 世界には「憲法」がない国もいくつかあります。例えば、イギリスでは、「憲法」という形をとっていないだけで、歴史的な文書や過去の重要な法律などが総合的に基本方針として認識されています。

2 日本国憲法の三大原則

◎学習のポイント

1. 日本国憲法の三大原則とは、**国民主権**、**基本的人権の尊重**、**平和主義**である。

2. 日本国憲法では、**基本的人権**を保障すると同時に、**勤労・納税・教育の義務**も定めている。

1 日本国憲法の三大原則 ★★★

1 日本国憲法の三大原則

❶ **国民主権**……国の主権は国民にある。

❷ **基本的人権の尊重**……国民の基本的人権を保障し、尊重する。

❸ **平和主義**……戦争をおこさず、世界平和に向けて努力する。

▲日本国憲法の三大原則

2 日本国憲法をつらぬく原則

日本国憲法の三大原則は、日本の政治の基本的なあり方を決めるもので、憲法の全体につらぬかれている。

2 国民主権 ★★★

1 国民主権と天皇の地位

❶ **国民主権**……国の政治をどのように行うかを決める最高の力を**主権**といい、日本国憲法では前文と第1条で主権は国民にあると定められている。

❷ **天皇の地位**……天皇は日本国と日本国民のまとまりの**象徴**と定められ、日本国憲法に定められた**国事行為**だけを、**内閣の助言と承認**によって行う。

天皇の仕事	任命権	• 内閣総理大臣の任命　• 最高裁判所長官の任命
	国事行為	• 国会の召集　• 衆議院の解散　• 栄典の授与 • 法律や条約の公布　• 総選挙の施行の公示

参考 国民主権と政治の関係

①国民の代表の国会議員を選挙する。
②地方公共団体の長や議員を選挙する。
③最高裁判所の裁判官を国民審査する。
④憲法改正は国民投票で決める。
⑤首長や議員などの解職請求(リコール)や条例の制定・改廃などの請求ができる。

ことば 国事行為
日本国憲法で定められている、天皇が行う、形式的・儀礼的な仕事。

内閣総理大臣が任命した国務大臣を認証する天皇。

入試では 天皇の地位は日本国と日本国民統合の象徴であることと、天皇の国事行為や任命権の内容が関連づけて出題されるので、それらをしっかりと理解しておきましょう。

3 基本的人権の尊重 ★★★

1 基本的人権 人間が生まれながらにしてもっている基本的な権利。日本国憲法では、だれもうばうことのできない永久の権利としてこれを保障している。

2 基本的人権の内容 大きく分けて、平等権、自由権、社会権、参政権、請求権の5つがある。

❶ 平等権……すべての国民は**法の下に平等**で、だれもが差別なく同じあつかいを受けることができる。

▶ **個人の尊重**…個人として等しく尊重される。

▶ **法の下の平等**…人種、信条、性別、社会的身分などで差別されない。

▶ **両性の本質的平等**…男女のちがいによって、差別を受けない。

❷ 自由権……すべての国民は個人の自由が保障される。

身体の自由	身体を不当に拘束されない、奴隷のように拘束されたり、働かされたりしない、など。
精神の自由	思想や良心の自由、信教の自由、それらを発表するための表現の自由、集会・結社の自由などが認められている。
経済活動の自由	住みたいところに住む居住・移転の自由、職業を選択する自由、自分の財産権をおかされないこと、など。

❸ 社会権……国民には人間らしい生活をする権利がある。

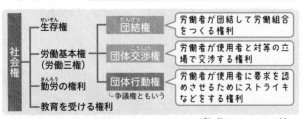

▶ **生存権**…健康で文化的な最低限度の生活を営む権利。憲法第25条で規定されている。
└社会権の基本となる権利

▶ **教育を受ける権利**…能力に応じて等しく教育を受ける権利。

参考 両性の本質的平等
職場での男女平等を確保するため、募集・採用、賃金などにおける男女の差別的なとりあつかいを禁止する「男女雇用機会均等法」が1985年に制定された。

正社員募集 ✕
年齢：20才以上
職種：総合職（男性）
　　　事務職（女性）
給与：25万円以上
　　　〇〇株式会社

正社員募集 〇
年齢：20才以上
職種：総合職（男女）
　　　事務職（男女）
給与：25万円以上
　　　〇〇株式会社

ことば 労働基本権（労働三権）
労働者がもつ団結権・団体交渉権・団体行動権（争議権）の3つの権利のこと。また、これらの権利を守るために**労働三法**といわれる、労働時間や最低賃金などを定めた**労働基準法**、団結する権利を認めた**労働組合法**、労働者と使用者間の問題を解決するための**労働関係調整法**がある。

ズームアップ 労働三法
➡p.166

パワーアップ

社会権の成立は歴史的には新しく、第一次世界大戦後の1919年にドイツで制定されたワイマール憲法において、社会権の基本となる生存権が世界で初めて定められました。

④ **参政権**……国民は政治に参加する権利をもつ。選挙に投票する**選挙権**、選挙に立候補する**被選挙権**のほか、最高裁判所裁判官の**国民審査権**、憲法改正の**国民投票権**、**請願権**などがある。
〔政治について要望を述べる権利〕

⑤ **請求権**……国民は、基本的人権が侵害されたとき、その救済を求める権利をもつ。**裁判を受ける権利**、**国家賠償請求権**、**刑事補償請求権**がある。

3 公共の福祉　社会全体の利益や幸福のこと。公共の福祉によって基本的人権が制限される場合がある。

4 新しい人権　経済発展や社会生活の急速な変化にともない、近年主張されるようになってきた人権。

環境権	くらしやすい生活環境を求める権利
知る権利	国や地方公共団体に情報公開を求める権利
プライバシーの権利	私生活をみだりに公開されない権利
自己決定権	自分の生き方などに関して自由に決定できる権利

5 国民の三大義務　憲法では、**普通教育を受けさせる義務**、**勤労の義務**、**納税の義務**も定められている。

普通教育を受けさせる義務　　勤労の義務　　納税の義務

ことば　公共の福祉

社会全体の利益・幸福のこと。個人の人権は無制限に認められるものではなく、自分の人権ばかり主張して、他人の人権を侵害してはならないとされている。

参考　新しい人権と法律

新しい人権を守るための法律も制定されている。

環境権…環境基本法
知る権利…情報公開法
プライバシーの権利…個人情報保護法

ことば　インフォームド・コンセント

自己決定権の1つ。患者が医師の治療を受ける際に、医師は治療の目的や方法、副作用などについて十分な説明をしたうえで、患者・家族の同意を得るべきであり、患者はその説明をよく理解したうえで自ら治療方法などを選択できるという考え。

政治
第**7**編
国民の生活と政治

第**1**章
憲法とわたしたちの生活

第**2**節
政治のしくみとはたらき

くわしい学習

💬**Q**　基本的人権が公共の福祉によって制限されるのは、どのような場合ですか。

💡**A**　公共の福祉によって制限される基本的人権は特に自由権に多く見られます。

	制限される権利	制限される内容(例)
自由権	職業選択の自由	医師や弁護士は資格が必要である。
	居住・移転の自由	感染症の患者は隔離される。
	財産権の保障	高速道路をつくるために、土地を収用される。
	集会・結社の自由	デモをするときは届け出をしなければならない。
社会権	労働者の権利	公務員のストライキは禁止されている。

雑学ハカセ　社会生活の変化にともない、憲法に規定がない新しい権利を考えることが必要となりました。そのため、憲法第13条の幸福追求権や第25条の生存権を根拠として、新しい人権を認めていくことになりました。

中学入試に フォーカス 平等権とくらしやすい社会

▶残る差別とくらしやすい社会のためのくふう

平等権
すべての国民は差別されず，平等にあつかわれる権利をもつ。

← **差別をなくす努力**

→ **くらしやすい社会のための配慮**

部落差別
被差別部落に住む人々に対する差別や偏見が現在でも残っている。

アイヌ民族への差別
主として北海道に先住していたアイヌ民族への差別に対して、アイヌ文化を尊重、振興するアイヌ文化振興法が1997年に制定された。
2019年にはアイヌ民族支援法にかわり、アイヌ民族が先住民族として初めて法的に位置づけられた。

バリアフリー
障がい者や高齢者が安心してくらせるように障がい物（バリア）をなくす環境をつくっていこうという考え方。

ユニバーサルデザイン
年齢や障がいの有無、国籍などに関係なく、すべての人が使いやすいようにくふうしてデザインされた製品などのこと。

ノーマライゼーション
障がいの有無にかかわらず、すべての人が普通に生活できる社会を築いていこうという考え方。

4 平和主義 ★★★

1 憲法と平和主義　第二次世界大戦で多くの国々が多くの尊い命を失った。このような痛ましい戦争を2度とくり返さないために、日本国憲法は、世界に先がけて、平和への願いを前文と第9条で明らかにしている。

2 戦争の放棄　憲法第9条で、戦争の放棄、戦力の不保持、交戦権の否認を定め、徹底した平和主義をとっている。

参考 憲法第9条
①日本国民は、正義と秩序を基調とする国際平和を誠実に希求し、国権の発動たる戦争と、武力による威嚇又は武力の行使は、国際紛争を解決する手段としては、永久にこれを放棄する。
②前項の目的を達するため、陸海空軍その他の戦力は、これを保持しない。国の交戦権は、これを認めない。

パワーアップ　日本は世界で唯一の原子爆弾の被爆国です。そのため、日本政府は、核兵器に対する基本方針として、「もたず、つくらず、もちこませず」という非核三原則をかかげています。この原則は、1967年に佐藤栄作首相が国会で表明して以降、現在まで引きつがれています。

3 **自衛隊**　自衛隊は、外国からの侵略に対して防衛にあたることを目的としている。また、大きな災害がおこったときの人命救助や復興作業、**国連平和維持活動**（PKO）などの海外活動も行っている。

PKOでカンボジアに派遣され、道路を補修する自衛隊員。

ことば **国連平和維持活動（PKO）**
国際連合が紛争地域に平和維持軍などを派遣し、事態の悪化や戦線拡大の防止、平和を保つことを目的に行う活動。

5 憲法の改正 ★★

1 **憲法改正**　国の最高法規である憲法の改正には、通常の法律とは異なる慎重な手続きを定めている。

2 **憲法改正の手続き**　国会で改正の議案が出されると、各議院の総議員の**3分の2以上**の賛成で発議される。国会が発議した改正案に対して、**国民投票**で有効投票総数の**過半数**の賛成があれば改正が決まり、天皇が国民の名で公布する。

ことば **国民投票**
日本国憲法の改正の賛否について国民が投票すること。2010年5月から施行された国民投票法により、18才以上の日本国民に投票権がある。

国会議員 → 憲法改正原案 → 衆議院〔（出席委員の過半数の賛成）憲法審査会 → 本会議（総議員の3分の2以上の賛成）〕→ 参議院〔（出席委員の過半数の賛成）憲法審査会 → 本会議（総議員の3分の2以上の賛成）〕→ 発議 → 国民投票運動（60日～180日）→ 国民投票（有効投票総数の過半数の賛成）→ 成立 → 天皇による公布

※衆議院に先に憲法改正案が提出された場合。参議院が先のときもある。

くわしい学習

テーマ　自衛隊について、どのような意見があるか調べてみよう。

研究　自衛隊の存在や国際協力のあり方には、いろいろな意見があります。

▶ **賛成意見**……憲法第9条は、外国からの攻撃に対し、国を守る自衛権までも放棄しているわけではないので、自衛隊は憲法違反ではありません。また、世界平和のための国際貢献を進めていくためには、自衛隊の活動は欠かすことができないものです。

▶ **反対意見**……自衛隊は、実際には戦闘機のような軍備をそなえている軍隊であり戦力にあたるので、憲法第9条に違反しています。自衛隊の海外派遣には、自衛の目的をこえて戦闘に巻きこまれることを心配する声もあります。

パワーアップ　1950年に朝鮮戦争がおこったとき、日本は、連合国軍最高司令官総司令部（GHQ）の命令で警察予備隊という組織をつくりました。それがのちに保安隊となり、さらに1954年に組織を広げて自衛隊となりました。

入試のポイント

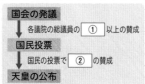

絶対暗記ベスト3

1位 日本国憲法の三大原則 日本国憲法では、国民主権・基本的人権の尊重・平和主義が三大原則となっている。

2位 基本的人権 日本国憲法で保障されている基本的人権には、大きく分けて、平等権・自由権・社会権・参政権・請求権の5つがある。

3位 生存権 憲法第25条で規定されている、社会権の最も基本となる権利。

1 日本国憲法の三大原則

日本国憲法の三大原則

①	②	③
国民が政治を行う	個人の尊重	戦争の放棄

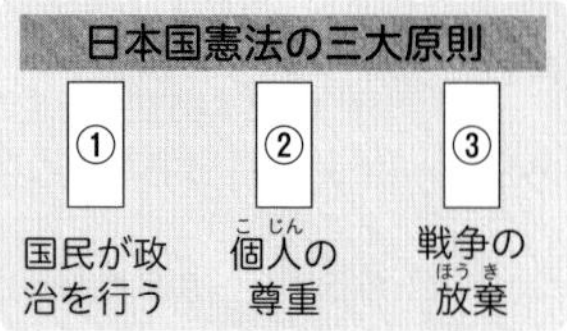

□左の図の①〜③にあてはまる三大原則は？

① → **国民主権**

② → **基本的人権の尊重**

③ → **平和主義**

2 日本国憲法の改正

国会の発議
↓ 各議院の総議員の ① 以上の賛成
国民投票
↓ 国民の投票で ② の賛成
天皇の公布

□左の図の①・②にあてはまる語句は？

① → **3分の2**

② → **過半数**

3 基本的人権

① → 身体の自由、精神の自由、経済活動の自由

② → 個人の尊重、法の下の平等、両性の本質的平等

参政権 → 選挙権、被選挙権、最高裁判所裁判官の国民審査権、国民投票権など

請求権 → 裁判を受ける権利、国家賠償請求権、刑事補償請求権

③ → 生存権、教育を受ける権利、勤労の権利、労働基本権（労働三権）

□上の①〜③にあてはまる基本的人権は？

① → **自由権** ② → **平等権** ③ → **社会権**

4 新しい人権

環境権	くらしやすい生活環境を求める権利
知る権利	国や地方公共団体に情報公開を求める権利
プライバシーの権利	私生活をみだりに公開されない権利
自己決定権	自分の生き方などを自由に決定できる権利

5 国民の義務

国民の三大義務

普通教育を受けさせる義務	勤労の義務	納税の義務

□ ❶ 日本国憲法の前の憲法は[　　　]で、主権は[　　　]にありました。

❶大日本帝国憲法、天皇　**◎p.273**

□ ❷ 日本国憲法の公布は、1946年[　　]月[　　]日、施行は1947年[　　]月[　　]日です。

❷11、3、5、3　**◎p.273**

□ ❸ 日本国憲法の三大原則は、[　　　]と、基本的人権の尊重、平和主義です。

❸国民主権　**◎p.275**

□ ❹ 天皇は、日本国および日本国民統合の[　　　]です。

❹象徴　**◎p.275**

□ ❺ 内閣の助言と承認のもと、天皇が行う仕事を[　　　]といいます。

❺国事行為　**◎p.275**

□ ❻ 自由に意見をいったり、好きな仕事を選んだりすることができる権利を[　　]といいます。

❻自由権　**◎p.276**

□ ❼ [　　　]の１つで、健康で文化的な最低限度の生活を営む権利を[　　　]といいます。

❼社会権、生存権　**◎p.276**

□ ❽ 労働基本権とは、[　　　]、団体行動権（争議権）、団体交渉権の３つの権利を合わせたものです。

❽団結権　**◎p.276**

□ ❾ 選挙権や被選挙権など、国民が政治に参加する権利を[　　　]といいます。

❾参政権　**◎p.277**

□ ❿ 裁判を受けたり、国や地方公共団体に損害賠償を求めたりすることができる権利を[　　]といいます。

❿請求権　**◎p.277**

□ ⓫ 新しい人権のうち、くらしやすい生活環境を求める権利を[　　]といいます。

⓫環境権　**◎p.277**

□ ⓬ 国民の三大義務とは、子どもに普通教育を受けさせる義務、勤労の義務、[　　　]の義務です。

⓬納税　**◎p.277**

□ ⓭ 憲法第[　　]条には、戦争を放棄し、戦力をもたないことが定められています。

⓭9　**◎p.278**

□ ⓮ 外国からの攻撃に対して自衛するためにつくられた組織で、憲法に示されている戦力かどうかでよく議論される組織を[　　　]といいます。

⓮自衛隊　**◎p.279**

□ ⓯ 日本国憲法を改正するためには、衆議院と参議院の総議員の[　　]以上の賛成と、国民投票で有効投票総数の[　　]の賛成が必要です。

⓯3分の2、過半数　**◎p.279**

チャレンジ！ 思考力問題

●次の文を読んで、あとの問いに答えなさい。

【筑波大附属中―改】

日本国憲法は、国民主権・基本的人権の尊重という２つの原則に、平和主義を加えた三原則から成り立っています。生命をうばうといういちばんの人権侵害をともなう戦争を放棄する、世界に先がけた憲法です。日本国憲法では、す

資料A
アメリカのバスケットボール代表チーム

資料B
サウジアラビア初の女性選手

2012年にサウジアラビアから女性が初めてオリンピックに参加しました。

べて国民は、法の下に平等で、人種、思想、性別、身分、家柄などによって差別されないとする平等権を、基本的人権の１つとして保障しています。これに関連して、スポーツを通じた世界平和を願って開催されるオリンピックのオリンピック憲章のなかにも、「このオリンピック憲章の定める権利および自由は、<u>人種</u>、<u>言語</u>、<u>宗教</u>、<u>政治的またはその他の意見</u>、<u>出身国</u>、<u>財産</u>、<u>身分</u>などの理由による差別をされることなく、確実に保障されなくてはならない。」とあります。

(問)資料A・Bは、文中の下線部のどの語句に最も関係がありますか。下線部の語句からそれぞれ選んで答えなさい。

■ キーポイント ■

資料A・Bから、それぞれどのような内容が読み取れるかを確認し、平等権とどのような関係があるのかを考える。

Aからは、バスケットボールの選手たちに白人と黒人が混じっていることがわかる。Bからは、女性が初めて参加したサウジアラビアという国がどのような特色をもっている国であるかを考える。

■ 正答への道 ■

Aについては、バスケットボールの選手たちは、白人も黒人も関係なく選ばれていることからすぐにわかる。

Bでは、サウジアラビアではイスラム教が国教となっており、イスラム教徒は、さまざまな決まりに従って生活していることから考える。

◆答え◆

A…人種　　B…宗教

チャレンジ！ 記述問題

●次の文を読んで、あとの問いに答えなさい。　【明治大付属明治中一改】

　右の写真は、2016年にブラジルで開催されたリオデジャネイロオリンピックの男子マラソンでの１コマです。エチオピアのフェイサ=リレサ選手は、自分の国の政府の圧政に抗議するために、命がけでこのようなポーズをとりました。オリンピックの後にはエチオピアへの帰国を拒否し、亡命を申請したと報道されています。リレサ選手の境遇と比べれば、<u>自分たちの意見を自由に表明でき、選挙という方法が整備されている</u>日本にくらしているわたしたちは、幸せだといえるのかもしれません。

（問）下線部について、民主主義の基盤である自由に関する権利は日本国憲法でも保障されています。しかし、個人の自由や権利について規定されている日本国憲法第12条では、同時に、その濫用を禁止しています。このような規定がある理由を40字以内で答えなさい。

【日本国憲法第12条】

　この憲法が国民に保障する自由及び権利は、国民の不断の努力によつて、これを保持しなければならない。又、国民は、これを濫用してはならないのであつて、常に公共の福祉のためにこれを利用する責任を負ふ。

条件に注意！

・基本的人権が制限される場合を考える。
・40字以内で答える。

キーポイント

　個人の自由や権利は、公共の福祉に反しない範囲で保障されている。

正答への道

　日本国憲法が定める基本的人権は、多くの人々の人権を保障するため、公共の福祉によって、一部の人々の人権が制限される場合があることをふまえて答えればよい。

解答例

自由や権利を制限なく認めてしまうと、他人の人権を侵害するおそれがあるため。〔37字〕
（公共の福祉に反する自由や権利の主張が、他人の人権を侵害する可能性があるため。〔38字〕）

国民の生活と政治

第2章 政治のしくみと はたらき 6年

日本の政治のしくみ

日本の政治の中心となっているのは国会・内閣・裁判所です。また、それぞれの機関が抑制し合い、権力が集中しないように三権分立のしくみがとられています。

一方、地方自治は、「民主主義の学校」ともいわれ、最も身近な政治参加の場となっています。

政治
第7編
国民の生活と政治

第1章
憲法とわたし
たちの生活

第2章
政治のしくみと
はたらき

1 民主政治

🎯 学習のポイント

1. 民主政治とは、主権者である国民による国民のための政治のことである。

2. 三権分立とは、立法・行政・司法の3つの権力がそれぞれ独立して、たがいに抑制しあって、権力が1つに集中しないようにするしくみである。

1 民主政治の考え方 入試重要度 ★★

1 民主政治
民主政治とは、主権者である国民によって、国民のための政治を行うことである。

▶ アメリカ合衆国の第16代大統領**リンカン**が演説で述べた「**人民の、人民による、人民のための政治**」ということばは、民主政治の原則を最も簡潔にいい表している。

2 民主政治に必要なことがら

❶ **基本的人権の尊重**……人々が人間として生きていくための権利は尊重されなければならない。基本的人権には、身体の自由、言論の自由、健康で文化的な最低限度の生活を営む権利などがある。
↳「侵すことのできない永久の権利」として日本国憲法第11条で保障

❷ **自由と平等**……すべての国民は、人間として自由が尊重され、差別を受けることがなく平等でなくてはならない。ただし、罪を犯し、他人に迷惑をかければ罰せられる。

❸ **多数決**……人々の意見が対立した場合、多数の意見で決めることを**多数決**という。

▶ 結論を出す前に、**少数の意見**にも十分耳をかたむける必要がある。
↳少数意見の尊重

❹ **公共の福祉**……最大多数の最大幸福が民主政治の基本となる。そのため、より多くの人の幸福をもとにし、**公共の福祉**の観点から、**個人**の自由や権利が**制限**される場合がある。

参考 リンカンの演説
「ここで身をささげるべきは、むしろわれわれ自身であります。(略)それは戦死者の死を無駄に終わらせないように、われわれがここでかたく決心するため。またこの国に神のもと、新しい自由の誕生をさせるため。そして人民の、人民による、人民のための政治を地上から絶滅させないためであります。」

　この演説の精神は、その後の各国の民主政治に大きな影響をあたえた。

▲演説するリンカン

➕ズームアップ 基本的人権の尊重 ➡p.276

➕ズームアップ 公共の福祉 ➡p.277

パワーアップ

「人民の、人民による、人民のための政治」ということばは、19世紀にアメリカ合衆国でおきた南北戦争中に、リンカンがゲティスバーグで行った演説の一部です。

2 国の政治のしくみ ★★

1 議会政治

❶ 直接民主制……国民全員が直接政治に参加することを**直接民主制**といい、民主政治の理想である。
<small>現在のスイスの州民集会などが典型</small>

❷ 間接民主制……国民が選んだ代表者の集まりである議会で決められた法律にもとづいて、行政機関が政治を行うことを**間接民主制**という。現在多くの国々で採用され、日本の政治も間接民主制である。
<small>代議制、議会制民主主義、代議制民主主義とも呼ばれる</small>

▲議会政治(衆議院本会議のようす)

ズームアップ 三権分立
➡p.296

2 三権分立

政治には、立法・行政・司法という3つのはたらきがあり、強い権力があるので三権と呼んでいる。

❶ 立法……立法は国会が受けもち、国会議員が国会で話し合って法律をつくる。

❷ 行政……行政は内閣が受けもち、法律にもとづいて実際の政治を行う。
<small>政府ともいう</small>

❸ 司法……司法は裁判所が受けもち、争いごとや法律に違反した者などを裁く。

❹ 三権分立の必要性……三権が1つの機関に集中すると国民の自由と権利をおびやかす可能性がある。そのため、三権を独立した機関が担当し、おたがいに行き過ぎのないようにかかわりあい、バランスのとれた政治を行うしくみにしている。

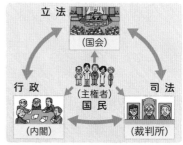

▲三権分立

参考 モンテスキュー
18世紀に、フランスの思想家モンテスキューは、その著書『法の精神』の中で三権分立の考え方を主張した。

くわしい学習

Q 国が行う政治には、民主政治のほかにどのような政治形態がありますか。

A 世界の国々では、さまざまな形態の政治が行われています。民主政治以外に行われているおもなものとして、次のような政治形態があります。

▶ **君主政治**……国王が国民の意思とは無関係に政治を行う専制君主制と、国王が憲法にもとづいて国をおさめる立憲君主制などがあります。

▶ **独裁政治**……個人やある1つの団体または党派が権力を独占して行う政治で、自由な意見や思想が抑圧されることが多い政治です。

パワーアップ

議会が制定した法律にもとづいて政治が行われるという考え方を法治主義といいます。法にもとづいて政治が行われるため「法の支配」ともいわれます。

2 国会のしくみとはたらき

◎学習のポイント

1. 国会は、**国権の最高機関**であり、法律を制定する**唯一の立法機関**である。

2. 国会は、審議を慎重に行うために、**衆議院**と**参議院**の2つの院から構成される**二院制**がとられている。

1 国会の役割 ★★★

1 国会の地位

❶ **最高機関**……国会は、主権者である国民が選挙で選んだ代表者(国会議員)によって構成されているため、**国権の最高機関**とされている。
└日本国憲法第41条で規定

❷ **立法機関**……法律は国会で多数決により決められる。この役割は国会のみがもっているので、国会は国の**唯一の立法機関**とされている。
└日本国憲法第41条で規定

> **参考** 国会の地位・構成に関する憲法の条文
>
> 第41条
> 国会は、国権の最高機関であつて、国の唯一の立法機関である。
>
> 第42条
> 国会は、衆議院及び参議院の両議院でこれを構成する。

2 国会のしくみ

❶ **二院制**……国会は、衆議院と参議院の2つの議院で構成されている。二院制がとられているのは、審議を慎重に行い、たがいの院の行き過ぎやあやまちを防ぎ、国民の意思を政治に反映させるためである。

▶ 原則的に、衆議院と参議院の両院が賛成したときに法律などが決定される。
└衆議院の優越により、衆議院の議決が優先される場合がある

▲国会議事堂

衆議院		参議院
18才以上の男女	選挙権	18才以上の男女
25才以上の男女	被選挙権	30才以上の男女
4年	任期	6年(3年ごとに半数改選)
465人〔小選挙区289人〕〔比例代表176人〕	議員数	248人〔選挙区148人〕〔比例代表100人〕
ある	解散	ない

▲衆議院と参議院のちがい

> **参考** 二院制の短所
> 二院制は、審議がおそくなりがちで、費用もかかるという短所もある。また、同じ審議を2度くり返すのは無駄であり、議会が正しく運営されるのであれば、一院制でも十分だという意見もある。

パワーアップ 国会が会議を開いて議決するのに必要な出席者数を**定足数**といい、本会議では、各議院の総議員の3分の1以上の出席者が必要とされています。

❷ 国会の種類

国会名	会　期	開催時期とおもな審議の内容
常会(通常国会)	150日間	・毎年1回、1月中に開かれる。 ・おもに次の年度の予算を審議する。 　↳4月から翌年3月までの1年間
臨時会(臨時国会)	会期は両議院の議決で決定される。	内閣が必要と認めたとき、または、衆議院・参議院いずれかの議院の総議員の4分の1以上の要求があるときに開かれる。
特別会(特別国会)	会期は両議院の議決で決定される。	・衆議院を解散した後の総選挙の日から30日以内に開かれる。 ・内閣総理大臣の指名を行う。
緊急集会	衆議院の解散中に、緊急の必要があるとき、内閣の求めによって開かれる参議院のみの集会。	

❸ 国会を運営する機関

▶ **本会議**…議員全員が集まって、審議や議決を行う会議を**本会議**という。

▶ **委員会**…議案を本会議で審議する前に、少数の議員で構成される**委員会**で細かい審議を行う。

▶ **公聴会**…衆参両院の各委員会で議案について審議するときに、専門家や学者などの意見を聞いて参考にするために開く会を**公聴会**という。
予算の審議の場合は必ず開かれる↲

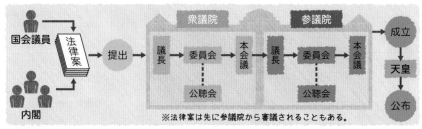

▲国会のしくみ

> **ことば** 委員会
> 衆議院・参議院にはそれぞれ17の**常任委員会**と、必要なときにつくられる**特別委員会**がある。各議員は最低1つの委員会に所属することになっている。

2 国会の仕事 ★★★

1 法律をつくる(立法)
内閣や国会議員がつくった法律案を衆参両院で審議し、可決されれば法律となる。成立した法律は、**天皇**が国民に**公布**する。

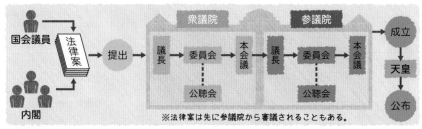

▲法律ができるまで

※法律案は先に参議院から審議されることもある。

国会の開催期間は延長される場合もあります。常会は1回だけ、臨時会と特別会は2回まで延長できます。延長期間は本会議で決定されます。

2 予算を決める 内閣がつくった予算案を審議して予算を決める。

3 内閣総理大臣を指名する 内閣総理大臣を国会議員の中から指名する。

4 裁判官を裁判する 不適格だと考えられる裁判官を弾劾裁判所を開いて裁く（**弾劾裁判**）。
（裁判官をやめさせるかどうかを決定する）

5 国政を調査する 内閣が実施する政治について調査する（**国政調査権**）。

6 憲法改正を発議する 各議院の総議員の3分の2以上の賛成で憲法の改正を発議する。

7 条約を承認する 内閣が外国と結んだ条約を審議して承認する。

3 衆議院の優越 ★★★

1 優越の理由 衆議院議員の任期は参議院議員に比べて短く、解散もある。そのため、衆議院は参議院より国民の意思や世論を反映しやすいとして、参議院よりも強い権限をあたえられている。これを**衆議院の優越**という。
（└4年　└任期は6年）

ことば **国政調査権**
衆議院と参議院の両方にあたえられ、国の政治が正しく行われているかどうかを調査する権限。両院はそれぞれ国会に証人を呼んだり、記録を提出させたりして、問題の真相を明らかにすることができる。

ことば **両院協議会**
衆議院と参議院の意見が一致しないときに、意見を調整するために開かれる協議会。両議院のそれぞれから選ばれた各10人ずつの委員で構成される。

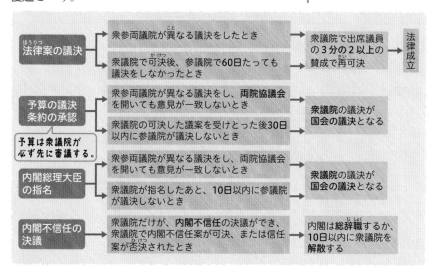

▲衆議院の優越

入試では 二院制になっている理由や法律が成立するまでの過程、衆議院の優越について問う問題が多く出題されています。議員数や定足数、日数などまぎらわしい数字が多いので注意しましょう。

❸ 内閣のしくみとはたらき

🎯 学習のポイント

1. 内閣は、法律や予算に従って、実際に行政を進めている機関である。
2. 内閣が国会の信任にもとづいて成立する制度を議院内閣制という。

1 内閣の役割 ★★★

1 内閣の地位　行政権があたえられ、行政を行う。

2 内閣のしくみ

❶ **行政機関**……内閣のもとに各省庁などの行政機関が置かれ、それぞれが実務を分担している。

❷ **内閣総理大臣**……**内閣総理大臣**は行政の最高責任者で、行政機関を指揮・監督して行政にあたる。
▶ **国会議員**の中から**国会**が指名し、**天皇**によって任命される。**閣議**を開いて内閣の考えを決める。

❸ **国務大臣**……**国務大臣**は、各省庁の長として行政を分担して仕事を行う。内閣総理大臣が任命し、過半数は国会議員でなくてはならない。
国務大臣を辞めさせるのも内閣総理大臣の権限

ことば 閣議
内閣総理大臣が主宰する内閣の意思を決定する会議。非公開で、すべての国務大臣が出席し、決定は全会一致で行われる。

▲閣議のようす

くわしい学習

💬 **Q** 国の行政機関には、どのような機関がありますか。

⚙️ **A** 内閣のもとには、次のような行政機関が置かれています。

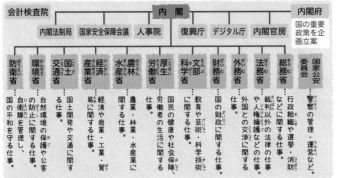

▶ **人事院**は内閣の下に置かれていますが、人事などへの政治の介入をさけるため、独立性が保障されています。

▶ **会計検査院**は内閣から独立した行政機関で、国の収支を検査する機関です。

パワーアップ

各省には、専門的な事務などを行う庁が属しています。例えば、国土交通省には気象庁、総務省には消防庁、文部科学省にはスポーツ庁などが属しています。また、2021年9月に内閣直属のデジタル庁が、2023年4月に内閣府の外局としてこども家庭庁が発足しました。

2 内閣の仕事 ★★★

1 内閣総理大臣の権限
内閣総理大臣は、内閣を代表して、国会に対して議案の提出や内務、外交について報告する。また、国務大臣を任命・罷免し、行政の指揮・監督をする。
└やめさせること

2 内閣のおもな仕事

▶ 国会で決められた法律に従って**行政**を実施する。

▶ **予算案**や**法律案**を作成して国会に提出する。

▶ 外国と**条約**を結ぶなど、外交についての└条約を結ぶには国会の承認が必要 具体的な事務を処理する。

▶ 憲法や法律の決まりを行うための**政令**を定める。

▶ **天皇の国事行為**に対して、**助言と承認**をあたえる。

▶ **最高裁判所の長官**を指名する。

▶ 最高裁判所の長官以外の裁判官を**任命**する。

▲内閣と内閣総理大臣の仕事

3 内閣と国会の関係 ★★★

1 議院内閣制
内閣が国会の信任のもとに成立し、国会に対して内閣が連帯して責任を負うことで、行政と立法の均衡をはかる制度を議院内閣制という。

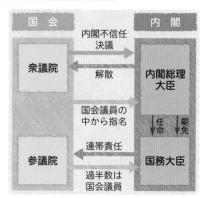

▲議院内閣制

2 内閣の総辞職

❶ **内閣不信任決議**……内閣不信任決議案が衆議院で可決された場合に、内閣は**総辞職**するか、**10日以**内に**衆議院を解散**しなければならない。

> **ことば** 政 令
> 憲法やその他の法律の規定を実施するために、内閣が定める規則。閣議の決定にもとづいて天皇が公布する。その決まりには、原則、罰則を設けないことになっている。

> **ズームアップ** 国事行為
> ➡p.275

> **ことば** 内閣不信任決議
> 内閣の政治のやり方について衆議院議員の間で反対の意思が強くなると、内閣不信任決議案が出される。

入試では 議院内閣制のしくみがよく問われます。内閣と国会の関係をしっかりと理解しておきましょう。また、衆議院を解散したあとの流れについてもよく出題されます。

❷ その他の総辞職

▶ 内閣総理大臣が欠けたとき（死亡、病気など）、
内閣は総辞職しなければならない。

▶ 内閣の重要法案が否決されたり、政策
が行きづまったりした場合に、内閣の
判断で総辞職することもある。

▶ 衆議院議員の総選挙のあとに初めて国
会(特別会)の召集があったとき、内閣
は総辞職しなければならない。

衆議院の解散時には万歳をするのが慣例となっている。

▲衆議院の解散

③ 衆議院解散後の流れ

衆議院が解散
された場合、解散の日から40日以内に衆議院の総選挙
が行われ、選挙後に初めて召集される国会(特別会)で
内閣は総辞職して、新しい内閣総理大臣が指名される。

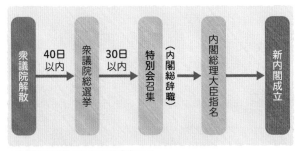

衆議院解散 → 40日以内 → 衆議院総選挙 → 30日以内 → 特別会召集 →（内閣総辞職）→ 内閣総理大臣指名 → 新内閣成立

▲衆議院の解散から新内閣成立まで

4 公務員 ★

① 公務員
公務員とは、役所の職員や警察官など行
政機関で働く職員のことである。

② 公務員の種類
公務員には、国の機関で働く国
家公務員と、地方公共団体で働く地方公務員がある。
└都道府県や市(区)町村
国家公務員の人事は、人事院が行っている。

③ 公務員の役割
公務員は全体の奉仕者であって、
一部の奉仕者ではないと日本国憲法に定められており、
国民のため、公共の利益のためにつくさなければならない。そのため、職務上の必要から、労働基本権もあ
る程度制限されている。
└団体交渉権が制限され、団体行動権(争議権)が否定されている

参考 内閣総理大臣の指名
内閣総理大臣は、通常、衆議院で多数をしめる政党の党首が選ばれる。現在、国会議員のほとんどが政党に所属しており、各政党とも、自分の政党から内閣総理大臣を出して政権を担当しようとするため、内閣総理大臣を指名する際には、それぞれの党首に投票するのが普通である。このため、国会で最も多くの議席をしめる政党の党首が内閣総理大臣に選ばれることになる。

ズームアップ 労働基本権
➡p.276

雑学ハカセ　衆議院が解散されるときに、「〇〇解散」のように名まえがつけられることがあります。その
中には、「バカヤロー解散」、「嘘つき解散」、「死んだふり解散」などユニークな名まえがつけ
られた解散もあります。

4 裁判所のしくみと三権分立

◎学習のポイント

1. 裁判所は**司法権**をもち、最高裁判所は「**憲法の番人**」と呼ばれている。
2. 日本では、裁判を慎重に行い、誤りを防ぐために**三審制**がとられている。
3. 重大な刑事裁判の第一審では**裁判員制度**が導入されている。

1 裁判所の役割 ★★★

1 裁判所の地位 法律にもとづき、争いごとを解決することを**司法**といい、裁判所が司法権をもっている。

▶ **違憲立法審査権**…裁判所がもっている、法律や条例などが憲法に違反していないかどうかを判断する権限を、**違憲立法審査権**という。
└違反したものは無効
└違憲審査権、法令審査権とも呼ばれる

2 裁判所の種類 裁判所には、最高裁判所と下級裁判所がある。

❶ **最高裁判所**……最高裁判所は最も上級の裁判所で、最高裁判所の判決が最後の決定となる。
└終審裁判所である

▶ **憲法の番人**…最高裁判所は、違憲審査の最終的な決定権をもっているので、「**憲法の番人**」とも呼ばれている。

❷ **下級裁判所**……下級裁判所には、**高等裁判所、地方裁判所、家庭裁判所、簡易裁判所**がある。

参考 最高裁判所の構成
最高裁判所は、最高裁判所長官1人と最高裁判所裁判官14人の計15人で構成されている。長官は、内閣の指名にもとづいて天皇によって任命され、その他の裁判官は内閣によって任命される。

▲最高裁判所の大法廷

裁判所	所在地	裁判の取りあつかい
最高裁判所	東京に1か所	ここでの判決が、最終的な決定となる。
高等裁判所	札幌・仙台・東京・名古屋・大阪・高松・広島・福岡の8か所	地方裁判所の判決に不服の場合に、ここで裁判を受ける。
地方裁判所	各都府県に1か所、北海道に4か所、計50か所	殺人や強盗などの重い刑事事件などは、ここで最初の裁判をする。
家庭裁判所		家庭内の争いや少年事件をあつかう。
簡易裁判所	各地に計438か所	罰金以下の罪など、軽い事件をあつかう。

▲裁判所の種類

パワーアップ 最高裁判所は、最後の判決を出す以外に、下級裁判所の裁判官を指名したり、裁判所の規則や裁判の手続きを決めることなどの権利も認められています。

2 司法権の独立 ★★

1 司法権の独立
公正な裁判が行われるために、国会や内閣、その他のいかなる権力も、裁判所に干渉や圧力を加えることはできない。

2 裁判官の独立
裁判官は自己の良心に従い、だれからの圧力も受けることなく、独立して裁判を行い、憲法および法律にのみ拘束される。

3 裁判官の身分保障
裁判官は、国民審査、過半数が不適任とするとやめさせられる
弾劾裁判、病気などの場合を除いては、やめさせられない。

3 裁判のしくみ ★★★

1 裁判の種類
裁判には民事裁判と刑事裁判の2種類があり、それぞれ裁判のしくみが異なっている。

❶ 民事裁判……民事裁判は、個人や企業の財産や権利などについての争いを解決する裁判である。裁判官は、原告と被告の言い分を聞いて判決を下す。
うったえた人　うったえられた人

❷ 刑事裁判……刑事裁判は、殺人や強盗など法律が犯罪としている事件について、警察が被疑者をとらえ、検察官が被疑者を被告人として裁判所に起訴したときに行われる裁判である。
犯罪を犯した疑いのある人

> 民事裁判は、原告が被告をうったえることにより裁判が始まる。

> 刑事裁判は、検察官が被疑者を裁判所に起訴することにより始まる。

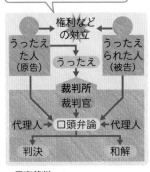

▲民事裁判

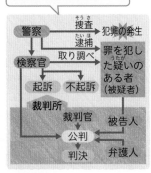

▲刑事裁判

ことば 国民審査
最高裁判所の裁判官が、任命後、初めて行われる衆議院議員総選挙の際に国民の投票により裁判官として適しているかどうかの審査を受ける制度。その後は10年経過するたびに同じ審査を受ける。

▲国民審査の投票用紙

ことば 検察官
国や国民を代表して被疑者を調べて起訴するかどうかを決める人のこと。起訴ののち、検察官は法廷で証拠を示しながら、事件の内容をはっきりさせ、裁判官に被告人の処罰を求める。

少年事件	1.4
家事事件	33.7
民事事件	40.2%
刑事事件	24.7

(2021年)
(2023/24年版「日本国勢図会」)

▲裁判所が受けつけた事件の割合

雑学ハカセ

判決を述べる際の裁判官の一言で、無罪か有罪かを察することができ、「被告人は」で始まるときは無罪、「被告人を」となるときには「○○の刑に処す」(有罪)となることが多いそうです。

❸ **裁判員制度**……刑事裁判において、任意に選ばれた裁判員が、裁判に参加する**裁判員制度**が2009年から導入された。
　　└18才以上の有権者の中から抽選で選ばれる

2 人権の尊重

❶ **弁護人**……被告人は自らの立場を守ってくれる**弁護人**をつけることができる。原則として、弁護人は国家資格をもつ**弁護士**がなる。

❷ **令状**……原則として、裁判官が発行した**令状**がなければ、逮捕されたり、家を捜索されたりしない。

❸ **公開裁判**……裁判は、**公開裁判**が原則である。

❹ **黙秘権**……自分の不利益になることには答えなくてもよい**黙秘権**がある。
　　└被疑者や被告人に認められている権利

❺ **証拠にならない自白**……拷問や脅迫などによる自白は、裁判のときに**証拠**として使うことはできない。

❻ **残ぎゃくな刑罰の禁止**……残ぎゃくな刑罰は絶対に禁止されている。

政治 第7編 国民の生活と政治

参考　裁判員の守秘義務
裁判員は、参加した裁判の内容や、裁判の過程で知り得た秘密を外部に絶対にもらしてはいけない**守秘義務**がある。

ことば　証拠
裁判は、すべて証拠にもとづいて行われる。疑わしいだけで、証拠がない場合は有罪にできない。つまり「疑わしきは罰せず」の原則である。また、自白は、有力な証拠ではあるが、自白だけで有罪と決めることはできない。

第1章 憲法とわたしたちの生活

第2章 政治のしくみとはたらき

🧑‍🎓中学入試にフォーカス　裁判員制度

裁判員制度導入の目的
国民のいろいろな考えを裁判に生かしたり、裁判の時間を短くしたりすることなどを目的に、裁判員制度が導入された。

裁判員制度で行われる裁判
地方裁判所で行われる**第一審**の刑事裁判のうち、重大な**犯罪**の裁判に限られる。

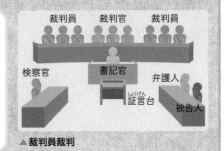
▲裁判員裁判

裁判員
1つの裁判で、18才以上の人から6人が**抽選**で選ばれる。原則、**辞退**することはできない。

裁判員の仕事
• 裁判官とともに裁判に立ち会い、**検察官**や被告人、弁護人の話を聞いたり、証拠を確認したりする。
• 被告人が有罪か無罪か、有罪ならどのような刑罰にするかを裁判官とともに決める。

パワーアップ　裁判員裁判で、判決の結果は裁判員6名と裁判官3名の多数決で決めます。ただし、有罪の場合には、裁判官1名以上が多数意見に賛成していなければなりません。

3 裁判における三審制

❶ 三審制……裁判を慎重に行い、誤りを防ぐため、1つの事件につき原則として3回まで裁判を受けられる制度を三審制という。

❷ 控訴と上告……裁判の結果に不服のある人は上級の裁判所にうったえることができる。第一審から第二審へうったえることを**控訴**、第二審から第三審へうったえることを**上告**という。

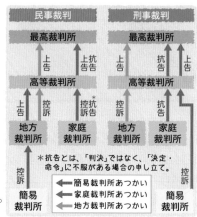

▲三審制のしくみ

4 三権分立 ★★★

1 三権分立

国の権力が1か所に集まらないように、**立法・行政・司法**の三権に分立させ、それぞれ**国会**、**内閣**、**裁判所**に分担させるしくみを**三権分立**という。三権がたがいに監視し合うことで、ほかの権力の行き過ぎをおさえるはたらきをしている。

2 国民と三権

①国会議員を選挙する。②内閣を支持するか、支持しないかの考えを表すことができる（**世論**）。③最高裁判所の裁判官を審査すること（**国民審査**）ができる。

> **ことば** 世論
> 政治や社会の問題に対する多くの国民の意見。世論がつくられるには、テレビ・新聞・ラジオなどマスメディアによる報道が大きく影響する。

3 三権分立のしくみ

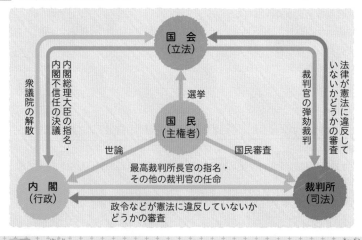

刑事裁判と民事裁判のちがい、三審制、三権分立の図を見て、関連する内容を問う問題がよく出題されます。重要な語句は関係する図といっしょに覚えましょう。

5 財政と社会保障

◎ 学習のポイント

1. 国や地方公共団体の収入・支出のことを財政という。

2. 国の歳出では、社会保障関係費が最も多く、国債費の割合も高い。

3. 社会保障制度には、社会保険・公的扶助・社会福祉・公衆衛生がある。

1 財政と予算 ★★

1 財政 国や地方公共団体が税金などを集め、公共事業やさまざまなサービスに支出することを**財政**という。

2 予算 国や地方公共団体が1年間の**歳入**と**歳出**について計画したものを**予算**という。

▲さまざまな公共事業やサービス

2 税金 ★★★

1 税金の種類

❶国税と地方税

税金には、国に納める**国税**と地方公共団体に納める**地方税**がある。

区　分		直接税	間接税
国　税		所得税・法人税・相続税など	消費税・酒税・揮発油税・関税など
地方税	(都)道府県税	(都)道府県民税・事業税・自動車税など	地方消費税・(都)道府県たばこ税など
	市(区)町村税	市(区)町村民税・固定資産税・軽自動車税など	市(区)町村たばこ税・入湯税など

▲税金の種類

❷直接税と間接税……税金を負担する人と納める人が同じ税を**直接税**、ちがう税を**間接税**という。

2 おもな税金

個人が会社などに勤めて給料を得たり、商売で利益をあげたりして収入を得たとき　**所得税**	会社が利益を得たとき　**法人税**
	土地や建物をもっている人　**固定資産税**
市(区)町村の住民　**住民税**	ものを買ったとき　**消費税**

雑学ハカセ 世界で最も消費税が高い国はハンガリーの27%で、以下25%のクロアチア、デンマーク、スウェーデン、ノルウェーと続きます。世界の平均税率は17.6%で、日本の消費税率(10%)はまだ低い方です(2023年1月現在)。

3 累進課税 税金の負担を公平にするため、所得や財産が大きいほど税率が高くなる課税方法を**累進課税**といい、所得税や相続税などに適用されている。

消費税は、収入の多少にかかわらず、同じ税率でかかるため、収入の少ない人ほど負担が大きくなる。

参考 消費税率
日本で、消費税が初めて導入されたのは1989年で、税率は3％であった。1997年に税率が5％に引き上げられ、さらに、2014年に8％に、2019年には10％に引き上げられた。

3 国の歳入と歳出 ★★

公債金
国債を発行して借り入れたお金。国債は国の借金なので、買った人に利子をはらわなければならず、期限がくれば返さなければならない。したがって、国債の発行が重なると、将来に大きな負担を残すことになる。

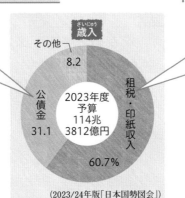

歳入
その他 8.2
公債金 31.1
2023年度予算 114兆3812億円
租税・印紙収入 60.7%

(2023/24年版「日本国勢図会」)

租税・印紙収入
国の歳入のうち最も大きな割合をしめているのは、税金として支はらわれる租税である。また、印紙は契約書などの書類にはるもので、その売り上げも歳入となる。

ことば 国債
財政収入の不足を補うために国が発行する債券。財政の赤字をうめるための公債(赤字国債)は、特別立法があれば発行することができる。財政収入にしめる公債の割合は非常に高くなっている。

防衛関係費
国の防衛のために、自衛隊などに使われる費用。

公共事業関係費
道路建設や国土開発、災害対策などに使われる費用。

地方交付税交付金
地方財政を助けるために支はらわれる費用。

歳出
文教および科学振興費
防衛関係費
その他 12.6
社会保障関係費 32.3%
8.9
4.7
5.3
2023年度予算 114兆3812億円
地方交付税交付金 14.1
公共事業関係費
国債費 22.1

(2023/24年版「日本国勢図会」)

社会保障関係費
社会保険、生活保護、社会福祉、失業対策、衛生対策に使われる費用。

国債費
国債の利子支はらいや元本返済のために使われる費用。

▶ **歳出の課題…社会保障関係費の増加と国債費の割合が高い**ことが課題である。

パワーアップ 借金である国債の残高は約1068兆円(2023年度)となっています。単純に日本の総人口で割ると、1人あたり約800万円以上の借金があるということになります。

政治
第7編
国民の生活と政治

第1章
憲法とわたし
たちの生活

第2章
政治のしくみと
はたらき

4 社会保障制度 ★★★

1 社会保障制度
すべての国民が、健康で文化的な最低限度の生活ができるように、国が中心となって国民の生活を保障しようとするしくみを**社会保障制度**という。

2 社会保障制度の内容

	医療保険	病気やけがなどの際に支はらわれる。
社会保険	年金保険	高齢になったときに年金が支給される。
	雇用保険	失業したときに生活費が支給される。
	介護保険	介護が必要な高齢者にサービスを提供する。
	労働者災害補償保険	仕事中にけがをした場合などに支給される。
公的扶助 （生活保護）		さまざまな事情で収入が少なく、生活に困っている人に、国と地方公共団体が生活費や住宅費などを出して救済するしくみ。
社会福祉		高齢者、障がい者、母子家庭など、社会的に弱い立場で自立することが困難な人たちの生活を保障し、その福祉を進めるしくみ。
公衆衛生		保健所などを通じて病気の予防に取り組み、人々の健康を増進させるための体制づくりをする。

5 社会保障と政治 ★★★

1 高齢社会の日本
高齢者とは、65才以上の人をいう。現在、日本は国民の約30％が高齢者で、急速に高齢化が進んでいる。

2 新しい高齢者の福祉
高齢化の進展に対応するために、2000年から**介護保険制度**などの新しい制度が導入された。

3 障がい者のための福祉政策
障がいのある人が、障がいのない人と同じように普通に生活ができる社会を築いていこうというノーマライゼーションの考え方にもとづき、福祉などの分野で政策が進められている。

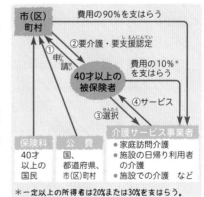

▲介護保険制度のしくみ

日本の社会保障の4つの柱のそれぞれの内容がどのようなものかをしっかり理解しておきましょう。特に社会保険・公的扶助の出題が多く見られます。

4 少子化対策

日本では、結婚する人の年齢が高くなったことや、働く女性の増加などで、1人の女性が一生の間に産む子どもの平均数（**合計特殊出生率**）が年々低くなり、**少子化**が進んでいる。政府は出産した女性が職場に復帰しやすくしたり、保育サービスの充実をはかったりして少子化対策を進めている。

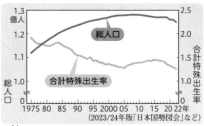
▲総人口と合計特殊出生率の変化

くわしい学習

💬Q 少子高齢化が進行すると、社会保障制度にどのような影響をおよぼすと考えられますか。

💡A 少子高齢化の進行と社会保障制度には密接な関係があり、現在もさまざまな問題点が指摘されており、その対策が重要な課題となっています。総人口にしめる65才以上の人の割合が7％をこえると**高齢化社会**、14％をこえると**高齢社会**、21％をこえると**超高齢社会**と呼ばれます。現在、日本は超高齢社会で、国民の約30％が高齢者となっています。

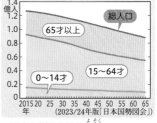
▲日本の将来人口の予測

▶ **高齢化の進行**……2065年には高齢者の割合が38％（約2.6人に1人が高齢者）にまで上昇するという試算もあり、社会保障にかかる費用のさらなる増加が心配されます。

▶ **少子化の進行**……将来、働く人の数が減少するので、国が集める税金の額が減少し、社会保障のための財源の不足が心配されます。また、今後、さらに増加することが予想される高齢者の医療費や年金の費用を少ない働き手で支えなければならなくなり、若い世代の負担が重くなってしまうことも予想されています。

▶ **介護分野の問題点**……現在、日本では、賃金の水準がほかの職種と比べて低い介護の仕事をする人の不足が問題になったことから、外国人の看護師や介護福祉士を受け入れる制度ができました。しかし、外国人が増えると日本人の看護師や介護福祉士が減るかもしれないという新たな不安もあります。

▲65才以上1人に対する15〜64才の人の数

2008年4月に75才以上の高齢者だけを対象とする独立した医療保険制度が始まりました。これを後期高齢者医療制度といいます。

政治
第**7**編
国民の生活と政治

第**1**章
憲法とわたし
たちの生活

第**2**章
政治のしくみと
はたらき

6 選挙と政治

◎ 学習のポイント

1. 間接民主制は、選挙で選ばれた代表者によって行われている。

2. 有権者は、願いを実現するために、選挙を通して政治に参加する。

3. 選挙権は、18才以上のすべての国民に認められている。

1 国民主権と選挙 ★★

1 選挙
選挙とは、国の代表者を投票によって選ぶことである。**公約**などに賛同できる立候補者に投票することは、間接的に政治に参加し、国民が主権を行使できる重要な機会である。

ことば **公約**
立候補者が有権者に対して、政策などの内容を示し、その事項を約束すること。政策の実施時期や数値目標などを**政権公約（マニフェスト）**として示すことが多い。

2 選挙の原則

普通選挙	一定の年齢(18才以上)に達したすべての国民に選挙権がある。
平等選挙	1人の有権者が1票を投票する平等な選挙である。
直接選挙	候補者に対して有権者が直接投票する。
秘密選挙	だれに投票したかわからないようにする。

2 選挙のしくみ ★★★

1 選挙権と被選挙権

❶ **選挙権**……選挙で投票できる権利を選挙権といい、**18才以上のすべての国民**に認められている。

❷ **被選挙権**……選挙に立候補できる権利を被選挙権という。

実施年	選挙権	全人口比
1890年	直接国税15円以上 25才以上の男子	1.1%
1902年	直接国税10円以上 25才以上の男子	2.2%
1920年	直接国税3円以上 25才以上の男子	5.5%
1928年	25才以上の男子	19.8%
1946年	20才以上の男女	48.7%
2016年	18才以上の男女	83.9%

▲日本の選挙権の移り変わり

被選挙権と選挙権	国		都道府県・市(区)町村		
	衆議院議員	参議院議員	都道府県・市(区)町村議会議員	市(区)町村長	都道府県知事
被選挙権	25才以上	30才以上	25才以上	25才以上	30才以上
選挙権	18才以上		18才以上		

▲選挙権と被選挙権

パワーアップ

選挙は、選挙権や被選挙権、選挙区、投票方法などについて定めた**公職選挙法**にもとづいて行われ、選挙管理委員会が選挙事務や監督を行います。

② 選挙制度
現在の日本の選挙では、選挙区制と比例代表制が採用されている。

❶ 選挙区制と比例代表制

小選挙区制	大選挙区制	比例代表制
1つの選挙区から1人を選出する	1つの選挙区から2人以上を選出する。	各政党が獲得した票数に応じて議席数を配分する。

（図：小選挙区制・大選挙区制・比例代表制のしくみ）

❷ 衆議院選挙と参議院選挙

▶ **衆議院選挙**…衆議院議員選挙は、小選挙区制と比例代表制を組み合わせた**小選挙区比例代表並立制**が導入されており、小選挙区で289人、比例代表制で176人を選ぶ。小選挙区では1人の候補者名を、比例代表制では政党名を書いて投票する。

▶ **参議院選挙**…参議院議員選挙は、都道府県単位で行われる選挙区選挙と全国を1選挙区とした比例代表制が導入されており、選挙区選挙で148人、比例代表制で100人を選ぶ。選挙区選挙では1人の候補者名を、比例代表制では政党名または1人の候補者名を書いて投票する。

└↰1回の選挙ではそれぞれ半数を選ぶ

議　院	選挙の種類	定　数	投票用紙の記入方法
衆議院	小選挙区制	289人	1人の候補者名
	比例代表制	176人	政党名
参議院	選挙区制	148人	1人の候補者名
	比例代表制	100人	1人の候補者名または政党名

参考 ドント式
現在、比例代表制では、ドント式という方法で、各政党の当選者数を決めている。これは、各政党の得票数を1・2・3…の自然数で割っていき、商の大きい順に定員まで決めていく方法である。

- A・B・Cの3つの政党が出ている。　● 定数は6議席
- 得票数は、A党（15000票）・B党（9000票）・C党（4000票）

■計算表

政党名 各党の得票数	A党 15000	B党 9000	C党 4000
1で割る	(1) 15000	(2) 9000	(6) 4000
2で割る	(3) 7500	(5) 4500	2000
3で割る	(4) 5000	3000	1333

【結果】A党…3議席獲得、B党…2議席獲得、C党…1議席獲得
▲ 当選者数の決定（ドント式）

参考 小選挙区制の短所
小選挙区制では、最も多く得票した候補者1人しか当選しないので、ほかの候補者に投票した人の意見が反映されないという短所がある。落選した人の投票数は死票といわれる。

雑学ハカセ せっかく投票した貴重な一票も無効になってしまうことがあります。白紙で投票した場合や、「○○○○さんへ」など名まえの下に余分なことを書いた票も無効になります。

3 選挙の課題 ★★

1 投票率

❶投票率の低下……近年、選挙に行かず、投票を棄権する人の割合が増えている。これでは、一部の人の意見だけが反映されることになる。有権者は、政治は自分たちのものであるという自覚をもつことが必要である。

❷投票率の低下への対策……期日前投票も簡単な手続きでできるようになった。

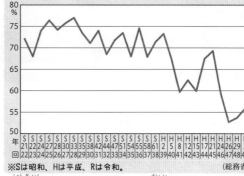

※Sは昭和、Hは平成、Rは令和。 (総務省)

▲衆議院議員選挙における投票率の推移

2 一票の格差

1つの選挙区あたりの議員定数が不均衡であるために、選挙区によって、議員1人あたりの有権者数に格差が生じている。これを「**一票の格差**」といい、格差が大きい場合は、憲法第14条に規定された**法の下の平等**に反するという意見がある。

選 挙	有権者の人数		格 差
	最多選挙区	最少選挙区	
2022年参議院選挙	神奈川県選挙区965927人	福井県選挙区318534人	3.03倍
2021年衆議院選挙	東京13区480247人	鳥取県1区230959人	2.08倍

▲議員1人あたりの有権者数の格差

> 有権者の数が少ない選挙区の方が、有権者の数が多い選挙区に比べて一票の価値が大きい（少ない票で1人の議員を選出する）。

4 政党と政治 ★★

1 政党

政治のあり方について、同様の意見や考えをもつ人々によって組織された集団を**政党**という。

2 政党政治

選挙で議会の多数をしめた政党が内閣を組織し、政治を行うことを**政党政治**という。政権を担当する政党を**与党**といい、与党の党首が内閣総理大臣になる。一方、政権についていない政党を**野党**という。
与党の政策に対して批判や監視を行い、対案を示す役割ももつ

ことば 期日前投票
投票日に仕事・旅行などの予定がある場合、投票日より前に投票ができる制度。投票がしやすいように、投票ができる場所を駅や店の中に設置している選挙区もある。

ことば 連立政権
議会において、1つの政党だけで議席の過半数を得られなかった場合などに、政治を安定させるために、複数の政党が政策協定などを結んで組織する政権。連立内閣とも呼ばれる。

 パワーアップ

「一票の格差」があるのは憲法違反だといううったえに対して、近年、最高裁判所は2倍をこえる格差を「違憲状態」とする判断をしていました。しかし、2021年の衆議院議員選挙では最大2.08倍となりましたが、国会による是正の取り組みを評価して「合憲」の判断を示しました。

7 地方の政治

◎ 学習のポイント

1. 地域の実情にあった政治を、その地域の住民が**民主的・自主的**に行うことを**地方自治**という。

2. 地方公共団体の住民には、さまざまな**直接請求権**が認められている。

1 わたしたちの生活と政治 ★

1 人々のさまざまな願い 安定したくらしや生命・財産が守られる安全なくらし、健康で文化的なくらしをしたいという住民の願いを実現するために、地方公共団体は大切なはたらきをしている。

2 公共施設 わたしたちの住む町の中には、多くの施設や設備(**公共施設**)がある。これらは、だれにとっても便利でくらしやすい町にするために、政治のはたらきによってつくられたものである。
→図書館、公民館、学校、道路、公園など

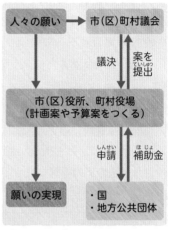

▲住民の願いがかなうまで

2 地方自治 ★★★

1 地方自治 ある地域の住民が、自分たちの地域の政治を民主的・自主的に行っていくことを**地方自治**という。地方自治は、その地域の実情にあった政治を行うことを目的としたものである。

2 地方公共団体 都道府県や市(区)町村は、地方自治を行う単位となり、**地方公共団体**(**地方自治体**)と呼ばれる。

参考 民主主義の学校
地方自治は、人々の生活に身近な民主主義の場であり、せまい地域の民主主義を実践することが、国の民主主義につながるという意味合いから、「**民主主義の学校**」といわれている。

3 地方公共団体のしくみ ★★

1 地方公共団体の仕事 地方公共団体は、その地域の住民の生活に密着した多くの仕事をしている。

パワーアップ

地方公共団体が仕事を行うための**歳出**(支出)は、おもに福祉関係や生活保護(**民生費**)、学校教育(**教育費**)、道路などの整備(**土木費**)などに使われています。

▶ 道路や上下水道などの整備、警察や消防、ごみ処理などのさまざまな仕事を行っている。

ごみの収集　警察や消防

道路の整備

学校をつくる

上下水道の整備

福祉事業

▲地方公共団体の仕事

2 地方財政の歳入

地方公共団体の収入（歳入）には、税金や国からの補助金などがある。

債券を発行して借り入れたお金。

住民税や固定資産税などの住民が支はらう税金。

国が使い道を指定して、地方公共団体に交付する補助金。おもに義務教育や道路の整備などに使われている。

その他
9.7
地方債
7.4
国庫支出金
16.4
地方税
46.5%
地方交付税
20.0
（2023年度）
（2023/24年版「日本国勢図会」）

▲地方財政の歳入の構成

国が、地方公共団体ごとの歳入の格差を調整するために、各地方公共団体に交付する資金。地方公共団体が使い道を自由に決めることができる。

3 地方公共団体のしくみ

❶ 首長……地方公共団体の行政の最高責任者を首長といい、住民の直接選挙によって選出される 都道府県知事・市(区)町村長がこれにあたる。首長を補助する役として、都道府県には副知事、市(区)町村には副市(区)町村長が置かれている。
知事が議会の同意を得て任命
市(区)町村長が議会の同意を得て任命

	選挙権	被選挙権	任 期
都道府県知事	18才以上	30才以上	4 年
市(区)町村長	18才以上	25才以上	4 年
地方議会議員	18才以上	25才以上	4 年

▲首長・地方議会議員の選挙権・被選挙権と任期

❷ 地方議会……都道府県や市(区)町村には、それぞれ一院制の議会（**地方議会**）があり、住民によって選挙で選ばれた地方議会議員で構成されている。

❸ 地方議会のおもな仕事
▶ 条例の制定や改廃を行う。
▶ 地方公共団体の**予算**を決め、**決算**を承認する。
▶ 住民の願いを受理する。

❹ 首長と議会の関係……議会は、首長の方針に反対であれば首長の**不信任決議**を出すことができ、一方、

参考 地方議会
近年、人口減少などで、地方議員になろうとする人が少ないなど地方議会には多くの問題点が生じている。その一方で、地方議会での議論を活性化させ、住民にとってより身近な存在にするために、議会基本条例を定める地方公共団体が増えている。

東京都は、企業に課される地方税やその他の収入を合わせると歳入の86％（2022年度）をしめているため、東京都には地方交付税交付金は交付されていません。

首長は議会を**解散**することができる。しかし、不信任決議を受けた首長が10日以内に議会を解散しないときや、解散後初めての議会で再び不信任決議が出され成立した場合、首長は辞職しなければならない。

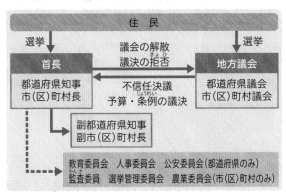

▲地方公共団体のしくみ

ことば 条例
地方公共団体の政治をうまく進め、地域のまとまりをよくするために制定される、その地方公共団体だけに適用される決まり。したがって、ある県で許されることが、ほかの県では禁止されているということもありうる。ただし、どこの条例でも、憲法や法律に違反してはならない。

4 住民の権利 ★★★

1 直接請求権

地方公共団体の住民がもつ、一定の署名を集め、地方公共団体に直接請求することができる権利を**直接請求権**といい、次のようなものがある。

▶ 条例の制定・改廃の請求
▶ 監査の請求（地方公共団体の仕事や会計について調べるための請求）
▶ 議会の解散請求
▶ 首長や議員の解職請求（**リコール**ともいう）

参考 オンブズマン制度
住民から、行政についての苦情や要望を受けつけて、その解決をはかる人のことを**オンブズマン**といい、行政の仕事を調査し、意見を表明して、改善を目ざす。行政に対する住民の信頼を確保するための制度である。現在、多くの都道府県や市(区)町村などで導入されている。

直接請求の種類	必要な署名数	請求先	請求後
条例の制定・改廃	有権者の50分の1以上	首 長	議会で採決し、結果を発表する。
監 査	有権者の50分の1以上	監査委員	監査を実行し、結果を発表する。
議会の解散	有権者の3分の1以上*	選挙管理委員会	住民投票を実施し、過半数の同意があれば、解散する。
首長・議員の解職	有権者の3分の1以上*	選挙管理委員会	住民投票を実施し、過半数の同意があれば、解職される。

▲住民による直接請求　（*有権者数が40万人をこえる場合は、必要署名数が緩和された。）

雑学ハカセ 徳島県美波町は、1950年に世界で初めて本格的なウミガメ保護に取り組んだ、ウミガメ保護発祥の地です。同町では1995年にウミガメ保護条例を制定し、現在もウミガメ保護に取り組んでいます。

政治
第**7**編
国民の生活と政治

第**1**章
憲法とわたしたちの生活

第**2**章
政治のしくみとはたらき

2 住民投票　地域住民の意思を問うために、地方公共団体の住民によって行われる投票を**住民投票**という。

❶ 国がつくる特別法に関する住民投票
　国が特定の地方公共団体にだけ適用される**特別法**をつくる場合、その地方公共団体の**住民投票**で過半数の同意を得ることが必要である。
└広島平和記念都市建設法、首都建設法など

❷ 地域の特定の問題に関する住民投票
　原子力発電所の建設など、地域にとって重要な問題について、住民の意思を確認するための住民投票を行う地方公共団体が増えている。
└投票の結果には、法的な拘束力はない

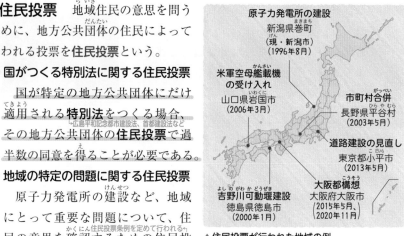

原子力発電所の建設
新潟県巻町
（現・新潟市）
（1996年8月）

米軍空母艦載機の受け入れ
山口県岩国市
（2006年3月）

市町村合併
長野県平谷村
（2003年5月）

道路建設の見直し
東京都小平市
（2013年5月）

大阪都構想
大阪府大阪市
（2015年5月、2020年11月）

吉野川可動堰建設
徳島県徳島市
（2000年1月）

▲住民投票が行われた地域の例

5 災害と政治 ★

1 災害と政治のはたらき　日本は、火山の噴火や地震、梅雨や台風などによる自然災害が多い。こうした災害時の救助・救援活動や復旧・復興の工事、また、災害を防ぐための対策に、国や地方公共団体の政治が大きな役割を果たしている。

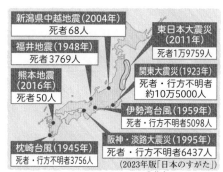

新潟県中越地震（2004年）
死者68人

東日本大震災（2011年）
死者1万9759人

福井地震（1948年）
死者3769人

関東大震災（1923年）
死者・行方不明者約10万5000人

熊本地震（2016年）
死者50人

伊勢湾台風（1959年）
死者・行方不明者5098人

枕崎台風（1945年）
死者・行方不明者3756人

阪神・淡路大震災（1995年）
死者・行方不明者6437人

（2023年版「日本のすがた」）

▲日本のおもな地震と台風による被害者数

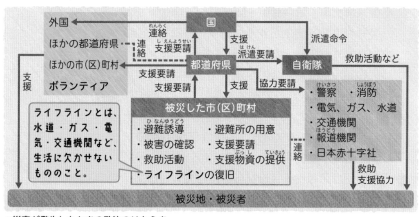

外国

ほかの都道府県　連絡　連絡　支援要請

ほかの市（区）町村

支援

ボランティア

国

連絡　支援要請　支援　派遣要請　派遣命令

都道府県

支援要請　支援要請　支援　協力要請

自衛隊　救助活動など

被災した市（区）町村

・避難誘導　・避難所の用意
・被害の確認　・支援要請
・救助活動　・支援物資の提供
・ライフラインの復旧

連絡

・警察　・消防
・電気、ガス、水道
・交通機関
・報道機関
・日本赤十字社

救助
支援協力

ライフラインとは、水道・ガス・電気・交通機関など、生活に欠かせないもののこと。

被災地・被災者

▲災害が発生したときの政治のはたらき

パワーアップ

災害が発生した直後に、国が地方公共団体や日本赤十字社などの協力のもと、迅速に被災者の救助活動を行うための法律として災害救助法があります。東日本大震災でも適用され、救助のほか、食料や支援物資の提供、避難所の設置、仮設住宅の供与などが行われました。

▶ **ボランティア活動**…1995年の阪神・淡路大震災の救援活動をきっかけにボランティアに対する関心が高まり、社会福祉協議会と連携してボランティアセンターが設置されるようになった。また、多くの義援金も届けられた。

▲阪神・淡路大震災の際のボランティアによる炊き出し

2 **災害からの復興と政治** 災害を受けた地域の復興に向けた取り組みは、国や地方公共団体が協力して行っている。

❶ **地方公共団体**……ハザードマップ（防災マップ）を作成したり、防災訓練や被災者のための住宅の修理費助成や生活再建支援金を提供したりしている。

❷ **国**……2011年の東日本大震災後に東日本大震災復興基本法を成立させた。また、**復興庁**を設置して災害復興の対策を計画したり、県や市による援助活動のための支援を行っている。

6 地域の開発や活性化 ★

1 **地域活性化への取り組み** 過疎化や高齢化の進展により、経済活動やそれにともなう雇用が停滞している地方公共団体では、地域を活性化させ、雇用を増やすためのさまざまな取り組みを行っている。

2 **地域活性化への取り組みの例**

❶ **島根県海士町・西ノ島町・知夫村**……海士町など三町村の中学卒業生が減り、島唯一の隠岐島前高校は廃校寸前であったが、「島留学」をキャッチコピーに2010年度より全国から生徒を募集したところ、生徒数は2008年の約80名から2022年には約170名にまで増加した。島特有の資源や地域人材を有効に活用し、島でしかできない教育を追求することで地域活性化の貢献につなげている。

❷ **青森県田舎館村**……青森県田舎館村では、田んぼをキャンパスにして、7色の稲を使って巨大な絵を描く「田んぼアート」で観光振興をはかっている。

ことば 義援金
被災者にお悔やみや応援の気持ちをこめて直接届けられるお金。個人や企業などから寄せられた義援金は、各地方公共団体の義援金配分委員会で協議のうえ、市（区）町村を通じて被災者に直接届けられる。

ことば ハザードマップ（防災マップ）
地震や火山の噴火、津波などによる被害状況を予測するとともに、住民の避難場所などを示した地図。多くの地方公共団体が作成している。

🔍ズームアップ ハザードマップ（防災マップ）
➡p.216

🔍ズームアップ 過疎 ➡p.33

パワーアップ 2011年に発生した東日本大震災の復興対策のため、復興庁が設置されました。当初は2021年3月31日をもって廃止されることになっていましたが、東日本大震災からの復興をさらに進めるため、10年延長されることになりました。

👑 絶対暗記ベスト3

1位 三権分立 立法(国会)・行政(内閣)・司法(裁判所)の三権は分立し、それぞれほかの権力の行き過ぎをおさえるはたらきをしている。

2位 衆議院の優越 衆議院は参議院よりも強い権限をもっている。

3位 議院内閣制 内閣は国会の信任のもとに成立し、国会に対して連帯して責任を負う。

1 国会・内閣・裁判所

□内閣総理大臣を指名する国会は?

→特別会(特別国会)

□内閣の考えを決める会議は?

→閣議

□裁判の2つの種類は?

→民事裁判・刑事裁判

2 衆議院と参議院のちがい

衆議院		参議院
18才以上の男女	選挙権	18才以上の男女
25才以上の男女	被選挙権	30才以上の男女
4年	任期	6年(3年ごとに半数改選)
465人〔小選挙区289人〕〔比例代表176人〕	議員数	248人〔選挙区148人〕〔比例代表100人〕
ある	解散	な い

3 三権分立

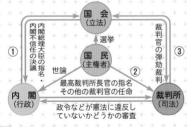

□①にあてはまるのは?

→衆議院の解散

□②にあてはまるのは?

→国民審査

□③にあてはまるのは?

→違憲立法の審査

4 選 挙

□選挙の4つの原則は?**→普通選挙・平等選挙・直接選挙・秘密選挙**

□衆議院議員選挙で導入されている選挙制度は?**→小選挙区比例代表並立制**

5 地方自治

直接請求の種類	必要署名数	請求先
条例の制定・改廃	①	③
監 査		監査委員
議会の解散	②*	選挙管理委員会
首長・議員の解職		選挙管理委員会

＊有権者数が40万人をこえる場合は、必要署名数が緩和された。

□①にあてはまるのは?

→有権者の50分の1以上

□②にあてはまるのは?

→有権者の3分の1以上

□③にあてはまるのは?

→首長

☐ ❶ 日本国憲法で、国会は国権の[　　　　]と定められています。

☐ ❷ 国会は、衆議院と参議院の[　　　]がとられています。

☐ ❸ 衆議院には、参議院よりも強い権限があたえられていますが、これを[　　　]といいます。

☐ ❹ 予算案について衆議院と参議院の議決が一致しない場合に開かれる、両議院の代表者による意見調整のための機関を[　　　]といいます。

☐ ❺ 国務大臣は、[　　　]によって任命され、過半数は国会議員の中から任命されます。

☐ ❻ 内閣が国会の信任のもとに成立し、国会に対して連帯責任を負うしくみを[　　　]といいます。

☐ ❼ 刑事裁判は、被疑者を検察官が[　　　]として裁判所に[　　　]することで裁判が始まります。

☐ ❽ 有権者から選ばれた裁判員が重大な刑事裁判に参加する制度を[　　　]といいます。

☐ ❾ 1つの事件について、原則として3回まで裁判を受けることができる制度を[　　　]といいます。

☐ ❿ 第一審から第二審へうったえることを[　　　]、第二審から第三審へうったえることを[　　　]といいます。

☐ ⓫ 政治や社会の問題に対して、多くの国民がもっている意見を[　　　]といいます。

☐ ⓬ 政権を担当する政党を[　　　]、それ以外の政権についていない政党を[　　　]といいます。

☐ ⓭ 地域の住民が、自分たちの地域の政治を民主的・自主的に行っていくことを[　　　]といいます。

☐ ⓮ 地方公共団体間の財源の不均衡を調整するために、国から配分される資金を[　　　]、使い道が決まっている国からの補助金を[　　　]といいます。

☐ ⓯ 地方議会で制定される、その地域だけに適用される決まりを[　　　]といいます。

❶ 最高機関　●p.287

❷ 二院制　●p.287

❸ 衆議院の優越
　●p.289

❹ 両院協議会
　●p.289

❺ 内閣総理大臣
　●p.290

❻ 議院内閣制
　●p.291

❼ 被告人、起訴
　●p.294

❽ 裁判員制度
　●p.295

❾ 三審制　●p.296

❿ 控訴、上告
　●p.296

⓫ 世論　●p.296

⓬ 与党、野党
　●p.303

⓭ 地方自治　●p.304

⓮ 地方交付税交付金、国庫支出金
　●p.305

⓯ 条例
　●p.305、306

チャレンジ！ 思考力問題

●表1は、現在の日本の衆議院議員選挙のしくみを説明するための架空の投票結果である。比例代表には3つの政党が候補者をたてており、表2はそのうちの人間党比例名簿を、表3は、人間党の候補者が重複立候補する小選挙区の投票結果を示している。これらの表をもとに、「手順」に従い、人間党の比例代表での当選者を、あとのア〜オからすべて選び、記号で答えなさい。　【東邦大付属東邦中】

〔手順〕

1　ドント式を用いて、定数8のうちの人間党の比例代表の議席配分を決定する。

表1　比例代表　定数8

政党	自然党	生命党	人間党
得票数	33000	7200	24000
÷1	33000	7200	24000
÷2	16500	3600	12000
÷3	11000	2400	8000
÷4	8250	1800	6000
÷5	6600	1440	4800

表2　人間党比例名簿

順位	候補者	
1	佐藤みお	比例単独
2	鈴木はると	重複立候補(小選挙区①)
2	高橋めい	重複立候補(小選挙区②)
2	田中そうた	重複立候補(小選挙区③)
2	伊藤いちか	重複立候補(小選挙区④)

2　小選挙区で当選した重複立候補者を比例名簿から除く。

表3

	小選挙区①		小選挙区②		小選挙区③		小選挙区④	
当選	渡辺みなと	500	中村はるき	300	加藤いつき	400	伊藤いちか	600
次点	鈴木はると	300	小林あかり	250	田中そうた	280	山田あおい	160
3位	山本ゆい	150	高橋めい	240	吉田はな	200	佐々木りこ	140

3　小選挙区で落選した重複立候補者得票数の「同じ小選挙区の当選者の得票に対する割合(惜敗率)」を求める。

4　比例名簿の上位から人間党の比例代表の当選者を決定する。同一順位の候補者は惜敗率の高い順に当選者を決定する。

ア 佐藤みお　**イ** 鈴木はると　**ウ** 高橋めい　**エ** 田中そうた　**オ** 伊藤いちか

キーポイント

・ドント式とは、各政党の得票数を1・2・3…の自然数で割っていき、商の大きい順に定数まで決めていく方法である。

・惜敗率は、(落選した重複立候補者得票数)÷(同じ小選挙区の当選者の得票数)で求めることができる。

正答への道

・ドント式で自然党は4議席、生命党は1議席、人間党は3議席を獲得する。人間党比例名簿で順位1位の佐藤みおは当選確実となる。

・伊藤いちかは、小選挙区④で当選しているので比例名簿から除かれる。

・鈴木はるとは、惜敗率が最も低いため当選できない。

◆答え◆

ア・ウ・エ

チャレンジ！ 記述問題

●次の文を読んで、あとの問いに答えなさい。　【成蹊中─改】

　地方自治のしくみは、国の政治のしくみとよく似ています。しかし、ちがいもあります。その１つが住民に直接請求権が認められていることです。これは住民が直接政治に参加する権利で、一定の署名数をもってさまざまな請求をすることができます。住民の意思をより反映させるための制度だといえましょう。

（問）内閣総理大臣と地方公共団体の首長は、ともに行政を行うなど共通するところがたくさんあります。しかし、ちがいもあります。次の資料を参考に、選ばれ方のちがいを60字以内で説明しなさい。

資料「日本国憲法第93条」

① 地方公共団体には、法律の定めるところにより、その議事機関として議会を設置する。
② 地方公共団体の長、その議会の議員及び法律の定めるその他の吏員は、その地方公共団体の住民が、直接これを選挙する。

┃条件に注意！

・資料の②に着目し、首長がどのようにして選ばれるのかを考える。
・60字以内で答える。

┃キーポイント

・内閣総理大臣は国会が指名し、天皇が任命することになっている。
・地方公共団体の首長の選び方は、日本国憲法第93条の②で決められている。

┃正答への道

　内閣総理大臣は、国会で指名され、天皇が任命する。したがって、多くの場合、国会議員の人数が多い政党の党首が選ばれることになり、国民の選挙で選ばれるのではない。

　一方、地方公共団体の首長は、日本国憲法第93条の②で決められているように、その地域の住民の選挙によって直接選ばれる。

解答例

内閣総理大臣は、国会で国会議員の中から指名され、天皇が任命するが、首長は、住民の直接選挙によって選ばれるところがちがう。〔60字〕

歴史

第8編 日本の歴史

ここから
スタート！

序章 歴史をさぐる 6年

これから歴史を学ぶために

　日本の伝統や文化は長い歴史の中で生まれてきたもので、わたしたちのくらしは昔の人々の生活の上に成り立っています。過去のできごとが現代の生活にどのようにかかわっているのか、手がかりとなるものから考えるとともに、年表の見方を学びます。

📖 学習することがら

1．現代の中の歴史
2．年表の見方

博物館にて

見たことがないものがいっぱい!?

これ何？

行灯といって、昔はこれで部屋を明るくしていたのよ

1

しんくん、これは何だかわかる？

う～ん

洗濯板といってね、昔はこれで衣類を洗っていたの

よし！　自由研究のテーマは「道具から歴史をさぐる」に決定！

ゴシ

ゴシ

2

3

1 現代の中の歴史

学習のポイント

1. 現代の生活は昔のできごととかかわりがある。

2. 祭りや現在使用されている道具の中には、長い歴史をもつものもあり、それらを調べることで当時の生活を知る手がかりになる。

3. 昔から残っている建築物や文化財を調べると、日本の歴史がわかる。

1 現代の中の歴史をさぐる ［入試重要度 ★］

1 現代に引きつがれる道具や建築様式

❶ 和室……今から500年ほど前の室町時代に**書院造**と呼ばれる建築様式が成立し、これが現在の和室の原型になった。部屋には畳がしきつめられ、床の間や違い棚、障子やふすまがあることなどが特徴である。500年も前につくられた建築様式が今なお、わたしたちのくらしの中に生きている。

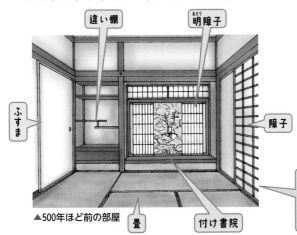

違い棚　明障子　ふすま　障子　付け書院　畳

▲500年ほど前の部屋

日本の伝統文化である華道や茶道もこのころに誕生し、現在に引きつがれている。

❷ 農具……日本人の主食である米は、今から2000年以上も前に大陸から日本に伝わった。日本で農耕が始まり、その後、さまざまな農具が誕生した。人々は長い歴史の中で、くふうをくり返しながら生きてきた。

参考　**げた**

「げた」は、板に鼻緒を通した日本の伝統的なはき物である。弥生時代(今から約2000年前)に静岡県の登呂のむらの田などで使用された「田げた」が、その始まりとされる。農具の1つであったが、その後、道を歩くために使われるようになり、江戸時代に入って民衆に広まった。現代では浴衣を着たときなどに使用され、日常的に使用されることは少なくなった。

▲げた

序章　歴史をさぐる

第1章　日本のあけぼの

第2章　天皇と貴族の世の中

第3章　武士の世の中

第4章　江戸幕府の政治

第5章　明治からの世の中

第6章　戦争と新しい日本

入試では　これから歴史を学ぶ中で、各時代を代表する建築様式やいろいろな建築物、文化財が出てきますが、現代の生活に関係の深いものが特に入試では問われます。時代背景や現代とのつながりを意識しながら学習を進めていきましょう。

▶ 田おこしのための道具の移り変わり

木製のくわ
（約2000年前）

鉄の先をつけたくわ
（約1500年前）

備中ぐわ
（約300年前）

◀牛馬耕

トラクター

② 現在も残る昔の建築物

千年あるいは数百年以上も前につくられ、現在も全国に残っている多くの建築物は、どのような人が、どのような目的で、どうやってつくったのだろうか。こんなところからも日本の歴史をさぐることができる。

> 農作業の中でも最も労力を必要とする田おこしの道具は、木製から鉄製、機械へと移り変わり、昔は家畜も使われた。

③ いろいろな祭り

祭りも2000年以上の長い歴史をもっている。一族が氏神を祭り、豊作や一族の繁栄をいのったことから始まった。祭りからは、その土地の歴史や習慣、人々の生活や気風をうかがうことができる。

> **ことば 氏神**
> 本来は一族を守るための神様であったが、人の移動が増え、一族と土地のつながりがうすくなったことで、同じ集落に住む人々の生活を守る神様になった。したがって、祭りも村や町全体のものへと変化した。

> 1500年以上前に権力と財力を示すためにつくられた当時の権力者の墓。

▲古墳

▲祇園祭

> 平安時代から続く八坂神社の祭り。約550年前の戦乱で京都が焼け野原になった後、町の人々が復活させた。

雑学ハカセ 岡山県瀬戸内市牛窓町の秋祭りでは、神社に唐子踊りと呼ばれる子どもの舞が奉納されます。朝鮮半島のあざやかな衣装で踊るこの舞は、かつて瀬戸内地域を通って江戸に向かった朝鮮の使節のなごりといわれています。

2 年表の見方

学習のポイント

1．年代は**世紀**や**西暦**で表され、日本では**元号**も使用される。

2．文化の特色や政治の中心地、社会のしくみによって**時代が区分**される。

3．**年表**は、過去におこったいろいろなできごとや時代の特色を年代順に並べたもので、時代の流れや特色をとらえるときに役立つ。

1 年代の表し方 ★

1 西 暦
西暦は西洋の年代の数え方で、**キリストの生まれた年を起点**として、西暦（紀元）1年とする。起点の年よりも前の年代を表す場合は**紀元前**、後の年代を表す場合を**紀元後**というが、紀元後は省略されることが多い。西暦は日本でも明治時代以降、使用されるようになった。

└年代の前にB. C. をつける
└年代の前にA. D. をつける

2 元 号
元号は中国から伝わった年代の表し方で、現在は日本だけで使用されている。元号は国の君主が制定し、日本ではこれまで約250の元号が制定された。明治時代以降は、**1人の天皇に1つの元号**が制定されることとなった。

西暦	世紀	おもな時代区分	期間	本書の区分	で き ご と
		縄文時代	約1万年	日本のあけぼの	
紀元前300 200 100 （1年）紀元後	3 2 1	弥生時代	約600年		●米づくりが始まる
100 200	1 2				
300	3				
400	4	古墳時代		天皇と貴族の世の中	
500	5		約400年		●大和朝廷が九州地方から関東地方までをしたがえる（5世紀ごろ）
600	6				
700	7	飛鳥時代			●都が奈良に置かれる(710)
800	8	奈良時代	約80年		●都が京都に置かれる(794)
900	9				
1000	10	平安時代	約400年		
1100	11				
1200	12			武士の世の中	●源頼朝が征夷大将軍となる（1192）
1300	13	鎌倉時代	約140年		
1400	14	室町時代	約240年		●京都に幕府が開かれる（1338）
1500	15	戦国時代			
1600	16	安土桃山時代	約30年		●江戸に幕府が開かれる（1603）
1700	17	江戸時代	約260年	江戸幕府の政治	
1800	18				●明治の世となる(1868)
1900	19 20	近 代	約80年	明治からの新しい日本戦争の世の中と	
2000	21	現 代	約75年		

日本で最も古い元号は、645年に制定された「**大化**」です。令和までの間に約250の元号が制定されていますが、近年まで元号の制定についての厳格な決まりはありませんでした。現在は、1979年に制定された元号法にもとづいて制定されています。

2 西暦と世紀 ★

1 世紀 西暦の100年を1つの単位として、「世紀」で表す。

≪例≫ 西暦1年～100年 ⇨ 1世紀

西暦101年～200年 ⇨ 2世紀

西暦1501年～1600年 ⇨ 16世紀

西暦2000年 ⇨ 20世紀、西暦2001年 ⇨ 21世紀

3 時代区分 ★★

1 文化の特色 旧石器時代・縄文時代・弥生時代・古墳時代は、文化の特色によって区分している。

2 政治の中心地 飛鳥時代・奈良時代・平安時代・鎌倉時代・室町時代・安土桃山時代・江戸時代は、政治の中心地の名で時代を表し、区分している。
（平安京という都の名称）

> **ことば 西暦と世紀**
> 西暦元年（1年）の前の年は紀元前1年と表記され、そのさらに前年は紀元前2年である。したがって、紀元前1年～紀元前100年が紀元前1世紀、紀元前101年～紀元前200年が紀元前2世紀ということになる。また、紀元前は年代の前にB. C. をつけて表記されることもある。

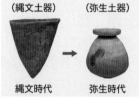
（縄文土器）（弥生土器）
縄文時代 → 弥生時代
▲使用された土器の種類で分類

くわしい学習

テーマ 年表にはどのようなものがあるのか調べてみよう。

研究 年表には政治史や文化史、外交史など分野ごとにまとめられたものもあります。日本のできごとと世界のできごとに項目を分け、並べて1つの年表にまとめることで、日本と世界の動きを比較することもできます。

年代	時代		政治	文化	人物	世界のできごと
1543	室町時代	戦国時代		● ポルトガル人が鉄砲を伝える	● 武田信玄	● コペルニクスが地動説を公表
1549				● ザビエルがキリスト教を伝える	● 上杉謙信	
1560			● 織田信長が今川義元を破る（桶狭間の戦い）		● 織田信長	
1573			● 信長が室町幕府をたおす		● 足利義昭	
1580	安土桃山時代					● スペインがポルトガルを併合
1582			● 信長が本能寺で自害する	● 九州の大名が少年使節をローマへ送る	● 明智光秀	
1586			● 豊臣秀吉が太政大臣になる		● 豊臣秀吉	
1590			● 秀吉が全国を統一			

パワーアップ 年表は歴史書に記された内容をもとにつくられています。歴史書の編集の方法としては、編年体や紀伝体などがあります。編年体ではおこったできごとを年代順に、紀伝体では個人や1つの国について項目ごとに情報をまとめて記述されています。

日本の歴史

第1章 日本のあけぼの 6年

原始社会から統一国家の誕生まで

　まだ文字のなかった原始時代の日本のようすは、土の中から出てきたさまざまな資料や中国で書かれた歴史書から推測することができます。大陸から稲作が伝わり、土地の所有意識や貧富の差、身分の差が生まれ、日本にも国を支配する王が誕生します。

📖 学習することがら

1. 日本のはじめ
2. 狩りや漁のくらし
3. 米づくりと邪馬台国
4. 古墳と大和朝廷

▶金印を授かった奴国の王

1 日本のはじめ

学習のポイント

1. かつて日本列島は、ユーラシア大陸と陸続きであった。

2. 大陸と日本が陸続きであったころから、日本には人が住んでいたことが遺跡の発見でわかっている。

3. 大昔の人々は道具を使って狩猟や採集の集団生活をしていた。

1 氷河時代の日本 入試重要度 ★★

1 大陸と陸続き 200万年ほど前から地球は氷河時代に入った。この時代は寒い時期（氷期）と比較的暖かい時期（間氷期）とが何回かくり返され、氷期は地球全体の気温が低く、雪がとけずに氷河におおわれたところもあったため、海水が減り、海水面が今よりも100ｍ以上低かった。そのため、日本は現在のような列島ではなく、ユーラシア大陸と陸続きであった。

2 大型動物の化石の発見 長野県の野尻湖遺跡をはじめ、日本各地からユーラシア大陸にすんでいた**ナウマンゾウ**や**オオツノジカ**、マンモスの化石が発見されている。これらの動物は、陸続きであった大陸から日本にやってきた。

参考 **オオツノジカ**
長野県上水内郡信濃町にある野尻湖から化石が発見された。手のひらを広げたような形の大きな角が、オオツノジカの特徴である。

▲ナウマンゾウのきば

▲マンモス

マンモス
ユーラシア大陸
ナウマンゾウ

日本列島には、北（シベリア方面）からマンモス、南（朝鮮半島）からナウマンゾウやオオツノジカなどがエサを求めてやってきた。

↑動物の移動

陸地だったところ

▲大昔の日本

雑学ハカセ ナウマンゾウは、明治時代に日本政府がやとったドイツ人の学者ナウマンによって報告されたことにちなんで、ナウマンゾウと名づけられました。

2 日本人のはじめ ★★

1 打製石器の発見

群馬県岩宿の赤土（関東ローム層）から相沢忠洋が石片を発見した。この石片が打製石器と認定されたことで、1万年以上前から日本列島に人が住んでいたことが初めて証明された。

▲岩宿遺跡から出土した打製石器

打製石器は改良され、さまざまな種類ができた。左はナイフ型、右はハンドアックスと呼ばれる握槌。

● 相沢忠洋

ひと 東京都で生まれ、その後移り住んだ神奈川県鎌倉市で石斧を発見したことから考古学に興味をもったといわれている。納豆の行商をしながら独学で考古学を研究し、1946年に岩宿遺跡を発見した。岩宿遺跡発見後も調査を続け、発見した遺跡数は20をこえる。

2 人々のくらし

❶ 狩猟・漁・採集の生活……人々は木の実を採集したり、えものを求めて移動しながら生活していた。洞くつや岩かげなどに住み、火も使用していた。

❷ 道具の使用……石を打ちくだいてつくった打製石器を使い、狩りを行った。人々が打製石器を使用し、移住生活を送った時代を旧石器時代という。

❸ 社会……このころは、貧富の差のない平等な社会であった。

複数の民族がまざり合い、現在の日本人がつくられてきたのではないか、という説が有力である。

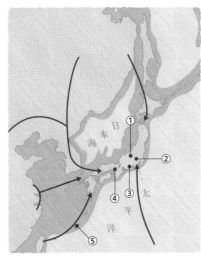

①野尻湖遺跡
②岩宿遺跡
③浜北人
④明石人
⑤港川人

➡ 人の移動

▨ 陸地だったところ

▲日本人のルート

序章　歴史をさぐる

第**1**章　日本のあけぼの

第**2**章　天皇と貴族の世の中

第**3**章　武士の世の中

第**4**章　江戸幕府の政治

第**5**章　明治からの世の中

第**6**章　戦争と新しい日本

パワーアップ 沖縄県具志頭村（現在の八重瀬町）から約1万8000年前の化石人骨が発掘されました。この人骨は現存する日本で最も古い化石人骨で、なかでも港川1号と呼ばれる成人男性の人骨は状態がよく、小柄ですが、下半身がじょうぶで狩猟生活に適した骨格をしていました。

2 狩りや漁のくらし

◎学習のポイント

1. 約1万年前に現在の日本列島がほぼ形成された。
2. 縄文時代は貧富の差のない平等な社会であった。
3. 縄文時代には縄文土器が使用され、人々は狩りや漁、採集をしていた。

1 氷河時代以降の日本 ★

1 日本列島の形成
約1万年前に氷河時代が終わると、地球の気候は温暖になり、氷河がとけて海面が上昇した。日本列島と大陸との間にも海水が流れこみ、このころ現在の日本列島がほぼ完成した。

2 縄文時代
縄文時代は、今から1万2000～3000年ほど前から約1万年間、日本列島で発展した。縄文時代には土器の使用が始まり、人々は狩りや漁、採集のくらしをしていた。

> 縄文時代の人々は、日本の四季折々の自然のめぐみを食していた。

参考 縄文カレンダー
縄文時代の人々は季節の変化に合わせて計画的に労働をしていた。下のカレンダーからも読み取れる。

▲縄文時代の人々の食べ物

2 人々の生活 ★★

1 狩り・漁・採集の生活
日本列島ができあがるとともにマンモスなどの大型の動物は絶滅し、ぶなやならなどの森林が広がった。

人々は、しか・いのししなどの中・小型の動物を狩り、どんぐりなど木の実を採集し、海の近くでは漁をさかんに行った。

> 人々は集団をつくり、食料が得やすい場所にとどまって共同作業を行いながら生活した。

▲縄文時代のむらのようす(想像図)

雑学ハカセ　縄文時代の人々はどんぐりやくりの実の皮をむいてすりつぶし、水で練ったものを焼いてクッキーのようにして食べていたと考えられています。また、アクの強い実は、熱湯でアクぬきをしてから調理していたようです。

2 共同生活

① **住まいのようす**……人々はグループをつくり、水や食料が得えやすい水辺近くの台地などにたて穴あな住じゅう居きょをつくってくらした。

② **むらと社会**……人々はいくつかの家でまとまり、数十人ほどの村でくらした。みなで協力して働き、獲えもの物や木の実はともに分け合う、**貧ひん富ぷの差のない平等な社会であった。**
集落内にリーダーは存在した↲

ことば たて穴住居

たて穴住居は、地面に50cmほどの穴をほって柱を立て、その上に草や木の屋根をかけてつくられた。10畳ほどの小屋の中には囲炉いろ裏りや祭壇さいだんがあり、3～5人ほどでくらしていた。

3 呪じゅ術じゅつ的な風習

① **自然崇すう拝はい**……人々の生活が自然のめぐみによって成り立っていたため、あらゆる自然物や自然現げん象しょうに神が宿っていると信じ、おそれた。
└アニミズム

② **土ど偶ぐう**……土偶と呼ばれる、土ど製せいの人形がつくられた。女じょ性せいをかたどったものが多いことから、子孫の繁はん栄えいをいのってつくられたもので、呪術や祭さい祀しに使用されたと考えられている。

③ **研けん歯しと抜ばっ歯し**……成人などの通つう過か儀ぎ礼れいとして、歯に刻きざみを入れる研歯や、決まった歯をぬく**抜歯**の風習があった。

④ **屈くっ葬そう**……死者の埋まい葬そうは、**死体の手足を折り曲げる屈葬**という方法がとられた。死者がもどってきて、生きている人に悪いことをしないようにするために行われたと考えられている。

▲たて穴住居

成人したときだけでなく、結婚けっこんなどの際さいにも特定の歯がぬかれていた。

▲抜 歯

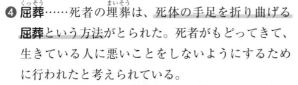

▲土 偶　　▲屈 葬

土偶がつくられた理由は、はっきりしていない。獲もの物の豊ゆたかさや狩りでの無事ぶじをいのったものという説もある。

石を抱だかせて葬ほうむった抱ほう石せき葬そうと呼ばれる埋葬方法も見られる。いずれも死者のよみがえりや災わざわいをおそれたものと考えられている。

雑学ハカセ 土偶の中には片かた足あしだけがないなど、わざとこわされたと考えられる状態で発見されるものが少なくありません。これは、災いを追いはらうためや身代わりとして、祭事などでこわされたためと考えられています。

3 道具 ★★★

1 土器づくりの開始

❶ 縄文土器

表面に縄目の文様がついた土器が使用された。縄ひもを転がしたような文様から、縄文土器と名づけられた。

つぼ　　皿　　はち

▲縄文土器

早期の先のとがった土器は、地面にとがった部分をうめて固定し、周りに火をおこして煮炊きに使用したと考えられている。

ことば 縄文土器
初めは煮炊き用の先がとがったものが多かったが、しだいに食べ物を盛りつけたり、たくわえたりするために、浅い器のものや注ぎ口のあるものがつくられるようになった。

❷ 縄文土器の特徴

……縄文土器は低い温度で焼かれ、黒褐色をしており、厚みはあるがもろい。かざりがついているものや複雑な形のものが多い。

参考 縄文時代の農業
縄文時代末期の板付遺跡(福岡県)からは米つぶが発見され、三内丸山遺跡(青森県)ではくりなどの栽培が行われていたことが調査でわかった。日本における農耕は弥生時代からとされていたが、縄文時代にはすでに農業が始まっていたという考え方も出ている。

2 石器や骨角器の使用

❶ 磨製石器

……はじめ打製石器を使っていたが、やがて石の表面をみがいて仕上げた磨製石器もあわせて使われるようになった。石製の矢じりややり先、おの、さじ(皮をはぐのに使う)、皿などが発見されている。

矢じり

石のおの

▲石でつくった道具

磨製石器だけでなく、打製石器も旧石器時代に続き使用されていた。

❷ 骨角器

……いのしし・しかの骨や角、きばを加工して釣り針やもりなどの骨角器がつくられた。

3 その他の道具

弓や矢、舟などの木の道具、貝がらでつくったかざりなどが使用された。

もり

釣り針

▲骨でつくった道具

骨角器には、石ではつくりづらい細工が必要な小さなものが多い。

入試では
縄文時代のくらしは、遺跡調査によって導かれた推測です。したがって、入試では見解によって異なる可能性がある内容よりも、縄文時代に使用された土器や道具、遺跡の名称やその場所など確実な知識が問われることが多いです。

４ 縄文時代の遺跡 ★★★

１ 貝塚

当時の人々が、食べたあとの貝がらや食べ物の残りかすなどを捨てた場所を貝塚という。貝がらが多く出てくることから貝塚と名づけられた。

２ おもな遺跡

❶ 大森貝塚……大森貝塚（東京都）は、縄文時代後期の貝塚である。日本で初めて発見された貝塚で、1877年にアメリカ人の動物学者モースがその存在に気づいた。

❷ 三内丸山遺跡……三内丸山遺跡（青森県）は、日本
└「北海道・北東北の縄文遺跡群」として世界文化遺産に登録されている
最大級の縄文集落あとで、今から約5500〜4000年前までの長い間、人々が定住生活をしていた。発掘調査によって、当時の自然環境やむらのようす、人々の生活などの解明が進められ、これまでの縄文時代のイメージをくつがえす大きな発見となった。ひょうたんや豆などの栽培植物も出土し、DNA分析によってくりが栽培されていたことも明らかになった。

土木工事も行わ
└道路や谷の発見
れていた。

> **ことば 貝塚**
> 貝塚は、当時の人々の生活を知る手がかりになる。動物や魚の骨、木の実などのほかにも人骨が発見されており、墓地としても使用されたと考えられる。

> **ひと モース**
> 東京大学の講師として来日した動物学者。汽車の窓から貝がらの積もった場所を発見した。これが、日本で最初の貝塚発見であった。モースが日本滞在中に書いた日記『日本その日その日』には、当時の日本人のくらしやようすが外国人目線で記されている。

> 新潟や富山でしかとれないヒスイや北海道の黒曜石も出土していることから、他地域との交流も行われていたことがわかる。

高床倉庫　たて穴住居　大型住居　大型掘立柱建物

▲三内丸山遺跡（建物は復元）

パワーアップ 貝塚は特に東京湾の沿岸で多く発見されていますが、沿岸部だけでなく海から遠くはなれた内陸部からも発見されています。これは、氷河時代の海水面の上昇の影響がまだ残っていたからと考えられます。つまり、当時の東京湾は現在よりもずっと広かったのです。

❸ 加曽利貝塚……加曽利貝塚(千葉県)は国内最大級の貝塚である。

❹ 鳥浜貝塚……鳥浜貝塚(福井県)からは、貝がらや丸木舟などの木製品、動植物の遺物が大量に出土した。当時の人々の季節に応じた豊かな生活が判明した。

鳥浜人の発見

縄文時代の遺跡は、東日本を中心に分布している。

亀ヶ岡遺跡
尖石遺跡
真脇遺跡
三内丸山遺跡
鳥浜貝塚
姥山貝塚
加曽利貝塚
上野原遺跡
夏島貝塚
大森貝塚

▲縄文時代の遺跡の分布

くわしい学習

📖 **テーマ** 縄文時代の人々の1年のくらしをくわしく調べてみよう。

🔍 **研究** 日本列島は、四季の変化がはっきりしており、季節によってとれる食べ物がちがいます。また、南北に細長い島であることから北と南、海の近くと山の近くなどでも食生活は異なります。縄文時代の人々は、この豊かな自然のめぐみに感謝し、敬いながら生活をしていたと考えられます。

春

山では若菜や山菜、海では海藻や貝を拾いました。干して保存もしていました。貝がらは土器に模様を入れるためにも使われました。

▲貝がら模様の土器

夏

男性が中心となり、丸木舟に乗って漁に出て、もりを使って大きな魚をとりました。海水を煮つめて、塩をつくったりもしました。

投げて魚をついた。

▲もり

秋

のぶどうやくり、どんぐりなどの木の実を採集しました。とった木の実は、冬に備えて土器で貯蔵していました。

木の実などをすりつぶした。

すり石

▲石皿とすり石　石皿

冬

男性がグループをつくり、弓矢やりを使って、いのしし・しかを捕まえました。身分の差はありませんでしたが、グループにはリーダーがいたようです。

▲角でつくったハンマー

雑学ハカセ 縄文時代の人々は、アンギンと呼ばれる植物のせんいを編んでつくった布の中央に穴をあけ、頭からかぶって着ていました。貝がらや玉類でつくったイヤリングやネックレス、動物の骨でつくったヘアピンなども発見されています。

③ 米づくりと邪馬台国

◎ 学習のポイント

1. 大陸から**稲作**が伝わり、人々に土地の所有意識が生まれた。

2. **鉄器**や**青銅器**などの金属器が使用されるようになった。

3. 身分や貧富の差が生まれ、むらどうしの争いからくにができた。

4. 中国の歴史書に、奴国や**邪馬台国**などの小国のようすが書かれた。

1 稲作の伝来と弥生時代のくらし ★★★

1 大陸と日本

❶ **東アジア**……紀元前3世紀、中国では**春秋・戦国**時代が終わり、**秦**や**漢**が中国を統一した。戦いから
└約550年間続いた戦乱の時代　└前漢は劉邦が建国
のがれた人々が、大陸から日本列島へ移り住んだ。

❷ **日本**……大陸から北九州などに移り住んできた人々によって、**米づくり**や金属器が日本に伝えられた。狩りや採集による生活から本格的な農耕が始まり、農耕によって食料を得るようになった**紀元前4世紀ごろ～紀元後3世紀ごろ**までの時代を**弥生時代**という。

▲米づくりが伝わった経路

稲作は朝鮮半島や中国経由とも、東シナ海をわたって伝えられたともいわれている。

2 人々の生活

❶ **稲作の始まり**……**板付遺跡**などから縄文時代末期の水田あとが見つかった。稲作は縄文時代末期に大陸から北九州に伝わり、弥生時代に急速に広がった。

参考 秦 (紀元前221～前206年)

秦は、中国における春秋・戦国時代の国の1つである。

▲始皇帝

紀元前221年に初めて中国全土を**始皇帝**が統一したが、始皇帝の死後、前漢の劉邦によってほろぼされた。始皇帝は北方の異民族による侵入を防ぐため、**万里の長城**を整備したことで知られる。

ことば 板付遺跡

板付遺跡は福岡市にある縄文時代末期から弥生時代初期の遺跡である。水田あとや稲作に使用する道具、炭化した米などが発見された。

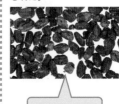

発見された米

雑学ハカセ　青森県の垂柳遺跡(弥生時代中期の遺跡)から、弥生土器や水田あとが発見されました。弥生時代に入り本格的に始まった稲作は、短期間のうちに広がり、弥生時代の中ごろにはすでに本州最北端である青森県にまで広がっていたことがわかっています。

❷ **くらし**……弥生時代になり稲作が始まると、人々は農作業をするのに適した平地にたて穴住居を建て、定住生活をするようになった。収穫した米は高床倉庫に保管した。

ことば **高床倉庫**

高床倉庫は、米を保管するため、たて穴住居のそばにつくられた。床と柱の間に板をはさんでねずみの侵入を防ぐ「ねずみ返し」と呼ばれるくふうがされていた。

❸ **道具**

▶ **弥生土器**…弥生土器は縄文土器と比べて、**うすくて固く**、かざりや文様が少ない。また、高い温度で焼かれているため、**赤みをおびた茶色**をしている。縄文土器とは異なる性質をもっており、弥生町（東京都文京区）で最初に発見されたことから、弥生土器と名づけられた。

▲米を保管した高床倉庫

神への供え物や食べ物を盛りつけた。

▲弥生土器（たかつき）

ふたをして、水や食べ物を貯蔵した。

▲弥生土器（つぼ）

▶ **金属器**…稲作とともに、中国や朝鮮半島から**青銅器や鉄器**などの金属器がほぼ同時に伝わった。青銅器ははじめ武器として使われたが、のちにはおもに、祭りや儀式の道具として使われるようになった。一方、鉄器は実用品として、農具や武器などに使われたほか、木器をつくる工具としても使われた。
> 青銅…銅とすずなどを混ぜた合金

▲銅鐸と表面の絵
（脱穀のようす）

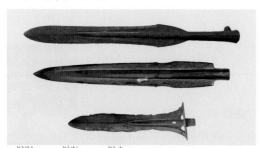
▲銅矛（上）と銅剣（中）と銅戈（下）

パワーアップ

島根県の荒神谷遺跡からは、4列に並べられた大量の銅剣が発見されました。その数は、358本にもおよびました。1つの遺跡から発見された銅剣の数としては日本最多です。また、その近くからは銅鐸や銅矛もいっしょにうめられた状態で発見されました。

▶ **木器**…くわ、田げた、きねなどの木製農具がつくられた。
うすとともに脱穀に使用

▶ **磨製石器**…稲の収穫に石包丁が使われた。

❹ **登呂遺跡**……登呂遺跡は弥生時代後期の遺跡で、**静岡県の登呂**で発見された。水田あとや高床倉庫あと、農具などが多数発見された。

▲木製農具

参考 石包丁の使い方
石包丁に開けられた2つの穴に縄を通し、指をかけて使用した。

▲**穂首刈り**

根元ではなく穂首を刈った。

▲弥生時代の遺跡の分布

弥生文化の発生
（紀元前4世紀ごろ）

前期
（紀元前4
〜紀元前1）

中期
（紀元前1
〜1）

後期
（1〜3）

弥生時代の遺跡は西日本に多く、遺跡からは水田あとや大規模な環濠集落あとが発掘されている。奈良県の唐古・鍵遺跡からは、祭殿として使用されたと考えられる楼閣あとも見つかった。

2 社会の変化 ★★

1 むらからくにへ

❶ **社会の変化**……稲作によって、くらしが安定すると各地に大きなむらができた。共同作業における指導者が現れ、生産量やたくわえによって**貧富の差や身分の差**が発生した。

❷ **小国の誕生**……稲作に有利な土地をめぐってむらどうしの争いがおこり、周りのむらを従えた強いむらが広い地域を治めるようになって、くにが誕生した。くにの指導者は、**王**として権力をもった。

2 吉野ヶ里遺跡　佐賀県の吉野ヶ里遺跡は、弥生時代中期の大規模な**環濠集落**で、350以上のたて穴住居あとや大型高床倉庫あとも発見された。
堀（ほり）や柵（さく）で囲まれた集落

参考 戦いのようす
吉野ヶ里遺跡からは、矢じりがささったままの人骨や首のない人骨が発見された。当時の戦いの激しさを物語っている。

矢じり

▲矢じりがささった人骨

入試では

弥生時代に入ると、貧富の差が生まれ、争いが始まり、くにが誕生します。稲作の伝来は、日本列島にくらす人々に大きな変化をもたらしました。稲作が始まったことによって社会や道具がどのように変化したか、整理しておきましょう。

歴史
第**8**編
日本の歴史

序章
歴史をさぐる

第**1**章
日本のあけぼの

第**2**章
天皇と貴族の世の中

第**3**章
武士の世の中

第**4**章
江戸幕府の政治

第**5**章
明治からの世の中

第**6**章
戦争と新しい日本

▲吉野ヶ里のくにのようす(想像図)

3 縄文時代から弥生時代へ

	縄文時代	弥生時代
期 間	約12000年前~ 紀元前4世紀ごろ	紀元前4世紀ごろ~ 紀元後3世紀ごろ
くらし	狩りや漁・採集が中心 台地に集落をつくり移住生活 たて穴住居 <small>獲物や木の実を求めて移動。</small>	稲作が中心 平地にむらをつくって定住生活 たて穴住居 高床倉庫・物見やぐら
集落のようす	貧富の差はなく、平等	貧富や身分の差が生まれる ⇒むらどうしの争い
土 器	縄文土器 • 縄目の文様 • 黒みをおびた茶色 • 厚手でもろい • かざりが多く複雑な形	弥生土器 • 模様は少ない • 赤みをおびた茶色 • うす手で固い • シンプルな形 <small>農作業に使用。</small>
道 具	打製石器と磨製石器 　石斧・矢じり・ナイフなど 骨角器 　釣り針・もり <small>狩りや漁に使用。</small>	磨製石器:石包丁 木　器:すき・くわ・田げた 金属器 　青銅器(祭事用):銅鐸・銅剣 　鉄　器(実用的):武具・農具
風習や信仰	自然に感謝し、自然をおそれる 土偶・抜歯・屈葬	豊作をいのる祭り
おもな遺跡	三内丸山遺跡(青森県) 大森貝塚(東京都)	吉野ヶ里遺跡(佐賀県) 登呂遺跡(静岡県) 板付遺跡(福岡県)

パワーアップ

黄河文明(古代文明の1つ)が栄えた中国の殷王朝では、甲骨文字(亀の甲羅や牛の骨に刻まれたものが発見)と呼ばれる文字が使用されていました。日本の縄文時代にあたる紀元前15世紀ごろから使われており、漢字のもとになった文字であると考えられています。

3 中国の歴史書から見る日本 ★★★

1 日本のようす

弥生時代の日本では、まだ文字が使用されていなかったが、中国ではすでに文字が使用され、歴史書がつくられた。そこに当時の日本のようすも記されている。

2 中国の歴史書

❶ 『漢書』地理志……中国の古い歴史書の『漢書』地理志に、紀元前1世紀ごろの日本のようすが記されている。そのころ日本は倭と呼ばれ、倭には**100余りの国**があり、定期的に朝鮮半島北部の楽浪郡に使いを送る国もあったと書かれている。

<small>漢の役所が置かれた</small>

❷ 『後漢書』東夷伝……**57年**に倭の奴国の王が中国に使いを送り、中国(後漢)の皇帝から**金印**を授けられたことや、107年に倭の国王が160人の奴隷を後漢の皇帝に献上したことが書かれている。

> 金印は、1辺2.3cmの方形で、刻まれた「委」の文字は「倭」と同意、つまり日本のことであると考えられている。

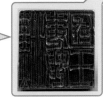

❸ 『魏志』倭人伝…… 3世紀に入ると、中国では漢(後漢)がほろび、魏・呉・蜀の三国時代になった。魏の歴史書の『魏志』倭人伝によると、2世紀後半の日本では小国どうしが激しく争い、戦いがおさまらなかった。そこで、諸国が共同で**邪馬台国の女王卑弥呼**を王に立てたところ戦乱はおさまり、**邪馬台国を中心とする30ほどの小国の連合体**ができたという。

▲ 3世紀の東アジア

(地図中: 高句麗、魏、蜀、呉、倭(日本))

ことば 金印

57年に漢の光武帝が奴国の王に授けたとされる金印は、江戸時代に福岡県の志賀島で発見された。金印には「漢委奴国王」の文字が刻まれており、『後漢書』東夷伝に書かれた内容と一致した。

▲志賀島で発見された金印

史料 『漢書』地理志

楽浪(漢の皇帝である武帝が紀元前108年に朝鮮半島に置いた四郡の1つ)の海の向こうに倭人(日本人)が住んでいる。百余国に分かれており、貢ぎ物をもって定期的にやってくる。

史料 『後漢書』東夷伝

57年、倭の奴国の王の使いが、貢ぎ物をもってあいさつにやってきた。使いは自分のことを大夫(中国における大臣)だといった。そこで、光武帝はその使いに金印を授けた。107年には倭の国王帥升が、奴隷160人を献上した。

雑学ハカセ 日本を表す「倭」は、日本にはまだ文字がなかったため、中国で使用されていたあて字です。「倭」には「従順に従う」という意味があります。奴国の「奴」も「社会的身分が低い」や「奴隷」という意味があります。

4 邪馬台国と女王卑弥呼 ★★★

1 邪馬台国

❶ 邪馬台国の政治……邪馬台国では、女王卑弥呼が**まじない**によって政治を行った。卑弥呼は神のお告げを伝える役目で、王になってからはその姿を見た者はなく、弟が政治を助けた。

❷ 邪馬台国の人々の生活

▶ 戸数は7万戸以上あり、人々は水田で稲を育てていた。

▶ 桑を植えて蚕を飼い、絹糸でつむぎ布をつくっていた。

▶ 舟で交易を行い、すぐれた漁業の技術をもっていた。

▶ 男性は広い布を体に巻きつけて着物とし、女性は布の中央に穴をあけて首を出して着ていた。

▶ 人が死ぬと、遺体を棺に入れて塚にほうむり、
  └土を盛り上げてつくった墓
  喪に服した。

▶ 身分の低い者が身分の高い者に出会うと、道端の草むらによけた。

❸ 邪馬台国の場所……邪馬台国の所在地は不明で、九州地方北部か近畿地方かで意見が分かれている。

史料 『魏志』倭人伝

倭の王は、もとは男であったが、戦いが続いたため、1人の女を王に立てた。その名を**卑弥呼**という。卑弥呼は神に仕え、宗教的な力で人々の心をつかんだ。夫はなく、弟が政治を補佐している。1000人もの女の召し使いを使っていた。卑弥呼が死ぬと大きな墓がつくられ、100人もの奴隷がいっしょにうめられた。

▲弥生時代の服装（貫頭衣）

くわしい学習

🔍テーマ 邪馬台国がどこにあったのか調べてみよう。

🔍研究 邪馬台国の位置については、「北九州説」と「畿内説」が有力です。『魏志』倭人伝には邪馬台国までの道のりが示されており、奴国まではどの説ともほぼ見解に変わりはありません。邪馬台国が畿内にあったのであれば、「邪馬台国＝大和国」となり、大和朝廷の成立時期が約100年も早まることになります。

北九州には吉野ヶ里遺跡など堀や物見やぐらをもつ遺跡が多い。

発掘される銅鏡の数は北九州よりも近畿地方の方が多い。

邪馬台国？ 北九州説
邪馬台国？ 畿内説
→ 『魏志』倭人伝に書かれた邪馬台国への道すじ

伊都国
奴国
末盧国
邪馬台国？
邪馬台国？

▲『魏志』倭人伝から推測される邪馬台国への道のり

雑学ハカセ 『魏志』倭人伝によると、邪馬台国では、ぬすみなどの犯罪は少なかったとされています。しかし、軽い犯罪の場合は家族が奴隷にされてしまい、重い犯罪になると一族がほろぼされてしまうなど、重い罰もあったようです。

2 女王卑弥呼

❶ 卑弥呼の外交……卑弥呼は239年、中国の魏の皇帝に使いを送って、男女の奴隷や織物を献上し、皇帝から「親魏倭王」の称号と金印などをあたえられた。
└倭の王と認める称号

❷ 卑弥呼の死後……卑弥呼の死後、男の王が立ったが国が乱れたため、卑弥呼の血をひく壱与という少女を王としたところ争乱がおさまった。266年、倭の女王(壱与?)が晋に使いを送ったが、そのあと1世紀半の間、中国の歴史書から倭の記述はなくなる。
└晋~265~420年。呉をほろぼし三国時代を終わらせた

参考 弥生時代の埋葬

弥生時代の埋葬方法(墓制)には、かめに遺体をおさめるかめ棺墓や板状の石で四方を囲んで埋葬する箱式石棺墓、木の棺に遺体をおさめる木棺墓、土をほった穴に遺体をうめる土こう墓などがあった。

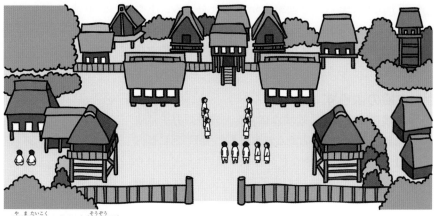

▲邪馬台国のようす(想像図)

―― くわしい学習 ――

Q 卑弥呼は金印や称号以外に魏の皇帝から何を授かりましたか。

A 100枚の銅鏡を授かりました。『魏志』倭人伝には、「銅鏡百枚をたまわる」と書かれています。魏の年号が記された三角縁神獣鏡が日本国内で多く発見されており、卑弥呼が魏の皇帝から授けられたものであると推定する説もあります。

縁の断面が三角形になっている。

▲三角縁神獣鏡の断面

銅 鏡▶

入試では 『漢書』地理志、『後漢書』東夷伝、『魏志』倭人伝に記された日本のようすに関する問題は、入試にしばしば出ます。何世紀ごろの日本について記されているのか、国がいくつに分かれていたのか、代表的な国名は何か、皇帝から何をあたえられたかなどを整理しておきましょう。

4 古墳と大和朝廷

◎学習のポイント

1. 3世紀末から4世紀ごろ、日本各地で**古墳**がつくられるようになった。

2. 豪族の連合政権である**大和朝廷**が誕生し、勢力をのばした。

3. 渡来人によって、大陸の文化や技術が日本に伝えられた。

1 古墳文化 ★★

1 古墳の始まり

3世紀末から4世紀ごろ、王や豪族の墓(**古墳**)がつくられはじめた。古墳がつくられた3世紀末から7世紀ごろまでを**古墳時代**、その文化を**古墳文化**という。
（地域の支配者）

2 古墳のようす

❶古墳……古墳は、地域の権力者が自分の力を示すためにつくったと考えられている。古墳の形には円墳・方墳・**前方後円墳**などがあり、群集墳もつくられた。
（小さな古墳が密集してつくられた）

❷古墳の内部……古墳の内部には石室と呼ばれる棺をおさめた部屋がつくられた。棺には死者とともに鉄剣や銅鏡、馬具や武具などの**副葬品**もおさめられた。

❸はにわ……古墳の表面は石がしきつめられ、周りには、**はにわ**が並べられた。

円筒はにわ	筒状の形。おもに古墳の土留めとして使用された。
形象はにわ	人や動物などの形。当時の生活や風習を知る手がかりになっている。

▲形象はにわ

参考 古墳の形

古墳は日本全国に約16万基(令和3年度。文化庁調べ)あり、特に大きなものは、大和や河内地方(現在の奈良県や大阪府)に集中している。

▲円 墳

▲方 墳

規模が大きなものが多い。

▲前方後円墳

雑学ハカセ 高松塚古墳(奈良県)の壁画には朝廷に仕えた女性や東西南北を守る四神(中国の想像上の動物)、キトラ古墳(奈良県)には四神や天文図がえがかれています。内部の壁が絵や文様などで装飾された古墳も発見されています。

④ **大仙（仁徳陵）古墳**……大仙古墳は国内最大の前方
後円墳で、5世紀ごろにつくられた。

⑤ **高松塚古墳**……高松塚古墳は、7世紀末に奈良県の
明日香村につくられた。石室内の壁画が有名である。

近畿地方を中心に、岡山県や島根県、福岡県、群馬県などに
多く分布している。

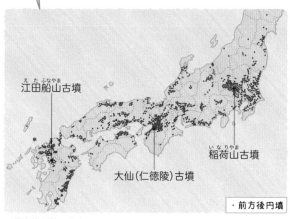

▲前方後円墳の分布

ことば　大仙（仁徳陵）古墳
大阪府堺市にある前
方後円墳。大山古墳とも表
される。全長が486 m、高
さは35 mあり、三重のほ
りで囲まれている。

現在は森のように木
がおおっているが、
もとは石でおおわれ
ていた。

大きな権力がなけ
れば不可能な大規
模な工事であった。

円筒はにわ

ふき石（斜面がくずれない
ように石をしきつめた。）

▲古墳づくりのようす（想像図）

雑学ハカセ　エジプトのクフ王のピラミッドの面積と大仙古墳の円墳の部分がほぼ同じ大きさで、面積で
は大仙古墳が世界最大です。大仙古墳は、クフ王のピラミッド、中国の始皇帝陵と並び、世
界三大墳墓に数えられます。

2 大和朝廷の支配 ★★★

1 大和朝廷の出現

現在の近畿地方、特に大和（奈良盆地）・河内（大阪府南部）地方に大きな前方後円墳が多い。このことから、この地域に強い勢力をもった豪族（王）がおり、それぞれの国を支配していたと考えられる。これらの豪族が連合して大和朝廷（大和政権）という政府をつくり、その中心となった王を大王と呼んだ。

▲大和・河内地方の豪族

---- 現在の海岸線　⊂⊃主要豪族
● 渡来人の居住地　● おもな古墳

> 大王も、もとは同じ血のつながりで構成されていた豪族（地域の王）の1つにすぎなかった。

2 大和朝廷の政治

大和朝廷では、大王と豪族がそれぞれの土地と人民を支配した。豪族は血のつながりのある氏という集団をつくり、大王は氏ごとに朝廷での役職である姓をあたえた。このような政治を氏姓制度という。
（臣や連など）

3 大和朝廷と朝鮮半島

4世紀ごろ、朝鮮半島では高句麗・新羅・百済・伽耶（任那）が分立していた。
（加羅と表記されることもある）

大和朝廷は朝鮮半島南部とのつながりを深め、百済と手を組んで、しばしば高句麗や新羅と戦った。

> 4世紀末には、大和朝廷が朝鮮半島に勢力をのばした。

▲4世紀の朝鮮半島

高句麗
新羅
百済
伽耶（任那）

▲好太王（広開土王）碑

史料 高句麗の好太王（広開土王）の碑文

百済・新羅はもともと高句麗に従い、貢ぎ物をもってきていたが、辛卯年（391年）に倭が□をわたってきて、百済・□□・新羅を破り、支配した。百済は高句麗との約束を破って倭と手を組んだ。新羅は倭人にせめられ、助けを求めてきた。新羅を破ったあと、倭が再び朝鮮半島を北にせめてきたので、高句麗が倭を撃退した。

※好太王（広開土王）碑は、高句麗の都丸都に立てられた。文中の□は不明箇所。

入試では 神話や伝承について問われることもあります。奈良時代の歴史書は、日本をつくった神の子孫が大王（天皇）の一族であるとしています。ヤマタノオロチを退治したスサノオや、地方豪族を討ち、国家統一に貢献したヤマトタケルノミコトなどは知っておくとよいでしょう。

中学入試にフォーカス 大和朝廷（大和政権）

▶大和朝廷の勢力

中国の歴史書や古墳の出土品から、大和朝廷の支配は5世紀ごろには九州地方から関東地方にまでおよび、朝鮮半島や中国との外交関係もあったことがわかっている。

江田船山古墳出土鉄刀　　稲荷山古墳出土鉄剣

共通の大王名が
九州と関東から
出土。

『宋書』倭国伝（5世紀）

倭王の武が宋に送った手紙には、わたしの祖先は東は55か国、西は66か国、海をわたり北は95か国を征服し、その間、代々中国に使いを送り、忠誠をつくしてきた。高句麗との戦いに皇帝の力を貸してほしいとあった。

→手紙の中に出てくる征服した国の数からも、5世紀後半には大和朝廷が日本列島の広範囲を支配していたと考えられる。

ワカタケル大王　遺物に刻まれた年号や歴史書の記述から「ワカタケル大王＝雄略天皇＝倭王の武」と考えられている。

5世紀の東アジア ❗

『宋書』倭国伝によると倭の5人の王が421年〜502年の間に13回、中国の南朝に使いを送ったとされる。大和朝廷の大王は、朝鮮半島南部の支配と日本国内での地位を中国の皇帝に認めてもらおうと考えていた。

高句麗
好太王碑
北魏（北朝）
新羅
倭（日本）
百済
大和
伽耶（任那）
稲荷山古墳
宋（南朝）
江田船山古墳

▲5世紀の東アジア

パワーアップ

『宋書』倭国伝には、讃・珍・済・興・武と記された倭の5人の王が出てきます。倭の五王は、讃が応神天皇または仁徳天皇または履中天皇、珍が仁徳天皇または反正天皇、済が允恭天皇、興が安康天皇、武が雄略天皇と考えられていますが、諸説あり、はっきりしていません。

3 大陸文化の伝来 ★★

1 渡来人

中国や朝鮮半島など、大陸から日本に移り住む人（渡来人）が増えた。渡来人は、大陸の進んだ技術や文化を日本にもたらしたため、大和朝廷で重要な地位をあたえられた者もあった。

2 渡来人が伝えた技術や文化

中国や朝鮮半島から移り住んだ渡来人によって、仏教・儒教・漢字その他の多くの技術が伝えられ、日本は大きく発展した。

❶ 土木技術……かんがい用の水路やため池、古墳をつくる技術が伝えられた。

❷ 須恵器……登りがまを使って高温で焼く、須恵器
└傾斜地に階段状に窯室をつくり、下から焼く
と呼ばれるかたい土器をつくる技術が伝わった。

❸ 儒教・漢字・暦……儒教・漢字・暦も伝えられた。漢字を使って大和朝廷内の記録を残す仕事や財政の管理、
└百済から暦博士らが来日
外交文書の作成などにあった渡来人もいた。

▲須恵器

> 古墳時代前期は、土師器と呼ばれる土器が使用されていた。

❹ その他……鉄製の武具や農具をつくる鍛冶の技術や、養蚕・機織りの技術も渡来人によって伝えられた。

3 仏教の伝来

538年に百済
552年の説もある┘
の聖明王が欽明天皇に仏像と経典をおくったことが、仏教の公式な伝来とされる。

▲鉄製のよろい・かぶと・刀

> 古墳の副葬品は、豪華な装飾品から武器や馬具などへと変化した。

ひと 代表的な渡来人

● 秦 氏
百済から来日した弓月君を祖とする一族で、機織りや養蚕の技術を伝えた。大和朝廷では財務を担当した。

● 東漢氏
百済の阿知使主を祖とする一族で、製鉄や土木技術を伝えた。大和朝廷では、文書の管理や外交、財務を担当した。

● 西文氏
王仁を祖とする一族で、漢字や儒教を伝えた。大和朝廷では文書作成などで活躍した。

参考 仏教の伝来
仏教の信仰をめぐって、物部氏と蘇我氏が対立し、蘇我氏が勝って日本に仏教が広がった。

| 物部氏 | 日本古来の神々を支持し、仏教の信仰に反対した。 |
| 蘇我氏 | 仏教の受け入れを支持した。 |

ことば 儒教
儒教は、紀元前6世紀ごろに孔子によって開かれ、孟子や荀子らによって完成された。中国の中心的な思想で、日本にも大きな影響をあたえ続けた。

 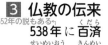

雑学ハカセ 古墳時代に伝わった暦は、1か月を月が満ち欠けする周期に合わせた「太陰暦」と呼ばれるものでした。平安時代以降は賀茂氏が暦を、天文は映画でも有名になった安倍晴明を祖先とする氏が受けついでいくことになりました。

👑 絶対暗記ベスト3

1位 卑弥呼 3世紀ごろ邪馬台国を治めた女王。魏に使いを送り、皇帝から「親魏倭王」の称号を授けられたことが『魏志』倭人伝に記されている。

2位 土偶 縄文時代につくられた土製品。女性をかたどったものが多く、子孫の繁栄や獲物の豊かさをいのってつくられたと考えられている。

3位 稲荷山古墳 埼玉県行田市にある古墳。「ワカタケル大王」の文字が刻まれた鉄剣が出土。大和朝廷の勢力の広がりを知る手がかりとなった。

1 代表的な遺跡

□右の地図の①～⑤にあてはまる遺跡の名称は？

①→**三内丸山遺跡**（縄文時代）

②→**岩宿遺跡**（旧石器時代）

③→**稲荷山古墳**（古墳時代）

④→**大仙（仁徳陵）古墳**
（古墳時代）

⑤→**吉野ヶ里遺跡**（弥生時代）

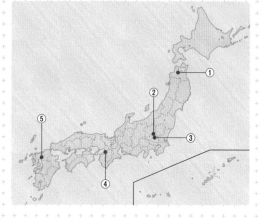

2 各時代のくらし

□縄文時代の住居→**たて穴住居**

□縄文時代のごみ捨て場→**貝塚**

□弥生時代の倉庫→**高床倉庫**

□弥生時代に伝来→**稲作・金属器**

3 おもな写真

□右の①～③の写真の名称は？

①縄文時代の土製品

→**土偶**

②「漢委奴国王」

→**金印**

③古墳の周りに並べた

→**はにわ**

①

②

③

- ☐ ❶ 群馬県の[　　　]遺跡は、日本における旧石器時代の存在を初めて証明しました。
- ☐ ❷ 縄文時代の人々は地面をほって柱を立て、その上に屋根をかけた[　　　]でくらしていました。
- ☐ ❸ 縄文時代には、[　　　]という縄目の文様のある黒ずんだ茶色をした、厚手でもろい土器がつくられました。
- ☐ ❹ 縄文時代の人々がごみ捨て場にしていた[　　　]から、当時の人々のくらしがわかります。
- ☐ ❺ 青森県で発掘された[　　　]遺跡は、日本最大級の縄文時代の遺跡です。
- ☐ ❻ 弥生時代に[　　　]が日本に伝わり、身分や貧富の差が生まれました。
- ☐ ❼ 弥生時代に日本に伝わった金属器には武具などに使われた[　　　]と祭りなどで使われた[　　　]があります。
- ☐ ❽ 稲刈りのときは、[　　　]という磨製石器が使用されました。
- ☐ ❾ 佐賀県の[　　　]遺跡からは、弥生時代の大規模な環濠集落あとが発掘されました。
- ☐ ❿ 『後漢書』東夷伝には、57年に[　　　]国の王が中国に使いを送り、[　　　]を授けられたと記されています。
- ☐ ⓫ 女王卑弥呼は[　　　]という国を治め、いのりやまじないによって政治を行いました。
- ☐ ⓬ 大王や豪族の墓である[　　　]の周りには、[　　　]と呼ばれる土製品が並べられていました。
- ☐ ⓭ 大阪府堺市にある[　　　]古墳など、規模が大きい古墳の多くは[　　　]と呼ばれる形をしています。
- ☐ ⓮ 埼玉県の[　　　]古墳から「ワカタケル大王」と刻まれた鉄剣が出土しました。
- ☐ ⓯ 大陸から日本に移り住んだ[　　　]は、漢字や仏教、養蚕や機織りなど多くの技術や文化を日本に伝え、[　　　]で高い地位につき、活躍する者もいました。

❶岩宿　　◯p.321

❷たて穴住居　◯p.323

❸縄文土器　◯p.324

❹貝塚　◯p.325

❺三内丸山　◯p.325

❻稲作（米づくり）◯p.327

❼鉄器、青銅器　◯p.328

❽石包丁　◯p.329

❾吉野ヶ里　◯p.329

❿奴、金印　◯p.331

⓫邪馬台国　◯p.332

⓬古墳、はにわ　◯p.334

⓭大仙（仁徳陵）、前方後円墳　◯p.335

⓮稲荷山　◯p.337

⓯渡来人、大和朝廷　◯p.338

●次の文と右の図を見て、あとの問いに答えなさい。　【東邦大付属東邦中―改】

　　右の図は、縄文時代を5つの時期に分け、弥生時代とともに、それぞれの時期の人口を推計したものをまとめたものです。これを見ると、縄文早期から中期にかけては人口は増えていきますが、後期には減っていたことがわかります。また、弥生時代には急激な増加が見られます。

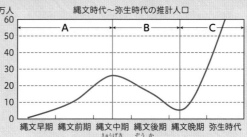

縄文時代～弥生時代の推計人口

（問）図中のA～Cの各時期の人口の変化の理由として、明らかに誤っているものを、次のア～エから1つ選び、記号で答えなさい。

ア　Aの時期の変化は、寒冷な気候から温暖な気候に変わり、手に入れられる食糧が増えたことによる。

イ　Aの時期の変化は、土器を用いて煮炊きをすることで、食べられるものが増えたことによる。

ウ　Bの時期の変化は、温暖な気候から寒冷な気候に変わり、より寒冷な大陸から人が移ってきたことによる。

エ　Cの時期の変化は、水田を用いた稲作が始まり、食糧をつくることができるようになったことによる。

■ キーポイント ////

• 縄文時代の人々は、狩猟・漁・採集のくらしをしていた。
• 人口の変動と確保できる食糧の量との関係性を気候とからめて考える。

■ 正答への道 ////

ア．寒冷な氷河時代が終わり、縄文時代になると地球は温暖化し、日本列島でも木の実が豊富にとれるようになった。

イ．縄文時代になると人々は縄文土器をつくり、煮炊きや貯蔵に利用した。

ウ．大陸から人が移り住んでくると、人口は増加するはずである。なお、この時期は気温が低下したため、食糧（木の実）がとれなくなり、栄養が不足した。

エ．縄文時代末期には大陸から稲作が伝わり、確保できる食糧が増加した。

＋答え＋

ウ

●邪馬台国がどこにあったのかはわかっておらず、論争が行われてきました。その論争において、大和（奈良県）にあったとする説（＝畿内説）が正しいとするならば、このあとの歴史につながるどのような意味があるといえるでしょうか。次の文を参考にして説明しなさい。　　　　　　　　　　　　　　　【江戸川学園取手中】

【文】

(1) 『魏志』倭人伝には、邪馬台国は30ほどの小さな国を従えていたことが書かれている。

(2) 奈良県には3世紀ごろに築かれたと考えられている箸墓古墳がある。この古墳は、長さがおよそ278ｍという、この時期の古墳では最大級の前方後円墳である。なお、箸墓古墳を卑弥呼の墓であると考える研究者もいる。

(3) 3世紀中ごろから後半になると、西日本を中心に大規模な前方後円墳などの古墳が出現する。特に奈良県に大きな古墳が多く見られ、この時期に近畿地方中央部の勢力によって政治連合（大和朝廷・大和政権）がつくられたと考えられる。

条件に注意！

(1)～(3)の文を参考にして考える。

キーポイント

• 邪馬台国と大和朝廷はともに連合国家（政治連合）であった。

• 卑弥呼の墓も大和地方の多くの権力者の墓と同様に、奈良県にある大規模な前方後円墳である可能性がある。

正答への道

　(1)より、邪馬台国は連合国家であったことがわかる。(2)より、奈良県にある箸墓古墳が邪馬台国の女王卑弥呼の墓である可能性があることがわかる。(3)より、箸墓古墳と同様の大規模な前方後円墳が、3世紀中ごろから特に奈良県に多くつくられており、このころ、連合政権である大和朝廷が誕生したのではないかと考えられていることがわかる。つまり、邪馬台国が大和にあったとする畿内説が正しいとすると、のちの大和朝廷につながるような政治基盤がすでに弥生時代にはできていたことになり、大和朝廷と邪馬台国の間にはつながりがあったといえる。

解答例

大和朝廷につながるような政治基盤がすでに弥生時代にできていたということがいえ、邪馬台国と大和朝廷には関連性があると考えられる。

日本の歴史

第**2**章 天皇と貴族の世の中

6年

律令国家の成立から貴族の政治まで

飛鳥時代は中国にならい、天皇中心の国づくりを目ざします。奈良時代に確立した律令制は土地の私有を認めたことでくずれはじめます。平安時代になると私有地を広げた貴族が栄華を極め、政治の実権をにぎります。

📖 学習することがら
1. 聖徳太子の政治
2. 中大兄皇子と大化の改新
3. 聖武天皇の大仏づくり
4. 藤原氏の政治と日本風の文化

▶聖武天皇の大仏づくり

1 聖徳太子の政治

◎ 学習のポイント

1. 聖徳太子は蘇我馬子と協力して、天皇中心の国づくりを進めた。

2. 聖徳太子は冠位十二階や十七条の憲法を制定し、**遣隋使の派遣**を行った。

3. 日本で最初の仏教文化が栄えた。

1 聖徳太子の政治　入試重要度 ★★★

1 大陸と日本

❶ **中国**……589年、**隋**が中国を統一した。煬帝は高句麗に遠征するなど、周辺国まで勢力をのばそうとした。
　　└2代目皇帝

❷ **朝鮮半島**……6世紀中ごろ**新羅**が伽耶（任那）を併合した。
　　　　　　　　　└朝鮮半島南部にあった地域

❸ **日本**……6世紀に入ると反乱や豪族どうしの争いも多くなり、**大和朝廷**による支配は不安定であった。新羅による伽耶（任那）の併合によって、朝鮮半島での影響力も低下した。

2 聖徳太子の政治

大和朝廷では、豪族の力をおさえ、天皇を中心とする国づくりが必要となった。

❶ **聖徳太子**……聖徳太子は593年に叔母である**推古天皇**の**摂政**になり、**蘇我馬子**と協力して天皇中心の政治の確立を目ざした。
　　└天皇が女性のときや幼いときに天皇を補佐する役職

▲聖徳太子

> もとの名を厩戸皇子といい、のちの時代に聖徳太子と呼ばれた。有力な皇位継承者であったが、推古天皇よりも先に亡くなったため、天皇に即位することはなかった。

❷ **冠位十二階**……603年、聖徳太子は家柄によらず、**個人の能力**に応じて役人を登用する制度を整えた。この制度を**冠位十二階**という。
　　└冠位十二階の制ともいう

参考　**隋（589〜618年）**
隋は中国を統一し、律令制による中央集権体制をつくりあげた。しかし、2代目煬帝が土木工事や海外遠征を強行し、不満をもった民衆の反乱によってわずか30年で滅亡し、唐にかわった。

ひと　**蘇我馬子**
蘇我馬子は、仏教の受け入れをめぐって対立した物部守屋をほろぼした。その後、崇峻天皇も暗殺し、強大な権力をにぎった。一方、仏教を信仰する聖徳太子とは手を組んで政治を行い、飛鳥寺などの寺院をつくり、仏教の普及に努めた。

> 蘇我馬子の墓といわれている。

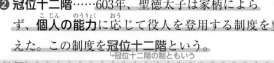
▲石舞台古墳

パワーアップ　527年、大和朝廷は新羅への出兵を命じました。大和朝廷の支配に不満があった筑紫国の磐井は新羅と手を組み、出兵を阻止しようと兵を挙げましたが、鎮圧されました。これを磐井の乱といいます。大和朝廷の支配がまだ不安定であったことがうかがえます。

▶ 朝廷の役人の位を12段階に分けた。

▶ 位の上下は、6色の冠の色で区別した。
6色それぞれの濃淡で12段階にした┘

> 氏姓制度のもと、一族の血筋によって独占された政治を改め、能力のある人材を登用することで朝廷の強化をはかった。

位	1	2	3	4	5	6	7	8	9	10	11	12
階の名	大徳	小徳	大仁	小仁	大礼	小礼	大信	小信	大義	小義	大智	小智
冠の色	紫		青		赤		黄		白		黒	

▲冠位十二階のしくみ

❸ **十七条の憲法**……604年、聖徳太子は役人が守るべき心構えを十七条にまとめて制定した。これを**十七条の憲法**という。

第1条 和を以て貴しとなし、忤うこと無きを宗とせよ。

> 争いをやめ仲良くしなさい。

第2条 あつく三宝を敬え。三宝とは仏・法・僧なり。

> 仏教を厚く信仰しなさい。

第3条 詔を承りては必ず謹め。

> 天皇の命令には必ず従いなさい。

第4条 群卿百寮、礼を以て本とせよ。

> 礼儀正しくしなさい。

▶ 仏教を重んじた天皇中心の国家をつくろうとした聖徳太子の理想が表れている。

> **参考** 聖徳太子と蘇我氏
> 聖徳太子の祖母は二人とも蘇我氏の娘で、推古天皇の母も蘇我氏の娘であった。聖徳太子と蘇我馬子、そして推古天皇は血縁で結ばれており、この血縁をもとに権力の集中を目ざした。

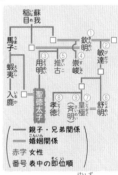

▲蘇我氏と皇室の系図

> 系図とは、祖先や子孫の関係を線で結び、図にして表したものである。

雑学ハカセ 聖徳太子の肖像画を見ると、手に板のようなものをもっています。これは、役人や貴族がもっていた「しゃく」と呼ばれるものですが、使用が始まったのは奈良時代に入ってからです。太子の死後えがかれた肖像画なのか、あるいは別人の肖像画なのか、いまだ謎のままです。

❹ 遣隋使……607年、聖徳太子は小野妹子に国書をもたせ、遣隋使として隋に派遣した。隋と**対等な立場**で国交を結び、東アジアでの日本の立場を有利なものにしようとした。
煬帝のいかりを買った（『隋書』倭国伝）

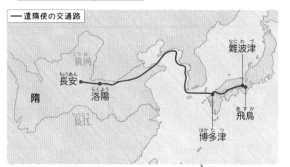

▲遣隋使がたどったルート

❺ 仏教の保護……聖徳太子は仏教を広め、その精神を政治にいかそうとした。法隆寺・四天王寺などが建てられ、飛鳥地方（奈良盆地の南部、今の明日香村付近）を中心として、飛鳥文化が栄えた。

ことば 遣隋使
607年以降も、614年までの間に遣隋使は数回送られた。このとき、聖徳太子は高向玄理や南淵請安などの留学生や留学僧を派遣し、大陸の進んだ文化や技術を学ばせ、政治制度に取り入れようと考えた。遣隋使派遣のようすについては、中国の歴史書『隋書』倭国伝や、日本最初の勅撰の歴史書『日本書紀』に記されている。

遣隋使の航路は、朝鮮半島に沿うように海をわたる、安全な航路（北路）であった。

▲法隆寺金堂

講堂
五重塔
回廊
金堂
中門
ごじゅうのとう

▲法隆寺全景

法隆寺は現存する世界最古の木造建築物で、1993年にユネスコの世界文化遺産に登録された。607年に完成したが、その後焼失し、7世紀末に再建されたと考えられている。

金堂には、聖徳太子のめい福をいのってつくられたとされる釈迦三尊像が安置されている。

入試では 聖徳太子の政治については、入試でもよく問われます。聖徳太子がどのような立場（→推古天皇の摂政）で、だれ（→蘇我馬子）と何（→冠位十二階・十七条の憲法・遣隋使の派遣・法隆寺の建立）を行ったのか、正確に把握しておきましょう。

2 飛鳥文化 ★

1 特 色 6世紀末から7世紀の初めに
かけておこった日本で最初の仏教文化を
飛鳥文化といい、大陸文化の影響を受けた
国際色豊かな文化であった。

2 建築物 聖徳太子がつくった**法隆寺**や
四天王寺のほか、蘇我馬子が建立した飛鳥
寺などがある。
日本初の仏教寺院で、飛鳥大仏が置かれている

3 仏 像 法隆寺の**釈迦三尊像**や広隆寺
の**弥勒菩薩像**が有名である。
半跏思惟像（はんかしいぞう）とも呼ばれる

▲法隆寺釈迦三尊像

▲広隆寺弥勒菩薩像

鞍作鳥（止利仏師）がつくった。

くわしい学習

🖊 **テーマ** 法隆寺の仏像や建築などから世界の文化の影響を受けたものをさがしてみよう。

🔍 **研究** 法隆寺には、仏像・回廊や金堂の柱・玉虫厨子の文様など、ヨーロ
ッパやアジアのさまざまな国の文化の影響が見られます。釈迦三尊像のほほえみ
をうかべた表情は、古代ギリシャの彫刻にも見られる特徴です。回廊の柱に用い
られたエンタシスと呼ばれる建築様式も古代ギリシャの影響を受けています。玉
虫厨子の唐草文様は、ギリシャから中国、朝鮮半島を経て日本に伝わりました。

▲法隆寺中門

どちらの柱も中
央部がふくらん
だエンタシス。

▲法隆寺の玉虫厨子

小さな仏像
をしまう入
れ物。一部
に玉虫の羽
がしきつめ
られていた。
唐草文様が
見られる。

▲ギリシャのパルテノン神殿

▲唐草文様

ギリシャ

日本

パワーアップ

飛鳥時代には高句麗の僧・曇徴によって紙や墨の製法が、百済の僧・観勒によって暦が日本
に伝わりました。紙や墨が伝わったことで日本でも記録が可能になりました。また、暦は時
系列に沿った記録を可能にしました。外国の技術や文化が日本の社会を変えたのです。

2 中大兄皇子と大化の改新

🎯 学習のポイント

1. 聖徳太子の死後、蘇我氏が天皇をしのぐほどの権力をもつようになった。

2. 中大兄皇子と中臣鎌足が蘇我氏をほろぼし、**大化の改新**を始めた。

3. 公地公民によって、土地と人民が国のものになった。

4. 701年に**大宝律令**が制定され、天皇中心の**律令国家**が完成した。

---

1 大化の改新 ★★★

1 背景

❶ **大陸の動き**……618年に隋がほろび、**唐**が建国された。唐は**律**と**令**を定め、皇帝に権力が集中する政治のしくみを整えて国を治めた。この過程を見届けた遣隋使の留学生や留学僧が唐から帰国した。
　　　　　　　　└律令政治と均田制

❷ **国内の動き**……聖徳太子の死後、蘇我氏が強大化し、**蘇我蝦夷・入鹿**父子が政治の実権をにぎるようになった。入鹿は、聖徳太子の子で皇位継承の地位にあった山背大兄王をおそい、自殺に追いこんだ。

唐の都（現在の西安）
長安
高句麗
新羅
大津
倭（日本）
唐
百済
難波
飛鳥

▲ 7世紀半ばの東アジア

2 蘇我氏の滅亡

中大兄皇子と中臣鎌足が中心となり、**645年**に蘇我入鹿を飛鳥板蓋宮で暗殺した。それを知った蝦夷が自殺し、蘇我氏は滅亡した。
　　　　　└乙巳（いっし）の変

ことば

唐（618〜907年）
618年、李淵が隋をほろぼし、建国した。7世紀後半の全盛期には中央アジアの砂漠地帯も支配する大帝国になり、都が置かれた**長安**（現在の西安）は、人口が100万人をこえる大都市に発展した。政治のしくみを整え、強大になった唐は、朝鮮半島や日本だけでなく、東南アジアや北東アジアの国々の政治や文化にも大きな影響をあたえた。

ひと

中臣鎌足は、唐から帰国した南淵請安や僧・旻から唐の政治や制度を学んだ。国の政治を改革する必要性を感じた鎌足は、中大兄皇子に近づき、蘇我氏をほろぼして大化の改新を推し進めた。死後、天智天皇（中大兄皇子）からその功績を認められ「藤原」の姓を授けられた。平安時代に栄華を極める藤原氏のもとをつくった。

雑学ハカセ
中臣鎌足らは朝鮮半島の国々の使節をむかえるための儀式といつわり、蘇我入鹿を飛鳥板蓋宮に呼び出し暗殺しました。その後、入鹿の首がしつこく鎌足を追いかけ回したため、蘇我馬子が建てた飛鳥寺のそばに入鹿の霊をしずめるための首塚がつくられたといわれています。

3 大化の改新

中大兄皇子は蘇我氏をほろぼすと、皇太子という立場で**中臣鎌足**とともに天皇中心の国をつくるための政治改革を始めた。蘇我入鹿の暗殺から始まる中大兄皇子の政治改革を**大化の改新**という。

❶ **元号**……唐にならい、645年に日本で初めて「**大化**」という元号が制定された。

❷ **遷都**……都を飛鳥から難波宮に移した。
〔655年には飛鳥にもどった〕

❸ **改新の詔**……646年、中大兄皇子は**改新の詔**という政治の基本方針を発表した。
〔制度の完成には50年以上かかった〕

▶ **公地公民制**…**公地公民**によって、土地と人民がすべて国のものとされた。

▶ **中央集権的な政治体制**…国や郡などの地方の行政組織を定め、中央集権的な政治体制をつくる。

▶ **班田収授法**…**戸籍**をつくり、戸籍をもとに土地を貸しあたえる制度(**班田収授**)を実施した。

▶ **税制度**…新しい税制度をつくった。

4 大化の改新後の政治

❶ **白村江の戦い**……660年、新羅が唐と手を組み、百済をほろぼした。663年、中大兄皇子は百済再興のため、百済を助ける大軍を朝鮮半島に送り、**唐・新羅の連合軍**と戦ったが、敗れた(**白村江の戦い**)。これによって、日本は朝鮮半島とのつながりを失った。

❷ **国の防備**……唐と組んだ新羅は、高句麗をほろぼし、朝鮮半島を統一した。白村江の戦いの敗北後、中大兄皇子は唐・新羅の攻撃に備え、北九州に**大宰府**を置き、大宰府の北に水城をつくった。〔堀に水をためたもの〕そして、都を**近江大津宮**に移し、**天智天皇**として即位した。

中大兄皇子

ひと 「大兄」とは、母親が同じ兄弟の長男につけられた皇位継承を表す称号で、中大兄は「2番目の大兄」を意味する。中国では、時間の管理も皇帝の仕事であるとされていたため、中大兄皇子は日本で最初の水時計をつくり、中国のように天皇がすべてを管理する政治体制をつくることを目ざした。

> 水の流れが一定であることを利用して、水面の高さの変化で時刻をはかった。

▲日本で最初の水時計(復元)

ズームアップ 税制度 ➡p.351

←唐・新羅の進路
←日本の進路
▲ おもな山城

> 北九州には防人(全国から集められた兵士)を置いた。

▲白村江の戦いとその後の防備

パワーアップ 皇極天皇(中大兄皇子の母)は蘇我氏がほろぼされると皇位をゆずり、孝徳天皇が即位しました。これは日本で初めての譲位でした。また、孝徳天皇の死後、斉明天皇として再び天皇の座につきました。これは日本で初めての重祚(退位した天皇が再び即位すること)でした。

歴史
第**8**編
日本の歴史

序章
歴史をさぐる

第**1**章
日本のあけぼの

第**2**章
天皇と貴族の世の中

第**3**章
武士の世の中

第**4**章
江戸幕府の政治

第**5**章
明治からの世の中

第**6**章
戦争と新しい日本

❸ **天智天皇の政治**……天智天皇は、日本初の法典である**近江令**を制定した。その後、日本初の全国規模の戸籍である**庚午年籍**をつくった。

5 **壬申の乱**　天智天皇の死後、天智天皇の弟の**大海人皇子**と天智天皇の息子の**大友皇子**が、672年に皇位をめぐって戦った。この戦いを壬申の乱といい、大海人皇子が勝利した。大海人皇子は飛鳥で**天武天皇**として即位し、天皇を中心とする強力な政治体制づくりを推し進めた。天武天皇の死後は妻の**持統天皇**がその国づくりを引きつぎ、日本で最初の本格的な都である**藤原京**を造営した。
694年。奈良県橿原市

年	できごと
593	聖徳太子が推古天皇の摂政になる
603	冠位十二階が制定される
604	十七条の憲法が制定される
607	小野妹子が遣隋使として派遣される
645	中大兄皇子と中臣鎌足が蘇我入鹿を暗殺し蘇我氏をほろぼす（大化の改新）
646	改新の詔が出される
663	唐と新羅の連合軍に敗北する（白村江の戦い）
668	中大兄皇子が天智天皇として即位する
672	壬申の乱がおこる
673	大海人皇子が天武天皇として即位する
694	藤原京に遷都する
701	文武天皇が大宝律令を制定する

▲天皇中心の国づくりの過程

2 律令国家の完成 ★★

1 **大宝律令**　701年、文武天皇の命で刑部親王と**藤原不比等**によって大宝律令がつくられた。大宝律令の制定で、天皇を中心とした政治制度が完成した。
中臣鎌足の子

律	刑罰についてまとめた。
令	政治のしくみについてまとめた。

2 **政治制度**　中央には**二官八省**の役所を置いた。全国を**国**に、国を**郡**に、郡を**里**に分け、北九州には**大宰府**を置いた。

国司	中央貴族の中から諸国に派遣され、国を治めた。
郡司	地方豪族の中から任命され、国司のもとで郡を治めた。
里長	有力農民の中から選ばれ、里内の管理や徴税を行った。

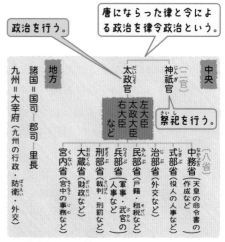

唐にならった律と令による政治を律令政治という。

政治を行う。

祭祀を行う。

▲大宝律令による役所のしくみ

パワーアップ　律令制のもとでの国とは、現在の都道府県のような行政区分です。現在の地方区分にあたるものには五畿七道と呼ばれる行政区分がありました。五畿とは5つの国がふくまれる畿内のこと、七道とは東山道・北陸道・東海道・山陰道・山陽道・南海道・西海道のことです。

中学入試にフォーカス 律令政治における土地制度と税制度

▶班田収授法

中国の均田制にならい、**公地公民制**の原則のもと、**班田収授**が行われた。朝廷は6年ごとに戸籍を作成し、**6才以上の男女に口分田**をあたえ、死んだら返させた。

男 子	2段（約24a）
女 子	男子の3分の2
奴 婢	男女それぞれの3分の1

▲あたえられる口分田の面積

> 奴婢とは、奴が男の奴隷、婢が女の奴隷のことである。

《例》50才の祖父、48才の祖母、25才の父、24才の母、9才の娘、5才の息子の家族の場合、あたえ（→6才未満は口分田なし）られる口分田の面積は

$2（段）×2+2（段）×\dfrac{2}{3}×3=8（段）$

都までの日数
- 10日以内
- 11～20日
- 21～30日
- 31日以上

平城京

運ばれた生産物
- 塩
- 魚
- 海草
- 布など

▲地方の特産物と都までの日数

税制度

政府は、口分田をあたえるかわりに**租・調・庸**の税や**労役・兵役**を農民に課した。調と庸は、役人とともに各家の成年男子が都に運ぶ担当にあてられた（運脚）。

		内 容	納める先	課税対象
税	租	収穫量の3%の稲	国 司	全 員
	調	地方の特産物	都	男 子
	庸	10日の労役または布	都	男 子
労 役	雑徭	国司のもとでの労働（年間60日以下）	国 司	男 子
兵 役	兵 士	徴兵（地方での訓練）	地 方	成年男子
	衛 士	1年間の都の警備	都	成年男子
	防 人	3年間の九州北部の防備	九 州	成年男子

> 口分田をあたえられた男女。

> 成年男子3～4人に1人の割合。

▲農民の負担

入試では

税の内容と納入先、兵役・労役の勤め先が文章正誤などで問われます。混同しないようにしましょう。また、口分田は6才以上にあたえられますが、6年ごとに作成される戸籍にもとづくため、6才以上のすべての男女にあたえられたわけではありません。注意しましょう。

③ 聖武天皇の大仏づくり

🎯 学習のポイント

1. 710年、元明天皇が平城京に都を移した。
2. 聖武天皇は全国に国分寺・国分尼寺を、東大寺には大仏をつくらせた。
3. 743年に出された墾田永年私財法によって、律令制がくずれはじめた。
4. 奈良時代には、遣唐使がもたらした国際色豊かな天平文化が栄えた。

1 平城京 ★★

1 奈良時代の始まり

❶ 平城京……710年、元明天皇が藤原京から奈良の平城京に都を移した。おもに平城京に都を置き、政治が行われた約80年間を奈良時代という。
└女性の天皇

❷ 都のようす……平城京は、唐の都であった長安を手本にしてつくられた。
- ▶ 東西南北に道路が通り、碁盤の目のように区画された（条坊制）。
- ▶ 都の中央北部には内裏と二官八省の役所が置かれた（大内裏）。大内裏から南北に朱雀大路が通っていた。
  └天皇が住む場所
- ▶ 右京に西市、左京に東市が置かれ、各地の特産物が取り引きされた。
- ▶ 飛鳥地方にあった寺院が移され、貴族や庶民もくらした。

2 奈良時代の産業

❶ 農業……鉄製農具が普及したことや、かんがいの整備が進んだことなどで、米の生産量が増加した。

❷ 鉱物資源の開発……鉱物資源の開発が進み、銅や金が産出されるようになった。
  └越後（新潟県）の石油や対馬の銀など
  └陸奥（岩手県や宮城県）

📖 史料　平城京をよんだ歌

「あおによし　奈良の都は　咲く花の　におうがごとく　いまさかりなり」

《歌の意味》

奈良の都は、花が色あざやかに咲きほこるように、今が繁栄のまっさかりである。
→大宰府に赴任した役人が、都をおもってよんだもので、平城京の繁栄ぶりが伝わる内容である。

内裏にいる天皇から見て右側。

東大寺は都の外。

▲平城京

東西の通りが条、南北の通りが坊。

雑学ハカセ　東西約4.3km、南北約4.8kmの平城京に対し、長安城は東西約9.7km、南北約8.6kmだったので、平城京は長安城の約4分の1の規模だったといえます。また、外国からの侵略の危険が少ない平城京には城壁がありませんでしたが、長安城には都を囲む城壁がありました。

❸ **貨幣の発行**……武蔵国から銅が献上
└現在の埼玉県
されたことを祝い、朝廷は元号を和
銅と改め、**和同開珎**を発行した(708
└かいほう
年)。その後、和同開珎をふくむ12種
類の銅銭が発行されたが、一部の地
└皇朝十二銭
域にしか流通しなかった。
└物々交換が主流であったため

▲和同開珎

10円玉ほどの大きさ。富本銭が見つかるまでは日本最古の貨幣と考えられていた。

富本の文字と7つの星が特徴。

▲富本銭

---

2 聖武天皇の時代 ★★★

1 聖武天皇の時代 聖武天皇の8世
└しょうむてんのう
紀の中ごろは、ききんや伝染病の流行で
└でんせんびょう
多くの人が亡くなり、貴族の争いもおこ
└な   └きぞく
ったため、世の中が混乱した。
└こんらん

2 聖武天皇の政治 聖武天皇は、仏(仏教)の力で
└せいじ   └ほとけ ぶっきょう
国を治めようと考えた。
└鎮護国家思想

❶ **国分寺建立の詔**……741年、
└こくぶんじ こんりゅう みことのり
聖武天皇は国ごとに**国分寺**・
国分尼寺を建てるように命
└にじ
じた。

❷ **大仏造立の詔**……聖武天皇
└だいぶつぞうりゅう
は、国分寺の総本山として
└そうほんざん
奈良に**東大寺**を建てさせた。
└とうだいじ
743年には**大仏造立の詔**を出
し、東大寺に大仏をつくる
よう命じた。

❸ **大仏づくり**

▶ 大仏づくりでは、渡来人
└とらいじん
の子孫も活躍した。
└かつやく

▶ **行基**が弟子とともに大仏
└ぎょうき でし
づくりに協力した。

▶ 大仏づくりには、約500 t にものぼる銅が使用さ
れ、のべ260万人以上が働いた。

▶ 752年、大仏開眼供養が盛大に行われ、インドや中
└かいげん くよう せいだい
└孝謙天皇の時代
国から来た僧もふくめ約1万人の僧が参加した。
└そう

それぞれの寺には、七重塔と釈迦像を備
└しちじゅうのとう └しゃかぞう そな
えさせ、経典を写さ
└きょうてん
せた。

東大寺

卍 国分寺が置かれた場所

▲国分寺の分布
└ぶんぷ

パワーアップ

文武天皇の命を受けて大宝律令の編さんにたずさわった藤原不比等は、娘の光明子を聖武天
└もんむ   └たいほうりつりょう へん   └ふじわらのふひと └こうみょうし
皇の皇后にしました。光明子は、皇室出身ではない初めての皇后でした。聖武天皇の母も不
└こうごう
比等の娘だったので、藤原氏の勢力はいっそう強まりました。

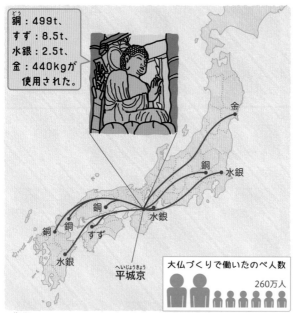

銅：499t、
すず：8.5t、
水銀：2.5t、
金：440kgが
使用された。

金

銅

水銀

金

銅

銅

銅

水銀

すず

水銀

平城京

大仏づくりで働いたのべ人数

260万人

▲大仏づくりのために全国から集められた人や物資

高さは約16
m、重さは約
250tで、銅
製の大仏とし
ては世界最大
だった。

金メッキ（水
銀と金を使
用）がほどこ
され、完成し
たころは、キ
ラキラとかが
やいていた。

▲東大寺大仏

３ 農民のくらし ★

１ 農民のくらし
農民の中には重い税や兵役にた
えかねて、にげ出す者（逃亡という）や無断で僧になる者（私度僧という）、戸籍をご
まかす者（偽籍という）が現れた。

２ 口分田の不足
農民が逃亡した後の口分田は荒
廃し、税収入や労役は不足するようになった。また、
人口が増加して口分田が不足したため、開墾が必要に
なった。

行　基

ひと 渡来人の子孫として
今の大阪に生まれた行基は、
諸国をめぐりながら仏教の
教えを民衆に説いた。池や
橋をつくるなど、人々のた
めにつくしたので、民衆か
らはしたわれたが、朝廷に
は布教活動を禁じられた。
しかし、大仏づくりには多
くの資材と労働力が必要で
あったため、朝廷は民衆に
人気のあった行基を大僧正
に任命し、大仏づくりへの
協力を求めた。

大仏造立の詔

史料 仏教をさかんにし、
人々を救うために盧舎那
仏（大仏）をつくることを決
心した。天下の富をもつの
は天皇であるわたしであり、
力をもつのもわたしである。
わたしの富と力で大仏をつ
くることは難しいことでは
ないが、それでは心が至ら
ず、かえって災いのもとに
なるかもしれない。もし、
１本の草、ひとにぎりの土
をもって大仏づくりを助け
たい者があれば、これを許
す。

戸籍のごまかし

参考 奈良時代の戸籍を調
べると、女性の割合が異常
に多いことがわかる。男性
にかけられる税をまぬかれ
るため、いつわりの登録が
されていた。

パワーアップ 聖武天皇は、740年に平城京をはなれ、都を恭仁京（京都府木津川市）に移しました。そして、
わずか４年後に難波宮（大阪市）へ、さらに１年もたたないうちに紫香楽宮（滋賀県甲賀市）に
都を移し、745年に再び平城京にもどってきました。

③ 土地政策

① 三世一身の法……朝廷は口分田の不足を解消するため、723年に**三世一身の法**を出した。新しく土地を開墾した者には3世代にわたり、その土地の私有を認め、古い用水路の修復によって開墾した者には、本人1世代のみ私有地として使用することを認めた。

② 墾田永年私財法……三世一身の法ではあまり効果がなかったため、**743年**、朝廷は開墾した土地の私有を永久に認める**墾田永年私財法**を出した。

③ 結果……律令政治の基本となる公地公民制がくずれ、貴族や大寺院が**荘園**と呼ばれる私有地を広げた。天皇の地位は低下し、貴族の力が強くなった。

> 「万葉集」には「防人の歌」など農民のくらしがうかがえる歌も収められている。

史料 「**貧窮問答歌**」
筑前国（福岡県）の国司になった山上憶良が、地方の貧しい農民のくらしぶりをよんだ歌で、『万葉集』に収められている。「わたしも人なみに耕作しているのに、ぼろぼろの着物を身につけ、つぶれそうな家の中で土の上にじかにわらをしき、横たわっている。わたしの周りには、父母や妻子が座り、なげき悲しんでいる。かまどには火の気がなく、米を蒸すこしきには、くもの巣が張っている。その上、ムチをもった里長が、戸口まで来て呼びたてている。」

くわしい学習

…Q 奈良時代の社会のようすを知ることができる資料には、どのようなものがありますか。

A 『万葉集』に残された歌や**木簡**があります。木簡とは、墨で書きこめるようにした細く、うすい木の板です。紙がまだ貴重であったこの時代に荷札や手紙、書類などに使用されました。平城京の役所跡などから多く見つかっており、当時のようすを知る手がかりになっています。奈良時代の役人は、筆や墨、硯のほかに刀子と呼ばれるナイフを仕事で使用していたことがわかっています。刀子は、木簡に書いた文字をけずり取るための消しゴムのような役目をしていたと考えられます。

▲木簡

> 阿波国（徳島県）からわかめ（左）、伊豆国（静岡県）からかつお（右）が調として納められたことが記されている。

4 奈良時代の文化 ★★

① 遣唐使 遣唐使は、630年に第1回の犬上御田鍬が派遣されてから、**894年**に菅原道真の意見によって停止されるまで、唐の進んだ政治制度や文化を取り入れるため、約260年の間に十数回派遣された。

雑学ハカセ 木簡に書かれた内容から、当時の食事のようすも推測することができます。貴族は、魚や野菜、漬物、各地の山海の珍味のほか、蘇と呼ばれる乳製品を食べていました。一方、庶民は玄米におかず一品と汁物が基本で、貴族に比べるとずいぶん質素で貧しいものでした。

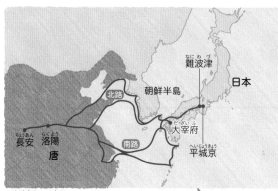

▲遣唐使の航路

▶ **渡航者**…吉備真備や**阿倍仲麻呂**など留学生や学問僧が大使・副使とともに、唐にわたった。鑑真のように日本からの求めに応じて、中国から日本に来る者もいた。

朝鮮半島との関係が悪化したため、朝鮮半島沿いを航行する安全なルート（北路）から、東シナ海を横断して直接中国にわたる危険なルート（南路）に航路が変更された。

吉備真備	唐にわたった留学生。帰国後は右大臣として活躍した。
阿倍仲麻呂	唐にわたり、玄宗皇帝に仕えた。帰国の船が難破したため日本に帰れず、唐でその生涯を終えた。
鑑真	6度目の渡航でようやく来日に成功した唐の高僧。来日後は、東大寺で多くの僧に戒律を授け、奈良に唐招提寺を建てた。聖武天皇の保護を受けた。

▲遣唐使船に乗ったおもな人物

2 天平文化　遣唐使が伝えた、唐の影響を強く受けた国際色豊かな文化が広がった。この文化は、聖武天皇の時代に最も栄えたため、当時の元号から**天平文化**と呼ばれる。

3 工芸品　遣唐使が伝えた国際色豊かな工芸品が残されている。

▲唐招提寺

ひと 阿倍仲麻呂
吉備真備、玄昉らと唐にわたった留学生。唐の国家試験である科挙に合格し、唐の高官に登りつめた。なかなか帰国を許されず、許可が出たのは入唐後、35年もたったときであった。帰国の際、別の船に乗っていた鑑真は嵐にあいながらも日本に到着したが、仲麻呂の船はベトナムまで流された。その後、唐にはもどれたが、日本に帰ることはなく、唐の高官として生涯を終えた。

帰国のための船に乗る前によんだ「天の原　ふりさけ見れば　春日なる　三笠の山に　出でし月かも」の歌が有名。

僧が守るべき決まりである戒律を授ける僧が日本にいなかったため、聖武天皇が招いた。

▲鑑真

雑学ハカセ　飛鳥時代から奈良時代にかけて、中国や朝鮮半島からは新しい楽器もたくさん伝わりました。現在も親しまれている琴や尺八も奈良時代に日本に伝えられた楽器です。琵琶や横笛なども伝えられ、国や寺院で行われる儀式で演奏されました。

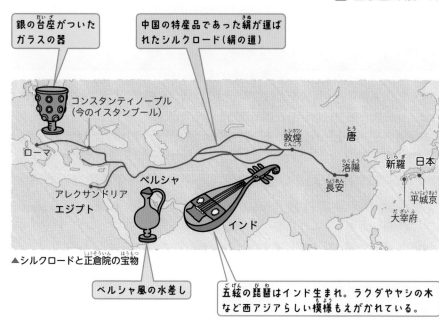

銀の台座がついた
ガラスの器

中国の特産品であった絹が運ば
れたシルクロード（絹の道）

コンスタンティノープル
（今のイスタンブール）

ローマ

アレクサンドリア
エジプト

ペルシャ

敦煌
トンホワン
とんこう

唐

洛陽
らくよう

長安
ちょうあん

新羅
しらぎ

日本

平城京
へいじょうきょう

大宰府
だざいふ

インド

▲シルクロードと正倉院の宝物

ペルシャ風の水差し

五絃の琵琶はインド生まれ。ラクダやヤシの木
など西アジアらしい模様もえがかれている。

序章
歴史をさぐる

第1章
日本のあけぼの

第2章
天皇と貴族の
世の中

第3章
武士の世の中

第4章
江戸幕府の政治

第5章
明治からの
世の中

第6章
戦争と
新しい日本

４ 建築物 東大寺の大仏殿や正倉院、鑑真が建てた
唐招提寺などがある。

５ 書物

❶『古事記』……『古事記』は稗田阿礼が暗唱し、太安
万侶がまとめた歴史書で、712年に完成した。
〈神代から推古天皇までの神話や歴史〉

❷『日本書紀』……『日本書紀』は舎人親王が中心とな
り、編年体でまとめた歴史書で、720年に完成した。
〈神代から持統天皇までの神話や歴史〉

❸『風土記』……『風土記』は、国ごとの地名や伝説、
産物をまとめた地誌で、現在５つの国のものが残
っている。
〈出雲国・播磨国・豊後国・肥前国・常陸国〉

❹『万葉集』……『万葉集』は、万葉が
なを用いた日本最古の歌集で、天
〈漢字の音と訓を利用〉
皇や貴族の歌のほか、農民の歌も
収められ
ている（約
4500首）。

ことば 正倉院
正倉院には、聖武天
皇が日常で使った遺品や大
仏開眼供養で使用された用
具のほか、シルクロードを
通って西アジアや東ローマ
から伝えられた多くの宝物
が収蔵された。現在、宝物
は別の宝庫に保管されてい
る。

柱を使わずに三角形の木
材を組み合わせてつくる
校倉造と呼ばれる建築様
式で建てられている。

▲正倉院

風通しが良い高床式。

入試では 天平文化では、建築物の写真が出題されることが多いです。かかわった人物（大仏は聖武天
皇と行基、唐招提寺は鑑真）とともに、それぞれの視覚的な特徴や建築様式（正倉院は高床式
と校倉造、大仏殿は大仏が安置されているため高さがあるなど）をおさえておきましょう。

4 藤原氏の政治と日本風の文化

🎯 学習のポイント

1. 桓武天皇は794年に平安京に都を移し、律令制の立て直しをはかった。
2. 藤原氏が権力をにぎり、摂関政治を行った。
3. 遣唐使が停止され、日本風の国風文化が花開き、貴族の女性が活躍した。

1 律令政治の立て直し ★

1 奈良時代末期の社会

天皇の権力が低下し、寺院や僧が力をもつようになった。また、貴族どうし
──道鏡は天皇になろうとして失敗した
の争いも激しかったため、律令制の立て直しが必要になった。

2 桓武天皇の政治

❶ 遷都……桓武天皇は政治を立て直すため、784年に**長岡京**へ、**794年に平安京**へ都
平城京からの寺院の移転は認めなかった
を移した。平安京に都が置かれた約400年間を**平安時代**という。

❷ 農民の負担軽減

桓武天皇は、国司の不正を取りしまり、農民の負担を減らした。九州・東北以外の農民の兵役を中止し、郡司の子弟を兵士にした。また、雑徭を60日から30
健児（こんでい）の制
日とした。

❸ 東北の支配……東北地方の**蝦夷**を平定するため、
→東北地方に住む朝廷の支配に抵抗した人々
桓武天皇は**坂上田村麻呂**を征夷大将軍に任命し、東北に派遣した。

碁盤の目（条坊制）

▲平安京

今の市街地

金閣
衣笠山
北野神社
一条大路
大内裏
御所
二条大路
三条大路
朱雀大路
右京　左京
四条大路
五条大路
京　京
六条大路
七条大路
八条大路
九条大路
東寺
西京極大路
道祖大路
西大宮大路
壬生大路
東大宮大路
西洞院大路
東洞院大路
東京極大路
銀閣
平安神宮
清水寺
0　1km

西の京（朱雀大路の西側）の工事は途中で中止された。

東西約4.5km、南北約5.2kmあり、平城京よりも大きかった。

参考 長岡京・平安京

長岡京は造営中に工事の責任者であった藤原種継が何者かによって暗殺されたため、造営が中止された。長岡京に続き、平安京の造営、さらに東北平定で農民の負担は軽減されるどころか大きくなり、農民の逃亡も急増した。結果、平安京の造営も東北平定も途中で中止され、桓武天皇は目的を果たすことができなかった。

ひと 坂上田村麻呂

征夷大将軍として801年に蝦夷最大の拠点である胆沢（岩手県）に出征した。翌年、朝廷に抵抗していた蝦夷の首長アテルイを降伏させた。同年、胆沢城を築き、東北支配の拠点とし、朝廷の東北における支配力を強めた。

パワーアップ 桓武天皇は、律令制の立て直しに必要と思えば、令にない役職でも新たに設置しました。その1つが、坂上田村麻呂が任命された征夷大将軍です。ほかにも国司の不正の監視や取りしまりを行う勘解由使を置きました。これら令に規定のない役職を令外官といいます。

2 新しい仏教 ★

1 平安新仏教

平安時代には、奈良時代の仏教とは異なる新しい仏教がおこった。政治からはなれて静かな山に寺を建て、山中で厳しい修行を積み、加持祈祷によって国家の安定や人々の幸せをいのる仏教で、密教と呼ばれた。
└みっきょう→政治と結びつかないこの仏教を桓武天皇も支持

2 最澄と空海

最澄と空海は、遣唐使として唐にわたり、帰国後、新しい仏教を開いた。
└嵯峨天皇・橘逸勢とともに平安時代の三筆の1人

❶ 最澄……最澄（伝教大師）は比叡山に延暦寺を建て、天台宗を広めた。
└滋賀県

❷ 空海……空海（弘法大師）は高野山に金剛峯寺を建て、真言宗を広めた。
└和歌山県
└嵯峨天皇から教王護国寺（東寺）をあたえられた
└しんごんしゅう

年	できごと	
794	平安京に都を移す	律令政治立て直し
804	最澄と空海が唐にわたる	↓
866	藤原良房が摂政になる	
887	藤原基経が関白になる	摂関政治
894	遣唐使が停止される	
995	藤原道長が実権をにぎる	
1016	藤原道長が摂政になる	摂関政治全盛期
1019	藤原頼通が関白になる	↓
1086	白河上皇が院政を始める	院政
1156	保元の乱がおこる	
1159	平治の乱がおこる	

▲平安時代の政治の流れ

> 摂関政治は10世紀後半～11世紀前半に全盛期をむかえた。

3 藤原氏の政治 ★★★

1 藤原氏の繁栄

中臣鎌足の子孫である藤原氏は、9世紀ごろから、天皇が幼いときは摂政、大人になると関白になって政治の実権をにぎった。

> 貴族の子どもは母の実家で育てられ、母方の祖父が面倒をみた。

▶ 娘を天皇の后にし、天皇家とのつながりを強めた。
例 光明子を聖武天皇の后にした。

▶ ほかの皇族や貴族をおとしいれ、退けた。
例 右大臣の菅原道真を大宰府に左遷した。
└すがわらのみちざね └だざいふ └させん

▶ 荘園の寄進や貴族からのわいろで財を得た。
└しょうえん └きしん └土地を寄付すること └ざいえ

2 摂関政治

藤原氏が摂政や関白につき、政治の実権をにぎった。このような政治を摂関政治といい、藤原道長・頼通父子のときに全盛期をむかえた。
└「御堂関白」と呼ばれたが、関白にはなっていない

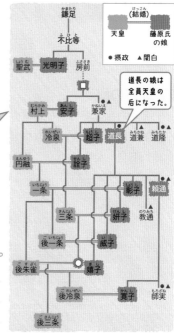

> 道長の娘は全員天皇の后になった。

▲藤原氏と皇室

歴史
第8編
日本の歴史

序章 歴史をさぐる

第1章 日本のあけぼの

第2章 天皇と貴族の世の中

第3章 武士の世の中

第4章 江戸幕府の政治

第5章 明治からの世の中

第6章 戦争と新しい日本

パワーアップ

中臣鎌足の子、藤原不比等には長男の武智麻呂、次男の房前、三男の宇合、四男の麻呂の4人の息子がいました。四兄弟は、「南家」・「北家」・「式家」・「京家」という家系に分かれ、平安時代になると北家が栄え、藤原良房が初の摂政に、基経が初の関白になりました。

❶ 藤原道長……藤原道長は4人の娘を天皇にとつがせ、娘の産んだ子を天皇にして、3代の天皇の外祖父として政治の実権をにぎった。

❷ 藤原頼通……道長の子・藤原頼通は約50年間、摂政・関白として力をもち、宇治（京都府）に平等院鳳凰堂を建てた。

▲藤原道長

10円硬貨にえがかれている。

▲平等院鳳凰堂

阿弥陀如来像が祭られている。庭園や建物で来世のようすを表した。

③ 地方の政治

朝廷の権威が低下し、地方の政治は乱れた。地方を任された国司の中には、横暴を働き、農民にうったえられる者もいた。

遙任	任命後も、赴任せずにかわりの役人を送って収入を得る。	
成功	宮殿や寺社の造営のために金や物を寄付し、国司の地位を得る。	
重任	わいろをおくることで、任期満了後に再び国司に任命される。	

▲国司による不正行為の例

国司の取り立てに対し、不入の権（国司の荘園への立ち入りを拒否する権利）と不輸の権（租を納めなくてもよい権利）を得るために荘園が有力貴族や寺院に寄進された。

史料　藤原道長がよんだ歌
「この世をば　わが世とぞ思う　望月の　かけたることも　なしと思えば」

《歌の意味》
この世の中は何でも思い通りで満足だ。まるで満月のように足りないものはない。
→道長の娘、威子が後一条天皇の后になった祝いの席で道長がよんだ歌である。すでに彰子・妍子も天皇にとついでおり、まさに道長の絶頂期であった。

史料　農民のうったえ（尾張国郡司百姓等解文）

わたしたち尾張国（愛知県）の郡司・百姓は、国司藤原元命の悪政、非法の行いを31か条にまとめてうったえます。よろしくお裁きください。
（以下、うったえの一部）
一、定められている量よりも多くの税をとっています。
一、朝廷に納めるとうそをついて、絹や麻布・漆・油などを集めています。
一、元命は京都にいて尾張にはいないので、一族や家来が物をうばっています。どうか元命を解任して、新しい国司を派遣してください。

雑学ハカセ

学者の家に生まれた菅原道真は学者として活躍する一方、政治家としても活躍しました。右大臣まで出世しましたが、藤原時平の策略にあい、左遷された大宰府で亡くなりました。都では災害のたびに道真のたたりとおそれられ、天神様として祭られました。

4 平安時代の文化 ★★

1 日本風の文化

894年、菅原道真の意見によって遣唐使が停止された。このころから、中国の文化をもとに、日本の風土や生活に合った日本風の文化（国風文化）が生まれた。

└南路が危険なうえ、唐がおとろえたため

2 貴族の生活

❶ 衣服……男性の正式な服装は束帯、宮廷内に住む女性の正式な服装は十二単であった。

❷ 住居……貴族は、寝殿造と呼ばれる豪華なつくりの邸宅に住んだ。
└庭園を囲むようなコの字型のつくり
└貝合わせや庭の小川で歌をよむなど優雅に遊んだ

▲寝殿造の屋敷

寝殿を中心に、複数の建物が屋根つきの廊下で結ばれ、中央には庭園が配置された。

❸ 仕事……年中行事（ひな祭り、端午の節句、七夕など）と呼ばれる宮中の儀式を重視した。
└生活では占いを重視した

3 文学

漢字からかな文字（ひらがなとカタカナ）がつくられ、ひらがなは、おもに女性に使用された。かな文字の発達によって、日本人独特の感情や感覚が表現されるようになり、和歌や物語、随筆などの国文学が発達した。

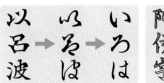

▲かな文字の発達

漢字の形をくずしてひらがなになった。

漢字の一部からカタカナができた。

参考 平安時代の服装

● 束帯

身分や地位によって色が決まっていた。

● 十二単

袖口の重なりをきれいに見せた。

必ず12枚重ねるわけではない。

入試では

入試でおもに出題される建築様式は、奈良時代の校倉造、平安時代の寝殿造、鎌倉時代の武士の館、室町時代の書院造の4つです。特に寝殿造と書院造はよく出るので、それぞれの特徴と代表的な建築物を把握し、写真で確認しておきましょう。

分類	作者・編者	作品名	内容
和歌	紀貫之	『古今和歌集』	日本で最初の勅撰和歌集(天皇の命令でつくられた歌集)
物語	不明	『竹取物語』	日本最古の物語。「かぐや姫」として知られる
	紫式部	『源氏物語』	光源氏を主人公にした長編恋愛小説
随筆	清少納言	『枕草子』	宮中での日々の生活をつづった随筆
日記	紀貫之	『土佐日記』	国司として赴任した土佐国(高知県)から京へ帰るまでの旅行記

▲平安時代のおもな文学作品

作者は男性だが、ひらがなを使用。

4 絵画
大和絵の手法で、「源氏物語絵巻」や「鳥獣戯画」がえがかれた。

▲大和絵(「源氏物語絵巻」)

『源氏物語』の一場面をえがいた絵巻物。はなやかな貴族の生活が読み取れる。

5 浄土教

❶ 世の中のようす……平安時代の後期には、釈迦の死後2000年がたつと末法の世に入り、世の中が乱れるという**末法思想**が広まった。

❷ 浄土信仰……戦乱や疫病、天災によって不安が大きくなった世の中で、阿弥陀仏にすがれば死後、極楽浄土に往生できるという**浄土教**の信仰が広まった。

❸ 空也……10世紀中ごろ、**空也**は諸国を回り浄土教を布教した。貴族から庶民まで幅広い人々が信仰した。

❹ 阿弥陀堂……貴族は、阿弥陀如来像を祭る阿弥陀堂を建てた。**藤原頼通の平等院鳳凰堂**や奥州藤原氏がつくった**中尊寺金色堂**(岩手県平泉)が有名である。

紫式部
ひと 藤原為時の娘。一条天皇の中宮彰子(藤原道長の娘)に仕えた。日記の中で、清少納言のことを悪く言っており、両者が仕えた彰子と定子がライバル関係にあったことがその背景にあると考えられている。

清少納言
ひと 清原元輔の娘。一条天皇の皇后定子(藤原道隆の娘)に仕えた。父と祖父が歌人であったことから、幼いころより和歌や漢文に親しんだ。

市中を歩き回り、庶民に布教をしたため「市聖」と呼ばれた。

▲空也

雑学ハカセ 平安京にくらす庶民は、細長い建物をいくつかに区切ってできた家に住んでいました。一方、地方の庶民はまだ、たて穴住居でくらす人が多かったようです。紀貫之の『土佐日記』の中にも、たて穴住居にくらす人々のことが書かれています。

📄 入試のポイント

👑 絶対暗記ベスト3

1位 聖武天皇 奈良時代の天皇。仏教を深く信仰し、全国に国分寺・国分尼寺を建立、東大寺には大仏をつくった。正倉院に遺品が収蔵された。

2位 摂関政治 平安時代に藤原氏が行った政治。娘を天皇の后にし、生まれた子を天皇にして政治の実権をにぎった。道長・頼通父子の時代が全盛。

3位 大化の改新 中大兄皇子と中臣鎌足らが行った天皇中心の政治を目ざす改革。蘇我氏をほろぼし、公地公民や班田収授の実施を基本方針とした。

1 代表的な人物と業績

□右の表の①〜⑥にあてはまる語句や人物名は？
- ①→**十七条の憲法**(役人の心構え)
- ②→**大化の改新**(645年)
- ③→**大宝律令**(701年)
- ④→**平城京**(710年、奈良市)
- ⑤→**行基**(民衆にしたわれた僧)
- ⑥→**平安京**(794年、京都市)

時 代	人 物	行ったこと
飛 鳥	聖徳太子	冠位十二階・(①)の制定 遣隋使の派遣
	中大兄皇子	中臣鎌足らと(②)を行う 白村江の戦い後、即位
奈 良	文武天皇	(③)の制定
	元明天皇	(④)に遷都
	聖武天皇	国分寺・国分尼寺の建立 (⑤)の協力で大仏造立 墾田永年私財法の制定
平 安	桓武天皇	長岡京→(⑥)に遷都
	藤原道長	摂関政治

2 税制と労役

- □収穫量の3%の稲→**租**(国司に納める)
- □地方の特産物→**調**(木簡に残る)
- □労役・布→**庸**
- □3年間の九州北部の防備→**防人**

3 おもな建築物

□右の①・②の写真の名称は？
- ①現存する世界最古の木造建築物→**法隆寺**
- ②藤原頼通が宇治に建てた阿弥陀堂
  →**平等院鳳凰堂**

①

②

□ ❶ 推古天皇の摂政であった[　　　]は、冠位十二階や十七条の憲法を制定しました。

□ ❷ 607年、遣隋使として派遣された[　　　]は、隋と対等な関係を求める国書を皇帝にわたしました。

□ ❸ 中臣鎌足らの協力を得て、[　　　]は蘇我氏をほろぼし、天皇中心の政治を目ざしました。

□ ❹ 改新の詔では、土地や人民はすべて国のものとされました。これを[　　　]制といいます。

□ ❺ 天智天皇の死後、皇位をめぐって壬申の乱がおき、天智天皇の弟の[　　　]が勝利しました。

□ ❻ 大宝律令が制定され、戸籍にもとづき[　　　]才以上の男女に[　　　]をあたえる班田収授が行われました。

□ ❼ 唐の都[　　　]をモデルにつくられた平城京に遷都した710年から奈良時代が始まりました。

□ ❽ 仏教を厚く信仰した[　　　]天皇は、全国に国分寺・国分尼寺を建立し、[　　　]寺に大仏をつくらせました。

□ ❾ 聖武天皇が墾田永年私財法を出したことで、貴族や寺院は私有地である[　　　]を広げていきました。

□ ❿ 唐から来日した[　　　]は、唐招提寺を建て、多くの僧に戒律を授けました。

□ ⓫ 奈良時代には、『[　　　]』・『日本書紀』などの歴史書や、日本最古の歌集である『[　　　]』がつくられました。

□ ⓬ 律令制の立て直しをはかった桓武天皇は、[　　　]を征夷大将軍に任命し、東北に軍を送りました。

□ ⓭ [　　　]の進言によって、894年に遣唐使が停止され、国風文化と呼ばれる日本風の文化が発展しました。

□ ⓮ [　　　]政治で政権をにぎった藤原道長・頼通など、平安時代の貴族は[　　　]造と呼ばれる屋敷に住みました。

□ ⓯ 長編小説の『源氏物語』を書いた[　　　]や、随筆『[　　　]』を書いた清少納言は、平安時代を代表する女流作家で、いずれの作品もかな文字で書かれました。

❶聖徳太子（厩戸皇子）🔎p.344、345
❷小野妹子 🔎p.346
❸中大兄皇子 🔎p.348、349
❹公地公民 🔎p.349
❺大海人皇子 🔎p.350
❻6、口分田 🔎p.351
❼長安 🔎p.352
❽聖武、東大 🔎p.353
❾荘園 🔎p.355
❿鑑真 🔎p.356
⓫古事記、万葉集 🔎p.357
⓬坂上田村麻呂 🔎p.358
⓭菅原道真 🔎p.361
⓮摂関、寝殿 🔎p.359、361
⓯紫式部、枕草子 🔎p.362

チャレンジ！ 思考力問題

●渡来人によってもたらされた漢字は、飛鳥・奈良時代のころには、しだいに日本人に受け入れられ、さまざまな職業で用いられるようになりました。漢字は当時、次の資料A～Cに関連した職業で特に重要でした。その職業を答えなさい。また、その職業に漢字が必要であった理由を(例)にならって、1行以内で簡潔に説明しなさい。

【聖光学院中一改】

(例)　職業：僧

　　　理由：日本に伝来した仏教では漢字が用いられていたため。

資料A　筑前国戸籍　　　　　資料B　習書木簡　　　資料C　薩摩国正税帳
　　　　　　　　(702年)　　　　　　　　(8世紀)　　　　　　　　　　　(736年)

■ キーポイント

・701年に大宝律令が完成した。日本が本格的な律令国家になったのは飛鳥時代の末から奈良時代にかけてである。

・律令制では、戸籍にもとづき6才以上の男女に口分田があたえられ、収穫量の3％を租として納めることとされた。租のほかにも、戸籍にもとづき調や庸などの税や労役・兵役などが課せられた。

■ 正答への道

資料A　大宝律令制定の翌年の戸籍である。戸籍にもとづき、税や労役・兵役を課す律令国家において、そのもととなる戸籍の作成は非常に重要な仕事である。

資料B　木簡は、平城京の役所跡などから多く出土している。木簡は紙のかわりに、調として納められた地方の特産物の荷札や役所仕事の記録に使用された。

資料C　国の税をまとめたものである。

　以上より、どの資料も役人の仕事に必要な税に関する記録であることがわかる。

■ 解答例

職業…役人

理由…税の徴収に必要な戸籍や税に関する記録に漢字が用いられたため。

チャレンジ！ 記述問題

●次の文と図を参考にして、山陽道が古代の中央政府によって特に重視されたのはなぜか、説明しなさい。

【武蔵中一改】

古代、日本全土は多くの国に分かれ、それらは都の近くの5か国(畿内)と地域別に7つの道(七道)に区分されました。そして、都から七道のそれぞれにのびる同じ名まえの幹線道路(駅路)が建設されましたが、これらの駅路は役人や兵士たちの移動や、各国からの品物を都に運ぶのに利用されました。この駅路の中でも、都と九州北部の大宰府を結ぶ山陽道はただ1つの「大路」として、特に重視されていました。

平安時代前期の幹線道路
── 大路
……… その他の主要な道路
● 国府(地方の役所)

平安京
山陽道
大宰府

▌条件に注意！ /////

文と図を参考にして考える。

▌キーポイント /////

• 山陽道は大宰府と都とを結ぶ駅路であった。
• 九州北部はかつてより大陸との交通の要所であり、その地に置かれた大宰府は外交面でも軍事面でも重要な役所であった。
• 九州北部の守りについた防人は、全国から兵役によって集められた。

▌正答への道 /////

文より、駅路は都と七道とを結んでおり、都への品物の運搬や役人・兵士の移動に利用されたことがわかる。どの駅路にとっても都への品物の運搬や役人の行き来の役目は必要だが、大宰府につながる山陽道は特に兵士の移動にとって不可欠であったと考えられる。また、図より、九州北部にある大宰府が軍事面だけでなく、外交面でも重要な位置にあったことがわかる。

解答例

山陽道は、中国や朝鮮との外交窓口であり、防備の要になる役所であった大宰府と都とを結んでいた。そのため、外国からの使節の移動や防備のための兵を送るという重要な役割が山陽道にはあり、七道の中でも特に重視された。

ここから
スタート！

第3章 武士の世の中 6年

主従関係に支えられた武家社会

将軍は御家人の領地を保護し、戦いがおころと、御家人は将軍のために命がけで戦いました。戦いで手がらを立てれば、将軍はさらに恩賞として土地をあたえました。土地を仲立ちにした主従関係が武家社会を支えていました。

▶御恩と奉公で結ばれた将軍と御家人

1 武士のおこりと平氏の政治

学習のポイント

1. 平安時代の中ごろ、地方で武士がおこり、しだいに勢力をのばした。
2. 院政が始まり、天皇と院の政治の実権をめぐる争いが京都でおこった。
3. 平清盛が武士として初めて政治の実権をにぎった。

1 武士のおこり　入試重要度 ★

1 武士の発生
平安時代の中ごろ以降、土地をめぐる争いから領地を守るために、弓矢や馬などの武芸にはげむ豪族や有力農民が現れ、特に武芸にすぐれた者は朝廷や国司に仕えるようになった。

2 武士団の形成
地方では、一族の長が一族や家臣をまとめあげ、地方に住みついた皇族や貴族の子弟を棟梁として、武士団を形成するようになった。武士団の中で力が強かったのは、西日本を勢力範囲とし、桓武天皇の子孫を名乗る平氏と、東日本を勢力範囲とし、清和天皇の子孫を名乗る源氏であった。

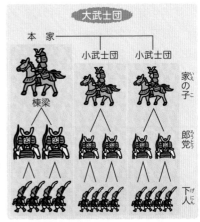

▲武士団のしくみ

2 地方武士の成長と院政 ★★

1 承平・天慶の乱
10世紀、関東地方では平将門の乱、瀬戸内海沿岸では藤原純友の乱がおこった。公然と反旗をひるがえしたこれらの乱をしずめるだけの軍事力を朝廷はもっておらず、武士の力を借りることで、ようやくしずめることができた。この2つの乱は、朝廷や貴族に武士の力を知らしめるものとなった。

年	できごと
935	平将門の乱がおこる(〜40)
939	藤原純友の乱がおこる(〜41)
1016	藤原道長が摂政となる
1051	前九年合戦がおこる(〜62)
1069	後三条天皇が荘園の整理を行う
1083	後三年合戦がおこる(〜87)
1086	白河上皇が院政を始める
1156	保元の乱がおこる
1159	平治の乱がおこる
1167	平清盛が太政大臣となる
1180	源 頼朝が兵を挙げる
1185	平氏が壇ノ浦でほろぶ

▲平安時代中期以降のできごと

雑学ハカセ

自ら「新皇」と名乗り、独立を宣言した平将門の首は関東地方から平安京にもち帰られ、人々の前にさらされたものの、自分の胴体を探して空を飛び、故郷にもどったといわれています。首が落ちたと伝えられる場所は数か所あり、いずれも将門の首塚がつくられています。

2 東北地方の内乱 11世紀、東北地方では2度にわたって豪族たちの勢力争いがおこった(**前九年合戦・後三年合戦**)。この戦乱を制した清原氏は**奥州藤原氏**として**平泉**(岩手県)を拠点に栄え、清原氏を助けた源氏の武士団は東日本に勢力を広げた。
└源頼義・義家父子

3 院政の始まり 11世紀の中ごろ、藤原氏と関係のうすい後三条天皇が即位し、藤原氏の経済基盤である荘園の整理を行った。さらに、1086年、**白河天皇**が天皇の位をゆずり、**上皇**という自由な立場で制約にとらわれずに政治(**院政**)を行うようになったことで、藤原氏による摂関政治は終わりを告げた。
└上皇の住居や上皇自身を院と呼んだ

4 保元の乱 1156年、後白河天皇と崇徳上皇の政治の実権争いに藤原氏の争いも加わり、京都で戦乱がおこった(**保元の乱**)。源氏と平氏の武士団もそれぞれが一族を二分して戦い、**平清盛**と**源義朝**を味方につけた後白河天皇が勝利した。

5 平治の乱 1159年、後白河上皇の政権内の勢力争いがおこり、源義朝が兵を挙げた(**平治の乱**)。平清盛が義朝をたおし、平氏が勢力を拡大した。義朝の子の頼朝は伊豆(静岡県)に流された。
└北条氏が治める

後三年合戦
1083〜87年

前九年合戦
1051〜62年

保元の乱 1156年
平治の乱 1159年

藤原純友の乱
939〜41年

京都

平将門の乱
935〜40年

▲平安時代の戦乱

参考 僧兵
延暦寺や**興福寺**などの大寺院に属する武装した下級僧侶。大寺院の所有する土地をめぐる争いを解決するために、朝廷に圧力をかけた。朝廷や院は平氏や源氏を警備にあたらせたことで、武士団は都への進出を果たした。

くわしい学習

💬 Q 奥州藤原氏はなぜ繁栄したのですか。

⚙️ A 奥州藤原氏は、金や馬の産出や、北方との交易で富を築きました。後三年合戦の後、約100年間、**平泉**(岩手県)を拠点に勢力をふるい、その豊かな黄金を用いて**中尊寺金色堂**を建設しました。奥州藤原氏は1189年、源義経をかくまったことで、源頼朝にほろぼされました。
└浄土信仰にもとづく阿弥陀堂

▲中尊寺金色堂の内部

入試では それぞれの戦乱がどこでおきたのか地図を見て確認するとともに、戦乱のはざまで、摂関政治の最盛期→院政の開始→武家政権の成立と、政治形態が変わっていくこともあわせて整理しておきましょう。

歴史
第8編

日本の歴史

序章
歴史をさぐる

第1章
日本のあけぼの

第2章
天皇と貴族の世の中

第3章
武士の世の中

第4章
江戸幕府の政治

第5章
明治からの世の中

第6章
戦争と新しい日本

3 平氏の政治と源平の戦い ★★★

1 平氏の政治
平治の乱に勝利した**平清盛**は武士として初めて政権をにぎった。平氏一族は高い官職を独占し、西日本を中心に広大な荘園や知行国を支配した。
↳支配できる国

2 平清盛
平清盛は1167年、武士として初めて**太政大臣**に任じられ、娘の徳子を高倉天皇の后とし、その子を天皇（安徳天皇）とすることで、外戚の祖父として権力をふるった。

3 日宋貿易
清盛は瀬戸内海の航路を整備し、**大輪田泊**（神戸港）を改修して、中国との貿易（**日宋貿易**）を奨励した。中国との貿易による利益は、平氏の重要な経済基盤の1つとなった。

▲平清盛

▲平氏の系図
（赤字は女性）

平将門の乱
桓武天皇—平高望┌国香—貞盛—正盛—忠盛
　　　　　　　└□—将門
清盛┬宗盛　知盛　源平の争乱
　　├重盛—維盛
　　└徳子
保元・平治の乱
　　　　　　安徳天皇
　　　　　高倉天皇

おもな輸入品	銅銭（宋銭）・絹織物・陶磁器
おもな輸出品	金・刀剣・硫黄

4 厳島神社
平氏の氏神として**厳島神社**を熱心に信仰し、清盛が現在の形に修築した。平氏一族の繁栄を願って、清盛はきらびやかな経を納めた（**平家納経**）。厳島神社は世界文化遺産に登録されている。

▲厳島神社

ひと 源義経
源氏の棟梁である源頼朝の異母弟。平氏をほろぼす軍功をあげたが、のちに頼朝のいかりを買い、自殺に追いこまれた。

5 源平の戦い
平氏一族の政治の独占に、貴族や寺社、武士たちは反発を強め、1180年、伊豆（静岡県）の**源頼朝**や木曽（長野県）の**源義仲**が平氏打倒の兵を挙げた。頼朝が派遣した弟の**源義経**は、平氏を西国に追いつめ、**1185年に壇ノ浦の戦いで平氏をほろぼした。**

平氏は西へ西へと敗走を続けた。

1183年のころの源氏と平氏の勢力範囲
■源氏　■平氏

俱利伽羅峠の戦い 1183年
屋島の戦い1185年　一ノ谷の戦い 1184年
壇ノ浦の戦い 1185年
富士川の戦い 1180年　石橋山の戦い 1180年
平泉　木曽　鎌倉　京都　伊豆　大宰府

— 源頼朝の進路　— 源義経の進路
— その他の源氏の進路　× おもな戦場
▲源平の戦い

パワーアップ
安徳天皇の即位に対し、新天皇の正統性を認めない後白河法皇の子以仁王は、平氏討伐の命令（令旨）を出し、自らも挙兵しました。この挙兵は失敗しましたが、以仁王の令旨を受けて、源氏をはじめとする各地の武士たちが次々に挙兵し、源平の戦いに発展しました。

2 源頼朝と鎌倉幕府

◎学習のポイント

1. 源 頼朝が鎌倉に武士の本格的な政権を築いた。

2. 承久の乱後、北条氏が**執権政治**を確立した。

3. 産業の発達によって社会の変化が見られた。

4. 武士の気風にあった力強い文化とわかりやすい**鎌倉仏教**が誕生した。

5. 元軍が襲来し、その後、鎌倉幕府はおとろえた。

1 源頼朝と鎌倉幕府 ★★

1 本拠地・鎌倉 源氏にゆかりが深い鎌倉（神奈川県）は、南が海に面し、残り三方が山に囲まれているため、守りやすく、せめられにくい地形であった。
→相模湾

鶴岡八幡宮は、源氏の守り神として信仰を集めた。

▲鎌倉周辺の地形（復元模型）

2 鎌倉幕府の成立 1185年、源頼朝は平氏をたおした後、対立した弟の源義経をとらえることを口実に、全国に**守護**と**地頭**を置くことを朝廷に認めさせた。これによって頼朝は、全国を支配する体制を固めた。その後、頼朝は源義経をかくまったとして奥州藤原氏をほろぼし、東北地方も支配下に置いた。

1192年、頼朝は朝廷から**征夷大将軍**に任じられた。鎌倉を政治の中心として、源頼朝が開いた政府を**鎌倉幕府**といい、鎌倉幕府がほろびるまでの約140年間を**鎌倉時代**という。

ことば 切通し
山を切り開いてつくった道で、敵からせめこまれにくいように、馬が一頭通れるくらいの道幅にしてあった。

ことば
• **守護**
国ごとに置かれ、軍事や犯罪を取りしまる警察の仕事にあたる。有力御家人が任命された。

• **地頭**
荘園や公領ごとに置かれ、年貢の取り立てや土地の管理を行う。御家人が任命された。

ズームアップ 奥州藤原氏
➡p.369

入試では 鎌倉幕府の成立年代は諸説あります。かつては鎌倉幕府の成立は頼朝が征夷大将軍に任じられた1192年が定説でしたが、近年、全国に守護・地頭が置かれた段階で政権が確立したとする意見が多いようです。

歴史 第8編 **日本の歴史**

序章 歴史をさぐる

第1章 日本のあけぼの

第2章 天皇と貴族の世の中

第3章 武士の世の中

第4章 江戸幕府の政治

第5章 明治からの世の中

第6章 戦争と新しい日本

③ 鎌倉幕府のしくみ

幕府のしくみは律令制に比べてわかりやすく、実務的なものであった。中央の鎌倉には、御家人をまとめる**侍所**、政治や財政の仕事を受けもつ**政所**（はじめは公文所）、裁判の仕事を行う**問注所**などが置かれた。

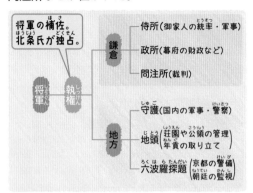

▲鎌倉幕府のしくみ

④ 封建制度

将軍と御家人の土地を仲立ちとした「**御恩**」と「**奉公**」の**主従関係**を軸としたしくみを封建制度という。将軍は御家人の領地の権利を保障し（**御恩**）、御家人はその御恩にむくいるために、将軍に忠誠をつくし、戦いがおこれば「**いざ鎌倉**」とかけつけて、将軍や幕府のために先頭に立って戦った（**奉公**）。戦いで功労があった御家人に、将軍は新しい土地をあたえた（**御恩**）。

▲御恩と奉公

将軍直属の家臣

源 頼朝

鎌倉幕府を開いた源氏の棟梁。弟である源義経に平氏征討をゆだね、鎌倉に武家政権の基盤を築いた。下の絵（源頼朝と伝えられていた似絵をもとに作成）は、近年は、足利直義像との説が有力である。

征夷大将軍

本来は、東北地方の蝦夷を征討するための臨時の役職で、797年に坂上田村麻呂が任じられている。源頼朝は朝廷内での高い位を辞任し、「大将軍」の位を希望した。これ以降、征夷大将軍は武士の棟梁を表す役職を意味するようになった。

御家人たちが領地と幕府のある鎌倉を行き来するために開いた。

▲鎌倉街道

― 鎌倉街道

雑学ハカセ　「一所懸命」と「一生懸命」はどちらが正しいのでしょうか。中世のころ、武士たちが先祖から受けついだ土地を命がけで守ったことから「一所懸命」ということばが生まれました。これが時代の流れとともに、命がけで取り組むことを「一生懸命」というようになったのです。

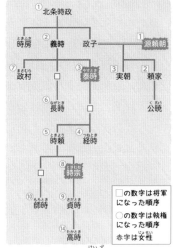

2 執権政治と承久の乱 ★★★

1 北条氏の台頭

❶ 源 頼朝の死……頼朝の死後、子の頼家や実朝が将軍となったが、御家人どうしの権力争いが続き、実権は頼朝の妻の**北条政子**とその父の時政がにぎるようになった。

❷ 執権政治……時政は将軍を補佐する**執権**の地位につき、以後、北条氏がその地位を独占し、政治を動かした（**執権政治**）。3代将軍の実朝が暗殺され、源氏の正統な血筋がとだえると、摂関家から幼い子どもが将軍としてむかえ入れられた。

▲ 将軍家・北条氏の系図

2 承久の乱

❶ 挙兵……1221年、**後鳥羽上皇**は3代将軍の実朝が暗殺されて幕府が混乱しているのに乗じて、政治権力を朝廷に取りもどそうと、2代執権**北条義時**を討つ命令を諸国の武士に出した。しかし、東国の御家人を中心とした幕府軍が京都にせめ上り、西国の御家人を中心とした上皇軍を破った（**承久の乱**）。
_{後鳥羽上皇の呼びかけに応じた者は少なかった}

❷ 乱後……乱後、幕府は後鳥羽上皇を**隠岐**（島根県）に流し、京都に六波羅探題を置き、朝廷や西国の御家人を監視した。また、上皇方についた貴族や西国の武士の領地を取り上げ、恩賞として東国の御家人を新たに地頭に任命した。これによって、幕府の支配力は西国にも広がり、政権はいっそう安定した。

史料 北条政子のうったえ
「昔、頼朝殿が幕府を開いてからの御恩は山より高く、海より深いものです。今、朝廷より幕府をたおせとの命令が出ています。名誉を大事にするなら源氏3代の将軍が残したあとを守りなさい。上皇方につきたいと思う者は申し出なさい。」

隠岐
後鳥羽上皇配流地

（4万騎）
（5万騎）
6月15日
京都
5月22日
鎌倉
（10万騎）

← 幕府軍の進んだ道

▲ 承久の乱の動き

雑学ハカセ 源実朝は兄である源頼家のあとをついで3代将軍となりましたが、父である頼家を死に追いやったのが実朝だと信じた甥の公暁に鶴岡八幡宮で殺害され、源氏の直系はとだえました。

3 御成敗式目

御家人と荘園領主などの間で、土地をめぐる争いが増えるようになったため、**1232年**、3代執権**北条泰時**は裁判を公平に行うための基準として、**御成敗式目（貞永式目）** を定めた。武士が初めて定めた、51か条からなるこの法令は、武家社会の慣習や頼朝以来の先例を基準に、守護・地頭の任務と権限、所領に関する決まりなどが定められており、その後も長く武家法の基本とされた。

年	できごと
1185	源 頼朝が全国に守護と地頭を置く
1189	頼朝が奥州藤原氏をほろぼす
1192	頼朝が征夷大将軍に任じられる
1199	頼朝が亡くなる
1204	2代将軍頼家が殺害される
1219	3代将軍実朝が殺害される
1221	後鳥羽上皇が承久の乱をおこす
	京都に六波羅探題が置かれる
1225	連署・評定衆が置かれる
1232	北条泰時が御成敗式目を定める
1274	文永の役がおこる ┐元寇
1281	弘安の役がおこる ┘
1297	永仁の徳政令が出される
1333	鎌倉幕府がほろぶ

▲鎌倉幕府年表

史料 御成敗式目

一、頼朝公の時代に定められた、諸国の守護の職務は、京都の御所の警備と、謀反や殺人などの犯罪人の取りしまりに限る。

一、地頭は荘園の年貢を差し押さえてはならない。

一、武士が20年の間、実際に土地を支配しているならば、その権利を認める。

一、女性が養子をむかえることは、律令では許されていないが、頼朝公のとき以来現在に至るまで、子どものない女性が土地を養子にゆずる事例は武士の慣習として数えきれない。

くわしい学習

Q 北条政子はなぜ「尼将軍」と呼ばれたのですか。

A 頼朝の死後、尼となり、源氏の直系の滅亡後は将軍職の代行をしたため、**「尼将軍」** と呼ばれました。政子の子である頼家・実朝が殺害された後、摂関家から将軍としてむかえられた子どもは2才という幼さで、政子は自ら将軍の代行を務めました。そのころ、**後鳥羽上皇**による**承久の乱**がおこり、動揺する御家人たちに対してうったえかけた政子のことばは、彼らの結束を強め、幕府軍を勝利に導いたといわれています。弟である2代執権の北条義時とともに、承久の乱後の戦後処理にもかかわりました。

▲北条政子

パワーアップ 承久の乱後、3代執権北条泰時は御家人による集団指導体制をつくろうとしました。執権を補佐する連署という職を設けるとともに、有力御家人など11人で構成される評定衆を設置し、御成敗式目に即して、話し合いで政治や裁判を行う体制をつくりあげました。

3 武士と農民の生活 ★

1 武士の生活

❶ 武士の館……寝殿造を質素にしたもの。
└貴族の屋敷の建築様式

馬小屋

板ぶきの簡素な屋敷

敵が来たとき攻撃するために、門の上に弓矢やたてを置いたやぐら門

敵の侵入を防ぐ塀と堀

❷ 武士の生活……常に武芸の訓練を行い、戦闘に備えた。
└訓練の中心は弓矢と馬

▲犬追物　　　　　▲笠懸　　　　　▲流鏑馬

❸ 土地の支配……武士は自分の領地でくらし、館のまわりの自分の田畑は農民に耕作させ、自らは地頭など荘園の管理者として年貢の取り立てを請け負った。土地の支配権をめぐって、荘園領主と争う中で、地頭に土地の半分や年貢の一部があたえられ、しだいに土地への権利を強くしていった。
└下地中分

❹ 相続方法……領地は一族で分割相続され、女性にも相続権があったため、女性の地頭も多数いた。

参考 騎射三物
犬追物・笠懸・流鏑馬の総称。犬追物は動く犬を馬上から射る弓技。笠懸は初め、笠をかけて的にしたので笠懸といったが、のちには板に牛革を張った的を、馬を走らせながら射るものにかわった。流鏑馬は馬を走らせながら3つの板の的を馬上から射る弓技。

雑学ハカセ 騎乗の武士が装着していた大よろいとかぶとは30kg以上あったといわれています。これほど重くても、馬の上では鞍に重さがかかって安定し、身体には重量があまりかからなかったそうです。戦国時代には、戦術の変化があり、よろいは小型・軽量化がはかられました。

歴史 第8編 日本の歴史

序章 歴史をさぐる

第1章 日本のあけぼの

第2章 天皇と貴族の世の中

第3章 武士の世の中

第4章 江戸幕府の政治

第5章 明治からの世の中

第6章 戦争と新しい日本

② 農民の生活

それまで農民は年貢を荘園領主(公領では国司)に納めていたが、地頭からも労役を課せられ、二重の支配を受けた。紀伊国(和歌山県)の阿氏河荘のように、農民たちが地頭の横暴を荘園領主にうったえる例もあった。

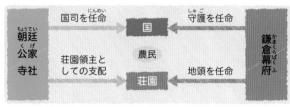

▲二重支配

史料　阿氏河荘の農民のうったえ

わたしたちは地頭に人夫としてこき使われ、領主様に納める木を切る時間もありません。村からにげた農民の畑に麦をまけといい、麦をまかないのなら、妻や子どもをつかまえて、耳を切り、鼻をそぎ落とし、髪を切って尼にして、縄でしばって痛めつけるとおどすのです。

4　産業の発展 ★

① 農業技術の発展

❶ **牛馬耕・鉄製農具**……牛馬耕や鉄製農具の使用が広がり、農作業の負担が軽減された。

❷ **肥料の使用**……刈敷(草を地中にうめてくさらせる)や草木灰(草木を焼いた灰)が肥料として使われるようになった。

❸ **二毛作**……西国では、稲の裏作に麦を栽培する二毛作が行われるようになった。

❹ **商品作物の栽培の開始**……桑・茶・うるしなどの栽培が始まり、商品作物を加工して販売する商工業が発展した。

商品作物	加工品
桑	蚕のえさ⇒生糸
こうぞ	和紙
うるし	器の塗料
藍	染料
荏胡麻	灯油
茶	茶

▲商品作物

② 商工業の発展

❶ **職人の登場**……農具をつくる鍛冶、染め物などを行う職人が現れた。

❷ **定期市**……寺社の門前などで月に3度、市が開かれ、売り買いには中国の銅銭(宋銭)が使われるようになった。
やがて年貢も銭で納められるようになった

❸ **運送業者**……水運を利用して年貢米などを運び、倉庫業も行う問(問丸)が現れた。

見世棚(店)

船で輸送

商品のつぼ

▲定期市のようす(「一遍上人絵伝」)

入試では　鎌倉時代・室町時代の産業と江戸時代の産業を見分ける問題がよく出題されるので、しっかり区分しましょう。鎌倉時代と室町時代は共通点が多いのですが、定期市の回数やおもに使用される銅銭の種類が異なります。

5 鎌倉時代の文化 ★★

1 鎌倉文化の特色
貴族を中心とした伝統文化を基礎として、武士や民衆の成長とともに、素朴で力強く親しみやすい文化が、京都や奈良、鎌倉を中心に発展した。

2 文 学

❶ **和歌集**……藤原定家らが編集した『**新古今和歌集**』や、源 実朝の『**金槐和歌集**』は貴族の文化の集大成となった。

❷ **随筆**……鴨長明は『**方丈記**』を著し、争乱や大火、地震などの体験から、世の中の無常を述べた。兼**好法師**は『**徒然草**』を著し、自然・人間・社会をするどく批判した。

❸ **軍記物**……『**平家物語**』が**琵琶法師**によって語り広められ、文字を読めない人々にも親しまれた。
└→琵琶の演奏を市中で行う盲目の僧

3 芸 術

❶ **建築**……宋(中国)から新しい建築様式が伝えられた。大仏様(天竺様)の**東大寺南大門**や禅宗様(唐様)の**円覚寺舎利殿**が知られる。

▲円覚寺舎利殿　　▲東大寺南大門

❷ **彫刻**……武士の世にふさわしい、力強く写実的な彫刻が生まれた。**運慶・快慶**らによる**東大寺南大門**の**金剛力士像**はその代表例である。

❸ **絵画**……大和絵の写実的な肖像画である**似絵**がえがかれた。また、平安時代に引き続いて、高僧の伝記や寺社の歴史を題材にした絵巻物がさかんにつくられた。

史料 『**平家物語**』
祇園精舎の鐘の声、諸行無常の響きあり。沙羅双樹の花の色、盛者必衰のことわりをあらわす。おごれる人も久しからず、ただ春の夜の夢のごとし。たけき者もついにはほろびぬ。ひとえに風の前の塵に同じ。
（冒頭部分）

▲琵琶法師

▲東大寺南大門金剛力士像

雑学ハカセ

円覚寺は鎌倉にある臨済宗の寺で、8代執権北条時宗によって、元寇の戦没者を追悼するために創建されました。鎌倉幕府軍として戦った日本人ばかりでなく、元や高麗の兵士も分けへだてなく供養されています。

4 鎌倉仏教

鎌倉時代は戦乱やききん、自然災害が相次ぎ、人々の心に不安が広がっていた。そうした中、だれにでもわかりやすく、実行しやすい仏教が生まれ、武士や民衆に広まった。

▲踊念仏

❶念仏……「南無阿弥陀仏」と唱える。

宗派	開祖	おもな信者	特徴
浄土宗	法然	貴族 武士 民衆	学問も戒律も必要ではなく、「南無阿弥陀仏」の念仏さえ唱えれば、だれでも極楽浄土に生まれ変わることができると説く。
浄土真宗	親鸞	民衆 地方の武士	阿弥陀仏を信じて「南無阿弥陀仏」の念仏を唱えれば、極楽往生は約束される。悪人こそが阿弥陀仏が救済しようとする対象である(悪人正機説)と説く。
時宗	一遍	民衆 地方の武士	信じる信じないにかかわらず、「南無阿弥陀仏」の念仏を唱えるだけで極楽往生できると説く。**踊念仏**や念仏の札を配ることで布教を行う。

❷題目……「南無妙法蓮華経」と唱える。

日蓮宗 (法華宗)	日蓮	関東の武士 商工業者	「南無妙法蓮華経」の題目を一心に唱えればそのまま仏になれる。法華経を中心にすえた国づくりを説く。

❸禅宗……座禅によって、自分の力でさとりを開く。
栄西や道元が中国(宋)から伝えた

臨済宗	栄西	貴族や幕府の有力者	座禅に打ちこみ、自らの力でさとりを開くと説く。鎌倉幕府に保護された。
曹洞宗	道元	地方の武士	座禅に打ちこみ、自らの力でさとりを開くと説く。

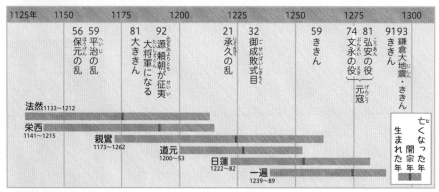

| 1125年 | 1150 | 1175 | 1200 | 1225 | 1250 | 1275 | 1300 |

56 保元の乱
59 平治の乱
81 大きいききん
92 源頼朝が征夷大将軍になる
21 承久の乱
32 御成敗式目
59 ききん
74 文永の役
81 弘安の役
元寇
9193 鎌倉大地震・ききん

法然 1133〜1212
栄西 1141〜1215
親鸞 1173〜1262
道元 1200〜53
日蓮 1222〜82
一遍 1239〜89

亡くなった年
開宗年
生まれた年

▲鎌倉時代の仏教とおもなできごと

雑学ハカセ 日蓮は他宗派を激しく攻撃したため大きな反発を受け、幕府の政治も批判したため、伊豆(静岡県)と佐渡(新潟県)に流されました。法華経を信じなければ、他国からの侵略を受けると警告したところ、本当に元寇がおこりましたが、幕府はその主張を認めませんでした。

6 元寇とその影響 ★★★

1 東アジアの情勢

❶ **モンゴル帝国**……13世紀の初め、**チンギス=ハン**が諸部族を統一してモンゴル帝国を建国した。モンゴル帝国は周辺諸国を次々に征服し、ユーラシア大陸の東アジアから中央アジア、東ヨーロッパにまたがる大帝国となった。巨大化した帝国は、やがていくつかの勢力に分裂した。

■ モンゴル帝国の範囲
■ 元　→ 元の日本への進路
▲モンゴル帝国の広がり

❷ **元**……チンギス=ハンの孫にあたる**フビライ=ハン**は弟と皇帝の位を争って勝利し、都を**大都**(現在の北京)に移し、1271年、国号を**元**と定めた。フビライは周辺地域に服属をせまりながら、中国南部の宋の攻略を進め、1279年に中国全土を統一した。
└高麗やベトナム

❸ **高麗**……10世紀前半に新羅をほろぼした**高麗**が朝鮮半島を統一したが、モンゴル帝国に服属をせまられ、1259年にモンゴル帝国の属国となった。

2 元寇

❶ **幕府の対応**……フビライからの服属要求の親書を高麗の使節が日本に伝えた直後に、**北条時宗**が8代執権に就任した。元は何度も使節を日本に送り、服属を要求したが、時宗はその要求を拒否し、御家人に九州の守りを固めさせた。

❷ **元の襲来**……1274年に元軍は高麗軍を従えて博多湾に上陸し日本軍と戦いをくり広げた(**文永の役**)
└約3万の兵
が、元と高麗の対立もあり退却した。再び、1281年に元軍は日本に襲来(**弘安の役**)したが、博多湾沿岸に築かれた**石塁**に上陸をはばまれ、激しい暴風雨によって船が被害を受け、退却を余儀なくされた。この2度にわたる元の襲来を**元寇**という。

史料 フビライからの国書
…遠い国でもわが国をおそれて朝貢に来ているというのに、日本は高麗に近く、ときどき中国に使いを送っていたにもかかわらず、わたしの時代になってからは1人の使いもよこしてこない。日本がモンゴルの事情をあまり知らないことを心配して、特に使いを遣わし、国書でわたしの考えを知らせる。今後は気持ちを通じあわせ、友好的な関係を結ぼうではないか。…武力を使いたくはないので、よく考えてほしい。

▲フビライ=ハン

序章 歴史をさぐる

第1章 日本のあけぼの

第2章 天皇と貴族の世の中

第3章 武士の世の中

第4章 江戸幕府の政治

第5章 明治からの世の中

第6章 戦争と新しい日本

パワーアップ フビライに仕えたイタリアの商人マルコ=ポーロは、そのときに見聞きしたことを『世界の記述(東方見聞録)』という本に残しました。マルコ=ポーロはこの本の中で、日本を「黄金の国ジパング」として紹介しています。

3 徳政令

御家人は、元寇後に十分な恩賞がもらえなかったうえ、領地の分割相続によって収入が減っており、生活苦から土地を売る者もいた。幕府はその救済策として、1297年に御家人に土地の売買を禁じ、これまでに売ってしまった土地を無償で取りもどせることを定めた**徳政令**を出したが、効果は一時的で、幕府はさらに信用を失った。（永仁の徳政令）

史料 永仁の徳政令

…所領を質に入れて流したり、売買したりすることは、今後、一切禁止する。…御家人でない者が御家人から買った土地は、何年前に買ったものであろうとも、御家人に返さなければならない。

中学入試にフォーカス 元寇

文永の役(1274年) 元軍は高麗を従えて、博多湾に上陸した。幕府軍は元軍の**集団戦法**や**火薬兵器**(てつはう)などに苦戦したが、元と高麗の対立もあって、元軍は退いた。

元軍
・集団戦法
・毒や矢

火薬

日本軍
・一騎打ち戦法

▲ 竹崎季長がえがかせた「蒙古襲来絵詞」

弘安の役(1281年) 2度目の襲来に備えて博多湾に築いた**石塁**が功を奏し、高麗軍と旧南宋軍を従えた元の大軍（→約14万の兵）は博多湾への上陸をはばまれた。元軍は海上で暴風雨にあって大きな被害を受け、退いた。

石塁

▲ 石塁の周りで警備を固める武士(「蒙古襲来絵詞」)

御家人の不満 !

3度目の襲来に備え、幕府は西日本の御家人への支配を強めた。御家人は恩賞を期待したが、外国との戦いであったため新たな土地の獲得はなく、幕府は恩賞を十分にあたえることができなかった。

2度目
(弘安の役)

1度目
(文永の役)

志賀島

大宰府

…石塁や土塁を築いたところ

0 6km

▲ 元軍の進路

▲ 石塁

雑学ハカセ 「蒙古襲来絵詞」に自身が懸命に戦う姿をえがかせた竹崎季長は、肥後国(熊本県)の御家人です。2度の戦乱に参戦したにもかかわらず幕府からの「御恩」がなかったため、馬を売りはらったお金を鎌倉までの旅費にあて、幕府に直談判した結果、地頭に任じられました。

3 建武の新政と南北朝の動乱

学習のポイント

1. 後醍醐天皇は鎌倉幕府をほろぼし、天皇親政を復活させた。

2. 武士は建武の新政に不満をいだき、新政はわずか2年半で崩壊した。

1 鎌倉幕府の滅亡 ★

1 北条氏への不満

元寇ののち、北条氏が幕府権力を独占するようになり、御家人たちの不満は高まっていた。

2 後醍醐天皇の倒幕計画

❶ 両統迭立……鎌倉時代の中ごろから、天皇家では2つの統派に分かれて皇位をめぐる争いがおこり、鎌倉幕府は2つの統派が交代で皇位に就く(両統迭立)ように調停した。**後醍醐天皇**は中継ぎとしての即位で、自分の子孫に皇位をゆずることができなかったため、幕府をたおし、自ら政治を行うことで、この調停を無効にしようとした。

❷ 倒幕計画の失敗……後醍醐天皇による2度の倒幕計画はいずれも幕府にもれて失敗し、天皇は**隠岐**(島根県)に流された。

3 鎌倉幕府がほろぶ

❶ 各地での挙兵……河内(大阪府)の**楠木正成**など悪党と呼ばれた人々や、各地の武士が天皇に味方して兵を挙げた。
└幕府や荘園領主などの支配階級に反抗した集団

❷ 後醍醐天皇の挙兵……1333年、後醍醐天皇は隠岐を脱出し、伯耆(鳥取県)で挙兵した。

❸ 有力御家人の挙兵と幕府の滅亡……1333年、**足利尊氏**が幕府にそむいて、京都の六波羅探題を攻撃し、**新田義貞**は鎌倉を攻撃して北条氏をほろぼし、幕府は滅亡した。

▲後醍醐天皇

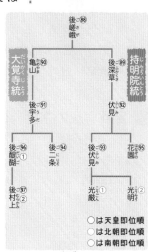

▲両統迭立の系図

○は天皇即位順
○は北朝即位順
○は南朝即位順

ひと 楠木正成
河内国の新興の武士で、後醍醐天皇方について戦い、新政府で守護となった。のちに後醍醐天皇にそむいた足利尊氏と戦い、湊川の戦いで戦死した。

序章
歴史をさぐる

第**1**章
日本のあけぼのの

第**2**章
天皇と貴族の世の中

第**3**章
武士の世の中

第**4**章
江戸幕府の政治

第**5**章
明治からの世の中

第**6**章
戦争と新しい日本

入試では 後醍醐天皇が流された隠岐は、承久の乱で敗れた後鳥羽上皇が流された地として、また、後醍醐天皇がのがれた吉野は、大海人皇子(のちの天武天皇)が壬申の乱で挙兵した地であり、彼の引退の地としても出題されます。

2 建武の新政と南北朝の動乱 ★★★

1 建武の新政　1333年、鎌倉幕府がほろぶと、**後醍醐天皇**は京都にもどり、新しい政治を始めた。翌年、元号を建武と改めたので、天皇によって行われたこの政治を**建武の新政**という。

❶ 新政の方針……天皇中心の政治体制をつくりあげ、天皇の権限を強化するために、幕府を開くことや院政を行うこと、摂政・関白を置くことを否定した。

❷ 建武の新政が2年半で失敗した原因

> これまでの武家政治が否定されたことに対する武士の不満が高まった。

> 天皇への権力集中が大きく、貴族の中でも不満をもつ者が増えた。

> 新政権内の人々の立場が、貴族・御家人・新興の武士とさまざまで、協力体制がとれなかった。

2 足利尊氏の挙兵　1335年、武家政治の復活を目ざし、**足利尊氏**が挙兵すると、武士たちは尊氏のもとに結集した。尊氏は一時、戦いに敗れて九州に退いたが、1336年に楠木正成の軍を湊川の戦いで破り、その後、京都を制圧した。

3 南北朝時代

❶ 北朝……足利尊氏は京都に新たに光明天皇を立てた。

❷ 南朝……後醍醐天皇は吉野（奈良県）にのがれ、朝廷を開いた。

❸ 南北朝の動乱……全国の武士は、2つの朝廷のどちらかについて争った。南朝と北朝が対立し、2人の天皇が並び立つ状況は、1392年に足利義満によって統一されるまで続いた。

▲建武の新政前後の年表

年	できごと
1324	後醍醐天皇の倒幕計画が失敗する
1331	2度目の倒幕計画も失敗する
1332	後醍醐天皇が隠岐に流される
1333	鎌倉幕府がほろぶ
1334	建武の新政が始まる
1335	足利尊氏が挙兵する
1336	後醍醐天皇が吉野にのがれる（南北朝時代が始まる）
1338	足利尊氏が征夷大将軍となる
1392	足利義満が南北朝を統一する

史料　二条河原の落書
このごろ都ではやっているものは、夜討ち、強盗、にせの天皇の文書、とらわれた人、…急に大名になる者、…

→1334年に京都の鴨川の二条河原にかかげられた、建武の新政で混乱している社会を風刺した落書き。

▲足利尊氏

▲足利氏の系図

○数字は将軍の順序

① 尊氏
② 義詮
③ 義満
④ 義持
⑤ 義量
⑥ 義教
⑦ 義勝
⑧ 義政
⑨ 義尚
⑩ 義稙
⑪ 義澄
⑫ 義晴
⑬ 義輝
⑭ 義栄
⑮ 義昭
直義
基氏 鎌倉府の長官
義視

雑学ハカセ　正統な天皇の証に「三種の神器」（八咫鏡・八尺瓊勾玉・草薙剣）があります。足利尊氏は北朝の光明天皇から征夷大将軍に任じられ、新たに幕府を開きましたが、後醍醐天皇は北朝にわたした三種の神器は偽物だったと主張し、その正統性を認めませんでした。

4 室町幕府と室町文化

◎学習のポイント

1. 足利義満は室町幕府を安定した政権に整えた。
2. 産業が発達し、民衆が経済力をもつようになり、自治が行われた。
3. 応仁の乱以降、下剋上の風潮が広がり、戦国時代となった。
4. 貴族と武家の文化が融合し、今に続く文化が生み出された。

1 足利義満と室町幕府 ★★

1 室町幕府

❶ **幕府の成立**……1338年、足利尊氏は北朝の光明天皇から征夷大将軍に任じられ、京都に幕府を開いた。

❷ **守護大名**……足利尊氏は、守護の権限をこれまでより強くすることで、全国をまとめようとした。守護は、南北朝の動乱の間に力をのばし、国司の仕事も行うようになり、やがて、その国の武士を家来にし、国を自分の領地として支配するようになった。このような守護を**守護大名**という。

❸ **管領**……幕府には、将軍の補佐役として**管領**が置かれ、有力御家人が就任した。

2 足利義満

❶ **南北朝の統一**……1392年、勢力が弱まっていた南朝を北朝に統一させ、幕府に政治の権限を集中させることに成功した。

❷ **花の御所**……「花の御所」と呼ばれる壮大な邸宅を建て、そこで政治を行った。

❸ **北山文化**……京都の北山に金閣をつくり、能を大成した**観阿弥・世阿弥**親子を保護した。

❹ **貿易**……中国の貨幣を輸入し幕府の収入を増そうと考え、明との貿易を始めた。

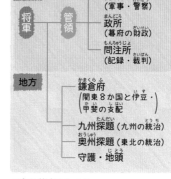

▲室町幕府のしくみ

（将軍）─（管領）┬侍所（軍事・警察）
　　　　　　　　├政所（幕府の財政）
　　　　　　　　└問注所（記録・裁判）

（地方）┬鎌倉府（関東8か国と伊豆・甲斐の支配）
　　　　├九州探題（九州の統治）
　　　　├奥州探題（東北の統治）
　　　　└守護・地頭

ズームアップ 国司 ➡p.350

ことば 花の御所
天皇の住む京都御所の北西に位置し、室町通に面していたことから、足利氏の幕府を室町幕府と呼ぶようになった。この幕府が続いた約240年間を室町時代という。

▲花の御所

パワーアップ 将軍の補佐をする管領には細川氏・斯波氏・畠山氏の足利一門の守護大名のいずれか、侍所長官には赤松氏・山名氏・一色氏・京極氏の有力守護大名（一色氏は足利一門）のいずれかが選ばれました。これを「三管・四職」といいます。

3 日明貿易（勘合貿易）

❶ 倭寇

……九州北部や瀬戸内海沿岸の武士や商人、漁民の一部が海賊となって中国や朝鮮の沿岸部をあらしまわり、人々から倭寇と呼ばれておそれられた。明は日本に倭寇の取りしまりと貿易を求めてきた。

▲明軍と倭寇の戦い

▲海上交通路と倭寇の進路

←──	海上交通路
←──	倭寇の進路
■	倭寇におそれられた地域

❷ 日明貿易（勘合貿易）

▶ **形式**…明と正式な国交を結び、足利義満を「日本国王」として朝貢貿易を行った。正式な貿易船には、明からの勘合という合い札があたえられた。

▲遣明船

▲勘合

▶ **貿易品**

輸出品	銅・硫黄・刀剣・扇・漆器
輸入品	明銭（銅銭）・生糸・絹織物・綿糸・薬草・書画・陶磁器

明の皇帝から日本国王と認められた義満は、明との貿易（勘合貿易）によって巨額の利益をおさめた。

年	できごと
1338	足利尊氏が京都に幕府を開く
1378	足利義満が花の御所をつくる
1392	足利義満が南北朝を統一する
1404	足利義満が明と貿易を始める
1428	正長の土一揆がおこる
1467	応仁の乱がおこる
1477	応仁の乱が終わる
	（戦国時代が始まる）
1485	山城の国一揆がおこる（〜93）
1488	加賀の一向一揆がおこる（〜1580）

▲室町時代のできごと

「日本国王之印」とほられている。

▲足利義満（左）と明の皇帝からあたえられた印（右）

 雑学ハカセ

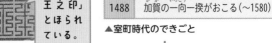

倭寇が中国・朝鮮の沿岸部をあらしまわったことで、朝鮮半島では高麗の滅亡が早まったといわれています。勘合貿易や日朝貿易が始まると倭寇の活動はおとろえましたが、応仁の乱ののち、再び活発化しました。しかし、その大部分は中国人でした。

❷ 東アジアの交易 ★

❶ 中 国 1368年、漢民族の国である**明**が建国され、モンゴル民族の国である**元**を北方に追いやった。明は私的な貿易を禁じ、**朝貢形式**で周辺諸国との貿易を管理した。

❷ 朝 鮮 1392年、**李成桂**が高麗をたおし、**朝鮮**を建国した。朝鮮では文化が発展し、朝鮮独自の文字である**ハングル**がつくられ、朱子学が広まった。朝鮮の沿岸部で海賊行為を行う倭寇の取りしまりを足利義満に求め、日朝貿易が始まった。この貿易はやがて**対馬の宗氏**が独占するようになった。朝鮮からは大量に**木綿**が輸入された。
　〔宋の時代に朱熹（朱子）が始めた新しい儒学〕

❸ 琉球王国 沖縄では、1429年に尚巴志が**琉球王国**を建国した。琉球王国は首都を首里に置き、独自の文化を発展させた。明や日本、東南アジアの国々との**中継貿易**で繁栄した。

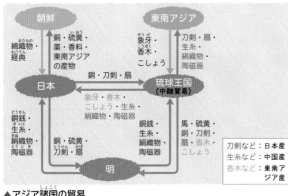

▲アジア諸国の貿易

❹ 蝦夷地 14世紀になると、先住民族である**アイヌ民族**と本州の日本人（**和人**）の間で交易が行われるようになり、和人は15世紀には蝦夷地南部にまで進出するようになった。和人はアイヌの人々のくらしを圧迫し、1457年にはアイヌの首長の1人である**コシャマイン**が反乱をおこした。
　〔十三湊（青森県）が根拠地〕

ことば　朝貢貿易
中国の皇帝に対し、周辺諸国が家臣としての立場で貢ぎ物を差し出し、その返礼として中国は貢ぎ物の価値を上回る中国の文物をあたえるという形式で行われる貿易。

ことば　ハングル
朝鮮語を書き表すときの表音文字。朝鮮も日本と同じく漢字を表記に用いていた。日本で平安時代に生まれたかな文字は漢字を変形しているが、ハングルはまったく独自のものである。

안녕하세요

参考　中継貿易
左の図のように、外国から輸入した商品を、国内で利用するのではなく、そのままほかの国に輸出することで利益を得る貿易の形態である。

ズームアップ　アイヌ民族
➡p.267

▲琉球王国の首里城（2019年焼失）

入試では　中国・朝鮮・琉球王国・蝦夷地はいずれも、江戸時代に鎖国体制がとられるようになってからも日本との交易・貿易を継続した国や地域です。交易・貿易の形態や窓口になった藩の名まえなどを時代ごとに整理しておきましょう。

3 産業の発展と民衆の成長 ★★

ズームアップ 農業技術の発展
➡p.376

1 農業
鎌倉時代から発展した農業技術は各地に広まり、よりいっそう生産量が増えた。商品作物の栽培も本格化し、16世紀には朝鮮から伝わった**綿花栽培**も行われるようになった。

ことば 明銭 明との勘合貿易で大量に輸入された。図は明銭の1つ、永楽通宝で、最も流通量が多かった。

▲永楽通宝

2 手工業
職人の種類が増加し、各地で特産物が生産されるようになった。また、刀や農具をつくる鍛冶・鋳物業などもさかんになった。

3 商業
❶ 定期市……産業の発達によって、定期市がさかんになり、鎌倉時代の月3回から月6回に増えた。
↳六斎市

❷ 座……商工業者の多くは**座**という同業者組合をつくり、貴族や社寺に税を納めることで保護を受け、営業を独占した。

❸ 貨幣……定期市での取り引きには、中国から輸入された**銅銭**（**明銭**）がおもに使用され、**土倉**や**酒屋**などの高利貸しも現れた。

❹ 輸送業……年貢米や商品の輸送で、水運業の**問**（問丸）や陸上輸送の**馬借**・**車借**の活動が活発化した。しかし、幕府や寺社が通行税を取るために交通の要所に**関所**を設け、流通のさまたげとなった。

絹織物	西陣（京都府）
	博多（福岡県）
酒	灘（兵庫県）
	伏見（京都府）
紙	美濃（岐阜県）
	越前（福井県）
陶器	瀬戸（愛知県）

▲各地の特産物

▲馬借

> 運ぶ荷は馬の背に乗るだけの量で、荷車は引かない。

4 都市のおこり
商工業がさかんになると、陸上・海上の交通が発達し、港町や市場町、宿場町や門前町などが生まれた。
宇治山田（伊勢神宮）・長野（善光寺）
なかでも、都である京都や、中国や朝鮮などとの貿易で栄えた**堺**（大阪府）、**博多**（福岡県）では、裕福な商工業者によって自治が行われた。

▲祇園祭

パワーアップ 京都の裕福な商工業者を町衆といいます。町衆は京都の自治をにない、応仁の乱で焼け野原になった京都の町を復興させ、とだえてしまっていた祇園祭を復活させました。祇園祭は今でも続いており、日本三大祭の1つに数えられています。

歴史 第8編 日本の歴史

序章 歴史をさぐる

第1章 日本のあけぼの

第2章 天皇と貴族の世の中

第3章 武士の世の中

第4章 江戸幕府の政治

第5章 明治からの世の中

第6章 戦争と新しい日本

5 村の自治

❶ 惣(惣村)……近畿地方の周辺では、有力な農民を中心に村ごとにまとまり、自治組織(**惣、惣村**)がつくられた。惣では**寄合**を開いて**村のおきて**を決め、用水や入会地の管理を行った。戦乱に備えて堀をめぐらせたり、惣の責任として年貢をまとめて納入する村もあった。

❷ 土一揆……人々は団結力を高め、不作のときは年貢の減免を支配者に交渉し、聞き入れられない場合は武力行使にうったえる**土一揆**をおこした。

▶ **正長の土一揆**…正長元年(1428年)、近江(滋賀県)の馬借が中心となり、幕府に徳政令を要求して、土倉や酒屋をおそい、借金証文を破り捨て、質に入れた品物をうばう、日本初の土一揆がおきた。

▲正長の土一揆の碑文が刻まれた石

史料 村のおきて (近江国今堀郷〔滋賀県〕)

一、まきや炭は村で用意したものを使うこと。

一、村に保証人がいなければ、よその人を村に住まわせてはいけない。

一、村の森の苗木を切った者は、罰金をはらうこと。

史料 正長の土一揆の碑文

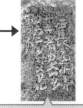

正長元年以前の借金は帳消しであると刻まれている。

4 応仁の乱と下剋上 ★★

1 応仁の乱

8代将軍の**足利義政**のあとつぎをめぐって、1467年に京都で**応仁の乱**がおこった。戦いは全国の守護大名をまきこみ、約11年間も続いた。足軽による放火や略奪もあり、京都はあれ果てた。幕府の権威は地に落ち、下の身分の者が実力で上の身分の者にとってかわる**下剋上**の風潮が広がった。

	西 軍	東 軍
将軍家	足利義尚(義政の子)	足利義視(義政の弟)
守護大名	山名持豊(宗全)(元侍所長官)	細川勝元(管領)

▲応仁の乱初期の対立関係

■一向一揆発生地域

加賀の一向一揆 1488〜1580年

正長の土一揆 1428年

京都●

山城の国一揆 1485〜93年

▲おもな一揆の発生地

雑学ハカセ 応仁の乱は国を二分する戦いで、裏切りや寝返りが当たり前のようにおきていました。西軍・山名と東軍・細川の対立は変わりませんでしたが、乱が始まった翌年には、足利義視が西軍と組み、足利義尚は東軍にまつり上げられるという、総大将の交代がおきています。

2 自治を目ざす一揆

農村の有力な武士（国人）が惣の農民とともに守護大名に反抗し、自治を目ざしておこす一揆を**国一揆**、浄土真宗（一向宗）の信者がおこす一揆を**一向一揆**と呼んだ。

▲一向一揆の旗

3 戦国大名の登場

① **戦国時代**……応仁の乱後、下剋上の風潮が広がる中、実力で守護大名から政治の実権をうばったり、守護大名が成長したりして、**幕府の権威**のもとではなく、実力で領国を治める**戦国大名**が登場した。戦国大名が領国の拡大を目ざして争いを続けた約100年間を**戦国時代**という。

② **戦国大名の領国支配**

▶ 戦いに備え、強力な家臣団をつくった。

▶ 領国を豊かにするために、川の治水やかんがい工事を行ったり、金や銀などの鉱山を開発するなど、産業を育成した。

▶ 領国を統制するために、独自の**分国法**（**家法**）を制定した。

▶ **城下町**をつくり、家臣や商工業者を集めた。

▶ 16世紀後半、全国統一を目ざし、京都へ上ろうとする者も現れるようになった。

参考 自治を目ざす一揆

● **山城の国一揆**

1485年、山城国（京都府）の国人と農民は、争いを続ける畠山氏の軍を追放し、8年間自治を行った。

● **加賀の一向一揆**

1488年、加賀国（石川県）の浄土真宗（一向宗）の信者らは守護大名をたおし、「百姓のもちたる国」として、約100年間自治を実現した。

史料 分国法（家法）の例

一、けんかをした者は、いかなる理由でも処罰する。
（『信玄家法』）

一、本拠である朝倉館のほか、国内に城を構えてはならない。
（『朝倉孝景条々』）

ひと 武田信玄

甲斐（山梨県）の戦国大名。越後（新潟県）の上杉謙信と川中島（長野県）で数度にわたり戦った。信玄堤と呼ばれる堤防をつくり、治水に努めた。

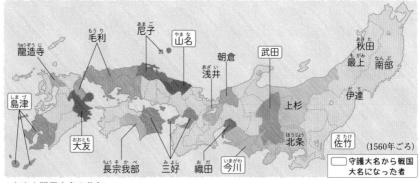

▲おもな戦国大名の分布

龍造寺　毛利　尼子　山名　朝倉　武田　秋田　最上　南部　浅井　上杉　伊達　島津　大友　長宗我部　三好　織田　今川　北条　佐竹

（1560年ごろ）

守護大名から戦国大名になった者

パワーアップ 勝ち残っていくための軍資金を必要とした戦国大名は、金山や銀山の開発に熱心に取り組みました。武田信玄は金山を開発して甲州金という金貨を鋳造し、中国地方では尼子氏・大内氏・毛利氏が石見銀山の争奪戦をくり広げました。

5 室町時代の文化 ★★★

1 室町文化の特色

幕府が京都に位置したことから、貴族の文化と武家の文化がまじりあった文化となった。禅宗の影響も強く見られる。また、産業の発展や下剋上の風潮によって、民衆の文化も発達した。

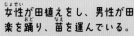
女性が田植えをし、男性が田楽を踊り、苗を運んでいる。

▲田植えをする人々と田楽

2 北山文化

北山文化は、足利義満が京都の北山に金閣を建てたころの、貴族の文化と武士の文化がとけあった文化である。

❶ 能……観阿弥・世阿弥父子が能を大成した。祭りや田植えのときに行われていた猿楽や田楽をもとに、高い芸術性をもった舞台芸能につくりあげた。

❷ 狂言……能の合い間に、民衆の生活を題材にした狂言と呼ばれる喜劇が演じられた。狂言は、当時の民衆のことばで演じられ、民衆の感情を知ることができる。

▲能

3 東山文化

東山文化は、足利義政が京都の東山に銀閣を建てたころの、禅宗の影響が強い、簡素でおもむきのある文化である。

❶ 建築様式……禅宗寺院の部屋の建築様式を取り入れた書院造が現れた。

参考 文化の広がり
応仁の乱であれ果てた京都をのがれ、貴族や僧が地方に下ったため、京都の文化が地方にも広まっていった。

違い棚

明障子

ふすま

障子

付け書院

しきつめた畳

▲書院造(慈照寺東求堂同仁斎)

パワーアップ

書院造に見られる床の間は、本来は寺社建築の仏像をかざる場所でした。書院造においては掛け軸や生けた花をかざる場所となり、水墨画や生け花がさかんになるきっかけとなりました。

❷ 絵画……雪舟が中国（明）に
わたり、帰国後、墨の濃淡
だけでえがく日本の水墨画
を完成させた。

❸ 庭園……砂と石だけで自然
を表現する石庭（枯山水）の
技法を用いた庭園が、河原
者によって禅宗寺院につく
られた。

▲「秋冬山水図」（雪舟）

❹ その他
茶を飲む習
慣が茶の湯と
して流行し、
床の間をかざ
る生け花もさかんになった。

▲龍安寺石庭

4 民衆の文化

『一寸法師』や『浦島太郎』など、民衆の夢をえがいた
絵入りの物語（お伽草子）が民衆の間で広く読まれた。
また、正月・七夕・盆踊りなどの年中行事が楽しまれ、
農村のまつりでも能や狂言が演じられた。

ひと 足利義政
室町幕府8代将軍。
政治を妻の日野富子らに任
せ、徳政令を多発した。応
仁の乱のきっかけをつくり、
乱の最中に将軍職を子の義
尚にゆずった。応仁の乱後、
京都の東山に銀閣をつくり、
趣味に生きた。

参考 河原者
死や血などをケガレ
としておそれた当時の人々
は、ケガレを清める仕事に
就く人を河原者と呼び、差
別の対象としていた。庭づ
くりの仕事もその1つであ
ったが、彼らの芸術性が、
すばらしい文化となって現
代に残っている。

くわしい学習

🖊️ **テーマ** 金閣と銀閣を比較してみよう。

🔍 **研究**

	金閣	銀閣
寺院名	鹿苑寺	慈照寺
建てた人	足利義満	足利義政
場所	北山（京都市北区）	東山（京都市左京区）
創建時期	14世紀末期 （室町幕府最盛期）	15世紀末期 （室町幕府衰退期）
建築の特徴	1階：寝殿造 2階：寝殿造と書院造 3階：禅宗様	1階：書院造 2階：禅宗様
	2・3階は全面に金ぱく	2階は黒のうるし塗

▲金閣

▲銀閣

雑学ハカセ 金閣・銀閣はともに世界文化遺産「古都京都の文化財」の構成資産です。銀閣は国宝ですが、金閣は国宝ではありません。かつては金閣も国宝だったのですが、1950年に放火によって全焼し、現在の金閣は1955年に再建されたものだからです。

5 信長・秀吉の全国統一

◎学習のポイント

1. ヨーロッパから**鉄砲**や**キリスト教**が伝わった。

2. **織田信長**が天下統一事業に乗り出した。

3. **豊臣秀吉**が全国統一を完成し、**兵農分離**を行った。

4. 雄大ではなやかな**桃山文化**が生み出された。

1 南蛮人の来航 ★★

1 ヨーロッパの動き

❶ 新航路の開拓

　15世紀末から、香辛料や絹織物を求め、インドや中国と直接貿易を行うためにスペインやポルトガルが新航路の開拓に乗り出した（**大航海時代**）。

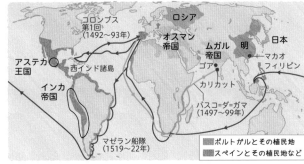

コロンブス
第1回
(1492〜93年)

ロシア

オスマン
帝国

ムガル
帝国

明

日本

アステカ
王国

西インド諸島

ゴア

マカオ
フィリピン

インカ
帝国

カリカット

バスコ=ダ=ガマ
(1497〜99年)

マゼラン船隊
(1519〜22年)

■ポルトガルとその植民地
■スペインとその植民地など

▲16世紀ごろの世界

❷ 宗教改革

……16世紀、キリスト教のカトリック教会の腐敗に対する批判から宗教改革が始まった。カトリック教会の内部でも改革が進み、**イエズス会**が組織され、信者獲得のために海外布教に乗り出した。

2 鉄砲の伝来

　1543年、暴風雨にあって種子島に

▲鉄　砲

流れ着いた中国船に乗っていた**ポルトガル人**によって、日本に鉄砲が伝えられた。

3 キリスト教の伝来

1549年、イエズス会の宣教師**フランシスコ=ザビエル**が**鹿児島**に上陸し、日本に初めて**キリスト教**を伝えた。

フランシスコ＝ザビエル

イエズス会創設メンバーの1人。スペイン人。布教許可をもらうために京都に行ったが、天皇や将軍に会うことはできなかった。平戸や山口などで約2年間布教活動を行った。

序章

歴史をさぐる

第**1**章

日本のあけぼの

第**2**章 天皇と貴族の

世の中

歴史 第**3**編 武士の世の中

第**4**章

江戸幕府の政治

第**5**章 明治からの

世の中

第**6**章 戦争と

新しい日本

入試では

鉄砲の伝来地である種子島、ザビエルの上陸地である鹿児島、南蛮貿易の拠点となった平戸など、九州の各地が多くあつかわれます。位置を問われることも多いので、地図帳で確認しておきましょう。

4 南蛮船の来航

❶ 南蛮貿易……ポルトガル船やスペイン船が来航し、**平戸・長崎**・大分などで貿易を行うようになった（**南蛮貿易**）。中国の生糸や絹織物などが輸入され、おもに銀や銅などが輸出された。

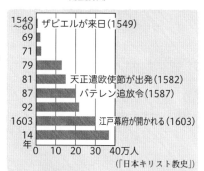

▲ 南蛮屏風

❷ キリスト教の広がり……南蛮船で宣教師も来日し、布教とともに学校や病院などを建設し、慈善事業を行ったため、信者（**キリシタン**）が増加した。

❸ キリシタン大名……貿易の利益に着目し、南蛮船を領内の港に来航させるため、キリスト教に改宗する大名も現れた。九州の**キリシタン大名**は有馬晴信・大友宗麟・大村純忠 4人の少年をローマ教皇のもとに派遣した（**天正遣欧使節**）。
└天正遣欧少年使節ともいう

年	
1549〜60	ザビエルが来日（1549）
69	
71	
79	
81	天正遣欧使節が出発（1582）
87	バテレン追放令（1587）
92	
1603	江戸幕府が開かれる（1603）
14年	

0 10 20 30 40万人
（「日本キリスト教史」）

▲ キリシタンの増加

中学入試にフォーカス 鉄砲

背景 日本は戦国時代で、鉄砲は戦国大名に受け入れられた。

国内生産 堺（大阪府）や国友（滋賀県）などでさかんにつくられるようになった。

戦法の変化 騎馬戦から足軽による集団戦へと変化した。

築城法の変化 城は山城から平城に変わった。

長篠の戦い 1575年、織田信長と徳川家康の連合軍が武田勝頼の騎馬隊と戦った**長篠の戦い**で、大規模な鉄砲隊を導入した。

織田・徳川軍
- 最前列に足軽鉄砲隊を配置。
- 騎馬隊に対して馬防柵と堀を準備。
- 鉄砲の命中率は低いが、飛距離がある。

足軽鉄砲隊　馬防柵　堀　騎馬隊

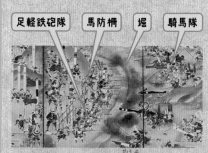

▲ 長篠の戦い（「長篠合戦図屏風」）

武田軍
- 騎馬隊が突撃態勢をとっているが、進むことができない。
- 弓の飛距離は鉄砲より短く、やりは接近戦でなければ効果がない。

パワーアップ

天正遣欧使節としてヨーロッパにわたった伊東マンショ・千々石ミゲル・中浦ジュリアン・原マルチノの4人の少年はローマ教皇に会い、キリスト教のためにつくそうと帰国したのですが、そのときすでに豊臣秀吉がバテレン追放令を出していました。

2 織田信長の天下統一事業 ★★

1 天下人へのあゆみ　織田信

長は尾張(愛知県)の小さな戦国大
名であった。

❶ 桶狭間の戦い……1560年、駿
河(静岡県)の戦国大名・**今川
義元**を桶狭間の戦いで破り、
天下統一へと歩を進めた。

▲織田信長

❷ 京都に入る……1568年、**足利義昭**とともに京都に
入り、朝廷に働きかけ、義昭を15代将軍に立てた。

❸ 比叡山延暦寺焼き打ち……1571年、信長に敵対する
勢力に味方していた**比叡山延暦寺**を焼き打ちにした。

❹ 室町幕府をほろぼす……1573年、信長と対立した
足利義昭を京都から追放し、室町幕府をほろぼした。

❺ 長篠の戦い……1575年、**長篠の戦い**で足軽鉄砲隊
などを使い、**武田勝頼**の騎馬隊を破った。

❻ 石山戦争の終結……1580年、各地の**一向一揆**とそ
の中心となった**石山本願寺**との10年にわたる戦い
は石山本願寺が屈服したことで終結した。この後、
各地の一向一揆は勢いを失った。

参考 天下布武
信長は美濃(岐阜県)
をせめ落とした1567年ご
ろから、この印章を使用し
はじめた。印章には「**天下
布武**」とほられており、武
力によって天下を統一する
意思表示ではないかといわ
れている。

▲天下布武印

参考 石山本願寺
石山本願寺は信長へ
の明けわたし直後に出火し、
完全に焼失した。跡地に建
設されたのが**大阪城**である。

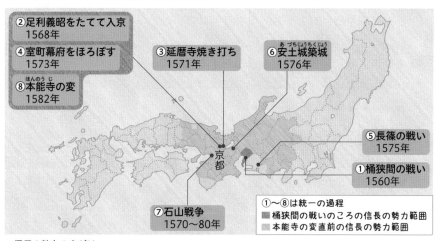

| **❷足利義昭をたてて入京** 1568年 |
| **❹室町幕府をほろぼす** 1573年 |
| **❽本能寺の変** 1582年 |

❸延暦寺焼き打ち 1571年

❻安土城築城 1576年

❺長篠の戦い 1575年

❶桶狭間の戦い 1560年

京都

❼石山戦争 1570〜80年

①〜⑧は統一の過程
■桶狭間の戦いのころの信長の勢力範囲
■本能寺の変直前の信長の勢力範囲

▲信長の勢力の広がり

序章 歴史をさぐる

第**1**章 日本のあけぼの

第**2**章 天皇と貴族の世の中

第**3**章 武士の世の中

第**4**章 江戸幕府の政治

第**5**章 明治からの世の中

第**6**章 戦争と新しい日本

入試では 織田信長は天下統一を目ざして、それまでの古い勢力を次々に打ち破っていきました。上の
地図で、できごとがおこった順番を整理し、どこでおこったのかをしっかり確認しておきま
しょう。

2 本拠地　安土

安土は、京都に近く、琵琶湖の水運が利用できるうえ、軍事的に重要な位置にあった。信長は安土を天下統一のための本拠地と定め、1576年、この地に**安土城**を築いた。

▲安土城(復元模型)

参考　安土城

安土城は本能寺の変ののちに焼失し、現在は石垣と礎石のみが残っている。史料では、199mの安土山の山頂に建てられた地下1階・地上6階の城で、最上階は権威を象徴する天守がつくられていたとされる。

3 経済政策

❶ **関所の廃止**……通行税を取っていた**関所**を廃止し、物資の流通がしやすいようにした。また、流通をよくするために、道幅も広げた。

❷ **楽市・楽座**……1577年に**楽市令**を出し、城下町の安土では座を廃止し、自由に商売することを認めた(楽市・楽座)。

❸ **堺の直轄地化**……自治都市であった堺の経済力や鉄砲生産などの工業力に着目し、自治権を取りあげ、商工業者を支配下に置いた。

史料　楽市令

安土城下の町への定め

一、安土の町は楽市としたので、すべての座は廃止し、労役や税も免除する。

一、街道を行き来する商人は、安土を通らない中山道を利用せず、この町に宿をとるようにせよ。

一、他国の者が安土に住むようになった場合、以前からの居住者とまったく同じようにあつかい、差別はしない。

4 宗教政策

❶ **仏教**……比叡山の延暦寺を焼き打ちし、さらに、石山戦争をはじめとする一向一揆との戦いなど、仏教勢力への弾圧を続けた。

❷ **キリスト教**……仏教勢力をけん制するために、キリスト教を保護し、京都や安土に教会や学校を建てることを許した。

5 本能寺の変

1582年、中国地方の毛利氏を攻略している豊臣秀吉を助けるために出陣した信長は、宿泊していた京都の本能寺で家臣の**明智光秀**のむほんにあい、自害した(本能寺の変)。

▲明智光秀

ひと　明智光秀

美濃(岐阜県)出身の戦国大名。織田信長に重く用いられた。本能寺の変をおこす直前、自らも豊臣秀吉の援軍に向かっていた。本能寺の変後、光秀に味方する者は少なく、秀吉に大敗。「三日天下」といわれる。

雑学ハカセ　信長の家臣の中でひときわ目立っていたのが弥助です。イエズス会宣教師が連れていた黒人奴隷に非常に興味を示した信長は、その奴隷を宣教師からゆずってもらい、弥助と名付けて家臣にとりたてました。本能寺の変の際も弥助がいたと伝えられています。

3 豊臣秀吉の天下統一事業 ★★★

1 天下統一までの歩み

❶ 山崎の戦い……1582年、本能寺の変を知ると毛利ぜめを停戦し、京都に引き返して明智光秀をたおした。

❷ 大阪城築城……大阪城を築き全国統一の拠点とした。
石山本願寺あと

❸ 朝廷の権威……1585年に関白、1586年に太政大臣に任じられ、朝廷の権威も利用して全国統一を進めた。

❹ 九州平定……1587年、島津氏を屈服させた。

❺ 全国統一の完成……1590年、小田原の**北条氏**をほろぼし、東北の大名を従えて、全国統一を達成した。
神奈川県

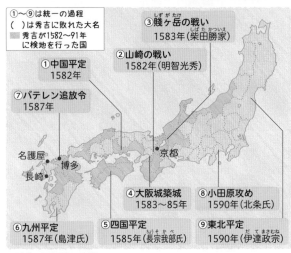

> ①〜⑨は統一の過程
> （　）は秀吉に敗れた大名
> ▨秀吉が1582〜91年に検地を行った国

③賤ヶ岳の戦い
1583年(柴田勝家)

②山崎の戦い
1582年(明智光秀)

①中国平定
1582年

⑦バテレン追放令
1587年

名護屋
長崎
博多
京都

④大阪城築城
1583〜85年

⑧小田原攻め
1590年(北条氏)

⑥九州平定
1587年(島津氏)

⑤四国平定
1585年(長宗我部氏)

⑨東北平定
1590年(伊達政宗)

▲秀吉の天下統一事業

2 兵農分離

❶ 検地……秀吉の検地を太閤検地という。百姓から確実に年貢を取るために、ものさしやますを統一し、全国に役人を派遣して田畑や屋敷地の面積を計測させた。田畑のよしあしからその田畑の予想収穫量を石高で表し、土地の耕作者とともに検地帳に記した。

▲検地のようす(江戸時代)

ひと 豊臣秀吉

豊臣秀吉は尾張(愛知県)の足軽の子で、織田信長に仕え、戦功を重ねて有力な家臣となった。羽柴秀吉と名乗っていたが、1586年に天皇から「豊臣」の姓をたまわった。大阪城を本拠としたが、京都の伏見(のちの桃山)に城を築いたことから、織田信長が安土に城を築いたことと合わせ、信長・秀吉の時代を安土桃山時代という。

ことば 百　姓
農業や林業、漁業に従事する人々。大部分が農業にたずさわる農民であった。

> 同じ基準で計測するために統一した。

▲ものさし

歴史　第**8**編
日本の歴史

序章
歴史をさぐる

第**1**章
日本のあけぼの

第**2**章
天皇と貴族の
世の中

第**3**章
武士の世の中

第**4**章
江戸幕府の政治

第**5**章
明治からの
世の中

第**6**章
戦争と
新しい日本

雑学ハカセ　秀吉の検地を太閤検地といいますが、「太閤」とは何でしょうか。太閤とは摂政や関白の職を子弟にゆずった人物を指すことばで、摂関政治の最盛期を築いた藤原道長も子の頼通に職をゆずった後は太閤と呼ばれていました。今では豊臣秀吉の代名詞のように使われています。

❷ 刀狩……1588年、秀吉は百姓を農業に専念させ、一揆を防ぐために、京都の方広寺に大仏をつくることを口実に、刀や鉄砲などの武器を差し出させる刀狩を行った。

❸ 身分統制令……1591年、武士が町人や百姓になることを禁じ、百姓が田畑を捨てて町人になることを禁じる身分統制令を出した。

❹ 兵農分離……太閤検地・刀狩などの結果、武士と百姓・町人の区別がはっきりした（**兵農分離**）。また、領地に住んでいた武士を**城下町**に集め、武士と町人は城下町、百姓は村と、住む場所を固定した。こうして、武士が支配する近世社会の基礎が築かれた。

③ 経済政策

❶ 直轄地……全国に200万石以上の広大な領地を所有したほか、京都・大阪・堺・伏見・長崎などの重要都市を直接支配し、その経済力を政治や軍事に活用した。また、佐渡の金山、生野や石見の銀山などの鉱山も直接支配した。
→新潟県 →兵庫県 →島根県

❷ 貨幣……金や銀を使って貨幣を鋳造したが、貨幣制度を整備するところまではいかなかった。

④ 対外政策

❶ キリスト教……秀吉は、初めキリスト教を保護していたが、秀吉が九州平定に出向いた際に、キリシタン大名によって長崎が教会領に寄進されていることなどを知ると、キリスト教が全国統一のさまたげになると考えて、1587年に**バテレン追放令**を出し、キリスト教宣教師の国外追放を命じた。しかし、南蛮貿易は許可したので、キリスト教の拡大を止めることはできなかった。

❷ 海外進出……堺や長崎、京都の商人が東南アジアなどで貿易を行うことを奨励し、倭寇を取りしまって海の安全をはかった。明にかわって東アジア

史料 刀狩令

一、百姓が、刀・弓・やり・鉄砲などの武器をもつことを禁止する。不要な武器をもち、年貢を出ししぶり、一揆をくわたて、武士に反抗すれば厳しく罰する。

ことば 城下町

領主の城を中心に発展した都市。城のまわりは武士の居住区で、城の防衛と政治を行い、その外側に町人の居住区があり、商業都市としての役割も果たした。

参考 天正通宝

平安時代中期以降、日本では貨幣の発行はなされていなかった。秀吉は金と銀の貨幣である天正通宝を発行したが、その用途は家臣にほうびや軍資金としてあたえるためのものであり、市中に通貨として出回る性質のものではなかった。

史料 バテレン追放令

一、日本は神国であるから、キリスト教国から邪教（キリスト教）を伝え広められるのは非常によくない。

一、ポルトガルの貿易船は、商売のために来ているので、バテレン追放とは別である…。

 ズームアップ 倭寇 →p.384

パワーアップ 江戸時代にキリシタンが迫害を受けたことは有名ですが、1596年に豊臣秀吉が26名のキリシタンを長崎で処刑したのが初めての迫害事件でした。京都から長崎に送られて処刑されたキリシタンの中には12才の少年もいました。

を支配しようと考え、台湾やフィリピンなどに服属
を要求したが、成功しなかった。

❸ **朝鮮侵略**……秀吉は、明を征服するための協力
を朝鮮に求めたが、朝鮮がこれを断ったため、
朝鮮に大軍を送った。

▶ **文禄の役**…1592年、名護屋から約15万の大軍
を送り、首都
の漢城などを
占領したが、
民衆の抵抗や明の
援軍にあい、**李舜
臣**が率いる朝鮮水
軍が日本の補給路
を断ったこともあ
って、休戦した。

鉄板の屋根におおわれた朝鮮の軍船。日本軍を苦しめた。

▲亀甲船

✕ おもな戦場
―― 文禄の役
―― 慶長の役

明　明軍　会寧

平壌　朝鮮

漢城

朝鮮水軍　釜山　日本

名護屋

▲日本軍の進路

▶ **慶長の役**…1597年、講和交渉が失敗に終わり、
再び出兵したが、苦戦が続き、翌年に秀吉が死
亡したことで全軍を引きあげた。

▶ **影響**…朝鮮は荒廃し、豊臣家は没落を早めた。
大名たちが朝鮮から連行した陶工によって、す
ぐれた技術が伝えられ、**有田焼・唐津焼・萩焼**
などが生まれた。

▲有田焼

―――――――――― く わ し い 学 習 ――――――――――

📖 **テーマ**　太閤検地はそれぞれの身分にどんな影響をあたえたのか調べてみよう。

🔍 **研究**

	有利に働いた点	不利に働いた点
農民	・検地帳に記された土地を耕作する権利を保障される。	・年貢を村ごとに領主である武士に納めなければならない。 ・土地を勝手にはなれられない。
武士	・あたえられた領地から年貢を徴収することができる。	・あたえられた領地の石高に応じて、軍事力や兵糧を課せられる。
貴族や寺社	――	・荘園制が崩壊し、土地に関する権利を失う。

パワーアップ

朝鮮人陶工の李参平が始めたのが肥前(佐賀県)の有田焼です。江戸時代、中国が陶磁器の輸出を停止していた時期にオランダを通じて世界に輸出されたり、明治時代初期には万国博覧会に出品されたりと、有田焼は外貨の獲得に一役買っていました。

歴史
第8編
日本の歴史

序章
歴史をさぐる

第1章
日本のあけぼの

第2章
天皇と貴族の世の中

第3章
武士の世の中

第4章
江戸幕府の政治

第5章
明治からの世の中

第6章
戦争と新しい日本

4 桃山文化 ★★

1 特色
桃山文化は、大名や大商人の経済力を反映した、豪華で活気のある文化である。また、仏教の影響力がうすい、南蛮文化の影響が見られる文化である。

▲姫路城

2 建築・絵画
安土城・大阪城・姫路城（兵庫県）など、支配者の権力を示すような高くそびえる天守をもつ城がつくられた。城の中には書院造の大広間がつくられ、ふすまや屏風には大胆な構図とはなやかな色彩の**障壁画**が**狩野永徳**や狩野山楽によってえがかれた。

▲「唐獅子図屏風」（狩野永徳）

3 わび茶
茶の湯は大名と大商人の交流の場となった。堺の豪商**千利休**は精神性を大切にし、簡素さを尊ぶわび茶を大成した。

4 舞台芸能
出雲の阿国という女性が京都で始めた**かぶき踊り**や、琉球から伝わった三線をもとにつくられた三味線を伴奏に節をつけて物語を語る浄瑠璃などが人々の人気を集めた。

5 南蛮文化
南蛮貿易によってヨーロッパの文物が日本にもちこまれ、布教活動を行うキリスト教の宣教師たちによって天文学や医学などが伝わった。また、活版印刷術も伝わり、聖書や日本の物語がローマ字で印刷されたり、ヨーロッパ風の衣服が流行したりした。

● **千利休**
ひと 堺の豪商。織田信長と豊臣秀吉に茶の湯を指導した。秀吉の政治にも関わったが、秀吉のいかりにふれ、切腹した。

参考 活版印刷術
布教用の書物を印刷するための活版印刷機を天正遣欧使節がもち帰った。下の図のような文学書も印刷されている。

◀ローマ字で書かれた『平家物語』

パワーアップ 千利休のわび茶だけでなく、茶の湯は社交の場として豪華にもよおされることもありました。秀吉が京都の北野神社で行った大茶会には秀吉の黄金の茶室がもちこまれ、大名から農民に至るまで約千名の参加者に茶がふるまわれました。これは秀吉の権威を示すための茶会でした。

入試のポイント

1位 **太閤検地** 安土桃山時代、豊臣秀吉が役人を全国に派遣し、田畑の面積や土地のよしあしを調べさせた。貴族や寺社は土地に対する権利を失った。

2位 **元　寇** 鎌倉時代、元への従属を拒否した日本に対し、2度にわたって元軍が博多湾に襲来。御家人は善戦したが、恩賞は十分に得られなかった。

3位 **勘合貿易** 室町時代、足利義満が始めた明との貿易。倭寇と区別するため、勘合という合い札を用いた。大量の明銭が輸入された。

1 代表的な史料

□下の①～④の史料の名称は？

① 御家人でない者が御家人から買った土地は、何年前に買ったものであろうとも、御家人に返さなければならない。

② 一、けんかをした者は、いかなる理由でも処罰する。
一、本拠である朝倉館のほか、国内に城を構えてはならない。

③ 一、安土の町は楽市としたので、すべての座は廃止し、労役や税も免除する。
一、街道を行き来する商人は、この町に宿をとるようにせよ。

④ 一、百姓が、刀・弓・やり・鉄砲などの武器をもつことを禁止する。不要な武器をもち、年貢を出ししぶり、一揆をくわだて、武士に反抗すれば処罰する。

①→（永仁の）徳政令　②→分国法（家法）（『信玄家法』・『朝倉孝景条々』）

③→楽市令　④→刀狩令

2 幕府の役職

□鎌倉幕府の将軍を補佐する職→**執権**　室町幕府の将軍を補佐する職→**管領**

3 おもな写真

①

②

③

□上の①～③の写真に関係の深い人物は？

①厳島神社→**平 清盛**　②金閣→**足利義満**　③水墨画→**雪舟**

重点チェック

□ ❶ 東北地方の[　　　]に本拠を置いた奥州藤原氏は、金や馬の産出で富を築き、中尊寺金色堂を建てました。

❶平　泉　●p.369

□ ❷ 1086年、白河天皇は位を子にゆずり、上皇という自由な立場で[　　　]を始めました。

❷院　政　●p.369

□ ❸ 1167年、平清盛は武士として初めて[　　　]に任じられました。

❸太政大臣　●p.370

□ ❹ 将軍と御家人の土地を仲立ちとした御恩と[　　　]の主従関係を封建制度といいます。

❹奉　公　●p.372

□ ❺ 1221年、政治権力を取りもどそうと、後鳥羽上皇は[　　　]をおこしましたが敗れ、隠岐に流されました。

❺承久の乱　●p.373

□ ❻ 1232年、土地をめぐる争いが増えたため、北条泰時は公正な裁判を行うために、[　　　]を定めました。

❻御成敗式目（貞永式目）●p.374

□ ❼ 元の服属要求を、8代執権[　　　]が拒否したことで、元軍は2度にわたって博多湾に襲来しました。

❼北条時宗　●p.379

□ ❽ [　　　]は鎌倉幕府をほろぼし、建武の新政を行いましたが、2年半で失敗に終わりました。

❽後醍醐天皇　●p.382

□ ❾ 鎌倉時代や室町時代、商工業者は[　　　]という同業者組合をつくり、営業を独占しました。

❾座　●p.386

□ ❿ 1428年、近江の馬借が中心となって、徳政令を要求して初の[　　　]をおこしました。

❿土一揆　●p.387

□ ⓫ 足利義政のあとつぎ問題などから[　　　]がおこり、11年間の戦乱で京都は焼け野原になりました。

⓫応仁の乱　●p.387

□ ⓬ 室町時代後半の東山文化では、ふすま・畳・障子・床の間などを用いた[　　　]という建築様式が武家の住宅として広まりました。

⓬書院造　●p.389

□ ⓭ 1549年、[　　　]が鹿児島に来航し、日本に初めてキリスト教を伝えました。

⓭（フランシスコ＝）ザビエル　●p.391

□ ⓮ 織田信長は[　　　]で大量の鉄砲を効果的に用いて、武田氏を破りました。

⓮長篠の戦い　●p.392、393

□ ⓯ 豊臣秀吉は、年貢を確実に取るために[　　　]を行い、さらに百姓の一揆を防ぐために[　　　]を行いました。

⓯検地（太閤検地）、刀狩　●p.395、396

●次の文を読み、資料を見て、あとの問いに答えなさい。　【鷗友学園女子中一改】

資料2は鎌倉時代にえがかれた荘園の絵図です。この絵図は、2人の人物が土地の権利を争って幕府にうったえ出て、その後、和解したときにつくられました。資料2には和解したときに決められた境界線を示す線が、あちこちに引かれています。さらに、線の両側には、争っていた2人とは別の2人のサインが資料1のようにえがかれています。線の右側のサインは、鎌倉幕府の将軍の補佐役のもの、左側のサインは、補佐役の次に高い位の役人のものです。

資料1　補佐役の次に高い位の役人のサイン

資料2　将軍の補佐役のサイン

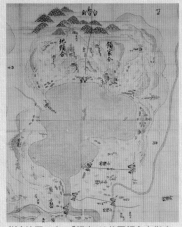

(注)絵図の中の「領家」は荘園領主を指す。
（「伯耆国(鳥取県)東郷荘絵図」）

(問)このような争いは1220年代以降に増えました。土地争いが増えるきっかけとなったできごとを答えなさい。

■キーポイント

問題文中に、「1220年代以降に(土地争いが)増えました」とある。

■正答への道

資料2中に「領家分」「地頭分」と書かれており、対立する両者とは、荘園を所有する公家や寺社と幕府から地頭に任じられた御家人であることがわかる。また、資料2の出典から、この荘園は鳥取県に位置していたこともわかる。鎌倉時代、御家人は戦いがおこった場合に命がけで戦い(奉公)、将軍は御家人の戦功に応じて恩賞を授ける(御恩)という主従関係を結んでいた。土地争いが1220年代以降に増えているのは、後鳥羽上皇が1221年におこした承久の乱の恩賞として、上皇方についた貴族や西日本の武士の領地を幕府が取り上げ、東日本の武士を新たに地頭に任じたことによるものである。

＋答え＋

承久の乱

チャレンジ！記述問題

レベル3
レベル2
レベル1

●次の問いに答えなさい。 【浅野中―改】

(問) 越後の戦国大名の上杉謙信は永禄年間(1558～70年)、小田原を拠点とする北条氏と戦うべく、特定の時期に関東への出兵をくり返しました。出兵した理由の1つに支配地域の拡大も考えられますが、**図1**と**図2**にもとづいて考察していくと、別の理由がうかび上がってきます。戦国時代の死亡率が現代と比べ、ある季節に高くなる要因を指摘したうえで、上杉謙信が特定の時期に出兵した理由について、90字以内で説明しなさい。

図1

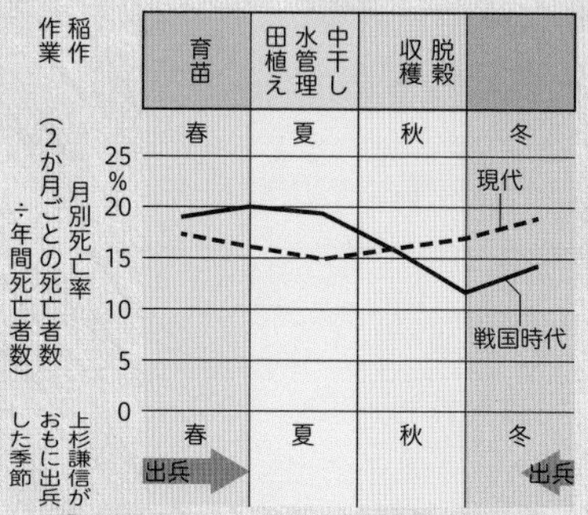

稲作作業
育苗
中干し 水管理 田植え
脱穀 収穫
春
夏
秋
冬
月別死亡率（2か月ごとの死亡者数÷年間死亡者数）
25 %
20
15
10
5
0
現代
戦国時代
上杉謙信がおもに出兵した季節
出兵
出兵

（「百姓から見た戦国大名」などをもとに作成）

図2

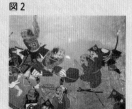

戦場でおどし取る武士のようす

▌条件に注意！

- 死亡率が高くなる要因を考える。
- 出兵した理由として、支配地域の拡大以外の理由を考える。

▌キーポイント

図2に、「戦場でおどし取る武士のようす」という説明が書かれている。

▌正答への道

図1を見ると、戦国時代は死亡率が収穫時期の秋になると急激に下がり、米の端境期にあたる夏に最も高くなっている。このことから、夏の死亡率の高さは食料不足が要因であることがわかる。

図2を見ると、武士に向かって手を合わせている人物はよろいかぶとを身に着けておらず、敵方の武士ではないことがわかる。

「支配地域の拡大」＝戦いでの勝利以外の、特定の時期に出兵する理由を「死亡率」「略奪」と結びつけて考えると略奪の対象は食料(米)とわかる。

解答例

春から夏にかけて死亡率が高いのは、食料が不足するからである。上杉謙信は自国の食料を確保するために、米の収穫・脱穀が終わった冬から春に関東に出兵して食料を略奪したと考えられる。〔87字〕

歴史
第**8**編

日本の歴史

第**4**章 江戸幕府の政治 6年

経済力をつけた町人

　江戸時代、幕府や藩の財政収入の中心は農民が納める年貢米でした。農民はたび重なるききんや重い税に苦しみ、諸藩は参勤交代の負担などに苦しんだのに対し、税負担が少ない町人は、産業の発達にともない、経済力をつけていきました。

📖 **学習することがら**
1. 徳川家康と江戸幕府
2. キリスト教の禁止と鎖国
3. 産業と都市の発達
4. 幕府政治の移り変わり
5. 江戸時代の文化と新しい学問

▶ 生活に困る武士・農民、繁栄する商人

403

1 徳川家康と江戸幕府

学習のポイント

1. 徳川家康は関ヶ原の戦いで勝利し、天下の実権をにぎった。
2. 3代将軍家光のころ、**幕藩体制**や**参勤交代**などが整った。
3. 江戸幕府は身分秩序を重視することで、支配体制を強固にした。

1 関ヶ原の戦いと江戸幕府の成立　入試重要度 ★

1 関ヶ原の戦い

豊臣秀吉の死後の1600年、豊臣政権を守っていこうとした**石田三成**らの西軍と徳川家康を中心とする東軍が関ヶ原で戦い（関ヶ原の戦い）、家康方が勝利した。「天下分け目の戦い」といわれたこの戦いに家康が勝利したことで、家康は全国支配の実権をにぎり、秀吉の子である**豊臣秀頼**は一大名の地位に転落した。

2 江戸時代の始まり

❶ **江戸幕府の成立**……1603年、徳川家康は**征夷大将軍**に任じられ、**江戸幕府**を開いた。江戸に幕府が置かれた約260年間を江戸時代という。

❷ **大御所として**……1605年、子の**徳川秀忠**に将軍職
　└引退した将軍の敬称
をゆずった家康は、大御所として幕府の支配体制を整えていった。

❸ **豊臣氏の滅亡**……家康は口実を設け、**大阪冬の陣**・
　　　　　　　　　　　　　　　　　　　　　　　　1614年
大阪夏の陣と2度にわたり大阪城をせめ、1615年
1615年
に豊臣氏をほろぼし、徳川氏による支配を確立した。

ひと 徳川家康

三河（愛知県）の戦国大名。幼いときは織田氏・今川氏の人質として過ごした。桶狭間の戦い以降、織田信長と同盟を組んで、東海地方に勢力をのばした。本能寺の変後、豊臣秀吉と対立していたが和睦し、以後、秀吉の全国統一に協力した。小田原の北条氏の滅亡後、関東地方に領地を移され、江戸の町づくりを行った。

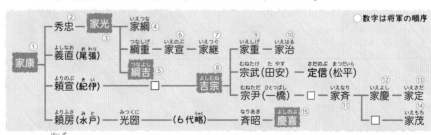

○数字は将軍の順序

▲徳川氏の系図

雑学ハカセ

大阪の陣のきっかけは、秀頼が再建した方広寺の鐘に刻まれた文字でした。「国家安康・君臣豊楽」という文字が、家康の名を分断することで徳川家をのろい、豊臣家の繁栄をいのったものであると、家康は秀頼に難くせをつけたのです。

２ 幕府のしくみ ★★

１ 幕府の基盤

❶ **経済力**……幕府が直接支配する領地（**幕領**）と
将軍直属の家臣である**旗本・御家人**の領地を
合わせると、**全国の石高の約4分の1を占め**
た。さらに、京都・大阪・長崎などの重要都
市や佐渡金山・伊豆金山、石見銀山・生野銀
山などの主要な鉱山も直接支配し、貨幣をつ
くる権利や貿易・外交を独占した。
└長崎を窓口とする┘

❷ **軍事力**……旗本・御家人を江戸城下に住まわ
せ、その軍事力は「旗本八万騎」といわれた。
└旗本・御家人とその家臣の総数

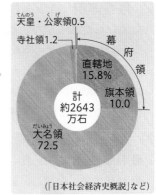

天皇・公家領0.5
寺社領1.2
幕府領
直轄地 15.8%
旗本領 10.0
計 約2643万石
大名領 72.5

（「日本社会経済史概説」など）

▲領地の割合

２ 幕府のしくみ

❶ **江戸**……将軍の下に数名の**老中**がいて、交代しな
がら政治を行った。必要なときだけ、その上に**大
老**が置かれた。老中の下に大目付・町奉行・勘定
奉行がおり、**若年寄**が老中を助けた。寺社奉行・
勘定奉行・町奉行は三奉行と呼ばれた。

❷ **地方**……京都に**京都所司代**、大阪に大阪城代を置
いたほか、長崎などの重要な直轄
地には遠国奉行が置かれた。幕府
が直接支配する領地（幕領）には郡
代や代官が置かれた。

参考 旗本・御家人
領地が1万石未満の
将軍直属の家臣。原則とし
て、江戸城下に住んだ。御
家人は将軍に会える資格を
もたないが、旗本は将軍に
会える資格をもち、幕府の
役職につくこともあった。

諸大名によって修築され、幕府政治の場
となった。

▲江戸城

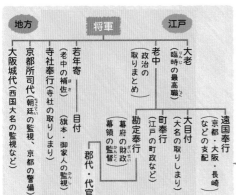

地方	将軍	江戸

大阪城代（西国大名の監視など）
京都所司代（朝廷の監視、京都の警備）
寺社奉行（寺社の取りしまり）
若年寄（老中の補佐）
目付（旗本・御家人の監視）
老中（政治の取りまとめ）
大老（臨時の最高職）
郡代・代官
勘定奉行（幕領の財政、幕領の監督）
町奉行（江戸の町政など）
大目付（大名の取りしまり）
遠国奉行（京都・大阪・長崎などの支配）

譜代大名と旗本がこれらの役職
についた。

◀江戸幕府のしくみ

雑学ハカセ 江戸城は将軍の居城であったにもかかわらず、天守がありません。これは1657年の江戸の大
火（明暦の大火）で天守が焼失した際、天守の再建よりも江戸の町の復興を優先する方針がと
られたためです。

3 幕府の大名支配 ★★★

1 幕藩体制 大人1人が1年に食べる米の量を1石とする 1万石以上の領地をあたえられた武士を**大名**という。大名の支配した領地とその支配のためのしくみを藩といい、江戸幕府は全国の大名を統制したが、大名が独自に領地を支配することを認めた（**幕藩体制**）。

年	できごと
1600	関ヶ原の戦いがおこる
1603	家康が征夷大将軍となる
1614	大阪冬の陣がおこる
1615	大阪夏の陣がおこる（豊臣氏が滅亡）
	武家諸法度・禁中並公家諸法度が
	定められる
1635	参勤交代が制度化される
1641	鎖国体制が固まる

▲徳川家康・家光関連年表

2 大名の区分と配置

❶ **親藩**……徳川氏一族。

❷ **譜代大名**……古くから徳川氏の家臣だった大名。

❸ **外様大名**……関ヶ原の戦いのころから徳川氏に従うようになった大名。

ズームアップ 関ヶ原の戦い
➡p.404

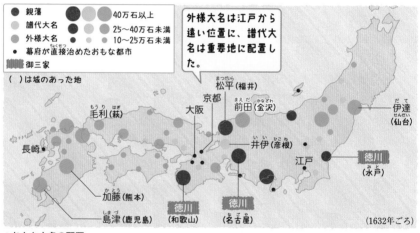

外様大名は江戸から遠い位置に、譜代大名は重要地に配置した。

- ● 親藩
- ○ 譜代大名
- ○ 外様大名
- ・ 幕府が直接治めたおもな都市
- 御三家
- 40万石以上
- 25〜40万石未満
- 10〜25万石未満
- （　）は城のあった地

松平（福井）
京都
大阪
前田（金沢）
毛利（萩）
長崎
井伊（彦根）
伊達（仙台）
江戸
徳川（水戸）
加藤（熊本）
島津（鹿児島）
徳川（和歌山）
徳川（名古屋）
（1632年ごろ）

▲おもな大名の配置

3 武家諸法度 1615年、豊臣氏が滅亡すると、徳川家康は2代将軍徳川秀忠の名で**武家諸法度**を発布した。この法度は大名を統制する目的で定められたもので、築城や結婚などに関する規制が設けられており、これに反した大名は国替えや改易、減封などの厳しい処分を受けた。これ以降、武家諸法度は、将軍がかわるごとに修正されて出された。

史料 武家諸法度

一、学問と武道に常にはげむこと。

一、自国の城を修理する場合は届け出ること。

一、大名の家どうしで勝手に結婚してはいけない。

パワーアップ

徳川氏一族の親藩の中でも家康の子によって始められた、尾張・紀伊・水戸の徳川家は「御三家」と呼ばれ、親藩の中でも最も高い地位とされました。そして、将軍家にあとつぎがいない場合には、御三家からあとつぎが選ばれました。

4 参勤交代

▶ 1635年、3代将軍徳川家光が参勤交代を武家諸法度で制度化した。

▶ 大名は1年ごとに江戸と領地で住み、妻子は江戸屋敷に住んだ。

幕府の人質の役目も果たした

▶ 江戸屋敷にかかる費用と江戸と領地を往復する大名行列の費用はばく大で、藩の財政を圧迫した。

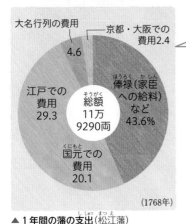

参勤交代の費用は藩の財政の33.9%を占めている（1両10万円換算で約40.4億円）。

大名行列の費用 4.6

京都・大阪での費用2.4

江戸での費用 29.3

総額 11万 9290両

俸禄（家臣への給料）など 43.6%

国元での費用 20.1

(1768年)

▲ 1年間の藩の支出（松江藩）

領地の石高の大きさで大名行列の規模は決定された。

生まれながらの将軍
徳川家光は3代将軍になると、大名を集めて言った。「祖父や父はあなたたちと戦友であり、将軍になってからもあなたたちをていねいにあつかった。しかし、わたしは生まれながらの将軍である。今後はあなたたちを家来としてあつかう。不満な者は戦いをしかけてくるがよい。お相手しよう。」

▲徳川家光

▲ 大名行列のようす（会津藩）

江戸から遠い地域に配置された外様大名は、日数がかかるため、大名行列の負担がより重くなった。

5 禁中並公家諸法度

1615年、幕府は天皇や公家に政治的な権力をもたせないために、朝廷の行動を制限する禁中並公家諸法度を制定し、さらに京都所司代を置いて朝廷を監視した。

序章

歴史をさぐる

第1章

日本のあけぼの

第2章 天皇と貴族の世の中

第3章

武士の世の中

第4章

江戸幕府の政治

第5章 明治からの世の中

第6章 戦争と新しい日本

入試では

徳川家康が江戸幕府を開き、徳川家光がその組織を完成させました。江戸時代を通じて260家前後あった大名を江戸幕府がどのように統制したのか、譜代大名と外様大名に対する幕府のあつかいのちがいをふまえたうえで、整理しておきましょう。

4 江戸時代の身分制度 ★

1 武士

武士は百姓や町人を支配し、政治を行う高い身分とされ、**名字・帯刀**や**切捨御免**などの特権をあたえられていた。武士は城下町に住み、幕府や藩から領地や米を支給された。

<small>切捨御免＝無礼な仕打ちを受けた場合、切り捨てても罪にならない</small>

2 百姓

百姓は**年貢**米で武士の生活を支えた。幕府や藩は百姓に収穫の半分ほどを年貢として納めさせ、年貢を確実に取るために田畑の売買を禁止し、年貢納入と犯罪防止に連帯責任を負わせる**五人組**を**本百姓**につくらせた。有力な本百姓が村役人となって自治を行い、年貢納入の責任を負った。

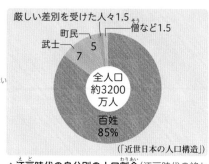

▲ 江戸時代の身分別の人口割合（江戸時代の終わりごろ）

全人口 約3200万人
百姓 85%
武士 7
町民 5
厳しい差別を受けた人々1.5
僧など1.5
（「近世日本の人口構造」）

▲ 農村の支配

村役人
庄屋（名主）
組頭
百姓代
領主
郡代・代官
本百姓
水のみ百姓
（村の自治・年貢の納入）

> 地主から田畑を借りて農業を行い、地主に小作料を納めた。

3 町人（職人・商人）

町人はおもに城下町に住んだ。自分の家をもち、税を納める地主や家持の中から町役人が選ばれ、自治を行った。多くの町人は借家人としてくらした。百姓ほど重い税負担はなく、統制もゆるやかだった。

4 差別を受けた人々

武士や百姓・町人のほかに、「えた」や「ひにん」と呼ばれる身分の人々がおり、厳しい差別を受けていた。死んだ牛馬の処理を行い、その皮を使って細工を行う「えた」身分の人々、役人を手伝って犯罪人の逮捕や処刑を行ったり、芸能に従事する「ひにん」身分の人々もいた。

史料 百姓の生活の心得

- 一、朝は早く起きて草をかり、昼は田畑を耕し、晩には縄をつくって俵を編み、しっかり仕事をせよ。
- 一、酒や茶を買って飲んではいけない。
- 一、麦・あわ・ひえ・大根などの雑穀をつくって食べ、なるべく米を食べないようにせよ。
- 一、たばこを吸ってはいけない。
- 一、麻・木綿の服以外は着てはいけない。

パワーアップ　身分は代々受けつがれ、「家」が重視されるようになりました。女性は家を絶やさないために子どもを産むことが期待され、幼いときは親に従い、結婚したら夫に従い、歳をとったら子どもに従うものだという「三従の教え」が広まりました。

歴史

第**8**編

日本の歴史

序 章
歴史をさぐる

第**1**章
日本のあけぼの

第**2**章
天皇と貴族の
世の中

第**3**章
武士の世の中

第**4**章
江戸幕府の政治

第**5**章
明治からの
世の中

第**6**章
戦争と
新しい日本

2 キリスト教の禁止と鎖国

🎯 学習のポイント

1. 江戸時代初期は**朱印船貿易**がさかんで、日本人が海外で活躍した。

2. 江戸幕府は**鎖国**によって**禁教**を徹底し、貿易と外交を独占した。

3. 鎖国後も東アジアの国や地域との交流は保たれた。

1 日本人の海外進出と禁教 ★★

1 日本人の海外進出

徳川家康は近隣の国々と友好関係を結び、貿易も積極的に行った。

❶ **朱印船貿易**……家康は商人などに**朱印状**をあたえて、貿易をしょうれいしたため、多くの朱印船が**東南アジア**に進出した（朱印船貿易）。ルソンや安南、シャムなどの東南アジア各地では**日本町**がつくられた。

▶ 貿易品

輸出品	銀・銅・刀剣
輸入品	中国産の生糸や絹織物

❷ **オランダとイギリス**……1600年に豊後にオランダ人とイギリス人が漂着したのをきっかけに、オランダやイギリスが日本との貿易を始めた。

2 キリスト教の禁止

家康は、はじめ**南蛮貿易**による利益を考えて、キリスト教の布教を許していた。しかし、キリシタンが増え、キリシタンたちが幕府や藩より神を重んじ、団結して抵抗するのをおそれたことなどから、幕府は1612年に幕領、1613年には全国に**禁教令**を出し、宣教師を国外に追放して、キリシタンの迫害を始めた。

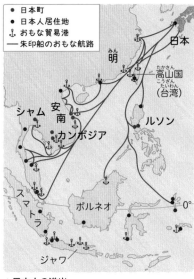

凡例
● 日本町
● 日本人居住地
⚓ おもな貿易港
── 朱印船のおもな航路

日本
明
高山国（台湾）
シャム
安南
カンボジア
ルソン
スマトラ
ボルネオ
0°
ジャワ

▲日本人の進出

参考 山田長政

東南アジアにわたった日本人。シャムにわたり、**日本町**の長となった。国王の信頼が厚かったが、王の死後、政争に巻きこまれ毒殺された。

 ズームアップ 南蛮貿易

➡ p.392

パワーアップ

1600年に豊後に漂着したイギリス人のウィリアム＝アダムズは徳川家康から領地をあたえられ、旗本となりました。三浦按針と名乗ったアダムズは、旗本として家康の外交顧問を務め、幕府の許しを得て、平戸にイギリス商館を開きました。

2 島原・天草一揆と鎖国 ★★★

1 鎖国の始まり

幕府はキリスト教の禁止を徹底するとともに、貿易の制限に乗り出し、1624年、スペイン船の来航を禁止した。1635年には、日本人が海外にわたることと外国に住む日本人の帰国を禁じた。

2 島原・天草一揆

1637年、九州の島原・天草（熊本県、長崎県）の百姓らが、厳しい年貢の取り立てとキリシタンへの迫害にたえかね、天草四郎（益田時貞）（16才の少年だった）を大将として、原城跡に立てこもった（島原・天草一揆）。一揆勢の団結は固かったが、幕府は大軍を動員し、一揆を平定した。

3 幕府のキリスト教対策

島原・天草一揆後、幕府はさらにキリスト教を厳しく取りしまった。キリシタンを見つけ出すために絵踏を行い、宗門改めによって、すべての人をどこかの寺院に所属させ、仏教徒であることを寺院に証明させた（寺請制度）。

4 鎖国とその影響

1639年にポルトガル船の来航を禁じた後、1641年にはオランダ商館を長崎の出島に移し、オランダと中国の２国に限り、長崎での貿易を許した。幕府による禁教と、幕府が外交、貿易を独占する政策を鎖国という。鎖国によって、幕府の支配力は強まり、平和が続いたが、世界の動きから取り残されることになった。

史料 鎖国令（1635年）

一、外国に船を出すことは禁止する。

一、かくれて外国に行けば死罪とする。

一、外国に住んでいた日本人が帰国すれば死罪とする。

役人／絵を踏む／順番を待つ家族／台帳に判をおす

▲絵踏

▲踏絵

年	できごと
1612	幕領でキリスト教を禁止
1613	全国でキリスト教を禁止
1624	スペイン船の来航を禁止
1635	日本人の海外渡航と帰国を禁止（朱印船貿易が終わる）
1637	島原・天草一揆（～38）
1639	ポルトガル船の来航を禁止
1641	オランダ商館を出島に移す

▲鎖国関連年表

出入口は1か所

▲長崎の出島

約1.3haの人工島。当初はポルトガル、のちにオランダ商館が置かれた。清（中国）は長崎の唐人屋敷で貿易を行った。

入試では 鎖国に関連する事項の並べかえ問題は出題されることが多いので、流れをしっかりと整理しておきましょう。

3 鎖国下の外交の窓口 ★★

1 朝鮮

▶ 豊臣秀吉の朝鮮侵略以降、国交がとだえていたが、**対馬藩**の仲立ちで国交が再開した。将軍の代がわりごとに**朝鮮通信使**が江戸に派遣された。
└長崎県。大名は宗氏
└江戸時代を通じて12回来日

▶ 対馬藩が朝鮮の釜山に倭館を置き、貿易を行った。

輸出品	銀・銅
輸入品	生糸・朝鮮にんじん

街道沿いの人々の歓迎を受けた。

▲ 朝鮮通信使

2 琉球王国

▶ **薩摩藩**が支配し属国とした。琉球王国は明や清にも服属しており、薩摩藩は琉球王国を通じて中国の文物を入手した。
└鹿児島県。大名は島津氏
└国王は尚氏

▶ 将軍と琉球国王の代がわりごとに**琉球使節**が江戸に派遣された。

3 蝦夷地

▶ 蝦夷地南部に領地をもつ**松前藩**がアイヌの人々との交易の独占権を幕府に認められていた。
└千島列島や樺太、中国とも交易していた

▶ 松前藩の不正な取り引きにいかったアイヌの人々は、1669年、首長の**シャクシャイン**を指導者に反乱をおこしたが敗れ、さらに厳しい支配を受けた。

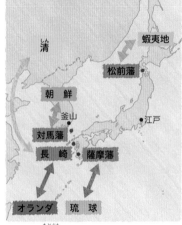

▲ 4つの窓口

⊕ズームアップ 琉球王国
➡ p.385

⊕ズームアップ アイヌの人々
➡ p.267

─── くわしい学習 ───

● **Q** オランダもキリスト教国ですが、江戸幕府はなぜ貿易を許したのですか。

● **A** キリスト教の布教を行わないと約束したからです。スペインやポルトガルは海外布教に力を入れた**カトリック**を信仰する国でしたが、オランダは**宗教改革**でカトリックの批判から生まれた**プロテスタント**の国でした。江戸幕府は世界情勢を知るために、オランダ船が来航するたびに、商館長に「**オランダ風説書**」という報告書を提出させました。

輸出品	金・銀・銅・俵物
輸入品	中国の生糸・絹織物

▲ オランダとの貿易品

パワーアップ

17世紀、朝鮮との友好関係を築くことに努力したのが雨森芳洲です。中国語や朝鮮語ができた芳洲は対馬藩に仕え、国どうしが交流を深めるためには、相手国の歴史や文化、作法を理解し、真心をもって交わることが必要であると主張しました。

3 産業と都市の発達

学習のポイント

1. 幕府や藩は**新田開発**に力を注いだ。
2. 各地で手工業が発達し、**特産物**が生まれた。
3. 産業の発達にともない、交通網が整備された。
4. 「天下の台所」である大阪や、「将軍のおひざもと」である江戸が栄えた。

1 農業の発達 ★★

1 新田開発
収入の中心が年貢だった幕府や藩は、年貢を増やすために、**新田開発**や用水路・堤防の建設を積極的に行った。その結果、江戸時代中期には、初期に比べて耕地面積が約2倍に増えた。
└玉川上水が有名

2 農業技術の進歩

● 農具の改良……新しい農具が使われて農作業の効率が高まり、耕地面積が増加しても対応できるようになった。

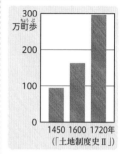

参考 **全国の耕地面積の移り変わり**

（「土地制度史Ⅱ」）

風の力でもみがらをふき飛ばす。

鉄製の歯に稲穂をかけて引き、もみをはずす。

ふるいの上から米を流し、粒の選別をする。

とうみ

千歯こき

千石どおし

備中ぐわ

刃先が分かれているため、土がつきにくく、深く耕せる。

▲さまざまな農具

● 商品作物……綿・なたね・茶・麻などの売ることを目的とした作物（**商品作物**）がつくられるようになり、農村でも貨幣が広く使われるようになった。

● 肥料……**ほしか**や**油かす**などの金肥が使われるようになった。
└干したいわし　└なたねや大豆の油をしぼった後の残りかす　└お金を出して買う肥料

参考 **なたね**
なたねからとる油はおもに灯火に利用され、夜も室内で仕事ができるようになった。また、しぼりかすは肥料などに用いられた。

パワーアップ

17世紀、福岡藩士だった宮崎安貞が『農業全書』という本を発行しました。この本は農業に関する参考書で、稲作だけでなく農業全般について、字の読めない農民にもわかるように図版を多用し、農業技術を広く浸透させました。

2 産業の発達 ★

1 水産業

❶ 漁網の改良……九十九里浜では地引き網によるいわし漁がさかんになった。
└千葉県

❷ 特色ある漁業……紀伊や土佐
└和歌山県 └高知県
では捕鯨やかつお漁、蝦夷地ではにしん・さけ・こんぶ漁がさかんになった。

❸ 製塩業……瀬戸内海沿岸では
└太陽熱や風で海水の水分を蒸発させて塩をとる
塩田が発達した。

船団でもりと網を使ってとらえた。

▲捕鯨のようす

2 鉱　業　採鉱の技術が進み、金・銀・銅は貨幣にされるとともに、重要な輸出品となった。

おもな鉱山	
金	佐渡(新潟県)・伊豆(静岡県)
銀	石見(島根県)・生野(兵庫県)
銅	足尾(栃木県)・別子(愛媛県)

参考 石見銀山

戦国時代、石見銀山をめぐって大名たちは争奪戦をくり広げ、豊臣秀吉は産出される銀を朝鮮侵略の軍資金にあてた。2007年、ユネスコの世界文化遺産に「石見銀山遺跡とその文化的景観」として登録された。

3 手工業　農作業のないときに織物や和紙などをつくるようになり、各地で特産物が生まれた。

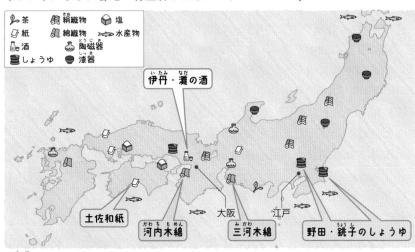

伊丹・灘の酒

土佐和紙

大阪

江戸

河内木綿

三河木綿

野田・銚子のしょうゆ

凡例：茶　絹織物　塩　紙　綿織物　水産物　酒　陶磁器　しょうゆ　漆器

▲江戸時代のおもな特産物

雑学ハカセ　江戸時代、鯨は食肉としてだけでなく、鯨油は灯火用や害虫の駆除に、ひげや歯は髪をかざるくしなどの工芸品に、骨は肥料にと、捨てるところがないといわれるくらい余すところなく利用されていました。

3 交通網の発達と都市の繁栄 ★★

1 交通網の整備

● **陸上交通**……参勤交代の大名行列で利用することから、江戸を中心に**五街道**（**東海道・中山道・奥州街道・日光街道・甲州街道**）が整備され、旅人の利用も増加した。交通の要所には**関所**が置かれ、「**入り鉄砲に出女**」は特に厳しく調べられた。通信手段として、手紙などを運ぶ**飛脚**も発達した。

▲江戸時代の交通

● **海上交通**……おもに日用品を大阪から江戸に運ぶために、**菱垣廻船**や**樽廻船**が定期的に往復した。また、東北地方や北陸地方の年貢米を大阪へ運ぶ**西まわり航路**、江戸へ運ぶ**東まわり航路**が江戸の商人**河村瑞賢**によって整備された。

2 三都の繁栄　江戸・大阪・京都は三都と呼ばれた。

● **江戸**……「将軍のおひざもと」の江戸には、各藩の江戸屋敷の武士や旗本・御家人、その生活を支える商人や職人がくらしており、18世紀初めには人口が100万人をこえる世界有数の大都市となった。

● **大阪**……大阪は「**天下の台所**」といわれ、各藩が蔵屋敷を置いて、年貢米や特産物を販売し、商業の中心地として栄えた。

● **京都**……京都は古くからの都で、学問や文化の中心地として栄えた。高度な技術をもつ手工業者が多く、西陣織や清水焼などの工芸品を生産していた。

ことば　入り鉄砲に出女
中世の関所はおもに通行料を取るために置かれていたが、江戸時代の関所は江戸の治安を守るためのものであった。江戸へ武器をもちこむことと、おもに江戸屋敷に住む大名の妻が江戸を出ていくことを厳重に取りしまったことを表す。

▲蔵屋敷

パワーアップ　西まわり航路を周航する船は「北前船」と呼ばれました。大阪で塩や酒、衣服などを積みこんだ北前船は春から夏にかけて、蝦夷地に向けて日本海を北上しながら、各港で商売をし、蝦夷地でこんぶなどの海産物を積みこむと、夏から秋にかけて大阪に向かいました。

3 **都市の発達**　産業や交通の発達によって、特色ある都市が形成された。

❶ **城下町**……大名の城を中心に栄えた町を**城下町**という。武士の住む区域と町人の住む区域に分かれていた。

❷ **港町**……船による輸送の拠点として栄えた町を**港町**という。西まわり航路の拠点の酒田などが有名である。
_{（山形県）}

❸ **宿場町**……宿場を中心に栄えた町を**宿場町**という。街道沿いに、大名の宿泊所となる**本陣**や庶民が宿泊する旅籠などが整備された。

❹ **門前町**……寺院の門前に栄えた町を**門前町**という。伊勢神宮の宇治山田や善光寺の長野などが有名である。
_{（三重県）（長野県）}

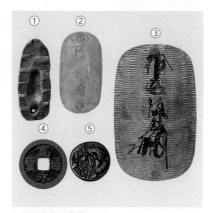

▲江戸時代の貨幣
①慶長丁銀　②慶長小判　③慶長大判
④寛永通宝　⑤慶長豆板銀

4 貨幣経済の発達と商人の台頭 ★

1 **貨幣制度**

❶ **幕府**……大判・小判などの金貨は金座、丁銀・豆板銀などの銀貨は銀座、**寛永通宝**などの銅貨は銭座で鋳造した。

❷ **諸藩**……諸藩では、領地でのみ使用される**藩札**という紙幣を発行した。

2 **商人の成長**

❶ **両替商**……江戸では金貨、大阪では銀貨がおもに使用されていた。**両替商**が金・銀・銅の貨幣の交換を行い、のちに預金や貸し付けなど、現在の銀行と同じような仕事を行うようになった。江戸の三井家や大阪の鴻池家は幕府や諸大名にも金を貸して大きな利益を得た。

❷ **株仲間**……大商人たちは同業者組合（**株仲間**）を結成し、幕府や藩に税を納めることで営業の独占権を獲得した。

ひと **三井高利**
伊勢松阪（三重県）の商人で、明治時代以後の三井財閥の祖先にあたる。50才を過ぎて京都と江戸に越後屋呉服店を出し、商家の習慣であった貸し売りをやめ、薄利多売の「現金（現銀）掛け値なし」の商法を取り入れて大繁盛した。両替商も行い、さらに幕府の御用商人にもなって豪商三井家を築いた。

▲にぎわう越後屋呉服店

雑学ハカセ　「東海道五十三次」とは、東海道に整備された53の宿場を表すことばです。幕府や大名の用を務める人馬が置かれるとともに、一般の旅行者の宿屋や商店も立ち並びました。日本一大きな宿場町は宮宿（愛知県名古屋市）で、約250軒の旅籠がありました。

4 幕府政治の移り変わり

学習のポイント

1. 享保・寛政・天保の三大改革では、政治や経済のひきしめをはかった。
2. 老中田沼意次は商人の経済力を利用して、財政再建をはかった。
3. たびたびききんがおこり、農村では**百姓一揆**、都市では**打ちこわし**が多発するようになった。
4. 18世紀末、外国船が通商を求めて、日本近海に出没するようになった。

1 徳川綱吉と元禄の世 ★

1 政治の安定と財政

❶ **文治政治**……17世紀後半から、幕府はこれまでの武力でおさえつける政治（**武断政治**）から、学問（儒学）にもとづく政治（**文治政治**）への転換をはかった。

❷ **財政改革の必要性**……貨幣経済が発達し、商人が経済力をたくわえる一方、年貢収入にたよる幕府や藩は財政難におちいるようになった。

2 5代将軍徳川綱吉の政治

❶ **朱子学の重視**……綱吉は主従関係や上下関係を大切にする**朱子学**（儒学の一派）を重視し、身分制度の維持を目ざした。湯島に孔子を祭る聖堂を建て、ここに林家の私塾を移転させて武士の教育にあたらせた。
〔宋の時代に朱熹（朱子）が始めた新しい儒学〕
〔紀元前6世紀ごろに儒学を始めた〕

❷ **貨幣のつくり直し**……財政難を切りぬけるため、綱吉は質を落とした貨幣を大量に発行したが、かえって物価が上がり、人々の生活は苦しくなった。

❸ **生類憐みの令**……綱吉は動物を極端に保護する**生類憐みの令**を出し、命令にそむいた者を厳しく処罰した。特に犬を大切にしたため、人々は綱吉を「**犬公方**」と呼んだ。

❹ **元禄文化**……17世紀末から18世紀初めの元禄期に、**上方**（大阪・京都）を中心に、豊かな町人の文化（**元禄文化**）が栄えた。

● 徳川綱吉

ひと 貨幣の改悪や生類憐みの令などによって、徳川綱吉の政治は悪政であったとの評価がこれまでは多かったが、近年、戦国時代の気風をぬぐいさり、命を大切にする風潮をつくりあげたことや、徳川吉宗が政治改革の手本としていたことなど、再評価されつつある。

🔍ズームアップ 元禄文化
➡ p.422

雑学ハカセ 元々、生類憐みの令は捨て子や病人の保護、動物の保護を目的とするもので、命を大切にする法令だったといえます。ただ、綱吉の犬好きはたいへんなもので、犬の戸籍をつくり、野犬用に施設をつくらせました。また、愛用の湯たんぽも犬の形をしていたそうです。

3 正徳の治 6代将軍徳川家宣、7代将軍徳川家継に仕えた朱子学者の**新井白石**が政治の立て直しに取り組んだ。白石によって行われたこの政治を、**正徳の治**という。

❶ 綱吉の政治の否定……生類憐みの令を廃止し、物価の安定のために、貨幣の質を元にもどした。

❷ 貿易の制限……金や銀が海外に流出するのを防ぐために、長崎での貿易を制限した(長崎新令)。

▲新井白石

2 徳川吉宗と享保の改革 ★★

1 享保の改革 8代将軍徳川吉宗が行った改革を
1716〜45年
享保の改革という。「質素・倹約」をすすめて、政治の引きしめをはかった。

❶ 財政の立て直し

▶ **新田開発**に努め、税収入を増やそうとした。

▶ 米のできぐあいによって年貢率を決める方法(検見法)から、豊作・不作にかかわらず年貢率を一定にする方法(定免法)に改めた。

▶ 参勤交代の際の大名の江戸滞在期間を1年から半年に短縮するかわりに、石高1万石につき100石の米を幕府に納めさせた(**上げ米の制**)。

❷ 人材の登用……有能だが石高が低い人物を高い役職につけるときは、在職中に限って石高の不足を足す制度(**足高の制**)を定めた。

❸ 裁判の公正……裁判の基準を定め、裁判を公正に行うために、**公事方御定書**という法律を定めた。
1742年

❹ その他の改革

▶ 民衆の意見を広く聞き入れるために**目安箱**を設置し、政治の参考にした。

▶ ききんに備えて、**青木昆陽**にさつまいもの栽培を研究させた。

▶ キリスト教に関係のない漢訳洋書の輸入を許可
蘭学が発達した
した。

● **徳川吉宗**
ひと 7代将軍がわずか8才で亡くなり、あとつぎがいなかったことから、御三家の1つである紀伊藩の藩主であった吉宗が8代将軍となった。「米将軍」と呼ばれた吉宗は質素・倹約を自らにも課し、木綿の肌着しか身につけず、食事は1日2回、一汁一菜を守ったという。

公事方御定書
史料 一、人を殺しぬすんだ者は引き回しの上、獄門とする。

一、領主に対して一揆をおこし、集団で村からにげ出したときは、指導者は死刑、名主(庄屋)はおもな都市から追放とする。

パワーアップ

目安箱への投書によって、小石川養生所が設けられました。江戸の町医者が貧しい人々や身寄りのない病人を無償で治療する施設の必要性を目安箱に投書し、足高の制で登用されていた江戸町奉行の大岡忠相が開設に向けて努力しました。

3 農村の変化と百姓一揆 ★★

1 農村の変化
江戸時代中ごろから、商品作物を栽培するために、農民が肥料や農具を買うようになった。成功して豊かになり、**地主**が出現する一方、土地を手放して**小作人**になる者も増え、農民の間で格差が生じた。

2 農村での手工業の発達

❶ **問屋制家内工業**……18世紀、問屋が道具を農家に貸して製品をつくらせる**問屋制家内工業**がおこった。

❷ **工場制手工業**……19世紀、大商人や地主が作業場を建設し、人を集めて分業によって生産を行う**工場制手工業**がおこった。
┌マニュファクチュアともいう

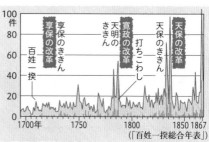

糸を運ぶ。　主人と客

糸をくる。

はたを織る。

▲工場制手工業

3 百姓一揆と打ちこわし

❶ **背景**……貨幣経済が発達し、財政が苦しくなった幕府や藩は年貢率を高くした。また、天候不順や自然災害からききんがたびたびおきた。

❷ **農村**……年貢を減らすことや不正を働く役人の交代をうったえ、農民が団結して**百姓一揆**をおこした。

❸ **都市**……都市の貧しい人々が、米の買いしめを行う商人の家を集団でおそう**打ちこわし**をおこした。

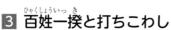

▲増える百姓一揆と三大ききん

（「百姓一揆総合年表」）

くわしい学習

Q 百姓一揆の連判状は、なぜ円形に書かれているのですか。

A 中心人物がだれなのかわからないようにするためです。このような形式の書名を**からかさ連判状**といいます。徳川吉宗が定めた**公事方御定書**でも、一揆の指導者は死刑と定められていました。放射状に署名することによって、中心人物をわからなくし、平等に責任を負おうとしたのです。

▲からかさ連判状

入試では

百姓一揆は農民が年貢を減らすことなどを求め、支配者に対しておこした集団行動で、江戸時代におこされたものに限定されます。江戸時代以前の土一揆・国一揆・一向一揆とのちがいを整理しておきましょう。

4 田沼の政治と寛政の改革 ★★

1 **田沼意次の政治** 老中田沼意次は、財政再建に商人の経済力を利用しようとした。

❶ 商業……商人に同業者組合である**株仲間**の結成をすすめ、特権をあたえるかわりに一定の税を納めさせた。

❷ 貿易……長崎貿易で、銅の専売制と俵物の輸出を積極的に行い、金銀の流入をはかった。
　干しあわびやふかひれなどの海産物の乾物

❸ 新田開発……商人の資金で印旛沼や手賀沼(ともに千葉県)を干拓し、農地を広げようとした。

❹ 失脚……経済活動は活発化したが、役人へのわいろが広まり、政治が乱れた。さらに、冷害による不作、浅間山の噴火により**天明のききん**がおこった。百姓一揆や打ちこわしが各地でおこり、田沼は老中を辞めさせられた。

2 **寛政の改革** 老中松平定信が行った改革を寛政の改革という。享保の改革にならい、「質素・倹約」をすすめた。
　1787〜93年　　徳川吉宗の孫・白河藩主　しっそ　けんやく

❶ 農村の立て直し……農民の出かせぎを禁じて江戸に出てきていた農民を村に帰し、商品作物の栽培を制限して米の生産をすすめた。大名にはききんに備えて米をたくわえさせた(**囲い米**)。
　せいげん　天明のききんの際、白河藩(福島県)は領内に餓死者を出さなかった

❷ 旗本・御家人対策……旗本・御家人の生活難を救うため、商人からの借金を帳消しにする法令(**棄捐令**)を出した。

❸ 朱子学の重視……江戸の湯島に学問所(のちの**昌平坂学問所**)をつくり、人材を育てるとともに、学問所で朱子学以外の学問を教えることを禁じた(**寛政異学の禁**)。

❹ 失脚……定信の行った改革はあまりにも厳しい内容だったため、人々の反感を買い、定信は6年で老中の座を追われた。

ひと 田沼意次

田沼の時代はわいろが横行し、政治が腐敗していたといわれることが多かったが、田沼がとった経済政策は、幕府の財政が行きづまっていたこの時期に即したものだったと、近年、再評価する動きが出ている。

史料 狂歌
「白河の　清きに魚のすみかねて　元のにごりの　田沼恋しき」

《表の意味》
川が清すぎて、魚のエサもないので、元の住みかの沼が恋しい。

《裏の意味》
白河藩主だった松平定信はあまりにも清い政治をしていて息苦しい。以前の田沼意次の時代には汚職などもあったが、自由だったその時代がなつかしい。

パワーアップ 享保・天明・天保のききんを江戸時代の三大ききんといいます。中でも天明のききんは東北地方の冷害、全国的な長雨と冷夏に加え、浅間山の噴火による火山灰が日照不足を招きました。疫病も流行し、6年間続いたこのききんの死者は90万人をこえたといわれています。

5 外国船の来航と天保の改革 ★★

1 外国船の来航と幕府の対策

❶ ロシアの来航……1792年にロシアの**ラクスマン**が**根室**に、1804年にはレザノフが長崎に来航し、通商を求めた。幕府は要求を拒否して鎖国を守るとともに、近藤重蔵や**間宮林蔵**に千島や樺太の探検を行わせ、19世紀には蝦夷地を直接幕府の支配下に置いた。

▲おもな外国船の来航地

地図中の表記:
- ラクスマン来航（1792年）根室
- レザノフ来航（1804年）
- ペリー来航（1853年）浦賀
- モリソン号事件（1837年）
- フェートン号事件（1808年）
- 長崎
- 山川

❷ 異国船打払令……1808年、イギリス船フェートン号が長崎港に侵入し、オランダ商館員を人質に薪水・食料などを強奪して去った（**フェートン号事件**）。相次ぐ外国船の来航に、1825年、幕府は**異国船打払令**を出し、鎖国体制の維持に努めた。

❸ 蛮社の獄……1837年に漂流民を送り届けてきたアメリカ船モリソン号を異国船打払令にもとづいて砲撃した（**モリソン号事件**）。これを批判した蘭学者の**高野長英**や**渡辺崋山**が処罰された（**蛮社の獄**）。

❹ 天保の薪水給与令……1842年、アヘン戦争で清がイギリスに敗北したことが伝わると、老中水野忠邦は異国船打払令を廃止し、外国船に薪や食料、水をあたえて引き取らせるよう方針を転換するとともに、軍事力の強化を目ざした。

2 大塩平八郎の乱

松平定信が失脚した後、11代将軍徳川家斉が約50年間、自ら政治を行った。後半、政治は乱れ、天保のききんもおきて、社会は混乱した。

1837年、幕府の元役人であった**大塩平八郎**が、ききんで困っている人々を救おうと大阪で乱をおこした。乱は1日でしずめられたが、幕府の直轄地で元役人が乱をおこしたことは、幕府に強い衝撃をあたえた。

ことば アヘン戦争
イギリスが不法にもちこんだアヘン（麻薬）を清が没収したことをきっかけにおこった戦争。イギリスはこの戦争の勝利をきっかけに、清への侵略を始めた。

ひと 大塩平八郎
大阪町奉行所の役人を辞めた後、弟子を集めて儒学の一派である陽明学を教えた。ききんに苦しむ人々を見て、自らの蔵書などを売って救済にあたり、奉行所にもうったえたが聞き入れられず、反旗をひるがえした。

雑学ハカセ 江戸時代、日本人は国外に出ることを禁じられていましたが、伊勢（三重県）の船頭だった大黒屋光太夫は江戸に向かう途中に遭難し、アリューシャン列島のアムチトカ島に漂着しました。光太夫はその後ロシアの女帝に謁見し、ラクスマンの船で根室に帰還しました。

3 天保の改革 老中水野忠邦が行った改革を天保
1841〜43年
の改革といい、厳しい倹約令を出して、ぜいたくを禁
止した。

❶ **農村の立て直し**……江戸に出てきている農民を農
村に帰らせた（**人返しの法**）。

❷ **物価対策**……物価が激しく上がる原因は株仲間の
流通の独占にあるとして、**株仲間の解散**を命じた。

❸ **失脚**……江戸・大阪周辺を幕府の領地にしようと
する**上知令**を出したが、大名などの反対にあって
忠邦は失脚し、改革は失敗に終わった。

▲水野忠邦

4 諸藩の改革 藩政改革に成功し、
幕府に対抗するほどの力をつけた藩も
あった。

❶ **薩摩藩**……砂糖の専売制や琉球王
鹿児島県 〔奄美大島のさとうきび〕
国を通じた密貿易で利益をあげた。

❷ **肥前藩**……陶磁器の専売制で利益
佐賀県 〔有田焼〕
をあげた。

❸ **長州藩**……紙・ろうの専売制や関
山口県
門海峡を通過する船に対する金融
業で利益をあげた。

福井藩	紙
肥前藩	陶磁器
長州藩	紙・ろう
土佐藩	紙・砂糖
薩摩藩	砂糖
宇和島藩	紙・ろう

▲藩政改革に成功した藩とその専売品

━━━━ く わ し い 学 習 ━━━━

📖 **テーマ** 江戸時代の政治改革を比較してみよう。

🔍 **研究**

		享保の改革	田沼の政治	寛政の改革	天保の改革
時　期		18世紀前期	18世紀中期	18世紀後期	19世紀中期
人　物		8代将軍徳川吉宗	老中田沼意次	老中松平定信	老中水野忠邦
方針		質素・倹約 農村重視	経済重視 商人の経済力重視	質素・倹約 農村重視	質素・倹約 農村重視
政策		上げ米の制 足高の制 **公事方御定書** 目安箱の設置	株仲間のしょうれい 長崎貿易の活発化 印旛沼・手賀沼の干拓	囲い米 棄捐令 寛政異学の禁	人返しの法 **株仲間の解散** 上知令
結果		幕府の財政はいったんもち直した	わいろ政治が横行した	人々の不満が高まった	大名らの反対で失敗に終わった

雑学ハカセ 薩摩藩の財政を再建したのは調所広郷という人物です。薩摩藩のばく大な借金を無利子で
250年かけて返済することを商人に承知させ（明治維新で返済しませんでした）、専売制と密
貿易で巨利を得ました。しかし、密貿易が幕府に見つかり、責任を負って自殺しました。

5 江戸時代の文化と新しい学問

学習のポイント

1. 江戸時代前期は上方(大阪・京都)、後期は江戸が文化の中心となった。
2. 江戸時代は町人が文化を発展させる中心となった。
3. 身分秩序を重んじる幕府は朱子学を重視した。
4. 国学や蘭学などの新しい学問が登場した。

1 元禄文化 ★★

1 元禄文化の特色

17世紀末〜18世紀初め、5代将軍徳川綱吉のころに、上方(大阪・京都)の町人をにない手とする文化が発展した。当時の元号から、この文化を元禄文化という。

2 文芸・芸能

❶ 浮世草子……井原西鶴が町人の生活や心理をいきいきと浮世草子(小説)にえがいた。『世間胸算用』『日本永代蔵』などの作品を書いた。

❷ 人形浄瑠璃……近松門左衛門が実際におきた事件や歴史上の物語を題材に、義理と人情をえがいた人形浄瑠璃の脚本を書き、人気を集めた。『曽根崎心中』や『国性(姓)爺合戦』などの作品を残した。

❸ 歌舞伎……かぶき踊りから、演劇中心の舞台芸能である歌舞伎に発展した。
└安土桃山時代に出雲の阿国が始めた
上方では坂田藤十郎、江戸では市川団十郎などの人気役者が登場した。

❹ 俳諧……松尾芭蕉が各地を旅しながら、俳諧を芸
└伊賀上野(三重県)出身
術の域にまで高めた。紀行文の『奥の細道』が特に有名である。

ことば 人形浄瑠璃
浄瑠璃を語る人と三味線をひく人とでつくり上げる物語の世界に合わせ、人形つかいが人形をあやつる演劇で、「文楽」とも呼ばれる。ユネスコの無形文化遺産に登録されている。

> 1体の人形を3人であやつる。

▲人形浄瑠璃

史料 『奥の細道』
「夏草や 兵どもが 夢の跡」
「五月雨を 集めて早し 最上川」
芭蕉は旅をしながら、俳句をよんだ。

パワーアップ
安土桃山時代に出雲の阿国が始めたかぶき踊りは女性による歌と踊りを中心とした舞台芸能でしたが、幕府によって禁じられ、男性だけで演じられるようになりました。また、近松門左衛門の脚本は、人形浄瑠璃だけでなく歌舞伎でも演じられています。

3 美術

❶ **装飾画**……はなやかな屏風絵やふすま絵がえがかれ、俵屋宗達や尾形光琳によって大成された。

尾形光琳 京都の呉服屋に生まれ、「燕子花図屏風」などの絵画をはじめ、工芸品にもすぐれた作品を残している。

▲ 蒔絵のすずり箱

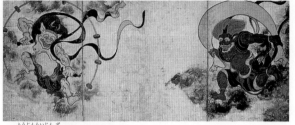
▲「風神雷神図屏風」(俵屋宗達)

❷ **浮世絵**……町人の風俗を題材とした絵画を浮世絵といい、菱川師宣が確立した。「見返り美人図」が代表作である。

小袖

▲「見返り美人図」(菱川師宣)

4 民衆の生活

❶ **衣服**……庶民の衣服として、じょうぶな木綿が普及した。また、小袖といわれる着物が広く着られるようになった。
└現在の和服の原型

❷ **生活**……食事は1日3食になり、菜種油を燃やす
└しぼりかすは油かすとして肥料にした
行灯が家の照明として使われるようになった。ひな祭りや盆踊りなどの年中行事も定着した。

2 江戸時代前期の学問 ★

1 儒学

儒学の一派である朱子学は、身分秩序を重んじる江戸幕府にとって都合のよい学問であった。幕府は湯島に聖堂学問所を建て、のちに
└林家の私塾
それを昌平坂学問所として武士に朱子学を講義した。また、諸藩も人材育成のために、武士の子弟を教育するための藩校を設立した。

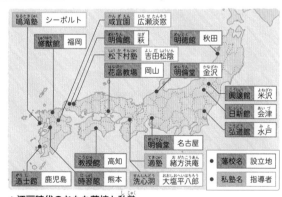

鳴滝塾 シーボルト
咸宜園 広瀬淡窓
明倫館 萩 吉田松陰
松下村塾
修猷館 福岡
明徳館 秋田
花畠教場 岡山
明倫館 金沢
興譲館 米沢
日新館 会津
弘道館 水戸
明倫堂 名古屋
教授館 高知
適塾 緒方洪庵
造士館 鹿児島
時習館 熊本
洗心洞 大塩平八郎

● 藩校名 設立地
● 私塾名 指導者

▲ 江戸時代のおもな藩校と私塾

序章 歴史をさぐる

第1章 日本のあけぼの

第2章 天皇と貴族の世の中

第3章 武士の世の中

第4章 江戸幕府の政治

第5章 明治からの世の中

第6章 戦争と新しい日本

入試では 江戸時代前期の元禄文化と後期の化政文化は、どちらも町人が担った文化ですが、その性質は大きく異なります。文学作品や浮世絵師など、いずれの文化のときのものかを区別できるように整理しておきましょう。

2 その他の学問

- **① 歴史**……水戸藩主の徳川光圀が全国から学者を集めて、『大日本史』の作成を命じた。
- **② 数学**……関孝和が、日本独自の数学である**和算**を確立した。
- **③ 農学**……宮崎安貞が『農業全書』を著し、農業技術の普及に努めた。

3 化政文化 ★★

1 化政文化の特色
19世紀初め、11代将軍徳川家斉のころに、江戸の庶民をにない手とする文化が栄えた。当時の元号である文化・文政から、この文化を化政文化という。しゃれやこっけいを重視した。

2 文学

- **① 小説**……十返舎一九によるこっけい本『東海道中膝栗毛』や曲亭(滝沢)馬琴による読本『南総里見八犬伝』などが人気を集めた。
- **② 俳諧**……与謝蕪村は風景を写実的に表現し、小林一茶は農民の感情をよんだ『おらが春』を著した。
- **③ 川柳・狂歌**……川柳は俳句の形式、狂歌は和歌の形式で、幕府の批判や社会の風刺を行った。 五・七・五・七・七 五・七・五

3 浮世絵
18世紀中ごろに鈴木春信が錦絵と呼ばれる多色刷りの版画を始め、大流行した。歌川広重や葛飾北斎の風景画、喜多川歌麿や東洲斎写楽の人物画が人気を集めた。

▲「東海道五十三次」(歌川広重)

美人画

▲「ポッピンを吹く女」(喜多川歌麿)

役者絵

▲「三世大谷鬼次の奴江戸兵衛」(東洲斎写楽)

ことば 和算
江戸時代初期、寺社に数学の難問の算額がかけられ、数学好きの人々は算額の難問に挑戦して、解法を書いた算額を奉納するなど、和算人気は過熱した。

史料 川柳・狂歌

- **川柳**
「孝行の したい時分に 親はなし」
「役人の 子はにぎにぎを よく覚え」

- **狂歌**
「世の中に 蚊ほどうるさき ものはなし ぶんぶ(文武)といふて 夜も寝られず」

参考 旅行ブーム
江戸時代後期、伊勢参りなどの旅行が大ブームとなり、『東海道中膝栗毛』や歌川広重の浮世絵は旅行熱をかきたてるとともに、ガイドブックの役割も果たした。

雑学ハカセ 『大日本史』の作成を命じた徳川光圀は家康の孫で、水戸黄門として知られています。とても好奇心の強い人物で、中国の学者から教わったラーメンを好み、家臣にもふるまっていたそうです。ただし、テレビドラマのように全国を旅して、悪人をこらしめた事実はありません。

4 江戸時代後期の学問 ★★★

1 国 学 日本の古典を研究し、儒教や仏教の影響を受ける前の日本人の精神や考え方を明らかにしようとする学問を**国学**という。18世紀後半に、**本居宣長**が伊勢松阪（三重県）出身『**古事記伝**』を著し、国学を大成した。のちに、天皇を敬う考え（尊王論）と結びつき、江戸時代末期の尊王攘夷運動に影響をあたえた。

▲本居宣長

ズームアップ 尊王攘夷運動
➡p.434

2 蘭 学 8代将軍徳川吉宗がキリスト教に関係のない漢訳洋書の輸入を許可したことなどをきっかけに、蘭学がさかんになった。

❶ 杉田玄白……**杉田玄白**は**前野良沢**らと、オランダ語の解剖書『**ターヘル-アナトミア**』を翻訳して『**解体新書**』として出版し、蘭学発展の基礎を築いた。玄白は翻訳の苦労を『蘭学事始』として出版した。

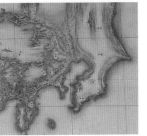
▲『解体新書』のとびら絵

▲杉田玄白

測量道具

▲象限儀

❷ 緒方洪庵……**緒方洪庵**は大阪に、医学を中心とした蘭学を学ぶための**適塾**を開いた。

❸ シーボルト……ドイツ人医師のシーボルトは長崎に**鳴滝塾**を開き、西洋医学を高野長英らに伝えた。
└蛮社の獄で処罰

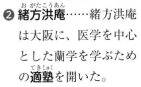
▲伊能忠敬がつくった地図

❹ 伊能忠敬……**伊能忠敬**は50才から江戸に出て天文学や測量学を学び、幕府の命令で全国を測量し、正確な日本地図をつくった。
└「大日本沿海輿地全図」

3 寺子屋 庶民の子弟に「読み・書き・そ
└日本の高い教育水準の源となった
ろばん」などの実用的な学問を教える**寺子屋**が、町だけでなく、農村にも多く開かれた。

先生 生徒の年齢はバラバラ。

▲寺子屋のようす

入試では 伊能忠敬が日本地図をつくったのは、次々と来航する外国船に備えるため、幕府が日本の正確な地図をつくる必要にせまられていたこと、国学から尊王攘夷思想が発展したこと、蘭学者が幕府の鎖国政策を批判したことなど、学問と幕末の情勢をからめて整理しておきましょう。

中学入試にフォーカス 浮世絵（うきよえ）

民衆のための美術　浮世絵は、木版刷りで大量生産されたことで、現在の価格にして数百円で手に入れることができる身近な美術品だった。美しい風景や美しい女性、人気役者がえがかれた浮世絵を、人々は今のポスターと同じような感覚で楽しんだ。手軽な江戸みやげとしても評判がよく、全国に広まった。

①絵師：下絵をかく。　②彫師：版木をほる。

③刷師：何枚もの版木を1枚ずつ刷り重ねる。

▲ 版画の制作工程（せいさくこうてい）

おもな浮世絵師

- **歌川広重**…風景画を得意とし、東海道の宿場町をえがいた「東海道五十三次（じゅうさんつぎ）」などの連作で、人気を集めた。
- **葛飾北斎**…「富嶽三十六景（ふがくさんじゅうろっけい）」は富士山をえがいた連作で、大胆な構図（こうず）が特徴である。
- **喜多川歌麿**…「ポッピンを吹く女」など、町で評判の実在の美人をえがいた。
- **東洲斎写楽**…人気歌舞伎役者の大首絵（おおくびえ）（上半身だけの構図）をえがいた。

▲ 「富嶽三十六景」（葛飾北斎）

海外にあたえた影響（えいきょう）

あざやかな色彩（しきさい）と大胆な構図の浮世絵は、フランスのマネやオランダのゴッホなどヨーロッパの印象派（いんしょうは）の画家たちにも大きな影響をあたえた。画家たちは浮世絵を集め、その技法（ぎほう）を作品に取り入れた。やがてヨーロッパで**ジャポニスム**と呼ばれる日本趣味（しゅみ）が流行し、世界的な芸術運動の発端（ほったん）となった。

▲ 「名所江戸百景」（歌川広重）

▲ 「雨中の大橋」（ゴッホ）

雑学ハカセ　江戸時代は徹底（てってい）したリサイクル社会で、浮世絵もふすまの下張りや包み紙などに使われました。陶磁器を日本から輸入したヨーロッパ人が、商品である陶磁器には目もくれずに、美しい絵がえがかれた極彩色（ごくさいしき）の包み紙に夢中になったことも伝えられています。

👑 絶対暗記ベスト3

1位 参勤交代 大名に1年おきに江戸と領地を往復させる制度。江戸での生活のための費用と大名行列の費用は藩の財政を圧迫した。

2位 鎖国 幕府の対外政策で、日本人の海外への渡航を禁止するとともにキリスト教を禁止し、オランダ・清(中国)との貿易を長崎で独占した。

3位 三大改革 「質素・倹約」を基本とし、財政再建を目ざした。享保の改革(徳川吉宗)・寛政の改革(松平定信)・天保の改革(水野忠邦)の順である。

1 徳川氏の系図

□右の①〜⑤の人物名は？

①→家康 ②→家光

③→綱吉 ④→吉宗

⑤→(松平)定信

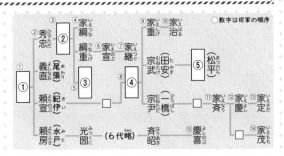

○数字は将軍の順序

2 鎖国下の窓口

□右の①〜③の藩名は？

①蝦夷地と交易→松前藩

②朝鮮と貿易→対馬藩

③琉球王国と貿易→薩摩藩

3 江戸時代の学問

□身分秩序を大切にする学問→朱子学

□日本古来の考え方を大切にする学問→国学

□ヨーロッパの学問や文化を学ぶ学問→蘭学

4 おもな浮世絵師

① ② ③

□上の①〜③をえがいた浮世絵師は？

①→喜多川歌麿 ②→葛飾北斎

③→歌川広重

重点チェック

☑ **❶** 1600年、徳川家康は豊臣政権を守ろうとする石田三成らに[　　　]で勝利し、政治の実権をにぎりました。

❶関ヶ原の戦い　⏺p.404

☑ **❷** ❶のころから徳川氏に従った大名を[　　　]といい、江戸から遠い場所に配置されました。

❷外様大名　⏺p.406

☑ **❸** 1615年、江戸幕府は[　　　]という法律を定め、大名を厳しく統制しました。

❸武家諸法度　⏺p.406

☑ **❹** 幕府や藩は[　　　]の制度をつくり、本百姓に犯罪の防止や年貢の納入に対し連帯で責任を負わせました。

❹五人組　⏺p.408

☑ **❺** 徳川家康は海外進出をおしすすめたことから、東南アジアに出向いて行う[　　　]がさかんになりました。

❺朱印船貿易　⏺p.409

☑ **❻** 1637年、キリスト教徒への迫害や厳しい年貢の取り立てに反発した農民たちが[　　　]をおこしました。

❻島原・天草一揆　⏺p.410

☑ **❼** 幕府はオランダ商館を平戸から長崎の[　　　]に移し、貿易を統制しました。

❼出島　⏺p.410

☑ **❽** 大商人たちは[　　　]という同業者組合をつくり、営業を独占しました。

❽株仲間　⏺p.415

☑ **❾** 江戸時代中期には、農民が団結して年貢の軽減や不正を働く役人の交代などを要求し、[　　　]がたびたび発生しました。

❾百姓一揆　⏺p.418

☑ **❿** 老中[　　　]は商人の経済力を利用して幕府の財政を再建しようとしましたが、わいろが横行しました。

❿田沼意次　⏺p.419

☑ **⓫** 1837年、大阪で幕府の元役人であった[　　　]が反乱をおこし、幕府に衝撃をあたえました。

⓫大塩平八郎　⏺p.420

☑ **⓬** [　　　]は『曽根崎心中』などの人形浄瑠璃の脚本を書き、人気を集めました。

⓬近松門左衛門　⏺p.422

☑ **⓭** [　　　]は『古事記伝』を著し、日本人の精神や考え方を明らかにする国学を大成しました。

⓭本居宣長　⏺p.425

☑ **⓮** 杉田玄白らはオランダ語の解剖書である『ターヘル-アナトミア』を翻訳し、『[　　　]』として出版しました。

⓮解体新書　⏺p.425

☑ **⓯** [　　　]は幕府の命令を受け、全国を測量して正確な日本地図をつくりました。

⓯伊能忠敬　⏺p.425

●次の文を読んで、あとの問いに答えなさい。 【東海中一改】

　江戸に住む人々の生活のため、江戸やその周辺地域にも商工業が発達していきますが、大阪を中心とする物資の流れは江戸時代も続き、諸藩からさまざまな物資が大阪に集まり、大阪から江戸へ物資が輸送されました。

(問)下線部について、1736年に大阪に出荷された、次の①〜③の商品の産地を表しているものを右の図のア〜エから選びなさい。（「地図・グラフ・図解でみる一目でわかる江戸時代」を参考に作成）

① ほしか　　② 綿布　　③ 絹

■ キーポイント

• それぞれの商品の原料から、生産地の特色を導き出す。
• 文中に「江戸やその周辺地域にも商工業が発達」とあることから、東日本の商品は江戸にも集まっていることを考慮に入れる。

■ 正答への道

① ほしかの原料のいわしは沿岸を群れになって回遊する魚であることから、内陸国がふくまれるイ・ウは不適当である。江戸時代、漁網を使った漁法が広まり、特に九十九里浜(現在の千葉県)でさかんになったことからエを選ぶ。
② 綿花栽培は大阪周辺と尾張・三河(現在の愛知県)などで発達したが、尾張・三河の綿布は江戸に出荷されている。ほかの項目を確定することで、答えであるアを導く。
③ 絹の原料は養蚕業によって生産される。葉が蚕のエサとなる桑はおもに盆地で栽培されることから、内陸部に彩色されているイを選ぶ。なお、東北地方や北陸地方に彩色されているウは、西まわり航路によって大阪に運びこまれた米であると判断する。

◆答え◆
　①エ　　②ア　　③イ

●次の表は、江戸時代中期から後期にかけて活躍した弁才船と、江戸時代初期に活躍した朱印船を比較したものです。江戸時代中期以降、朱印船のような船はつくられなくなり、かわって弁才船が活躍するようになりました。そのような変化がおこったのはなぜですか。朱印船と弁才船のちがいをふまえながら、2つの船が活動していた地域を明らかにして、説明しなさい。

【市川中一改】

	朱印船	弁才船
	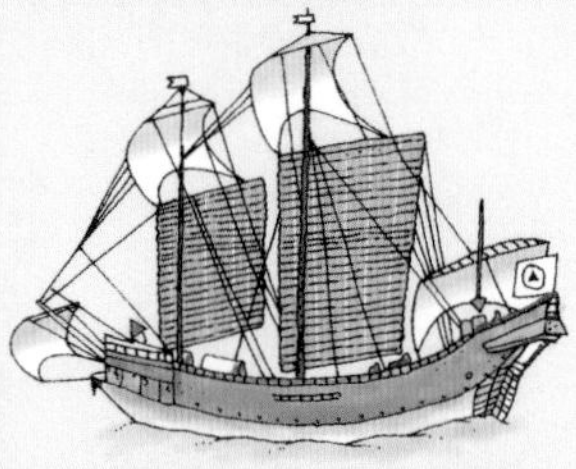	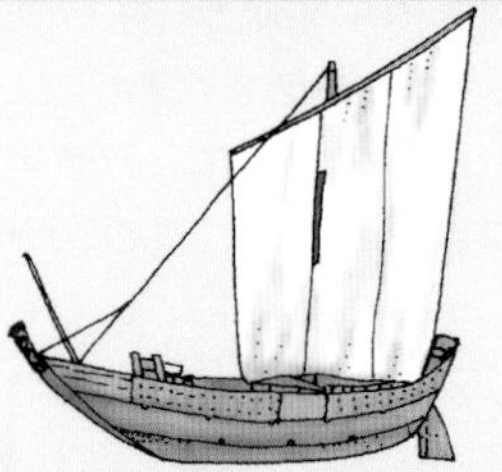
船の積載量	約500 t〜750 t	約30 t〜50 t（大きいもので150 tほど）
乗組員の人数	約300人	150 tの船で約15人

■条件に注意！

2つの船が活動していた地域を明らかにする。

■キーポイント

朱印船がつくられなくなった理由を考える。

■正答への道

・朱印船は外洋航行にたえうる大型船であり、乗組員の人数も多く必要としたことがわかる。
・鎖国政策により、日本人の海外渡航が禁止されたことが大きな転換となった。
・表を比較したとき、弁才船は朱印船より積載量が小さいだけではなく、積載量に対する乗組員の人数が非常に少ないことにも着目する。

解答例

江戸時代初期は東南アジアに出向いて貿易を行っていたため、大型の朱印船が建造された。弁才船が活躍するようになったのは、鎖国政策がとられたため、船の航行が日本近海に限定されたことで、小型で乗組員の数が少なくてすむ弁才船の方が経済的なうえ、国内貨物輸送に適していたからである。

日本の歴史

第5章 明治からの世の中

6年

世の中の移り変わり

　ペリーの来航をきっかけに、約260年間続いた江戸幕府がほろび、武士の時代が終わります。そして、外国へ追いつこうと、天皇を中心とする新しい国づくりへと進む明治時代を経て、世界と肩を並べるようになる大正時代へと移っていきます。

学習することがら

1．開国と江戸幕府の終わり
2．明治維新と文明開化
3．自由民権運動と憲法の制定
4．日清・日露の戦争と条約の改正
5．産業の発達と近代文化
6．第一次世界大戦と普通選挙法

▶自由民権運動と議会政治へのあゆみ

1　われわれが政治を行う！　待て！　国会で政治をするのだ！
　大久保利通　板垣退助

2　国会を開くしかない

3　国会開設に向けて政党をつくるぞ　わしもつくろう！
　大隈重信
　とうとう、政党ができた！

4　1889年2月11日　大日本帝国憲法発布
　絹布の法被をくれるそうだ　憲法の発布だよ…
　はっぴー　はっぴー

5　1890年 最初の衆議院議員総選挙
　投票
　おれたちは投票できないのか…　庶民たち

1 開国と江戸幕府の終わり

学習のポイント

1. 1854年に結んだ**日米和親条約**により、日本は鎖国を終えて開国した。
2. 1858年に結んだ**日米修好通商条約**は、不平等なものであった。
3. 開国により**尊王攘夷**の考えがおこり、**倒幕**の動きがさかんになった。
4. 1867年に15代将軍徳川慶喜が**大政奉還**を行い、江戸幕府が終わった。

1 開国と不平等条約　入試重要度 ★★★

1 ペリー来航

1853年、アメリカ東インド艦隊司令長官のペリーが軍艦4せきで**浦賀**（神奈川県）に現れ、幕府に開国を求めた。幕府は1年後の返事を約束し、朝廷に報告し、大名にも意見を求めた。

> ペリーは琉球（沖縄県）に寄港したのち、1853年、浦賀に現れた。

小笠原諸島6.14〜18
浦賀1853.7.8
（嘉永6.6.3）
ノーフォーク
1852.11.24
マデイラ諸島
12.11〜15
上海5.4〜17
マカオ・香港
4.7〜28
琉球
5.26/7.2
セイロン島
3.10〜15
シンガポール
3.25〜29
セントヘレナ島
1853.1.10〜11
モーリシャス島
2.18〜28
ケープタウン1.24〜2.3
※（　）は陰暦による。

▲ペリー艦隊の航路

2 日米和親条約

（神奈川条約ともいう）

1854年に軍艦7せきで再び現れたペリーの圧力に屈し、幕府は**日米和親条約**を結んだ。日本は、**下田**（静岡県）・**函館**（北海道）の開港、アメリカ船に食料や石炭などを供給することを認め、貿易は行わず開国した。

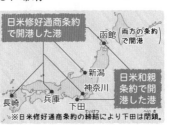

日米修好通商条約で開港した港

両方の条約で開港

函館

新潟

神奈川

兵庫

下田

長崎

日米和親条約で開港した港

※日米修好通商条約の締結により下田は閉鎖。

▲開港地

3 日米修好通商条約

下田に着任したアメリカ総領事**ハリス**は貿易開始を要求した。幕府の大老**井伊直弼**（彦根藩主）は朝廷の許可を得ずに**1858年**に**日米修好通商条約**を結び、**函館・神奈川（横浜）・長崎・新潟・兵庫（神戸）**を開港することになった。同様の条約を、イギリス・オランダ・ロシア・フランスとも結んだ（**安政の五か国条約**）。

史料 泰平の　眠りをさます　上喜撰　たった四杯で　夜も眠れず

ペリーの来航で人々がおどろきあわてるようすを、上喜撰（上等なお茶）のせいで眠ることができない、とうたった狂歌。「上喜撰」には「蒸気船」、「四杯」には「船4せき」という意味がかけられている。

ことば 領事
外国で、自国の貿易や自国民の保護を担当する人。総領事が最高の地位。

🔍ズームアップ 大老 ➡p.405

入試では ペリーの来航地、日米和親条約での開港地、日米修好通商条約での開港地がよく問われます。現在のどこの県にある都市か、地図上での位置はどこかをしっかりと確認しておきましょう。

4 不平等な条約　日米修好通商条約は、日本はアメリカ合衆国に領事裁判権（治外法権）を認め、日本に
└日本で外国人が罪をおかしても、日本の法律で裁けない
関税自主権がない不平等な条約であった。
└輸入品に自由に税をかける権利が日本にない

5 開国の影響　開国、貿易の開始によって、日本の経済は大きな影響を受けた。

❶ 輸出……大量の生糸・茶を輸出したため、国内では品物不足となり、ほかの生活用品も値段が上昇して人々の生活は苦しくなった。

❷ 輸入……機械で大量生産された、価格の安い綿織物の輸入が増加した。そのため、日本の綿織物は売れず、農村の綿栽培や綿織物業が打撃を受けた。

❸ 人々の生活……物価上昇のために人々の生活は苦しくなった。「世直し」を求めて、農村では世直し一揆が、都市では打ちこわしがおこった。
└政治・社会の変革を望む風潮

〔輸出〕
茶 10.5
その他 5.3
1849.1万ドル
生糸 84.2%
※1
※1 まゆ・蚕卵紙をふくむ。

〔輸入〕
武器 7.6
その他 8.0
1407.7万ドル
毛織物 47.6%
綿織物 36.8
※2
※2 綿糸をふくむ。
（1865年）
（『日本経済史3 開港と維新』）

▲幕末の貿易

史料　日米修好通商条約
一、下田・函館のほか、神奈川、長崎、新潟、兵庫を開くこと。
（→神奈川の開港後、下田は閉鎖）

一、すべての輸出入品について、別に定めるとおり、日本の役所に関税を納めること。
（→日本に関税自主権がなく、日本とアメリカが相互に相談して関税率を決定）

一、日本人に対して法をおかしたアメリカ人は、領事裁判所で取り調べ、アメリカの法律で罰すること。
（→領事裁判権、または、治外法権という）

ズームアップ 打ちこわし
➡p.418

くわしい学習

Q 人々は生糸や茶の値上がりにのみ苦しんだのですか。

A 外国と日本の、金と銀の交換比率のちがいによる物価上昇も原因の1つです。

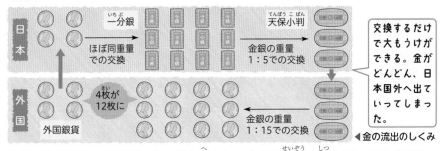

日本
一分銀　天保小判
ほぼ同重量での交換　金銀の重量 1：5での交換

外国
外国銀貨　4枚が12枚に　金銀の重量 1：15での交換

交換するだけで大もうけができる。金がどんどん、日本国外へ出ていってしまった。

◀金の流出のしくみ

金貨の海外流出→金不足→金の量を減らした金貨の製造→質の悪い金貨が流通→それまで1両（金貨1枚）だった商品を2両（金貨2枚）で販売→米など輸出に無関係なものも値上がり→**物価が上昇**。

パワーアップ

幕末の貿易で最大の貿易額の港は神奈川（横浜）、最大の貿易相手国はイギリスでした。アメリカ合衆国は南北戦争（1861～65年。北部を主導するリンカンが大統領になり北部が勝利）で国内が混乱していたため、貿易はおもにイギリスとの間で行われました。

2　江戸幕府の滅亡 ★★★

1 尊王攘夷運動
朝廷の許可を得ずに日米修好通商条約を結び、開国した幕府への批判が高まった。また、尊王論と攘夷論が結びつき、**尊王攘夷運動**に発展した。

尊王論	天皇を尊び、天皇中心の国家建設を目ざす考え
攘夷論	外国勢力を追いはらおうとする考え

2 幕府と尊王攘夷派の対立

❶ **安政の大獄**……1858〜59年、井伊直弼は、幕府の方針に反対する大名や公家、吉田松陰、橋本左内らを処罰した。

❷ **桜田門外の変**……安政の大獄に反発した元水戸藩の武士らが1860年、井伊直弼を江戸城外で暗殺した。

大老が暗殺されるということは、幕府にとって異常な事態。幕府の権威は大きくそこなわれた。

▲桜田門外の変

❸ **公武合体運動**……幕府は、朝廷（公）と幕府（武）が結びつくことで勢力の回復を目ざし、**孝明天皇**の妹和宮を14代将軍**徳川家茂**の妻にむかえた。

❹ **薩摩藩と長州藩の倒幕への動き**

	薩摩藩		長州藩
1862年	• 生麦事件…生麦村（神奈川県横浜市）で薩摩藩の大名行列を横切ったイギリス人を薩摩藩士が殺傷		
1863年	• 薩英戦争…生麦事件の報復としてイギリス艦隊が鹿児島を攻撃→薩摩藩は大きな被害を受け、攘夷は不可能とさとる→倒幕へ	1863年	• 長州藩が下関海峡を通る外国船を砲撃
		1864年	• 四国艦隊下関砲撃事件…イギリスなど4か国の艦隊が下関を砲撃→長州藩は敗北、攘夷は不可能とさとる • 幕府が第一次長州征伐を実施→長州藩は幕府に従う→桂小五郎らが政権をにぎり倒幕へ
1866年	• 薩長同盟…土佐藩出身の坂本龍馬らの仲立ち→薩摩藩と長州藩が協力し倒幕を目ざす • 幕府が第二次長州征伐を実施→征伐失敗		

ひと　吉田松陰
長州藩士。おじの開いた松下村塾を引きつぎ、高杉晋作、伊藤博文らを教育。安政の大獄で処罰された。

ひと　坂本龍馬
土佐藩士。薩長同盟の仲立ちを行ったほか、貿易会社（のちの海援隊）を組織した。「船中八策」（議会制度などをふくむ国家構想）を作成し、大政奉還を推進したが、土佐藩の中岡慎太郎とともに暗殺された。

参考　外国の協力
自国にとって有利になるようにと考え、イギリスは薩摩藩などに武器を、フランスは幕府に武器をあたえ、協力した。

雑学ハカセ　坂本龍馬は、背中に馬のたてがみのような毛が生え、小さいころは泣き虫。江戸で剣術を学んだ剣の使い手。革靴をはき、ピストルをもち、日本人初の新婚旅行を行ったといわれています。しかし、新しい日本を見ることなく京都の近江屋で暗殺されました。

歴史
第8編
日本の歴史

序章
歴史をさぐる

第1章
日本のあけぼの

第2章
天皇と貴族の世の中

第3章
武士の世の中

第4章
江戸幕府の政治

第5章
明治からの世の中

第6章
戦争と新しい日本

中学入試に フォーカス 幕末の動きと倒幕に活躍したおもな人物

▶ 薩摩藩、長州藩の動き

薩摩藩や長州藩は攘夷を実行に移したが、外国の軍事力の強大さを実感し、攘夷が不可能なことをさとった。これ以降、薩摩・長州藩は外国に接近するとともに、幕府にかわる新しい政治体制による国家建設を目ざした。

長州藩
1864年　第一次長州征伐
1864年　四国艦隊下関砲撃事件
1866年　第二次長州征伐
・高杉晋作
・桂小五郎（木戸孝允）
・伊藤博文

公家
・岩倉具視
・三条実美

薩長同盟
（1866年）

桜田門外の変
（1860年）

生麦事件（1862年）

京都

土佐藩
・坂本龍馬
・中岡慎太郎
・板垣退助

肥前藩
・江藤新平
・副島種臣
・大隈重信

薩摩藩
1863年　薩英戦争
・西郷隆盛
・大久保利通
・黒田清隆

明治時代になっても活躍した人たちが多い。

3 人々の動き

世直し一揆、打ちこわしが続く中、第二次長州征伐が失敗すると、幕府のおとろえが明らかになった。1867年には東海地方や近畿地方などで、世直しへの期待から「ええじゃないか」と歌いおどるさわぎが続き、幕府の威信はさらに低下した。

▲ええじゃないか

ひと 高杉晋作
長州藩士。藩の正規兵以外の農民などで奇兵隊を結成。第二次長州征伐で幕府軍に勝利した。

ことば ええじゃないか
伊勢神宮のお札が空から降ってきたといって、人々が「ええじゃないか」と歌いおどった現象。

雑学ハカセ　1863年、京都で新選組が結成されました。「誠」の旗印のもと、近藤勇や土方歳三ら浪人中心の、幕府が公認した、将軍の警護や尊王攘夷派の取りしまりを行う部隊でした。一度、新選組に入ると絶対に脱退することができないという鉄のおきてがありました。

4 江戸幕府の滅亡

❶ **大政奉還**……15代将軍の徳川慶喜は、前土佐藩主（山内豊信（容堂））のすすめで、1867年、政権を朝廷に返した（大政奉還）。

❷ **大政奉還のねらい**……天皇のもと、徳川慶喜が中心となって政治を行おうとした。

❸ **王政復古の大号令**……薩摩藩や長州藩などの計画（岩倉具視が中心）にもとづき、朝廷は王政復古の大号令を出し、天皇中心の新政府成立を宣言した。

❹ **朝廷の命令**……朝廷は徳川慶喜に対して、いっさいの領地と官職を返上するよう命じた。こうした強硬なやり方に対して旧幕府側は反発した。

❺ **戊辰戦争**……旧幕府側の諸藩・幕臣と新政府軍の間で戊辰戦争がおこり、旧幕府軍の敗北で終わった。

> 徳川慶喜が二条城（京都）で、大名らに大政奉還することを発表した。

郎田丹陵筆「大政奉還」聖徳記念絵画館蔵
▲大政奉還

参考 江戸幕府の滅亡
江戸幕府の滅亡により、約260年続いた江戸時代が終わり、鎌倉時代から始まった武士による政治も約700年間で終わった。

ひと 勝海舟
旗本の子。蘭学、西洋兵学、砲術などを学んだ。日米修好通商条約の批准書をアメリカに届ける際には、咸臨丸艦長として日本人初の太平洋横断航海に成功。徳川慶喜の命令を受けて西郷隆盛と会談し、江戸での新政府軍との戦争もなく、江戸城を明けわたした。

くわしい学習

📝 **テーマ**　戊辰戦争について調べてみよう。

🔍 **研究**　▶ 戊辰戦争の開始から終結まで

① **鳥羽・伏見の戦い**（京都。1868年1月）
戊辰戦争が始まる。

② 1868年4月、新政府軍が江戸の総攻撃を予定したが、旧幕府側の**勝海舟**と新政府軍の**西郷隆盛**が交渉し、**江戸城の無血開城**が実現した。

③ **会津戦争**
（1868年8〜9月）

④ **五稜郭の戦い**
（1869年5月）
旧幕府軍の**榎本武揚**らが降伏し、戊辰戦争が終わった。

▲五稜郭

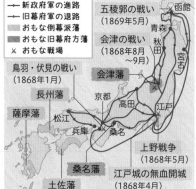

凡例：
→ 新政府軍の進路
→ 旧幕府軍の退路
■ おもな倒幕派藩
■ おもな旧幕府方藩
× おもな戦場

五稜郭の戦い（1869年5月）
会津の戦い（1868年8月〜9月）
鳥羽・伏見の戦い（1868年1月）
上野戦争（1868年5月）
江戸城の無血開城（1868年4月）

函館／青森／秋田／宮古／会津藩／高田／江戸／京都／長州藩／薩摩藩／松江／兵庫／桑名／桑名藩／土佐藩

▲戊辰戦争

入試では　幕末の倒幕の動き〜戊辰戦争終結までのできごとについて、年代の順序を問う問題がよく出題されます。戊辰戦争では、江戸城の無血開城に活躍した勝海舟の名まえを書かせる問題も多く出題されます。徳川慶喜、戊辰戦争なども漢字で書けるようにしておきましょう。

2 明治維新と文明開化

◎学習のポイント

1. 近代国家の建設を目ざす**明治維新**の政治が始まった。

2. 西洋の文化を取り入れ、**文明開化**と呼ばれる風潮がおこった。

3. 外国との国境の画定など、新たな外交活動が始まった。

1 明治維新の政治 ★★★

1 新しい政治

❶ 五箇条の御誓文

1868年、政治の基本方針を定めた五箇条の御誓文が、明治天皇が神にちかうという形で発表された。世論に従って政治を行うことなどを定めた。

▲明治天皇　▲西郷隆盛

▲大久保利通　▲木戸孝允

❷ 五榜の掲示……1868年、

庶民に対しては、一揆やキリスト教の禁止など、江戸幕府の政策を引きついだ**五榜の掲示**を示した。
└5枚の立て札

❸ 東京の誕生……1868年、江戸を**東京**と改め、元号を**明治**とし、翌年に東京を首都とした。

2 藩から県へ　江戸幕府はほろんだが、全国に大名と藩は残っていたため、中央の政府が全国を治める体制を目ざした。
└中央集権体制

❶ 版籍奉還……1869年、大名に土地（版）と人民（籍）を天皇に返させ（版籍奉還）、大名を**知藩事**に任命し、引き続き藩を治めさせた。

❷ 廃藩置県……1871年、藩を廃止して府・県を置き、
└1871年末には1使（開拓使：北海道）3府（東京府・京都府・大阪府）72県あった
政府から**府知事・県令**を送り、政治を行わせた（廃藩置県）。こうして、政府が全国を直接支配するようになった。

ことば 明治維新
明治政府が行ったさまざまな政治改革と、それによる社会の変革のこと。

史料 五箇条の御誓文
一、政治は広く会議を開き、みんなの意見を聞いて決めよう。
一、みんなが心を合わせて新政策を行おう。
一、みんなの志が実現できるようにしよう。
一、これまでの悪いしきたりを改めよう。
一、知識を世界に学び、国を栄えさせよう。

参考 一世一元の制
天皇一代の間の元号（年号）を1つのみとすることで、明治以来、今日まで続く。「大化」に始まる元号は、江戸時代までは、新天皇の即位時だけでなく、争いや病気の流行などを防ぎ、政治の安定化を目ざすために、1人の天皇によって変えられることがたびたびあった。

パワーアップ 中央政府は組織を整備し、701年の大宝律令の形式を復活させ、神祇官や太政官を置きました。そして、廃藩置県後には、太政官の下に神祇省、外務省、大蔵省、兵部省、文部省、工部省、司法省、宮内省、開拓使などを置く制度としました。

3 四民平等 政府は江戸時代の身分制度をやめ、国民はすべて平等であるとした。実際は、天皇の一族は**皇族**、公家と大名は**華族**、武士は**士族**、百姓と町人は**平民**（商人・職人）と呼ばれ、身分のちがいは残った。

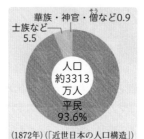

華族・神官・僧など0.9
士族など 5.5

人口 約3313万人

平民 93.6%

(1872年)（「近世日本の人口構造」）

▲新しい身分別人口割合

4 富国強兵 政府は欧米諸国に対抗するため、産業をさかんにして国を富ませ（**富国**）、強い軍隊（**強兵**）をつくろうと努めた。

❶ 徴兵令……1873年、政府は徴兵令を出し、満20才以上の男子に3年間の兵役の義務を負わせた。（士族・平民の男子が対象）この法令により、農民は働き手をうばわれることになったため、徴兵反対の一揆が各地でおこった。

❷ 地租改正……1873年、財政を安定させるために政府は地租改正を行った。全国の土地を調査し、**地価**を定めて土地所有者に**地券**を発行し、地価の3（土地の値段）%を**地租**として土地所有者に**現金**で納めさせた。それまでの年貢による収入を減らさないように地価を定めたため、農民の負担は江戸時代と変わらず、各地で地租改正反対一揆がおこった。
（1877年には税率を2.5%に引き下げた）

	地租改正前	地租改正後
税の種類	年貢	地租
税率の基準	収穫高や地域により一定せず	全国統一で地価の3%（のちに2.5%）
土地所有者の納税方法	米で納める	現金で納める
政府の収入	年により一定せず	毎年一定した収入
小作料	米で納める	米で納める

❸ 殖産興業……富国を実現するために、近代的な産業を育成しようとする**殖産興業**の政策がとられた。外国から機械を買い入れ、外国の技術者を招いた。（農業・教育などさまざまな分野の「お雇い外国人」がいた）

入試では 徴兵令や地租改正に関する出題は多く、特に地租改正の目的である「安定した収入を得る」や、具体的な内容である「土地所有者が地価の3%を現金で納める」などを文章で書かせる問題がよく出ます。いずれの項目も、内容をしっかり確認しておきましょう。

▶ 1872年、**官営模範工場**として群馬県に富岡製糸場がつくられた。フランスの機械を買い入れ、フランス人技師を招いて、生糸の生産を行った。おもに士族の子女が工女として働いた。

▲富岡製糸場

当時の輸出品の中心
のちに各地の工場で指導者となった

2 文明開化と新しい世の中 ★★

1 文明開化
欧米諸国の制度や技術、生活様式を取り入れ、世の中のようすが大きく変わった。

大都市では文明開化による変化が見られたが、地方や農山村部では変化なし

- 洋館
- スカートの女性
- 洋傘をさす女性
- 鉄道馬車
- 人力車

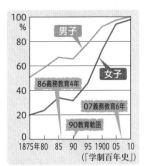

86義務教育4年
07義務教育6年
90教育勅語

男子
女子

▲就学率の変化（「学制百年史」）

2 新しい教育と思想

❶ **学制**……1872年、政府は**学制**を出し、小学校から大学校までの学校制度を定め、**満6才以上の男女を小学校に通わせる**ことを義務とした。
しかし、親は授業料や学校建設費を負担しなければならず、また、子どもは働き手という考えなどから、就学率は低かった。

国民の教養・教育の質を高めるために、現在のような授業形式が始まった。

▲明治初期の小学校の授業

設立人物	学校名
福沢諭吉	慶應義塾（現慶應義塾大学）
新島襄	同志社英学校（現同志社大学）
大隈重信	東京専門学校（現早稲田大学）
津田梅子	女子英学塾（現津田塾大学）

▲民間の高等教育機関

雑学ハカセ このころの小学校は、上の絵に見られるように壁にかけられた図などが教科書のかわりでした。また、ノートもなく、石板にローセキ（白い線が書ける石）のようなもので文字や数字を書きました。

439

❷ 思想……福沢諭吉は『学問のすゝめ』で、人間の平等や学問の大切さ、個人の独立などを説いた。中江兆民はフランスの思想家ルソーの『社会契約論』を翻訳して『民約訳解』として出版し、民主主義の思想を説いた。

「東洋のルソー」と呼ばれた

年	できごと
1868	五箇条の御誓文が発表される
1869	版籍奉還が行われる
1871	廃藩置県が行われる
1872	学制が出される
	富岡製糸場が創業する
1873	徴兵令が出される
	地租改正が行われる

▲明治維新年表

福沢諭吉

ひと 中津藩(大分県)出身。大阪の適塾で緒方洪庵に学んだ。江戸時代の終わりのころ、咸臨丸で勝海舟とともにアメリカへわたった。のちに慶應義塾をつくり、教育や欧米思想の紹介に努力した。『学問のすゝめ』の書き出しは「天は人の上に人をつくらず、人の下に人をつくらず」。

3 生活の変化

❶ ちょんまげと刀……政府は、ちょんまげを切らせ、刀をもつことを禁止した。
└1876年、廃刀令が出された

❷ 太陽暦……1872年、政府はそれまでの太陰暦にかえて太陽暦を採用した。また、1日を24時間とし、週7日制とした。
└日曜日を休日とした

❸ 交通・通信……1869年、東京〜横浜間に信信が通じ、電報の取りあつかいが開始され、1871年には前島密が郵便制度を始めた。1872年、新橋(東京)〜横浜間に鉄道が開通し、1877年には電話が通じた。

蒸気機関車は最初のころ、蒸気船に対して、陸上を動く蒸気の意味から「陸蒸気」と呼ばれた。

▲鉄道の開通

❹ 新聞・雑誌の発行……活版印刷術が発達し、新聞や雑誌が次々と創刊された。
└1870年発行の『横浜毎日新聞』は日本初の日刊紙

❺ 衣食住……欧米の様式が広がった。

衣	ズボン・スカート、ワイシャツ、シルクハット、洋傘、靴、帽子
食	牛なべ、牛乳、バター
住	ガス灯、レンガ造りの家、ガラス窓

ことば ザンギリ頭 ちょんまげを切り、短く切りそろえた髪形。「ザンギリ頭をたたいてみれば、文明開化の音がする」といわれた。

参考 太陽暦の採用 1872年の12月3日から太陽暦を採用し、同日を、1873年の1月1日とした。政府が財政難のため役人の給料支はらいに困り、太陽暦を採用することで12月分の給料をはらわずにすむようにしたという。

参考 キリスト教の許可 五榜の掲示で禁止されていたキリスト教は、1873年にようやく禁止が解かれた。

雑学ハカセ 牛なべ店の登場(1867年)、自転車の使用(1870年)、西洋料理店の登場(1871年)、電灯の設置(1887年)、無声映画の登場(1896年)。また、「電信」は遠くへ物を運んでくれると聞いて、夫への弁当を電信に運んでもらおうと、電線に弁当をぶら下げた女性もいたそうです。

3 国際社会の中の日本 ★★

1 条約の改正

江戸時代末に、幕府が欧米諸国と結んだ**不平等条約**の改正を目ざし、1871年に**岩倉具視**を全権大使とする**岩倉使節団**が欧米に送られた。しかし、日本の法律制度の不備などから失敗し、欧米の制度などを視察して帰国した。

> このとき、岩倉46才、木戸38才、山口32才、伊藤30才、大久保41才。岩倉は着物姿、頭部はちょんまげ、足には革靴。欧米の人々の目には、どのように映ったのだろう？

木戸孝允　山口尚芳　伊藤博文
岩倉具視
▲岩倉使節団
大久保利通

ことば　**岩倉使節団**
岩倉具視を団長とし、使節団員約65名と留学生43名の大使節団。出発は1871年11月12日、帰国は1873年9月13日。

ひと　**津田梅子**
岩倉使節団の留学生43人中の5人の女子留学生の1人。当時は7才で最年少。アメリカに留学し、1882年に日本語を忘れて帰国したという。その後もアメリカに留学した。のちに日本の女子教育の発展に力をつくした。

2 中国・ロシア・朝鮮との条約

相手国	条約名と結んだ年	内容
中国（清）	**日清修好条規** 1871年	日本初の対等な条約。たがいに領事裁判権を認めた。
ロシア	**樺太・千島交換条約** 1875年	樺太をロシア領、千島列島を日本領とした。
朝鮮	**日朝修好条規** 1876年	朝鮮は、日本に領事裁判権と無関税を認めた。

1875年 樺太・千島交換条約　ロシア　樺太（ロシア）　千島列島（日本）
1876年 日朝修好条規
清
1871年 日清修好条規
朝鮮
日本
1872年 琉球藩を設置
1879年 沖縄県を設置
琉球
台湾
琉球諸島
1874年 台湾出兵
小笠原諸島
1876年 領有宣言
▲明治初期の外交と国境

3 北海道、沖縄など

❶ **北海道**……政府は蝦夷地を**北海道**に改め、**開拓使**（北海道開拓にあたった行政機関）を置き、**屯田兵**（北海道の開拓と、北方の警備が目的の兵士）を送って開発を進めた。そのため、先住民の**アイヌ**の人々の生活が失われていった。

❷ **沖縄**……江戸時代に薩摩藩の支配下にあった**琉球王国**を、政府は1872年に**琉球藩**とし、1879年には琉球藩を廃止して**沖縄県**とした。

❸ **小笠原諸島**……政府は、1876年に小笠原諸島が日本の領土であることを各国に通告した。

参考　**征韓論**
武力で朝鮮を開国させようという考えで、西郷隆盛や板垣退助らが主張した。しかし、欧米を視察して帰国した大久保利通や木戸孝允らが、国力の充実を優先するべきだと反対して征韓論を退けたため、西郷や板垣らは政府を去った。

パワーアップ　1873年、征韓論をめぐって政府内の対立があったのちも、政府は朝鮮との国交を結ぼうとしていました。1875年に朝鮮の江華島沖で日本の挑発により戦闘に発展した江華島事件を契機に、翌年、日本に有利な日朝修好条規が結ばれ、朝鮮を開国させました。

③ 自由民権運動と憲法の制定

◎学習のポイント

1. 武力による政府への反抗は**西南戦争**で終わり、以後、言論による**自由民権運動**へと進んだ。

2. 1889年に**大日本帝国憲法**が発布され、1890年に第1回**帝国議会**が開かれたことで、日本も憲法をもとにした近代国家へ歩みはじめた。

1 自由民権運動の高まり ★★★

1 西南戦争

❶ 反乱……農民は徴兵令などに不満をもち、農民一揆をおこした。士族も徴兵令や廃刀令で特権をうばわれ、生活が苦しくなり、不満が高まっていた。

❷ 征韓論……朝鮮に対して武力で開国をせまる**征韓論**が退けられ、西郷隆盛や板垣退助らは政府を去った。
└士族の不満をやわらげるための政策

❸ 西南戦争……各地で不平
└最大で最後の士族の反乱
士族による反乱が続く中、西郷隆盛は1877年、鹿児島で不平士族におされて反乱（**西南戦争**）をおこした。この後は、言論による政府批判が強まった。
└政府の徴兵軍に敗北、西郷は自害

秋月の乱
（1876年）

萩の乱
（1876年）

佐賀の乱
（1874年）

神風連の乱
（1876年）

西南戦争
（1877年）

▲士族の反乱

2 自由民権運動

❶ 民撰議院設立の建白書の提出

1874年、板垣退助らが藩閥政治を批判し、国会の開設を求めた**民撰議院設立の建白書**の提出をきっかけに**自由民権運動**が始まった。不平士族や

▲自由民権運動の演説会のようす

有力農民も参加して、全国的な運動となったが、政府は条例などを出して運動を取りしまった。

板垣退助
ひと 土佐藩（高知県）出身。征韓論で敗れ、民撰議院設立の建白書を提出後、高知で立志社、大阪で愛国社を結成し、**自由民権運動**を進めた。1881年に**自由党**を結成し、党首となった。

自由民権運動
ことば 民撰議院設立の建白書の提出をきっかけに始まった、藩閥政治を批判し、国会開設などの民主的改革を求めた運動。

藩閥政治
参考 政府の重要な地位を、**薩摩藩**（鹿児島県）、**長州藩**（山口県）、**土佐藩**（高知県）、**肥前藩**（佐賀県）の出身者が独占して行った政治。

パワーアップ

自由民権運動の高まりに対して政府は、集会条例や新聞紙条例などを出して取りしまりを強めました。また、讒謗律という言論をおさえる法律を出し、大臣らへの批判は讒謗（＝けなすこと）であるとして、禁止しました。

❷ **国会期成同盟**……1880年、各地の自由民権運動の代表者が**国会期成同盟**を結成し、国会開設を政府に請願した。
└愛国社が発展して結成された組織

❸ **国会開設の勅諭と政党結成**……1881年、政府は**国会開設の勅諭**を出し、10年後の国会開設を天皇の名で約束したため、同年に**板垣退助**は**自由党**を、翌年には**大隈重信**が**立憲改進党**をつくり、国会の開設に備えた。また、各地で憲法草案がつくられた。
└私擬憲法と呼ばれる

自由党		立憲改進党
板垣退助	党首	大隈重信
• フランス流の急進的な自由主義 • 国民主権	主張	• イギリス流のゆるやかな立憲主義 • 議会政治
士族・農民	支持	知識階級・資本家

❹ **運動の激化とおとろえ**……不景気による生活苦のため、自由民権運動は激化したが、政府の厳しい取りしまりによって、一時おとろえた。

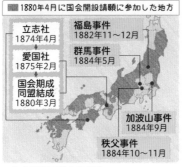

■1880年4月に国会開設請願に参加した地方

立志社 1874年4月
愛国社 1875年2月
国会期成同盟結成 1880年3月
福島事件 1882年11〜12月
群馬事件 1884年5月
加波山事件 1884年9月
秩父事件 1884年10〜11月

▲自由民権運動の広がり

参考 **開拓使官有物はらい下げ事件**

1881年、北海道開拓使の官有物を、薩摩藩出身の開拓使長官が、薩摩藩出身の商人に安くはらい下げしようとして問題化した事件。政府は、世論の批判が高まったためはらい下げを中止し、世論をおさえるために、国会開設の勅諭を発表した。この世論と関係するとして大隈重信が政府から追放された。その後、大隈重信は立憲改進党を結成した。

▲大隈重信

ことば **秩父事件**
1884年、埼玉県秩父で、物価上昇や不景気が原因で借金に苦しむ農民が、借金の減額や免除を求めて**困民党**を組織し、自由党員の指導のもと、役所や金貸しをおそった事件。政府は軍隊を出してこれをおさえた。

歴史 第8編 日本の歴史

序章 歴史をさぐる
第1章 日本のあけぼの
第2章 天皇と貴族の世の中
第3章 武士の世の中
第4章 江戸幕府の政治
第5章 明治からの世の中
第6章 戦争と新しい日本

くわしい学習

テーマ どのような憲法草案(私擬憲法)があったのか調べてみよう。

研究

今日の日本国憲法と比べてもかわらないぐらい、自由や人権を守っている。

東洋大日本国国憲按 (1881年 植木枝盛)	五日市憲法 (五日市〈現在の東京都あきる野市〉)
第42条 日本人民は法律上において平等とする。 第49条 日本人民は思想の自由をもつ。 第54条 日本人民は自由に集会する権利をもつ。	第47条 日本国民は身分や地位にかかわらず、法律上は平等の権利をもつべきである。 第66条 日本国民は法律に定められた場合をのぞいて、これを逮捕することができない。

雑学ハカセ 「権利幸福きらいな人に自由湯(党)をば飲ませたいオッペケペ、オッペケペッポーペッポーポー」。自由党員で俳優の川上音二郎が、政府の取りしまりに対抗するため、演説の主張を歌にしたもので、「演歌」と呼ばれました。

2 憲法制定と国会の開設 ★★★

1 憲法制定の準備

❶ 憲法調査……国会開設に備えて、ヨーロッパに送られた伊藤博文は各国の憲法を調査し、帰国後、皇帝の権力の強い**ドイツ**の憲法をもとに憲法草案の作成にあたった。
プロイセン

▲伊藤博文

❷ 内閣制度……1885年、憲法にもとづく政治(**立憲政治**)に備えて**内閣制度**がつくられ、伊藤博文が**初代内閣総理大臣(首相)**となった。

2 大日本帝国憲法

伊藤博文らによってつくられた憲法草案は、**枢密院**での審議を経て、**1889年2月11日**、天皇が国民にあたえるという**欽定憲法**の形で発布された。これが**大日本帝国憲法**である。

和田英作筆「憲法発布式」聖徳記念絵画館蔵
▲大日本帝国憲法の発布式

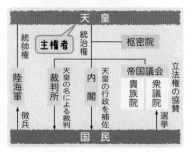

▲大日本帝国憲法下の国家のしくみ

❶ 天皇……**主権者**であり、国の元首として統治権をもち、独立して軍隊を統率した(**統帥権の独立**)。帝国議会の召集や衆議院の解散、陸海軍の指揮、外国と条約を結ぶことや、宣戦や講和なども天皇の権限であった。議会と関係なく独立の命令を出す権限もあった。
国政の最終決定権者
国の代表者

伊藤博文

ひと 長州藩(山口県)出身。松下村塾に学んだ。明治政府の中心人物として、内閣制度を創設し、**初代内閣総理大臣**に就任。また、大日本帝国憲法の制定などに力を注いだ。日露戦争後、韓国統監府の初代統監となったが、暗殺された。

内閣制度

ことば 内閣を国家の最高行政機関とする制度。内閣総理大臣が各国務大臣を率いて内閣を組織。それまでの太政官制にかわってつくられた。

> 明治天皇から黒田清隆(第2代内閣総理大臣)に授けられた。

史料 大日本帝国憲法

第1条 日本は、永久に続く同じ家系の天皇が治める。

第3条 天皇は神聖なもので侵してはならない。

第4条 天皇は国の元首であって、国の統治権をもつ。

第11条 天皇が陸海軍を統帥する。

第20条 国民は兵役の義務をもつ。

第29条 国民は、法律の範囲内で言論、集会、結社の自由をもつ。

枢密院

ことば 憲法草案を審議するためにつくられた機関。憲法が制定された後は、天皇の相談にこたえる機関としての役割をもった。

入試では 大日本帝国憲法に関して、ドイツの憲法を手本にした理由や、国民の人権の保障、主権がだれにあるかを文章で書かせる問題、また、内閣制度の成立時期を、民撰議院設立の建白書の提出や自由党の結成時期などとの並べかえで問う問題がよく出ます。

❷ **内閣**……内閣を構成する各大臣は、天皇に対して責任をもち、帝国議会に対しては責任がなかった。

❸ **国民の人権**……国民は**臣民**とされ、法律の範囲内で言論の自由、裁判を受ける権利、財産権、信教の自由などが認められた。

③ 帝国議会の開設

❶ **衆議院議員総選挙**

1890年、第1回衆議院議員総選挙が行われた。選挙権があたえられたのは、**直接国税15円以上を納める満25才以上の男子のみ**であり、当時の人口のおよそ1.1%にすぎなかった。

国民自由党 5

無所属 45

衆議院定数 300名

立憲自由党 130名

大成会 79

立憲改進党 41

■ 民党（反政府の政党）
■ 吏党（藩閥政府を支持した政党）

▲第1回衆議院議員総選挙の結果

❷ **選挙結果**……自由民権運動の流れをくんだ政党の議員が、議会の過半数をしめた。

年	できごと
1873	征韓論がおこる
1874	民撰議院設立の建白書の提出
1877	西南戦争がおこる
1881	国会開設の勅諭が出される
	自由党が結成される
1882	立憲改進党が結成される
1885	内閣制度ができる
1889	大日本帝国憲法が発布される
1890	第1回衆議院議員総選挙
	教育勅語が発布される

▲国会開設までの流れ

❸ **二院制**……議会は、皇族や華族、多くの税金を納める人々など、天皇から任命された議員からなる**貴族院**と、国民の選挙で選ばれた議員からなる**衆議院**の二院で構成された。貴族院と衆議院は対等であり、予算や法律などの成立には議会の同意が必要であった。

❹ **立憲制国家**……民法や刑法、商法なども発布された。日本は、大日本帝国憲法のもと、議会政治が行われる立憲制国家となった。

参考 大日本帝国憲法

• **三権分立**
天皇主権のもと、立法（帝国議会）、行政（内閣）、司法（裁判所）が分立。

• **天皇**
神聖であり、不可侵な存在。

• **内閣**
天皇の政治への助言機関。

• **国会**
天皇の政治への協賛機関。

• **貴族院**
1884年に**華族令**が公布され、旧大名や公家、政府に貢献のあった者が華族となり、貴族院議員として選出された。

• **裁判**
天皇の名における裁判。

• **人権**
法律で制限。

参考 衆議院議員総選挙

• **選挙権**
選挙権があったのは、地主や豪農が中心であり、当時の人口4000万人のうちの約45万人のみ。

• **立候補**
立候補できたのは直接国税15円以上を納める満30才以上の男子のみ。

ことば 教育勅語
大日本帝国憲法発布の翌年の1890年に発布された、教育の指導理念についての天皇のことば。**忠君愛国**の精神が、生徒に教えこまれた。1945年の太平洋戦争の終戦まで、教育の理念とされた。

雑学ハカセ 大日本帝国憲法の発布を国民は喜び、各地で仮装行列や山車が町をねり歩くなど、お祭りさわぎとなりました。しかし、憲法の内容を知る人は少なく、「憲法の発布」を「絹布の法被」と思いこみ、法被をもらえるとかんちがいした人もいました。

4 日清・日露の戦争と条約の改正

◎学習のポイント

1. 朝鮮に勢力をのばそうとした日本と清との間で、**日清戦争**がおこった。

2. 日本は、三国干渉の中心国のロシアと戦った（**日露戦争**）。

3. 日本は**韓国併合**により、韓国を日本の植民地とした。

4. 条約改正は、領事裁判権の撤廃、関税自主権の完全回復の順に成功した。

1 日清戦争 ★★★

1 朝鮮問題
日本は、日朝修好条規を結んだあとも朝鮮への勢力拡大を目ざしたが、朝鮮を属国とする清と対立が生じていた。

2 日清戦争

❶ 甲午農民戦争……1894年、朝鮮で日本などの外国勢力の排除や減税などを求めて**東学**という民間宗教を信仰する農民が反乱をおこした（**甲午農民戦争**）。

❷ 日清戦争……反乱をしずめるために清が朝鮮に軍隊を派遣すると、日本も軍隊を朝鮮に派遣した。反乱がしずまったあとも両国は軍隊を引きあげず、**1894年**8月、日本と清の間で戦争（**日清戦争**）が始まった。戦争は、近代的な軍事力をもつ日本軍が各地で勝利を収め、翌年、清は降伏した。

「釣り上げた魚（朝鮮）を横取りしてやろう。」

日本　ロシア　清

朝鮮

▲日清戦争ごろの風刺画

参考 日朝修好条規後の朝鮮
朝鮮の人々は重税と、日本人の米の買いしめによる米価上昇で生活が苦しかった。一方、政府内では、日本を見習って近代化を進めようとする勢力と、清との関係を保とうとする勢力の権力争いがあった。

ことば 東学
西学（カトリック）に対して、儒教や仏教などをもとにした民間宗教。

清
満州
遼東半島　　・奉天
大連　　　×
　　　　×平壌　　ロシア
旅順　　　×漢城※
　　　　　　　　朝鮮
　　　　　　　　　　釜山
日本

→ 日本軍の進路
× おもな戦場
■ 三国干渉で返した場所
※ 今のソウル

日清戦争は日本と清の戦争だが、おもに朝鮮半島が戦場となった。

▲日清戦争の戦場

雑学ハカセ 1800年代初期、フランスのナポレオンが軍隊用食料を求めたのを機に、「びん詰」の食料が初めてつくられました。その後、イギリスで缶詰が生まれました。日本では、1870年ごろに初めて缶詰がつくられ、日清戦争時に、軍隊用の食料として急速に広まりました。

③ 下関条約

1895年、下関で日本の代表伊藤博文・陸奥宗光と、清の代表李鴻章らとの間で講和条約（**下関条約**）が結ばれた。

④ 三国干渉

満州や朝鮮など東アジアへ勢力をのばそうとしていた**ロシア**は、ドイツ、フランスをさそい、**遼東半島**を清に返すよう日本に求めた（**三国干渉**）。これに対抗する力のなかった日本は、この要求を受け入れた。

⑤ 戦争後の日本

国民はロシアへの対抗心を強め、政府は軍備を中心に国力の充実を目ざした。
└「臥薪嘗胆（がしんしょうたん）」の標語のもと、対ロシアの気持ちを高めた

2 日露戦争 ★★★

① 中国分割と日英同盟

❶ **中国分割**……日清戦争で清の弱体ぶりがわかると、諸外国は清から租借地を獲得し、鉄道建設や鉱山開発などの利権を手に入れた。
└ある国が他国の領土の一部を借りること
└清は「眠れる獅子（しし）」とおそれられていた

❷ **義和団事件**……外国勢力を追い出そうと活動していた義和団が、1900年に北京にある外国の公使館を取り囲んだが、日本やロシアなどの連合軍にしずめられた（**義和団事件**）。

❸ **日英同盟**……義和団事件後もロシアは満州に兵を残したため、**ロシアの勢力を警戒する日本とイギリス**は、1902年に**日英同盟**を結んだ。

「栗（朝鮮）を取っておいで。」

▲日英同盟の風刺画

清は朝鮮の独立を認める

▲下関条約のおもな内容

当時の日本の歳入　約一億円
清から得た賠償金　約三億一千万円

▲下関条約の賠償金の使い道

※総額には遼東半島返還分と利子もふくむ。（「明治財政史」）

総額 約3億6000万円
- 海軍拡張費 38.6%
- 陸軍拡張費 15.7
- その他の軍事費 30.2
- その他 6.7
- 皇室費用 5.5
- 台湾経営費 3.3

参考 「扶清滅洋」
義和団は「清」を「扶け」、「西洋」などの外国勢力を「滅ぼす」をスローガンとしてかかげた。

▲清の租借地

旅順・大連 1898（ロ）
遼東半島
膠州湾 1898（ド）
威海衛 1898（イ）
九竜半島 1898（イ）
広州湾 1899（フ）
海南島
マカオ 1887（ポ）
香港 1842（イ）
台湾 1895（日本領）
韓国※
ロシア
清
日本

- イギリスの勢力範囲
- ロシアの勢力範囲
- 日本の勢力範囲
- フランスの勢力範囲
- ドイツの勢力範囲
● 外国の領土・租借地
（ロ）はロシア、（イ）はイギリス、（ド）はドイツ、（フ）はフランス、（ポ）はポルトガルを表す。

※朝鮮は1897年に大韓帝国（韓国）と国号を改めた。

歴史　第8編　日本の歴史

序章　歴史をさぐる

第1章　日本のあけぼの

第2章　天皇と貴族の世の中

第3章　武士の世の中

第4章　江戸幕府の政治

第5章　明治からの世の中

第6章　戦争と新しい日本

入試では

日清戦争ごろの風刺画（ビゴー作）や日英同盟の風刺画、日露戦争ごろの風刺画（ビゴー作）などは、絵の題材として何があつかわれているのか、絵画中のものが何を表しているのかが問われます。時代背景をおさえたうえで、しっかりと理解しておきましょう。

② 日露戦争

❶ 開戦と結果……日本とロシアの交渉は行きづまり、**1904年**に**日露戦争**が始まった。日本は戦いを有利に進め、**日本海海戦**では**東郷平八郎**の率いる艦隊がロシアのバルチック艦隊を破った。しかし、日本は兵力や戦費が不足し、ロシアは国内で革命運動がおこり、両国とも戦争継続が困難になり、アメリカ合衆国大統領セオドア=ローズベルト（ルーズベルト）の仲立ちで講和会議がポーツマスで開かれ、**ポーツマス条約**が結ばれた。

日本の代表小村寿太郎　アメリカ合衆国の都市

▲日露戦争ごろの風刺画

▲日露戦争の戦場

❷ 条約反対……国民は戦費調達のための重税や多くの犠牲にたえて戦争に協力してきたが、**賠償金を得られなかった**ため、各地で講和反対の集会が開かれ、東京では**日比谷焼き打ち事件**がおこった。

❸ 日露戦争に対する国民の考え

国民の多くは、三国干渉を行ったロシアへの反感をもち、新聞の多くは、ロシアとの開戦を主張した。しかし、キリスト教徒の**内村鑑三**や社会主義者の**幸徳秋水**らは開戦に反対し、**与謝野晶子**は戦場の弟を思い、「**君死にたまふことなかれ**」と題した詩を発表して、反戦をうったえた。

▲ポーツマス条約で日本が得た利権

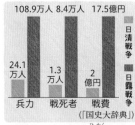

▲日清・日露戦争の比較

ことば 日比谷焼き打ち事件
ポーツマス条約で賠償金が得られなかったことへの反発から東京の日比谷で、群衆が警察署などを焼き打ちした事件。政府は軍隊を出してこれをしずめた。

史料 「君死にたまふことなかれ」
あゝをとうとよ君を泣く
君死にたまふことなかれ
末に生れし君なれば
親のなさけはまさりしも
親は刃をにぎらせて
人を殺せとをしへしや
人を殺して死ねよとて
二十四までをそだてしや
…

▲与謝野晶子

 入試では 日清戦争後の下関条約の内容と、日露戦争後のポーツマス条約の内容のちがい、日比谷焼き打ち事件がおこった理由などを理解しておきましょう。

④ 戦争の影響

▶ 日本がロシアに勝ったため、アジア各地の植民地や世界の独立運動に刺激をあたえた。

▶ 日本の国際的地位が上がった。

▶ 日本は、ロシアから得た鉄道の利権をもとに**南満州鉄道株式会社**を設立し、満州を足場に大陸進出を進めた。

3 朝鮮と中国のようす ★

1 韓国併合へ

① 韓国統監府の設置……ポーツマス条約後、日本は漢城に**統監府**を置いて韓国の政治を監督したため、韓国で反日運動がおこった。
└現在のソウル。併合後、日本は京城と改めた

② 朝鮮総督府の設置……初代統監**伊藤博文**が韓国の**安重根**に暗殺された翌年の**1910年**、日本は**韓国併合**を行い、**朝鮮総督府**を置いて植民地支配を行った。
└韓国併合後、日本は韓国の地を「朝鮮」と呼んだ
└生活に困った朝鮮の人々の一部は、日本へ移住した

③ 朝鮮の人々……朝鮮では日本語の教育が行われ、土地調査によって土地を失う人もいた。

2 辛亥革命

① 革命運動……中国国内では、1911年に清をたおそうとする革命運動がさかんになった。

② 中華民国成立……1912年、運動の中心人物である**孫文**を臨時大総統として**中華民国**が成立し、清はほろんだ（**辛亥革命**）。
└首都は南京

4 不平等条約の改正 ★★★

1 不平等条約
江戸時代末期に結ばれた日米修好通商条約などは、**外国に領事裁判権（治外法権）を認め、日本に関税自主権のない**不平等条約であった。

2 条約改正の努力

① 岩倉使節団……条約改正のため、政府は**岩倉具視**を団長とした使節団を欧米へ派遣したが、失敗した。
└1871～73年

参考 日露戦争後の日米関係

アメリカ合衆国は日露戦争の仲立ちを行ったが、これはロシアが満州で勢力をのばすのをさけるためであった。ロシアにかわり日本が満州に勢力をのばしたため、日本とアメリカ合衆国の関係は急速に悪化していった。

地図凡例：
- 明治初期（1875年）の日本の範囲
- 日清戦争後（1895年）に加わったところ
- 日露戦争後（1905年）に加わったところ
- 韓国併合後（1910年）に加わったところ

▲日本の領土の広がり

参考 韓国併合と日本人

小早川 加藤 小西が
世にあらば 今宵の月を
いかに見るらむ
（寺内正毅：初代朝鮮総督）

「豊臣秀吉は朝鮮出兵で失敗した。しかしどうだ、今回は成功だ。」

地図の上 朝鮮国に黒々と
墨を塗りつつ 秋風を聴く
（石川啄木：歌人）

「朝鮮国がなくなってしまった。悲しいことだ。」

ズームアップ 岩倉使節団
➡p.441

➡p.441

雑学ハカセ 辛亥革命の「辛亥」とは、十干十二支を組み合わせて年代を示したもので、1911年は「辛亥」の年でした。壬申の乱の「壬申」は672年、戊辰戦争の「戊辰」は1868年、また、甲子園球場の「甲子」は1924年です。60年で一巡することから、満60才を「還暦」といいます。

❷ **欧化政策**……外務卿（大臣）の**井上馨**は、**鹿鳴館**を
建てて舞踏会を開くなどの**欧化政策**を取りながら
交渉を行ったが、国内からの激しい批判を受けて
失敗した。

▲鹿鳴館での舞踏会

③ ノルマントン号事件

❶ **ノルマントン号沈没**……1886年、ノルマントン号
が紀伊半島の沖で沈没した。イギリス人の
船長や乗組員は救命ボートに乗り移り助か
ったが、日本人乗客25人は全員水死した。

❷ **領事裁判権**……イギリス人船長は、領事裁判
権の規定に従ってイギリス領事により裁かれ、
無罪となった。これに対して日本国内では不
満が高まり、再度の領事裁判の結果、船長は
禁固３か月となったが、賠償金の支はらいは
なかった（ノルマントン号事件）。この事
件をきっかけに、日本国内で領事裁判権
をなくそうという声が高まった。

▲ノルマントン号事件

④ 条約の改正

❶ **改正交渉の継続**……井上馨ののちも、
大隈重信らにより改正交渉が続いた。

❷ **領事裁判権の撤廃に成功**……イギリスは、
ロシアのアジア進出に対
抗するため日本との協力
を進めた。**1894年**の日清
戦争直前に、外務大臣の
陸奥宗光がイギリスと**日
英通商航海条約**を結び、
領事裁判権の撤廃に成功
した。

▲陸奥宗光

❸ **関税自主権の完全回復に
成功**……1911年に外務大
臣の**小村寿太郎**がアメリカ合衆国との条約に調印
し、関税自主権の完全回復に成功した。

▲小村寿太郎

年	できごと
1858	日米修好通商条約が結ばれる
1871	岩倉使節団が条約改正交渉に出発する
1883	鹿鳴館が建てられる
1886	ノルマントン号事件がおこる
1889	大日本帝国憲法が発布される
1890	第１回帝国議会が開かれる
	民法・商法が発布される
1894	イギリスとの間で領事裁判権の撤廃に成功する
	日清戦争がおこる
1895	下関条約が結ばれる
	三国干渉を受ける
1902	日英同盟が結ばれる
1904	日露戦争がおこる
1905	ポーツマス条約が結ばれる
1910	韓国を併合する
1911	アメリカ合衆国との間で関税自主権の完全回復に成功する

▲条約改正関係年表

その後、各国とも対等条約を結んでいった

パワーアップ

日本は対等条約を結ぶことに成功しましたが、その背景には、アジアへ進出するロシアに対
するイギリスの警戒感のほか、日本で憲法をはじめさまざまな法律制度が整ったこと、議会
政治が行われはじめたこと、産業の近代化が進められたことなどがありました。

5 産業の発達と近代文化

◎ 学習のポイント

1. 日清戦争ごろに軽工業、日露戦争ごろに重工業で**産業革命**がおこった。
2. 労働者の長時間、低賃金労働が日本経済を支えた。
3. 明治の文化、大正の文化が生まれた。

1 近代産業の発展 ★★

1 官営事業のはらい下げ

❶ **官営事業**……明治時代の初期、政府は殖産興業のために**富岡製糸場**などの**官営模範工場**を建設し、民間に手本を示した。

❷ **官営事業のはらい下げ**……政府は民間の産業を育てるため、1880年代になると官営事業を民間にはらい下げた。はらい下げを受けた三井・三菱・住友などは**財閥**と呼ばれ、政府と結びつき、金融、鉱業、貿易などを行う大会社となっていった。

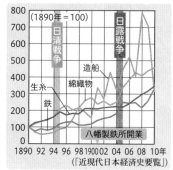

▲工業の生産量の変化

2 日本の産業革命と貿易

❶ **軽工業**……[工場制手工業から工場制機械工業への生産形態と社会の変化のこと]1880年代から1890年代にかけて、日清戦争前後に、紡績業や製糸業などの軽工業を中心に産業革命がおこった。

❷ **重工業**……日清戦争の賠償金の一部をもとに**八幡製鉄所**を建設し、日露戦争前後に、製鉄や機械などの重工業の分野で産業革命がおこった。[地元の筑豊炭田の石炭と中国から輸入した鉄鉱石を使用して、1901年に操業開始]

❸ **貿易**……1890年には綿糸の生産量が輸入量を上回り、日清戦争後、輸出量が輸入量を上回った。生糸は開国以来、最大の輸出品であり、兵器や原料などを輸入するためのお金をかせぐ重要品であった。機械生産が行われるようになり、アメリカ合衆国向けを中心に、日露戦争後には輸出量が世界一となった。

▲八幡製鉄所

ズームアップ 八幡製鉄所
➡p.160、243

雑学ハカセ 豊田佐吉は明治、大正時代に活躍した人物で、1890年に豊田式木製人力織機を発明し、綿織物の生産量を増大させました。のちに佐吉の長男は、日本も外国のような自動車の社会が来ると考え、自動車事業に進出しました。これが今日のトヨタ自動車の出発点です。

歴史 第8編 日本の歴史

序章 歴史をさぐる

第1章 日本のあけぼの

第2章 天皇と貴族の世の中

第3章 武士の世の中

第4章 江戸幕府の政治

第5章 明治からの世の中

第6章 戦争と新しい日本

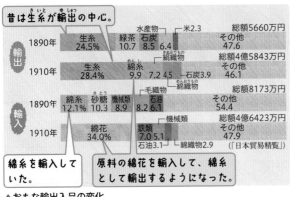

輸出						
1890年	生糸 24.5%	緑茶 10.7	水産物 石炭 8.5 6.4	米2.3	その他 47.6	総額5660万円
1910年	生糸 28.4%	綿糸 9.9	7.2 4.5	絹織物 石炭3.9	その他 46.1	総額4億5843万円

輸入						
1890年	綿糸 12.1%	砂糖 10.3	機械類 8.9	石油 毛織物 8.2 6.1	その他 54.4	総額8173万円
1910年	綿花 34.0%		鉄類 7.0 5.1	機械類 石油3.1 綿織物2.9	その他 47.9	総額4億6423万円

（「日本貿易精覧」）

綿糸を輸入していた。

原料の綿花を輸入して、綿糸として輸出するようになった。

▲おもな輸入出品の変化

③ 足尾銅山鉱毒事件

産業が発展するなか、足尾銅山(栃木県)の鉱毒が渡良瀬川に流れこみ、農作物に被害が出た。衆議院議員の田中正造は、この問題の解決に一生をささげた。

④ 交通の発展

1889年に官営の東海道線が開通した。新橋(東京都)〜神戸(兵庫県)間民営鉄道も広まるなか、1906年には軍事上や経済上の必要性から、主要な民営鉄道が国有化された。

⑤ 農村の変化

① 商品経済の農村……産業の発展につれて、農村でも肥料や衣服を現金で買うこと(商品経済)が増えた。

② 農民……農民の中には、生活苦から農地を手放して小作人になったり、工場労働者となったりする者も現れた。農地を買い集め、大地主になる農民もいた貧しい農家の娘は家計を助けるため、製糸工場などで長時間、低賃金の厳しい労働条件で働いた。

⑥ 労働運動

工場労働者の数が増えてくると、労働者は、労働組合をつくって団結し、長時間労働や低賃金の改善を求めてストライキをおこすようになった。労働者の権利を守るための組織 仕事を停止すること

⑦ 社会主義運動

社会主義の考えにもとづき、幸徳秋水らは労働者の権利を守ろうと運動を進めた。しかし、社会主義は天皇制の否定につながるとして、政府は、社会主義運動の取りしまりを強めた。1910年には天皇の暗殺計画を立てたという理由で幸徳秋水らが逮捕され、翌年に12名が処刑された(大逆事件)。多くが計画に直接かかわっていなかった

ひと 田中正造

栃木県出身の衆議院議員。足尾銅山鉱毒事件で政府を厳しく追及した。

1901年に議員を辞職して明治天皇に直訴を試みた。

ズームアップ 足尾銅山鉱毒事件 ➡p.225

入浴など	午前0時
午後9時	午前3時
仕事	睡眠 起床
午後6時 夕食	午前6時
仕事	仕事 朝食
午後3時	午前9時
正午	昼食

▲製糸工場で働く工女の1日

参考 資本主義と社会主義

機械や土地などの生産手段(資本)をもつ資本家が、賃金でやとった労働者を使って生産活動を行う経済のしくみを資本主義という。資本主義では、労働者は長時間、低賃金労働のため、その生活は苦しいものとなる。そのため、生産手段を国有化するなどみんなで分け合い、資本家と労働者の区別なく、平等な社会を実現しようとする社会主義の考えが生まれた。

入試では 日清戦争前から日露戦争後までの日本の産業の特色を、図表から読み取らせる問題がよく出題されます。当時の輸出入品の変化と産業構造の変化を、労働の実態(長時間・低賃金労働)から産業が発展した理由などを答えられるようにしておきましょう。

2 明治の文化 ★

1 外国人の影響
政府は、海外から招いた欧米人から欧米の学問・思想・技術を積極的に取り入れ、近代国家の建設に努力した。この影響を受け、欧米の文化をまねた新しい文化が生まれた。

分野	人名	出身国	おもな業績・分野
法律	ロエスレル	ドイツ	大日本帝国憲法草案
宗教	ヘボン	アメリカ合衆国	キリスト教伝道
教育	クラーク	アメリカ合衆国	札幌農学校
科学	モース	アメリカ合衆国	考古学
	ナウマン	ドイツ	地質学
美術	フェノロサ	アメリカ合衆国	日本美術の復興
文学	ハーン	イギリス	文学

2 教育と宗教
1872年に政府は学制を定めたが就学率は低かった。その後、1886年の学校令により義務教育が4年間となり、1890年に教育勅語が発布され、1900年に義務教育期間中の授業料が廃止されたこともあり、女子を中心に就学率が大きくのびた。1907年には義務教育が6年間に延長され、就学率は97%になった。

また、五榜の掲示で禁止されていたキリスト教の布教活動が始まり、新島襄や内村鑑三らのようにキリスト教徒になり、キリスト教による人道主義を説く者も現れた。
└欧米諸国の抗議により、1873年に布教禁止が解かれた

3 科学の進歩

分野	人名	おもな業績
医学	北里柴三郎	破傷風の血清療法・ペスト菌の発見
	志賀潔	赤痢菌の発見
	野口英世	黄熱病の研究
化学	高峰譲吉	アドレナリンの発見
		タカジアスターゼの創製
	鈴木梅太郎	ビタミンB_1の創製
物理	長岡半太郎	原子構造の研究
天文	木村栄	緯度変化の研究
地学	大森房吉	地震計の発明

ハーン

ひと ラフカディオ=ハーンは来日して松江(島根県)の中学校の英語教師となり、小泉セツと結婚、日本人となって小泉八雲と名乗った。日本の研究を行い、「雪女」などの話を記した『怪談』などの著作がある。

ズームアップ クラーク
➡p.438

参考 教育の広まり
就学率は、1891年に男女平均で50%をこえ、1902年に90%をこえた。しかし、女子の就学率は、家事労働などに従事したため、男子よりも常に低かった。1877年に設立された東京大学はその後、帝国大学、東京帝国大学と名称を改めた。そのほかに明治時代には、京都帝国大学、東北帝国大学、九州帝国大学も設立された。

ズームアップ
• 学制
➡p.439
• 教育勅語
➡p.445

野口英世

ひと 明治〜大正時代に活躍した細菌学者。北里柴三郎に学んだ。のちにアフリカで黄熱病の研究中に自らも感染して病死した。

歴史 第8編 日本の歴史

序章 歴史をさぐる

第1章 日本のあけぼの

第2章 天皇と貴族の世の中

第3章 武士の世の中

第4章 江戸幕府の政治

第5章 明治からの世の中

第6章 戦争と新しい日本

雑学ハカセ ヘボンはヘボン式ローマ字の創始、クラークは「Boys, be ambitious」、モースは大森貝塚(縄文時代)発見、ナウマンはナウマンゾウの化石研究で知られています。なお、ローマ字は、今から2000年近く前のローマ帝国で使用されていた、ABC、defなどの「文字」のことです。

4 文 学

人　名	おもな作品	人　名	おもな作品
坪内逍遙 二葉亭四迷 幸田露伴 森鷗外 樋口一葉	『小説神髄』 『浮雲』 『五重塔』 『舞姫』 『たけくらべ』 『にごりえ』	夏目漱石 島崎藤村 正岡子規 与謝野晶子 石川啄木	『坊っちゃん』 『吾輩は猫である』 『若菜集』 『ホトトギス』 『みだれ髪』 『一握の砂』

5 美 術

分野	人　名	おもな業績・作品
日本美術	岡倉天心	フェノロサとともに、日本美術の復興を行う
	狩野芳崖	「悲母観音」
	横山大観	「無我」「生々流転」
洋　画	黒田清輝	「湖畔」「読書」
彫　刻	高村光雲	「老猿」
音　楽	滝廉太郎	「荒城の月」

▲夏目漱石　　▲樋口一葉

▲「湖畔」（黒田清輝）

3 大正の文化 ★

1 生 活

❶ 生活……都市部では、洋服や洋食が生活の中に広
〔→コロッケ、カレーライスなど〕
〔農村部では大きな変化なし〕まり、電気・ガス・水道が普及した。鉄筋コンク
リートのビルが増え、デパートもつくられた。ま
た、サラリーマンが現れ、バスガールなど女性の
職場進出がさかんになった。

❷ 娯楽・情報……有声映画（トーキー）が生まれ、新
聞、雑誌の発行部数が増えた。1925年にはラジオ
放送が始まった。

参考　言文一致
『浮雲』で取り入れら
れた、文章を口語体（話し
ことば）で表す方法。

参考　プロレタリア文学
『蟹工船』など、労働
者や農民を主人公とした文
学。

2 学問・科学・文学・美術

分野	人　名	おもな業績・作品	分野	人　名	おもな業績・作品
哲　学	西田幾多郎	『善の研究』	文　学	芥川龍之介	『羅生門』
科　学	本多光太郎	KS磁石鋼の発明		菊池寛	『父帰る』
文　学	武者小路実篤	『その妹』		小林多喜二	『蟹工船』
	志賀直哉	『暗夜行路』	洋　画	岸田劉生	『麗子像』
	有島武郎	『或る女』	彫　刻	高村光太郎	「手」

パワーアップ

明治時代、政府が神仏分離令を出したため、寺や仏像などを破壊する廃仏毀釈が広まりまし
た。また、西洋の物が良いと思われたため、城の破壊、日本美術の否定などもおこりました。

6 第一次世界大戦と普通選挙法

学習のポイント

1. 第一次世界大戦で日本は、**日英同盟**にもとづいて連合国側で参加した。

2. 第一次世界大戦後、アジアで大規模な民族運動がおこった。

3. 日本は大戦で好景気となったが、物価が上昇し、米騒動がおこった。

4. 大正デモクラシーの風潮の中で、普通選挙法と治安維持法が成立した。

1 第一次世界大戦と日本 ★★

1 第一次世界大戦

❶ ヨーロッパ諸国の対立……イギリスを中心とする**三国協商**(イギリス・フランス・ロシア)と、ドイツを中心とする**三国同盟**(ドイツ・イタリア・オーストリア)が、植民地や領土をめぐり、対立を続けていた。

❷ サラエボ事件……1914年、オーストリア皇太子夫妻がサラエボで、セルビア人青年に暗殺される事件(**サラエボ事件**)がおこった。

❸ 開戦……サラエボ事件をきっかけに、三国協商側の国々(連合国)と、ドイツ側についた国々(同盟国)との間で、**1914年に第一次世界大戦**がおこった。
（イタリアはオーストリアと対立し、連合国側で参戦）

❹ 日本の参戦……日本は**日英同盟**にもとづいて連合国側で参戦した。日本は、中国にあるドイツの租借地などを占領し、**1915年には中国に二十一か条の要求**を出して、その大部分を認めさせた。

❺ 終戦……連合国側に**アメリカ合衆国**が加わったことで連合国側が有利となり、1918年にドイツが降伏して戦争が終わった。

2 ベルサイユ条約　1919年、パリ郊外のベルサイユ(フランス)で講和会議が開かれ、連合国とドイツとの間で**ベルサイユ条約**が結ばれた。日本は、ドイツが中国にもっていた山東省の権益を手に入れた。

参考　**総力戦**
第一次世界大戦は、戦場の兵士どうしの戦いのみでなく、各国が資源や技術力、生産力を総動員して、国力を使い果たす総力戦となった。

▲第一次世界大戦中のヨーロッパ

凡例:
━━━ 1917年の同盟国軍の前線
■ 協商側
■ 同盟側

（地図中の地名）
ロシア、イギリス、ドイツ、ポルトガル、フランス、オーストリア=ハンガリー、イタリア、セルビア、ルーマニア、ブルガリア、ギリシャ、オスマントルコ、大西洋、地中海、黒海、バルカン半島、サラエボ事件(1914年6月28日)

ことば　**二十一か条の要求**
1915年に日本が中国に出した要求。日本は中国に対して、山東省にあるドイツの権益を受けつぐこと、旅順・大連の租借期限や南満州鉄道の利権の期限の延長などを要求した。

序章 歴史をさぐる

第**1**章 日本のあけぼの

第**2**章 天皇と貴族の世の中

第**3**章 武士の世の中

第**4**章 江戸幕府の政治

第**5**章 明治からの世の中

第**6**章 戦争と新しい日本

雑学ハカセ　第一次世界大戦では、新兵器が登場しました。戦車、飛行機(1903年にアメリカ合衆国のライト兄弟が飛行に成功)での爆撃、潜水艦、毒ガスなどです。また、機関銃が大量に使用されました。その結果、この戦争での死傷者数は約3800万人にのぼりました。

3 世界平和を目ざして

第一次世界大戦の反省から、世界平和を目ざす動きが高まった。

❶ **国際連盟**……アメリカ合衆国の**ウィルソン**大統領の提案により、1920年に**国際連盟**がつくられた。日本は常任理事国に選ばれ、**新渡戸稲造**が事務局次長になった。

❷ **軍縮会議**……軍備を縮小するため、ワシントン会議やロンドン会議が開かれた。
└ アメリカ合衆国。1921～22年┘
└ イギリス。1930年┘

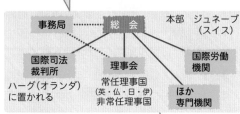

> 設立当初、社会主義国のソ連と第一次世界大戦の敗戦国のドイツは、加盟できなかった。

| 事務局 ‥‥‥ 総会 | 本部 ジュネーブ（スイス） |

国際司法裁判所　理事会　国際労働機関
ハーグ（オランダ）に置かれる
常任理事国（英・仏・日・伊）非常任理事国
ほか専門機関

▲国際連盟のしくみ

> 提案したアメリカ合衆国は、議会の反対で参加しなかった。

2 戦後の朝鮮、中国 ★

1 朝鮮

朝鮮では、日本の植民地支配からのがれ独立を目ざすため、1919年3月1日に「独立万歳」をさけんだデモ行進が始まった（**三・一独立運動**）。

2 中国

パリの講和会議で、日本が中国の山東省にもつ権益が引き続き認められたため、中国では、1919年5月4日に大規模な反日運動が始まった（**五・四運動**）。

3 大戦の影響 ★★★

1 大戦景気

❶ **ヨーロッパの生産**……ヨーロッパ諸国は戦場となり、生産が落ちこんだ。

❷ **日本の生産**……戦場から遠い日本は、ヨーロッパ諸国から注文を受け、軍需品や日用品の生産が増えた。日本は、ヨーロッパや、ヨーロッパが植民地支配していたアジアの国々への輸出が大はばに増えたため、好景気となった（**大戦景気**）。特に、八幡製鉄所の拡張による製鉄、機械、造船などの産業がさかんになり、化学工業もおこった。この結果、急速に大金もちとなった**成金**と呼ばれる者が現れた。
└ アメリカ合衆国も同様の理由で好景気となった┘
└ 戦争相手国のドイツからの輸入がとだえたため┘

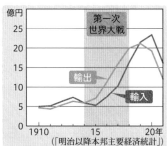

▲日本の輸出入額の変化

▲成金

入試では
第一次世界大戦前後の日本の輸出入額の変化をもとに、日本の輸出額がのびた理由を答えさせる問題がよく出題されます。1914年から1918年までが第一次世界大戦中であったことと、戦争の被害がほとんどなかった日本が発展したことを理解しておきましょう。

2 米騒動

❶ 物価の上昇……第一次世界大戦で大戦景気となったが、物価が上昇し、人々の生活は苦しくなった。

❷ 米価の急激な上昇……1917年におこった**ロシア革命**の広がりを防ぐため、アメリカ合衆国や日本などは軍隊を送ることとなった。日本の**シベリア出兵**を見こした商人が、米を売りおしんだり買いしめたりしたため、米価はさらに上昇し、人々の生活はさらに苦しくなった。

❸ 米騒動……米価の値上がりにたえかねて、**1918年**、**富山県**の漁村の主婦たちが米屋をおそった。この事件が新聞で伝わると、全国でも同様の事件がおこった(米騒動)。政府は軍隊を出動させてこれをしずめたが、国民の批判が高まり、寺内正毅内閣は責任をとって総辞職した。

3 大戦後の不景気と関東大震災

❶ 大戦後の不景気……大戦が終わってヨーロッパ諸国の産業が回復してくると、日本製品の輸出額は減り、会社や工場は売れ残った製品に苦しむようになった。1920年には、ひどい不景気になり、銀行・会社・商店の倒産が続いて失業者が増えた。

❷ 関東大震災……1923年9月1日、関東地方で大地震がおこり、東京・横浜を中心に大きな被害が出た(関東大震災)。日本経済は大打撃を受け、不景気はさらに深刻となった。
午前11時58分発生のため火災が多発した

4 大正デモクラシーと政治 ★★

1 護憲運動　1912年に藩閥の桂太郎が内閣総理大臣となり、3回目の内閣を構成すると、**尾崎行雄**や**犬養毅**らは、藩閥政治を批判し、憲法にもとづく政治を求める運動(護憲運動)をおこした。
第一次護憲運動

▲米騒動

ことば ロシア革命
1917年にロシアでおこった、皇帝による政府をたおし、労働者らが中心の世界初の社会主義政府をつくった革命。1922年には、ソビエト社会主義共和国連邦(ソ連)が誕生した。

年	できごと
1914	第一次世界大戦が始まる
1918	米騒動がおこる 原敬内閣が成立する
1919	ベルサイユ条約が結ばれる
1920	国際連盟ができる
1923	関東大震災がおこる
1925	普通選挙法ができる 治安維持法ができる

▲大正時代の年表

参考 関東大震災時の朝鮮人殺害事件
震災の混乱の中で、人々の間には多くのうそ(デマ)やうわさが広がった。その中に、「朝鮮人や社会主義者が井戸に毒を入れた」、「暴動をおこす」といううわさが広がり、多くの朝鮮人や社会主義者が、住民らによって殺害されるという事件が多数おこった。

パワーアップ

シベリア出兵などの対ソ干渉戦争は、ロシア革命の影響を受けて、植民地での独立運動や、国内の労働運動などが活発になることをおそれた資本主義各国政府が行いました。日本は、約7万人の兵士を派遣したものの約3000人の死者を出し、撤退しました。

2 大正デモクラシー

第一次世界大戦ごろ、日本では、**吉野作造**が**民本主義**を唱え、普通選挙にもとづく政党政治の実現を主張した。この大正時代の民主主義を求める風潮を**大正デモクラシー**という。

> 国民主権ではなく、天皇主権のもとでの国民の普通選挙を説いた

3 政党内閣の成立

① **原敬内閣**……**米騒動**で藩閥の寺内正毅内閣がたおれると、1918年、**立憲政友会**総裁の**原敬**が内閣総理大臣となり、ほとんどの大臣を立憲政友会の党員で構成する、**日本初の本格的な政党内閣**が誕生した。

② **加藤高明内閣**……原内閣後、政党を無視した内閣が続いたため再び護憲運動がおこり、1924年に、**加藤高明**を内閣総理大臣とする政党内閣が誕生した。

> 第二次護憲運動

4 社会運動の高まりと普通選挙

① **労働争議**……第一次世界大戦後の不景気で生活に苦しむ工場労働者は、労働条件の改善を求めて労働争議をおこした。1920年には**第1回メーデー**が行われ、1921年には**日本労働総同盟**がつくられた。

> 5月1日に行われる労働者の祭典

② **小作争議**……農村では、小作人が小作料の引き下げを求めて小作争議をおこした。

> 地主から農地を借りる農民

③ **全国水平社**……四民平等にもかかわらず差別がなくならなかったため、部落差別問題の解決を目ざし、1922年に**全国水平社**が京都市で結成された。

④ **女性の権利**……**平塚らいてう**は、1920年に**市川房枝**らと**新婦人協会**をつくり、女性の選挙権獲得を目ざした。

⑤ **普通選挙法**……加藤内閣は、1925年、納税額に関係なく、**満25才以上の男子に選挙権**をあたえる**普通選挙法**を定めた。有権者数はそれまでの4倍に増えたが、女子の選挙権は認められなかった。また、普通選挙法の制定によって社会主義者の国会議員当選や増加に対処するため、社会主義運動を取りしまる**治安維持法**を定めた。

ひと 原敬
明治・大正時代の政治家。平民出身であったことから、「**平民宰相**」として人々から期待された。

史料 水平社宣言
みんなで団結しよう。…水平社は、こうして生まれた。人の世に熱あれ、人間に光あれ。

ひと 平塚らいてう
大正・昭和時代の女性運動家。1911年に**青鞜社**をつくって女性解放を、1920年に**新婦人協会**をつくって男女同権などを目ざした。

有権者数と総人口に占める有権者の割合	45万人 1.1%	98万人 2.2%	307万人 5.5%	1241万人 19.8%	3688万人 48.7%
実施年	1890年	1902年	1920年	1928年	1946年
直接国税	15円以上	10円以上	3円以上	普通選挙	
年齢性別	25才以上の男子				20才以上の男女

制度

（「日本統計年鑑」など）

▲ 有権者数の増加

パワーアップ

1900年に労働組合の結成などを制限する治安警察法が制定されましたが、1925年制定の治安維持法は私有財産制や天皇主権などを否認する思想なども取りしまりました。のちには、仏教徒やキリスト教徒、労働運動も取りしまりの対象になりました。

入試のポイント

👑 絶対暗記ベスト3

1位 **日米修好通商条約** 1858年、幕府とアメリカ合衆国との間で結ばれた条約。日本に関税自主権がなく、アメリカ合衆国に領事裁判権を認めた。

2位 **地租改正** 1873年から実施された、政府の財政を安定させるための政策。地価の3％を地租として土地所有者に現金で納めさせた。

3位 **米騒動** 1918年、シベリア出兵を見こした商人による米の買いしめなどで米価が上昇したことに対して、富山県から全国へ広まった、米の安売りを求めた騒動。

1 日本の重要な場所

□右の地図の①～⑥の場所に関連して、次の説明にあてはまる語句・人物は？

①ペリーが来航した場所→**浦賀**

②日米和親条約で開いた港→**下田**

③生糸生産の官営模範工場→**富岡製糸場**

④日清戦争の講和条約が結ばれた場所→**下関**

⑤賠償金でつくられた工場→**八幡製鉄所**

⑥足尾銅山鉱毒事件の解決に力をつくした人物→**田中正造**

2 自由民権運動

□右の年表の①～④にあてはまる人物・語句は？

①→**板垣退助** ②→**立憲改進党**

③→**伊藤博文** ④→**大日本帝国憲法**

年	できごと
1874	（ ① ）らが民撰議院設立の建白書を提出
1882	大隈重信が（ ② ）を結成
1885	（ ③ ）が初代内閣総理大臣となる
1889	（ ④ ）が発布される

3 日本と関連する世界の場所

□右の地図の①～④の場所に関連して、次の説明にあてはまる語句は？

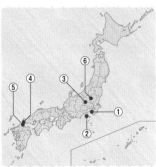

①この半島を清に返すよう、ロシアなどが日本に要求したできごと→**三国干渉**

②この島の南半分を日本が得た条約→**ポーツマス条約**

③この半島でおこった、日本からの独立を求める運動→**三・一独立運動**

④ドイツがこの省にもつ権益を、日本が手に入れた条約→**ベルサイユ条約**

重点チェック

□ ❶ 日米和親条約と日米修好通商条約で、共通して開かれた港は[   ]でした。 ❶函館 ○p.432

□ ❷ 幕末には、天皇を尊び、外国勢力を追いはらおうとする[   ]運動がおこりました。 ❷尊王攘夷 ○p.434

□ ❸ 江戸幕府の15代将軍徳川慶喜が、政権を朝廷に返したできごとを[   ]といいます。 ❸大政奉還 ○p.436

□ ❹ 1868年、明治天皇が神にちかう形式で発表した政治方針を[   ]といいます。 ❹五箇条の御誓文 ○p.437

□ ❺ 明治政府は1873年に、満20才以上の男子に3年間の兵役の義務を負わせる[   ]を出しました。 ❺徴兵令 ○p.438

□ ❻ 『学問のすゝめ』で、学問が大切であることを説いたのは[   ]です。 ❻福沢諭吉 ○p.440

□ ❼ 1877年、鹿児島で、政府に不平をもつ士族がおこした反乱を[   ]といいます。 ❼西南戦争 ○p.442

□ ❽ 第1回衆議院議員総選挙の有権者は、直接国税[   ]円以上を納める満[   ]才以上の男子のみでした。 ❽15、25 ○p.445

□ ❾ 1894年の日清戦争のきっかけは、朝鮮でおこった外国勢力の排除などを求めた[   ]戦争でした。 ❾甲午農民 ○p.446

□ ❿ 1910年、日本は韓国を併合し、植民地支配を進めるために[   ]を置きました。 ❿朝鮮総督府 ○p.449

□ ⓫ 1911年に外務大臣の[   ]は、アメリカ合衆国との条約に調印し、日米修好通商条約の不平等の原因であった[   ]の完全回復に成功しました。 ⓫小村寿太郎、関税自主権 ○p.450

□ ⓬ [   ]は、明治時代に破傷風の血清療法の発見や、ペスト菌を発見するなどした細菌学者です。 ⓬北里柴三郎 ○p.453

□ ⓭ 第一次世界大戦中の1915年、日本は中国に[   ]を出して、さまざまな日本の権利延長を認めさせました。 ⓭二十一か条の要求 ○p.455

□ ⓮ 内閣の大臣の大半を立憲政友会の党員で構成し、初の本格的な政党内閣の首相となったのは[   ]です。 ⓮原敬 ○p.458

□ ⓯ 1925年、普通選挙法と同時に、社会主義を取りしまるために[   ]が定められました。 ⓯治安維持法 ○p.458

レベル3
レベル2
レベル1

●明治2年に開港した新潟港における貿易について、あとの3つの資料を見て、次の4人の会話文中の①～④の下線部が正しければ○を書き、まちがっていれば正しく書き直しなさい。【新潟市立高志中等教育学校一改】

鈴木さん：明治2～11年までの輸入品でいちばん金額が大きいのが ①ライフル だね。

佐藤さん：明治2年の輸出品を見ると、②重工業製品 が多いね。

小林さん：すべての年の合計で、新潟に来港する外国船のうち、アメリカの船より数が多いのは ③ドイツ の船だね。

山田さん：貿易額で、輸出額と輸入額の差がいちばん多いのは ④明治3年 だね。

新潟港のおもな輸出品の割合(%)

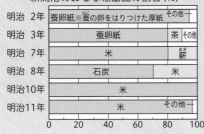

新潟港のおもな輸入品の割合(%)

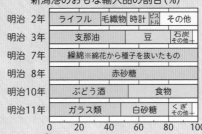

新潟港における貿易額の推移

年　代	輸出額(円)	輸入額(円)	入港船舶の国籍と数
明治2年	12380	2124	イギリス15、アメリカ2、オランダ1
明治3年	6128	15905	イギリス10、アメリカ7、オランダ1、フランス1、ドイツ1
明治7年	50	8850	イギリス5
明治8年	404	20260	イギリス2
明治10年	6000	62	デンマーク1、不明2
明治11年	583961	7811	イギリス9、ドイツ2、デンマーク1、アメリカ1、フランス1、ノルウェー1

（「新潟県史（通史編6）」）

■ キーポイント

%表示と金額表示のグラフがあるので、金額を求めるときには注意が必要である。

■ 正答への道

① 輸入金額×輸入品の割合(%)で、ライフルやほかの品物の金額が求められる。

② 明治2年は蚕卵紙がほとんどであり、「紙」であることから考える。

③・④ いずれも「新潟港における貿易額の推移」の表を読み取る。

＊答え＊
①赤砂糖　　②軽　　③イギリス　　④明治11年

●資料1の植木枝盛の憲法案の特徴を、実際に制定された大日本帝国憲法（資料2）、現在の日本国憲法（資料3）を参考にして答えなさい。なお、いずれも一部のみであり、わかりやすいことばに直している。 【武蔵中】

資料1　植木枝盛の憲法案
第1条　日本国は憲法にしたがう。
第2条　日本国に立法院、行政府、司法庁を置く。
第42条　日本の人民は法律上において平等である。
第43条　日本の人民は法律以外で自由権利をおかされない。
第49条　日本人民は思想の自由をもつ。
第114条　日本に関する立法権は人民全体にある。
第165条　日本に関する行政権は天皇にある。

資料2　大日本帝国憲法
第3条　天皇は神聖であってそれをけがしてはならない。
第5条　天皇は帝国議会の同意にもとづき法律をつくる権利をもつ。
第29条　国民は法律の範囲内で言論・著作・出版・集会・結社の自由をもつ。

資料3　日本国憲法
第11条　国民は、すべての基本的人権を生まれながらにしてもつことをさまたげられない。この憲法が国民に保障する基本的人権は、おかすことのできない永久の権利として、現在および将来の国民にあたえられる。
第14条　すべて国民は、法の下に平等であって、人種、信念、性別、社会的身分、または家柄により、政治的、経済的または社会的関係において、差別されない。
第19条　思想および良心の自由は、これをおかしてはならない。
第21条　集会、結社および言論、出版その他一切の表現の自由は、これを保障する。
第41条　国会は、国権の最高機関であって、国の唯一の立法機関である。

キーポイント

植木枝盛の憲法案の語句が、**資料2・3**でどのように書かれているか比べてみる。

正答への道

　資料1の「法律上において平等」「法律以外で自由権利をおかされない」「思想の自由」「立法権」、**資料2**の「法律をつくる権利」「法律の範囲内」、**資料3**の「おかすことのできない永久の権利」「法の下に平等」「〜自由は、これをおかしてはならない」「〜自由は、これを保障する」「唯一の立法機関」などについて、どのようなことを述べているのかに注目する。

解答例

大日本帝国憲法が、天皇の立法権や法律での人権の制限を認めたのに対し、植木枝盛の憲法案は、国の立法権、人の法律上の平等、自由の権利を大きく認めており、国会の立法権や法の下の平等、基本的人権はおかされないなどを規定した日本国憲法の考えと似た点をもつという特徴がある。

日本の歴史

第**6**章 戦争と新しい日本

6年

太平洋戦争と戦後の日本

　世界恐慌の影響で日本も不景気になりました。これを乗りこえようと、日本は満州進出に乗り出し、やがて太平洋戦争を始めます。戦後、日本は民主化を進めるとともに経済発展をとげ、国際社会の一員として世界に貢献していきます。

学習することがら
1．第二次世界大戦
2．日本の民主化
3．日本の発展と国際社会

▶戦争へと進む日本と戦後の民主化

1 第二次世界大戦

学習のポイント

1. 第一次世界大戦後、アメリカ合衆国の不景気が世界中へ広まった。
2. 日本は不景気対策として、満州(中国東北部)への侵略を始めた。
3. 日本は中国南部へも侵略を続け、中国と戦争を続けた。
4. ヨーロッパで第二次世界大戦が始まり、日本も太平洋戦争へ突入した。
5. ポツダム宣言を受け入れて日本が降伏し、戦争が終わった。

1 世界経済と日本経済の行きづまり 入試重要度 ★★

1 世界恐慌の発生

❶ 世界恐慌……第一次世界大戦後、世界経済の中心となったのは、戦争中に連合国へ軍需品や資金の提供を行ったアメリカ合衆国であった。アメリカ合衆国は、**1929年、ニューヨーク**の株式取引所で株価が大暴落したことをきっかけに不景気となった。やがて、この不景気は、世界中に広がった(**世界恐慌**)。

❷ 世界恐慌前の日本……大戦後の不景気が続く中、1927年、大臣の失言などをきっかけに、銀行の休業や倒産が続いた(**金融恐慌**)。

大戦景気	1914年〜1918年
戦後の不景気	1919年
関東大震災	1923年
昭和の不景気(銀行休業続出)	1927年
世界恐慌	1929年

▲好景気から不景気へ

参考 世界恐慌時のソ連
社会主義国のソ連は、「五か年計画」という計画経済により、世界恐慌の影響をほとんど受けなかった。

くわしい学習

テーマ 世界恐慌に対して、各国はどのように対応したのか調べてみよう。

研究

	国名	対応政策	内容
資源・植民地をもつ国	アメリカ合衆国	ニューディール政策	国内の産業を統制し、大規模な公共事業を行い、労働者の賃金を引き上げた。
	イギリス	ブロック経済	植民地との結びつきを強め、他国からの商品には高い関税をかけ、輸入を制限した。
	フランス		
資源・植民地をもたない国	ドイツ	ファシズム(全体主義)	国家の利益を個人の利益よりも優先させた。ドイツではヒトラーが、イタリアではムッソリーニが政権をにぎり、独裁政治を行った。
	イタリア		
	日本		軍部が中国への侵略を進めた。

雑学ハカセ アメリカ合衆国には2人のローズベルト大統領がいました。1人は日露戦争時にポーツマス条約の締結を仲介したセオドア=ローズベルト、あと1人がニューディール政策を行ったフランクリン=ローズベルトで、2人は親戚関係にありました。

❸ **世界恐慌と日本**……日本でも、会社の倒産や失業者が増えた。農村ではアメリカ合衆国向けの**生糸**の輸出が減り、東北や北海道では「**娘の身売り**」や「**欠食児童**」の社会問題がおこった。不景気の中で財閥は、たおれかけた会社を合併して巨大化し、政党に資金を出して政治にも力をおよぼした。

❹ **政党政治への不満**……一部の軍人は、財閥と結びついた政党や、**ロンドン海軍軍縮会議**での軍備縮小に応じた政府に不満をもった。また、**満州**(中国東北部)での中国の動きに対して、「満州は日本の生命線である」として、満州侵略を主張しはじめた。

> **ことば ロンドン海軍軍縮条約**
>
> 1930年にイギリスのロンドンで開かれた、アメリカ合衆国などとの間での、潜水艦などの保有量の割合を制限する条約。日本の海軍は条約に反対したが、日本政府は条約に調印した。

2 満州の侵略と軍部の力 ★★★

1 満州事変

❶ **柳条湖事件**……1931年、満州にいた関東軍が奉天郊外の柳条湖で南満州鉄道の線路を爆破し(**柳条湖事件**)、これを中国軍のしわざとして、中国と戦いを始めた(**満州事変**)。

❷ **満州国建国**……1932年、関東軍は清の最後の皇帝であった**溥儀**(ふぎ)を元首とする満州国をつくり、この国を実質的に支配した。

2 日本の国際連盟脱退

中国は満州事変を日本の侵略だとして国際連盟にうったえた。国際連盟は**リットン**を団長として調査を行い、満州事変は日本の侵略であるとし、満州国を認めず、満州からの日本軍の撤兵を勧告した。日本はこれを不服とし、**1933年に国際連盟を脱退**した。

3 強まる軍部の力

❶ **五・一五事件**……満州事変後、日本国内では軍部の動きが活発化し、日本を立て直そうとする考えが強まった。海軍の青年将校らは**1932年5月15日**、犬養毅首相を射殺し(**五・一五事件**)、政党内閣が終わった。以後、軍人や役人による内閣が続いた。

▲満州国と日中戦争の戦場

■日中戦争の戦場

▲リットン調査団

▲国際連盟脱退を報じる新聞

雑学ハカセ 日本の餃子の食べ方は、日本から満州国へ開拓のために移住した人々が、現地の水餃子を日本人向けに焼き餃子として食べていたものを、太平洋戦争後にもち帰ったものです。

❷ 二・二六事件……1936年2月26日、陸軍の
青年将校が約1400人の兵士を率いて首相官
邸などをおそって大臣を殺傷し、東京の中
心部を占拠したが、まもなく鎮圧された
（二・二六事件）。この後、軍部の政治への
発言力はさらに強まった。

年	できごと
1929	世界恐慌がおこる
1931	満州事変がおこる
1932	満州国ができる
	五・一五事件がおこる
1933	国際連盟を脱退する
1936	二・二六事件がおこる
1937	日中戦争がおこる
1938	国家総動員法ができる
1939	第二次世界大戦がおこる
1940	日独伊三国同盟を結ぶ
	大政翼賛会ができる
1941	日ソ中立条約を結ぶ
	太平洋戦争が始まる
1945	広島・長崎に原子爆弾投下
	日本が降伏する

▲昭和のできごと（戦前）

3 日中戦争と戦時体制 ★★★

1 日中戦争
満州を支配下に置いた日本は、
さらに南へ勢力を広げようとした。1937年、
北京郊外の盧溝橋で日中両軍が衝突したこと
（盧溝橋事件）をきっかけに、日中戦争が始ま
った。南京では、日本軍が多くの中国人を殺害＊ナンキン 日本軍は首都南京を占領したが、中国
はアメリカ合衆国・イギリスなどの援助を受
けて戦争を続けた。

2 戦時体制
日中戦争の長期化に対し、政府は国民
の戦争への協力体制をつくりはじめ、戦争に批判的な
言論を取りしまるため、新聞やラジオ放送を統制した。学校教育も統制した

❶ 国民生活……戦争が長引き、物資が不足してくる
と、日用品や食料、衣料などは切符制となり、米
も配給制となった。また、町や村で組織された隣
組は、住民の助け合いと監視の役目を果たした。家族数に応じて配られる切符と交換で配給する

▲戦時中の立て看板

―――――――――――― くわしい学習 ――――――――――――

🖊テーマ 国民生活がどのような統制を受けたのか調べてみよう。

🔍研究

年	できごと
1938	ガソリンなどの使用の制限、木炭自動車、竹製スプーンの登場
1939	ネオンサインやパーマの禁止、隣組の発足
	標語「産めよ増やせよ国のため」
1940	ぜいたく品の製造禁止、砂糖・マッチの切符制、標語「ぜいたくは敵だ」
1941	米の配給制、防空ずきん・もんぺなど非常時の服装増加
1942	衣料の切符制、寺院の鐘や仏像の供出
	標語「欲しがりません勝つまでは」
1943	英語の禁止（野球用語の「ストライク」を「よし」と言いかえるなど）
	標語「撃ちてし止まむ」

入試では

柳条湖事件がおこった奉天、盧溝橋事件がおこった盧溝橋（北京郊外）の場所や、世界恐慌
から終戦までにおこったできごとの並べかえがよく問われます。

❷ **国家総動員法の制定**……1938年、政府は議会の承認がなくても人や物資を戦争のために動員できる**国家総動員法**を定めた。この結果、国民は軍需工場で強制的に働かされるようになった。
　　　　　　　　　　　　　　　↳勤労動員

❸ **大政翼賛会の結成**……1940年、政党は解散し、戦争に協力するための組織である**大政翼賛会**に合流した。

参考　大日本産業報国会
1940年に労働組合を解散させてつくられた、戦争をやりとげるために労働者と経営者が協力し合う組織。

4　第二次世界大戦 ★★★

① 第二次世界大戦の始まり

　1939年、ドイツがポーランドに侵攻すると、ポーランドと同盟を結んでいた**イギリス・フランス**がドイツに宣戦し、第二次世界大戦が始まった。翌年にはイタリアがドイツに味方して参戦した。

モスクワ
ロンドン　イギリス　ベルリン　ソ連
パリー　・ドイツ
フランス
イタリア
ローマ・

- ドイツ・イタリアと植民地
- 枢軸国側の国（1941年まで）
- 枢軸国側の占領地（1942年まで）
- 連合国側　　中立国

▲第二次世界大戦中のヨーロッパ

② 太平洋戦争へ

❶ **日本の南進**……1940年、フランスはドイツに降伏し、イギリスもドイツに苦戦していた。日中戦争の長期化に苦しんでいた日本は、アメリカ合衆国とイギリスの中国支援ルートを断ち、東南アジアの石油などの資源を獲得するために、フランス領インドシナ北部に侵攻した。そして、ドイツの勢いを見て、ドイツ・イタリアと**日独伊三国同盟**を結んだ。

参考　ドイツ・イタリア
第一次世界大戦後、ドイツでは**ヒトラー**の率いる**ナチス**が政権をにぎり、ユダヤ人の迫害などを行った。イタリアでは**ムッソリーニ**がファシスト党を率いて政権をにぎり、**エチオピア**に侵攻した。

❷ **日本の南進**……1941年、ソ連と**日ソ中立条約**を結んで北方の安全を確保した日本は、フランス領インドシナ南部へも侵攻した。

❸ **アメリカ合衆国との対立**……日本の動きを警戒したアメリカ合衆国は、日本への**石油輸出を全面的に禁止**し、イギリス・中国・オランダも日本を経済的に追いつめる政策（**ABCD包囲陣**）を行った。
　↳ABCD包囲網ともいう

❹ **対立の激化**……日本とアメリカ合衆国は交渉を重ねたが、アメリカ合衆国は、中国や東南アジアからの日本軍の撤兵を求めた。

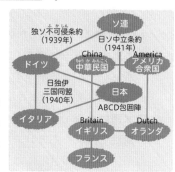

独ソ不可侵条約（1939年）
日ソ中立条約（1941年）
ソ連
China 中華民国
America アメリカ合衆国
ドイツ
日独伊三国同盟（1940年）
日本　ABCD包囲陣
イタリア
Britain イギリス
Dutch オランダ
フランス

▲太平洋戦争をめぐる国際関係

パワーアップ

第二次世界大戦の初期、アメリカ合衆国のローズベルト大統領とイギリスのチャーチル首相は1941年に会談を開いて**大西洋憲章**を発表し、戦後の平和構想を示しました。この中には、のちの国際連合構想もふくまれています。

❺ **交渉の失敗**……アメリカ合衆国の要求に対し、新たに首相となった**東条英機**は、アメリカ合衆国との戦争を決意した。

❻ **太平洋戦争の開始**……1941年12月8日、日本軍はイギリス領の**マレー半島**に上陸する一方、ハワイの**真珠湾**にあるアメリカ軍基地を攻撃した。日本はアメリカ合衆国・イギリスに宣戦し、**太平洋戦争**が始まった。

▲真珠湾攻撃

❼ **全世界の戦争へ**……**日独伊三国同盟**により、ドイツ・イタリアもアメリカ合衆国に宣戦した。このため、ヨーロッパで始まった第二次世界大戦は、日本・ドイツ・イタリアなどの国々（**枢軸国**）が、アメリカ合衆国・イギリス・中国・ソ連などの国々を中心とする**連合国**と戦う、世界的規模の戦争となった。

ひと 東条英機
陸軍の軍人で、太平洋戦争開始時の内閣総理大臣。戦後の**極東国際軍事裁判（東京裁判）**で裁かれ、死刑となった。

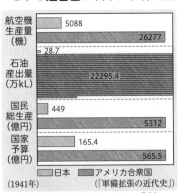
▲アメリカ合衆国と日本の国力の比較

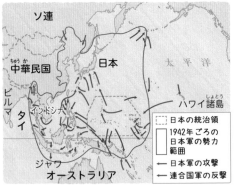
▲太平洋戦争で日本軍が戦った地域

❽ **日本軍の進撃**……日本軍は、短期間のうちにシンガポールやインドネシアなど東南アジアの大部分と、南太平洋の広大な地域を支配した。

❾ **日本軍の後退**……日本軍は、1942年の**ミッドウェー海戦**で敗れたあとは、アメリカ軍におされて撤退が続いた。1944年にはサイパン島をアメリカ軍にうばわれ、その責任をとって東条英機内閣は総辞職した。サイパン島からのアメリカ軍の爆撃機により、日本国内は激しい**空襲**を受けるようになった。

参考 大東亜共栄圏
日本が太平洋戦争を正当化するために唱えたスローガン。東アジア・東南アジアをヨーロッパ諸国やアメリカ合衆国の支配から解放し、日本を中心とした共存共栄の新しい世の中、地域をつくることを説いた。

パワーアップ アメリカ合衆国などとの太平洋戦争開始後、政府は日中戦争をふくめたすべての戦争を「大東亜戦争」と呼ぶことに決定し、敗戦までこの名称が用いられました。1931年の満州事変から太平洋戦争終了までが15年間なので、全体を「十五年戦争」とも呼びます。

３ 戦争と人々のくらし

❶ **戦争への動員**……男性は召集令状が届くと、兵士として戦場へおもむいた。戦局の悪化にともない、大学生も学業半ばで戦場へとかり出された（**学徒出陣**）。
_{赤紙と呼ばれた}

❷ **労働作業への動員**……男性が兵士として戦場へおもむいたため、労働力が不足した。そのため、中学生や女学生、未婚の女性が動員され、軍需工場や農村で働かされた（**勤労動員**）。

❸ **軍国主義教育**……小学校は1941年に**国民学校**と名称を改め、戦争を行うことを重視した教育や軍事訓練が行われた。

❹ **地方への避難**……空襲が激しくなると、空襲の危険からのがれるために、都市の子どもたちは親もとをはなれ、先生や友だちといっしょに地方へ疎開し、寺などで集団生活をした（**集団疎開**〈**学童疎開**〉）が、食料不足で毎日おなかをすかせていた。

❺ **物資・食料不足**……兵器の生産が最優先され、人々の生活に必要な物資・食料品不足が深刻化した。

❻ **植民地の人々**……日本の植民地であった朝鮮では、人々に日本式の姓名を名乗らせる**創氏改名**や神社参拝などを強いる**皇民化政策**が進められた。戦争末期_{皇民化政策は台湾でも行われた}になり労働力が不足すると、多くの朝鮮人や中国人が日本に連れてこられ、鉱山などで働かされた。

▲学徒出陣

▲勤労動員で働く女学生

▲集団疎開する子どもたち

５ 第二次世界大戦の終わり ★★★

１ イタリア・ドイツの降伏

ヨーロッパの戦場では、1942年後半からアメリカ合衆国やイギリス、ソ連を中心とする連合国軍の反撃が強まり、1943年9月にはイタリアが、1945年5月にはドイツが降伏し、ヨーロッパでの戦いが終わった。

	国　名	軍人(人)	民間人(人)
連合国側	アメリカ合衆国	292131	6000
	イギリス	264443	92673
	ソ　連	11000000	7000000
	中国(中華民国)	1310224	不明
枢軸国側	ドイツ	3500000	780000
	イタリア	242232	152941
	日　本	2300000	800000

※日本の死者数には朝鮮、台湾の人々もふくまれている。
▲第二次世界大戦のおもな国の死者数

雑学ハカセ

日本では1944年から、連合国軍が本土に上陸してきたときの決戦に備えて「竹やり」で相手に立ち向かう訓練が、国民の戦意を高めるために行われました。

2 空襲

1944年以後、日本はアメリカ軍の大型爆撃機の攻撃を受け、東京・名古屋・大阪をはじめ、主要都市の多くが焼け野原となった。1945年3月の**東京大空襲**では、約10万人もの人々が亡くなった。

_{↳サイパン島から飛行}

3 沖縄戦

1945年4月1日、アメリカ軍が沖縄本島に上陸して地上戦となった。約3か月間の激しい戦いの末、日本軍は全滅し、沖縄県民の約12万人以上が亡くなった。

_{↳当時の沖縄県の人口の約4分の1にあたる}

> 大都市や軍需工場のある都市がねらわれた。

広島
長崎
東京
大阪

空襲による死者数
・999人以下
● 1000〜9999人
● 10000人以上

※広島と長崎は原爆による死者をふくむ。

▲空襲を受けた都市

4 原子爆弾の投下

アメリカ合衆国は、1945年8月6日に広島に人類史上初めて**原子爆弾**を投下、2発目を8月9日に長崎に投下した。両市の死者は原爆投下後5年以内に、合わせて34万人以上にのぼった。

_{↳略して原爆という}
_{↳広島で20万人以上、長崎で14万人以上の生命がうばわれた}

5 日本の降伏

❶ **ソ連の参戦**……1945年8月8日、ソ連は日ソ中立条約を破って日本に宣戦し、満州などに侵攻した。

_{↳朝鮮や南樺太、千島にも侵攻}

❷ **ポツダム宣言の受け入れと降伏**……ソ連による戦争終了への仲介を期待できなくなった日本は、**1945年8月14日**に、日本の降伏条件を定めた**ポツダム宣言**を受け入れて降伏し、**8月15日**に天皇がラジオ放送（**玉音放送**）で国民に発表した。こうして、太平洋戦争をふくめた第二次世界大戦は終わった。

> 原爆ドームは、人類のおろかな歴史を忘れないための「負の世界遺産」として世界文化遺産に登録された。

▲原爆ドーム

> 日本の領土の範囲は、本州・四国・九州・北海道とその周辺の島々となった。

参考 ひめゆり部隊

沖縄戦では、中学生や女学生も戦場にかり出された。ひめゆり部隊は女学生らで結成され、負傷兵の看護にあたったが、沖縄島の南のはしに追いつめられ、多くの女学生が亡くなった。

ことば ポツダム宣言

1945年7月、アメリカ合衆国・イギリス・ソ連の代表がドイツのベルリン郊外のポツダムで会談し、米・英・中の3か国の名で発表、日本に無条件降伏を求めた。その内容は、日本の領土の制限、軍国主義の否定、戦争責任者の処罰、連合国軍の日本占領、国民の基本的人権を尊重した民主主義国家の建設などであった。

入試では

東京大空襲、沖縄戦、原子爆弾の投下、ソ連の参戦、ポツダム宣言の受け入れなど、太平洋戦争末期のできごとが問われます。それぞれのできごとの内容について、正確に理解しておきましょう。

2 日本の民主化

学習のポイント

1. 第二次世界大戦後、民主化を目ざしてさまざまな改革が進められた。
2. 平和と民主主義を目ざす**日本国憲法**が制定された。
3. 第二次世界大戦後、**冷戦**など新たな世界の動きがおこった。
4. 独立を回復した日本は、**国際連合**に加盟し、国際社会に復帰した。

1 民主主義国家の建設 ★★★

1 連合国軍の日本占領

1945年8月、日本が**ポツダム宣言**を受け入れて降伏すると、9月には、連合国軍が日本を占領した。

❶ **連合国軍最高司令官総司令部（GHQ）**……日本を占領した連合国軍の中心となったのはアメリカ軍で、その中心組織が、**マッカーサー**を最高司令官とする**連合国軍最高司令官総司令部（GHQ）**であった。GHQによる民主化のための改革指令にもとづき、日本政府が改革を進めた。

❷ **占領地域**……ポツダム宣言にもとづいて日本の領土とされた、本州・四国・九州・北海道とその周辺の島々は、アメリカ軍を中心とする連合国軍が占領した。沖縄・奄美群島・小笠原諸島はアメリカ軍の直接統治のもとに置かれた。
└朝鮮や台湾など全植民地を失った。北方領土はソ連が不法占拠した

2 軍国主義の排除

日本が再び戦争をおこさないように、さまざまな政策が行われた。

❶ **非軍事化**……日本軍を武装解除し、解散させた。
❷ **戦争責任者の処罰**……東条英機などの戦争責任者を**極東国際軍事裁判（東京裁判）**にかけ、処罰した。
❸ **公職追放**……戦争協力者を公職から追放した。
❹ **政治活動の自由**……治安維持法を廃止して言論・思想・政治活動などの自由を認め、政府を批判したためにとらえられていた人々を釈放した。

● **マッカーサー**
ひと アメリカ合衆国の軍人。GHQの最高司令官として日本の占領政策を進めた。

参考 **連合国の占領**
第二次世界大戦の敗戦国ドイツは、アメリカ合衆国・イギリス・フランス・ソ連の4か国が分割して占領した。一方、日本では、GHQの指令のもと、日本政府が政策を実行していったが、マッカーサーの権限は日本政府を上回り、直接行動をとることもできた。

ズームアップ 治安維持法
➡p.458

雑学ハカセ 1945年9月には「日米英会話手帳」が出版され、400万部以上を売り上げる大ベストセラーとなりました。子どもたちが「ギブミー チョコレート」と言って、いろいろなお菓子をもっているアメリカ兵にねだる光景も見られました。

3 教育の民主化　軍国教育を改め、民主主義的な教育を目ざした。

❶ 教育基本法……1947年、民主主義教育の基本を示した**教育基本法**が制定され、**9年間の義務教育**、**男女共学**などを定めた。
└教育勅語は廃止された
└それまでは6年間であった

❷ 学校制度……小学校6年間、中学校3年間、高等学校3年間、大学4年間の教育制度とすることにした。

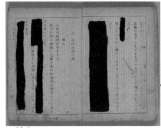
▲青空教室での授業

> 空襲などで校舎を失った学校は、屋外で授業を始めた。

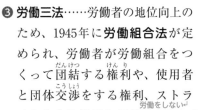
▲墨塗り教科書

> 戦争に関する内容を墨で消して使っていた。

4 経済の民主化

❶ 財閥解体……日本経済を支配し、戦争にも深くかかわった三井・三菱・住友などの財閥が解体された（**財閥解体**）。市場を独占支配する巨大企業が生まれることを防ぐために、1947年に**独占禁止法**が定められた。

🔍 ズームアップ　労働三法
➡ p.166

❷ 農地改革……地主と小作人の関係を民主的なものに改め、自作農を増やすために**農地改革**が行われた。地主には、一定面積の田畑の所有を認め、それをこえる面積の田畑を政府が強制的に買い上げ、安い値段で小作人に売りわたした。この結果、自作農が60％近くに増えた。
└農地をもたない農民
└農地をもつ農民

❸ 労働三法……労働者の地位向上のため、1945年に**労働組合法**が定められ、労働者が労働組合をつくって団結する権利や、使用者と団体交渉をする権利、ストライキをする権利などが認められた。1946年には**労働関係調整法**、1947年には**労働基準法**が定められた。
└労働者と使用者の争議に対応する
└労働の最低基準条件を定める
└労働をしない

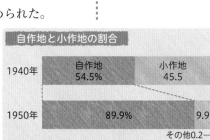

自作地と小作地の割合

1940年	自作地 54.5%	小作地 45.5
1950年	89.9%	9.9

その他0.2

自作・小作の農家の割合

1940年	自作 31.1%	自小作※ 42.1	小作 26.8
1950年	61.9%	32.4	5.1

その他0.6

※自小作は、農家の耕作面積のうち、自己所有の耕地が10％以上、90％未満。

（「完結昭和国勢総覧」など）

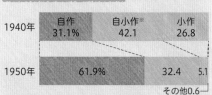
▲農地改革による変化

> 小作人の多くが自作農になった。

入試では　経済の民主化のうち、財閥解体や農地改革がよく問われます。特に農地改革は、自作農の増加を表すグラフをしっかり理解しておき、内容について正確に書けるようにしておくことが必要です。

5 **政治の民主化**　治安維持法の廃止により、民主化が進んだ。

❶政党の復活……戦争中に解散した政党が復活し、新しい政党も生まれた。

❷女性の参政権……それまでは25才以上の男子にしか参政権は認められていなかったが、**1945年**には、**満20才以上の男女に選挙権が認められ**、日本で初めて**女性の参政権**が認められた。1946年の衆議院議員総選挙では、39名の女性の国会議員が誕生した。

＋ズームアップ 有権者数の増加 →p.458

▲女性の国会議員

2 日本国憲法と国民の生活 ★★

1 **日本国憲法**　戦後、日本の民主化の中心は、憲法改正であった。

❶GHQの指示……GHQは、1945年10月に憲法改正を日本政府に指示したが、日本政府のつくった改正案は民主的でなかったため、GHQがつくった改正案を日本政府に示し、日本政府はこれをもとに改正案をまとめて公表した。改正案は、貴族院と、戦後初めての衆議院議員総選挙で選ばれた議員からなる帝国議会で、修正・可決された。

❷日本国憲法……日本国憲法は1946年11月3日に公布され、**1947年5月3日**に施行された。

日本国憲法は、**国民主権・基本的人権の尊重・平和主義**を三大原則とした。

年	できごと
1945	財閥解体が行われる
	女性に参政権があたえられる
1946	衆議院議員総選挙が行われる
	農地改革が始まる
1947	教育基本法が定められる
	日本国憲法が施行される
1951	サンフランシスコ平和条約・日米安全保障条約が結ばれる
1956	日ソ共同宣言が発表される
	日本が国際連合に加盟する

▲日本の民主化、国際社会復帰への流れ

＋ズームアップ 国民主権、基本的人権の尊重、平和主義 →p.274、275

中学生向けに発行された教科書に掲載されたさし絵。
▲「あたらしい憲法のはなし」のさし絵

▲日本国憲法公布記念の祝賀大会

雑学ハカセ
GHQは憲法の改正案作成を、1946年2月5日に始め、1週間後の12日に終えました。作成関係者の中に、憲法の専門家は1人もいませんでした。女性の権利の文案作成にかかわったベアテ＝シロタ＝ゴードンさんは、当時わずか22才の女性でした。

② 戦後の苦しい国民生活

満州や朝鮮などの植民地にいた人々や戦地から軍人が帰国し、町は多くの人々であふれた。町には空襲で家や財産をなくした人々も多く、バラック小屋で生活した。食料や物資が不足していたため、人々は買い出し列車に乗って農村に買い出しに行ったり、闇市で物資の不足を補ったりした。

▲焼け跡に建てられたバラック

> 「バラック」とは英語で仮小屋のこと。家を失った人々は急造の仮小屋に住んだ。

▲買い出し列車

> 都市の住民は食料を手に入れるために、買い出しに出かけた。

> 闇市と呼ばれる市場で食料品・衣類などが売られた。

▲闇　市

参考　シベリア抑留
満州などでソ連軍にとらえられた約60万人の人々は、終戦後もすぐに日本へ帰ることができず、シベリア各地で強制労働をさせられた。帰国まで数年かかり、死亡した人も多かった。

参考　中国残留日本人孤児
ソ連軍の満州侵攻により、満州にいた日本人の中には、肉親とはなればなれになり、現地の中国人に育てられた子どもがいた。これらの子どもは中国残留日本人孤児と呼ばれ、大人になった後に、日本に帰国できた人もいたが、厳しい生活をしいられた。

③ 第二次世界大戦後の世界の動き ★

① 国際連合

❶ 設立への歩み……第一次世界大戦後につくられた国際連盟は、第二次世界大戦を防ぐことができなかった。そのため、連合国は第二次世界大戦中から、2度と戦争がおこらないようにするため、国際連盟にかわる新たな組織をつくる話し合いを行っていた。

❷ 発足……1945年10月、連合国の51か国が参加して、アメリカ合衆国のニューヨークに本部を置く国際連合（国連）がつくられた。

ズームアップ 国際連盟と国際連合　➡p.516

ことば　国際連合
2023年11月現在の加盟国は193か国である。国際連合の中心機関は安全保障理事会で、アメリカ合衆国・イギリス・フランス・中国・ロシア（発足当時はソ連）が常任理事国となっている。

パワーアップ
1941年、アメリカ合衆国大統領ローズベルトとイギリス首相チャーチルが、ドイツなどのファシズムに対応するため、大西洋上で話し合いを行いました。その中で、第二次世界大戦後の平和構想についての話し合いも行われ、これが戦後の国際連合へと発展していきました。

2 **2つの世界の対立**　第二次世界大戦後、アメリカ合衆国とソ連の対立が激しくなり、「冷たい戦争(冷戦)」がおこった。

3 **アジア(朝鮮・中国)・アフリカの動き**

❶ **朝鮮**……第二次世界大戦後、朝鮮半島は日本の支配から解放されたが、1945年8月、**北緯38度**線を境として、南をアメリカ合衆国、北をソ連に占領され、1948年には、南に**大韓民国(韓国)**、北に**朝鮮民主主義人民共和国(北朝鮮)**が成立した。

❷ **中国**……日本の敗戦後、中国では勢力争いがおこり、蒋介石の率いる国民党は台湾へのがれ、1949年、中国共産党が**毛沢東**を主席に**中華人民共和国**をつくった。

❸ **アフリカ**……1960年、アフリカで17か国が独立し、「アフリカの年」と呼ばれた。
└ナイジェリアなど

参考 **ベルリンの壁**
戦後、ドイツは東西に分断され、社会主義国の東ドイツと資本主義国の西ドイツが成立した。東ドイツ内のベルリンは東側が東ベルリン、西側が資本主義国の管理する西ベルリンとして分割支配されたが、東側から西側への逃亡者が多かったため、これを防ぐために1961年、東西ベルリンの境界に、「ベルリンの壁」がつくられた。

参考 **アジア・アフリカ会議**
1955年、インドネシアのバンドンで開かれ、植民地主義反対などが宣言された。

くわしい学習

Q 「冷たい戦争(冷戦)」とは何ですか。

A 第二次世界大戦後の、アメリカ合衆国を中心とする資本主義諸国と、ソ連を中心とする社会主義諸国の、直接戦争にはならなかった対立です。

Q 第二次世界大戦中は、アメリカ合衆国とソ連は連合国軍として協力していたのに、第二次世界大戦後、なぜ対立したのですか。

A 第二次世界大戦中は、共通の敵のドイツや日本などがいました。戦後、アメリカ合衆国は西ヨーロッパ諸国の復興を、ソ連は東ヨーロッパ諸国の復興を援助しました。その結果、西ヨーロッパには資本主義諸国が、東ヨーロッパには社会主義諸国が誕生しました。両国は軍事面や経済面で対立しましたが、戦争となると、原子爆弾の使用などで大きな被害が予想されたので、軍事力の衝突にはなりませんでした。この冷戦を、社会主義諸国の多い**東側**(東側陣営)と、資本主義諸国の多い**西側**(西側陣営)の対立と見て、**東西対立**と呼ぶこともあります。

▲ **2つに分かれる世界**

 雑学ハカセ　冷戦の影響は宇宙にもおよびました。1961年、ソ連はアメリカ合衆国に先がけて、軍人のガガーリンが宇宙船ボストーク号で人類初の宇宙飛行に成功しました。ガガーリンが宇宙から地球を見たときに言った「地球は青かった」ということばは有名です。

④ 冷戦の影響によるアジアでの戦争

❶ 朝鮮戦争……1950年、北朝鮮が北緯38度線をこえて韓国と戦争になった。アメリカ軍を主力とする国連軍が韓国を助け、中国が北朝鮮を助けて戦争が続いたが、1953年に休戦した。日本では、GHQの指示で1950年に**警察予備隊**がつくられ、1952年には**保安隊**、1954年には**自衛隊**になった。

> 朝鮮民主主義人民共和国
> 大韓民国
> 現在も休戦状態が続いている
> 日本国内の治安を守るため

❷ ベトナム戦争……南北に分かれて独立したベトナムでも内戦が始まり、南ベトナムを援助したアメリカ軍が、1965年から北ベトナムを空爆したが、1975年に北ベトナムの勝利で終わった。

> 翌76年にベトナム社会主義共和国が誕生した

← 北朝鮮軍の進路
← 国連軍の進路

国連軍の最大進出線（1950年11月）
中華人民共和国
朝鮮民主主義人民共和国
平壌
ソウル
休戦協定による軍事境界線（1953年7月）
大韓民国
釜山
北朝鮮軍の最大進出線（1950年9月）

▲朝鮮戦争

4 国際社会への復帰 ★★★

1 日本の独立

❶ 東アジアのようす……東アジアで社会主義国の誕生が続いたため、アメリカ合衆国は、日本を資本主義国の一員にしようと考え、日本の独立を急がせた。

❷ サンフランシスコ平和条約……1951年、サンフランシスコで日本との講和会議が開かれた。日本は**吉田茂**首相が出席し、連合国であった48か国との間で**サンフランシスコ平和条約**を結んだ。この条約で日本は朝鮮の独立を認め、台湾などに対する権利を手放した。

> アメリカ合衆国の都市
> 1952年4月に条約が発効し、日本は独立国としての主権を回復
> 千島列島、南樺太の権利も放棄

▲サンフランシスコ平和条約の調印

2 日米安全保障条約
1951年、平和条約と同時にアメリカ合衆国との間で**日米安全保障条約**が結ばれ、アメリカ軍基地が引き続き日本に残ることとなった。

3 国際連合への加盟

❶ 日ソ共同宣言の調印……1956年、日本は平和条約を結ばなかったソ連と、戦争状態を終わらせる**日ソ共同宣言**に鳩山一郎首相が調印し、国交を回復させた。

❷ 国際連合加盟……1956年、ソ連の支持を得て、日本は**国際連合への加盟**が認められ、国際社会に復帰した。

> それまではソ連の反対で加盟できなかった

参考 サンフランシスコ平和条約

サンフランシスコ講和会議には、連合国であった51か国が招待されたが、ソ連・ポーランド・チェコスロバキアは平和条約の内容に不満であったため調印しなかった。また、インド・ビルマ（現・ミャンマー）などは招待されたが出席せず、中華人民共和国と台湾にのがれた中華民国、朝鮮半島の北朝鮮と韓国は招待されなかった。

入試では 朝鮮戦争と警察予備隊の発足、サンフランシスコ平和条約と日米安全保障条約、それらに調印した吉田茂首相、日ソ共同宣言と日本の国際連合加盟など、できごとを正確に書けることが必要です。漢字、内容をしっかり確認しておきましょう。

歴史

第**8**編

日本の歴史

序章

歴史をさぐる

第**1**章
日本のあけぼの

第**2**章
天皇と貴族の
世の中

第**3**章
武士の世の中

第**4**章
江戸幕府の政治

第**5**章
明治からの
世の中

第**6**章
戦争と
新しい日本

3 日本の発展と国際社会

◎学習のポイント

1. **朝鮮戦争**をきっかけに日本は戦後の**経済復興**を早め、**高度経済成長期**を
   むかえた。
2. 日本は、**韓国**やロシアとの間に**領土問題**をかかえている。
3. **現代**の日本は、世界平和のためにさまざまな活動を行っている。

1 日本の経済成長と生活・文化 ★★★

1 安保闘争

❶ **日米安全保障条約の改定**……**岸信介**内閣は、アメ
リカ軍が日本を守ることを明確にしようと、日米
安全保障条約の**改定**にとりかかった。

❷ **安保闘争**……改定した新条約を結ぶと、日本が
アメリカ**合衆国**の関係する戦争にまきこまれる
という**批判**が強まり、**安保闘争**がおこった。

❸ **日米新安全保障条約**……1960年、安保闘争が続
く中、衆議院で自由民主党が強行**採決**し、政府
が新条約を結ぶことを認めると、これに反対す
る多くの国民が国会議事堂を取り囲み、警官隊
と**衝突**した。岸信介内閣は責任をとって総辞職
した。

2 高度経済成長へ

❶ **特需景気**……戦後しばらくの間、日本は不景気で
あったが、1950年に**朝鮮戦争**がおこると、アメリ
カ軍が戦争に必要な**物資**を日本から買い入れた。
このため、日本では工業がさかんになり、好景気
（**特需景気**）をむかえた。

❷ **所得倍増計画**……日本の経済回復はめざましく、
1960年には池田勇人内閣が「**所得倍増計画**」を進め
1人あたりの所得を10年間で2倍にしようとする計画
たこともあり、1950年代半ばから1973年にかけて
経済が急成長し、**高度経済成長**と呼ばれた。

▲日本の工業の復興

（「数字でみる日本の100年」改訂第7版）

（グラフ縦軸左）兆円 16 14 12 10 8 6 4 2 0
（グラフ縦軸右）億円 16000 14000 12000 10000 8000 6000 4000 2000
朝鮮戦争
輸入（億円）
輸出（億円）
工業の総生産額（兆円）
（横軸）1948 50 52 54 56年

ことば **高度経済成長**
経済成長率がとても
高いこと。日本では、1950
年代半ばから1973年まで
の経済成長率が年平均
10%をこえた。1968年に
は、国民総生産（GNP）が、
資本主義国では、アメリカ
合衆国に次いで世界第2位
となった。

パワーアップ 1955年の衆議院議員総選挙後に2つの政党が合流して自民党ができ、衆議院の3分の2の議席をもったため日米新安全保障条約の強行採決が可能となりました。衆議院の3分の1の議席をもつ野党（社会党）との政治体制を「55年体制」と呼び、この体制は約40年間続きました。

3 公害問題　経済成長の一方で、自然や環境の破壊により**公害問題**が日本各地でおきた。特に**四大公害病**といわれる**水俣病・四日市ぜんそく・イタイイタイ病・新潟水俣病**は深刻な被害を生んだ。

1960年代後半には、公害に対する住民運動が高まり、政府は、1967年に**公害対策基本法**を定め、（1993年から環境基本法へ移行）1971年には**環境庁**（現・環境省）を設置するなど公害防止に努めた。

● 海や川のよごれ　■ 空気のよごれ

水俣病　八代海沿岸地域
イタイイタイ病　神通川下流域
新潟水俣病　阿賀野川下流域
四日市ぜんそく　四日市市

▲四大公害病の発生地域

ズームアップ　四大公害病 ➡p.228

4 生活と文化の高まり

❶ 進化する生活……高度経済成長期、人々の生活は大きく変わった。1950年代半ば以降、「**三種の神器**」と呼ばれた**白黒テレビ・電気洗濯機・電気冷蔵庫**が各家庭に普及していき、大規模団地や高層建築が増えた。1960年代の後半からは、**カー**（自動車）・**クーラー・カラーテレビ**の**3C**と呼ばれる製品が各家庭に普及した。

❷ 女性の社会進出……電気洗濯機などの電化製品が普及し、女性の家事労働に費やす時間を減らすことができるようになった。そのため、女性が労働者として、社会へさかんに進出するようになった。

❸ 食生活の変化……食事の洋風化が進み、肉類・バターやチーズなどの乳製品・パン類などの消費が増えた。一方で米の消費が減りだし、米が余るようになったため、1970年代からは**減反政策**が始まった。（田の作付け面積を減らす政策。2018年度に廃止）また、食品などを販売する**スーパーマーケット**が増え、冷凍食品やインスタント食品が広まり、ファミリーレストランなどの外食産業も発展した。

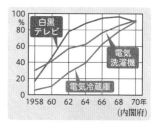

▲電化製品の普及率の変化

▲テレビを見る家族

年	できごと
1949	湯川秀樹がノーベル賞を受賞
1953	NHKのテレビ放送が始まる
1964	東海道新幹線が開通する
	東京オリンピック・パラリンピック
1965	名神高速道路が開通する
1970	日本万国博覧会（大阪）
1972	札幌冬季オリンピック
1988	青函トンネル・瀬戸大橋が開通する
1998	長野冬季オリンピック・パラリンピック
2002	日韓共催サッカーワールドカップ
2005	日本国際博覧会（愛知）
2021	東京オリンピック・パラリンピック

▲戦後の生活と文化

雑学ハカセ　大学生が就職してもらう初任給が約8000円のころに発売された電気洗濯機は、約4万6000円しました。自動車を個人がもつようになり、マイカーという和製英語が生まれました。1963年には「鉄腕アトム」という、人型ロボットのテレビアニメが始まりました。

❹ **農村・都市部の変化**……農村では若者が労働者として都市へ移動したため**過疎化**、高齢化が進んだ。都市では**過密化**が進み、交通渋滞やごみ問題などが発生した。また、都市部では**核家族**が増えていった。

❺ **交通機関の発達**……1964年に**東海道新幹線**が開通し、その後、山陽新幹線も建設された。1965年には名神高速道路(小牧〜西宮)、1969年に東名高速道路(東京〜小牧)も開通した。

〔東京〜博多間を約7時間で結んだ〕〔東京〜新大阪間〕〔名神/新大阪〜博多間〕〔小牧/愛知県〕〔西宮/兵庫県〕

❻ **国際的行事**……**1964年**に東京でアジア初の**オリンピック・パラリンピック**が開かれ、1972年には冬季オリンピックが**札幌**で開かれた。1970年には大阪で**日本万国博覧会**が開かれた。

開会式があった10月10日は1999年まで「体育の日*」として祝日だった。
*2000年以降は10月の第2月曜日。2020年に「スポーツの日」と改称。

▲東京オリンピック

❼ **高度経済成長の終わり**
1973年、第4次中東戦争の影響で**石油危機**がおこると、世界経済は大きな打撃を受け、日本の高度経済成長は終わった。

〔石油価格が大幅に上昇〕

▲トイレットペーパーを買い求める人々

石油危機で石油が減り、モノの製造が減るといううわさから、人々はトイレットペーパーを買おうとスーパーなどにおしかけた。

ことば

• **過 疎**
人口が減り、地域社会で日常生活をおくることが困難となった状態。交通機関の廃止や商店の閉店などが見られる。

• **過 密**
過度に人口が増えた状態。交通渋滞や大気汚染、住宅不足などが見られる。

• **核家族**
夫婦のみ、あるいは両親と子ども、ひとり親と子どもで構成される家族。

▲核家族世帯の変化

万世帯 / 核家族世帯 / 核家族以外の世帯 / 単独世帯 / その他 / 父(母)のみと子ども / 夫婦と子ども / 夫婦のみ / 5571 / 2115 / 428 / 500 / 1395 / 1116 / 3360 / 1740 / 1955 / 75 / 2020年
(2023/24年版「日本国勢図会」など)

参考 **食料自給率の低下**
農業人口が減り、国内での農産物生産量が減った。そのため、海外の安い農産物が大量に輸入されるようになり、**食料自給率**(国内消費量のうち、国内で生産される量の割合)は低下した。

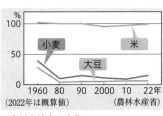

▲食料自給率の変化

小麦 / 米 / 大豆 / 1960 80 90 2000 10 22年
(2022年は概算値) (農林水産省)

2 国際社会と日本 ★★

1 占領地域の日本復帰

❶ **奄美群島・小笠原諸島の復帰**……戦後、アメリカの統治下に置かれた奄美群島は1953年、小笠原諸島は1968年に日本に復帰した。

雑学ハカセ 高度経済成長のころに「三ちゃん農業」ということばが生まれました。農業をするのが、農村に残った「じいちゃん、ばあちゃん、かあちゃん」であったためです。

❷ **沖縄の日本復帰**……沖縄は、ベトナム戦争での後方基地とされ、極東の軍事拠点として重要な役割をもっていたため、なかなか返還されなかった。

しかし、沖縄で復帰を求める声が高まり、**1972年**、**佐藤栄作**内閣のもと、**沖縄の日本復帰**が実現した。

しかし、沖縄にはアメリカ軍の基地が残され、基地問題は現在も大きな問題となっている。

> **参考 非核三原則**
> 沖縄返還交渉の過程で、佐藤栄作首相が国会で、核兵器を「もたず、つくらず、もちこませず」と答弁したことに始まる。今日の日本政府の、核兵器に対する根本姿勢となっている。

くわしい学習

テーマ 沖縄の基地問題を調べてみよう。

研究

▶太平洋戦争末期からの沖縄に関連する歴史

1945年4月1日……アメリカ軍が沖縄本島に上陸し、地上戦が始まる。

1945年6月23日……沖縄での組織的な戦闘が終了。

（今日、6月23日を沖縄では「慰霊の日」とし、さまざまな式典が行われている。）

1945年8月15日……日本の終戦。天皇の玉音放送。

1951年……日米安全保障条約で、アメリカ軍基地が日本に残ることを認める。

1972年……沖縄が日本へ復帰。

▶基地問題

・**現在**……沖縄県には、日本にあるアメリカ軍基地の面積の約70%が集中。沖縄島の面積の約15%、沖縄県全面積の約10%がアメリカ軍基地となっています。

・**問題点**

①**普天間基地問題**……宜野湾市の街中にある普天間基地は、米軍機の飛行による騒音問題、米軍機の墜落や落下物による危険性があります。

②**移設**……普天間基地を、名護市の**辺野古**沖を埋め立てた場所へ移設する計画が進んでいます。自然破壊などの問題点が指摘されています。

③**基地の存続**……基地が沖縄本島を分断し、基地にたよる人、たよらない人の存在など、沖縄県民をも分断します。

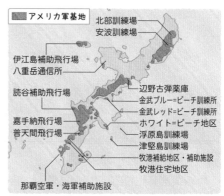

▲復帰直後の沖縄のアメリカ軍基地

入試では 沖縄の日本への復帰の時期、復帰のために力をつくした佐藤栄作内閣総理大臣、現在も残る普天間基地などの語句がよく問われます。特に、復帰の時期は、戦後の歴史の中のいつごろのことなのか、しっかり理解しておくことが必要です。

2 近隣諸国との関係

❶ **中国**……1972年、田中角栄首相が中国を
訪問して日中共同声明を発表し、中国と
の国交が正常化した。1978年には日中平
和友好条約を結んだ。
〔これを記念して、中国から初めて2頭のパンダが日本に送られた〕
〔福田赳夫(たけお)首相のとき〕

❷ **韓国・北朝鮮**……1965年、日本は韓国が朝
鮮半島にある唯一の政府であることを認
める**日韓基本条約**を結び、国交を正常化
した。北朝鮮とは現在も国交は開かれていない。

❸ **ロシア**……戦後、北方領土をソ連が不法に占拠し、
ソ連解体後はロシアが引き続き占拠している。

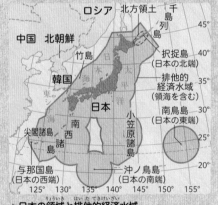

▲日中平和友好条約の調印

中学入試にフォーカス 日本の領土と近隣諸国

▶近隣諸国との領土をめぐる問題

現在の日本の領土は、1951年に結ばれたサンフランシスコ平和条約によって定められた。しかし、日本の領土をめぐり、近隣諸国との間で課題が残る地域がある。

竹島 🗾
竹島は、江戸時代から鳥取藩が漁業を管理しており、1905年に日本政府が島根県に編入した。韓国は1952年から領土として主張しはじめ、現在、警備施設をつくり、不法占拠を続けている。なお、韓国は竹島を「独島」と呼んでいる。

▲日本の領域と排他的経済水域

北方領土 🗾
歯舞群島・色丹島・国後島・択捉島(北方領土)は、1855年の日露和親条約で日本の領土とされたが、1945年からソ連が不法占拠し、現在はロシアが占拠を続けている。

尖閣諸島* 🗾
尖閣諸島は、1895年に日本政府が沖縄県の一部として日本領土に組みこんだ。1970年代に入り、周辺部に石油などの埋蔵の可能性が確認されると、中国や台湾が領土として主張しはじめた。

＊尖閣諸島は日本固有の領土であり、尖閣諸島をめぐる領土問題は存在しない。

パワーアップ
日本は、北朝鮮を国家として認めていません。その理由の1つが、北朝鮮による日本人拉致問題です。2002年に日朝平壌宣言が出され、北朝鮮に拉致された人々の一部が日本にもどってきましたが、いまだに拉致問題は解決しておらず、北朝鮮とは国交正常化がなされていません。

3 現代の日本と世界 ★★

1 冷戦の終結

❶ ソ連の改革とベルリンの壁崩壊……ソ連でゴルバチョフ共産党書記長が政治・経済の改革（ペレストロイカ）を進めると、東ヨーロッパ諸国でも改革の動きが進み、1989年には冷戦の象徴であったベルリンの壁が崩壊した。

❷ 冷戦の終結……1989年、マルタ会談で冷戦の終結が宣言された。1990年には東西ドイツが統一し、1991年には、ロシア連邦を中心とする独立国家共同体(CIS)が結成され、ソ連は解体した。

年	できごと
1965	日韓基本条約
1972	沖縄返還、日中共同声明
1973	石油危機
1978	日中平和友好条約
1989	ベルリンの壁崩壊
	マルタ会談
1990	東西ドイツ統一
1991	湾岸戦争、ソ連解体
1992	自衛隊のカンボジア派遣
1993	ヨーロッパ連合発足
1995	阪神・淡路大震災
1997	地球温暖化防止京都会議
2001	アメリカで同時多発テロ
2011	東日本大震災
2020	新型コロナウイルス感染症の感染拡大

▲現代の世界と日本

2 現代の日本

❶ 貿易摩擦……1980年代、自動車の輸出が増加し、アメリカ合衆国との間で貿易摩擦がおこった。（ヨーロッパ連合(EU)との間でもおこった）（日本のはなばな貿易黒字）

❷ バブル経済……1980年代の終わりに、株や土地の価格が急上昇する好景気（バブル経済）となったが、1990年代に入るとバブルは崩壊した。（その後、平成不況が始まった）

❸ 世界金融危機……2008年、アメリカ合衆国から不景気が世界に広がった。

3 日本の課題 東日本大震災を受け、自然災害に対する防災設備の充実、原子力発電などの核エネルギー問題の解決が求められている。地球温暖化などの環境問題に対しては、国際協力の必要性が増している。世界平和のための国連平和維持活動（PKO）や発展途上国への政府開発援助（ODA）、自由貿易を目ざす環太平洋経済連携協定（TPP）など、日本が世界と協力し、国際貢献することが求められている。

⊕ズームアップ 冷戦（冷たい戦争） ➡p.475

ことば マルタ会談
1989年、ソ連のゴルバチョフ共産党記長と、アメリカ合衆国のブッシュ大統領が、地中海のマルタ島で行った会談。

参考 地球温暖化防止京都会議
二酸化炭素などの温室効果ガスの排出量を減らす京都議定書が採択された。

⊕ズームアップ
• 地球温暖化防止京都会議 ➡p.525
• ヨーロッパ連合(EU) ➡p.505

参考 貿易摩擦
アメリカ合衆国との貿易で、1960年代にはせん品、70年代には鉄鋼、80年代には自動車の日本の輸出が増大し、日本の利益がアメリカ合衆国の利益を大きく上回ったためにおこった。

⊕ズームアップ
• 東日本大震災 ➡p.213、265
• 国連平和維持活動 ➡p.522
• 政府開発援助 ➡p.527、528

雑学ハカセ 1949年に日本人初のノーベル賞を受賞した湯川秀樹以来、多くの日本人がノーベル賞を受賞していますが、平和賞を受賞したのは佐藤栄作の1人だけです。また、経済学賞の日本人受賞者は1人も出ていません（2023年現在）。

入試のポイント

👑 絶対暗記ベスト3

1位 日中戦争　1937年、北京郊外の盧溝橋での、日本と中国の武力衝突(盧溝橋事件)をきっかけに始まった、中国との戦争。

2位 満州事変　1931年、関東軍が南満州鉄道の線路を爆破し(柳条湖事件)、これを中国軍のしわざとして軍事行動をおこし、満州を占領。翌年に満州国を建国。

3位 サンフランシスコ平和条約　1951年、日本と連合国48か国が結んだ太平洋戦争の講和条約。吉田茂首相が調印し、翌年、日本は独立を回復。

1 戦前の日本

□年表中の①～⑤にあてはまる語句は?
- ①→五・一五
- ②→国家総動員
- ③→第二次世界大戦
- ④→日独伊三国同盟
- ⑤→太平洋戦争

□①で暗殺された首相→犬養毅

年	できごと
1931	満州事変がおこる
1932	(①)事件がおこる
1937	日中戦争がおこる
1938	(②)法が定められる
1939	ヨーロッパで(③)が始まる
1940	(④)が結ばれる
1941	日本軍がマレー半島に上陸する一方、真珠湾にあるアメリカ軍基地を奇襲攻撃し、(⑤)が始まる

2 戦後の日本

□年表中の①～⑤にあてはまる語句は?
- ①→日本国憲法
- ②→日米安全保障条約
- ③→オリンピック・パラリンピック
- ④→日中共同声明
- ⑤→東日本大震災

□②が結ばれたのと同じ年、日本が48か国と結んだ太平洋戦争の講和条約→サンフランシスコ平和条約

□1973年に日本の高度経済成長が終わるきっかけとなった、石油の不足、石油価格の上昇による世界的な経済混乱→石油危機

年	できごと
1947	5月3日から(①)が施行される
1951	(②)が結ばれ、アメリカ軍基地が日本に残ることを認める
1964	アジア初の(③)大会が東京で開かれる
1972	(④)が発表され、日本と中国との国交が正常化する
2011	(⑤)がおこる→原子力発電を見直すべきとの議論が高まる

□ ❶ 1936年、陸軍の青年将校が大臣などを殺傷し、東京の中心部を占拠した事件を[　　　]といいます。

❶二・二六事件 ⏎p.466

□ ❷ 空襲をさけるため、都市部の小学生が地方の農村などへ集団で移住したことを[　　　]といいます。

❷集団疎開（学童疎開）⏎p.469

□ ❸ 1945年8月6日、原子爆弾が[　　　]に投下され、9日には長崎に投下されました。

❸広島 ⏎p.470

□ ❹ 1945年8月14日、日本は[　　　]の受け入れを決め、降伏しました。

❹ポツダム宣言 ⏎p.470

□ ❺ 日本を占領した、連合国軍最高司令官総司令部（GHQ）の最高司令官は[　　　]です。

❺マッカーサー ⏎p.471

□ ❻ 政府が地主から田畑を買い上げ、小作人に売りわたし、農村の民主化を進める[　　　]が行われました。

❻農地改革 ⏎p.472

□ ❼ 1945年には満[　　　]才以上の男女に選挙権が認められました。

❼20 ⏎p.473

□ ❽ 1947年から施行された日本国憲法の三大原則は、国民主権、基本的人権の尊重と[　　　]です。

❽平和主義 ⏎p.473

□ ❾ 第二次世界大戦後、アメリカ合衆国とソ連の間で、戦火を交えない[　　　]と呼ばれる対立がおこりました。

❾冷たい戦争（冷戦）⏎p.475

□ ❿ 1950年に朝鮮戦争が始まると、日本国内の治安を守るために[　　　]がつくられました。

❿警察予備隊 ⏎p.476

□ ⓫ 1956年、日ソ共同宣言に調印してソ連と国交を回復した日本は[　　　]に加盟し、国際社会に復帰しました。

⓫国際連合 ⏎p.476

□ ⓬ 朝鮮戦争をきっかけに、日本は[　　　]と呼ばれる好景気をむかえました。

⓬特需景気 ⏎p.477

□ ⓭ 高度経済成長期、四大公害病といわれる水俣病、四日市ぜんそく、新潟水俣病、[　　　]が発生しました。

⓭イタイイタイ病 ⏎p.478

□ ⓮ 高度経済成長期、農村は若者が都市へ移動したため人口が減り、日常生活も困難な[　　　]化が進みました。

⓮過疎 ⏎p.479

□ ⓯ 今日、日本は韓国との間に竹島問題、ロシアとの間に[　　　]問題をかかえています。

⓯北方領土 ⏎p.481

●次の資料A〜Dを見て、あとの問いに答えなさい。　　　　【青山学院中等部—改】

A

B

C

D

(1) 資料A〜Dをおこった順(古い順)に並べかえなさい。

(2) 資料Dのできごとのきっかけとなったことがらを、次から1つ選び、記号で答えなさい。

　ア　国際連盟脱退　　イ　世界恐慌　　ウ　二・二六事件　　エ　柳条湖事件

▌キーポイント▐ ////

　資料の写真や書かれている文字を正確に読み取り、何を表しているのかを確認する。

▌正答への道▐ ////

(1) 資料Aには原爆ドーム、資料Bには「宣戦布告・米英軍と開戦す」の文字、資料Cには「ミッドウェー」の文字、資料Dには線路際に立つ人々が見える。

(2) 資料Dの人々の中には、かがみこんで線路のようすを調査している人(リットン調査団)もいることから考える。

◆答え◆

(1)　D→B→C→A　　(2)　エ

●資料1と資料2は、政府が出した広告です。資料1の広告には、天皇に関する史跡などへの鉄道旅行を国民にすすめる目的がありました。しかし、その後、資料2のように政府の方針が変わりました。このように変わった理由を、日本の状況の変化にふれて、考えて答えなさい。

【鷗友学園女子中一改】

資料1　1938年の政府の広告

(1938年8月3日付「写真週報」25号)

資料2　1943年の政府の広告

(1943年9月29日付「写真週報」291号)

鉄道は勝つための武器　不要の旅行で戦力減らすな

内地の家庭の数をかりに千五百万戸とし各家庭で一年間に一人が一度旅行を献納したとすると

旅客列車約二万五千本が走らずにむことになり石炭を曜けば約二百万トンこの代りに貨物列車を走らせて木材を運べば約五千万石米を運べば二億俵（八千万石）

資料2の枠内をわかりやすくしたもの

鉄道は勝つための武器
不要な旅行で戦力減らすな
日本国内の家庭の数をかりに千五百万戸とし各家庭で一年間に一人が一度旅行を取りやめたとすると

■ キーポイント

資料の「年」の表示は、歴史では重要なヒントとなる。

■ 正答への道

資料2は1943年の資料であり、「鉄道は勝つための武器」から、戦争が始まっており、勝つために鉄道が重要である、と読み取れる。

■ 解答例

日中戦争や太平洋戦争が続いており、鉄道で旅行客を運ぶよりも、戦争に勝つために、必要な物資を運ぶ方が重要となったから。

国際

第9編 世界の中の日本

世界の中の日本

日本とかかわりの深い国々 6年

世界の国々と日本とのかかわり

世界には190余りの国々があり、それぞれ特色をもっています。グローバル化が進む世界で、これらの国々のようすや日本とのかかわりを知ることは、これから先、平和な社会を築いていくうえで重要です。

世界には、いろいろな特色をもった国がたくさんあるね

ロシア連邦 国土面積世界一

中国「世界の工場」

サウジアラビア 石油を日本に輸出

フィリピン バナナを日本に輸出

アメリカ合衆国 世界有数の農業国・工業国

インド 人口世界一

インドには14億人もいんど（いるぞ）！

日本はこれらの国々と貿易などで深いかかわりをもっているのね

中には、領土問題をかかえている国もあるよな

北方領土

択捉島
国後島
色丹島
歯舞群島
北海道

世界の国々と日本のかかわりを知ることは、平和な社会をつくるための第一歩かもね！

国際
第9編
世界の中の日本

第1章
日本とかかわり
の深い国々

第2章
世界平和と
日本の役割

1 アジアの国々

🎯 学習のポイント

1. アジアは**東アジア**、**東南アジア**、**南アジア**、**西アジア**などに区分される。

2. アジアには、世界の人口の**約60%**が集中している。

3. 東南アジアの国々で**東南アジア諸国連合（ASEAN）**が結成されている。

1 東アジアの国々 入試重要度 ★★★

モンゴル

朝鮮民主主義人民共和国
首都 ピョンヤン
人口 2616万人（2023年）
面積 12万km²（2021年）
・日本と正式な国交はない

中華人民共和国
首都 ペキン
人口 14億2567万人*（2023年）
（＊ホンコン、マカオ、台湾を除く）
面積 960万km²（2021年）
・農産物の生産が世界有数
・「世界の工場」と呼ばれる
・日本の最大の貿易相手国

大韓民国
首都 ソウル
人口 5178万人（2023年）
面積 10万km²（2021年）
・ハングル文字が使われる
・キムチづくりで知られる

日本

東シナ海

1 中華人民共和国（中国）

❶ **国土**……国土面積は約960万km²で日本の約25倍の広
さがあり、**黄河**や**長江**などの大きな川が流れている。
中国第2の長流←こうが ちょうこう→揚子江、中国最長の河川

❷ **歴史**……黄河流域に古代文明がおこった古い歴史
をもつ。1949年に社会主義国として**中華人民共和**
国が建国された。
毛沢東（マオツォトン）が初代国家主席に就任↲

▲万里の長城

パワーアップ
中国のホンコンとマカオは、その自治が認められ、独自の法律が適用されるなど、大幅な自
治権をもつ特別な地区になっています。金融業や観光業がさかんで、多くの人々が訪れてい
ます。

③ **人口と社会**……中国は、約14億2567万人（2023年）の人口をもち、90％以上をしめる**漢民族**と50をこえる**少数民族**で構成される。人口増加をおさえるために**一人っ子政策**がとられてきた。
〈チベット族など〉
〈現在は廃止されている〉

④ **産業**

▶ **農業**…米・小麦・じゃがいも・野菜類などの生産量が世界第1位（2021年）である。
〈なす・にんじん・きゅうり・トマトなど〉

▶ **工業**…石炭・鉄鉱石・石油などの豊富な資源をもとに**経済特区**を設け、外国の技術や資本を取り入れて工業の近代化を進めた結果、「**世界の工場**」と呼ばれるほど工業が発達した。
〈シェンチェン・チューハイ・スワトウ・アモイ・ハイナン島〉
〈国内総生産（GDP）は2010年に日本をぬき世界第2位に〉

⑤ **日本との関係**……中国は、日本が古くから文化や技術を取り入れるなど交流が深い国である。戦後、**日中共同声明**で国交を回復し、1978年に**日中平和友好条約**が結ばれて友好関係が深まった。国交を回復してからは経済交流が進み、現在、中国は日本の最大の貿易相手国となっている。
〈1972年、田中角栄首相が訪中して発表〉
〈福田赳夫内閣のとき〉

> **ことば　一人っ子政策**
> 中国が人口増加をおさえるために実施した、1夫婦に子ども1人だけとする政策。この結果、少子化の進行などが問題となり、2015年に廃止された。

> **ことば　経済特区**
> 中国が工業化を進めるために、外国資本を導入して経済活動を行うことを認めた地区。経済特区の1つであるシェンチェンは、最先端の科学技術を活用した都市として、**IT特区**とも呼ばれる。

日本への輸出	日本からの輸入
その他 34.1／2021年 120兆3818億円／機械類 49.0%／家具 2.6／衣類 7.8／織物類 2.9／金属製品 3.6	その他 32.9／2021年 17兆9844億円／機械類 44.6%／自動車部品 3.5／鉄鋼 3.8／科学光学機器 3.9／自動車 5.2／6.1／プラスチック

（2023/24年版「日本国勢図会」）
▲日本と中国の貿易

くわしい学習

✐テーマ　中国の農業や経済発展について調べてみよう。

🔍研究　▶ **中国の農業**……中国では、降水量などの影響で、地域によって異なる農業が行われています。北東部では**畑作**、南部では**稲作**や**茶**の生産、内陸部では**遊牧**がおもに行われています。

▲中国の農業地域

▶ **中国の経済発展**……中国は著しい経済発展をとげていますが、一方で、経済特区が置かれた沿岸部と内陸部で経済格差が生じていることや、首都のペキンなど都市部での**大気汚染**も大きな問題となっています。

▲シャンハイのようす

▲ペキンの大気汚染

パワーアップ　中国は、米や小麦などの穀物の生産量は世界有数ですが、人口が多く、ほとんどを国内で消費するため、ほかの生産国と比べ、海外へ輸出する量は少なくなっています。

2 大韓民国（韓国）

❶ 国土……朝鮮半島の南部に位置する。西部と南部に平野が多く、西側の海岸線はリアス海岸である。

❷ 歴史……1910年に日本に併合され、第二次世界大戦が終わるまで日本の植民地だった。戦後、アメリカ合衆国とソ連の対立によって、朝鮮民主主義人民共和国（北朝鮮）と南北に分かれて独立した。
_{└韓国併合}

❸ 社会・文化……**儒教**の教えが非常に大切にされている。民族衣装の**チマ-チョゴリ**や**キムチ**などは日本でもよく知られており、**ハングル**という独自の文字が使われている。
_{└15世紀中ごろ、朝鮮国第4代国王世宗が制定┘}

안 녕 하십니까?
アン ニョン ハシムニ カ
※日本語で「こんにちは」の意味。

▲ハングル文字

❹ 産業……かつて**アジア NIES** の一国として急成長をとげた。造船・鉄鋼・自動車・電子部品などの工業が発達している。農業では米づくりを中心に野菜や果物の栽培が行われている。

❺ 日本との関係……1965年の**日韓基本条約**で国交を回復し、日本にとって韓国は、中国・アメリカ合衆国に次ぐ貿易相手国となっている。2002年には日本とともにサッカーワールドカップを開催した。
_{└佐藤栄作内閣のとき}

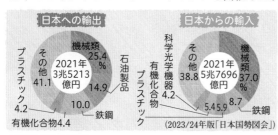

日本への輸出	日本からの輸入
機械類 25.4%	機械類 37.0%
その他 41.1	その他 38.8
2021年 3兆5213億円	2021年 5兆7696億円
石油製品 14.9	科学光学機器
鉄鋼 10.0	有機化合物 4.2
プラスチック 4.2	プラスチック 5.4 鉄鋼 8.7
有機化合物 4.4	5.9

（2023/24年版「日本国勢図会」）

▲日本と韓国の貿易

3 朝鮮民主主義人民共和国（北朝鮮）

第二次世界大戦後、大韓民国と南北に分かれて独立した。日本と2002年に**日朝平壌宣言**に調印したが、国交は開かれていない。
_{└小泉純一郎首相と金正日（キムジョンイル）国防委員長が調印}

ことば 儒 教
中国の思想家である孔子の教えをまとめたもので、上下関係や伝統などを重視している。韓国の人々の間に深く根づいている教えで、家族や国をとても大切にしている。

▲チマ-チョゴリ

ことば アジアNIES
1970〜80年代にアジアで急速に工業化が進んだ、**韓国・シンガポール・ホンコン・台湾**のことを指している。NIESとは、**新興工業経済地域**の略称である。

参考 北朝鮮の核開発
北朝鮮は、世界の取り決めを破って核開発を行ったとして、日本をはじめとする世界各国から経済制裁を受けている。2018年と2019年の2度にわたってアメリカ合衆国と北朝鮮の首脳会談が行われ、朝鮮半島の非核化が話し合われたが、根本的な解決に至らなかった。その後も北朝鮮はミサイル発射をくり返すなど、核・ミサイル開発のための活動を続ける姿勢をくずしていない。

雑学ハカセ キムチといえば韓国をすぐに思いうかべますが、韓国ではキムチを2才前後のころから、食べはじめるそうです。その一方で、子どもが大きくなってもなかなかキムチを食べてくれず、なやんでいる親も意外と多いそうです。

2 東南アジアの国々 ★

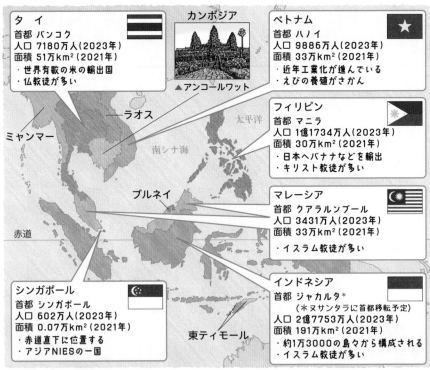

タイ
首都 バンコク
人口 7180万人(2023年)
面積 51万km²(2021年)
・世界有数の米の輸出国
・仏教徒が多い

カンボジア
▲ アンコールワット

ベトナム
首都 ハノイ
人口 9886万人(2023年)
面積 33万km²(2021年)
・近年工業化が進んでいる
・えびの養殖がさかん

ラオス
太平洋

ミャンマー

南シナ海

フィリピン
首都 マニラ
人口 1億1734万人(2023年)
面積 30万km²(2021年)
・日本へバナナなどを輸出
・キリスト教徒が多い

ブルネイ

マレーシア
首都 クアラルンプール
人口 3431万人(2023年)
面積 33万km²(2021年)
・イスラム教徒が多い

赤道

シンガポール
首都 シンガポール
人口 602万人(2023年)
面積 0.07万km²(2021年)
・赤道直下に位置する
・アジアNIESの一国

東ティモール

インドネシア
首都 ジャカルタ*
(＊ヌサンタラに首都移転予定)
人口 2億7753万人(2023年)
面積 191万km²(2021年)
・約1万3000の島々から構成される
・イスラム教徒が多い

1 東南アジアの気候と歴史

東南アジアの大部分は、高温多湿な**熱帯**の気候に属しており、湿気をさけるために**高床式の住居**が多い。多くの国が20世紀半ばまで欧米諸国の植民地として支配下に置かれていた。
↳タイは独立を保った
地域協力機構として、**東南アジア諸国連合(ＡＳＥＡＮ)**が結成されている。

▲高床式の住居

2 東南アジアのおもな国々

❶ **フィリピン**……大小約7000の島々からなり、**バナ**ナの栽培がさかんである。**キリスト教徒**が多い。
↳環太平洋造山帯の一部で、火山が多い

❷ **ベトナム**……第二次世界大戦後、南北に分かれたが、ベトナム戦争を経て1976年に統一された。米の
↳メコン川流域
栽培がさかんで、インド・タイに次ぐ米の輸出国
↳ベトナム社会主義共和国となった
である。コーヒー豆の生産も多い。
↳ブラジルに次いで世界第2位(2021年)　2021年

ことば 東南アジア諸国連合
(ＡＳＥＡＮ)
東南アジア10か国(2023年11月現在)が加盟している、経済・政治・社会・文化・安全保障に関する地域協力機構。本部はインドネシアのジャカルタに置かれている。

雑学ハカセ フィリピンは、かつてスペインの植民地となりましたが、当時のスペイン皇太子フェリペの名まえにちなんでラス・フィリピナス諸島と名づけられたのが国名の由来です。

❸ インドネシア……大小約1万3000の島々からなる
国で、**イスラム教徒**が多い。米づくりがさかんで、
石油・天然ガスなどの鉱産資源も豊富である。近
年、工業化が進み、日本との貿易もさかんである。

❹ タイ……欧米諸国による植民地支配を受けなかっ
た国で、**仏教徒**が多い。米の輸出量は世界有数、
天然ゴムの生産量は世界第1位である。近年、工
業化が進み、電子部品工業なども発達している。

❺ シンガポール……小さな都市国家で、中継貿易で
栄えた。〔輸入した商品を国内で消費しないで、そのままの形でほかの国へ輸出する貿易〕電子部品や電気機器の生産がさかんで、
世界有数の金融市場を提供している。外国企業が
多数進出し、ＡＳＥＡＮ諸国内では、最も経済が発
展している。

❻ マレーシア……1980年代初めから、日本や韓国を
手本とする政策を進めた結果、〔ルックイースト政策という〕外国企業が進出し、
電子部品工業が発達した。農業では油やしや**天然
ゴム**の生産がさかんである。イスラム教徒が多い。

2021年
5065万t

インド 41.5％
タイ 12.0
ベトナム 9.2
パキスタン 7.8
アメリカ合衆国 5.6
その他 23.9

(2023/24年版「世界国勢図会」)

▲おもな米の輸出国

ライオンと人魚（マーメイド）を合体させた像。

▲マーライオン像（シンガポール）

国際
第**9**編
世界の中の日本

第**1**章
日本とかかわりの深い国々

第**2**節
世界平和と日本の役割

❸ 西アジア・南アジアの国々 ★★

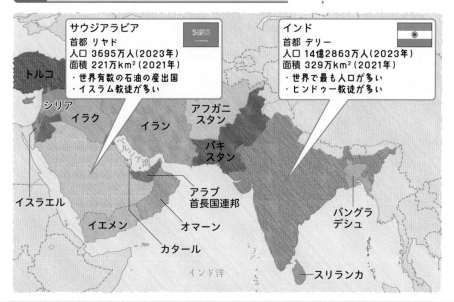

サウジアラビア
首都 リヤド
人口 3695万人（2023年）
面積 221万km²（2021年）
・世界有数の石油の産出国
・イスラム教徒が多い

インド
首都 デリー
人口 14億2863万人（2023年）
面積 329万km²（2021年）
・世界で最も人口が多い
・ヒンドゥー教徒が多い

トルコ
シリア
イラク
イラン
アフガニスタン
パキスタン
イスラエル
イエメン
オマーン
カタール
アラブ首長国連邦
バングラデシュ
スリランカ
インド洋

雑学ハカセ

サウジアラビアでは、女性の自動車の運転が禁止されるなど、女性の権利が厳しく制限され
てきました。しかし、2018年に経済社会改革の一環として、女性の運転が解禁されました。
2022年には人権委員会の幹部にサウジアラビア史上初めて女性が就任し、注目を集めました。

① 南アジアと西アジアの気候

南アジアの大部分は**熱帯**や**乾燥帯**に属している。西アジアの大部分は**乾燥帯**に属し、砂漠が多く雨が少ない。

② 南アジアと西アジアのおもな国々

❶ インド

▶ **人口と社会**…世界で最も人口が多い国で、国民の約80％が**ヒンドゥー教**を信仰しているが、**仏教**が生まれた国でもある。現在も、古くからの**カースト制度**による差別が根強く残っている。
（2023年に中国をぬいて人口世界最多となった）
（インドの身分制度。現在は憲法で禁止されているが、インド社会に根強く残る）

▶ **産業**…茶（紅茶）・米・小麦・綿花の生産がさかんである。近年、**ICT（情報通信技術）関連産業**が発達し、**BRICS**の1つに数えられる。
（コンピューターのソフト開発など）

❷ サウジアラビア

▶ **国土と社会**…国土は広大なアラビア半島の約80％をしめる。**イスラム教徒**の国で、イスラム教の聖地である**メッカ**がある。
（信者は、1日5回メッカに向かって礼拝する）

▶ **産業**…世界有数の石油生産国で、**OPEC**の中心国として石油の安定した供給に努力している。日本へも大量の石油を輸出している。
（2023年11月現在、13か国が加盟）

ことば BRICS
経済発展が著しいブラジル・ロシア連邦・インド・中国・南アフリカ共和国の頭文字を合わせた5か国の総称。世界経済に大きな影響力をもち、5か国で世界の面積の約30％、人口の約40％をしめている。2023年8月、BRICS5か国は、2024年1月からサウジアラビア・アラブ首長国連邦・イラン・エジプト・エチオピア・アルゼンチンの6か国が新たに加盟することを決めた。

ことば OPEC
石油輸出国機構。石油産出国が結成している組織のこと。加盟国の利益を守るため加盟国間の石油の生産量や価格を決めている。1973年と1979年に価格を大幅に引き上げた際、世界経済は危機におちいった。

くわしい学習

テーマ 世界の三大宗教について調べてみよう。

研究 キリスト教・イスラム教・仏教が世界の**三大宗教**です。

▶ **キリスト教**……紀元後1世紀に**イエス**の教えをもとに成立しました。ヨーロッパ、南北アメリカ、オセアニアなどの国で広く信仰されています。

▶ **イスラム教**……7世紀に**ムハンマド**が始めました。西アジアや北アフリカなどの国で広く信仰されています。

▶ **仏教**……紀元前5世紀ごろ、**シャカ**が始めました。東アジアや東南アジアなどの国で広く信仰されています。

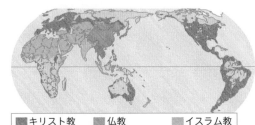

■キリスト教　■仏教　■イスラム教
■ヒンドゥー教　□その他の宗教

▲世界の宗教分布

インドでICT関連産業が発達した背景には、数学や英語の教育水準が高いこと、技術者を育成するために国が援助していること、ICT関連企業に対して税金などで優遇していることなどがあります。

国際
第9編
世界の中の日本

第1章
日本とかかわり
の深い国々

第2章
世界平和と
日本の役割

❷ 南・北アメリカの国々

🎯 学習のポイント

1. **アメリカ合衆国**は、日本にとって最も関係の深い国の1つで、日本は農産物の多くをアメリカ合衆国から**輸入**している。
2. 近年、ブラジルは工業が発達し、**ＢＲＩＣＳ**の1つに数えられている。

❶ 北アメリカの国々 ★★★

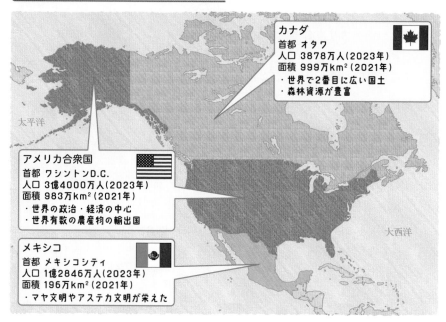

カナダ
首都 オタワ
人口 3878万人(2023年)
面積 999万km²(2021年)
・世界で2番目に広い国土
・森林資源が豊富

太平洋

アメリカ合衆国
首都 ワシントンD.C.
人口 3億4000万人(2023年)
面積 983万km²(2021年)
・世界の政治・経済の中心
・世界有数の農産物の輸出国

大西洋

メキシコ
首都 メキシコシティ
人口 1億2846万人(2023年)
面積 196万km²(2021年)
・マヤ文明やアステカ文明が栄えた

① アメリカ合衆国

❶国土と自然……国土面積は約983万km²
で、日本の**約26倍**の広さである。東部に
なだらかな**アパラチア山脈**、西部に険し
い**ロッキー山脈**がそびえる。中央部に
は小麦やとうもろこしなどが栽培され、世界有数の穀倉地帯**プレーリー**、**グレートプレーンズ**と
呼ばれる平原が広がり、かんがいによるとうもろこし、小麦の栽培や牛の放牧 ミシシッピ川
が流れている。アメリカ合衆国最長の川 **グランドキャニオン**が
世界自然遺産に登録されている。 アリゾナ州にある大峡谷

ロッキー
山脈

中央平原

アパラチア
山脈

プレーリー

グレート
プレーンズ

ミシシッピ川

▲アメリカ合衆国の地形

雑学ハカセ
アメリカ合衆国の国旗は星条旗といわれ、赤と白の13本の線は、独立当時の州の数13を示しています。また、50個の星は、現在の州の数50を示したものです。

❷ 人口と社会……人口は約3億4000万人（2023年）で世界第3位である。アメリカ合衆国は、先住民族のネイティブアメリカンや、世界各国からの移民で構成されている**多民族国家**である。日本や中国などのアジア系の住民もいる。近年は、ラテンアメリカから移住してきた、おもにスペイン語を話す**ヒスパニック**と呼ばれる人々が増えている。

↑アメリカ大陸の開発にともなって土地を失い、人口も減少
↑「人種のサラダボウル」といわれる
↑メキシコなど
↑アメリカ合衆国の重要な労働力となっている

❸ 歴史……1776年にイギリスから13州が独立を宣言し、のちにアメリカ合衆国が建国された。

❹ 文化……アメリカ合衆国で生まれたジーンズやコンビニエンスストア、ファストフードなどは、今では世界中の国々の生活にとけこんでいる。

❺ 産業

▶ **農業**…広大な土地で大型機械を使って行う大規模農業が行われている。小麦・とうもろこし・綿花・大豆などが**適地適作**で栽培され、乾燥地帯では、**センターピボット方式**のかんがい農業が行われている。

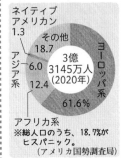

参考 アメリカ合衆国の人種・民族構成

ネイティブアメリカン 1.3
その他 18.7
アジア系 6.0
ヨーロッパ系 61.6%
アフリカ系 12.4
3億3145万人（2020年）
※総人口のうち、18.7%がヒスパニック。
（アメリカ国勢調査局）

ことば 適地適作
それぞれの地域の気候や土壌に適した作物を選んで栽培する農業のこと。

▲アメリカ合衆国の農業地域

小麦
酪農
放牧
とうもろこし・大豆
綿花

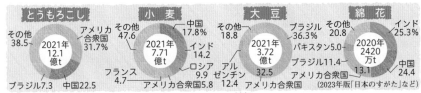

とうもろこし
その他 38.5
アメリカ合衆国 31.7%
2021年 12.1億t
ブラジル7.3
中国22.5

小麦
その他 47.6
中国 17.8%
2021年 7.71億t
インド 14.2
ロシア 9.9
フランス 4.7
アメリカ合衆国5.8

大豆
その他 18.8
ブラジル 36.3%
2021年 3.72億t
アルゼンチン 32.5
パキスタン5.0
ブラジル11.4
アメリカ合衆国

綿花
その他 20.8
インド 25.3%
2020年 2420万t
中国 24.4
13.1
（2023年版「日本のすがた」など）

▲アメリカ合衆国の世界にしめるおもな農産物の生産量割合

くわしい学習

Q センターピボット方式とはどのような農業ですか。

A たくさんのスプリンクラーがついた長さ約400mのかんがい装置を動かして農地に散水する方式です。散水しながら動いていくので、農地は円形になっています。

▲円形の農地

入試では アメリカ合衆国は、最も多く入試で出題される国の1つです。農産物の生産量や日本との貿易に関連したグラフや統計を用いた問題が見られます。統計の資料も確認しておきましょう。

国際
第9編
世界の中の日本

第1章
日本とかかわり
の深い国々

第2章
世界平和と
日本の役割

▶ **工業**…世界有数の工業国で、自動車・コンピューター関連・航空宇宙産業などで世界を引っ張っている。北緯37度より南の地域の**サンベルト**では、先端技術産業（ハイテク産業）が発達し、なかでもシリコンバレーと呼ばれる地域には多くのICT関連企業が集中している。アメリカ合衆国の企業には、世界各地に進出して活動する**多国籍企業**が多い。

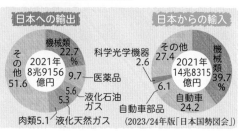
▲アメリカ合衆国の工業地帯

シリコンバレー
（サンフランシスコ郊外）
北緯37度
サンベルト

日本への輸出
2021年
8兆9156
億円
機械類 22.7%
その他 51.6
医薬品 9.7
液化石油ガス 5.6
液化天然ガス 5.3
肉類 5.1

日本からの輸入
2021年
14兆8315
億円
科学光学機器 2.6
その他 27.4
機械類 39.7%
自動車 24.2
自動車部品 6.1

(2023/24年版「日本国勢図会」)
▲日本とアメリカ合衆国の貿易

▶ **日本との関係**…政治的・経済的に両国の結びつきは非常に強く、日本にとってアメリカ合衆国は、中国に次ぐ第2の貿易相手国となっている。

参考 カナダの言語
カナダでは、**英語**と**フランス語**の2つの言語が公用語として使われている。

2 カナダ

❶ **国土と自然**……カナダは世界第2位の国土面積をもち、西部にはロッキー山脈が連なり、中東部には多くの氷河湖がある。国土の約3分の1を**タイガ**と呼ばれる針葉樹林帯がしめる。全体的に寒冷な気候である。

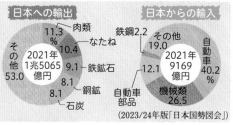

日本への輸出
2021年
1兆5065
億円
肉類 11.3%
なたね 10.4
鉄鉱石 9.1
銅鉱 8.1
石炭 8.1
その他 53.0

日本からの輸入
2021年
9169
億円
鉄鋼 2.2
自動車 40.2%
その他 19.0
機械類 26.5
自動車部品 12.1

(2023/24年版「日本国勢図会」)
▲日本とカナダの貿易

❷ **産業**……小麦の生産がさかんで、日本のおもな輸入国の1つである。石油やニッケルなどの鉱産資源や森林資源が豊かで、鉱業や製紙・パルプ業が発達している。

3 メキシコ

メキシコは16世紀にスペインの植民地になるまで、**マヤ文明・アステカ文明**が繁栄していた。石油や銀、銅などの鉱産資源にめぐまれ、銀の生産量は世界第1位である。

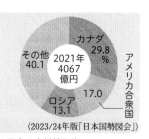

2021年
4067
億円
カナダ 29.8%
アメリカ合衆国 17.0
ロシア 13.1
その他 40.1

(2023/24年版「日本国勢図会」)
▲日本の木材輸入先

パワーアップ
アメリカ合衆国・カナダ・メキシコの3国は、関税を段階的に引き下げて自由貿易を行うことを目的として北米自由貿易協定（NAFTA）を結んでいましたが、2020年7月、NAFTAにかわる新協定（米国・メキシコ・カナダ協定〈USMCA〉）が発効しました。

2 南アメリカの国々 ★★

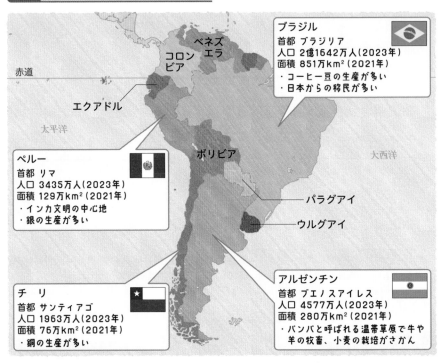

ブラジル
首都 ブラジリア
人口 2億1642万人（2023年）
面積 851万km²（2021年）
・コーヒー豆の生産が多い
・日本からの移民が多い

ベネズエラ
コロンビア
赤道
エクアドル
太平洋
ボリビア
大西洋

ペルー
首都 リマ
人口 3435万人（2023年）
面積 129万km²（2021年）
・インカ文明の中心地
・銀の生産が多い

パラグアイ
ウルグアイ

チリ
首都 サンティアゴ
人口 1963万人（2023年）
面積 76万km²（2021年）
・銅の生産が多い

アルゼンチン
首都 ブエノスアイレス
人口 4577万人（2023年）
面積 280万km²（2021年）
・パンパと呼ばれる温帯草原で牛や羊の牧畜、小麦の栽培がさかん

1 ブラジル

❶ 国土と自然……ブラジルは世界第5位の国土面積をもち、北部には世界最大の流域面積をもつ**アマゾン川**が流れ、その流域には**熱帯林**が広がっている。その南にはブラジル高原が広がっている。

❷ 農業……ブラジルでは、_{生産量は世界第1位(2021年)}**コーヒー豆・さとうきび・大豆**などの生産がさかんである。
近年は栽培の多角化を進め、単一栽培からの脱却をはかっている

▶ **バイオ燃料**…ブラジルは、さとうきびからつくられる**バイオ燃料**の生産がアメリカ合衆国に次いで多い。しかし、原料のさとうきびの栽培地を広げるために、熱帯林を切り開いた結果、森林の面積が減少するなどの環境問題がおこっている。

ズームアップ バイオ燃料 ➡p.172

▲アマゾン川

▲バイオ燃料の工場

入試では ブラジルも入試でよく出題される国の1つです。日本からの移民、アマゾン川、コーヒー豆、さとうきびとバイオ燃料、熱帯林の減少などが重要な語句になります。日本との貿易品目とも関連づけてしっかり整理しておきましょう。

❸ **工業**……ブラジルは**鉄鉱石**・ボーキサイト・マンガンなどの鉱産資源が豊富である。また、国内の発電量は、豊富な河川を利用した**水力発電**のしめる割合が高い。近年、南アメリカ最大の工業国に発展し、**BRICS**の1つに数えられている。

❹ **日本との関係**……1908年に日本からの移住が始まり、移住者たちはコーヒー農園などで働いた。現在では多くの**日系人**がブラジルでくらしている。群馬県大泉町には自動車関連工場で働く日系ブラジル人とその家族が多く住んでいる。
└明治時代の終わりのころ

❺ **スポーツ・文化**……ブラジルはサッカーがさかんである。また、リオデジャネイロの**カーニバル**が有名である。ポルトガルの植民地であったため、公用語は**ポルトガル語**である。
└キリスト教の祭り
└南アメリカの多くの国ではスペイン語

2 アルゼンチン　アルゼンチンでは、**パンパ**と呼ばれる温帯草原で牛や羊の牧畜、小麦の栽培がさかんである。

3 エクアドル　エクアドルは、国土の中央部をアンデス山脈が走る。国名のエクアドルは「赤道」を意味するスペイン語で、国民の約8割が**メスチソ**である。世界最大の原油埋蔵量をほこり、石油生産量が多い。バナナの生産量も多い。
└白人とインディオの混血　└2020年末現在

4 チ　リ　アンデス山脈に沿って、南北に細長い国土をもつチリは、鉱業がさかんで、**銅**の生産量は世界第1位である。
└2020年

5 ペルー　ペルーは**インカ文明**の中心地であり、クスコやマチュピチュ遺跡、ナスカの地上絵などが世界遺産に登録されている。**銀**の生産量は世界有数である。

ズームアップ　BRICS
→p.494

▲リオのカーニバル

日本とブラジルの貿易

日本への輸出
コーヒー 4.6
有機化合物 5.3
とうもろこし 6.8
肉類 9.0
鉄鉱石 51.2%
その他 23.1
2021年 1兆825億円

日本からの輸入
金属製品 2.9
鉄鋼 5.6
有機化合物 8.8
自動車部品 22.7
機械類 37.9%
その他 22.1
2021年 4596億円

(2023/24年版「日本国勢図会」)
▲日本とブラジルの貿易

▲アルゼンチンの放牧

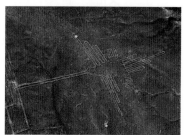
▲ナスカの地上絵

雑学ハカセ　リオのカーニバルでは、山車や衣装、打楽器隊の演奏の腕前などを点数で競うパレードコンテストがあります。2021年は新型コロナウイルス感染症の影響で初めて中止され、翌年は開催が2か月延期されましたが、2023年は3年ぶりに通常の日程で開催されました。

③ オセアニアの国々

🎯 学習のポイント

1. オーストラリアにとって、日本は中国に次ぐ貿易相手国（2021年）である。

2. ニュージーランドは島国で、羊毛の生産量が世界有数である。

1 オセアニアの国々 ★★

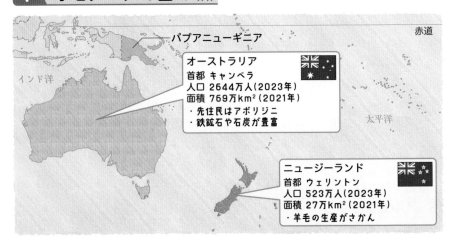

パプアニューギニア

赤道

インド洋

オーストラリア
首都 キャンベラ
人口 2644万人（2023年）
面積 769万km²（2021年）
・先住民はアボリジニ
・鉄鉱石や石炭が豊富

太平洋

ニュージーランド
首都 ウェリントン
人口 523万人（2023年）
面積 27万km²（2021年）
・羊毛の生産がさかん

1 オーストラリア

❶ 国土と自然……オーストラリアは、1つの大陸と周囲の島々からなる国で、世界第6位の国土面積をもつ。内陸部は乾燥気候で降水量は少ない。

❷ 社会・文化……白人のほか、アジア系の人々や少数ながらアボリジニと呼ばれる先住民も住み、多文化社会が進んでいる。

❸ 産業……羊毛の生産が世界有数である。鉄鉱石・石炭などの鉱産資源も豊富である。

❹ 日本との関係……オーストラリアにとって、日本は中国に次ぐ貿易相手国で、日本へ石炭や鉄鉱石などを輸出し、日本から自動車・機械類などを輸入している。

日本への輸出
その他 13.7
肉類 3.5
銅鉱 4.5
鉄鉱石 18.8
2021年 5兆7533億円
石炭 32.7％
液化天然ガス 26.8

日本からの輸入
タイヤ・チューブ 3.6
石油製品 7.3
その他 14.8
機械類 15.5
2021年 1兆6745億円
自動車 58.8％
（2023/24年版「日本国勢図会」）

▲日本とオーストラリアの貿易

参考 ニュージーランド
ニュージーランドは温帯気候で、日本と同じく島国である。牧草地が多く、酪農がさかんで、乳製品や肉類・羊毛などの生産がさかんである。先住民はマオリ。

パワーアップ オーストラリアやニュージーランドの国旗の一部には、イギリスの国旗が入っています。これは、両国ともかつてはイギリスの植民地となっていたことによります。

国際
第9編
世界の中の日本

第1章
日本とかかわりの深い国々

第2章
世界平和と日本の役割

4 ヨーロッパの国々

🎯 学習のポイント

1. ヨーロッパ諸国で結成されている**ヨーロッパ連合（ＥＵ）** は、世界の政治・経済に大きな影響力をもっている。

2. **ロシア連邦**は、世界一広大な国土面積と豊富な地下資源をもっている。

1 ヨーロッパの国々 ★★

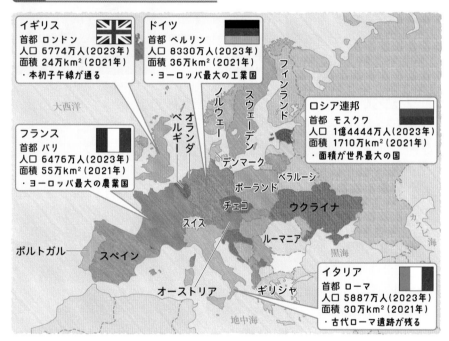

イギリス
首都 ロンドン
人口 6774万人（2023年）
面積 24万km²（2021年）
・本初子午線が通る

ドイツ
首都 ベルリン
人口 8330万人（2023年）
面積 36万km²（2021年）
・ヨーロッパ最大の工業国

フランス
首都 パリ
人口 6476万人（2023年）
面積 55万km²（2021年）
・ヨーロッパ最大の農業国

ロシア連邦
首都 モスクワ
人口 1億4444万人（2023年）
面積 1710万km²（2021年）
・面積が世界最大の国

イタリア
首都 ローマ
人口 5887万人（2023年）
面積 30万km²（2021年）
・古代ローマ遺跡が残る

大西洋／フィンランド／スウェーデン／ノルウェー／オランダ／ベルギー／デンマーク／ベラルーシ／ポーランド／チェコ／ウクライナ／スイス／ルーマニア／ポルトガル／スペイン／オーストリア／ギリシャ／黒海／カスピ海／地中海

1 ヨーロッパの国々

❶ヨーロッパの自然……南部はアルプス山脈がそびえ、北部は氷河によってつくられた**フィヨルド**が見られる。全体的に日本より緯度は高いが、西部は偏西風と暖流の**北大西洋海流**の影響で比較的温暖である。東部に向かうにつれて、冬の寒さが厳しくなる。南部は夏は乾燥し、冬は比較的降水量が多い。北部では**白夜**が見られる。

> **ことば フィヨルド**
> 氷河にけずられてできた谷に、海水が入りこんでできた細長い入り江。スカンディナビア半島西岸などで見られる。

> 🔍 **ズームアップ** 白夜 ➡p.20

パワーアップ ヨーロッパにはキリスト教の信者が多くいますが、地域によって宗派のちがいが見られます。フランスでは**カトリック**の信者が多いですが、ドイツでは**カトリック**と**プロテスタント**の信者数はほぼ同じです。

❷ **生活**……ヨーロッパのほとんどの国で**キリスト教**が信仰されている。また、小麦を主食としている。

2 イギリス　イギリスは、ヨーロッパ北西部に位置する島国である。世界で最初に**産業革命**を成しとげた。
└18世紀後半から始まった

首都の**ロンドン**は世界金融の中心地の１つであり、また、**本初子午線**が通っている。
└経度０度の線。旧グリニッジ天文台を通る

⊕ズームアップ 日本の産業革命
➡p.451

❶ **産業**……**北海油田**で石油が生産され、近年は**先端技術産業**(ハイテク産業)が発達している。

❷ **スポーツ・文化**……イギリスはサッカー発祥の地として、サッカーの人気が高い。また、ロンドンのウエストミンスター寺院は世界遺産に登録されており、時計塔(ビッグベン)とともにイギリスの観光名所となっている。
└国会議事堂の時計塔

▲ウエストミンスター宮殿

3 フランス　フランスには、スイスとの国境地帯に**アルプス山脈**が、スペインとの国境地帯にピレネー山脈がそびえ、アルプス山脈の最高峰のモンブランがある。
└標高4810ｍ。イタリアとの国境にそびえる

❶ **産業**

▶ **農業**…フランスはヨーロッパ最大の農業国で、**小麦・とうもろこし・じゃがいも・ぶどう(ワイン)** などの生産が多い。

▶ **工業**…フランスでは、自動車や航空機の生産がさかんである。

▲フランスのぶどう畑

❷ **文化**……フランスは芸術の国として知られている。首都の**パリ**は「**芸術の都**」とも呼ばれ、ゴッホやピカソなど多くの芸術家がフランスで芸術活動を行った。
└オランダの画家
└スペインの画家

▶ **ルーブル美術館**…パリにあるルーブル美術館は、美術館としては世界最大級である。「ミロのビーナス像」やレオナルド＝ダ＝ビンチの「モナ＝リザ」などを収蔵している。
└ギリシャのミロス島で発見された大理石の立像

▶ **観光**…フランスは訪れる観光客数が世界最多の国で、パリの**エッフェル塔**や凱旋門などには、日本からも多くの観光客が訪れている。

▲凱旋門

雑学ハカセ

エッフェル塔は、1889年のパリ万国博覧会の際に建設されました。エッフェル塔の「エッフェル」は、塔の設計および建設者のギュスターブ＝エッフェルにちなんでつけられました。

4 イタリア

❶ 国土……イタリアは地中海にのびる長靴型の
半島の国である。

❷ 産業……イタリアには、古代都市国家ローマ
の遺跡など、歴史的建築物・世界遺産も多く、
観光業がさかんである。また、**ワイン**やファ
ッションが有名で、日本でも人気がある。

▲古代ローマの遺跡（コロッセオ）

5 ドイツ

ドイツ民主共和国（東ドイツ）とドイツ連邦共和国（西ドイツ）

❶ 歴史……第二次世界大戦後、ドイツは東西2つの
国に分かれていたが、東ドイツで民主化の動きが
高まり、1989年に**ベルリンの壁**が崩壊し、翌年、
西ドイツが東ドイツを吸収する形で統一された。
しかし、東西間には今も経済格差がある。近年は
移民や**難民**の問題もかかえている。

❷ 産業……ドイツはヨーロッパ最大の工業国で、自
動車・化学・電子工業が発達している。特に**ルー
ル工業地帯**は石炭の産地であり、ヨーロッパ最大
の工業地帯を形成している。一方、工業が発展す
るとともに、**酸性雨**などの環境問題が発生したた
め、さまざまな取り組みを進めている。
　　　　ドイツはスウェーデンなどとともに環境先進国といわれる

❸ 文化……ドイツは、バッハやベートーベンなど世
界的に有名な音楽家を出し、現代でも世界的なオ
ーケストラ楽団が多いクラシック音楽大国である。

6 オランダ

❶ 国土……オランダは、国土の約25%を海面より低
い**ポルダー**といわれる干拓地がしめており、干拓
に使われた**風車**が現在も残っている。
　　　　排水の際に風車を利用していた

❷ 歴史……オランダは、江戸時代に日本と貿易を行
うことが許された、ヨーロッパで唯一の国である。

❸ 産業……オランダでは、酪農や**チューリップ**の栽
培がさかんである。ロッテルダム郊外にある**ユー
ロポート**はEU最大の貿易港で、周辺には大規模
な製油所や石油化学工場などがつくられている。

ズームアップ ベルリンの壁 **➡p.475**
ズームアップ 難 民 **➡p.520**

ことば 酸性雨
石油などを燃やして
発生したガスが、硫酸など
に変化して大気中の水分に
とけこみ、酸性度の強い雨
や雪となって降るもの。森
林を枯らしたり、川や湖の
生物を死滅させたりする被
害をもたらす。

▲オランダの風車

ズームアップ 酪 農 **➡p.94**

▲ユーロポート

雑学ハカセ ファッションのブランドはたくさんありますが、ブルガリ、グッチ、プラダ、フェラガモな
ど、世界的に有名で、日本でもおなじみのこれらのブランドは、すべてイタリアで生まれま
した。

503

7 スイス

❶ 歴史……スイスは、1815年に世界で最初の**永世中立国**になったが、2002年に国際連合には加盟した。
↳オーストリアも永世中立国
一方で、ＥＵには加盟していない。

❷ 産業……スイスでは酪農がさかんで、山の斜面を利用して**移牧**が行われている。工業では、**精密機械工業**がさかんである。
↳夏は家畜を高地の牧場で放牧、冬は低地の畜舎で飼育
↳日本はスイスから時計を多く輸入している

8 その他のおもなヨーロッパの国々

❶ デンマーク……北ヨーロッパの国。やせた低地であったが、土地の改良を進めて、世界的な酪農国になった。世界最大の島グリーンランドはデンマークの自治領である。

❷ スウェーデン……北ヨーロッパの国。**社会保障制度**が整っている。森林と水が豊富で製紙・パルプ業が発達している。首都のストックホルムでノーベル賞授賞式が行われる（平和賞を除く）。
平和賞の授賞式はノルウェーの首都オスロで行われる

❸ ノルウェー……北ヨーロッパの国。**フィヨルド**が発達している。高緯度のため**白夜**が見られる。

❹ バチカン市国……イタリアの首都ローマの市内にある世界最小の国。サン・ピエトロ大聖堂やサン・ピエトロ広場、システィーナ礼拝堂など、多くの歴史遺産がある。
0.44km²　　カトリックの総本山

2 旧ソ連の国々 ★

1 ロシア連邦

❶ 国土……ユーラシア大陸北部の広大な土地をしめる、世界最大の国土面積をもつ国である。
日本の約45倍

❷ 歴史……1917年のロシア革命を経て、1922年に世界初の社会主義国として**ソビエト社会主義共和国連邦（ソ連）**が誕生した。第二次世界大戦後、アメリカ合衆国との冷戦が終わったのち、1991年にソ連は解体され、**ロシア連邦**などに分かれた。

❸ 農業……小麦や大麦の生産がさかんである。

ことば　永世中立国
ほかの国家間の戦争に対して介入せず、また自国の防衛のため以外には、いかなる国に対しても自ら戦争を始めないことを義務づけられ、かつ、他国の侵入を許さないことが保障されている国家。

▲スイスの放牧

ズームアップ
・フィヨルド　➡p.501
・白夜　➡p.20

▲バチカン市国

ズームアップ
・ロシア革命　➡p.457
・冷戦　➡p.475、513

参考　ロシア連邦のウクライナ侵攻
2022年2月、ロシア軍がウクライナに侵攻を開始した。ウクライナも西側諸国から兵器の供与などの援助を受け、抗戦を続けている。

パワーアップ　スウェーデンでは、大学までの教育費が無料であったり、老後の心配もほとんどないほど社会保障が充実しています。しかし、その分だけ税金が高額になっています。

❹ **鉱業**……天然ガスや石油の生産がさかんである。石油と天然ガスは、**パイプライン**でロシア連邦からヨーロッパ諸国へ送られている。
└輸送管

❺ **日本との関係**……日本とソ連（現在のロシア連邦）は1956年に**日ソ共同宣言**で国交を回復した。しかし、**北方領土**をめぐる領土問題がある。
└国後島、択捉島、色丹島、歯舞群島

ロシア サハリン（樺太）
北方領土
千島列島
国後島
択捉島
色丹島
歯舞群島

▲ 北方領土

2 **ウクライナ** 1986年、**チョルノービリ原子力発電所**で爆発事故がおこった。2022年2月以降、ロシア軍による軍事侵攻を受け、多くの市民が犠牲になっている。
└大量の放射性物質が広範囲に拡散

ズームアップ 北方領土 ➡ p.30、481

中学入試にフォーカス ヨーロッパ連合（EU）

EU
「ヨーロッパ連合」の略称で、ヨーロッパの国々で構成されている組織である。

目的
- ヨーロッパで2度と戦争がおきないようにすること。
- アメリカ合衆国などの大国との競争に対抗できるようにすること。

EUの成立 1967年に結成されたヨーロッパ共同体（EC）をもとに、1993年に**ヨーロッパ連合（EU）**へと発展した。経済的・政治的な統合を進めている。2020年1月にイギリスが離脱し、2023年11月現在、27か国が加盟している。

EU加盟国の間では、人や物の移動が自由になっている。

国境 国境
国境の通過が自由で関税もない

国境
他国の大学の授業を受けても卒業資格がとれる

お店 国境
ユーロ導入国どうしでは、両替せずに買い物ができる

銀行 国境
他国の銀行への預金が自由

国境
仕事の資格が共通で、他国でも働くことができる

EU加盟国間の共通通貨としてユーロを導入している。（加盟国の中には、導入していない国もある。）

▲ ユーロ紙幣と硬貨

パワーアップ

現在のEUは、西ヨーロッパの国々と21世紀以降に加盟した東ヨーロッパの国々との経済格差が大きな課題となっています。これらの国々への援助の負担や高所得の国への移民の増加などが問題となっています。

5 アフリカの国々

🎯 学習のポイント

1. アフリカの国々は、かつて**ヨーロッパ諸国の植民地**であったところが多く、**発展途上**である国が多い。
2. アフリカでは、**特定の農産物や地下資源の輸出**にたよっている国が多い。

1 アフリカの国々 ★

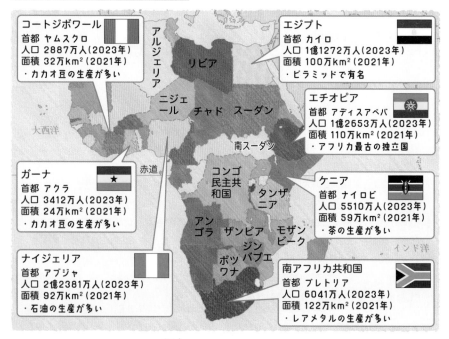

コートジボワール
首都 ヤムスクロ
人口 2887万人（2023年）
面積 32万km²（2021年）
・カカオ豆の生産が多い

エジプト
首都 カイロ
人口 1億1272万人（2023年）
面積 100万km²（2021年）
・ピラミッドで有名

エチオピア
首都 アディスアベバ
人口 1億2653万人（2023年）
面積 110万km²（2021年）
・アフリカ最古の独立国

ガーナ
首都 アクラ
人口 3412万人（2023年）
面積 24万km²（2021年）
・カカオ豆の生産が多い

ケニア
首都 ナイロビ
人口 5510万人（2023年）
面積 59万km²（2021年）
・茶の生産が多い

ナイジェリア
首都 アブジャ
人口 2億2381万人（2023年）
面積 92万km²（2021年）
・石油の生産が多い

南アフリカ共和国
首都 プレトリア
人口 6041万人（2023年）
面積 122万km²（2021年）
・レアメタルの生産が多い

（地図中の地名）アルジェリア／リビア／ニジェール／チャド／スーダン／南スーダン／コンゴ民主共和国／タンザニア／アンゴラ／ザンビア／モザンビーク／ジンバブエ／ボツワナ／大西洋／赤道／インド洋

1 アフリカの国々

19世紀後半から20世紀前半にかけて、アフリカ大陸の大部分は、ヨーロッパ諸国の植民地として支配されていた。第二次世界大戦後、次々に独立したが、現在でも発展途上国が多く、内戦や紛争がしばしばおこっている。[1]1960年は17か国が独立し、「アフリカの年」と呼ばれる大陸の中央を**赤道**が通り、中央部は**熱帯**で、その南北には**乾燥帯**が広がっている。北部には、世界最大の**サハラ砂漠**が広がっている。

▲サハラ砂漠

パワーアップ
サハラ砂漠の南にあたるサヘルと呼ばれる地域では、近年、気候変動や人間の活動（過度な樹木の伐採・放牧・耕作など）によって、土地があれ、不毛の大地に変化する砂漠化の進行が大きな問題となっています。

2 南アフリカ共和国

❶ 国土と歴史……南アフリカ共和国は、アフリカ大陸最南端の国である。かつて、**アパルトヘイト**といわれる人種隔離政策を行っていたが、1991年に廃止された。

❷ 産業……南アフリカ共和国は、白金やクロムなど**レアメタル**の生産量が世界有数である。近年工業化が進み、自動車や鉄鋼の生産がさかんである。**BRICS**の1つに数えられている。
└→希少金属

3 エジプト

❶ 国土と歴史……エジプトは、国土の大部分が**砂漠**で、世界最長の**ナイル川**が流れる。ナイル川流域は古代文明がおこった場所で、**ピラミッド**などの歴史遺産が多い。

❷ 産業……ナイル川流域で、小麦や綿花が栽培されている。

4 ケニア
ケニアは、赤道直下の高原の国で、ライオンやチーターなどの野生動物が多く生息している。茶の栽培がさかんである。
└→茶は重要な輸出品でもある

5 エチオピア
エチオピアは、アフリカ最古の独立国である。コーヒー豆が重要な輸出品となっている。

6 ナイジェリア
ナイジェリアはアフリカで最も人口が多い国で、**石油**の生産量が多い。
└→石油が輸出の大部分をしめる

7 ガーナ
ガーナのおもな産業は農業と林業で、**カカオ豆**の生産量は世界有数である。
└→コートジボワールに次いで世界第2位の生産量(2021年)
└→チョコレートなどの原料

8 コートジボワール
コートジボワールでは**カカオ豆**の生産がさかんで、その生産量は世界第1位(2021年)をほこる。

9 南スーダン
内戦を経て、2011年に南スーダンとしてスーダンから分離独立を果たしたが、独立後も国内の混乱が続いている。

ことば **アパルトヘイト**
南アフリカ共和国で行われていた、白人が黒人などの有色人種を差別した政策。黒人は住むところを制限されるなどした。しかし、世界的な非難を受けて、1991年に廃止された。

ズームアップ **BRICS**
➡p.494

▲エジプトのピラミッド

その他 31.5

ケニア 27.1%

2021年 205万t

中国 18.0

インド 9.6

スリランカ 13.8

(2023/24年版「世界国勢図会」)

▲茶のおもな輸出国

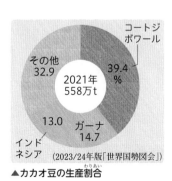

コートジボワール 39.4%

その他 32.9

2021年 558万t

ガーナ 14.7

インドネシア 13.0

(2023/24年版「世界国勢図会」)

▲カカオ豆の生産割合

雑学ハカセ ケニアのマサイ族は、驚異的に視力がいい民族としてよく知られています。その視力は3.0から8.0と推定されています。今のわたしたちから見ると、信じられないほどの視力ですね。

入試のポイント

1 日本と関係の深い国々とそれらの国々の特徴

- □**中国**……経済特区、「世界の工場」、一人っ子政策　首都ペキン
- □**韓国**……ハングル、アジアNIES、キムチ　首都ソウル
- □**アメリカ合衆国**……ヒスパニック、貿易摩擦　首都ワシントンD.C.
- □**インド**……人口世界第1位、ヒンドゥー教、カースト制度　首都デリー
- □**オーストラリア**……日本の石炭・鉄鉱石の主要輸入国　首都キャンベラ
- □**サウジアラビア**……世界有数の石油産出、イスラム教、メッカ　首都リヤド
- □**ブラジル**……コーヒー豆、鉄鉱石、日系人　首都ブラジリア
- □**ロシア連邦**……国土面積世界第1位、ソ連解体、北方領土問題　首都モスクワ

2 人口・面積・おもな穀物と資源の生産量上位3国

	第1位	第2位	第3位
人口(2023年)	①	中国	アメリカ合衆国
面積(2021年)	ロシア連邦	②	アメリカ合衆国
米の生産量(2021年)	中国	インド	バングラデシュ
小麦の生産量(2021年)	③	インド	ロシア連邦
とうもろこしの生産量(2021年)	アメリカ合衆国	中国	ブラジル
④の生産量(2022年)	アメリカ合衆国	サウジアラビア	ロシア連邦
⑤の生産量(2022年)	中国	インド	インドネシア
⑥の生産量(2020年)	オーストラリア	ブラジル	中国

(2023/24年版「世界国勢図会」など)

- □上の①～③にあてはまる国は？　①→**インド**　②→**カナダ**　③→**中国**
- □上の④～⑥にあてはまる資源は？　④→**石油**　⑤→**石炭**　⑥→**鉄鉱石**

3 地域組織

- □ヨーロッパの27か国で結成されている組織は？→**ヨーロッパ連合(EU)**
- □東南アジアの10か国で結成されている組織は？→**東南アジア諸国連合(ASEAN)**

重点チェック

□ ① 中国は、人口の90％以上をしめる[　　　]民族と50以上の少数民族で構成されている多民族国家です。
①漢 ○p.490

□ ② 中国では、人口増加をおさえるために[　　　]が長い間実施されていましたが、現在は廃止されています。
②一人っ子政策 ○p.490

□ ③ 韓国では[　　　]という独自の文字が使われています。
③ハングル ○p.491

□ ④ 2023年11月現在、東南アジアの10か国で結成されている地域協力機構を[　　　]といいます。
④東南アジア諸国連合（ASEAN） ○p.492

□ ⑤ [　　　]の多くの人々は[　　　]を信仰していますが、カースト制度という身分制度の名残が今もあります。
⑤インド、ヒンドゥー教 ○p.494

□ ⑥ イスラム教の聖地メッカがあり、日本に石油を多く輸出している国は[　　　]です。
⑥サウジアラビア ○p.494

□ ⑦ アメリカ合衆国の西部には、[　　　]山脈が連なっています。
⑦ロッキー ○p.495

□ ⑧ サンフランシスコ郊外にあり、多くのICT関連企業が集中している地域は[　　　]と呼ばれています。
⑧シリコンバレー ○p.497

□ ⑨ [　　　]は、世界第2位の国土面積をもち、国土の約3分の1をタイガと呼ばれる針葉樹林帯がしめています。
⑨カナダ ○p.497

□ ⑩ コーヒー豆の生産が世界第1位で、日系人が多く住む国は[　　　]です。
⑩ブラジル ○p.498

□ ⑪ オーストラリアの先住民を[　　　]といいます。また、日本はオーストラリアから、石炭や[　　　]などの鉱産資源を輸入しています。
⑪アボリジニ、鉄鉱石 ○p.500

□ ⑫ 首都はパリで、小麦やワインの生産がさかんな国は、[　　　]です。
⑫フランス ○p.502

□ ⑬ [　　　]は、ヨーロッパ最大の工業国で、東西に2つに分かれていましたが、1990年に統一されました。
⑬ドイツ ○p.503

□ ⑭ ヨーロッパで経済的・政治的な統合を目ざして結成された組織を[　　　]といい、共通通貨として[　　　]が導入されています。
⑭ヨーロッパ連合（EU）、ユーロ ○p.505

□ ⑮ かつて、[　　　]では、アパルトヘイトという人種隔離政策が行われていました。
⑮南アフリカ共和国 ○p.507

チャレンジ！ 思考力問題

レベル3
レベル2
レベル1

●さまざまな国から日本に来て働く6人が自分の国を紹介した次のA〜Fの文を読み、あとの問いに答えなさい。 【同志社女子中一改】

A わたしの国の気候は日本と比べて乾燥していて、砂漠がたくさんあります。わたしの国には、（　①　）が生まれた場所があり、聖地となっています。

B わたしの国では独自の文字が使われています。また、（　②　）の影響で、「年上の人を敬う」という考えが強くあります。

C わたしの国は50の州からなり、さまざまな人種や民族がくらしています。わたしの国で生み出された文化は、日本をはじめ、世界に影響をあたえています。

D わたしの国は長く世界で最も人口が多かったのですが、2023年に、インドにその地位をゆずりました。近年、工業国として急速に発展しており、現在、わたしの国は日本との貿易がさかんです。

E わたしの国は日本にとって「遠いけれども近い国」といわれています。それは日本人がわたしの国へ移住し、今も多くの日系人がくらしているからです。

F わたしの国はEUに属していましたが、2020年1月に離脱しました。わたしの国のことばは、世界で広く使われています。

(1) （　①　）・（　②　）にあてはまる宗教や教えを答えなさい。

(2) 次のア〜カは、A〜Fの国の国旗です。このうちAとBの国の国旗をそれぞれ選び、記号で答えなさい。

ア　イ　ウ　エ　オ　カ

キーポイント

(2) それぞれの文中で、その国の特色を示すことばから、どの国かを判断する。

正答への道

　Aの「聖地」というのはメッカである。Bの「独自の文字」はハングルである。Cは「50の州」、Dは「長く世界で最も人口が多かった」、Eは「多くの日系人」ということばから、あてはまる国を判断する。Fの「ことば」は、英語を指している。

　ア〜カは、中国、イギリス、サウジアラビア、アメリカ合衆国、韓国、ブラジルの国旗を示している。

答え

(1)①イスラム教　②儒教　(2)A…ウ　B…オ

●ブラジルのアマゾン川流域では、ある環境問題がおきています。次のグラフ1とグラフ2を参考にして、この地域でおこっている環境問題を具体的に示しながら、それがおきた原因の1つとして考えられることを、60字程度で答えなさい。

グラフ1　ブラジルのさとうきびの生産量と森林面積の変化

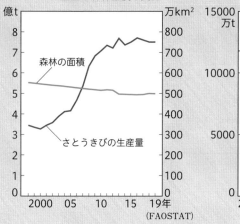

グラフ2　バイオ燃料の国別生産量の変化

条件に注意！

　ブラジルでおきている環境問題とその原因の1つとして考えられることを60字程度で説明する。

キーポイント

　グラフ1からは、さとうきびの生産量が増加し、森林面積は減少していること、**グラフ2**からは、ブラジルはアメリカ合衆国に次いでバイオ燃料の生産がさかんなことが読み取れる。

正答への道

　ブラジルはアメリカ合衆国に次ぐバイオ燃料の生産国で、さとうきびを原料とするバイオ燃料の生産に力を入れている。それにともない、さとうきび畑をつくるために森林の伐採を進めたため、森林面積が減少していると考えられる。

解答例

バイオ燃料の原料となるさとうきびをつくるために、森林を伐採してさとうきび畑の開発を進めたので、森林面積が減少してきている。〔61字〕

世界の中の日本

ここから
スタート！

第2章 世界平和と日本の役割 6年

世界のさまざまな問題と日本の役割

　現在、世界では人口や環境、経済格差、地域紛争など、さまざまな問題をかかえています。国際社会の一員として、日本もこれらの問題の解決に向けて、さまざまな取り組みを行っています。今後も日本の役割が期待されています。

📖 学習することがら

1. 戦争の絶えない世界
2. 国際連合のはたらきと日本の役割

国際
第**9**編
世界の中の日本

第**1**章
日本とかかわりの深い国々

第**2**章
世界平和と日本の役割

1 戦争の絶えない世界

◎ 学習のポイント

1. 冷戦後、民族・宗教の対立による新たな紛争が各地でおきている。

2. 戦争をなくし、平和な世界を築くことは、人類の大きな課題である。そのために、**核兵器の削減**など**軍縮**への取り組みが行われている。

1 第二次世界大戦後の世界　入試重要度 ★★

🔍ズームアップ 冷たい戦争（冷戦）➡p.475

1 冷 戦　第二次世界大戦後、アメリカ合衆国を中心とする**資本主義諸国**（西側）と、ソ連を中心とする**社会主義諸国**（東側）の対立が深まった。両陣営の対立は、おたがいに直接戦火を交えることがなく、「**冷たい戦争（冷戦）**」と呼ばれた。

2 冷戦の終わり　1989年、アメリカ合衆国とソ連の首脳会談（**マルタ会談**）で冷戦の終結が宣言された。
↳マルタは地中海にある島
↳ブッシュ大統領とゴルバチョフ共産党書記長

参考 冷戦で分断した国々
冷戦の影響で、もともと1つの国であったドイツ、ベトナム、朝鮮は、それぞれ東西あるいは南北2つの国に分断された。その後、ドイツとベトナムは統一されたが、朝鮮は現在も分断されたままである。

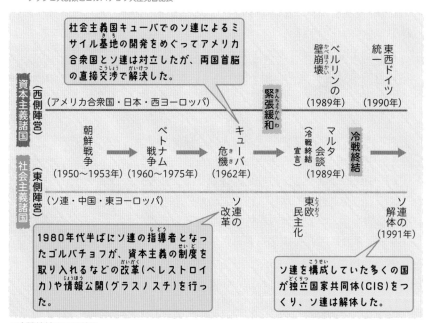

▲冷戦終結までの流れ

パワーアップ

第二次世界大戦後、アメリカ合衆国を中心に結ばれた軍事同盟の北大西洋条約機構（NATO）に対し、ソ連はワルシャワ条約機構をつくって対抗し、東西の対立が深まりました。しかし、冷戦終結後の1991年、ワルシャワ条約機構は解体されました。

3 地域紛争 冷戦の終結によって、大国どうしの戦争の危機はやわらいだが、**宗教・民族のちがいや領土問題**などを原因として、1つの国、あるいは複数の国家にまたがる特定の地域で紛争（**地域紛争**）が見られるようになった。現在も世界の各地で紛争がおこっている。

アメリカ合衆国でおきた同時多発テロ▶

- ロシアのウクライナ侵攻（2022年〜）
- イラク戦争（2003年）
- ユーゴスラビア紛争（1991〜99年）
- チェチェン紛争（1994〜96、99年〜）
- イラン・イラク戦争（1980〜88年）
- アフガニスタン紛争・内戦（1979〜2001年）
- 同時多発テロ（2001年）
- シリア内戦（2011年〜）
- 朝鮮戦争（1950〜53年）
- ベトナム戦争（1960〜75年）
- キューバ危機（1962年）
- パレスチナ紛争（1948年〜）
- 湾岸戦争（1991年）
- カンボジア紛争（1979〜91年）
- ソマリア内戦（1988年〜）
- 東ティモール独立運動（1975〜99年）
- ルワンダ内戦（1990〜94年）
- 中東戦争（1948〜49、1956、1967、1973年）
- インドとパキスタンの紛争（1947年〜）

▲第二次世界大戦後のおもな戦争・紛争

❶ 湾岸戦争……クウェートに侵攻したイラクに対し、1991年1月、アメリカ軍を中心とした**多国籍軍**が国連決議による軍事行動を開始して、**湾岸戦争**が始まった。約1か月後、イラクが敗北し停戦した。
└安全保障理事会の決議
日本は、多国籍軍に多くの資金を援助した

> **ことば** **多国籍軍**
> 国連安全保障理事会の決議を受けて、各国が任意に提供した軍隊で組織される。国連憲章でいう国連軍とは異なる。

くわしい学習

💬**Q** 中東戦争はどうしておきたのですか。

💡**A** 中東戦争は、ユダヤ教を信仰する**ユダヤ人**とイスラム教を信仰する**パレスチナ人**の宗教対立がおもな原因です。第二次世界大戦後、ユダヤ人がパレスチナにイスラエルを建国しました。このできごとをきっかけに、イスラエルと周辺のアラブ諸国（イスラム教国）の間で4度にわたり**中東戦争**がおこりました。第4次中東戦争では、世界的に**石油危機**がおこり、日本も大きな影響を受けました。
1948〜49年、1956年、1967年、1973年

- パレスチナ自治区とイスラエル占領地
- レバノン
- シリア
- ヨルダン川
- イスラエル
- 地中海
- 西岸地区
- ガザ地区
- ヨルダン
- エジプト
- サウジアラビア

▲パレスチナ地域

パワーアップ 湾岸戦争の際、日本は、「資金的貢献だけでなく、人的貢献もするべき」という各国からの批判を受けました。これに対応して、1992年に「国連平和維持活動協力法（PKO協力法）」を制定し、日本のPKOへの参加を可能にしました。

❷ ユーゴスラビア紛争……ユーゴスラビアは6共和国と2自治州で構成された連邦共和国であったが、宗教や民族のちがいから、各共和国が独立を目ざし、その過程で**ボスニア・ヘルツェゴビナ紛争**や**コソボ紛争**などがおこった。

1991年、クロアチアやスロベニアなど、1992年、ボスニア・ヘルツェゴビナが独立を宣言
└1992〜95年
└1998〜99年

❸ 同時多発テロ……2001年9月11日、ハイジャックされた旅客機が、ニューヨークの世界貿易センタービルなどに突入するという**テロ**がおこった。

❹ イラク戦争……2003年、イラクが大量破壊兵器をかくしもっているとして、アメリカ軍などがイラクを攻撃し、フセイン政権をたおした。

❺ ロシア連邦のウクライナ侵攻……2022年2月、ロシア連邦がウクライナへの軍事侵攻を開始した。

> **参考　イラク戦争**
> 戦争後、日本は自衛隊を派遣し、人道復興支援活動を行った。また、戦後しばらくアメリカ軍が駐留したが、2011年12月にイラクから完全に撤退した。

> **ことば　テロ（テロリズム）**
> 政治的な目的を実現するために、暗殺や暴行、建物を破壊する行動。

> **参考　シリア内戦**
> 2011年、シリア各地でおきた反政府デモに、政権側が武力弾圧を行った。反体制派に、「イスラム国」などの勢力が入り乱れ、さらに、アメリカ合衆国などが介入して泥沼化した。イスラム国の掃討完了でアメリカ軍は撤退したが、現在も内戦は続いている。

2 軍縮への取り組み ★★

1 核兵器廃絶への動き
1962年のキューバ危機によって、核兵器反対の国際的世論が高まった。

> キューバにつくられたソ連のミサイル基地をめぐって、米ソが対立。
> └核戦争の危機が生じた

年	条約	内容
1963	部分的核実験停止条約（PTBT）	アメリカ合衆国・ソ連・イギリスの間で調印された、地下実験を除く核実験を禁止する条約。
1968	核拡散防止条約（NPT）	アメリカ合衆国・ロシア連邦・イギリス・フランス・中国の核保有国以外の国に核兵器が広がるのを防ぐ条約。核実験を強行したインド・パキスタンや核保有疑惑のあるイスラエルが未加盟で、条約の有効性が問題になっている。
1987	中距離核戦力（INF）全廃条約	アメリカ合衆国とソ連の中距離ミサイルをすべてなくす条約。1991年に両国は廃棄を完了したが、2018年10月、アメリカ合衆国が条約破棄を表明し、2019年8月に失効した。
1996	包括的核実験禁止条約（CTBT）	核実験を全面的に禁止する条約で、1996年に国連で採択されたが、アメリカ合衆国などが批准せず発効していない。
2017	核兵器禁止条約	核兵器の開発や保有・使用を全面的に禁止した条約。2021年に発効したが、アメリカ合衆国やロシア連邦、日本などは不参加。

▲核軍縮に関する条約

2 兵器の禁止
1999年に**対人地雷全面禁止条約**が、2010年には、クラスター弾の使用や開発を禁止するクラスター弾に関する条約が発効した。

└アメリカ合衆国やロシア連邦は未加盟
└容器となる大型の爆弾の中に複数の子爆弾を入れた爆弾

> **ことば　対人地雷全面禁止条約**
> 人に対する地雷の使用・生産・貯蔵などを全面的に禁止した条約。

パワーアップ　核兵器以外にもコレラ菌などの病原菌を用いた生物兵器や、毒ガスを用いた化学兵器などがありますが、国際法や条約などで使用が禁止されています。

2 国際連合のはたらきと日本の役割

学習のポイント

1. **国際連合**は、世界の平和を守り、国際協力を進めるためにつくられた。
2. 国際社会において重要な位置をしめるようになった日本は、**国連平和維持活動（PKO）**や**政府開発援助（ODA）**などの国際協力を行っている。

1 国際連合（国連）の役割 ★★

1 国際連合の成立

❶ **国際連合**……第二次世界大戦がおこったことへの反省から、アメリカ合衆国・ソ連・イギリス・中国などが中心となり、**国際連盟**にかわる新しい国際組織としてつくられたのが**国際連合（国連）**である。

❷ **国際連合の成立**……1945年の**サンフランシスコ会議**で**国際連合憲章**が採択され、同年10月に国際連合が発足した。

	国際連盟	国際連合
成　立	1920年	1945年
本　部	ジュネーブ（スイス）	ニューヨーク（アメリカ合衆国）
加盟国	原加盟国42か国	原加盟国51か国（2023年11月現在193か国）
議　決	全会一致	多数決
制　裁	経済制裁	経済制裁・武力制裁

▲国際連盟と国際連合

2 国際連合の目的

▶ 世界の平和と安全を守ること。
▶ 各国の間に友好関係をつくりあげること。
▶ 貧しい人々の生活条件を向上させ、おたがいの権利と自由の尊重のために、共同で努力すること。
▶ 各国が、さまざまな問題や課題の解決という目的を助けるための話し合いの場になること。

参考 **国際連合の七原則**
① すべての加盟国は平等である。
② 国連憲章の義務は必ず守る。
③ 国と国の争いは、話し合いなどの平和的な手段によって解決する。
④ 他国の領土や独立に対して、武力を使っておどしたりしない。
⑤ 加盟国は国連の行動に援助をあたえ、国連が制裁を加える国に協力しない。
⑥ 国連に加盟していない国にも、平和と安全を守るために協力を求める。
⑦ 国連は、加盟国の国内問題には立ち入らない。

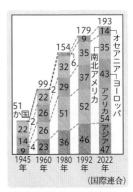

▲国際連合加盟国数の変化

入試では 国際連合に加盟している地域がいちばん多いのがアフリカであることや、1960年にアフリカの、1990年代初めにヨーロッパの加盟国数が増えた理由を問う問題などが見られます。

2 国際連合のしくみ ★★★

1 おもな機関 国際連合は、下の図のように6つの主要機関と各委員会、専門機関などから成り立っている。

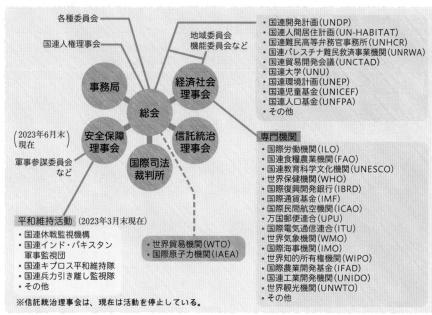

地域委員会
機能委員会など

各種委員会

国連人権理事会

事務局

経済社会理事会

総会

- 国連開発計画(UNDP)
- 国連人間居住計画(UN-HABITAT)
- 国連難民高等弁務官事務所(UNHCR)
- 国連パレスチナ難民救済事業機関(UNRWA)
- 国連貿易開発会議(UNCTAD)
- 国連大学(UNU)
- 国連環境計画(UNEP)
- 国連児童基金(UNICEF)
- 国連人口基金(UNFPA)
- その他

（2023年6月末現在）

安全保障理事会

信託統治理事会

軍事参謀委員会など

国際司法裁判所

平和維持活動（2023年3月末現在）
- 国連休戦監視機構
- 国連インド・パキスタン軍事監視団
- 国連キプロス平和維持隊
- 国連兵力引き離し監視隊
- その他

- 世界貿易機関(WTO)
- 国際原子力機関(IAEA)

専門機関
- 国際労働機関(ILO)
- 国連食糧農業機関(FAO)
- 国連教育科学文化機関(UNESCO)
- 世界保健機関(WHO)
- 国際復興開発銀行(IBRD)
- 国際通貨基金(IMF)
- 国際民間航空機関(ICAO)
- 万国郵便連合(UPU)
- 国際電気通信連合(ITU)
- 世界気象機関(WMO)
- 国際海事機関(IMO)
- 世界知的所有権機関(WIPO)
- 国際農業開発基金(IFAD)
- 国連工業開発機関(UNIDO)
- 世界観光機関(UNWTO)
- その他

※信託統治理事会は、現在は活動を停止している。

▲国際連合のしくみ

❶ **総会**……総会は全加盟国で構成され、毎年9月に開かれる通常総会と、特別総会・緊急特別総会がある。

▶ **総会の議決**…総会の投票は1国1票で、議決は出席投票国の**過半数**の賛成で成立する。国連への加盟や除名、予算などの重要なことがらは、出席投票国の3分の2以上の賛成で決まる。

▶ **特別総会**…安全保障理事会または加盟国の過半数の要請で開かれる。

▶ **緊急特別総会**…侵略行為など緊急の対応を必要とするとき、安全保障理事会の9か国、または加盟国の過半数の要請などにより、24時間以内に開かれる。

▲国際連合本部

▲国際連合の総会

雑学ハカセ 国連総会では、各国の首脳が演説したり、国際会議に出席したりします。会議の数は大小合わせておよそ300もあります。また、演説は、どの国にも15分以内という時間があたえられており、演説を行う順番は、必ず1番目はブラジル、2番目はアメリカ合衆国と決まっています。

❷ **安全保障理事会**……安全保障理事会は、国際平和と安全を守る機関である。

▲安全保障理事会

▶ **構成**…アメリカ合衆国・イギリス・フランス・ロシア連邦・中国の常任理事国5か国と、非常任理事国10か国、合わせて15か国で構成されている。

	常任理事国	非常任理事国
国の数	5か国	10か国
任期	無期限	任期は2年。毎年半数が改選される。

（吹き出し）日本は、これまで国連加盟国中最多の12回、非常任理事国に選ばれている。

▶ **議決**…5常任理事国と4か国以上の非常任理事国の賛成があれば決定する。

▶ **拒否権**…5常任理事国のうち1か国でも反対すれば、議案は成立しない。これを常任理事国の**拒否権**という。そのため、拒否権が使われそうな議案は投票によらずに、議長提案に対して反対がなかったとする採決が行われるようになっている。（コンセンサス方式という）

▶ **はたらき**…安全保障理事会は、世界の平和と安全をおびやかす国に対して、経済的な制裁や外交関係の断絶、軍事行動をおこすことを国連加盟国に求めることができる。このとき、加盟国は安全保障理事会の求めに従わなければならない。

❸ **経済社会理事会**……経済社会理事会は、経済・社会・文化・教育・保健・人権などについて加盟国に協力を求め、国連の多くの専門機関と連携しながら、発展途上国の開発や援助、差別、女性の権利、貧困による人権侵害などの解決にあたっている。

年	できごと
1948	世界人権宣言を採択
1950	朝鮮戦争に国連軍を派遣
1956	スエズ動乱に国連緊急軍を派遣
1960	植民地独立付与宣言を採択
1962	キューバ危機を調停
1965	人種差別撤廃条約を採択
1966	国際人権規約を採択
1972	国連人間環境会議を開く
1973	第4次中東戦争を調停
1974	世界人口会議・世界食糧会議
1975	国際婦人年会議を開く
1982	海洋法会議を開く
1989	子ども（児童）の権利条約を採択
1992	地球サミット（国連環境開発会議）を開く
1993	国連監視のもとで、カンボジアで総選挙を行う
1999	コソボで平和維持活動
2002	環境・開発サミット（持続可能な開発に関する世界首脳会議）を開く
2006	障害者権利条約を採択
2012	国連持続可能な開発会議を開く
2015	国連持続可能な開発サミットで持続可能な開発目標（SDGs）を採択

▲国連のおもな活動

パワーアップ 国際社会の平和と安全を守るために、安全保障理事会は常任理事国の1国でも反対があれば決議することができません。これは決議を多数決で決めても、反対した常任理事国に責任ある行動を期待できないという考え方から決められています。これを五大国一致の原則といいます。

❹ **信託統治理事会**……信託統治理事会は、信託統治を受けている地域の政治を監督してきたが、1994年、最後の信託統治地域であったパラオが独立し、現在は活動を停止している。

❺ **国際司法裁判所**……国際司法裁判所は、ハーグに本部が置かれ、15名の裁判官で構成される。国と国の争いを両国がうったえた場合に裁判をしたり、法律問題に関して総会などの求めに応じて勧告を出したりする。

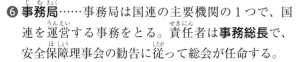
▲国際司法裁判所

❻ **事務局**……事務局は国連の主要機関の１つで、国連を運営する事務をとる。責任者は**事務総長**で、安全保障理事会の勧告に従って総会が任命する。

国際
第**9**編
世界の中の日本

第**1**章
日本とかかわりの深い国々

第**2**章
世界平和と日本の役割

参考 歴代事務総長

初代	リー（ノルウェー）
2代	ハマーショルド（スウェーデン）
3代	ウ＝タント（ビルマ、現ミャンマー）
4代	ワルトハイム（オーストリア）
5代	デクエヤル（ペルー）
6代	ガーリ（エジプト）
7代	アナン（ガーナ）
8代	潘基文（韓国）
9代	グテーレス（ポルトガル）

3 国際連合のさまざまな機関 ★★★

1 **国際連合のおもな機関** 国連には、独立した15の専門機関や総会で設置された機関などがあり、主要機関と連携して仕事にあたっている。

❶ **国連教育科学文化機関（UNESCO）**

▶ **設立**…ユネスコは、「2度と戦争をおこしてはならない」という第二次世界大戦の反省にもとづいて1946年に設立された。**パリ**に本部がある。
└→フランス

▶ **目的**…世界の人々が理解し合い、平和な社会を築いていくことを、教育・科学・文化を通して各国にうながし、戦争を防止する心を育てることを目的としている。

参考 ユネスコ憲章前文
…戦争は人の心の中で生まれるものであるから、人の心の中に平和のとりでを築かなければならない。…
（一部要約）

▶ **世界遺産**…「世界の文化遺産および自然遺産の保護に関する条約」を採択して、世界的に貴重な建物や自然などを**世界遺産**として登録し、保護する活動をしている。日本では、25件の世界遺産が登録されている（2023年11月現在）。

▲世界文化遺産（スペインのサグラダファミリア）

雑学ハカセ 国際司法裁判所の本部はオランダのハーグにある「平和宮殿（平和宮）」に置かれています。「アメリカの鉄鋼王」と呼ばれたカーネギー氏の寄付でつくられた建物で、観光名所にもなっています。

❷ 国連児童基金（UNICEF）

▶ **設立**…ユニセフは、1946年に設立された国連の常設機関で、ニューヨークに本部がある。もともとは、第二次世界大戦で戦災を受けた国々の子どもを救うために設立された。

▲ユニセフの支援活動

▶ **現在の活動**…おもに発展途上国や紛争地域の飢えで苦しむ子どもに食料や医薬品などを提供し、子ども（児童）の権利条約に定める子どもの基本的人権の実現や、親の啓発なども目標に活動している。

❸ 世界貿易機関（WTO）

▶ **設立**…世界貿易機関は、関税をなくし、輸出入の制限を少なくして自由な世界の貿易を推進するために、1995年に発足した国際機関で、ジュネーブに本部がある。物だけでなく、サービス分野も自由貿易の対象にしている。

▶ **活動**…貿易に関する規則を定め、貿易に関する国どうしの争いを解決している。

❹ 国連難民高等弁務官事務所（UNHCR）

▶ **設立**…国連難民高等弁務官事務所は、難民の国際的な保護と救済を目ざして1950年に設立された国連の補助機関で、ジュネーブに本部がある。

▶ **活動**…国連難民高等弁務官事務所は、難民に対しては衣・食・住の支援を行い、各国に対しては、他国からのがれてきた難民の強制送還をせず、就業・教育・居住などの諸権利を守るように働きかけている。1991〜2000年まで、日本人の緒方貞子氏が第8代の国連難民高等弁務官として活動していた。

> **ことば**
> **難民**
> 人種や宗教、国籍、政治的意見などを理由に、自国にいると迫害を受けるおそれがあるため、他国にのがれた人々。近年では、紛争からのがれるために国境をこえて他国に保護を求めた人々を表すようになっている。

▲難民キャンプを訪れた緒方貞子氏

雑学ハカセ 2022年末現在、難民など保護を必要とする人の数は、1億1256万人に上っています。難民が増加する一方、その受け入れを拒否する国も少なくありません。難民の受け入れ数が多いのは中東やアフリカ諸国で、欧米で多くを受け入れているのはドイツくらいです。

❺ 国際労働機関（ILO）

▶ **設立**…国際労働機関は、働く人々のために働きやすい条件をつくり、社会不安を除くために設立された国連の専門機関で、ジュネーブに本部がある。
└1919年ベルサイユ条約にもとづき創設
└1946年、国連の最初の専門機関となる

▶ **活動**…1日8時間労働を国際的な取り決めとするなど、多くの決まりをつくってきた。

❻ 世界保健機関（WHO）

▶ **設立**…世界保健機関は、1948年に設立された国連の専門機関で、ジュネーブに本部がある。

▶ **活動**…世界の人々が健康な生活を送ることができるように、感染症のぼくめつや、公衆衛生の向上、医療・医薬品の普及、麻薬の取りあつかいの規則の制定などに努めている。

❼ 国際通貨基金（IMF）

▶ **設立**…国際通貨基金は、国際通貨問題に関する協議と協力のために、1945年に設立された国連の専門機関で、ワシントンD.C.に本部がある。

▶ **活動**…為替相場の安定と貿易の拡大を目的として活動している。

❽ 国連貿易開発会議（UNCTAD）

▶ **設立**…国連貿易開発会議は、先進国と発展途上国の経済格差を正すために、1964年に設立された国連の常設機関で、ジュネーブに本部がある。
└南北問題という

❾ 国際原子力機関（IAEA）

▶ **設立**…国際原子力機関は、原子力の平和利用を進めることを目的に、1957年に設立された国際機関で、ウィーンに本部がある。
└オーストリア

▶ **活動**…原子力の平和利用のための研究・開発を行っている。また、加盟国の原子力開発が軍事に利用されることを防ぐために査察を行う。

参考 その他の国連機関

● **国連大学（UNU）**
世界の学者・研究者が人類の存続や福祉にかかわる世界的な緊急課題について取り組む国連の機関で、東京に本部がある。

● **国連食糧農業機関（FAO）**
1945年に設立された国連の専門機関で、ローマに本部がある。農民の生活水準の向上や農林水産物の増産などによって、各国民の栄養の改善をはかり、貧困や飢餓をなくすことを目的に活動している。

● **国際復興開発銀行（IBRD）**
1945年に設立された国連の専門機関で、ワシントンD.C.に本部がある。当初は戦災国の復興を目的としていたが、現在では、発展途上国のための融資がおもな業務となっている。**世界銀行**とも呼ばれている。

▲2011年、地震と津波で被害を受けた福島原子力発電所を査察するIAEAの専門家チーム

雑学ハカセ 2021年末現在、国連関係機関で働いている日本人の職員数（専門職以上）は956人（うち588人が女性）となっています。2025年までに1000人を達成するとの政府目標に向け、毎年着実に増加しています。

4 平和と安全を守る国連の活動 ★★★

1 国連平和維持活動（PKO）

世界各地の紛争の平和的な解決のため、**国連平和維持活動（PKO）**が行われている。自衛隊がPKOに参加する基本方針として、①紛争当事者間で停戦が合意されている、②紛争当事者がPKOの活動や日本の参加に同意している、③中立性を保って活動する、などの原則が定められているが、上記①〜③のいずれかが満たされなくなった場合は、撤収できるとしている。

参考 国連軍と国連平和維持軍

- **国連軍**
国際平和の破壊や侵略を防ぐため、国連が派遣する軍隊。安全保障理事会の求めによって、加盟国から兵力を出して組織する。
- **国連平和維持軍（PKF）**
国連平和維持活動に従事し、受け入れ国の同意などを得て紛争地域の停戦や治安の回復にあたる。

▲おもな国連平和維持活動（PKO）

（2023年3月末現在）

2 軍備縮小

国連は、軍縮委員会の設置や軍縮特別総会、軍縮会議を開いて、軍備の縮小に努めている。また、核兵器の所有を限定する**核拡散防止条約**や、核実験の全面禁止を内容とする**包括的核実験禁止条約**の採択も行っている。現在、**国際原子力機関（IAEA）**が、核兵器の削減や原子力の平和利用を推進している。

1968年国連総会で採択、略称はNPT

1996年国連総会で採択、略称はCTBT

3 人権を守る

国連では、国際連合憲章に定められた人権を守り、促進するために多くの条約や宣言を採択し、人権の保護に取り組んできた。また、2006年には、人権委員会を格上げして**人権理事会**を設置した。

各国	0人　5000　10000
バングラデシュ	7237
ネパール	6264
インド	6097
ルワンダ	5935
パキスタン	4334
エジプト	2825
ガーナ	2762
インドネシア	2704
セネガル	2426
中国	2258
モロッコ	1725
タンザニア	1586
エチオピア	1483
チャド	1440

（2023年）（2023/24年版「世界国勢図会」）

▲各国のPKOへの派遣人員

入試では 国連の人権に関係する条約や宣言では、世界人権宣言、国際人権規約、子ども（児童）の権利条約などがよく出題されます。それぞれの内容についてしっかり確認しておきましょう。

年	条約・宣言	内　容
1948	世界人権宣言	全人類共通の人権基準として国連総会で採択された。人間は生まれながら自由・平等であり、人種・はだの色・性別・宗教などで差別されないことなどを宣言するもの。
1965	人種差別撤廃条約	条約を結んだ国に、あらゆる種類の人種差別の撤廃を求めた条約。
1966	国際人権規約	世界人権宣言に法的拘束力をもたせるためのもので、社会権規約と自由権規約の2つの規約に分かれている。
1979	女子差別撤廃条約	条約を結んだ国に、女性差別を禁止するように求めた条約。
1989	子ども（児童）の権利条約	18才未満の子どもを対象に、子どもたちが自由に自己の意見を表明する権利などを保障している。
2006	障害者権利条約	あらゆる障がい者の人権を保護し、障がい者の社会参加を促進することを目的としている。

▲国連で採択された人権に関するおもな条約・宣言

4 地球を守る

現在、地球温暖化をはじめ、熱帯林の減少、砂漠化、酸性雨、オゾン層の破壊など、地球規模で環境問題が深刻化している。

❶ 地球環境問題

熱帯林　熱帯林の減少　砂漠化　酸性雨

▲世界に広がるおもな環境破壊

▶ **地球温暖化**…地球温暖化とは、化石燃料（石油・石炭・天然ガスなど）の大量消費によって地球上の熱を保つ**温室効果ガス**（二酸化炭素など）の濃度が高まり、地球表面の気温が上がる現象である。
（二酸化炭素のほかに、メタン、フロンなど）

パワーアップ

二酸化炭素などの温室効果ガスを排出する権利（排出権）を、国や企業の間で、市場において売買することを排出権取引といいます。排出削減目標をこえて削減した国や企業の分を、目標達成が難しい国や企業が買いとることで、最終的に削減目標の達成を目ざすしくみです。

国際
第9編
世界の中の日本

第1章
日本とかかわりの深い国々

第2章
世界平和と日本の役割

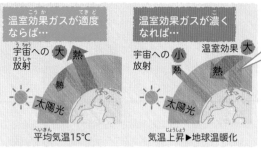

温室効果ガスが適度ならば…	温室効果ガスが濃くなれば…
宇宙への **大** 放射 熱	宇宙への **小** 放射 温室効果 **大** 熱 熱
太陽光	太陽光
平均気温15℃	気温上昇▶地球温暖化

> 温室効果ガスが熱をためこみ、その熱が地球に再放射されて、地球の気温が上がる。

▲地球が温暖化するしくみ

▶ 地球温暖化の影響

- 地球の気温が上がると、南極や山岳地帯の氷がとけて海面が上がり、海抜の低い地域が水没する。
  ツバルなど太平洋の島国では、国土が水没することが心配されている
- 洪水や干ばつなどの自然災害を引きおこす。
  長く雨が降らずに水が不足する
- 生態系が変化して生物が生きていけなくなったり、農作物が育たなくなったりする。

▶ オゾン層の破壊

…1970年代の終わりごろから、地球上空の太陽からの紫外線を吸収する**オゾン層**の減少が見られるようになった。原因は、ヘアスプレーや冷蔵庫に使われていた**フロン**がオゾン層を破壊したためである。紫外線の増加は、人体や生態系に悪い影響をおよぼすと考えられている。そのため、世界では1980年代からフロンの生産や使用の規制を行ってきた。そうした対策もあり、現在ではオゾンホールの拡大傾向は見られなくなっている。
皮ふがんの増加など

▶ 砂漠化

…干ばつや、過度の放牧・伐採などが原因で、土の栄養分がなくなり、動植物が育たず不毛の土地が拡大する現象を**砂漠化**という。

▶ 熱帯林の減少

…赤道付近にある熱帯林が、農地開発や木材輸出のための過度な伐採、焼畑などが原因で減少している。熱帯林の減少で、熱帯林に吸収される二酸化炭素の量が減り、地球の温暖化が進むことが心配されている。

参考 南極上空のオゾンホール

中央に見える白色から中の部分がオゾンホールで、黒い部分がオゾン層が破壊されたところ。

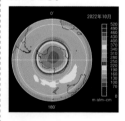

ことば 焼畑

森林を焼きはらって作物を植え、草木の灰を肥料にする農業の方法。土地がやせたら、別の土地へ移動する。休ませていた土地が森林にかえったあと、再び焼畑を行う。しかし、森林にかえる前に焼畑を行うと土地の回復が追いつかず、作物が育たない土地がだんだんと広がっていく。

パワーアップ 自然環境を守るための取り組みとして、水鳥の生息地となる重要な湿地などを登録して保全するためのラムサール条約が1971年に結ばれました。日本も1980年に加盟し、琵琶湖や釧路湿原、谷津干潟など53か所（2023年11月現在）が登録されています。

国際
第9編
世界の中の日本

第1章
日本とかかわり
の深い国々

第2章
世界平和と
日本の役割

▶ 酸性雨…自動車の排気ガスや、化石燃料を燃やしたときに放出される硫黄酸化物や窒素酸化物が大気中の水蒸気と反応して強い酸性の物質が生じる。このような物質をふくんだ雨を酸性雨といい、森林が枯れるなどの被害が発生する。
└ほかに湖や川の生物を死滅させる、銅像をとかすなどの被害

▲酸性雨で枯れた森林

❷ 環境問題への取り組み

▶ 国連人間環境会議…1972年にスウェーデンのストックホルムで、「かけがえのない地球」をテーマに初めて環境問題を議論し、人間環境宣言が採択された。

1972年
国連人間環境会議
ストックホルム
（スウェーデン）
1997年
地球温暖化防止京都会議
京都（日本）
1992年
国連環境開発会議
（地球サミット）
リオデジャネイロ（ブラジル）
2002年
環境・開発サミット
ヨハネスブルグ（南アフリカ共和国）
▲環境に関するおもな国際会議

▶ 国連環境開発会議（地球サミット）
1992年にブラジルのリオデジャネイロで開かれ、気候変動枠組条約が採択された。

▶ 持続可能な開発に関する世界首脳会議（環境・開発サミット）…2002年に環境・開発分野の国際的な取り組み強化のために南アフリカ共和国のヨハネスブルグで開催された。

🔍ズームアップ 国際会議
➡p.231

▲地球サミット

▶ 地球温暖化防止京都会議…1997年に京都で開かれ、先進国の温室効果ガスの削減目標を決めた京都議定書が採択され、2005年に発効した。しかし、アメリカ合衆国の離脱や、先進国と発展途上国の対立などが課題となった。

▶ パリ協定…2015年、新たな枠組みとしてパリ協定が採択され、世界の平均気温の上昇を産業革命以前に比べて2℃より低く保つ目標が定められ、発展途上国をふくむすべての国に温室効果ガスの削減目標の提出を義務づけた。

年	できごと
1971	ラムサール条約を採択（湿地の保全）
1972	国連人間環境会議
1973	ワシントン条約を採択（野生動植物の保護）
1987	モントリオール議定書を採択（フロンガスの生産・使用を規制）
1992	国連環境開発会議（地球サミット）
1997	地球温暖化防止京都会議 →京都議定書を採択
2012	改正京都議定書を採択（2020年まで削減義務延長。日本は不参加）
2015	持続可能な開発目標（ＳＤＧｓ）を採択 パリ協定を採択

▲地球環境問題への取り組み

入試では

環境問題への取り組みに関して、国連人間環境会議のスローガン「かけがえのない地球」、地球サミット、京都議定書などの語句がよく出題されるので、それぞれの内容を理解しておきましょう。

5 発展途上国への支援・援助

発展途上国と先進国との経済格差を縮めるために、**国連貿易開発会議（UNCTAD）**が発展途上国の貿易の促進や経済発展のための支援を行っている。また、1960年以降「国際（行動）の10年」という標語をかかげ、10年ごとに目標を決めて発展途上国への援助などを行っている。さらに、貧困と飢餓のぼくめつ、教育の普及などに対する取り組みも積極的に進めている。

6 NGOとの協力

❶ NGO……NGOは、「非政府」の立場で地球的規模の問題に取り組む市民が主体の民間団体で、**非政府組織**と訳される。代表的なNGOとして、**国境なき医師団、アムネスティ-インターナショナル、核兵器廃絶国際キャンペーン（ICAN）**などがある。

❷ 国連とNGOとの協力……国連はNGOと協力しながら、人権・平和・開発・環境などの問題に取り組んでいる。

> **ことば アムネスティ-インターナショナル**
> 言論や思想、皮膚の色などを理由に不当に捕らえられた人々の釈放を目ざす非政府組織。政治犯の公正な裁判、拷問や死刑の廃止を求めている。

> **参考 NPO（非営利組織）**
> 利益を得ることを目的とせず、社会活動に取り組む民間組織をNPO（非営利組織）という。災害援助や教育、文化、医療などさまざまな分野で活動している。

くわしい学習

Q 最近、よく耳にするＳＤＧｓとはどのような内容ですか。

A ＳＤＧｓとは、2015年にニューヨークの国連本部で開かれた国連持続可能な開発サミットで、国連に加盟する193か国すべてが賛成して採択された**持続可能な開発目標**です。持続可能で多様性のある社会を実現するため、紛争や貧困、地球環境問題など世界が直面しているさまざまな問題の解決に向けて、2030年までに達成するべき17の目標（ゴール）と169の具体的な取り組み（ターゲット）が設定されました。「だれ一人取り残さない」ことを理念にかかげています。

SUSTAINABLE DEVELOPMENT G○ALS

国連のSDGsウェブサイト：https://www.un.org/sustainable development/The content of this publication has not been approved by the United Nations and does not reflect the views of the United Nations or its officials or Member States

---

パワーアップ NGOの1つである国境なき医師団は、1971年にフランスの医師らが創設した緊急医療援助団体です。ボランティアの医師や看護師らが、戦争や自然災害などによる被災者や難民への医療活動を行っています。1999年にはノーベル平和賞を受賞しました。

5 世界平和と日本の役割 ★★★

1 平和憲法を守る

日本国憲法は、**国民主権・基本的人権の尊重・平和主義**を三大原則とする憲法である。この憲法を守り、生かすことが、世界平和につながっていく。

2 核兵器廃絶に向けて

❶ **非核三原則**……日本は、核兵器のおそろしさを体験した世界でただ１つの国で、核兵器を「**もたず、つくらず、もちこませず**」という非核三原則を、核兵器に対する基本的な政策としてかかげている。

（1967年佐藤栄作首相が国会で初めて表明）

❷ **平和のうったえ**……日本では、毎年、原水爆禁止世界大会が開催されているほか、広島・長崎では平和祈念式が行われ、原爆のおそろしさと核兵器の廃絶、平和の尊さを世界にうったえている。

（1955年が第１回目の大会）

🔍 ズームアップ　国民主権、基本的人権の尊重、平和主義
➡p.274、275

🔍 ズームアップ　非核三原則
➡p.278、480

平和への願いをこめてつくられた。慰霊碑の後方に原爆ドームがある。

▲原爆慰霊碑（広島市）

3 発展途上国への援助

アジア・アフリカに多い発展途上国への援助と協力は大切なことである。日本は、発展途上国の経済開発や福祉の向上をはかる目的で、資金や技術の援助をする**政府開発援助（ODA）**を行っている。その１つに**国際協力機構（JICA）**があり、発展途上国からの研修員の受け入れや**青年海外協力隊**の派遣などを行っている。

▲青年海外協力隊の活動

くわしい学習

💬**Q**　青年海外協力隊はどのような地域に派遣されているのですか。

💬**A**　国際協力機構（JICA）を通して、日本の青年男女が発展途上国に派遣され、現地の人々と生活や仕事をともにしながら、それぞれの技術や知識を生かして、地域社会や経済の発展に貢献しています。その活動は、教育や産業・科学・文化など、さまざまな分野にわたっています。

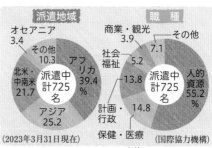

派遣地域
オセアニア 3.4
その他 10.3
北米・中南米 21.7
アフリカ 39.4％
アジア 25.2
派遣中 計725名

職　種
商業・観光 3.9
その他 7.1
社会福祉 5.2
人的資源 55.2％
計画・行政 13.8
保健・医療 14.8
派遣中 計725名

（2023年3月31日現在）　　（国際協力機構）

▲青年海外協力隊の派遣地域と職種

入試では

青年海外協力隊に関する問題も出題されています。特に、アジア・アフリカなどの発展途上国に多く派遣されていることを理解しておきましょう。

4 国際連合への貢献 日本は国連に加盟して以来、国連中心主義の外交政策をとり、**安全保障理事会**の非常任理事国に何度も選ばれ、**国連平和維持活動（PKO）** に自衛隊が参加するなど、国連のしくみの中で世界平和に協力しており、その任務はますます重要になっている。国連分担金の負担率も日本は約8.0%（2022〜24年）で、アメリカ合衆国、中国に次いで3番目となっており、財政面でも国連に大きく貢献している。

> 1992年初めてカンボジアへ自衛隊を派遣

> **ことば** 国連分担金
> 国連の運営をまかなうために、国連加盟国がその支はらい能力に従って負担するお金。

中学入試にフォーカス 日本の経済協力

⚡ 日本は、国際社会に対する経済協力として、国連へは国連分担金、発展途上国へは政府開発援助（ODA）などを積極的に行っている。

国連分担金 国連予算に対する一定の割合を各国が負担するもので、分担する割合は3年ごとに改訂される。日本の分担金は、アメリカ合衆国、中国に次いで3番目で、アメリカ合衆国、中国以外の常任理事国よりも多くなっている。

ODA ⚡ 対象国との「二国間援助」と国連の諸機関などを通しての「多国間援助」の2つに分けられる。形態は「無償資金協力」、「有償資金協力」、「技術協力」の3つに分けられる。

その他 39.9／アメリカ合衆国 22.0%／中国 15.3／日本 8.0／ドイツ 6.1／イギリス 4.4／フランス 4.3
2023年 32.2億ドル
（2023/24年版「世界国勢図会」）

▲ 国連分担金の国別割合

日本のODAの特徴
- 無償資金協力が中心の欧米と異なり、日本は有償資金協力の割合が高い。
- 援助する金額は世界でも上位であるが、国民総所得にしめる割合はほかの先進国より低く、貢献度が低いとの考えもある。

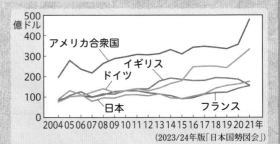

500/400/300/200/100/0 億ドル
アメリカ合衆国／イギリス／ドイツ／日本／フランス
2004 05 06 07 08 09 10 11 12 13 14 15 16 17 18 19 20 21年
（2023/24年版「日本国勢図会」）

▲ 各国のODA実績の変化

雑学ハカセ 国連分担金をめぐっては滞納する国が多く、国連は慢性的な財政難になっています。滞納額が過去2年間に負担すべき金額をこえると、加盟国の投票権が停止されます。

6 グローバル化する国際社会 ★★★

1 グローバル化
多くの人や、物、お金、情報などが国境をこえて移動し、世界が一体化していくことをグローバル化という。

2 地域統合
グローバル化にともない、特定の地域で協力関係を強めようとする**地域主義**の動きが活発になっている。

🔍ズームアップ ヨーロッパ連合（EU） ➡p.505

参考 **アフリカ連合（AU）**
アフリカ諸国の政治的・経済的統合を目ざす地域組織。2002年に発足した。

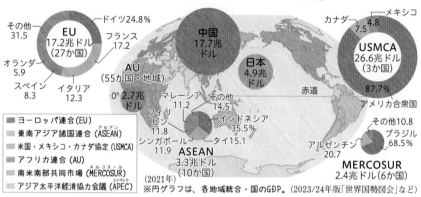

▲世界のおもな地域統合

- ■ヨーロッパ連合(EU)
- ■東南アジア諸国連合(ASEAN)
- ■米・メキシコ・カナダ協定(USMCA)
- ■アフリカ連合(AU)
- ■南米南部共同市場(MERCOSUR)
- ■アジア太平洋経済協力会議(APEC)

(2021年) ※円グラフは、各地域統合・国のGDP。(2023/24年版「世界国勢図会」など)

3 経済格差問題

❶ 南北問題……発展途上国と先進国との間で生じている経済格差にかかわる問題を**南北問題**という。

❷ 南南問題……発展途上国の中でも、産油国や急速な経済発展をとげている国と、資源や輸出産業のない国との間で生じている経済格差にかかわる問題を**南南問題**という。

参考 **南米南部共同市場（MERCOSUR）**
アルゼンチン・ウルグアイ・パラグアイ・ブラジル・ベネズエラ・ボリビアが加盟している自由貿易市場。1995年に発足した。

4 人口と食料問題
世界の総人口は、2050年には約98億人に達すると予想されている。特に東南アジアやアフリカの発展途上国で増加率が高く、**貧困**や**飢餓**に苦しむ人々がさらに増加することが心配されている。そのため、世界で生産される食料を効率的に配分するしくみを整えることが急がれる。先進国では少子高齢化が進み、将来の労働者人口の減少などが危惧される。

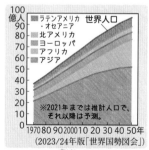

▲地域別人口推移の予想

パワーアップ
発展途上国の経済的な自立を支援するために、農作物などを適正な価格で継続的に購入する取り引きが行われています。このような取り引きのことをフェアトレード（「公正な貿易」という意味）といいます。

5 人の交流

1980年代後半から海外へ出かける日本人が急増し、訪日外国人も増えていった。しかし、新型コロナウイルス感染症の感染拡大のため、2021年・2022年の訪日外国人数、出国日本人数は激減した。

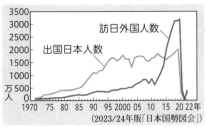

(2023/24年版「日本国勢図会」)

▲出国日本人数と訪日外国人数の変化

6 文化とスポーツの交流

今日、国家間の学問・芸術・文化の交流が進んでいる。学問や技術の国際会議が開かれ、外国からの留学生も増え、国境をこえた研究がさかんである。スポーツの国際試合も開かれ、国際親善がはかられている。

❶ ノーベル賞……ノーベル賞は、ノーベルの遺言と遺産によって設立され、化学、文学、平和などの分野ですぐれた功績を残した人や団体におくられる。
└→1901年の第1回授賞から毎年授与されている
└→ダイナマイトを発明
└→このほかに物理学、医学・生理学、経済学の分野がある

❷ オリンピック……オリンピックは、さまざまな競技が競われるスポーツの祭典で、夏と冬に開催される。2020年、東京で2回目のオリンピックが開かれる予定だったが、新型コロナウイルス感染症の感染拡大で1年延期され、2021年に開催された。
└→4年に1回開かれる
└→1回目は1964年に開かれた
└→パラリンピックも開催された

参考 国旗と国歌
オリンピックの表彰式などでは、国旗がかかげられ国歌が演奏される。国旗や国歌は、その国の文化や歴史を示すもので、国の象徴として大切にされている。日本では、1999年に法律で、国旗は「日章旗(日の丸)」、国歌は「君が代」と定められた。

参考 パラリンピック
オリンピックと同じ年に、同じ開催地で行われる、障がい者を対象としたスポーツ大会。

くわしい学習

Q 日本では、どのような人がノーベル賞を受賞していますか。

A 2023年11月現在、日本人のノーベル賞受賞者は次の28人です。

氏名	賞	氏名	賞	氏名	賞
湯川秀樹	物理学	小柴昌俊	物理学	天野浩	物理学
朝永振一郎	物理学	田中耕一	化学	中村修二*	物理学
川端康成	文学	南部陽一郎*	物理学	梶田隆章	物理学
江崎玲於奈	物理学	益川敏英	物理学	大村智	医学・生理学
佐藤栄作	平和	小林誠	物理学	大隅良典	医学・生理学
福井謙一	化学	下村脩	化学	本庶佑	医学・生理学
利根川進	医学・生理学	鈴木章	化学	吉野彰	化学
大江健三郎	文学	根岸英一	化学	真鍋淑郎*	物理学
白川英樹	化学	山中伸弥	医学・生理学		
野依良治	化学	赤崎勇	物理学		

*アメリカ国籍

雑学ハカセ 近代オリンピックでメダルの獲得数が最も多い国は、夏季ではアメリカ合衆国の2659個、冬季ではノルウェーの405個です。日本は夏季で499個、冬季で76個を獲得しています(夏季は2021年東京大会終了時、冬季は2022年ペキン大会終了時)。

絶対暗記ベスト3

1位 安全保障理事会 国際平和と安全を守る国連の主要機関。常任理事国の5か国は拒否権をもつ。

2位 国連教育科学文化機関(UNESCO) 貴重な建物や自然などを世界遺産として登録、保護する活動などを行う国連の専門機関。

3位 国連平和維持活動(PKO) 地域紛争を平和的に解決するための国連の活動。

1 核軍縮に関する条約と日本の非核三原則

□アメリカ合衆国・イギリス・フランス・ロシア連邦・中国以外に核兵器が広がるのを防ぐ条約は？→**核拡散防止条約(NPT)**

□核実験を全面的に禁止する条約は？→**包括的核実験禁止条約(CTBT)**

□日本の非核三原則とは？→**核兵器を「もたず、つくらず、もちこませず」**

2 国際連合とおもな機関

□国連の本部が置かれている都市はどこか？→**ニューヨーク**

□安全保障理事会の常任理事国がもつ特権を何というか？→**拒否権**

機 関	略 称	活 動
①	UNICEF	発展途上国や紛争地域の飢えに苦しむ子どもたちの援助などの活動。
②	WTO	世界の国々の自由な貿易を進める活動。
③	WHO	公衆衛生の向上や感染症防止などの活動。

□上の①〜③にあてはまる国連の機関の正式名称は何か？
①→**国連児童基金** ②→**世界貿易機関** ③→**世界保健機関**

3 環境に関する会議

□1972年にストックホルムで開かれた会議は何か？→**国連人間環境会議**

□1992年に地球サミットが開かれた都市はどこか？→**リオデジャネイロ**

□1997年に京都で開かれた会議は何か？→**地球温暖化防止京都会議**

□2002年に環境・開発サミットが開かれた都市はどこか？→**ヨハネスバーグ**

4 日本の国際貢献

□日本も参加している、地域紛争を平和的に解決するための国連の活動を何というか？→**国連平和維持活動(PKO)**

□発展途上国への資金や技術の援助を何というか？→**政府開発援助(ODA)**

重点チェック

- □ ❶ 2001年9月11日、アメリカ合衆国で[　　　]がおこりました。
- □ ❷ 国際連合の本部は、アメリカ合衆国の[　　　]に置かれています。
- □ ❸ 国際平和と安全をになう国際連合の機関は[　　　]で、常任理事国の5か国には[　　　]があたえられています。
- □ ❹ 国際連合の専門機関である[　　　]（国連教育科学文化機関）は、世界遺産の登録などを行っています。
- □ ❺ 紛争地域における事態の悪化・拡大の防止などを目的に、国際連合が行う活動を[　　　]といいます。
- □ ❻ 1948年、全人類共通の人権基準として、[　　　]が国連総会で採択されました。
- □ ❼ 1992年に、ブラジルのリオデジャネイロで[　　　]と呼ばれる、国連環境開発会議が開かれました。
- □ ❽ 国境なき医師団など、非政府の立場でさまざまな問題に取り組んでいる民間組織を[　　　]といいます。
- □ ❾ 持続可能で多様性のある社会を実現するため、2030年までに達成することを目ざした17の目標を[　　　]といいます。
- □ ❿ 日本は、核兵器を「もたず、つくらず、もちこませず」という[　　　]を基本方針としてかかげています。
- □ ⓫ 先進国の政府が、発展途上国に対して行っている資金や技術の援助を[　　　]といいます。
- □ ⓬ 国際協力機構（JICA）は、発展途上国の開発・援助のため、[　　　]を派遣しています。
- □ ⓭ 近年、多くの人や、物、お金、情報などが国境をこえて移動し、世界が一体化する[　　　]が進展しています。
- □ ⓮ 発展途上国と先進国との間で生じている経済格差にかかわる問題を[　　　]といいます。
- □ ⓯ 発展途上国どうしの間で生じている経済格差にかかわる問題を[　　　]といいます。

❶同時多発テロ ◎p.515
❷ニューヨーク ◎p.516
❸安全保障理事会、拒否権 ◎p.518
❹UNESCO（ユネスコ）◎p.519
❺国連平和維持活動（PKO）◎p.522
❻世界人権宣言 ◎p.523
❼地球サミット ◎p.525
❽NGO（非政府組織）◎p.526
❾持続可能な開発目標（SDGs）◎p.526
❿非核三原則 ◎p.527
⓫政府開発援助（ODA）◎p.527、528
⓬青年海外協力隊 ◎p.527
⓭グローバル化 ◎p.529
⓮南北問題 ◎p.529
⓯南南問題 ◎p.529

●2015年にパリで行われた「気候変動枠組条約第21回締約国会議」の開会に際して、世界各国の代表がそれぞれの意見を主張しあいました。次のＡ国〜Ｃ国は、アメリカ合衆国、インド、ツバルのいずれかの国にあてはまります。また、右の資料ア〜ウは、各国のスピーチの下線部の主張を裏づけるものです。Ａ国〜Ｃ国の発言内容にあてはまる資料をア〜ウからそれぞれ選びなさい。　【筑波大附中―改】

Ａ国代表　温暖化問題をまねいた歴史的な責任は先進国にあり、今なお排出量を削減できる余地も大きい。

Ｂ国代表　近年急速に二酸化炭素の排出量が増加している一部の国々は、今後は一定の責任を負わなければならない。

Ｃ国代表　現在、わたしたちの国はすでに未来に希望がない状態である。今以上の気候変動はわたしたちの国の完全なる消滅を意味するだろう。

資料ア　おもな国の二酸化炭素排出量の比率

	中国	アメリカ合衆国	EU	ロシア	インド	日本	その他
1990年 233億t	10.1%	22.1	15.3	11.3	2.7	4.6	33.9
2015年 323億t	28.1%	15.5	9.9	6.4	4.5	3.5	32.1

（2023/24年版「日本国勢図会」など）

資料イ　国民1人あたりの二酸化炭素排出量

多←→少　（2010年）　（IEA）

資料ウ　世界平均気温の変化と大気中の二酸化炭素濃度

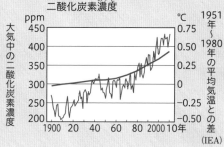

大気中の二酸化炭素濃度／1951年〜1980年の平均気温との差　（IEA）

■キーポイント

　アメリカ合衆国は先進国、インドは経済成長が著しい発展途上国、ツバルは小さな島国であることからＡ〜Ｃがどの国かを判断する。

■正答への道

　アは中国やインドなどの増加率が高いこと、イは先進国の二酸化炭素排出量が多いこと、ウは二酸化炭素濃度と気温が上昇傾向にあることを示している。

＋答え＋

Ａ…イ　　Ｂ…ア　　Ｃ…ウ

チャレンジ！記述問題

●国際連合において、2017年に核兵器の全廃を目ざす核兵器禁止条約が採択され、発効要件となる50か国・地域が批准したことで、2021年1月に発効しました。しかし、アメリカやロシア、中国などは参加せず、非核三原則をかかげる日本も参加していません。核廃絶の願いがある一方で、核兵器をめぐる対立は国際的に難しい局面にあります。なぜアメリカやロシア、中国などは核兵器禁止条約に参加しないのか、下の地図を参考に、次の3つの語句、「自国」、「抑制」、「攻撃」を必ず使って、90字以内で説明しなさい。

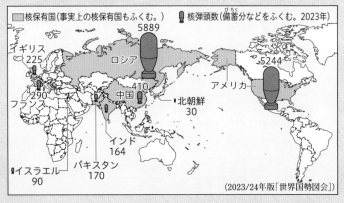

□核保有国(事実上の核保有国もふくむ。)　核弾頭数(備蓄分などをふくむ。2023年)

イギリス 225
ロシア 5889
中国 410
アメリカ 5244
北朝鮮 30
フランス 290
インド 164
イスラエル 90
パキスタン 170

(2023/24年版「世界国勢図会」)

▌条件に注意！

- アメリカやロシア、中国が核兵器禁止条約に参加しない理由を、指定された3つの語句を必ず使って、90字以内で説明する。

▌キーポイント

- 地図から、複数の国が核兵器を保有していることがわかる。
- 核兵器保有国のうち、もし、1か国だけが核兵器を放棄した場合、ほかの保有国との関係はどうなるかを考える。

▌正答への道

核兵器の保有国は、核兵器を保有することによって、ほかの核兵器の保有国とたがいにけん制しあい、結果的に戦争はおこらないという考えを主張している。

解答例

自国以外にも核兵器を保有している国があり、それらの国々に対し、自国も核兵器を保有することでたがいに抑制しあい、他国からの攻撃を防ぐことができるという考えから参加していない。〔86字〕

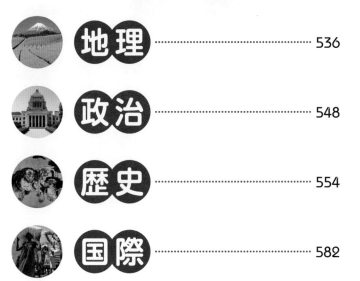

1 日本の領域

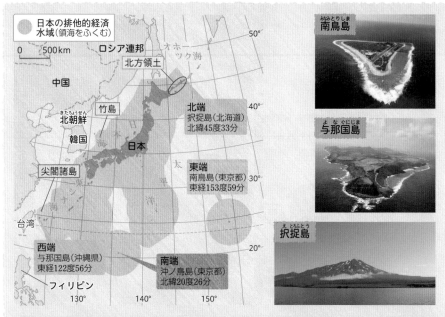

日本の排他的経済水域（領海をふくむ）

0　500km

ロシア連邦

北方領土

オホーツク海

50°

中国

竹島

北朝鮮

北端
択捉島（北海道）
北緯45度33分

40°

韓国

日本

尖閣諸島

東端
南鳥島（東京都）
東経153度59分

30°

太平洋

台湾

西端
与那国島（沖縄県）
東経122度56分

南端
沖ノ鳥島（東京都）
北緯20度26分

20°

フィリピン

130°　　140°　　150°

南鳥島

与那国島

択捉島

択捉島、国後島、色丹島、歯舞群島の島々は北方領土と呼ばれ、現在、ロシア連邦が不法に占拠している。

沖ノ鳥島　東小島　北小島

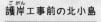
護岸工事前の北小島

護岸工事後の北小島

沖ノ鳥島（東京都）では、波の侵食で島が水没し、海岸線から200海里以内の排他的経済水域が失われてしまうことを防ぐため、護岸工事が行われた。

尖閣諸島

竹島

尖閣諸島（沖縄県）は、中国や台湾が領有権を主張している。

竹島（島根県）は、韓国が警備隊を常駐させて不法に占拠している。

② 日本各地のくらし

寒さが厳しい地域

◀風除室

▼二重になった窓

玄関に風除室を設けたり、窓を二重にしたりして寒さを防いでいる。
（❷北海道札幌市）

雪が多い地域

地元に住む人々が協力しあって流雪溝を運営している。
（❶北海道増毛町）

標高が高い地域

夏でもすずしい気候を生かしたキャベツづくりが行われている。
（❸長野県川上村）

標高が低い地域

水害を防ぐために、まわりを堤防で囲んでいる（輪中）。
（❹岐阜県海津市）

暖かい地域

強風や日差しに強く、暖かい気候に合ったさとうきびがつくられている。（❻鹿児島県中種子町）

斜面が急な地域

畑は石垣を組んで平らにしたところに設けられている。
（❺徳島県三好市）

水が不足する地域

水不足対策として、屋根に貯水タンクを設ける家がある。
（❼沖縄県中城村）

農業

● 都道府県別の農業生産額

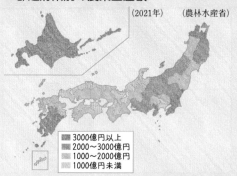

（2021年）　（農林水産省）

- ■ 3000億円以上
- ■ 2000〜3000億円
- □ 1000〜2000億円
- □ 1000億円未満

米

東北・北陸地方や北海道では、米づくりがさかんに行われている。　（山形県庄内平野）

野菜

果物

高知平野では、ビニールハウスを利用した野菜の早づくりが行われている。　（高知平野）

暖かい地方でよく生産されるみかんは、日あたりと水はけの良い山の斜面でつくられる。　（和歌山県有田市）

畜産物

北海道の乳牛の飼育数は、全国の半分以上をしめる。（北海道別海町）

● 農業生産額の内訳

その他
工芸作物0.0

	米	野菜	果物	畜産物	
富山 545億円	64.8%	9.5	3.5	15.2	7.0
	5.2%				
山梨 1113億円	10.7	70.9		7.0	6.1
					0.1
静岡 2084億円	7.8%	28.4	13.5	26.1 7.1	17.1
高知 1069億円	9.4%	63.2		10.3 7.9	8.4
					0.8
鹿児島 4997億円	10.9	66.6		6.1	10.8
	3.5% 2.1				

（2021年）　（農林水産省）

工芸作物（茶）

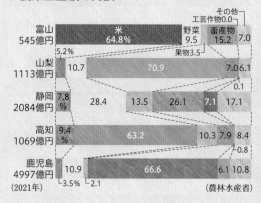

静岡県の茶の生産量は、全国一をほこる。　（静岡県富士市）

水産業

●都道府県別の海面漁業生産額※

(2021年)

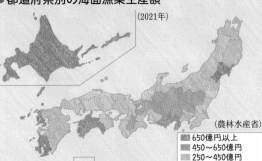

(農林水産省)

▒	650億円以上
▒	450〜650億円
▒	250〜450億円
▒	250億円未満
▒	資料なし・非公表

※海面漁業・海面養殖業の生産額の合計。

まきあみ漁

船にあみのはしをつなぎ、あじ・さば・いわしなどの魚群をとり囲んでとる。　(大分県佐伯市)

銚子港

銚子港は日本一の水あげ量をほこる漁港として知られている。

▲銚子港魚市場のまぐろ
(千葉県銚子市)

ぶり類の養殖

ぶり類の養殖は、鹿児島県や大分県、宇和海に面する愛媛県で生産量が多い。　(鹿児島市桜島の沖合)

真珠の養殖

志摩半島では真珠などの養殖が行われている。
(三重県志摩市)

●各養殖水産物の生産割合

あゆ 0.4万t (2022年)	愛知 28.9%	岐阜 23.5	和歌山 16.1	その他 31.5

まだい 6.8万t	愛媛 56.9%	高知8.3┐ 熊本 14.9	19.9 └その他

わかめ 4.7万t	宮城 46.8%	岩手 30.3	徳島8.1┐ その他 14.8

(農林水産省)

林業

木曽ひのき

木曽ひのきは日本三大天然美林の1つ。
(長野県上松町)

吉野すぎ

吉野すぎは日本三大人工美林の1つ。
(奈良県川上村)

●都道府県別の林野率※

▒	75%以上
▒	70〜75%
▒	65〜70%
▒	65%未満

※総土地面積にしめる林野面積の割合。

(2020年2月1日現在)
(2023年版「データでみる県勢」)

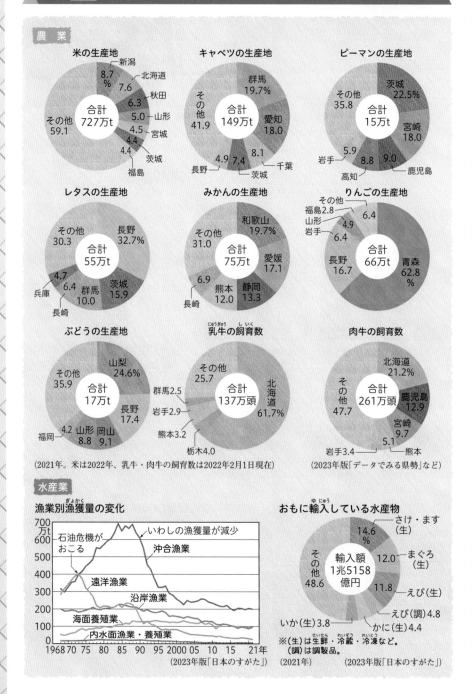

農業

米の生産地
- 新潟 8.7%
- 北海道 7.6
- 秋田 6.3
- 山形 5.0
- 宮城 4.5
- 茨城 4.4
- 福島 4.4
- その他 59.1
- 合計 727万t

キャベツの生産地
- 群馬 19.7%
- 愛知 18.0
- 千葉 8.1
- 茨城 7.4
- 長野 4.9
- その他 41.9
- 合計 149万t

ピーマンの生産地
- 茨城 22.5%
- 宮崎 18.0
- 鹿児島 9.0
- 高知 8.8
- 岩手 5.9
- その他 35.8
- 合計 15万t

レタスの生産地
- 長野 32.7%
- 茨城 15.9
- 群馬 10.0
- 長崎 6.4
- 兵庫 4.7
- その他 30.3
- 合計 55万t

みかんの生産地
- 和歌山 19.7%
- 愛媛 17.1
- 静岡 13.3
- 熊本 12.0
- 長崎 6.9
- その他 31.0
- 合計 75万t

りんごの生産地
- 青森 62.8%
- 長野 16.7
- 岩手 6.4
- 山形 6.4
- 福島 2.8
- その他 4.9
- 合計 66万t

ぶどうの生産地
- 山梨 24.6%
- 長野 17.4
- 岡山 9.1
- 山形 8.8
- 福岡 4.2
- その他 35.9
- 合計 17万t

乳牛(にゅうぎゅう)の飼育数
- 北海道 61.7%
- 栃木 4.0
- 熊本 3.2
- 岩手 2.9
- 群馬 2.5
- その他 25.7
- 合計 137万頭

肉牛の飼育数
- 北海道 21.2%
- 鹿児島 12.9
- 宮崎 9.7
- 熊本 5.1
- 岩手 3.4
- その他 47.7
- 合計 261万頭

(2021年。米は2022年、乳牛・肉牛の飼育数は2022年2月1日現在)

(2023年版「データでみる県勢」など)

水産業

漁業別漁獲量(ぎょかく)の変化

石油危機がおこる / いわしの漁獲量が減少 / 沖合漁業 / 遠洋漁業 / 沿岸漁業 / 海面養殖業 / 内水面漁業・養殖業

(縦軸: 万t 0〜700、横軸: 1968 70 75 80 85 90 95 2000 05 10 15 21年)

(2023年版「日本のすがた」)

おもに輸入(ゆにゅう)している水産物
- さけ・ます(生) 14.6%
- まぐろ(生) 12.0
- えび(生) 11.8
- えび(調) 4.8
- かに(生) 4.4
- いか(生) 3.8
- その他 48.6
- 輸入額 1兆5158億円

※(生)は生鮮(せいせん)・冷蔵(れいぞう)・冷凍(れいとう)など。(調)は調製品。

(2021年)

(2023年版「日本のすがた」)

工業

おもな工業地帯・工業地域の出荷額割合

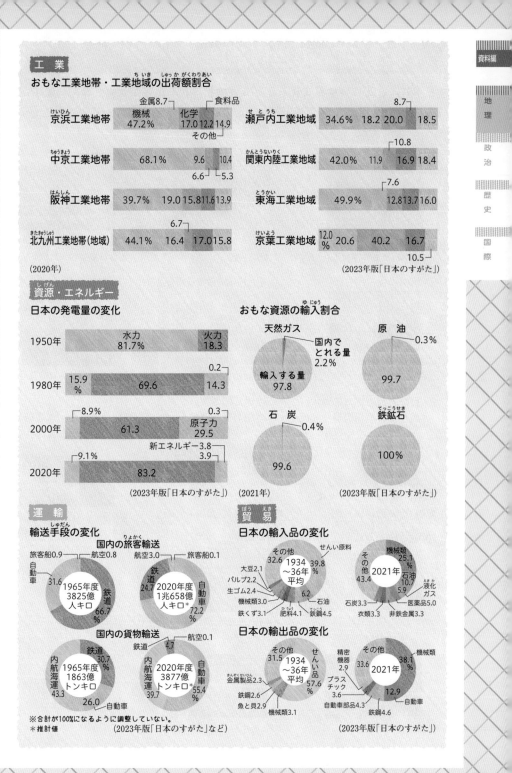

京浜工業地帯　機械47.2%　化学17.0　12.2　14.9　金属8.7　食料品　その他

瀬戸内工業地域　34.6%　18.2　20.0　18.5　8.7

中京工業地帯　68.1%　9.6　6.6　5.3　10.4

関東内陸工業地域　42.0%　11.9　16.9　18.4　10.8

阪神工業地帯　39.7%　19.0　15.8　11.6　13.9

東海工業地域　49.9%　12.8　13.7　16.0　7.6

北九州工業地帯（地域）　44.1%　16.4　17.0　15.8　6.7

京葉工業地域　12.0%　20.6　40.2　16.7　10.5

（2020年）

（2023年版「日本のすがた」）

資源・エネルギー

日本の発電量の変化

1950年　水力81.7%　火力18.3

1980年　15.9%　69.6　14.3　0.2

2000年　8.9%　61.3　29.5　原子力　0.3

2020年　9.1%　83.2　3.9　新エネルギー3.8

（2023年版「日本のすがた」）

おもな資源の輸入割合

天然ガス　国内でとれる量2.2%　輸入する量97.8

原油　0.3%　99.7

石炭　0.4%　99.6

鉄鉱石　100%

（2021年）

（2023年版「日本のすがた」）

運輸

輸送手段の変化

国内の旅客輸送

旅客船0.9　航空0.8　自動車31.1　1965年度3825億人キロ　鉄道66.7%

航空3.0　旅客船0.1　鉄道24.7　2020年度1兆658億人キロ*　自動車72.2%

国内の貨物輸送

鉄道30.7%　内航海運43.3　1965年度1863億トンキロ　自動車26.0

鉄道4.7　航空0.1　内航海運39.7　2020年度3877億トンキロ*　自動車55.4%

※合計が100%になるように調整していない。
* 推計値

（2023年版「日本のすがた」など）

貿易

日本の輸入品の変化

その他32.6　せんい原料39.8%　1934～36年平均　大豆2.1　パルプ2.2　生ゴム2.4　機械類3.0　鉄くず3.1　肥料4.1　鉄鋼4.5　石油6.2

その他43.4　機械類25.1%　2021年　石油10.7　液化ガス5.9　医薬品5.0　非鉄金属3.3　衣類3.3　石炭3.3

日本の輸出品の変化

その他31.5　せんい品57.6%　1934～36年平均　金属製品2.3　鉄鋼2.6　魚と貝2.9　機械類3.1

その他33.6　機械類38.1%　2021年　精密機器2.9　プラスチック3.6　自動車部品4.3　鉄鋼4.6　自動車12.9

（2023年版「日本のすがた」）

541

5 日本の世界遺産

　日本には、20件の世界文化遺産と5件の世界自然遺産が登録されています。（2023年11月現在）。どの都道府県に、どのような遺産があるのか確認しましょう。

⑬ 姫路城

兵庫県。1993年登録。「白鷺城」とも呼ばれる。

⑭ 石見銀山遺跡とその文化的景観

島根県。2007年登録。写真は坑道。

⑮ 原爆ドーム

広島県。1996年登録。「負の世界遺産」とも呼ばれる。

⑯ 厳島神社

広島県。1996年登録。日本三景の1つ。

⑰ 明治日本の産業革命遺産

8県23施設。2015年登録。写真は長崎県の軍艦島。

⑱ 「神宿る島」宗像・沖ノ島と関連遺産群

福岡県。2017年登録。写真は沖ノ島。

⑲ 長崎と天草地方の潜伏キリシタン関連遺産

長崎県・熊本県。2018年登録。写真は長崎県の大浦天主堂。

⑳ 琉球王国のグスクおよび関連遺産群

沖縄県。2000年登録。写真は首里城（2019年焼失）。

Ｅ 奄美大島、徳之島、沖縄島北部および西表島

鹿児島県・沖縄県。2021年登録。写真は西表島のマングローブ林。

Ⓐ 知床

北海道。2005年登録。

Ⓑ 白神山地

青森県・秋田県。1993年登録。

Ⓒ 小笠原諸島

東京都。2011年登録。

Ⓓ 屋久島

鹿児島県。1993年登録。写真は縄文すぎ。

❶ 北海道・北東北の縄文遺跡群

北海道・青森県・岩手県・秋田県。
2021年登録。写真は大湯環状列石。

❷ 平泉

岩手県。2011年登録。
写真は毛越寺。

❸ 日光の社寺

栃木県。1999年登録。
写真は日光東照宮。

❹ 富岡製糸場と絹産業遺産群

群馬県。2014年登録。
写真は富岡製糸場。

❺ ル・コルビュジエの建築作品

世界7か国17施設。2016年登録。
写真は東京都の国立西洋美術館。

❻ 富士山

山梨県・静岡県。
2013年登録。

❼ 白川郷・五箇山の合掌造り集落

岐阜県・富山県。
1995年登録。

❽ 古都京都の文化財

京都府・滋賀県。1994年登録。写真は清水寺。

❾ 古都奈良の文化財

奈良県。1998年登録。
写真は東大寺。

❿ 法隆寺地域の仏教建造物

奈良県。1993年登録。
写真は法隆寺。

⓫ 百舌鳥・古市古墳群

大阪府。
2019年登録。

⓬ 紀伊山地の霊場と参詣道

和歌山県・奈良県・三重県。
2004年登録。写真は熊野古道。

543

⑥ 都道府県の基礎データ

北海道
- 面　積：83424 km²
- 人　口：518.3万人
- 農業産出額：12667億円
- 工業生産額：61336億円
- 主要生産物：じゃがいも① 小麦① 米②
　　　　　　てんさい① 乳牛・肉牛*¹① （2021年）

●札幌

- 面積・人口は2021年10月1日現在の数値
- 主要生産物の○内の数字は全国にしめる割合の順位
- 地図は各都道府県の大まかな形
　　　（島は一部省略、縮尺は同一ではない）
- 地図中の●は都道府県庁所在地
- 出典は2023年版「データでみる県勢」

青森県
- 面　積：9646 km²
- 人　口：122.1万人
- 農業産出額：3262億円
- 工業生産額：17504億円
- 主要生産物：りんご① ごぼう①
　　　　　　いか類*①（*2020年、ほかは2021年）

●青森

岩手県
- 面　積：15275 km²
- 人　口：119.6万人
- 農業産出額：2741億円
- 工業生産額：26435億円
- 主要生産物：あわび類*① りんご③ 乳牛④*¹
　　　　　　（*2020年、りんごは2021年）

●盛岡

宮城県
- 面　積：7282 km²
- 人　口：229.0万人
- 農業産出額：1902億円
- 工業生産額：45590億円
- 主要生産物：大豆②* 養殖ぎんざけ①
　　　　　　（*2021年、ほかは2020年）

●仙台

秋田県
- 面　積：11638 km²
- 人　口：94.5万人
- 農業産出額：1898億円
- 工業生産額：12998億円
- 主要生産物：米③* すぎ（素材）②
　　　　　　（*2021年、ほかは2020年）

●秋田

山形県
- 面　積：9323 km²
- 人　口：105.5万人
- 農業産出額：2508億円
- 工業生産額：28679億円
- 主要生産物：おうとう① りんご③ ぶどう④
　　　　　　すいか③ 米④ （2021年）

●山形

福島県
- 面　積：13784 km²
- 人　口：181.2万人
- 農業産出額：2116億円
- 工業生産額：51232億円
- 主要生産物：もも② 日本なし⑤ りんご⑤
　　　　　　きゅうり④ （2021年）

●福島

茨城県
- 面　積：6097 km²
- 人　口：285.2万人
- 農業産出額：4417億円
- 工業生産額：126383億円
- 主要生産物：ピーマン① はくさい①
　　　　　　レタス② ねぎ③ メロン① （2021年）

●水戸

栃木県
- 面　積：6408 km²
- 人　口：192.1万人
- 農業産出額：2875億円
- 工業生産額：90110億円
- 主要生産物：いちご① かんぴょう*①
　　　　　　（*2020年、ほかは2021年）

●宇都宮
海に面していない

群馬県
- 面　積：6362 km²
- 人　口：192.7万人
- 農業産出額：2463億円
- 工業生産額：90522億円
- 主要生産物：こんにゃくいも① なす③
　　　　　　キャベツ① きゅうり② （2021年）

●前橋
海に面していない

埼玉県
- 面　積：3798 km²
- 人　口：734.0万人
- 農業産出額：1678億円
- 工業生産額：139529億円
- 主要生産物：ほうれんそう① ねぎ①
　　　　　　きゅうり③ （2021年）

●さいたま
海に面していない

*1 2022年2月1日現在の飼育頭数

千葉県

- 面　　積：5157 km²
- 人　　口：627.5万人
- 農業産出額：3853億円
- 工業生産額：125846億円
- 主要生産物：らっかせい① ねぎ② ほうれんそう③ しょうゆ*①（＊2019年、ほかは2021年）

東京都

- 面　　積：2194 km²
- 人　　口：1401.0万人
- 農業産出額：229億円
- 工業生産額：74207億円
- 主要生産物：電子顕微鏡① テレビ等放送装置① 印刷物①（2019年）

神奈川県

- 面　　積：2416 km²
- 人　　口：923.6万人
- 農業産出額：659億円
- 工業生産額：178722億円
- 主要生産物：キャベツ⑦ 家庭用合成洗剤*①（＊2019年、ほかは2021年）

新潟県

- 面　　積：12584 km²
- 人　　口：217.7万人
- 農業産出額：2526億円
- 工業生産額：50113億円
- 主要生産物：米① 金属洋食器*① まいたけ①（＊2019年、ほかは2021年）

富山県

- 面　　積：4248 km²
- 人　　口：102.5万人
- 農業産出額：629億円
- 工業生産額：39411億円
- 主要生産物：銅・同合金鋳物② アルミサッシ①（2019年）

石川県

- 面　　積：4186 km²
- 人　　口：112.5万人
- 農業産出額：535億円
- 工業生産額：30478億円
- 主要生産物：金属はく① さわら類*② 漆器製家具①（＊2020年、ほかは2019年）

福井県

- 面　　積：4191 km²
- 人　　口：76.0万人
- 農業産出額：451億円
- 工業生産額：22902億円
- 主要生産物：めがねフレーム① さわら類*① 漆器製食卓用品①（＊2020年、ほかは2019年）

山梨県

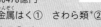
海に面していない

- 面　　積：4465 km²
- 人　　口：80.5万人
- 農業産出額：974億円
- 工業生産額：25053億円
- 主要生産物：ぶどう① もも① ウイスキー*①（＊2020年、ほかは2021年）

長野県

海に面していない

- 面　　積：13562 km²
- 人　　口：203.3万人
- 農業産出額：2697億円
- 工業生産額：62194億円
- 主要生産物：レタス① りんご② わさび① えのきたけ①（2021年）

岐阜県

海に面していない

- 面　　積：10621 km²
- 人　　口：196.1万人
- 農業産出額：1093億円
- 工業生産額：59896億円
- 主要生産物：包丁① 陶磁器製和飲食器①（2019年）

静岡県

- 面　　積：7777 km²
- 人　　口：360.8万人
- 農業産出額：1887億円
- 工業生産額：172749億円
- 主要生産物：茶① みかん③ ピアノ*①（＊2019年、ほかは2021年）

愛知県

- 面　　積：5173 km²
- 人　　口：751.7万人
- 農業産出額：2893億円
- 工業生産額：481864億円
- 主要生産物：キャベツ② 普通乗用車*①（＊2019年、ほかは2021年）

545

三重県
- 面　　積：5774 km²
- 人　　口：175.6万人
- 農業産出額：1043億円
- 工業生産額：107685億円
- 主要生産物：液晶パネル*① いせえび①

（*2019年、ほかは2020年）

滋賀県
- 面　　積：4017 km²
- 人　　口：141.1万人
- 農業産出額：619億円
- 工業生産額：80754億円
- 主要生産物：プラスチック雨どい①
　　　　　　　理容用電気器具①　　（2019年）

海に面していない

京都府
- 面　　積：4612 km²
- 人　　口：256.1万人
- 農業産出額：642億円
- 工業生産額：57419億円
- 主要生産物：絹織物① 分析装置① 清酒*②

（*2020年、ほかは2019年）

大阪府
- 面　　積：1905 km²
- 人　　口：880.6万人
- 農業産出額：311億円
- 工業生産額：172701億円
- 主要生産物：自転車① 食パン①
　　　　　　　ボルト・ナット類①　（2019年）

兵庫県
- 面　　積：8401 km²
- 人　　口：543.2万人
- 農業産出額：1478億円
- 工業生産額：163896億円
- 主要生産物：たまねぎ③ レタス⑤ 清酒*①

（*2020年、ほかは2021年）

奈良県
- 面　　積：3691 km²
- 人　　口：131.5万人
- 農業産出額：395億円
- 工業生産額：21494億円
- 主要生産物：柿② ソックス*① 集成材*②

（*2019年、ほかは2021年）

海に面していない

和歌山県
- 面　　積：4725 km²
- 人　　口：91.4万人
- 農業産出額：1104億円
- 工業生産額：26754億円
- 主要生産物：みかん① 柿① うめ①
　　　　　　　グリーンピース①　（2021年）

鳥取県
- 面　　積：3507 km²
- 人　　口：54.9万人
- 農業産出額：764億円
- 工業生産額：7868億円
- 主要生産物：らっきょう① ずわいがに②

（2020年）

島根県
- 面　　積：6708 km²
- 人　　口：66.5万人
- 農業産出額：620億円
- 工業生産額：12488億円
- 主要生産物：しじみ① ぶり類③ あじ類②

（2020年）

岡山県
- 面　　積：7114 km²
- 人　　口：187.6万人
- 農業産出額：1414億円
- 工業生産額：77397億円
- 主要生産物：ぶどう② 織物製学校服*①
　　　　　　　畳表*①（*2019年、ほかは2021年）

広島県
- 面　　積：8479 km²
- 人　　口：278.0万人
- 農業産出額：1190億円
- 工業生産額：98047億円
- 主要生産物：養殖かき類① ソース類*①

（*2019年、ほかは2020年）

山口県
- 面　　積：6113 km²
- 人　　口：132.8万人
- 農業産出額：589億円
- 工業生産額：65735億円
- 主要生産物：さざえ② あまだい類①

（2020年）

徳島県

- 面　　積：4147 km²
- 人　　口：71.2万人
- 農業産出額：955億円
- 工業生産額：19209億円
- 主要生産物：にんじん③　しいたけ②　発光ダ
　イオード*①　　（*2019年、ほかは2021年）

徳島

香川県

- 面　　積：1877 km²
- 人　　口：94.2万人
- 農業産出額：808億円
- 工業生産額：27416億円
- 主要生産物：オリーブ①　うちわ、扇子①
　冷凍調理食品①　　　　　（2019年）

高松

愛媛県

- 面　　積：5676 km²
- 人　　口：132.1万人
- 農業産出額：1226億円
- 工業生産額：43303億円
- 主要生産物：みかん②　タオル*①　養殖まだ
　い**①（*2019年、**2020年、ほかは2021年）

松山

高知県

- 面　　積：7104 km²
- 人　　口：68.4万人
- 農業産出額：1113億円
- 工業生産額：5953億円
- 主要生産物：なす①　しょうが①　ピーマン④
　ししとう①　　　　　　　（2021年）

高知

福岡県

- 面　　積：4987 km²
- 人　　口：512.4万人
- 農業産出額：1977億円
- 工業生産額：99760億円
- 主要生産物：たんす*②　たけのこ①
　　　　　　　（*2019年、ほかは2021年）

福岡

佐賀県

- 面　　積：2441 km²
- 人　　口：80.6万人
- 農業産出額：1219億円
- 工業生産額：20839億円
- 主要生産物：たまねぎ②　陶磁器製置物*①
　　　　　　　（*2019年、ほかは2021年）

佐賀

長崎県

- 面　　積：4131 km²
- 人　　口：129.7万人
- 農業産出額：1491億円
- 工業生産額：17385億円
- 主要生産物：びわ①　たい類*①　さば類*②
　ぶり類*②　　（*2020年、ほかは2021年）

長崎

熊本県

- 面　　積：7409 km²
- 人　　口：172.8万人
- 農業産出額：3407億円
- 工業生産額：28706億円
- 主要生産物：い草①　トマト①　すいか①
　みかん④　　　　　　　　（2021年）

熊本

大分県

- 面　　積：6341 km²
- 人　　口：111.4万人
- 農業産出額：1208億円
- 工業生産額：43135億円
- 主要生産物：しいたけ①　かぼす*①
　　　　　　　（*2019年、ほかは2021年）

大分

宮崎県

- 面　　積：7735 km²
- 人　　口：106.1万人
- 農業産出額：3348億円
- 工業生産額：16523億円
- 主要生産物：肉牛*¹③　ぶた*¹②
　きゅうり①　ピーマン②　（2021年）

宮崎

鹿児島県

- 面　積：9186 km²
- 人　口：157.6万人
- 農業産出額：4772億円
- 工業生産額：20247億円
- 主要生産物：ぶた*¹①　肉牛*¹②
　さとうきび②　さつまいも①　（2021年）

鹿児島

沖縄県

- 面　　積：2282 km²
- 人　　口：146.8万人
- 農業産出額：910億円
- 工業生産額：4990億円
- 主要生産物：さとうきび①　マンゴー*①
　パイナップル*①　（*2019年、ほかは2021年）

那覇

＊1 2022年2月1日現在の飼育頭数

⑦ 日本国憲法のおもな条文

前　文　…そもそも国政は、国民の厳粛な信託によるものであつて、その権威は国民に由来し、その権力は国民の代表者がこれを行使し、その福利は国民がこれを享受する。…

第1条　天皇は、日本国の象徴であり日本国民統合の象徴であつて、この地位は、主権の存する日本国民の総意に基く。

第3条　天皇の国事に関するすべての行為には、内閣の助言と承認を必要とし、内閣が、その責任を負ふ。

第6条　①天皇は、国会の指名に基いて、内閣総理大臣を任命する。
②天皇は、内閣の指名に基いて、最高裁判所の長たる裁判官を任命する。

第9条　①日本国民は、正義と秩序を基調とする国際平和を誠実に希求し、国権の発動たる戦争と、武力による威嚇又は武力の行使は、国際紛争を解決する手段としては、永久にこれを放棄する。
②前項の目的を達するため、陸海空軍その他の戦力は、これを保持しない。国の交戦権は、これを認めない。

第11条　国民は、すべての基本的人権の享有を妨げられない。この憲法が国民に保障する基本的人権は、侵すことのできない永久の権利として、現在及び将来の国民に与へられる。

第12条　この憲法が国民に保障する自由及び権利は、国民の不断の努力によつて、これを保持しなければならない。又、国民は、これを濫用してはならないのであつて、常に公共の福祉のためにこれを利用する責任を負ふ。

第13条　すべて国民は、個人として尊重される。生命、自由及び幸福追求に対する国民の権利については、公共の福祉に反しない限り、立法その他の国政の上で、最大の尊重を必要とする。

第14条　①すべて国民は、法の下に平等であつて、人種、信条、性別、社会的身分又は門地により、政治的、経済的又は社会的関係において、差別されない。

第15条　②すべて公務員は、全体の奉仕者であつて、一部の奉仕者ではない。
③公務員の選挙については、成年者による普通選挙を保障する。

第19条　思想及び良心の自由は、これを侵してはならない。

第20条　①信教の自由は、何人に対してもこれを保障する。

第21条　①集会、結社及び言論、出版その他一切の表現の自由は、これを保障する。

第22条　①何人も、公共の福祉に反しない限り、居住、移転及び職業選択の自由を有する。

第24条　①婚姻は、両性の合意のみに基いて成立し、夫婦が同等の権利を有することを基本として、相互の協力により、維持されなければならない。
②配偶者の選択、財産権、相続、住居の選定、離婚並びに婚姻及び家族に関するその他の事項に関しては、法律は、個人の尊厳と両性の本質的平等に立脚して、制定されなければならない。

第25条　①すべて国民は、健康で文化的な最低限度の生活を営む権利を有する。

第26条　①すべて国民は、法律の定めるところにより、その能力に応じて、ひとしく教育を受ける権利を有する。
②すべて国民は、法律の定めるところにより、その保護する子女に普通教育を受けさせる義務を負ふ。義務教育は、これを無償とする。

第27条　①すべて国民は、勤労の権利を有し、義務を負ふ。

第28条　勤労者の団結する権利及び団体交渉その他の団体行動をする権利は、これを保障する。

第30条　国民は、法律の定めるところにより、納税の義務を負ふ。

第31条　何人も、法律の定める手続によらなければ、その生命若しくは自由を奪はれ、又はその他の刑罰を科せられない。

第41条　国会は、国権の最高機関であつて、国の唯一の立法機関である。

第42条　国会は、衆議院及び参議院の両議院でこれを構成する。

第54条　①衆議院が解散されたときは、解散の日から四十日以内に、衆議院議員の総選挙を行ひ、その選挙の日から三十日以内に、国会を召集しなければならない。

第66条　③内閣は、行政権の行使について、国会に対し連帯して責任を負ふ。

第67条　①内閣総理大臣は、国会議員の中から国会の議決で、これを指名する。

第68条　①内閣総理大臣は、国務大臣を任命する。但し、その過半数は、国会議員の中から選ばれなければならない。

第69条　内閣は、衆議院で不信任の決議案を可決し、又は信任の決議案を否決したときは、十日以内に衆議院が解散されない限り、総辞職をしなければならない。

第76条　①すべて司法権は、最高裁判所及び法律

の定めるところにより設置する下級裁判所に属する。

③すべて裁判官は、その良心に従ひ独立してその職権を行ひ、この憲法及び法律にのみ拘束される。

第94条　地方公共団体は、その財産を管理し、事務を処理し、及び行政を執行する権能を有し、法律の範囲内で条例を制定することができる。

第96条　①この憲法の改正は、各議院の総議員の三分の二以上の賛成で、国会が、これを発議し、国民に提案してその承認を経なければならない。この承認には、特別の国民投票又は国会の定める選挙の際行はれる投票において、その過半数の賛成を必要とする。

第98条　①この憲法は、国の最高法規であつて、その条規に反する法律、命令、詔勅及び国務に関するその他の行為の全部又は一部は、その効力を有しない。

⑧ 大日本帝国憲法のおもな条文

第1条　大日本帝国ハ万世一系ノ天皇之ヲ統治ス

第2条　皇位ハ皇室典範ノ定ムル所ニ依リ皇男子孫之ヲ継承ス

第3条　天皇ハ神聖ニシテ侵スヘカラズ

第4条　天皇ハ国ノ元首ニシテ統治権ヲ総攬シ此ノ憲法ノ条規ニ依リ之ヲ行フ

第5条　天皇ハ帝国議会ノ協賛ヲ以テ立法権ヲ行フ

第6条　天皇ハ法律ヲ裁可シ其ノ公布及執行ヲ命ス

第7条　天皇ハ帝国議会ヲ召集シ其ノ開会閉会停会及衆議院ノ解散ヲ命ス

第8条　①天皇ハ公共ノ安全ヲ保持シ又ハ其ノ災厄ヲ避クル為緊急ノ必要ニ由リ帝国議会閉会ノ場合ニ於テ法律ニ代ルヘキ勅令ヲ発ス

第9条　天皇ハ法律ヲ執行スル為ニ又ハ公共ノ安寧秩序ヲ保持シ及臣民ノ幸福ヲ増進スル為ニ必要ナル命令ヲ発シ又ハ発セシム但シ命令ヲ以テ法律ヲ変更スルコトヲ得ズ

第11条　天皇ハ陸海軍ヲ統帥ス

第13条　天皇ハ戦ヲ宣シ和ヲ講シ及諸般ノ条約ヲ締結ス

第20条　日本臣民ハ法律ノ定ムル所ニ従ヒ兵役ノ義務ヲ有ス

第21条　日本臣民ハ法律ノ定ムル所ニ従ヒ納税ノ義務ヲ有ス

第22条　日本臣民ハ法律ノ範囲内ニ於テ居住及移転ノ自由ヲ有ス

第28条　日本臣民ハ安寧秩序ヲ妨ケズ及臣民タルノ義務ニ背カサル限ニ於テ信教ノ自由ヲ有ス

第29条　日本臣民ハ法律ノ範囲内ニ於テ言論著作印行集会及結社ノ自由ヲ有ス

第33条　帝国議会ハ貴族院衆議院ノ両院ヲ以テ成立ス

第34条　貴族院ハ貴族院令ノ定ムル所ニ依リ皇族華族及勅任セラレタル議員ヲ以テ組織ス

第35条　衆議院ハ選挙法ノ定ムル所ニ依リ公選セラレタル議員ヲ以テ組織ス

第37条　凡テ法律ハ帝国議会ノ協賛ヲ経ルヲ要ス

第55条　①国務各大臣ハ天皇ヲ輔弼シ其ノ責ニ任ス

第57条　①司法権ハ天皇ノ名ニ於テ法律ニ依リ裁判所之ヲ行フ

第64条　①国家ノ歳出歳入ハ毎年予算ヲ以テ帝国議会ノ協賛ヲ経ヘシ

549

❾ 政治に関する図表

衆議院と参議院のちがい

衆議院

参議院

465人	定数	248人
4年(解散あり)	任期	6年(解散なし、3年ごとに半数を改選)
25才以上	被選挙権	30才以上
小選挙区比例代表並立制 比例代表選出　176人 小選挙区選出　289人	選挙区	比例代表選出※　100人 選挙区選出　148人

※参議院の比例代表は、候補者名・政党名のいずれでも投票できる。また、2019年の選挙から政党が指定した候補者を優先的に当選させる特定枠が設けられている。

衆議院の優越

衆議院だけにあるもの
・予算先議権
・内閣不信任決議

衆議院に強い権限があるもの
・法律案の議決

参議院で異なった議決をした場合。

衆議院が出席議員の3分の2以上の多数で再可決すれば成立。

参議院で異なった議決をした場合。

・予算の議決
・条約の承認
・内閣総理大臣の指名

両院協議会でも意見が不一致のときは、衆議院の議決が国会の議決になる。

議院内閣制のしくみ

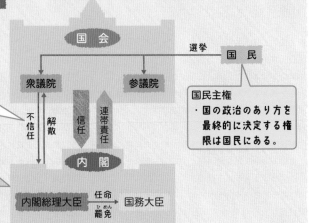

・衆議院は、内閣不信任案を決議することができる。
・内閣不信任案が可決された場合→内閣は10日以内に衆議院を解散するか、総辞職する。

・内閣総理大臣→国会議員の中から国会の議決で指名。
・国務大臣の過半数は国会議員から選ぶ。

国　会

選挙

国　民

衆議院　　　参議院

不信任　解散　信任　連帯責任

国民主権
・国の政治のあり方を最終的に決定する権限は国民にある。

内　閣

内閣総理大臣　任命／罷免　国務大臣

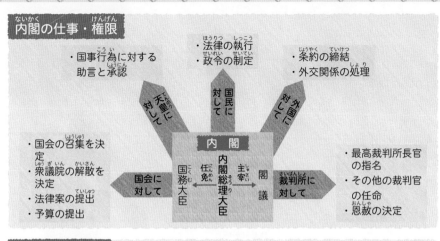

内閣の仕事・権限

・国事行為に対する助言と承認

・法律の執行
・政令の制定

・条約の締結
・外交関係の処理

天皇に対して

国民に対して

外国に対して

内閣

内閣総理大臣　任免　国務大臣

主宰　閣議

・国会の召集を決定
・衆議院の解散を決定
・法律案の提出
・予算の提出

国会に対して

裁判所に対して

・最高裁判所長官の指名
・その他の裁判官の任命
・恩赦の決定

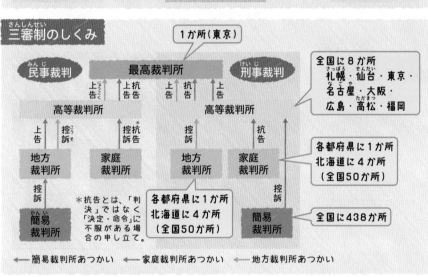

三審制のしくみ

1か所（東京）

民事裁判　最高裁判所　刑事裁判

全国に8か所
札幌・仙台・東京・名古屋・大阪・広島・高松・福岡

上告　上抗告　上告　抗告　上告

高等裁判所　高等裁判所

上告　控訴　控抗訴告　控訴　抗告

地方裁判所　家庭裁判所　地方裁判所　家庭裁判所

各都府県に1か所
北海道に4か所
（全国50か所）

控訴　控訴

簡易裁判所

＊抗告とは、「判決」ではなく「決定・命令」に不服がある場合の申し立て。

各都府県に1か所
北海道に4か所
（全国50か所）

簡易裁判所

全国に438か所

← 簡易裁判所あつかい　← 家庭裁判所あつかい　← 地方裁判所あつかい

民事裁判と刑事裁判

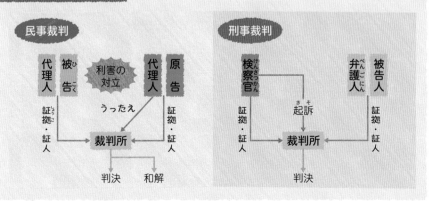

民事裁判

代理人　被告　利害の対立　代理人　原告

うったえ

証拠・証人　証拠・証人

裁判所

判決　和解

刑事裁判

検察官　弁護人　被告人

起訴

証拠・証人　証拠・証人

裁判所

判決

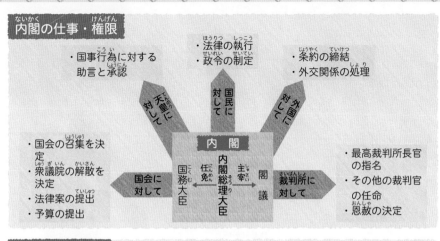

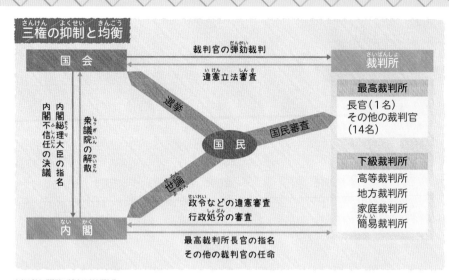

三権の抑制と均衡

国会

裁判官の弾劾裁判 →
裁判所

違憲立法審査

選挙

国民審査

世論

政令などの違憲審査
行政処分の審査 →

国民

内閣総理大臣の指名
内閣不信任の決議

衆議院の解散

内閣

最高裁判所長官の指名
その他の裁判官の任命

最高裁判所
長官（1名）
その他の裁判官
（14名）

下級裁判所
高等裁判所
地方裁判所
家庭裁判所
簡易裁判所

国の歳入と歳出

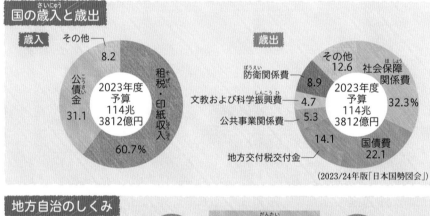

歳入

その他
8.2

公債金
31.1

2023年度
予算
114兆
3812億円

租税・印紙収入
60.7%

歳出

その他
12.6

防衛関係費
8.9

文教および科学振興費
4.7

公共事業関係費
5.3

地方交付税交付金
14.1

社会保障
関係費
32.3%

2023年度
予算
114兆
3812億円

国債費
22.1

(2023/24年版「日本国勢図会」)

地方自治のしくみ

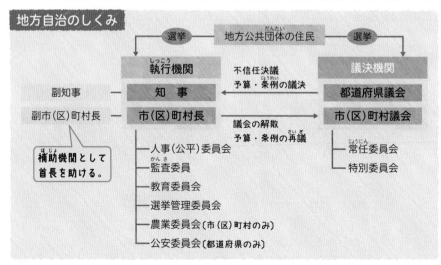

地方公共団体の住民

選挙　　　　　選挙

執行機関

不信任決議
予算・条例の議決

議決機関

副知事 ― **知　事**

都道府県議会

副市(区)町村長 ― **市(区)町村長**

議会の解散
予算・条例の再議

市(区)町村議会

補助機関として
首長を助ける。

― 人事(公平)委員会
― 監査委員
― 教育委員会
― 選挙管理委員会
― 農業委員会(市(区)町村のみ)
― 公安委員会(都道府県のみ)

― 常任委員会
― 特別委員会

552

⑩ 国民の祝日

祝日名	日 付	意義など
元日 （がんじつ）	1月1日	年のはじめを祝う。
成人の日	1月第2月曜	おとなになったことを自覚し、自ら生き抜こうとする青年を祝いはげます。
建国記念の日	2月11日	建国をしのび、国を愛する心を養う。 ※大日本帝国憲法発布の日。かつての紀元節。
天皇誕生日 （てんのうたんじょうび）	2月23日	天皇の誕生日を祝う。 ※かつては天長節といった。
春分の日	春分日 （3月21日前後）	自然をたたえ、生物をいつくしむ。
昭和の日 （しょうわ）	4月29日	激動の日々を経て、復興をとげた昭和の時代をかえりみ、国の将来に思いをいたす。 ※昭和天皇の誕生日だった。
憲法記念日	5月3日	日本国憲法の施行を記念し、国の成長を期する。
みどりの日	5月4日	自然に親しむとともにその恩恵に感謝し、豊かな心をはぐくむ。
こどもの日	5月5日	こどもの人格を重んじ、こどもの幸福をはかるとともに、母に感謝する。
海の日	7月第3月曜	海の恩恵に感謝するとともに、海洋国日本の繁栄を願う。
山の日	8月11日	山に親しむ機会を得て、山の恩恵に感謝する。
敬老の日 （けいろう）	9月第3月曜	多年にわたり社会につくしてきた老人を敬愛し、長寿を祝う。
秋分の日	秋分日 （9月23日前後）	祖先を敬い、なくなった人々をしのぶ。
スポーツの日*	10月第2月曜	スポーツに親しみ、健康な心身をつちかう。 ※かつては10月10日（1964年の東京オリンピック開会式の日）だった。
文化の日	11月3日	自由と平和を愛し、文化をすすめる。 ※日本国憲法の公布の日。
勤労感謝の日 （きんろう）	11月23日	勤労をたっとび、生産を祝い、国民たがいに感謝しあう。

＊2020年から、「体育の日」が「スポーツの日」になった。

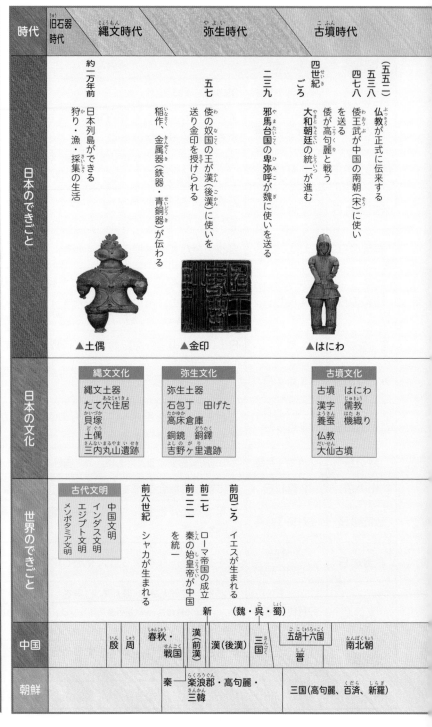

⑪ 重要歴史年表

時代	旧石器時代	縄文時代	弥生時代	古墳時代

日本のできごと

- 約一万年前　日本列島ができる　狩り・漁・採集の生活
- 稲作、金属器（鉄器・青銅器）が伝わる
- 五七　倭の奴国の王が漢（後漢）に使いを送り金印を授けられる
- 二三九　邪馬台国の卑弥呼が魏に使いを送る
- 四世紀ごろ　大和朝廷の統一が進む
- 四七八　倭王武が中国の南朝（宋）に使いを送る
- 五三八　倭が高句麗と戦う
- （五五二）仏教が正式に伝来する

▲土偶　　▲金印　　▲はにわ

日本の文化

縄文文化	弥生文化	古墳文化
縄文土器 たて穴住居 貝塚 土偶 三内丸山遺跡	弥生土器 石包丁　田げた 高床倉庫 銅鏡　銅鐸 吉野ヶ里遺跡	古墳　はにわ 漢字　儒教 養蚕　機織り 仏教 大仙古墳

世界のできごと

古代文明
中国文明 インダス文明 エジプト文明 メソポタミア文明

- 前六世紀　シャカが生まれる
- 前二二一　秦の始皇帝が中国を統一
- 前二七　ローマ帝国の成立
- 前四ごろ　イエスが生まれる
- 新
- （魏・呉・蜀）

中国

殷	周	春秋・戦国	漢（前漢）	漢（後漢）	三国	五胡十六国	南北朝
						晋	

朝鮮

秦	楽浪郡・高句麗・三韓	三国（高句麗、百済、新羅）

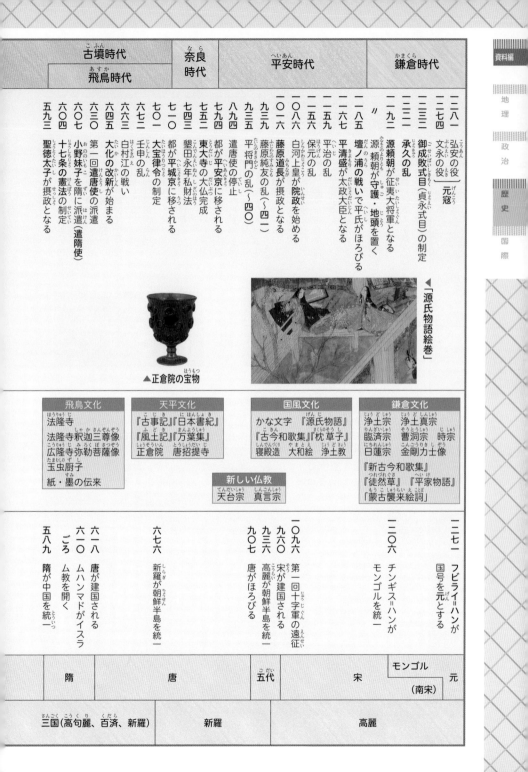

古墳時代		奈良時代	平安時代	鎌倉時代
	飛鳥時代			

五九三 聖徳太子が摂政となる

六〇四 十七条の憲法の制定

六〇七 小野妹子を隋に派遣（遣隋使）

六三〇 第一回遣唐使の派遣

六四五 大化の改新が始まる

六六三 白村江の戦い

六七二 壬申の乱

七〇一 大宝律令の制定

七一〇 都が平城京に移される

七四三 墾田永年私財法

七五二 東大寺の大仏完成

七九四 都が平安京に移される

八九四 遣唐使の停止

九三五 平将門の乱（〜四〇）

九三九 藤原純友の乱（〜四一）

一〇一六 藤原道長が摂政となる

一〇八六 白河上皇が院政を始める

一一五九 平治の乱

一一五六 保元の乱

一一六七 平清盛が太政大臣となる

一一八五 壇ノ浦の戦いで平氏がほろびる
　　　　 源頼朝が守護・地頭を置く

一一九二 源頼朝が征夷大将軍となる

一二二一 承久の乱

一二三二 御成敗式目（貞永式目）の制定

一二七四 文永の役 { 弘安の役 元寇

一二八一 弘安の役

▲ 正倉院の宝物

▶「源氏物語絵巻」

飛鳥文化
法隆寺
法隆寺釈迦三尊像
広隆寺弥勒菩薩像
玉虫厨子
紙・墨の伝来

天平文化
『古事記』『日本書紀』
『風土記』『万葉集』
正倉院　唐招提寺

新しい仏教
天台宗　真言宗

国風文化
かな文字　『源氏物語』
『古今和歌集』『枕草子』
寝殿造　大和絵　浄土教

鎌倉文化
浄土宗　浄土真宗
臨済宗　曹洞宗　時宗
日蓮宗　金剛力士像
『新古今和歌集』
『徒然草』『平家物語』
「蒙古襲来絵詞」

五八九 隋が中国を統一

六一〇 ムハンマドがイスラム教を開くごろ

六一八 唐が建国される

六七六 新羅が朝鮮半島を統一

九〇七 唐がほろびる

九三六 高麗が朝鮮半島を統一

九六〇 宋が建国される

一〇九六 第一回十字軍の遠征

一二〇六 チンギス＝ハンがモンゴルを統一

一二七一 フビライ＝ハンが国号を元とする

隋	唐	五代	宋	モンゴル	元
				（南宋）	

三国（高句麗、百済、新羅）	新羅	高麗

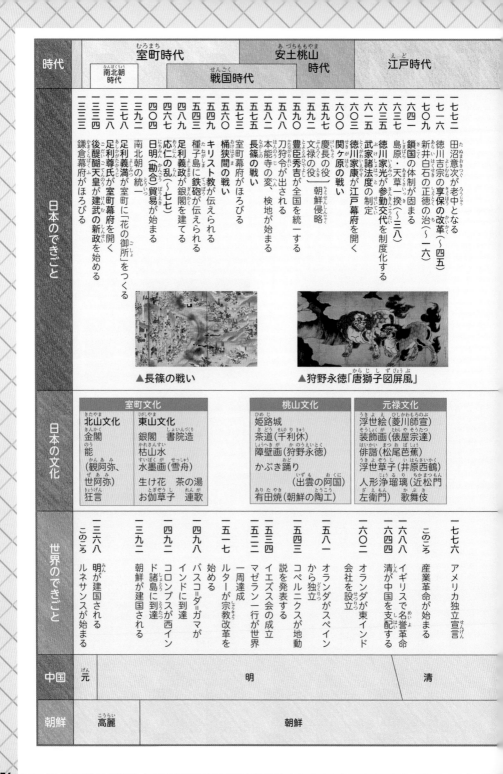

時代	室町時代			安土桃山時代	江戸時代

時代	南北朝時代		戦国時代		

日本のできごと

- 一三三三　鎌倉幕府がほろびる
- 一三三四　後醍醐天皇が建武の新政を始める
- 一三三八　足利尊氏が室町幕府を開く
- 一三七八　足利義満が室町に「花の御所」をつくる
- 一三九二　南北朝の統一
- 一四〇四　日明（勘合）貿易が始まる
- 一四六七　応仁の乱（〜七七）
- 一四八九　足利義政が銀閣を建てる
- 一五四三　種子島に鉄砲が伝えられる
- 一五四九　キリスト教が伝えられる
- 一五六〇　桶狭間の戦い
- 一五七三　室町幕府がほろびる
- 一五七五　長篠の戦い
- 一五八二　本能寺の変、検地が始まる
- 一五八八　刀狩令が出される
- 一五九〇　豊臣秀吉が全国を統一する
- 一五九二　文禄の役（〜九三）朝鮮侵略
- 一五九七　慶長の役（〜九八）
- 一六〇〇　関ヶ原の戦い
- 一六〇三　徳川家康が江戸幕府を開く
- 一六一五　武家諸法度の制定
- 一六三五　徳川家光が参勤交代を制度化する
- 一六三七　島原・天草一揆（〜三八）
- 一七〇九　新井白石の正徳の治
- 一七一六　徳川吉宗の享保の改革（〜四五）
- 一七七二　田沼意次が老中となる

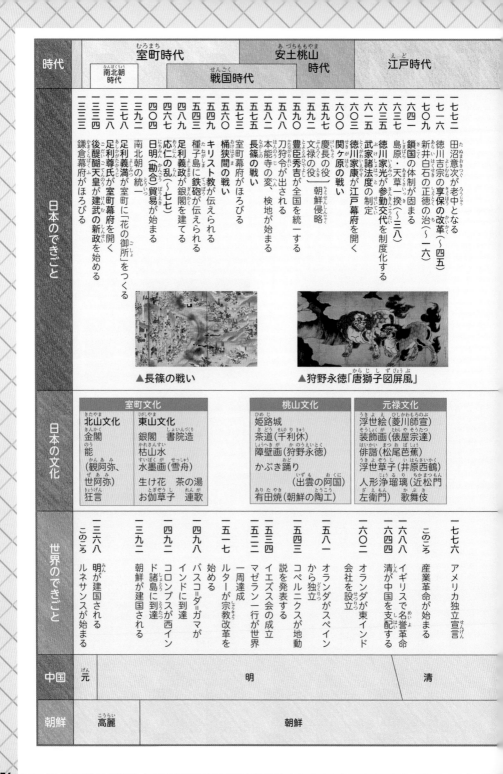

▲長篠の戦い

▲狩野永徳「唐獅子図屛風」

日本の文化

室町文化

北山文化
- 金閣
- 能（観阿弥、世阿弥）
- 狂言

東山文化
- 銀閣　書院造
- 枯山水
- 水墨画（雪舟）
- 生け花　茶の湯
- お伽草子　連歌

桃山文化

- 姫路城
- 茶道（千利休）
- 障壁画（狩野永徳）
- かぶき踊り（出雲の阿国）
- 有田焼（朝鮮の陶工）

元禄文化

- 浮世絵（菱川師宣）
- 装飾画（俵屋宗達）
- 俳諧（松尾芭蕉）
- 浮世草子（井原西鶴）
- 人形浄瑠璃（近松門左衛門）　歌舞伎

世界のできごと

- 一三六八　明が建国される
- このころ　ルネサンスが始まる
- 一三九二　朝鮮が建国される
- 一四九二　コロンブスが西インド諸島に到達
- 一四九八　バスコ゠ダ゠ガマがインドに到達
- 一五一七　ルターが宗教改革を始める
- 一五二二　マゼラン一行が世界一周達成
- 一五三四　イエズス会の成立
- 一五四三　コペルニクスが地動説を発表する
- 一五八一　オランダがスペインから独立
- 一六〇二　オランダが東インド会社を設立
- 一六四四　清が中国を支配する
- 一六八八　イギリスで名誉革命
- このころ　産業革命が始まる
- 一七七六　アメリカ独立宣言

中国

元	明	清

朝鮮

高麗	朝鮮

江戸時代	明治時代

江戸時代

一七八二　天明のききん（〜八七）
一七八七　松平定信の寛政の改革（〜九三）
一八二五　異国船打払令
一八三三　天保のききん（〜三九）
一八三七　大塩平八郎の乱
一八四一　水野忠邦の天保の改革（〜四三）
一八五三　ペリーが浦賀に来航
一八五四　日米和親条約
一八五八　日米修好通商条約
　〃　　　安政の大獄（〜五九）
一八六〇　桜田門外の変

明治時代

一八六六　薩長同盟
一八六七　大政奉還
一八六八　五箇条の御誓文
一八六九　版籍奉還
一八七一　廃藩置県
一八七二　学制の公布
一八七三　地租改正、徴兵令
一八七四　民撰議院設立の建白書
一八七五　樺太・千島交換条約
一八七六　日朝修好条規
一八七七　西南戦争
一八八一　国会開設の勅諭
　　　　　立憲改進党の結成
　　　　　自由党の結成
一八八二
一八八五　内閣制度ができる
　〃　　　ノルマントン号事件
一八八九　大日本帝国憲法の発布
一八九〇　第一回帝国議会が開かれる

▲葛飾北斎「富嶽三十六景」

▲文明開化のようす

化政文化

浮世絵（歌川広重、葛飾北斎、喜多川歌麿）
『東海道中膝栗毛』（十返舎一九）
俳諧（小林一茶）　川柳・狂歌
『古事記伝』（本居宣長）
『解体新書』（杉田玄白・前野良沢）

文明開化

断髪　洋服　洋食　ガス灯
太陽暦　レンガ造りの建物
『学問のすゝめ』（福沢諭吉）
鉄道の開通　電信の開通
郵便制度
新聞・雑誌の発行

世界のできごと

一七八九　フランス革命
一八〇四　フランスでナポレオンが皇帝に即位
一八四〇　中国でアヘン戦争（〜四二）
一八五一　中国で太平天国の乱（〜六四）
一八五七　インド大反乱（〜五九）
一八六一　イタリア王国の成立
　〃　　　アメリカで南北戦争（〜六五）
一八七一　ドイツ帝国の成立
一八七九　エジソンが白熱電球を発明する
一八八二　三国同盟（ドイツ・オーストリア・イタリア）

清

朝鮮

時代	明治時代	大正時代	昭和時代

日本のできごと

〃 太平洋戦争（〜四五）
一九四一 日ソ中立条約
一九四〇 日独伊三国同盟
一九三八 国家総動員法の制定
一九三七 日中戦争（〜四五）
〃 二・二六事件
一九三六 国際連盟から脱退
一九三三 五・一五事件
一九三二 満州事変
〃 政党内閣の成立
一九二五 普通選挙制度が定められる
〃 治安維持法の制定
一九二三 関東大震災
一九一八 米騒動
一九一五 中国に二十一か条の要求を出す
一九一四 第一次世界大戦に参戦
一九一一 第一次護憲運動
〃 関税自主権の完全回復に成功
一九一〇 韓国併合
一九〇五 ポーツマス条約
一九〇四 日露戦争（〜〇五）
一九〇二 日英同盟
一八九五 下関条約、三国干渉
一八九四 日清戦争（〜九五）
〃 領事裁判権の撤廃に成功
一八九〇 教育勅語の発布

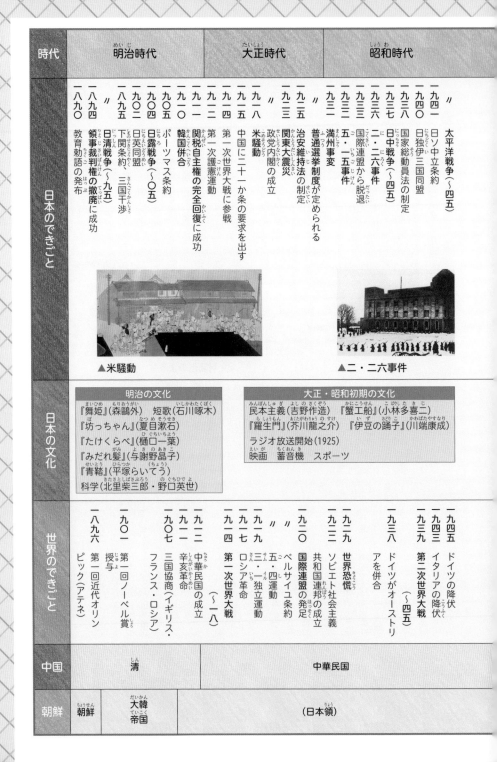

▲米騒動

▲二・二六事件

日本の文化

明治の文化

『舞姫』（森鷗外） 短歌（石川啄木）
『坊っちゃん』（夏目漱石）
『たけくらべ』（樋口一葉）
『みだれ髪』（与謝野晶子）
『青鞜』（平塚らいてう）
科学（北里柴三郎・野口英世）

大正・昭和初期の文化

民本主義（吉野作造） 『蟹工船』（小林多喜二）
『羅生門』（芥川龍之介） 『伊豆の踊子』（川端康成）
ラジオ放送開始（1925）
映画 蓄音機 スポーツ

世界のできごと

一九四五 ドイツの降伏
一九四三 イタリアの降伏
一九三九 第二次世界大戦（〜四五）
一九三八 ドイツがオーストリアを併合
一九二九 世界恐慌
一九二二 ソビエト社会主義共和国連邦の成立
一九二〇 国際連盟の発足
一九一九 ベルサイユ条約
〃 五・四運動
〃 三・一独立運動
一九一七 ロシア革命
一九一四 第一次世界大戦（〜一八）
一九一二 中華民国の成立
一九一一 辛亥革命
一九〇七 三国協商（イギリス・フランス・ロシア）
一九〇一 第一回ノーベル賞授与
一八九六 第一回近代オリンピック（アテネ）

中国

清	中華民国

朝鮮

朝鮮	大韓帝国	（日本領）

| 昭和時代 | 平成時代 | 令和時代 |

二〇一九 令和に改元
二〇一一 東日本大震災
二〇〇四 自衛隊のイラク派遣
二〇〇二 日朝首脳会談
一九九五 阪神・淡路大震災
一九九四 子どもの権利条約を承認する
一九九一 国連平和維持活動協力法の制定
一九七八 日中平和友好条約
一九七三 石油危機がおこる
一九七二 沖縄が返還される
〃 日中共同声明
一九六七 公害対策基本法の制定
一九六五 日韓基本条約
一九六〇 新日米安全保障条約
このころ 高度経済成長が始まる
一九五六 日ソ共同宣言
〃 日本が国際連合に加盟
一九五四 自衛隊の発足
一九五一 サンフランシスコ平和条約
〃 日米安全保障条約
一九四七 教育基本法の制定
一九四六 日本国憲法の公布
〃 ポツダム宣言を受諾し、無条件降伏
一九四五 広島・長崎に原子爆弾が落とされる

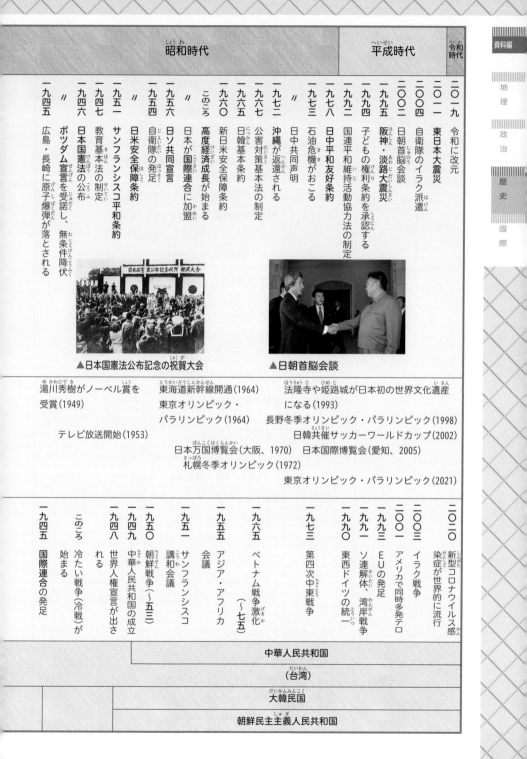

▲日本国憲法公布記念の祝賀大会
▲日朝首脳会談

湯川秀樹がノーベル賞を受賞(1949)
テレビ放送開始(1953)
東海道新幹線開通(1964)
東京オリンピック・パラリンピック(1964)
日本万国博覧会(大阪、1970)
札幌冬季オリンピック(1972)
法隆寺や姫路城が日本初の世界文化遺産になる(1993)
長野冬季オリンピック・パラリンピック(1998)
日韓共催サッカーワールドカップ(2002)
日本国際博覧会(愛知、2005)
東京オリンピック・パラリンピック(2021)

二〇二〇 新型コロナウイルス感染症が世界的に流行
二〇〇三 イラク戦争
二〇〇一 アメリカで同時多発テロ
一九九三 EUの発足
一九九一 ソ連解体、湾岸戦争
一九九〇 東西ドイツの統一
一九七三 第四次中東戦争
一九六五 ベトナム戦争激化（〜七五）
一九五五 アジア・アフリカ会議
一九五一 サンフランシスコ講和会議
一九五〇 朝鮮戦争（〜五三）
一九四九 中華人民共和国の成立
一九四八 世界人権宣言が出される
このころ 冷たい戦争（冷戦）が始まる
一九四五 国際連合の発足

中華人民共和国
（台湾）
大韓民国
朝鮮民主主義人民共和国

⑫ 政治の移り変わり

年　代	時　代	おもな人物	おもなことがら
紀元前 300 ごろ	縄文時代		① 狩りや漁、採集の生活 ② 身分・貧富の差がないくらし
	弥生時代	卑弥呼	① 「むら」から小さな「くに」へ 　① 米づくり 　② 支配者が現れ、貧富の差が生まれる ② 邪馬台国（約30のくにを支配） 　① うらないによる政治 　② 「親魏倭王」の称号
4世紀 ごろ	古墳時代	雄略天皇	① 大和朝廷 　① 5世紀ごろに国内をほぼ統一 　② 前方後円墳　③ 漢字・仏教が伝わる ② 支配地域が関東から九州におよぶ 　① 倭王「武」・ワカタケル大王 　② 稲荷山古墳（埼玉県）
593	飛鳥時代	聖徳太子 中大兄皇子 文武天皇	① 推古天皇の摂政になる（593年） 　① 冠位十二階　② 十七条の憲法　③ 遣隋使 ② 大化の改新（645年） 　① 公地公民　② 班田収授法 　③ 租・調・庸の税 ③ 大宝律令　律令による政治（律令政治）
710	奈良時代	元明天皇 聖武天皇	① 平城京（奈良）に都を移す（710年） ② 鎮護国家思想（仏教の保護） 　① 国分寺・国分尼寺の建立 　② 大仏造立（行基の協力）　③ 鑑真来日 ③ 墾田永年私財法　律令制度の基礎となる公地公民制がくずれはじめる
794	平安時代	桓武天皇 藤原道長 白河上皇 平 清盛	① 平安京（京都）に都を移す（794年） ② 摂関政治　① 広がる荘園　② 日本風の文化 ③ 院政（上皇が院で政治を行う） ④ 平氏の政権（清盛が太政大臣となる） 　① 日宋貿易　② 厳島神社に納経

年　代	時　代	おもな人物	おもなことがら
1185	鎌倉時代 (かまくら)	源 頼朝 (みなもとのよりとも)	**1** 朝廷から征夷大将軍に任命される(1192年) (ちょうてい)(せい い たいしょうぐん)(にんめい) ①国ごとに守護、荘園や公領に地頭を置く (しゅ ご)(しょうえん)(こうりょう)(じ とう)
			②御恩と奉公の関係 (ご おん)(ほうこう)
		北条政子 (ほうじょうまさ こ)	**2** 承久の乱がおこる(1221年) (じょうきゅう)(らん)
			①後鳥羽上皇の反乱　②六波羅探題の設置 (ご と ば じょうこう)(ろく は ら たんだい)(せっ ち)
		北条泰時 (やすとき) 北条時宗 (ときむね)	**3** 北条氏による執権政治 (しっけんせい じ)
1333			①御成敗式目　②元寇(元の襲来) (ご せいばいしきもく)(げんこう)(しゅうらい)
1338		後醍醐天皇 (ご だい ご てんのう)	建武の新政(1334年〜、わずか2年半で失敗) (けん む)(しんせい)
	室町時代 (むろまち)	足利尊氏 (あしかがたかうじ) 足利義満 (よしみつ)	**1** 京都に幕府を開く(1338年) (ばく ふ)
			2 室町幕府の発展 (はってん)
			①南北朝統一(1392年) (なんぼくちょうとういつ)
			②日明貿易(勘合貿易)を始める(1404年) (にちみんぼうえき)(かんごう)
		足利義政 (よしまさ)	**3** 応仁の乱(京都が焼け野原となる) (おうにん)
			①戦国の世となる　②戦国大名が現れる (だいみょう)(あらわ)
1573	安土桃山 時代 (あ づちももやま)	織田信長 (お だ のぶなが) 豊臣秀吉 (とよとみひでよし)	**1** 室町幕府をほろぼす(1573年)
1603			**2** 秀吉の政治　①太閤検地・刀狩　②朝鮮侵略 (たいこうけん ち)(かたながり)(ちょうせんしんりゃく)
	江戸時代 (え ど)	徳川家康 (とくがわいえやす) 徳川家光 (いえみつ) 徳川吉宗 (よしむね)	**1** 江戸に幕府を開く(1603年)
			2 幕藩体制の確立　①参勤交代　②鎖国 (ばくはんたいせい)(かくりつ)(さんきんこうたい)(さ こく)
			3 享保の改革　幕府政治の立て直し (きょうほう)(かいかく)
			①公事方御定書　②足高の制　③目安箱 (く じ かた お さだめがき)(たしだか)(め やすばこ)
			④新田開発　⑤洋書の輸入(蘭学の発達) (しんでんかいはつ)(ようしょ)(ゆにゅう)(らんがく)(はったつ)
		徳川慶喜 (よしのぶ)	**4** 大政奉還(1867年) (たいせいほうかん)
1868	明治時代 (めい じ)	西郷隆盛 (さいごうたかもり) 大久保利通 (おお く ぼ としみち) 伊藤博文 (い とうひろぶみ) 板垣退助 (いたがきたいすけ)	**1** 明治維新　①版籍奉還と廃藩置県 (い しん)(はんせき)(はいはん ち けん)
			②徴兵令　③地租改正　④四民平等 (ちょうへいれい)(ち そ かいせい)
			2 立憲政治(大日本帝国憲法) (りっけん)(ていこく)
			①自由民権運動　②内閣制度　③国会開設 (みんけん)(ないかく)
	大正時代 (たいしょう)		**3** 日清・日露戦争から第一次世界大戦へ
1926			①不平等条約の改正　②韓国併合 (かんこくへいごう)
	昭和時代 (しょう わ)	吉田茂 (よし だ しげる)	**1** 第二次世界大戦と太平洋戦争
			2 新しい日本(日本国憲法の制定)
			①国民主権　②基本的人権の尊重 (き ほんてきじんけん)(そんちょう)
			③平和主義
			3 サンフランシスコ平和条約　日本の独立 (どくりつ)

年　代	戦争・戦乱・事件	おもな内容
672年	壬申の乱	大海人皇子が大友皇子を破り、翌年、天武天皇として即位。
935年	平将門の乱	関東で平将門が反乱をおこしたが、しずめられた。
939年	藤原純友の乱	瀬戸内海で藤原純友が反乱をおこしたが、しずめられた。
1051年	前九年合戦	奥州での豪族の争いを源頼義・義家らが平定した。
1083年	後三年合戦	源義家が清原氏一族の争いをしずめた。
1156年	保元の乱	後白河天皇と崇徳上皇の対立。天皇方の勝利。
1159年	平治の乱	平清盛と源義朝の勢力争い。清盛が義朝を破った。
1185年	壇ノ浦の戦い	平氏が源義経らによってほろぼされた。
1221年	承久の乱	後鳥羽上皇が北条義時らの率いる幕府方に敗れた。
1274年	文永の役 ⎫	元の襲来。元と高麗の対立もあって元軍は引きあげた。
1281年	弘安の役 ⎭元寇	元が再襲来。暴風雨にあって元軍は引きあげた。
1336年	南北朝の争乱	南朝と北朝の対立。1392年、足利義満が南北朝を統一。
1428年	正長の土一揆	近江の馬借が借金の帳消しを求めて蜂起した。
1467年	応仁の乱	足利義政の後継問題がきっかけ。11年間続いた。
1560年	桶狭間の戦い	織田信長が今川義元を破った。
1575年	長篠の戦い	織田信長が鉄砲を有効に使って武田勝頼を破った。
1582年	本能寺の変	明智光秀のむほんによって織田信長が自害した。
1600年	関ヶ原の戦い	徳川家康が豊臣方の石田三成を破った。
1637年	島原・天草一揆	キリシタン弾圧と悪政に百姓らが反乱をおこした。
1837年	大塩平八郎の乱	元役人の大塩平八郎が大阪で反乱をおこした。
1877年	西南戦争	西郷隆盛を中心とする士族の反乱。政府軍の勝利。
1894年	日清戦争	朝鮮をめぐる対立が原因。翌年、下関条約。
1904年	日露戦争	東アジアをめぐる対立が原因。翌年、ポーツマス条約。
1914年	第一次世界大戦	サラエボ事件がきっかけ。日本は連合国側で参戦。
1918年	米騒動	富山県の漁村の主婦らがおこした暴動が全国に拡大。
1931年	満州事変	南満州鉄道爆破事件をきっかけに満州全体を占領。
1932年	五・一五事件	犬養毅首相が暗殺され、政党政治が終わった。
1936年	二・二六事件	陸軍青年将校らがおこした反乱。軍部の力が強まった。
1937年	日中戦争	北京郊外での日中両軍の衝突から全面戦争となった。
1939年	第二次世界大戦	ドイツのポーランド侵攻がきっかけ。1945年に終結。
1941年	太平洋戦争	真珠湾攻撃に始まり、1945年にポツダム宣言を受諾した。

⟨14⟩ おもな法令

年代	法令	内容・特色
604年	十七条の憲法	聖徳太子が制定。役人の心構えを示した。
701年	大宝律令	藤原不比等らが編集。律は刑法、令は行政法など。
743年	墾田永年私財法	新たに開墾した土地の永久私有を認めた。
1232年	御成敗式目	北条泰時が制定。武士がつくった最初の法律。
1297年	永仁の徳政令	御家人の借金の帳消しなどを定めた。
戦国時代	分国法(家法)	戦国大名が領国を支配するために定めた。
1588年	刀狩令	豊臣秀吉が制定。百姓から武器を取りあげた。
1615年	武家諸法度	江戸幕府が大名統制のために定めた。
1825年	異国船打払令	江戸幕府がオランダ・清以外の外国船撃退を命じた。
1868年	五箇条の御誓文	明治新政府が定めた政治の基本方針。
1889年	大日本帝国憲法	天皇主権。天皇が国の統治権や軍隊の指揮権をもった。
1925年	治安維持法	社会主義運動を取りしまるために定められた。
1946年	日本国憲法	国民主権・基本的人権の尊重・平和主義が三大原則。

⟨15⟩ おもな外国との条約・できごと

年代	条約・できごと	内容・特色
1854年	日米和親条約	ペリーと江戸幕府が結んだ条約。下田・函館を開港。
1858年	日米修好通商条約	関税自主権がなく、領事裁判権を認めた不平等条約。
1895年	下関条約	日清戦争の講和条約。日本は遼東半島などを獲得。
1895年	三国干渉	ロシア・ドイツ・フランスが遼東半島の返還を要求。
1905年	ポーツマス条約	日露戦争の講和条約。アメリカの仲介で結ばれた。
1910年	韓国併合	日本が韓国を併合し、朝鮮総督府を置いた。
1945年	ポツダム宣言	連合国が日本に無条件降伏を求めた。
1951年	サンフランシスコ平和条約	日本と連合国の講和条約。翌年、日本は独立を回復。
1951年	日米安全保障条約	独立後もアメリカ軍が日本にとどまるを認めた。
1956年	日ソ共同宣言	日ソ間の国交が回復。同年、日本は国際連合に加盟。
1965年	日韓基本条約	韓国を朝鮮半島における唯一の合法的政府と認めた。
1972年	日中共同声明	日中間の国交正常化が実現した。
1978年	日中平和友好条約	経済・文化の発展や交流の促進などを定めた。

⑯ 中国との関係の移り変わり

中　国	年　代	おもなことがら	日本への影響
後漢	57年	①奴国…奴国が後漢へ使いを送る	①金印を授かる
魏	239年	②邪馬台国…卑弥呼が魏に使いを送る	②親魏倭王の称号
南北朝	5世紀	③大陸文化が伝わる	③朝鮮を経て漢字や仏教伝来
隋	607年	④遣隋使…聖徳太子が小野妹子を送る	④飛鳥文化
唐	630年	⑤遣唐使…第1回使節＝犬上御田鍬〔菅原道真の意見で停止（894年）〕	⑤天平文化 律令政治
宋	1173年ごろ	⑥日宋貿易…平清盛が貿易で利益を得る	⑥宋銭の輸入
元	1274年	⑦元寇…元のフビライ。執権北条時宗	⑦御家人の幕府への不満が高まる
	1281年 13〜14世紀	文永の役（1274年）弘安の役（1281年） いずれも元軍は撤退 ⑧倭寇…中国や朝鮮の沿岸をおそう	⑨明銭（永楽通宝）などが広く使われる
明	1404年	⑨日明貿易…足利義満が始める。倭寇と区別するため勘合という合い札を使用（勘合貿易）。明より銅銭を輸入	⑪幕府の統制力が強まる、独自の文化が発展、近代化の動きがおくれる
	1592年 1597年	⑩朝鮮侵略…豊臣秀吉は明を従えようと朝鮮を侵略し、朝鮮・明の連合軍と戦う	
	1641年	⑪鎖国の体制が固まる…長崎で、オランダと清にだけ貿易を許す	
清	1871年	⑫日清国交…日清修好条規を結ぶ	⑬三国干渉で遼東半島返還、八幡製鉄所の建設
	1894年	⑬日清戦争…下関条約で台湾・澎湖諸島・遼東半島と賠償金を得る	
中華民国	1915年	⑭二十一か条の要求…日本が中国に示す	⑭ベルサイユ条約で認められる
	1931年	⑮満州事変…日本が中国東北部を侵略	⑯翌年、日本は国際連盟を脱退
	1932年	⑯満州国…満州国をつくり、日本が支配	
	1937年	⑰日中戦争…長期戦となる	⑰翌年、国家総動員法を制定
	1945年	⑱ポツダム宣言…太平洋戦争が終わる	
中華人民共和国	1972年	⑲日中国交正常化…日中共同声明が出され、日本と中国の国交が正常化（田中角栄内閣）	
	1978年	⑳日中平和友好条約…福田赳夫内閣のとき	

564

17 朝鮮との関係の移り変わり

朝鮮	年代	おもなことがら	日本への影響
高句麗・新羅・百済	4世紀	**1** 倭が高句麗と戦う	**4** 仏教信仰に賛成する蘇我氏が反対する物部氏をほろぼし、仏教が広まる
	5世紀	**2** このころ、大陸の文化が伝わる	
	6世紀	**3** 儒教伝来…百済から五経博士が来日し、儒教を伝える	
	538年 (552年)	**4** 仏教伝来…百済の聖明王が仏像・経典などを日本におくる	
	663年	**5** 白村江の戦い…日本が唐と新羅の連合軍に敗れる	**5** 大宰府の設置と防人の配備
高麗	1274・1281年	**6** 元寇…元軍が高麗軍を従えて襲来	**8** 朝鮮から連れてこられた陶工が有田焼などを始める
	13〜14世紀	**7** 倭寇…中国や朝鮮の沿岸をおそう	
朝鮮	1592年	**8** 朝鮮侵略…豊臣秀吉が明を従えようと朝鮮を侵略し、朝鮮・明の連合軍と戦う	
	1597年	文禄の役(1592年)・慶長の役(1597年)	
	17世紀	**9** 徳川家康が朝鮮との交流を再開	
	17世紀〜	**10** 朝鮮通信使…対馬の宗氏を通じて将軍がかわるごとに来日	
大韓帝国	1876年	**11** 日朝修好条規…朝鮮を開国させ、日本の領事裁判権を認めさせる	**11** 1873年、征韓論を主張した西郷隆盛らが敗れ、政府を去る
	1894年	**12** 甲午農民戦争…大規模な農民の反乱	
	1895年	**13** 下関条約…清が朝鮮の独立を認める	**12** 日清戦争のきっかけとなる
	1905年	**14** ポーツマス条約…日本の韓国での優越権をロシアが認める	**14** 同年、統監府を設置
(日本領)	1910年	**15** 韓国併合…朝鮮総督府を設置	
	1919年	**16** 三・一独立運動…朝鮮総督府が武力で鎮圧	
大韓民国 / 朝鮮民主主義人民共和国	1950年	**17** 朝鮮戦争…北朝鮮が韓国に侵攻して始まる	**17** 日本では特需景気がおこる
	1965年	**18** 日韓基本条約…日本と韓国が国交正常化 (佐藤栄作内閣)	**18** 韓国を朝鮮半島における唯一の合法的政府と認める
	2002年	**19** 日韓共催サッカーワールドカップ	
	2002年	**20** 日朝首脳会談…日朝平壌宣言が出される (小泉純一郎内閣)	

⑱ 農業の移り変わり

時　代	おもなことがら	重要な語	新しい道具
縄文時代	・動物や魚をとったり、木の実や草をとる（狩りや漁、採集の生活）。一部で植物を栽培	貝塚 土偶	磨製石器・縄文土器・骨角器
弥生時代	・米づくりが本格化する。水田稲作 ・むらができ、争いがおこる	高床倉庫 物見やぐら	石包丁 木製農具
飛鳥時代 ↓ 奈良時代	・大化の改新の方針に従い、班田収授を行う ・租・調・庸の税をとる。奈良時代には、重い税に苦しみ、逃亡する農民が増える	口分田 墾田永年私財法	鉄の農具が広まる
平安時代	・班田収授がくずれ、荘園が広まる ・なわしろに種をまき、田植えを行う稲作法がさかんとなる	荘園	
鎌倉時代 ↓ 室町時代	・農業技術が進み、二毛作が行われる（表作に稲、裏作に麦をつくる） ・牛馬耕が広まり、刈敷や草木灰、牛馬のふんなどの肥料の使用で収穫量が増加 ・商品作物の栽培。各地で特産物が生まれる	二毛作 裏作 牛馬耕 草木灰 綿花の栽培	鍛冶職人が農具をつくる（くわ・すき・かま・からすき）
安土桃山時代	・豊臣秀吉が検地（太閤検地）を行う ・百姓は年貢を納める義務を負う	検地 刀狩	
江戸時代	・幕府（藩）が治水工事を行い新田を開く ・農具の改良や発明、治水・かんがい技術が進む ・綿・なたねなどの商品作物の栽培が広がる ・金肥として、ほしかや油かすなどが使用される	新田開発 ほしか 油かす 五公五民	備中ぐわ 千歯こき 千石どおし とうみ
明治時代 ↓ 昭和時代	・地租改正により地価の3％（のちに2.5％）を現金で納める ・昭和より電力による脱穀機が使われる ・太平洋戦争後、農地改革でほとんどが自作農となる。農業協同組合ができる ・トラクター・コンバインなどが広がる	地租改正 農地改革 農業協同組合 減反政策	動力機械を使用する（耕うん機・田植え機・コンバイン・精米機）

⟨19⟩ 工業（手工業）と商業の移り変わり

時　代	工業（手工業）の発達	商業の発達	貨幣
縄文時代 弥生時代	• 土器や石器などをつくる • 金属器…大陸から伝来 銅剣・銅鐸・銅鏡など	• 縄文時代…狩りや漁、採集による自給自足の生活 • 邪馬台国…物々交換の市	
古墳時代 飛鳥時代	• 渡来人…大陸から機織り・鍛冶・須恵器の生産などの新しい技術を伝える	• 人の集まるところに市ができる。大和の軽市・つば市など	米や布を使う 富本銭
奈良時代 ↓ 平安時代	• 仏教…寺院建築・仏像・仏具・楽器・織物など • 貴族…日本風の織物など	• 平城京（奈良）・平安京（京都）に東西の市ができる	和同開珎 宋　銭
鎌倉時代 ↓ 室町時代	• 手工業者…刀鍛冶・瀬戸物など専門職人が現れる	• 定期市…月3回の三斎市が月6回の六斎市となる • 座…同業組合。営業を独占 • 高利貸し…土倉・酒屋・寺院 • 運送・倉庫業者…問（問丸） • 運送業者…馬借・車借	鎌倉時代 （宋　銭） 室町時代 （宋銭と明銭）
安土桃山時代 ↓ 江戸時代	• 特産物…各藩が産業の育成に努めたため、各地に特産物が生まれる • 問屋制家内工業…問屋が原料や道具を農民に貸して製品をつくらせる家内工業がさかんになる • 工場制手工業（マニュファクチュア）…工場で分業によって生産を行う	• 楽市・楽座…だれでも商売ができる • 関所の廃止…織田信長 • 商人…問屋・仲買・小売商などの区別ができる • 大阪…各藩の蔵屋敷が置かれる→「天下の台所」 • 両替商…貨幣の交換や預金、貸付など現在の銀行業 • 株仲間…商工業者の同業組合	金　貨 （天正大判など） 銀　貨 銭　貨 （寛永通宝など） 藩　札
近　代 現　代	• 工場制機械工業…工場で機械を使い大量生産 • 重化学工業…鉄鋼業・石油化学工業・機械工業など	• 百貨店・スーパーマーケット・コンビニエンスストア・ネットショッピング • 銀行…人々から金を預かり会社などへ貸す	紙　幣 硬　貨 電子マネー 仮想通貨など

⑳ 日本文化の移り変わり

時代	特色	おもなことがら
縄文時代 （じょうもん）	**1** 縄文文化がおこる	**1** 縄文土器、土偶、屈葬、抜歯、大森貝塚（東京都）、三内丸山遺跡（青森県）
弥生時代 （やよい）	**1** 弥生文化がおこる	**1** 弥生土器、銅剣、銅鐸、銅矛、登呂遺跡（静岡県）、吉野ヶ里遺跡（佐賀県）
古墳時代 （こふん）	**1** 古墳がつくられる **2** 大陸の文化が伝わる	**1** 前方後円墳〈大仙(仁徳陵)古墳（大阪府堺市）〉など、はにわ、副葬品 **2** 漢字、仏教、儒教、暦、養蚕、機織り、須恵器、土木技術など
飛鳥時代 （あすか）	**1** 飛鳥文化が栄える	**1** 四天王寺、法隆寺(聖徳太子)、飛鳥寺(蘇我馬子)、法隆寺の釈迦三尊像、広隆寺の弥勒菩薩像、玉虫厨子
奈良時代 （なら）	**1** 天平文化が栄える	**1** 東大寺の大仏、正倉院の宝物(聖武天皇)、唐招提寺(鑑真)、『古事記』(太安万侶)、『日本書紀』(舎人親王)、『風土記』、『万葉集』(柿本人麻呂・山上憶良ら)
平安時代 （へいあん）	**1** 平安時代初期の文化 **2** 日本風の文化が発達 **3** かな文字の作品 **4** 浄土教が広まる	**1** 天台宗(最澄・比叡山延暦寺)、真言宗(空海・高野山金剛峯寺) **2** 寝殿造、十二単・束帯、大和絵(「源氏物語絵巻」など)、年中行事 **3** 『竹取物語』、『古今和歌集』・『土佐日記』(紀貫之)、『源氏物語』(紫式部)、『枕草子』(清少納言) **4** 空也、末法思想、阿弥陀堂〈平等院鳳凰堂(藤原頼通)、中尊寺金色堂(奥州藤原氏)〉
鎌倉時代 （かまくら）	**1** 素朴で力強い鎌倉文化が生まれる **2** 新しい仏教が生まれる	**1** 東大寺南大門の金剛力士像(運慶・快慶ら)、『平家物語』(琵琶法師)、『徒然草』(兼好法師)、『方丈記』(鴨長明)、『新古今和歌集』(藤原定家) **2** 浄土宗(法然)、浄土真宗(親鸞)、時宗(一遍)、日蓮宗(法華宗)(日蓮)、臨済宗(栄西)、曹洞宗(道元)

時　代	特　色	おもなことがら
室町時代 (むろまち)	❶北山文化が栄える (きたやま) ❷東山文化が栄える (ひがしやま)	❶金閣(足利義満)、能(観阿弥・世阿弥)、狂言 (きんかく)(あしかがよしみつ)(のう)(かんあみ)(ぜあみ)(きょうげん) ❷銀閣(足利義政)、書院造、枯山水、生け (ぎんかく)(よしまさ)(しょいんづくり)(かれさんすい) 花、茶の湯、水墨画(雪舟)、お伽草子 (すいぼくが)(せっしゅう)(とぎぞうし) (『一寸法師』・『浦島太郎』など)、祇園祭 (いっすんぼうし)(うらしまたろう)(ぎおんまつり)
安土桃山 時代 (あづちももやま)	❶南蛮文化 (なんばん) ❷豪華で雄大な桃山文化 (ごうか)(ゆうだい)	❶鉄砲、南蛮屏風、地球儀、活版印刷術 (てっぽう)(なんばんびょうぶ)(ちきゅうぎ)(かっぱん) ❷天守をもつ城(織田信長の安土城、豊臣秀 (てんしゅ)(しろ)(おだのぶなが)(あづち)(とよとみひで) 吉の大阪城、姫路城)、障壁画(狩野永徳)、 (よし)(ひめじ)(しょうへきが)(かのうえいとく) 茶道(千利休・わび茶)、かぶき踊り(出雲 (さどう)(せんのりきゅう)(おど)(いずも) の阿国)、陶器(有田焼・薩摩焼・萩焼) (おくに)(とうき)(ありたやき)(さつまやき)(はぎやき)
江戸時代 (えど)	❶江戸時代初期の文化 ❷元禄文化(上方中心の (げんろく)(かみがた) 町人文化)が栄える ❸化政文化(江戸中心の (かせい) 町人文化)が栄える ❹新しい学問が生まれる	❶装飾画(俵屋宗達)、日光東照宮、桂離宮 (そうしょくが)(たわらやそうたつ)(にっこうとうしょうぐう)(かつらりきゅう) ❷俳諧(松尾芭蕉『奥の細道』)、浮世草子 (はいかい)(まつおばしょう)(おく)(うきよぞうし) (井原西鶴)、人形浄瑠璃(近松門左衛門)、 (いはらさいかく)(にんぎょうじょうるり)(ちかまつもんざえもん) 装飾画(尾形光琳)、浮世絵(菱川師宣) (そうしょくが)(おがたこうりん)(うきよえ)(ひしかわもろのぶ) ❸十返舎一九『東海道中膝栗毛』、曲亭(滝 (じっぺんしゃいっく)(とうかいどうちゅうひざくりげ)(きょくてい)(たき) 沢)馬琴『南総里見八犬伝』、俳諧(与謝蕪 (ざわ)(ばきん)(なんそうさとみはっけんでん)(はいかい)(よさぶ) 村、小林一茶)、川柳・狂歌、浮世絵(歌 (そん)(こばやしいっさ)(せんりゅう)(うた) 川広重「東海道五十三次」、葛飾北斎「富嶽 (がわひろしげ)(とうかいどうごじゅうさんつぎ)(かつしかほくさい)(ふがく) 三十六景」、喜多川歌麿(美人画)〉 (さんじゅうろっけい)(きたがわうたまろ) ❹国学(本居宣長『古事記伝』)、蘭学(杉田玄 (こくがく)(もとおりのりなが)(こじきでん)(らんがく)(すぎたげん) 白と前野良沢『解体新書』、高野長英、渡 (ぱく)(まえのりょうたく)(かいたいしんしょ)(たかのちょうえい)(わた) 辺華山)、伊能忠敬、寺子屋 (なべかざん)(いのうただたか)(てらこや)
明治時代 (めいじ)	❶文明開化 ❷新しい文学・和歌 ❸新しい日本画や洋画 ❹科学が発達する	❶鉄道・ガス灯・電灯・洋服・洋食・レンガ (づく)(けんちく)(す)(ふくざわゆきち) 造りの建築物、『学問のすゝめ』(福沢諭吉) ❷森鷗外、夏目漱石、正岡子規、樋口一葉、 (もりおうがい)(なつめそうせき)(まさおかしき)(ひぐちいちよう) 与謝野晶子、石川啄木 (よさのあきこ)(いしかわたくぼく) ❸日本画復興(岡倉天心)、洋画(黒田清輝) (ふっこう)(おかくらてんしん)(くろだせいき) ❹北里柴三郎、志賀潔、野口英世 (きたさとしばさぶろう)(しがきよし)(のぐちひでよ)
大正時代 (たいしょう)	❶大衆文化 (たいしゅう)	❶女性の職場進出、新聞・雑誌の普及、ラ (じょせい)(しょくば)(ざっし)(ふきゅう) ジオ放送、映画、蓄音機 (えいが)(ちくおんき)
昭和時代 (しょうわ) ↓ 令和時代 (れいわ)	❶生活と文化の高まり ❷学問の発達	❶テレビ放送、新幹線、東京オリンピック、大 (しんかんせん) 阪万博、高層ビル、自動車、情報(化)社会 (ばんぱく)(こうそう)(じょうほう) ❷湯川秀樹、利根川進、小柴昌俊、山中伸 (ゆかわひでき)(とねがわすすむ)(こしばまさとし)(やまなかしん) 弥、本庶佑、吉野彰、真鍋淑郎 (や)(ほんじょたすく)(よしのあきら)(まなべしゅくろう)

律令国家のしくみ（りつりょう）

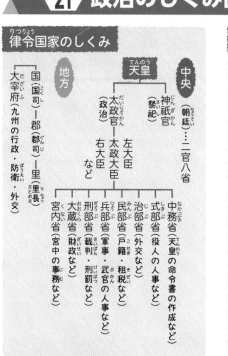

地方

- 大宰府（だざいふ）（九州の行政・防衛・外交）
- 国司（こくし）—郡司（ぐんじ）—里長（さとおさ）
  - 国（くに）—郡（ぐん）—里（り）

天皇（てんのう）

- 神祇官（じんぎかん）（祭祀）
- 太政官（だいじょうかん）（政治）
  - 左大臣
  - 右大臣
  - 太政大臣 など
  - 式部省（しきぶしょう）（役人の人事など）
  - 治部省（じぶしょう）（外交など）
  - 民部省（みんぶしょう）（戸籍・租税など）
  - 兵部省（ひょうぶしょう）（軍事・武官の人事など）
  - 刑部省（ぎょうぶしょう）（裁判・刑罰など）
  - 大蔵省（おおくらしょう）（財政など）
  - 宮内省（くないしょう）（宮中の事務など）
  - 中務省（なかつかさしょう）（天皇の命令書の作成など）

中央

- （朝廷ちょうてい）…二官八省

鎌倉幕府のしくみ（かまくらばくふ）

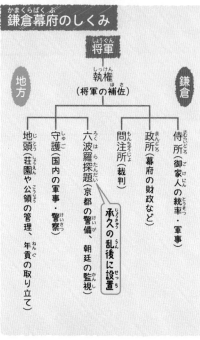

将軍（しょうぐん）

執権（しっけん）（将軍の補佐ほさ）

地方

- 地頭（じとう）（荘園や公領の管理、年貢の取り立て）
- 守護（しゅご）（国内の軍事・警察）
- 六波羅探題（ろくはらたんだい）（京都の警備、朝廷の監視）
  - 承久の乱後に設置（じょうきゅうのらんごにせっち）

- 問注所（もんちゅうじょ）（裁判）
- 政所（まんどころ）（幕府の財政など）

鎌倉

- 侍所（さむらいどころ）（御家人の統率・軍事）

室町幕府のしくみ（むろまち）

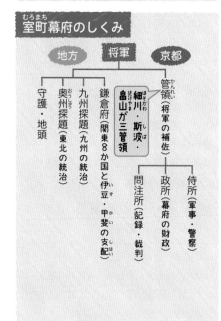

地方

- 守護・地頭
- 奥州探題（おうしゅうたんだい）（東北の統治）
- 九州探題（きゅうしゅうたんだい）（九州の統治）
- 鎌倉府（かまくらふ）（関東8か国と伊豆・甲斐の支配）

将軍

管領（かんれい）（将軍の補佐）

細川・斯波・畠山が三管領（ほそかわ・しば・はたけやま）

- 侍所（軍事・警察）
- 政所（幕府の財政）
- 問注所（記録・裁判）

京都

江戸幕府のしくみ（えど）

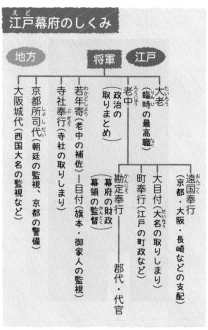

地方

- 大阪城代（西国大名の監視など）
- 京都所司代（きょうとしょしだい）（朝廷の監視、京都の警備）
- 寺社奉行（じしゃぶぎょう）（寺社の取りしまり）
- 若年寄（わかどしより）（老中の補佐）—目付（めつけ）（旗本・御家人の監視）

将軍

老中（ろうじゅう）政治の取りまとめ

- 勘定奉行（かんじょうぶぎょう）（幕府の財政）—郡代・代官
- 町奉行（まちぶぎょう）（江戸の町政など）
- 大目付（おおめつけ）（大名の監督）
- 遠国奉行（おんごくぶぎょう）（京都・大阪・長崎などの支配）

江戸

- 大老（たいろう）（臨時の最高職りんじのさいこうしょく）

22 系図

藤原氏と皇室の系図
（平安時代。摂関政治全盛期）

藤原道長 ●

嬉子・威子・三条天皇＝妍子・一条天皇＝彰子・教通・頼通 ▲（平等院鳳凰堂）

後朱雀天皇・後一条天皇・後冷泉天皇・後一条天皇

（●摂政　▲関白）

北条氏の系図
（鎌倉時代）

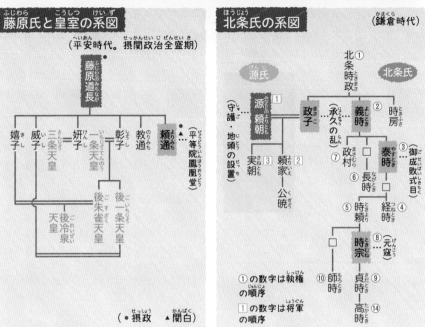

北条時政 ①

源氏・北条氏

源頼朝 1・政子・義時 ②（承久の乱）・時房

（守護・地頭の設置）

実朝 3・頼家 2・公暁・政村 ⑦・泰時 ③（御成敗式目）

長時 ⑥・経時 ④

時頼 ⑤・時宗 時宗（元寇）

□・師時 ⑩・貞時 ⑨・高時 ⑭

①の数字は執権の順序

1の数字は将軍の順序

足利氏の系図
（室町時代）

足利尊氏 ①

□・義視・義政 ⑧（応仁の乱・銀閣）・義勝 ⑦・基氏・義詮 ②・義満 ③（金閣・南北朝統一・日明貿易）

義澄 ⑪・義稙 ⑩・義尚 ⑨・義晴 ⑫・義教 ⑥・義持 ④・義量 ⑤

義栄 ⑭・義昭 ⑮・義輝 ⑬

（数字は将軍の順序）

徳川氏の系図
（江戸時代）

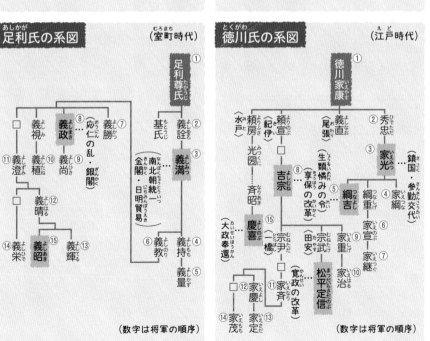

徳川家康 ①

〈水戸〉・頼房・〈紀伊〉・頼宣・光圀・斉昭・義直〈尾張〉・秀忠 ②・家光 ③〈鎖国・参勤交代〉

吉宗 ⑧（享保の改革）・綱吉 ⑤（生類憐みの令）・綱重・家綱 ④・家宣 ⑥・家継 ⑦

慶喜 ⑮（大政奉還）・宗尹・一橋・宗武・宗勝・田安・家重 ⑨・家治 ⑩

家斉 ⑪（寛政の改革）松平定信・家慶 ⑫・家定 ⑬・家茂 ⑭

（数字は将軍の順序）

㉓ 史料のまとめ

　ここでは、第8編の「史料」などでのせることができなかったおもな史料を掲載しました。どのようなことが書かれているのか頭に入れておきましょう。なお、これらの史料のうち一部は、理解しやすいように現代語に訳し、やさしいことばに直してあります。

飛鳥時代

遣隋使

607年、倭の国の王が使いを派遣してきた。使いが差し出した「日がのぼる国の天子が書を日がしずむ国の天子に送ります。お変わりありませんか。」という国書を見て、皇帝は不機嫌になり「今後、野蛮な国からの手紙が無礼な内容であれば、二度とわたしに取り次ぐな。」と言った。

奈良時代

防人の歌

から衣　すそに取りつき　泣く子らを
　置きてそ来ぬや　母なしにして
（すそにしがみついて泣く子どもたちを、置いたまま来てしまったよ。その子の母親もいないのに。）

三世一身の法

　最近、人口が増え田地が不足しているので田地の開墾を行いたいと思う。その場合、新しく土地を開墾した者には三世代の間、あれた古い耕地を回復した者には、本人一代に限り土地の所有を許す。

墾田永年私財法

　墾田は、期限が終われば、国におさめられることになっている。このため、農民は意欲をなくし、開墾した土地もまたあれてしまうという。今後は私有することを認め、永年にわたって、国におさめなくてもよい。

室町時代

正長の土一揆

　正長元(1428)年、天下の農民が一揆をおこした。徳政をうったえ、酒屋・土倉・寺院などをおそって破壊し、質入れした品物などを思うままにうばい取り、借金の証文などをすべて破り捨てた。国がほろびる原因でこれ以上のものはない。日本が始まって以来、このような農民の一揆は初めてである。

応仁の乱であれ果ててしまった京都をなげいてよんだ歌

汝やしる　都は野辺の　夕雲雀
　あがるを見ても　落つる涙は
（お前は知っているだろうか。京都は戦乱で焼け野原となってしまった。そんなあれ果てた京都の夕空に向かってお前〈夕雲雀〉が上がっていく姿を見ているだけでも、落ちてしまうこの涙のことを。）

安土桃山時代

検地（豊臣秀吉が送った手紙）

　検地命令の内容について、地元の武士や百姓たちが納得できるように、よく言い聞かせよ。もし命令に従わなければ、城主であれば城に追い入れて、検地責任者と相談のうえ、切り捨てよ。百姓ならことごとくなで切りにしてしまえ。そのことで、耕作者がいなくなり、田畑があれてもかまわない。

江戸時代

異国船打払令

……今後は、どこの港であっても、外国の船が近寄ってきたことを発見したならば、近くにいる人みんなで協力して、ともかく無条件に打ちはらいなさい。……あれこれ考えずに、ともかく追いはらいなさい。

明治時代

五榜の掲示

一、守るべき道を正しくして、悪いことをしてはならない。
一、一揆を行ったり、無理なうったえをしたり、耕作を放棄して山林などににげたりしてはならない。
一、キリスト教を禁止する。
一、外国人に対して暴行をしてはならない。
一、罪を犯してにげることを禁止する。

徴兵令

この世では、すべてのものについて、税金のかからないものはなく、この税金は国のためにあてる。人間は身も心も国につくさなければならない。西洋人はこのことを血税と呼んでいる。自らの血で国にむくいるという意味である。……だから、全国の20才になった男子すべてが軍隊に入り、危機のときのために備えなければならない。

民撰議院設立の建白書

今の政治を独占しているのは、天皇でも人民でもなく、一部の政府の役人なのである。……このひどい状況を救うには、多くの人民が議論することしかない。そのためには、民撰の議院をつくる以外にはない。

『学問のすゝめ』（福沢諭吉）

天は人の上に人をつくらず人の下に人をつくらずといえり。……万人は万人、みな同じ位にして（すべての人は平等であって）、……賢人と愚人との別は、学ぶと学ばざるとによりてできるものなり。

大正時代

青鞜社の宣言

元始、女性は実に太陽であった。真正の人であった。今、女性は月である。他によって生き、他の光によってかがやく、病人のような青白い顔の月である。わたしたちは、かくされてしまったわが太陽を、今や取りもどさなければならない。

治安維持法

一、国体（天皇が頂点の国家体制）を変革し、または私有財産制度を否認することを目的に結社を組織し、または事情を知りながら、これに加入した者は、10年以下の懲役または禁固とする。

昭和時代

国家総動員法

第1条　国家総動員とは、戦争などのときに国を守るため、国の全力を最も有効に発揮できるように人や物を統制・運用することをいう。

サンフランシスコ平和条約

第1条　連合国は、日本国とその領海に対する日本国民の完全な主権を認める。
第2条　日本国は、朝鮮の独立を承認し、朝鮮に対するすべての権利を放棄する。日本国は、台湾・澎湖諸島に対するすべての権利を放棄する。日本国は、千島列島と、ポーツマス条約で得た南樺太に対する権利と請求権を放棄する。

573

中学入試によく出題されるできごとのあった位置を日本地図で示しました。どこで、何がおこったのかを確認しましょう。

❻ ノルマントン号事件

1886年。これをきっかけに国民の間で条約改正の声が高まった。

❺ 平治の乱

1159年。平清盛が源義朝を破った。

安土城の築城(1576年)

壇ノ浦の戦い
(1185年)
下関条約
(1895年)

保元の乱(1156年)
承久の乱(1221年)
応仁の乱(1467年〜1477年)
本能寺の変(1582年)

原子爆弾投下
(1945年)

島原・天草一揆
(1637年〜1638年)

原子爆弾投下
(1945年)

ザビエル来航(1549年)

❼ 元寇

1274年が文永の役、1281年が弘安の役。

鉄砲伝来(1543年)

西南戦争(1877年)

藤原純友の乱
(939年〜941年)

大塩平八郎の乱
(1837年)

島根　鳥取
広島　岡山　兵庫　京都
山口　香川　大阪
愛媛　徳島　奈良
高知　和歌山
佐賀　福岡
長崎　大分
熊本
宮崎
鹿児島

❸ 米騒動

1918年。富山県の漁村の主婦の米の安売り要求から始まった。

ラクスマン来航（1792年）

北海道

後三年合戦（1083年～1087年）

前九年合戦（1051年～1062年）

関ヶ原の戦い（1600年）

秩父事件（1884年）

青森

秋田

岩手

❶

❶ 平泉の繁栄

平安時代後半。奥州藤原氏が拠点とし、中尊寺金色堂を建てた。

山形

宮城

石川

新潟

福島

足尾銅山鉱毒事件（明治時代後半）

❸

富山

長野

群馬

栃木

平将門の乱（935年～940年）

岐阜

山梨

埼玉

茨城

五・一五事件（1932年）
二・二六事件（1936年）

愛知

❹

静岡

東京

神奈川

千葉

❷

❷ ペリー来航 ※絵は1854年来航時

1853年。ペリーが浦賀に来航し、翌年、日米和親条約を結んだ。

❹ 長篠の戦い

1575年。鉄砲を用いた織田信長が武田勝頼を破った。

鎌倉幕府の成立（1185年／1192年）

桶狭間の戦い（1560年）

沖縄戦（1945年）

沖縄

弥生／飛鳥時代

卑弥呼
（3世紀前半ごろ）

- 邪馬台国の女王
- 魏に使いを送り「親魏倭王」の称号と金印、銅鏡などを授かった

ワカタケル大王
（5世紀後半ごろ）
- 大和朝廷の大王「武」
- 朝鮮半島の国々に対し優位に立つため、中国に使いを送った

聖徳太子
（574～622）

- 推古天皇の摂政
- 冠位十二階・十七条の憲法を制定した
- 法隆寺を建てた

小野妹子
（6～7世紀前半ごろ）

- 聖徳太子の命を受け、遣隋使として中国にわたり、国書を隋の皇帝にわたした

中大兄皇子
（626～671）

- のちの天智天皇
- 蘇我蝦夷・蘇我入鹿をたおした
- 大化の改新を行った

中臣鎌足
（614～669）

- 中大兄皇子と協力して大化の改新を進めた
- 藤原の姓をもらい、藤原氏の祖となった

奈良時代

聖武天皇
（701～756）

- 国ごとに国分寺・国分尼寺、奈良に東大寺を建立し、仏教の力で国を守ろうとした

行基
（668～749）

- 人々に仏教を布教し、橋や用水路をつくった
- 東大寺の大仏づくりに協力した

鑑真
（688～763）

- 唐の高僧
- 6度目の航海で来日に成功し、戒律を伝えた
- 唐招提寺を建立した

平安時代

桓武天皇
（737～806）

- 都を長岡京・平安京に移した
- 律令政治の立て直しをはかった

最澄
（767～822）

- 遣唐使船で空海とともに唐にわたった僧
- 比叡山に延暦寺を建て天台宗を広めた

菅原道真
（845～903）

- 遣唐使の派遣停止を進言した
- 藤原氏の陰謀で失脚
- 「学問の神様」

平安時代

藤原道長 （ふじわらのみちなが）
（966〜1027）

- 摂政となり、摂関政治を行った
- 子の頼通とともに藤原氏の全盛時代を築いた

紫式部 （むらさきしきぶ）
（10〜11世紀初めごろ）

- 一条天皇の中宮彰子（藤原道長の娘）に仕えた
- 小説『源氏物語』を著した

清少納言 （せいしょうなごん）
（10〜11世紀初めごろ）

- 一条天皇の皇后定子（藤原道隆の娘）に仕えた
- 随筆『枕草子』を著した

白河天皇 （しらかわてんのう）
（1053〜1129）
- 上皇となってからも、政権の実権をにぎって院政を始めた

平清盛 （たいらのきよもり）
（1118〜1181）

- 武士として最初の太政大臣となり、政治の実権をにぎった
- 日宋貿易を行った

源義経 （みなもとのよしつね）
（1159〜1189）

- 平氏打倒の中心となった
- 平氏滅亡後、兄頼朝と対立して殺された

鎌倉時代

源頼朝 （みなもとのよりとも）
（1147〜1199）
- 弟の義経らを派遣して平氏をほろぼし、鎌倉に幕府を開いた
- 守護・地頭を設置した

北条政子 （ほうじょうまさこ）
（1157〜1225）

- 源頼朝の妻。頼朝の死後出家し、父や弟とともに政治を行い、「尼将軍」といわれた

後鳥羽上皇 （ごとばじょうこう）
（1180〜1239）
- 1221年、承久の乱に敗れ、隠岐に流された
- 藤原定家らに『新古今和歌集』をまとめさせた

フビライ＝ハン
（1215〜1294）

- モンゴル帝国第5代皇帝
- 国号を元とし、日本を2度せめたが、失敗した

北条時宗 （ほうじょうときむね）
（1251〜1284）

- 鎌倉幕府第8代執権
- 2度の元の襲来の際、御家人を統率し、退けた

竹崎季長 （たけざきすえなが）
（1246〜？）

- 元寇での活躍を幕府にうったえた御家人
- 「蒙古襲来絵詞」をえがかせた

後醍醐天皇
（1288〜1339）

- 鎌倉幕府をほろぼした後、建武の新政を始めたが2年半で失敗
- 吉野で南朝を開いた

足利尊氏
（1305〜1358）

- 建武の新政に反対し挙兵
- 北朝の天皇から征夷大将軍に任じられ、京都に室町幕府を開いた

足利義満
（1358〜1408）

- 室町幕府第3代将軍
- 南北朝を統一した
- 北山に金閣を建てた
- 日明（勘合）貿易を始めた

世阿弥
（1363？〜1443？）

- 父観阿弥とともに足利義満の保護を受け、能を大成した

足利義政
（1436〜1490）

- 室町幕府第8代将軍
- あとつぎをめぐって応仁の乱がおこった
- 東山に銀閣を建てた

雪舟
（1420〜1506）

- 明にわたり、水墨画を学んだ
- 明から帰国後、日本的な水墨画様式を完成

フランシスコ=ザビエル
（1506〜1552）

- イエズス会のスペイン人宣教師
- 鹿児島に上陸し、日本にキリスト教を伝えた

織田信長
（1534〜1582）

- 室町幕府をほろぼした
- 長篠の戦いで鉄砲を活用
- 安土城を築いた
- 楽市・楽座を実施した

豊臣秀吉
（1537〜1598）

- 検地、刀狩を実施した
- 大阪城を築いた
- 1590年に全国統一
- 晩年に朝鮮を侵略した

明智光秀
（1528？〜1582）

- 本能寺で織田信長をおそって自害させた
- 山崎の戦いで豊臣秀吉に敗れた

千利休
（1522〜1591）

- 堺（大阪府）の商人出身
- 織田信長・豊臣秀吉に仕え、わび茶の作法を完成した

出雲の阿国
（16〜17世紀初めごろ）

- 出雲大社の巫女といわれる
- 京都でかぶき踊りを始めた

江戸時代

徳川家康
（1542～1616）

- 1600年、関ヶ原の戦いに勝利した
- 1603年、征夷大将軍になり、江戸幕府を開いた

徳川家光
（1604～1651）

- 江戸幕府第3代将軍
- 参勤交代を制度化した
- キリスト教を禁止し、鎖国の体制を固めた

シャクシャイン
（？～1669）

- アイヌの首長
- アイヌとの交易を独占し、不正取り引きを行う松前藩と戦った

徳川綱吉
（1646～1709）

- 江戸幕府第5代将軍
- 生類憐みの令を出した
- 朱子学を奨励し、文治政治に転換した

近松門左衛門
（1653～1724）

- 元禄文化を代表する歌舞伎や人形浄瑠璃の脚本家
- 『曽根崎心中』などを著した

徳川吉宗
（1684～1751）

- 江戸幕府第8代将軍
- 享保の改革を行った
- 上米の制、目安箱
- 公事方御定書をつくった

松平定信
（1758～1829）

- 白河藩主
- 老中となり、享保の改革を手本とした寛政の改革を行った

水野忠邦
（1794～1851）

- 老中として天保の改革を行った
- 株仲間の解散を命じた
- 上知令を出したが失敗

大塩平八郎
（1793～1837）

- 大阪町奉行所の元役人
- 陽明学者
- 貧民救済のために大阪で挙兵した

歌川広重
（1797～1858）

- 化政文化を代表する浮世絵師
- 代表作に風景画の「東海道五十三次」がある

本居宣長
（1730～1801）

- 『古事記伝』を著して国学を大成した
- 国学は尊王攘夷運動に影響をあたえた

杉田玄白
（1733～1817）

- 蘭学者で小浜藩医
- 『ターヘル-アナトミア』を翻訳し、『解体新書』として出版した

伊能忠敬（いのうただたか）
（1745〜1818）

- 全国の沿岸を測量し、正確な地図をつくった
- 死後、「大日本沿海輿地全図」が完成した

ペリー
（1794〜1858）

- 東インド艦隊司令長官として浦賀に来航した
- 日本に開国を求め1854年、日米和親条約を結んだ

井伊直弼（いいなおすけ）
（1815〜1860）

- 大老として日米修好通商条約を結んだ
- 安政の大獄を行った
- 桜田門外で暗殺された

勝海舟（かつかいしゅう）
（1823〜1899）

- 幕臣。西郷隆盛と会見し、江戸城の無血開城を実現
- 咸臨丸艦長として太平洋を横断した

坂本龍馬（さかもとりょうま）
（1835〜1867）

- 土佐藩出身
- 薩長同盟を仲介した
- 大政奉還を推進した
- 京都で暗殺された

徳川慶喜（とくがわよしのぶ）
（1837〜1913）

- 江戸幕府第15代将軍
- 土佐前藩主の進言を受け入れ、大政奉還を行った

西郷隆盛（さいごうたかもり）
（1827〜1877）

- 薩摩藩出身
- 倒幕を指導した
- 明治新政府の中心人物
- 西南戦争に敗れ自決した

大久保利通（おおくぼとしみち）
（1830〜1878）

- 薩摩藩出身
- 明治新政府の中心として廃藩置県などに尽力
- 殖産興業を推進した

木戸孝允（きどたかよし）
（1833〜1877）

- 長州藩出身
- 倒幕を指導した
- 明治新政府の中心となった

明治天皇（めいじてんのう）
（1852〜1912）

- 五箇条の御誓文を神にちかう形で示した
- 大日本帝国憲法を発布し、立憲政治を始めた

福沢諭吉（ふくざわゆきち）
（1834〜1901）

- 豊前中津藩出身
- 思想家・教育者で慶應義塾を創設した
- 『学問のすゝめ』を著した

板垣退助（いたがきたいすけ）
（1837〜1919）

- 土佐藩出身
- 自由民権運動の指導者として活躍した
- 自由党を結成した

大隈重信 (1838〜1922)

- 肥前藩出身
- 立憲改進党を結成した
- 現在の早稲田大学を創設
- 中国に二十一か条の要求

伊藤博文 (1841〜1909)

- 長州藩出身
- 初代内閣総理大臣
- 大日本帝国憲法を起草
- 初代韓国統監

陸奥宗光 (1844〜1897)

- 外務大臣として領事裁判権（治外法権）の撤廃に成功した
- 下関条約を結んだ

東郷平八郎 (1847〜1934)

- 薩摩藩出身の軍人
- 日露戦争の日本海海戦でロシアのバルチック艦隊を破った

小村寿太郎 (1855〜1911)

- ポーツマス条約を結んだ
- 外務大臣として関税自主権の完全回復に成功した

田中正造 (1841〜1913)

- 足尾銅山鉱毒事件について帝国議会で政府を追及し、事件の解決に一生をささげた

野口英世 (1876〜1928)

- 細菌学者
- アフリカで黄熱病の研究中、自らも感染してなくなった

与謝野晶子 (1878〜1942)

- 大阪府出身の歌人
- 歌集『みだれ髪』を出版
- 「君死にたまふことなかれ」を発表した

原敬 (1856〜1921)

- 立憲政友会総裁として、米騒動後、初の本格的な政党内閣を組織した
- 「平民宰相」と呼ばれた

平塚らいてう (1886〜1971)

- 女性解放運動、女性参政権運動を指導した
- 青鞜社、新婦人協会設立
- 雑誌『青鞜』を出版した

犬養毅 (1855〜1932)

- 護憲運動で活躍した
- 立憲政友会内閣を組閣
- 五・一五事件で暗殺された

吉田茂 (1878〜1967)

- サンフランシスコ平和条約調印と同時に、日米安全保障条約を結んだ

26 世界のおもな国々の基礎データ

国 名 (首 都)	面積(万km²) (2021年)	人口(万人) (2023年)	日本との貿易(2021年)	
中華人民共和国 (ペキン) ※「世界の工場」	960	14億2567*¹	日本への おもな輸出品	電気機器・一般機械・衣類・金属製品・織物用糸とせんい製品
			日本からの おもな輸入品	一般機械・電気機器・プラスチック・乗用車・科学光学機器
大韓民国 (ソウル) ※ハングルという独自の文字を使う	10	5178	日本への おもな輸出品	石油製品・電気機器・一般機械・鉄鋼・銀と白金属
			日本からの おもな輸入品	一般機械・電気機器・鉄鋼・プラスチック・有機化合物
タ イ (バンコク) ※仏教徒が多い	51	7180	日本への おもな輸出品	電気機器・一般機械・肉類・プラスチック・科学光学機器
			日本からの おもな輸入品	電気機器・一般機械・鉄鋼・自動車部品・銅と同合金
シンガポール (シンガポール) ※アジアNIESの1つ	0.07	602	日本への おもな輸出品	一般機械・電気機器・医薬品・科学光学機器・有機化合物
			日本からの おもな輸入品	電気機器・一般機械・金(非貨幣用)・石油製品・船舶
ベトナム (ハノイ) ※ベトナム戦争を経て統一	33	9886	日本への おもな輸出品	電気機器・衣類・一般機械・はき物・魚介類
			日本からの おもな輸入品	電気機器・一般機械・鉄鋼・プラスチック・鉄鋼くず
インドネシア (ジャカルタ*²) ※日本の石炭輸入先第2位(2021年)	191	2億7753	日本への おもな輸出品	金属鉱と金属くず・石炭・電気機器・液化天然ガス・天然ゴム
			日本からの おもな輸入品	一般機械・鉄鋼・自動車部品・電気機器・無機化合物
インド (デリー) ※人口世界一	329	14億2863	日本への おもな輸出品	有機化合物・揮発油・電気機器・一般機械・えび
			日本からの おもな輸入品	一般機械・電気機器・無機化合物・銅と同合金・プラスチック
サウジアラビア (リヤド) ※イスラム教の国	221	3695	日本への おもな輸出品	原油・揮発油・有機化合物・アルミニウムと同合金・銅くず
			日本からの おもな輸入品	乗用車・バスとトラック・一般機械・鉄鋼・自動車部品
エジプト (カイロ) ※ピラミッドで有名	100	1億1272	日本への おもな輸出品	液化天然ガス・揮発油・野菜と果実・敷物類・飼料
			日本からの おもな輸入品	一般機械・バスとトラック・電気機器・乗用車・自動車部品
コートジボワール (ヤムスクロ) ※カカオ豆の生産量世界一(2021年)	32	2887	日本への おもな輸出品	カカオ豆・まぐろ・銅くず・黄銅と青銅くず・果実
			日本からの おもな輸入品	金属製品・一般機械・魚介類・人造せんい・バスとトラック
南アフリカ共和国 (プレトリア) ※クロムの生産量世界一(2021年)	122	6041	日本への おもな輸出品	銀と白金族・鉄鉱石・鉄鋼・乗用車・とうもろこし
			日本からの おもな輸入品	バスとトラック・乗用車・一般機械・自動車部品・電気機器

＊1ホンコン、マカオ、台湾を除く　＊2ヌサンタラに首都移転予定

国 名 (首 都)	面積(万 km²) (2021年)	人口(万人) (2023年)	日本との貿易(2021年)	
イギリス (ロンドン) ※本初子午線が通る	24	6774	日本への おもな輸出品	一般機械・医薬品・乗用車・電気機器・アルコール飲料
			日本からの おもな輸入品	一般機械・乗用車・電気機器・金(非貨幣用)・自動車部品
フランス (パリ) ※観光客数世界一 (2020年)	55	6476	日本への おもな輸出品	医薬品・ワイン・一般機械・バッグ類・精油と香料と化粧品類
			日本からの おもな輸入品	一般機械・電気機器・乗用車・オートバイ・医薬品
ドイツ (ベルリン) ※EU最大の工業国	36	8330	日本への おもな輸出品	医薬品・乗用車・電気機器・一般機械・有機化合物
			日本からの おもな輸入品	電気機器・一般機械・乗用車・有機化合物・科学光学機器
イタリア (ローマ) ※古代ローマ遺跡	30	5887	日本への おもな輸出品	たばこ・医薬品・バッグ類・一般機械・乗用車
			日本からの おもな輸入品	一般機械・乗用車・電気機器・オートバイ・鉄鋼
ロシア連邦 (モスクワ) ※国土面積世界一	1710	1億4444	日本への おもな輸出品	液化天然ガス・石炭・原油・パラジウム・魚介類
			日本からの おもな輸入品	乗用車・一般機械・自動車部品・電気機器・バスとトラック
アメリカ合衆国 (ワシントンD.C.) ※世界の政治・経済の中心	983	3億4000	日本への おもな輸出品	一般機械・電気機器・医薬品・液化石油ガス・液化天然ガス
			日本からの おもな輸入品	一般機械・乗用車・電気機器・自動車部品・科学光学機器
カナダ (オタワ) ※日本の木材輸入先第1位(2021年)	999	3878	日本への おもな輸出品	なたね・鉄鉱石・ぶた肉・銅鉱・木材
			日本からの おもな輸入品	乗用車・一般機械・自動車部品・電気機器・鉄鋼
ブラジル (ブラジリア) ※日系人が多い	851	2億1642	日本への おもな輸出品	鉄鉱石・とり肉・とうもろこし・有機化合物・コーヒー豆
			日本からの おもな輸入品	自動車部品・一般機械・電気機器・有機化合物・鉄鋼
アルゼンチン (ブエノスアイレス) ※日本から最も遠い国の1つ	280	4577	日本への おもな輸出品	とうもろこし・えび・飼料・アルミニウムと同合金・果実
			日本からの おもな輸入品	自動車部品・一般機械・電気機器・有機化合物・乗用車
オーストラリア (キャンベラ) ※日本の石炭輸入先第1位(2021年)	769	2644	日本への おもな輸出品	石炭・液化天然ガス・鉄鉱石・銅鉱・牛肉
			日本からの おもな輸入品	乗用車・バスとトラック・一般機械・軽油・タイヤ類
ニュージーランド (ウェリントン) ※先住民はマオリ	27	523	日本への おもな輸出品	キウイフルーツ・アルミニウムと同合金・肉類・チーズとカード・木製品
			日本からの おもな輸入品	乗用車・一般機械・バスとトラック・軽油・電気機器

(2023年版「データブック オブ・ザ・ワールド」など)

27 世界の国々とおもな国旗

オランダ　ドイツ　ポーランド　ベラルーシ
ベルリン
ベルギー
ルクセン　リヒテン　チェコ　ボスニア・　ウクライナ
ブルク　シュタイン　スロバキア　ヘルツェゴビナ
オースト　モルドバ
スイス　リア　ハンガリー
スロベニア　モンテネグロ
クロア　ルーマニア
モナコ　チア　セルビア
イタ　ブルガリア　コソボ
サン　リア
マリノ　ローマ　アルバ　トルコ
ニア
バチカン市国　ギリシャ　北マケドニア

アイスランド　ノルウェー　フィンランド
ス　ス
ウ　エ
ェ　ー
ー　デ
デン　ン
デンマーク
ロシア連邦
イギリス　エストニア
アイルランド　ラトビア　モスクワ
ロンドン　リトアニア
ヨーロッパ州　パリ
アンドラ　フランス　パリ
ポルトガル　スペ
イン

アジア州

カザフスタン　モンゴル　朝鮮民主主義
人民共和国
ウズベキスタン　キルギス　ペキン
トルコ　トルクメニ　タジキスタン　日本
チュニジア　マルタ　ジョージア　スタン　ネパール　中華人民共和国　ソウル
モロッコ　キプロス　シリア　イラン　アフガニ　ブータン　大韓民国
モーリタニア　レバノン　イラク　クウェート　スタン
セネガル　アルジェリア　リビア　イスラエル　ヨルダン　パキ　デリー　ラオス
（西サハラ）　ニジェール　エジプト　リヤド　スタン　ミャン　フィリピン
カーボベルデ　マリ　チャド　スーダン　サウジアラビア　インド　マー
ガンビア　中央　エリトリア　カタール　アラブ　バングラデシュ　ベトナム　パラオ
ギニアビサウ　ナイジェ　アフリカ　首長国連邦　バ　カンボジア　パプア
ギニア　リア　南スーダン　エチオ　オマーン　スリランカ　ブルネイ　ニューギニア
シエラレオネ　コンゴ共和国　ビア　イエメン
コンゴ　ソマリア　モルディブ
ブ　リ　ガ　ト　カ　ベ　ウガンダ
ル　ベ　ー　ー　メ　ナ　民　ケニア　マレーシア
キ　リ　ゴ　ゴ　ル　ン　主　ルワンダ　シンガポール
ナ　ア　　　ー　共　タンザニア　インドネシア
フ　コ　ン　和　ブルンジ　東ティモール
ァ　ー　赤道ギニア　国　コモロ
ソ　ト　サントメ・プリンシペ
ジ　ガボン
ボ　アン　モーリシャス
ワ　ザンビア　ゴ　オセアニア州
ー　ナミビア　ラ　マダガスカル
ル　ボツワナ　オーストラリア
モザンビーク
南アフリカ　マラウイ
共和国　ジンバブエ
レソト　エスワティニ
インド洋
大西洋
キャンベラ

● 首都

イギリス

フランス

ドイツ

イタリア

ロシア連邦

584

サウジアラビア インド 中華人民共和国 タイ 大韓民国

（グリーンランド）

アメリカ
合衆国
（アラスカ）

カ ナ ダ

北アメリカ州

太平洋

オタワ

アメリカ合衆国

ワシントンD.C.

大西洋

メキシコ

ミクロネシア
マーシャル諸島
ナウル
キリバス
ソロモン諸島
ツバル

バヌアツ　サモア
フィジー　ニウエ
　　　　クック諸島
トンガ

ニュージーランド

ベリーズ
グアテマラ
エルサルバドル
ホンジュラス
ニカラグア
コスタリカ
パナマ
エクアドル

コロ
ンビア

ペルー

ボリビア

スリナム
（ギアナ）

ガイアナ
南アメリカ州
ブラジル
ブラジリア
パラグアイ

アルゼンチン

チリ

ウルグアイ
ブエノスアイレス

バハマ

キューバ

ドミニカ共和国

ジャマ
イカ

ハイチ

セントビンセント及び
グレナディーン諸島

グレナダ

ベネズエラ

セントクリストファー・ネービス

アンティグア・
バーブーダ

ドミニカ
セントルシア

バルバドス

トリニダード・
トバゴ

オーストラリア カナダ アメリカ合衆国 ブラジル アルゼンチン

585

地球温暖化

●地球温暖化のしくみ

② 太陽光が地表では ね返り、熱として放射される

③ 再放射された熱が温室効果ガスの層にあたる

太陽

① 温室効果ガスの層が厚くなる

④ 地球の気温が上がる

温室効果ガス排出

▲とけだす氷河（❶南極）

▲海面上昇で水没の危機にある島（❷ツバル）

●地球温暖化による異常気象

▶水不足と高温でひび割れた地面 （❸セネガル）

大規模な洪水 （❹パキスタン）

砂漠化

▶砂漠化の原因の1つである塩害 （❺東ティモール）

◀砂漠化が進むアラル海 （❻ウズベキスタン）

オゾン層の破壊 （❼南極付近）

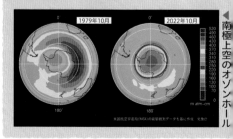

1979年10月　　2022年10月

南極上空のオゾンホール

米国航空宇宙局(NASA)の衛星観測データを基に作成　気象庁

野生生物の減少

● 絶滅の危険性がある動物

▶ 温暖化の影響を受けるホッキョクグマ

▶ 自然破壊や乱獲で減少するアフリカゾウ

酸性雨

▲酸性雨の被害を受けた森林(❽ドイツ)　　▲酸性雨でとけた銅像 (❾ベルギー)

海洋汚染

▲プラスチックごみでおおわれた海岸
(❿インドネシア)

❷

❿

○ 水没の危機にあるところ
● 砂漠化が進んでいるところ
◨ 酸性雨の被害があるところ
● 水がよごれているところ
● 熱帯林が減っているところ
※地球温暖化やオゾン層の破壊は
　地球全体に影響をあたえている。

熱帯林の減少

▲熱帯林の伐採(⓫マレーシア)

▲焼畑農業
(⓬ベリーズ)

● 国別の森林減少面積

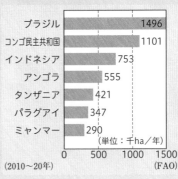

国	面積
ブラジル	1496
コンゴ民主共和国	1101
インドネシア	753
アンゴラ	555
タンザニア	421
パラグアイ	347
ミャンマー	290

（単位：千ha／年）
0　　500　　1000　　1500
(2010～20年)　　　　　　　　(FAO)

㉙ 世界の課題と平和への取り組み

▲ロシアの侵攻で破壊されたアパートにかかげられたウクライナ国旗　（❶ウクライナ）

◀シリア内戦で爆撃された都市ヒムス
（❷シリア）

▲新型コロナウイルス感染症対策の医療支援物資を配布する赤十字国際委員会　（❸パレスチナ）

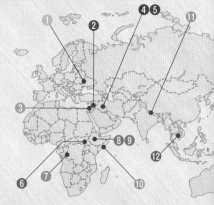

◀国連児童基金（UNICEF）が設置したテント学校で授業を受ける子どもたち
（❺イラク）

▲イラク戦争で破壊された首都バグダッド
（❹イラク）

◀国連世界食糧計画（WFP）の倉庫への食料搬入
（❻南スーダン）

▶激しい内戦後の国内避難民
（❼コンゴ民主共和国）

国境なき医師団〈NGO〉

▲小児患者を診察する医師（❽エチオピア）

▲国連難民高等弁務官事務所（UNHCR）の支援を受けたソマリア難民のくらし
（❾エチオピア）

⓭

⓮

▲食料の配給を待つ国内避難民
（❿ソマリア）

日本地雷処理を支援する会〈NPO〉

▲地雷除去員の技術指導（⓬カンボジア）

▶地震災害の救助活動を行う日本の国際緊急援助隊
（⓫ネパール）

国連平和維持活動〈PKO〉

▲地震でくずれた建物から生存者を救出する活動
（⓮ハイチ）

▲同時多発テロ事件（⓭アメリカ合衆国）

589

さくいん

❶ 赤文字は人物の名まえです。

❷ 地 は地理、政 は政治、歴 は歴史、国 は国際、資 は資料のマークです。

※QRコードはデンソーウェーブの登録商標です。

小学 高学年 自由自在 社会

編著者　小学教育研究会　　発行所　**受験研究社**

発行者　岡本泰治　　©株式会社 **増進堂・受験研究社**

〒550-0013 大阪市西区新町2—19—15

注文・不良品などについて：(06) 6532-1581(代表)／本の内容について：(06) 6532-1586(編集)

注意 本書の内容を無断で複写・複製(電子化を含む)されますと著作権法違反となります。

Printed in Japan　岩岡印刷・高廣製本

落丁・乱丁本はお取り替えします。